Aberta a todas as correntes do pensamento, integra autores modernos e textos fundamentais que vão da filosofia da linguagem à hermenêutica e à epistemologia.

Conjeturas e Refutações

Título original:
Conjectures and Refutations

© 2008 University of Klagenfurt / Karl Popper Library
Todos os direitos reservados

Tradução: Benedita Bettencourt

Revisão: Carina Correia

Capa: FBA

Depósito Legal n.º

Biblioteca Nacional de Portugal – Catalogação na Publicação

POPPER, Karl, 1902–1994

Conjeturas e refutações. – (Biblioteca de filosofia contemporânea)
ISBN 978-972-44-2018-9

CDU 165

Paginação:
MA

Impressão e acabamento:
????????

para
EDIÇÕES 70
em
Outubro de 2018

Direitos reservados para todos os países de língua portuguesa por Edições 70

EDIÇÕES 70, uma chancela de Edições Almedina, S.A.
Avenida Engenheiro Arantes e Oliveira, 11 – 3.º C – 1900-221 Lisboa / Portugal
e-mail: geral@edicoes70.pt

www.edicoes70.pt

Esta obra está protegida pela lei. Não pode ser reproduzida,
no todo ou em parte, qualquer que seja o modo utilizado,
incluindo fotocópia e xerocópia, sem prévia autorização do Editor.
Qualquer transgressão à lei dos Direitos de Autor será passível
de procedimento judicial.

Karl Popper
Conjeturas e Refutações

Karl Popper:
Uma homenagem merecida

Muitos amigos de Sir Karl Popper e muitos estudiosos da sua obra consideram o presente livro, *Conjeturas e Refutações* (originalmente publicado em inglês, em 1963), a melhor introdução ao pensamento do autor. Encontro-me entre os subscritores desse ponto de vista e, por isso, considero particularmente louvável a sua edição em Portugal pela prestigiosa Edições 70 — à qual agradeço o honroso convite para escrever estas palavras de apresentação do autor e da sua obra, sobretudo na sua dimensão política (única área em que posso reclamar alguma competência).

Karl Raimund Popper nasceu em 1902, em Viena, e faleceu em 1994 em Kenley, Sul de Londres. A sua obra foi sobretudo dedicada à filosofia do conhecimento e da ciência, onde foi extremamente influente — mais talvez entre os cientistas do que propriamente entre os filósofos. Apesar disso, as suas breves incursões no pensamento político — *The Open Society and Its Enemies*, de 1945, e *The Poverty of Historicism*, de 1957 — celebrizaram-no à escala mundial, tendo estas obras sido traduzidas em quase todas as línguas. Bertrand Russell e Isaiah Berlin consideraram que a sua crítica ao marxismo fora devastadora. Russell chegou mesmo a dizer que *The Open Society* era uma espécie de Bíblia das democracias ocidentais. E é um facto que, em inúmeras democracias ocidentais, líderes políticos do centro-esquerda e do centro-direita reclamaram-se da influência poppereana. Na Alemanha federal, o chanceler social-democrata Helmut Scmidt e o chanceler democrata-cristão Helmut Khol prefaciaram obras sobre ou de Karl Popper. Em Portugal,

Mário Soares e Diogo Freitas do Amaral, de entre outros, declararam-se admiradores do velho filósofo. O autor deste texto teve o prazer de acompanhar cada um deles em visitas privadas a casa de Sir Karl, em Kenley, em 1992 e 1993 respetivamente.

Na base da filosofia do conhecimento de Popper, originalmente apresentada no seu livro *Lógica da Descoberta Científica* (publicado pela primeira vez em alemão, em 1934), está uma observação muito simples que é costume designar por «assimetria dos enunciados universais». Esta assimetria reside no facto de que, enquanto nenhum número finito de observações (positivas) permite validar definitivamente um enunciado universal, basta uma observação (negativa) para o invalidar ou refutar. Por outras palavras, e citando um exemplo que se tornou clássico: por mais cisnes brancos que sejam encontrados, nunca podemos ter a certeza de que todos os cisnes são brancos (pois, amanhã, alguém pode encontrar um cisne preto). Em contrapartida, basta encontrar um cisne preto para ter a certeza de que é falso o enunciado universal «todos os cisnes são brancos».

Karl Popper fundou nesta assimetria dos enunciados universais a sua teoria falibilista do conhecimento em geral e do conhecimento científico em particular — a qual está magistralmente apresentada na Introdução e nos três primeiros capítulos do presente livro, sendo depois revisitada e aprofundada em vários outros, que o leitor poderá percorrer ao sabor das suas preferências e da sua curiosidade. Basicamente, Karl Popper argumenta que o conhecimento científico não assenta no chamado método indutivo, mas numa contínua interação entre conjeturas e refutações (daí o título do presente livro). Enfrentando problemas, o cientista formula teorias conjeturais para tentar resolvê-los. Essas teorias serão então submetidas a teste. Se forem refutadas, serão corrigidas (ou simplesmente eliminadas) e darão origem a novas teorias que, por sua vez, voltarão a ser submetidas a teste. Mas, se não forem refutadas, não serão consideradas como provadas. Elas serão apenas corroboradas, admitindo-se que, no futuro, poderão ainda vir a ser refutadas por testes mais severos. O nosso conhecimento é, por isso, fundamentalmente conjetural e progride por ensaio e erro.

Sociedade aberta e democracia liberal

De entre as múltiplas consequências desta visão sobre o progresso do conhecimento, encontram-se duas que terão particular importância para a filosofia política e moral de Popper. Em primeiro lugar, o chamado critério de demarcação entre asserções científicas e não científicas: serão asserções científicas apenas aquelas que sejam suscetíveis de teste, isto é, de refutação.([1]) Este ponto será de crucial importância para a crítica de Popper ao chamado historicismo marxista. Em segundo lugar, a possibilidade de criticar uma teoria, de a submeter a teste e de tentar refutá-la, é condição indispensável para o progresso do conhecimento. Por outras palavras, a liberdade de crítica é indispensável para o progresso do conhecimento.

É na aceitação ou não da liberdade de crítica que Popper vai fundar a distinção fundamental entre sociedade aberta e sociedade fechada. Na primeira, existe espaço para a liberdade de crítica e para a gradual alteração de leis e costumes através da crítica racional. Na segunda, pelo contrário, leis e costumes são vistos como tabus imunes à crítica e à avaliação pelos indivíduos. No capítulo 10 da obra *A Sociedade Aberta e os seus Inimigos*, Karl Popper desenvolve uma poderosa e emocionada defesa do ideal da sociedade aberta, fazendo remontar as suas origens à civilização comercial, marítima, democrática e individualista do Iluminismo ateniense do século v a. C. — que o autor contrasta duramente com a tirania coletivista e anticomercial de Esparta.

Para Popper, o conflito que no século xx opõe as democracias liberais do Ocidente ao totalitarismo nazi e ao comunista é, nos seus traços essenciais, um conflito semelhante ao que opôs a democracia ateniense à tirania espartana. As modernas democracias liberais são herdeiras de um longo processo de abertura gradual das sociedades fechadas, tribais e coletivistas do passado — processo que terá tido início em Atenas e noutras civilizações marítimas e comerciais como a da Suméria. Popper explica que, embora não tenha qualquer interesse particular por atividades comerciais, verifica que as culturas comerciais e marítimas têm maior propensão para a abertura intelectual. Isso pode dever-se

---

([1]) Sobre este tema, ver em particular o capítulo 11 do presente livro, «A demarcação entre ciência e metafísica».

ao facto de estarem em contacto com outras culturas e serem por isso estimuladas a avaliar, justificar e talvez reformar criticamente as suas próprias leis e tradições.(²)

Sendo um intransigente defensor das democracias liberais, Popper é, contudo, um crítico contundente das teorias usualmente associadas à democracia, em particular a que entende a democracia como o regime fundado no governo do povo, ou da maioria, ou na chamada «soberania popular». Popper começa por observar que esta teoria da «soberania popular» se inscreve numa tradição de definição do melhor regime político em termos da melhor resposta à pergunta «quem deve governar?». Mas esta pergunta, prossegue o autor, conduzirá sempre a uma resposta paradoxal. Se, por exemplo, o melhor regime for definido como aquele em que um — talvez o mais sábio, ou o mais forte, ou o melhor — deve governar, então, esse um pode, segundo a definição do melhor regime, entregar o poder a alguns ou a todos, dado que é a ele que cabe decidir ou governar. Chegamos então a um paradoxo: uma decisão conforme à definição de melhor regime conduz à destruição desse mesmo regime. Este paradoxo ocorrerá qualquer que seja a resposta à pergunta «quem deve governar?» (um, alguns, ou todos reunidos em coletivo) e decorre da própria natureza da pergunta — que remete para uma resposta sobre pessoas e não sobre regras que permitam preservar o melhor regime.

A teoria da democracia de Popper vai então decorrer da resposta a outro tipo de pergunta: não sobre quem deve governar, mas sobre como evitar a tirania, como garantir a mudança de governo sem violência. O meio para alcançar este objetivo residirá então num conjunto de regras que permitam a alternância de propostas concorrentes no exercício do poder e que impeçam que, uma vez chegadas ao poder, qualquer delas possa anular as regras que lhe permitiram lá chegar. O governo representativo ou democrático surge então como uma, e apenas uma, dessas regras. Elas incluem a separação de poderes, os freios e contrapesos, as garantias legais — numa palavra, o governo constitucional ou limitado pela lei. Tal como em *The Federalist Papers* ou em Edmund Burke, a teoria do governo representativo de Popper apresenta-o como um dos instrumentos para limitar o poder, e não como fonte

---

(²) Sobre os princípios da sociedade aberta e da democracia liberal, ver capítulo 17 do presente livro — «Opinião pública e princípios liberais».

de um poder absoluto que devesse ser transferido de um ou de alguns para todos. Existe aqui uma clara analogia com a teoria do conhecimento de Popper, na qual as fontes de conhecimento não detem autoridade e toda a ênfase é colocada no controlo mútuo entre propostas rivais — na tentativa de refutação mútua entre propostas rivais. Por este motivo, Popper argumentou também que o sistema eleitoral mais adequado a esta visão da democracia é o sistema maioritário baseado em círculos uninominais: ele permite um maior controlo dos eleitores sobre os eleitos; facilita a formação de maiorias, favorecendo por isso o controlo mútuo entre governo forte e oposição consistente; e evita a fluidez dos governos e oposições fundados em coligações.(³)

Engenharia social: parcelar *versus* utópica

O governo limitado de Karl Popper não é, no entanto, um governo passivo cujas funções devam ser fixadas de antemão de forma rígida. Dentro dos limites constitucionais que visam impedir a tirania, as funções e políticas específicas de cada governo estarão também elas sujeitas à controvérsia racional e ao ensaio e erro. No entanto, esta abertura ao método do ensaio e erro impõe uma limitação ao tipo de intervenção governamental: só uma intervenção de tipo parcelar, e não de tipo global ou utópica, é compatível com a atitude científica da experimentação e do ensaio e erro.

A distinção, crucial para Karl Popper, decorre em grande parte da distinção por ele introduzida entre racionalismo crítico e racionalismo dogmático ou abrangente. Enquanto no primeiro a razão atua parcelar ou topicamente a partir de problemas, no segundo é atribuída à razão a função abrangente de prover fundações e

---

(³) Um vigoroso resumo da teoria da democracia de Popper pode ser encontrado na sua «Conferência de Lisboa», proferida em 1988 no âmbito do ciclo «Balanço do Século», promovido pelo Presidente da República, dr. Mário Soares. O texto foi reproduzido pelo prestigiado semanário britânico *The Economist* e pode ainda ser encontrado na segunda edição da versão portuguesa da obra de Karl Popper, *Em Busca de Um Mundo Melhor* (Lisboa: Fragmentos, 1989), bem como no próprio livro de atas do ciclo de conferências *Balanço do Século* (Lisboa: Imprensa Nacional, 1989).

redesenhar a partir dessas fundações.(⁴) Analogamente, a engenharia social parcelar ensaia soluções parcelares para problemas parcelares. A engenharia social utópica, pelo contrário, supõe que todos os problemas parcelares só podem ser enfrentados com o redesenhar da sociedade no seu conjunto. Este redesenhar vai ser feito com base na formulação de planos globais (*blueprints*) de uma sociedade outra.

O erro fundamental da engenharia social utópica consiste em ignorar a existência de efeitos não intencionais de todas as ações humanas. Por definição, estes efeitos não podem ser conhecidos de antemão — apenas serão conhecidos por ensaio e erro, devendo, por isso, conduzir à constante e gradual correção e reformulação de políticas públicas. É esta possibilidade de correção gradual que é garantida pela democracia liberal e pelas suas engenharias sociais parcelares — sempre submetidas à crítica de propostas rivais e ao escrutínio público dos resultados alcançados. A engenharia social utópica, pelo contrário, não será capaz de revelar a mesma capacidade de aprendizagem. Dado que trabalha na base de um *blueprint* global, todos os insucessos parcelares serão atribuídos ao facto de o *blueprint* não ter ainda sido completamente alcançado. Cada fracasso ou insucesso conduzirá então a uma aceleração ou radicalização das políticas ensaiadas, e nunca à sua revisão. Este mecanismo, inerente à própria natureza abrangente da engenharia social utópica, conduzirá à intransigência revolucionária e à violência. Esta será então utilizada em nome da razão contra aqueles que alegadamente resistem à libertação racional dos atavismos sociais. Mas Popper denunciou que na essência desta política alegadamente racional está uma visão dogmática oposta à atitude experimental de ensaio e erro.(⁵)

Por outro lado, Popper sublinha a visão ativa da engenharia social parcelar relativamente a mecanismos descentralizados, como o mercado ou a propriedade privada. Segundo Popper, estes mecanismos devem ser protegidos e incentivados como parte de

---

(⁴) Esta distinção entre racionalismo crítico e racionalismo dogmático está brilhantemente apresentada no capítulo 4 do presente livro, «Avançando para uma teoria racional da tradição». Trata-se talvez do capítulo desta obra que foi mais citado e mais discutido, e cuja leitura atenta recomendamos enfaticamente ao leitor.

(⁵) Para uma crítica vigorosa da utopia e das suas consequências violentas, ver o capítulo 18 do presente livro — «Utopia e violência».

políticas ativas que reconhecem esses mecanismos como os mais adequados para atingir certos fins: por exemplo, a garantia de que o sistema económico estará ao serviço dos consumidores e não dos produtores. Nesta perspetiva, Popper critica o conceito de «não intervencionismo universal» e sublinha que o próprio mercado livre requer uma proteção adequada do Estado e, por vezes, a sua intervenção. A intervenção adequada, quando necessária, deve ser de tipo indireto e institucional e não direto e pessoal.

Finalmente, Popper sustenta que a engenharia social parcelar da sociedade aberta deve ser inspirada por uma máxima negativa que consiste em «aliviar o sofrimento humano suscetível de ser aliviado». De certa forma, trata-se de uma versão negativa da máxima utilitarista de «maximizar a felicidade do maior número». A versão negativa é preferível pelas mesmas razões que, em política, é preferível combater males concretos do que promover bens abstratos. Em primeiro lugar, porque é mais fácil definir objetivamente sofrimento do que felicidade. Em segundo lugar, o sofrimento alheio é suscetível de produzir um direto apelo moral, o que não acontece necessariamente com a promoção da felicidade de terceiros. Finalmente, a promoção da felicidade dos outros frequentemente envolve a intromissão nas suas vidas privadas e a imposição sobre eles de uma hierarquia de valores — o que é desnecessário ou apenas excecionalmente necessário quando se trata de aliviar o sofrimento ou combater males conhecidos.

Inimigos da sociedade aberta: historicismo

Na sua obra de 1945, *A Sociedade Aberta e os seus Inimigos*, Karl Popper lançou um fulminante ataque a três grandes filósofos que considerou principais inimigos da sociedade aberta: Platão, Hegel e Marx. O primeiro volume da obra é quase inteiramente dedicado a Platão, e permanece ainda hoje o mais controverso. O segundo volume é sobretudo dedicado a Marx, com apenas um capítulo sobre Hegel, revelando pelas motivações daquele autor uma simpatia de todo ausente no tratamento de Platão ou Hegel. Esta abertura para com as motivações morais de Marx — a sua alegada revolta moral perante o sofrimento das classes trabalhadoras — contrasta com a severidade de Popper com a doutrina de Marx. Este dualismo foi por muitos apresentado como explicação para o poderoso impacto da crítica de Popper em muitos jovens intelectuais marxistas que deixaram de o ser sob a sua influência.

Seria impossível resumir aqui as detalhadas críticas a Platão e Marx contidas em *A Sociedade Aberta*. Seria sobretudo impossível reproduzir o vigor e energia contagiantes que Popper lhes imprimiu. Optamos, por isso, por tentar reconstruir o argumento de Popper contra as atitudes intelectuais que considerou inimigas da sociedade aberta, e só subsidiariamente as remeteremos para os pontos de vista particulares de Platão, Hegel ou Marx. De certa forma, trata-se de homenagear a argúcia intelectual de Popper na deteção das ideias hostis à sociedade aberta, deixando uma margem interpretativa para decidir se essas ideias foram ou não exatamente defendidas pelos autores que ele criticou — uma margem que, em nosso entender, é sobretudo justificável relativamente a Platão.

O primeiro e mais claro inimigo da sociedade aberta de Popper é, sem qualquer dúvida, o historicismo. Foi de um trabalho inicial de crítica ao historicismo que emergiu não intencionalmente o livro *The Open Society* — findo o qual, Popper voltou ao trabalho inicial para produzir *The Poverty of Hostoricism*.(⁶) Por historicismo, Popper entende uma atitude intelectual — que pode estar presente em doutrinas particulares diversas — que atribui à história um sentido predeterminado que não é suscetível de alteração pelos indivíduos. Tal como o desenlace de um filme a que estamos a assistir já está contido no celuloide ainda não projetado, também o futuro da história humana estaria já definido no presente, assim como o presente teria estado definido no passado. Para esta visão determinista da história, a verdadeira liberdade do Homem não consiste em tentar ilusoriamente imprimir um rumo aos acontecimentos. A verdadeira liberdade consistiria em conhecer as leis necessárias do desenvolvimento histórico — a liberdade é a consciência da necessidade, disseram Hegel e Marx — para, em seguida, poder contribuir para a sua concretização e, se possível, aceleração. Acelerar ou retardar a concretização das leis da história é toda a liberdade que resta aos indivíduos.

Contra esta visão da história, Karl Popper argumentou, em primeiro lugar, que é impossível prever o futuro. Existe uma razão puramente lógica para esta impossibilidade. Ela decorre do facto

---

(⁶) Acerca da génese das duas obras, ver Karl Popper, *Unended Quest: An Intellectual Autobiography* (Londres: Routledge, 1992), pp. 113–120.

de termos de reconhecer que os nossos conhecimentos técnicos e científicos futuros influenciarão em larga medida o futuro das nossas sociedades. Mas também temos de reconhecer que não podemos conhecer hoje os nossos conhecimentos técnicos e científicos futuros — caso contrário, eles deixariam de ser futuros e passariam a ser presentes. Logo, concluiu Popper, não podemos conhecer o futuro.

Em segundo lugar, as profecias historicistas acerca do sentido inevitável da história não são em regra suscetíveis de teste. Este é o caso flagrante do marxismo, que profetizou o advento inexorável do socialismo e do comunismo sem lhe atribuir um horizonte temporal definido — e, simultaneamente, reclamando um estatuto científico para essa profecia. Mas esta profecia não pode ter carácter científico, argumentou Popper, porque nenhum teste — que, quando ocorrer, ocorrerá sempre «no presente» — pode refutar uma teoria que anuncia a sua concretização sempre «para o futuro». A «previsão» marxista sobre o inevitável advento do socialismo no futuro trata-se, por isso, apenas de uma crença ou de uma superstição. A inverosimilhança dessa superstição foi aliás empiricamente ilustrada: (1) o socialismo nunca ocorreu nos países em que a teoria previa que devia ocorrer, os países de capitalismo maduro, mas naqueles em que não devia ter ocorrido, os países pré-capitalistas ou de capitalismo incipiente; (2) mais grave do que isso, depois de 1989, o socialismo em muitos desses países deu lugar ao capitalismo democrático, o que estava excluído pela teoria. Ainda assim, os crentes na profecia marxista podem continuar a dizer que, no futuro, o socialismo é inevitável. Isto apenas mostra, concluiu Popper, que se trata de uma crença e não de uma teoria científica suscetível de teste.[7]

No entanto, foi precisamente em nome desta profecia historicista — o chamado «socialismo científico» — que o marxismo capturou a imaginação dos intelectuais e concretizou alguns dos regimes políticos mais violentos do século xx. O impulso moral humanitário do socialismo original foi corrompido pelo historicismo alegadamente científico, sustentou Popper. E isso deve-se à mensagem moral profundamente relativista do historicismo. Ao proclamar que todos os princípios e valores morais são relativos

---

[7] Acerca da distinção entre previsão e profecia nas ciências sociais, ver capítulo 16 do presente livro.

ao contexto e época históricos, o historicismo marxista esvaziou a moral de todo e qualquer conteúdo autónomo, subordinando-a por inteiro à doutrina do sucesso histórico. A consequência não se fez esperar: libertado de todo o escrúpulo moral absoluto ou intemporal, o marxismo teórico deu lugar ao marxismo realmente existente — o das ditaduras mais sanguinárias.[8]

Inimigos da sociedade aberta: coletivismo

Outra atitude que esvazia a moral de conteúdo autónomo é o coletivismo. Este consiste em atribuir ao coletivo uma «essência» independente dos indivíduos que o compõem. Acontece, notou Popper, que o coletivo não é um sujeito moral: o coletivo não pensa, não age, não sente prazer nem dor. Por isso, porque o coletivo é na verdade uma coleção de indivíduos, algum indivíduo vai ter de falar em nome do coletivo. Ao atribuir ao coletivo uma existência independente dos indivíduos que o compõem, o coletivismo abre as portas à tirania, ao líder que fala em nome da multidão — e, em nome da multidão, esmaga toda e qualquer oposição individual.

No plano moral, o coletivismo rouba a responsabilidade moral ao indivíduo — o fardo de cada um ter de ser responsável pelos seus atos. Este fardo da liberdade e responsabilidade pessoal é então aliviado e transferido para uma mítica entidade coletiva. Finalmente, o coletivismo corrompe o altruísmo moral, o qual, segundo Popper, terá de ser sempre individualista. O coletivismo coloca em primeiro lugar a lealdade com a tribo. Gera, neste sentido, uma espécie de egoísmo coletivista. O individualismo altruísta, em contrapartida, manda auxiliar indivíduos que precisam de auxílio, independentemente da tribo a que pertencem. Popper sublinha o crucial contributo do cristianismo para a emergência do individualismo altruísta. Recorda que Jesus Cristo disse «ama o teu próximo» e não «ama a tua tribo».

---

[8] Acerca do relativismo moral do historicismo e o seu contraste com a perspetiva moral de Popper, ver capítulo 19 do presente livro — «A história do nosso tempo: Visão de um otimista».

Inimigos da sociedade aberta: positivismo ético e relativismo

Um terceiro inimigo da sociedade aberta consiste no naturalismo ético, a atitude que consiste em tentar reduzir normas a factos.[9] O ponto de partida do positivismo ético reside frequentemente na observação da existência de uma grande variedade de normas morais. O naturalismo ético conclui daí que as normas morais são arbitrárias e que a única forma de superar essa arbitrariedade consiste em reconduzir normas a factos. Paradoxalmente, argumenta Popper, esta recusa monista do dualismo de factos e padrões acabará por produzir um relativismo ético sem entraves.

Popper distingue várias formas de naturalismo ético: naturalismo biológico, positivismo ético e naturalismo psicológico. Ao longo da sua obra, o positivismo ético irá emergir como o mais importante e o alvo mais recorrente das suas críticas. Por positivismo ético, Popper entende a forma particular de naturalismo ético que «sustenta não existirem outras normas para além das leis que foram realmente consagradas (ou positivadas) e que portanto têm uma existência positiva. Outros padrões são considerados produtos irreais da imaginação».[10] O problema óbvio com esta teoria é que ela impede qualquer tipo de desafio moral às normas existentes. Se não existem padrões morais além daqueles positivados na lei, a lei que existe («is») é a que deve existir («ought to be»). Esta teoria conduz ao princípio de que o poder é o direito («might is right»). Como tal, ela opõe-se radicalmente ao espírito da sociedade aberta: esta funda-se, como vimos, na possibilidade de criticar e gradualmente alterar leis e costumes. O positivismo ético, ao decretar a inexistência de valores morais além daqueles contidos nas normas legais realmente existentes, conduz à desmoralização da sociedade e, por essa via, à abolição do conceito de liberdade e responsabilidade moral do indivíduo.

Este é talvez um dos aspectos mais incompreendidos na obra de Popper e na sua conceção de sociedade aberta. A ideia de «abertura» foi capturada por modas e teorias intelectuais relativistas que Popper na verdade condenara como inimigos da sociedade

---

[9] Para uma crítica detalhada ao naturalismo ético, ver Karl Popper, *The Open Society and Its Enemies* (Princeton, NJ: Princeton University Press, 1971), vol. I, ch. 5: «Nature and Convention», pp. 57–58.

[10] *Op. cit.*, vol. 1, p. 71.

aberta. Observando este fenómeno crescer sob os seus próprios olhos — e, algumas vezes, em nome da sua obra — o aguerrido filósofo decidiu acrescentar em 1961 uma adenda à *Sociedade Aberta*, de 1945, intitulada «Factos, padrões e verdade: uma crítica adicional ao relativismo». Neste vigoroso e denso ensaio, Popper começa por afirmar que «a principal doença do nosso tempo é um relativismo intelectual e moral, o segundo sendo pelo menos em parte baseado no primeiro» [11]. Este relativismo caracteriza-se pela negação da existência de verdade objetiva e/ou pela afirmação da arbitrariedade da escolha entre duas asserções ou teorias. Para refutar este ponto de vista, Popper começa por estabelecer uma distinção entre padrões e critérios. Um enunciado é verdadeiro, diz Popper, se e apenas se corresponde aos factos. Esse é o padrão de verdade de um enunciado, e ele é totalmente objetivo: um enunciado é ou não verdadeiro, isto é, corresponde ou não aos factos, independentemente de sabermos se ele é ou não verdadeiro. Só este entendimento da verdade permite dar sentido ao conceito de erro. Cometemos um erro quando consideramos verdadeiro um enunciado que é falso, ou vice-versa. Em bom rigor, cometemos em regra erros sem termos consciência de que os estamos a cometer.

Uma das razões principais pelas quais cometemos erros reside no facto de não existirem critérios inteiramente seguros para descobrirmos em todas as situações se um enunciado corresponde ou não aos factos. Existe, por isso, uma diferença entre a falibilidade dos critérios e a objetividade do padrão de verdade. É devido a esta diferença que é tão importante a liberdade de crítica: é ela que permite detetar erros na utilização de critérios e, dessa forma, ajudar-nos a aproximarmo-nos da verdade objetiva. A esta atitude, que combina a defesa da existência de um padrão objetivo e absoluto de verdade com o reconhecimento da falibilidade dos critérios para identificar a verdade, Popper chamou absolutismo falibilista. Este pode ser aplicado analogamente ao domínio moral, embora Popper reconheça que o conceito de «bem» ou de «justiça» é logicamente mais complicado do que o conceito de «verdade», enquanto correspondência com os factos. Contudo, sustenta o autor, também podemos aprender com os nossos erros no domínio dos padrões morais e também podemos procurar padrões moralmente mais exigentes. Esta será mesmo uma característica fundamental do

---

[11] *Op. cit.*, vol. 2, p. 369.

liberalismo — o qual «se baseia no dualismo de factos e padrões no sentido em que acredita na procura de padrões sempre melhores, especialmente no domínio da política e da legislação».([12])

Uma bela e merecida homenagem

A causa moral e intelectual a que Karl Popper dedicou toda a sua vida obteve uma segunda vitória estrondosa com o colapso do comunismo soviético em 1989 (depois de uma primeira, com a derrota do nazismo em 1945). Mas, na imaginação da *intelligentsia* ocidental — que maioritariamente simpatizara ou apoiara o comunismo —, o conceito de sociedade aberta e de abertura intelectual sofreu uma metamorfose tal que a tornou quase irreconhecível. «Por abertura intelectual», a cultura de massas consumida e produzida nas universidades entretanto massificadas e na comunicação social entende hoje um relativismo dogmático assente na certeza inabalável de que todos os pontos de vista são equivalentes ou arbitrários. Para este relativismo dogmático, o único padrão moral seguro é o de que não existem padrões — precisamente aquilo que Popper criticara duramente no positivismo ético. O presente livro permite recordar e revisitar os aspetos essenciais da obra do grande filósofo no seu esforço para criticar e derrotar simultaneamente o dogmatismo e o relativismo. A sua publicação em Portugal constitui uma bela e merecida homenagem da editora Almedina a esse grande defensor da liberdade e responsabilidade pessoal.

Monte Estoril, março de 2003.

JOÃO CARLOS ESPADA(*)

([12]) *Op. cit.*, vol. 2, p. 392.
(*) Diretor do Instituto de Estudos Políticos da Universidade Católica Portuguesa e da revista *Nova Cidadania*. Presidente da Associação Portuguesa de Ciência Política.

Para F. A. von Hayek

Experiência é o nome que cada um dá aos seus erros.

OSCAR WILDE

Todo o nosso problema consiste em cometer os erros o mais depressa possível...

JOHN ARCHIBALD WHEELER

Prefácio

Os ensaios e conferências que compõem este livro são variações de um tema muito simples — a tese de que *podemos aprender com os nossos erros*. Desenvolve-se neles uma teoria do conhecimento e do seu crescimento. É uma teoria da razão que atribui a argumentos racionais o modesto e, todavia, importante papel de criticar as nossas frequentemente desacertadas tentativas de resolver os problemas. E é uma teoria da experiência que confere às nossas observações o igualmente modesto e quase identicamente importante papel de testes que podem auxiliar-nos na descoberta dos nossos erros. Acentuando embora a nossa falibilidade, esta é uma teoria que não se resigna ao ceticismo, uma vez que também salienta o facto de que o conhecimento pode crescer e a Ciência pode progredir — justamente por sermos capazes de aprender com os nossos erros.

O progresso do conhecimento, e, em particular, do nosso conhecimento científico, ocorre por meio de injustificadas (e injustificáveis) antecipações, de suposições, de soluções experimentais para os nossos problemas, de *conjeturas*. Estas conjeturas são controladas pela crítica, ou seja, por tentativas de *refutação* que incluem testes de enorme rigor crítico. É possível que resistam a esses testes; mas não podem nunca ser categoricamente justificadas. Não podem ser demonstradas como indubitavelmente verdadeiras, nem mesmo como «prováveis» (no sentido do cálculo de probabilidades). A crítica das nossas conjeturas reveste-se de uma importância decisiva: ao evidenciar os nossos erros, leva-nos a compreender as dificuldades do problema que estamos a tentar resolver. É dessa forma que passamos a conhecer melhor o nosso problema e nos tornamos capazes de propor soluções mais ponderadas. A própria refutação de uma teoria — isto é, de qualquer séria tentativa de solucionar o nosso problema — constitui sempre um passo em frente que nos aproxima da verdade. E é assim que podemos aprender com os nossos erros.

À medida que vamos aprendendo com os erros que cometemos, o nosso conhecimento aumenta, embora possamos nunca vir a saber — isto é, a saber com certeza. Uma vez que o nosso conhecimento pode crescer, não pode haver aqui razão para desesperar da razão. E, uma vez que não podemos nunca saber com certeza, não pode haver aqui autoridade para qualquer reivindicação de autoridade, nem para qualquer vaidade ou presunção acerca do nosso conhecimento.

Aquelas de entre as nossas teorias que se revelam fortemente resistentes à crítica e que, num determinado momento, se nos afiguram mais próximas da verdade do que outras teorias conhecidas podem ser descritas, conjuntamente com os relatórios dos testes a que foram submetidas, como «a ciência» da época. Dado que nenhuma delas pode ser positivamente justificada, é essencialmente o seu carácter crítico e progressivo — o facto de podermos *discutir* a sua pretensão de resolverem os nossos problemas melhor do que as suas adversárias — que constitui a racionalidade da Ciência.

É esta, em resumo, a tese fundamental desenvolvida neste livro e aplicada a um vasto leque de matérias, desde problemas da Filosofia e da História das Ciências Físicas e das Ciências Sociais até problemas de natureza histó-rica e política.

Confiei na minha tese central para dar unidade ao livro, e na diversidade dos meus tópicos para tornar aceitável a imbricação marginal de alguns dos capítulos. Revi, desenvolvi, e reescrevi a maioria deles, mas abstive-me de modificar o carácter distintivo das conferências e palestras radiofónicas. Teria sido fácil livrar-me do estilo revelador do conferencista, mas pensei que os meus leitores prefeririam condescender com esse estilo a sentir que o autor adotara uma atitude demasiado distante. Deixei ficar algumas repetições, de modo que cada capítulo do livro conservasse a sua autonomia.

Como sugestão para futuros críticos, incluí também uma recensão — extremamente crítica — que constitui o último capítulo e contém uma parte essencial da minha tese que não se encontra exposta em nenhum outro ponto do livro. Excluí todos aqueles ensaios que pressupunham familiaridade do leitor com especificidades técnicas no domínio da lógica, da teoria das probabilidades, etc. Mas nas Adendas coligi algumas notas de carácter técnico que podem ser úteis aos eventuais interessados nestes assuntos. As Adendas e quatro dos capítulos são aqui publicados pela primeira vez.

Para evitar mal-entendidos, quero deixar bem claro que emprego sempre os termos «liberal», «liberalismo», etc., no sentido em que ainda são geralmente usados em Inglaterra (embora, talvez, não nos Estados Unidos). Com «liberal» não me refiro a um simpatizante de um qualquer partido político, mas simplesmente a um homem que valoriza a liberdade individual e está desperto para os perigos inerentes a todas as formas de poder e autoridade.

Berkeley, Califórnia, primavera de 1962.

K. R. P.

Agradecimentos

O local e a data da primeira publicação dos textos aqui reunidos são sempre mencionados no rodapé da primeira página de cada capítulo. Quero agradecer aos editores das diversas publicações periódicas por me terem dado permissão para incluir estes ensaios no presente livro.

Fui auxiliado de diversas formas na revisão do texto, na leitura das provas e na preparação do índice por Richard Gombrich, Lan Freed e dr. Julius Freed, J. W. N. Watkins, dr. William W. Bartley, dr. Ian Jarvie, Bryan Magee e A. E. Musgrave. Estou em grande dívida com todos eles pela sua ajuda. Mas a maior dívida é com a minha mulher. Ela trabalhou no livro ainda mais arduamente do que eu, e a sua crítica acutilante resultou em inúmeros aperfeiçoamentos.

K. R. P.

Prefácio da segunda edição

Esta nova edição contém, além de uma revisão geral do texto, uma quantidade considerável de dados históricos que se foram acumulando desde a primeira publicação do livro. Tentei, dentro do possível, deixar a paginação inalterada, de modo que as referências à primeira edição correspondessem, em quase todos os casos, à segunda. Há também um apêndice no final do capítulo 5 e uma nova Adenda (6) no fim do livro. Alan Musgrave fez uma revisão completa dos índices e prestou-me também uma grande ajuda com a introdução de melhorias no corpo da obra.

Tendo tentado no meu primeiro prefácio sintetizar a minha tese numa única afirmação — a de que podemos aprender com os nossos erros — posso, talvez, acrescentar-lhe aqui uma ou duas palavras. Faz parte da minha tese a ideia de que todo o nosso conhecimento se desenvolve *unicamente* mediante a correcção dos nossos erros. Por exemplo, aquilo a que hoje se chama «*feedback* negativo» é apenas uma aplicação do método geral de aprendizagem com os nossos erros — o método de ensaio e erro.

Ora acontece que, para aplicar este método, nós precisamos de ter já *um objetivo*; e erramos se nos afastarmos dele. (Um termostato de realimentação depende de *um objetivo* — uma temperatura definida — que tem de ser antecipadamente selecionada.) No entanto, e ainda que desta forma algum objetivo tenha de preceder uma dada aplicação do método de ensaio e erro, isto não significa que os nossos objetivos não estejam, por seu turno, sujeitos a este método. Qualquer objetivo em concreto pode ser modificado por ensaio e erro, e muitos são-no de facto. (Podemos alterar a regulação do nosso termostato selecionando, por ensaio e erro, uma temperatura que melhor satisfaça um determinado objetivo — um objetivo de nível diferente.) E o nosso sistema de objetivos não *só se modifica* como pode igualmente *desenvolver-se*, de um modo muito semelhante àquele como o nosso conhecimento se desenvolve.

Penn, Buckinghamshire, janeiro de 1965.

K. R. P.

Prefácio da terceira edição

Além de um grande número de pequenas revisões, foram feitos diversos aditamentos ao texto, entre os quais uma exposição mais clara das minhas ideias acerca da teoria da verdade de Tarski. Foram também acrescentadas algumas novas Adendas.

Penn, Buckinghamshire, abril de 1968.

K. R. P

INTRODUÇÃO

Mas vou deixar que o pouco que aprendi se torne conhecido, de modo que alguém melhor do que eu possa conjeturar a verdade e, com o seu trabalho, demonstrar e criticar o meu erro. Perante isso, rejubilarei, visto ter sido, não obstante, uma das causas por que tal verdade veio à luz.

Albrecht Dürer

Posso agora regozijar-me até com a falsificação de uma teoria que muito prezo, pois mesmo isso é um sucesso científico.

John Carew Eccles

Acerca das fontes do conhecimento e da ignorância

> Segue-se, por conseguinte, que a verdade se manifesta...
>
> BENTO DE ESPINOSA

> Todos os homens transportam consigo uma pedra de toque... para distinguir... a verdade das aparências.
>
> JOHN LOCKE

> ...é impossível para nós *pensar* em qualquer coisa que não tenhamos previamente *sentido*, quer fosse pelos nossos sentidos externos, quer internos.
>
> DAVID HUME

O título desta conferência é, receio bem, suscetível de ofender alguns ouvidos mais críticos. Pois ainda que «Fontes de conhecimento» seja perfeitamente aceitável e «Fontes de Erro» o tivesse

---

Conferência Filosófica Anual lida perante a Academia Britânica em 20 de janeiro de 1960. Publicada pela primeira vez em Proceedings of the British Academy, *46, 1960, e em separata pela Oxford University Press, 1961.*

igualmente sido, o caso já muda de figura com a expressão «Fontes da Ignorância». «A ignorância é uma coisa negativa — é a ausência de conhecimento. Mas como diabo pode a ausência de qualquer coisa ter fontes?» (¹) Esta questão foi-me colocada por um amigo quando lhe confidenciei o título que havia escolhido para esta conferência. Instado a responder, dei por mim a improvisar uma racionalização e a explicar ao meu amigo que o curioso efeito linguístico do título era, na realidade, intencional. Disse-lhe que esperava atrair com ele a atenção para uma série de doutrinas filosóficas nunca registadas e, entre elas (excluindo a doutrina de que a *verdade é manifesta*), em especial, a teoria *conspiratória da ignorância:* uma teoria que não interpreta a ignorância como uma mera falta de conhecimento, mas, sim, como a obra de um qualquer poder sinistro, fonte de influências impuras e maléficas que pervertem e envenenam as nossas mentes, instilando em nós o hábito da resistência ao conhecimento.

Não estou inteiramente seguro de que esta explicação tenha apaziguado a inquietação do meu amigo, mas é um facto que o silenciou. O vosso caso é diferente, dado estardes calados por força das circunstâncias. Só me resta, pois, esperar ter atenuado o suficiente, por ora, a vossa inquietação para me permitir iniciar a história pela outra ponta — a das fontes do conhecimento, em vez das fontes da ignorância. De qualquer das formas, regressarei daqui a pouco às fontes da ignorância e também à teoria da conspiração que a elas diz respeito.

I

O problema que desejo reexaminar nesta conferência e que espero não apenas analisar, mas resolver, pode talvez ser descrito

---

(¹) Descartes e Espinosa foram ainda mais longe e afirmaram que não só a ignorância mas também o erro são «algo de negativo» — uma «privação» de conhecimento, e até mesmo do adequado uso da nossa liberdade (vd. *Princípios da Filosofia de Descartes*, Parte I, e as Terceira e Quarta Meditações; vd. também a *Ética* de Espinosa, *propos.* 35 e *escólios*, e os seus *Princípios da Filosofia Cartesiana*, Parte I, *prop.* 15 e *esc.*). Não obstante, referem-se igualmente (por exemplo, *Ética*, Parte II, *prop.* 41) à «causa» da falsidade (ou erro), assim como Aristóteles, *Met.* 1046a30–35; vd. também 1008b35; 1009a6; 1052a1; *Top.* 147b29; *An. Post.* 79b23; e *Cat.* 12a26–13a35.

como um aspeto da velha querela entre a Escola Britânica e a Escola Continental de Filosofia — a querela entre o empirismo clássico de Bacon, Locke, Berkeley, Hume e Mill, e o racionalismo ou intelectualismo clássico de Descartes, Espinosa e Leibniz. Nesta querela, a Escola Britânica defendia que a fonte última de todo o conhecimento era a observação, enquanto a Escola Continental insistia em que era a intuição intelectual das ideias claras e distintas.

Muitas destas questões continuam bem acesas. O empirismo, atualmente ainda a doutrina dominante em Inglaterra, não só conquistou os Estados Unidos como é agora amplamente aceite, até mesmo no Continente Europeu, como a verdadeira teoria do conhecimento *científico*. O intelectualismo cartesiano, coitado, tem-se visto demasiadas vezes distorcido numa ou noutra das várias formas do irracionalismo moderno.

Nesta conferência, tentarei demonstrar relativamente a estas duas escolas, empirista e racionalista, que as diferenças que as separam são largamente ultrapassadas pelas suas semelhanças, mas que ambas estão enganadas. Afirmo que estão enganadas, apesar de eu próprio ser um misto de empirista e racionalista. Mas acredito que, embora a observação e a razão tenham ambas importantes papéis a desempenhar, esses papéis dificilmente se assemelham àqueles que os seus defensores clássicos lhes atribuíram. Mais especificamente, tentarei demonstrar que nem a observação nem a razão podem ser descritas como fontes do conhecimento, no sentido em que até hoje tal tem sido reivindicado.

II

O nosso problema pertence ao âmbito da Teoria do Conhecimento ou da Epistemologia, que tem fama de ser a área mais abstrata, mais vaga e mais perfeitamente irrelevante da Filosofia pura. Hume, por exemplo, um dos maiores pensadores neste domínio, previu que, em virtude do carácter vago e abstrato — bem como da irrelevância prática — de algumas das suas conclusões, nenhum dos seus leitores acreditaria nelas durante mais de uma hora.

A atitude de Kant era diferente. Na sua perspetiva, o problema «Que posso conhecer?» era uma das três mais importantes questões que um homem podia colocar. Bertrand Russell, ainda que mais próximo de Hume em temperamento filosófico, parece estar do lado de Kant nesta questão. E eu creio que Russell tem razão em atribuir à Epistemologia consequências práticas no campo da Ciência, da Ética, e até da Política — pois Russell diz que o relativismo epistemológico, ou a ideia de que não existe uma verdade objetiva, e o pragmatismo epistemológico, ou a ideia de que verdade é o mesmo que utilidade, estão estreitamente associados a ideias autoritaristas e totalitárias (Cf. *Let the People Think*, 1941, pp. 77 ss.).

As ideias de Russell são evidentemente contestadas. Alguns filósofos recentes desenvolveram uma doutrina da impotência essencial e da irrelevância prática de toda a verdadeira Filosofia e, nessa medida, presume-se, da Epistemologia. A Filosofia, dizem eles, não pode, pela sua própria natureza, ter quaisquer consequências significativas, não podendo, por isso, influenciar nem a Ciência nem a Política. Mas eu penso que as ideias são uma coisa perigosa e poderosa, e que até mesmo os filósofos têm ocasionalmente conseguido produzir algumas. Não duvido, na verdade, de que esta nova doutrina da impotência de toda a Filosofia seja amplamente refutada pelos factos.

A situação é realmente muito simples. A crença de um liberal — a crença na possibilidade de um Estado de Direito, de uma justiça igualitária, de direitos fundamentais e de uma sociedade livre — pode facilmente resistir ao reconhecimento de que os juízes não são omniscientes e podem enganar-se acerca dos factos, e que, na prática, em nenhum caso legal concreto se consegue jamais atingir uma justiça plena e absoluta. Mas a crença na possibilidade de um Estado de Direito, de Justiça e de Liberdade, dificilmente pode sobreviver à admissão de uma epistemologia que defende a inexistência de factos objetivos, não somente num dado caso em particular, mas em todo e qualquer caso que se considere; e para a qual o juiz não pode ter cometido um erro factual pelo simples motivo de que lhe é impossível estar errado — da mesma forma que lhe é impossível estar certo — acerca dos factos.

III

O grande movimento de libertação que teve início no Renascimento e que conduziu, através das muitas vicissitudes da Reforma e das guerras religiosas e revolucionárias, às sociedades livres em que os povos de expressão inglesa têm hoje o privilégio de viver, foi um movimento todo ele inspirado por um inigualável otimismo epistemológico, por uma visão extremamente otimista do poder humano de discernir a verdade e adquirir conhecimento.

No cerne desta nova e otimista perspetiva acerca da possibilidade do conhecimento, reside a doutrina de que *a verdade é manifesta*. De acordo com ela, é possível que a verdade esteja velada. Pode, todavia, desvelar-se.([2]) E se não se desvelar por si própria, poderá ser desvelada por nós. Não será, talvez, fácil remover o véu. Mas assim que a verdade nua surgir revelada perante os nossos olhos, nós teremos o poder de a ver, de a distinguir do que é falso e de saber assim que ela *é* a verdade.

O nascimento da ciência e da tecnologia modernas foi inspirado por esta epistemologia otimista, cujos principais representantes foram Bacon e Descartes. Ensinaram eles que homem nenhum necessita de recorrer à autoridade para saber o que é verdadeiro, visto cada um transportar em si as fontes do conhecimento — seja no poder de perceção dos seus sentidos, que pode aplicar à cuidadosa observação da Natureza, seja no seu poder de intuição intelectual, que pode utilizar para distinguir a verdade do erro, recusando-se a aceitar qualquer ideia que não tenha sido clara e distintamente percebida pelo intelecto.

O homem pode conhecer: por isso pode ser livre. É esta a fórmula que explica a conexão entre o otimismo epistemológico e as ideias do liberalismo.

Esta conexão tem por contraponto a conexão oposta. A descrença no poder da razão humana, no poder humano de discernir a verdade, está quase invariavelmente ligada à desconfiança no próprio homem. Desta forma, o pessimismo epistemológico surge historicamente associado a uma doutrina da depravação humana e tende a conduzir à exigência da instituição de tradições fortes, bem como à implantação de uma autoridade poderosa que salve o homem da sua loucura e perversidade. (Encontramos um notável esboço desta teoria do autoritarismo e um retrato do fardo que

---

([2]) Cf. as minhas citações: Espinosa, *Of God, Man and Human Happiness*, cap. 15 (passagens paralelas são: *Ética*, II, *escólio da proposição* 43: «Com efeito, tal como a luz se manifesta a si própria e torna manifestas as trevas, assim acontece com a verdade: é a norma de si mesma e a norma da falsidade.» *De intell. em.*, 35, 36; carta 76 [74], final do para. 5 [7]; Locke. *Cond. Underst.*, 3. (Cp. também *Romans*, I, 19, e cf. cap. 17, mais adiante.)

pesa sobre aqueles que estão em posição de autoridade na história do *Grande Inquisidor*, em *Os Irmãos Karamazov*, de Dostoiévski.)

Podemos dizer que o contraste entre pessimismo e otimismo epistemológico é fundamentalmente análogo ao existente entre tradicionalismo e racionalismo epistemológico. (Estou a empregar este último termo no seu sentido lato, que se contrapõe a irracionalismo e que abrange não só o intelectualismo cartesiano como o empirismo.) E isso uma vez que podemos interpretar o tradicionalismo como a convicção de que, na ausência de uma verdade objetiva e discernível, estamos confrontados com a escolha entre a autoridade da tradição e o caos; ao passo que o racionalismo, como é evidente, reclamou sempre o direito da razão e da ciência empírica de criticar e rejeitar qualquer tradição e qualquer autoridade como estando baseadas na pura irracionalidade, no preconceito ou na aleatoriedade.

IV

Não deixa de ser inquietante verificar que mesmo um estudo abstrato como a Epistemologia pura não seja tão puro quanto se poderia pensar (e Aristóteles acreditava), visto que as suas ideias podem ser, em larga medida, motivadas e inconscientemente inspiradas por esperanças políticas e sonhos utópicos. Este facto deveria constituir um aviso para o epistemólogo. Mas que pode ele fazer quanto a isso? Enquanto epistemólogo, tenho apenas um interesse: descobrir a verdade acerca dos problemas da Epistemologia, quer essa verdade se ajuste ou não às minhas ideias políticas. Mas não estarei eu sujeito a ser inconscientemente influenciado pelas minhas esperanças e convicções políticas?

Acontece que sou não apenas um misto de empirista e racionalista mas também um liberal (na aceção inglesa do termo); embora, justamente por o ser, sinta que pouco haverá de mais importante para um liberal do que submeter as várias teorias do liberalismo a uma rigorosa análise crítica.

Enquanto estava ocupado numa análise desse tipo, descobri o papel desempenhado por certas teorias epistemológicas no desenvolvimento das ideias liberais e, mais particularmente, o papel desempenhado pelas diversas formas de otimismo epistemológico. E concluí que, enquanto epistemólogo, tinha de rejeitar essas teorias epistemológicas como insustentáveis. Esta minha experiência pode ilustrar a ideia de que os nossos sonhos e esperanças não têm necessariamente de comandar as nossas conclusões e que, na procura da verdade, o nosso melhor plano pode ser o de começar por criticar as crenças que mais prezamos. É possível que este pareça a alguns um plano perverso. Mas não o parecerá àqueles que querem descobrir a verdade e não têm receio dela.

V

Ao examinar o otimismo epistemológico inerente a certas ideias do liberalismo, deparei com um feixe de doutrinas que, embora muitas vezes aceites de forma implícita, não têm sido, tanto quanto sei, explicitamente discutidas, ou sequer consideradas, por filósofos e historiadores. A mais importante de todas é aquela que já mencionei — a doutrina de que a verdade é manifesta. A mais estranha é a teoria conspiratória da ignorância, que é uma curiosa excrescência da doutrina da verdade manifesta.

Pela doutrina de que a verdade é manifesta refiro-me, como se lembrarão, à perspetiva otimista de que a verdade, se posta nua perante os nossos olhos, será sempre reconhecível como verdade. Por conseguinte, se a verdade não se revelar por si própria, terá apenas de ser desvelada ou descoberta. Uma vez isso feito, não haverá necessidade de mais discussão. Foram-nos dados olhos para ver a verdade, e a «luz natural» da razão para a discernir.

Esta doutrina está no cerne das filosofias de Descartes e Bacon. Descartes baseou a sua epistemologia otimista na importante teoria da *veracitas dei*. O que vemos clara e distintamente como verdadeiro tem de ser, de facto, verdadeiro, pois, se assim não fosse, Deus estaria a enganar-nos. A veracidade de Deus tem, por conseguinte, de tornar a verdade manifesta.

Em Bacon, encontramos uma doutrina similar, que poderia ser descrita como a doutrina da *veracitas naturae*, a veracidade da Natureza. A Natureza é um livro aberto. Aquele que a lê com uma mente pura não pode interpretá-la mal. Só se a sua mente estiver envenenada pelo preconceito é que ele se arrisca a cair em erro.

Esta última observação demonstra que a doutrina de que a verdade é manifesta torna necessário explicar a falsidade. O conhecimento, a posse da verdade, não precisam de explicação.

Mas como podemos nós cair em erro se a verdade é manifesta? A resposta é: pela nossa pecaminosa recusa em ver essa verdade manifesta; ou então, porque as nossas mentes albergam preconceitos inculcados pela educação e pela tradição, ou por outras influências maléficas que terão pervertido os nossos originalmente puros e inocentes espíritos. A ignorância pode ser obra de poderes que conspiram para nos manter ignorantes, para envenenar as nossas mentes, enchendo-as de falsidades, e para cegar os nossos olhos, de maneira a não poderem ver a verdade manifesta. Tais preconceitos e tais poderes serão, então, fontes de ignorância.

A teoria conspiratória da ignorância é razoavelmente bem conhecida na sua forma marxista como a conspiração de uma imprensa capitalista que perverte e suprime a verdade, enchendo as mentes dos trabalhadores de falsas ideologias. De entre essas ideologias, destacam-se, naturalmente, as doutrinas da religião. É surpreendente descobrir o quanto esta teoria marxista carece de originalidade. O sacerdote malévolo e fraudulento, que mantém o povo na ignorância, era uma personagem muito comum no século XVIII e foi, receio bem, uma das inspirações do liberalismo. Podemos reportá-la à crença protestante na conspiração da Igreja Romana, e também às crenças daqueles dissidentes que sustentavam opiniões semelhantes acerca da Igreja Oficial. (Noutra obra fiz remontar a pré-história desta crença a Crítias, tio de Platão. Ver o cap. 8, secção II da minha *Sociedade Aberta*.)

Esta curiosa crença numa conspiração é a quase inevitável consequência da convicção otimista de que a verdade e, por conseguinte, o bem têm de prevalecer, desde que à verdade seja dada, pelo menos, uma oportunidade justa. «Deixai-a lutar com a falsidade; quem é que alguma vez ouviu dizer que a verdade fosse derrotada num confronto livre e aberto?» (*Areopagitica*. Comparar com o provérbio francês, *La vérité triomphe toujours.*) Deste modo, quando a Verdade de Milton foi derrotada, a inferência necessária foi de que o confronto não havia sido livre e aberto. Se a verdade manifesta não prevaleceu era porque devia ter sido maldosamente suprimida. Podemos ver que uma atitude de tolerância baseada numa fé otimista na vitória da verdade pode ser facilmente abalada (cf. o artigo de J. W. N. Watkins sobre Milton em *The Listener*, de 22 de janeiro de 1959), uma vez que essa fé está sujeita a converter-se numa teoria da conspiração dificilmente conciliável com um espírito tolerante.

Eu não afirmo que não tenha havido nunca uma sombra de verdade nesta teoria da conspiração. Mas, em termos gerais, era um mito, tal como a teoria da verdade manifesta que lhe deu origem era, também ela, um mito.

E isto porque a simples verdade é que a verdade é muitas vezes difícil de encontrar e, uma vez encontrada, pode facilmente perder-se de novo. As crenças erróneas podem revelar uma espantosa capacidade para sobreviver durante milhares de anos, ao arrepio da experiência, com ou sem ajuda de qualquer conspiração. A história da Ciência e, especialmente, da Medicina, podia fornecer-nos um bom número de exemplos. Um exemplo é, na verdade, a própria teoria geral da conspiração. Refiro-me à ideia errada de que sempre que algo de mau acontece, tem de ser fruto da vontade maléfica de um poder maligno. Diversas formas desta ideia sobrevivem ainda nos nossos dias.

Por conseguinte, a epistemologia otimista de Bacon e de Descartes não pode ser verdadeira. No entanto, talvez o aspeto mais estranho desta história seja o facto de esta falsa epistemologia ter sido a inspiração predominante de uma revolução intelectual e moral sem paralelo na História. Encorajou os homens a pensar por si próprios. Deu-lhes esperança de, através do conhecimento, se libertarem a si mesmos e aos outros da servidão e da miséria. Tornou possível a ciência moderna. Converteu-se na base da luta contra a censura e a repressão da liberdade de pensamento e na base da consciência não-conformista, do individualismo e de um novo sentido da dignidade do homem; de uma exigência de educação universal e do sonho novo de uma sociedade livre. Fez os homens sentirem-se responsáveis por si próprios e pelos outros, e ansiosos por melhorar não só a sua própria condição como a dos seus semelhantes. Este é o caso de uma má ideia que inspirou muitas boas.

VI

Esta falsa epistemologia, contudo, teve também consequências desastrosas. A teoria de que a verdade é manifesta — que pode ser vista por qualquer um, conquanto este a queira ver — constitui a base de quase todas as espécies de fanatismo. Com efeito, só a maldade mais depravada se pode recusar a ver a verdade manifesta;

só aqueles que têm razões para temer a verdade conspiram para a suprimir.

Assim sendo, a teoria de que a verdade é manifesta não apenas produz fanáticos — homens dominados pela convicção de que todos aqueles que não veem essa verdade manifesta têm de estar possessos do demónio — mas pode também conduzir, embora talvez de forma menos direta do que uma epistemologia pessimista, ao autoritarismo. Isto acontece simplesmente porque a verdade não é, por via de regra, manifesta. A verdade alegadamente manifesta tem, por conseguinte, uma necessidade constante não só de interpretação e afirmação como também de reinterpretação e reafirmação. É preciso uma autoridade que pronuncie e estabeleça, a um ritmo quase diário, o que deve constituir essa verdade manifesta, e é possível que ela aprenda a fazê-lo de uma forma arbitrária e cínica. E muitos epistemólogos desiludidos abandonarão o seu anterior otimismo e erigirão uma esplendorosa teoria autoritarista sobre a base de uma epistemologia pessimista. Parece-me que o maior epistemólogo de todos, Platão, exemplifica este trágico desenvolvimento.

VII

Platão desempenha um papel decisivo na pré-história da doutrina cartesiana da *veracitas dei* — a doutrina que nos afiança que a nossa intuição intelectual não nos engana porque Deus é verdadeiro e não nos iludiria; ou, por outras palavras, a doutrina segundo a qual o nosso intelecto é uma fonte de conhecimento porque Deus é uma fonte de conhecimento. Esta doutrina tem uma longa história que pode ser facilmente recuada até, pelo menos, Homero e Hesíodo.

Para nós, o hábito de referir as fontes poderia parecer natural num erudito ou num historiador, e é talvez um pouco surpreendente descobrir que tem, afinal, origem nos poetas. Mas tem. Os poetas gregos referem-se às fontes do seu conhecimento. Essas fontes são divinas: são as Musas. «[...]os bardos gregos», observa Gilbert Murray (*The Rise of the Greek Epic*, 3.ª ed., 1924, p. 96), «devem sempre às Musas não apenas aquilo que chamaríamos a sua inspiração, mas o seu efetivo conhecimento dos factos. As Musas "estão presentes e conhecem todas as coisas" [...] Hesíodo [...]

explica sempre que o seu conhecimento está dependente das Musas. É verdade que reconhece a existência de outras fontes [...] Mas, na maioria das vezes, consulta as Musas [...] E o mesmo faz Homero em matérias como o catálogo do exército grego.»

Como esta citação demonstra, os poetas tinham o hábito de reivindicar não só fontes divinas de inspiração, como fontes divinas de conhecimento — garantes divinos da verdade das suas histórias.

Estas duas precisas reivindicações foram feitas também pelos filósofos Heraclito e Parménides. Heraclito, segundo parece, via-se a si próprio como um profeta que «fala com [...] boca delirante [...] possuído pelo deus» — por Zeus, fonte de toda a sabedoria (DK([3]), B 92, 32; cf. 93, 41, 64, 50). E Parménides, quase poderíamos dizê-lo, constitui o elo perdido entre Homero e Hesíodo, por um lado, e Descartes, por outro. A sua estrela-guia e inspiração é a deusa *Diké*, descrita por Heraclito (DK, B 28) como a guardiã da verdade. Parménides descreve-a como a guardiã e protetora das chaves da verdade, e como a fonte de todo o seu conhecimento. Mas Parménides e Descartes têm mais em comum do que a doutrina da veracidade divina. Parménides, por exemplo, é informado pelo seu garante divino da verdade de que, para distinguir entre a verdade e o erro, tem de confiar unicamente no intelecto, excluindo os sentidos da vista, do ouvido e do paladar. (Cf. Heraclito, B 54, 123; 88 e 126 aludem a mudanças *inobserváveis* que produzem opostos observáveis.) E mesmo o princípio da teoria física de Parménides, que este, à semelhança de Descartes, fundamenta na sua teoria intelectualista do conhecimento, é idêntico ao adotado por este último: é a impossibilidade de um vazio, a necessária repleção do mundo.

No *Íon* de Platão, é feita uma clara distinção entre a inspiração divina — o delírio divino do poeta — e as fontes ou origens divinas do verdadeiro conhecimento. (O tópico surge mais desenvolvido no *Fedro*, em especial a partir de 259e; e em 257b-c Platão insiste mesmo, tal como Harold Cherniss me fez notar, na distinção entre questões de origem e de verdade.) Platão admite que os poetas são inspirados, mas nega-lhes qualquer autoridade divina no seu alegado conhecimento dos factos. Não obstante, a doutrina da origem divina do nosso conhecimento desempenha um papel decisivo na célebre teoria platónica da *anamnésis* que, até

([3]) DK = Diels-Kranz, *Fragmente der Vorsokratiker*.

certo ponto, outorga a todos os homens a posse de fontes divinas de conhecimento. (O conhecimento considerado por esta teoria é o conhecimento da *essência* ou *natureza* de uma coisa, e não o de um facto histórico concreto.) De acordo com o *Mênon* (81b-d) de Platão, não existe nada que a nossa alma imortal não tenha conhecido antes do nascimento. De facto, se todas as naturezas têm origem e carácter comum, a nossa alma tem de ser aparentada com todas elas. Consequentemente, conhece-as a todas: conhece todas as coisas. (Relativamente ao parentesco e ao conhecimento, cf. igualmente: *Fedro*, 79d; *República*, 611d; *Leis*, 899d.) Ao nascer, esquecemos; mas podemos recuperar a nossa memória e o nosso conhecimento, ainda que apenas parcialmente. Só voltando a ver a verdade, poderemos reconhecê-la. Todo o conhecimento será, nessa medida, um re-conhecimento — a relembrança ou recordação da essência ou verdadeira natureza que outrora conhecemos. (Cp. *Fedro*, 72e ss.; 75e.)

Esta teoria significa que a nossa alma está num estado divino de omnisciência enquanto habita e participa num mundo divino de ideias, essências ou naturezas, anterior ao seu nascimento. O nascimento de um homem é a sua perda da graça, a sua queda de um estado natural ou divino de conhecimento; e constitui, nessa medida, a origem e causa da sua ignorância. (Pode encontrar-se aqui a semente da ideia de que a ignorância é pecado, ou está, pelo menos, relacionada com o pecado; cp. *Fedro*, 76d.)

Existe claramente uma estreita ligação entre esta teoria da *anamnésis* e a doutrina da origem ou fonte divina do nosso conhecimento. Ao mesmo tempo, existe também uma estreita ligação entre a teoria da *anamnésis* e a doutrina da verdade manifesta: se nós, mesmo no nosso depravado estado de esquecimento, virmos a verdade, não poderemos deixar de a reconhecer enquanto tal. Deste modo, em consequência da *anamnésis*, a verdade readquire a condição daquilo que não é esquecido nem ocultado (*alethes*): é aquilo que é manifesto.

Sócrates demonstra-o numa bela passagem do *Mênon* em que ajuda um jovem escravo inculto a «recordar» a prova de um exemplo particular do teorema de Pitágoras. Aqui está, na verdade, uma epistemologia otimista que é também a raiz do cartesianismo. No *Mênon*, Platão estaria, segundo parece, consciente do carácter francamente otimista da sua teoria, visto tê-la descrito como uma doutrina que torna os homens ávidos por aprender, investigar e descobrir.

A desilusão deve, contudo, ter-se abatido sobre ele, uma vez que na *República* (e também no *Fedro*) encontramos o dealbar de uma epistemologia pessimista. Na célebre história dos prisioneiros da caverna (514 ss.), Platão revela que o mundo da nossa experiência mais não é do que uma sombra, um reflexo, do mundo real. E demonstra que, ainda que um dos prisioneiros conseguisse escapar da caverna e enfrentasse o mundo real, as dificuldades que experimentaria na visão e compreensão desse mundo seriam quase insuperáveis — para já não falar das dificuldades que teria em fazer compreender os que haviam ficado para trás. De facto, para Platão, as dificuldades que se colocam ao entendimento do mundo real são quase sobre-humanas, e serão pouquíssimos, se é que alguns, os que conseguem alcançar o estado divino de compreensão do mundo real — o estado divino do verdadeiro conhecimento, da *episteme*.

Esta é uma teoria pessimista relativamente a quase todos os homens, com algumas exceções (pois ensina que a verdade pode ser atingida por uns poucos — os eleitos. No que a estes se refere é até, poderíamos dizê-lo, de um otimismo mais imoderado do que a doutrina de que a verdade é manifesta). As consequências, em termos de autoritarismo e tradição, desta teoria pessimista foram plenamente desenvolvidas nas *Leis*.

Encontramos assim em Platão a primeira transição de uma epistemologia otimista para uma pessimista. Constituem ambas a base de duas filosofias diametralmente opostas do Estado e da sociedade: por um lado, um racionalismo antitradicionalista, antiautoritário, revolucionário e utópico, de tipo cartesiano; e, por outro, um tradicionalismo autoritarista.

É bem possível que este desenvolvimento esteja relacionado com o facto de que a ideia de uma queda epistemológica do homem possa ser interpretada não apenas no sentido da doutrina otimista da *anamnésis* mas também num sentido pessimista.

Nesta última interpretação, a queda do homem condena todos os mortais — ou a sua quase totalidade — à ignorância. Penso que podemos discernir na história da caverna (e, talvez, também na história da queda da cidade, quando as Musas e o seu divino ensinamento são esquecidos — cf. *República* 546d) um eco de uma interessante forma mais antiga desta ideia. Tenho em mente a doutrina de Parménides de que as opiniões dos mortais são ilusórias e fruto de uma convenção inapropriada. (É possível que esta ideia provenha da doutrina de Xenófanes de que todo o conhecimento humano é conjetural e de que as suas próprias teorias são, na melhor das hipóteses, meramente *similares à verdade*.[⁴]) Essa convenção inapropriada é uma convenção linguística: consiste em *dar nomes* ao que não existe. A ideia de uma queda epistemológica do homem pode, talvez, ser encontrada, como Karl Reinhardt sugeriu, naquelas palavras da deusa que assinalam a transição do caminho da verdade para o caminho da opinião ilusória:(⁵)

> Mas irás também aprender de que modo a opinião ilusória,
> Destinada a ser tomada como real, ia rompendo caminho por entre todas as coisas [...]
>
> Agora deste mundo arranjado para se assemelhar inteiramente à verdade te falarei eu;
> Após o que não mais serás desencaminhado pelas ideias dos mortais.

Desta forma, ainda que a queda afete todos os homens, a verdade pode ser revelada aos eleitos por um ato de graça — mesmo a verdade acerca do mundo irreal das ilusões, opiniões, ideias convencionais e decisões dos mortais: o mundo irreal da aparência, destinado a ser aceite e aprovado como real.(⁶)

A revelação recebida por Parménides e a sua convicção de que alguns podem alcançar a certeza, tanto acerca do mundo imutável da realidade eterna como acerca do mundo irreal e mutável da

---

(⁴) O fragmento de Xenófanes a que aqui se faz alusão é o DK, B 35, citado no cap. 5, secção XII deste livro, mais à frente. Para a ideia de *verosimilhança* — de uma doutrina que corresponde parcialmente aos factos (e que pode, nessa medida, ser «*tomada como real*», como Parménides aqui diz) — ver em especial pp. 320 ss., onde *verosimilitude* é comparada com *probabilidade*, e as Adendas 3, 4, 6 e 7.

(⁵) Cf. Karl Reinhardt, *Parménides*, 2.ª ed., p. 26; cf. também pp. 5–11 para o texto de Parménides, DK, B 1: 31–32, que são as duas primeiras linhas aqui citadas. A minha terceira linha é Parménides, DK, B 8: 60; cf. Xenófanes, B 35. A minha quarta linha é Parménides, DK, B 8: 61.

(⁶) É interessante confrontar esta visão pessimista da necessidade do erro com o otimismo de Descartes ou de Espinosa, que desdenha (carta 76 [74], parágrafo 5 [7]) daqueles «que sonham com um espírito impuro que nos inspira ideias falsas semelhantes a verdadeiras» (*veris similes*); ver também cap. 10, secção XIV e Adenda 6, mais adiante.

verosimilhança e da ilusão, foram duas das principais inspirações da filosofia platónica. Este foi um tema que Platão incessantemente abordou, oscilando entre a esperança, o desespero e a resignação.

VIII

Todavia, o que aqui nos interessa é a epistemologia otimista de Platão, a teoria da *anamnésis* no *Mênon*. Nela se encontram, segundo creio, não apenas os germes do intelectualismo de Descartes mas também os das teorias da indução de Aristóteles e, em particular, de Bacon.

O escravo de Mênon foi ajudado pelas perguntas judiciosas de Sócrates a recordar ou recuperar o conhecimento olvidado que a sua alma possuía no estado de omnisciência pré-natal. Era, segundo penso, a este famoso método socrático, designado no *Teeteto* por arte de parteira ou *maiêutica*, que Aristóteles se referia quando disse (*Metafísica*, 1078b17–33; ver também 987b1) que fora Sócrates o inventor do método da indução.

Aristóteles, e também Bacon — sugiro esta ideia — entendiam por «indução» não tanto a inferência de leis universais a partir da observação de casos particulares como um método pelo qual somos conduzidos ao ponto em que podemos intuir ou perceber a essência ou verdadeira natureza de uma coisa.([7]) Mas este é precisamente, tal como vimos, o objetivo da *maiêutica* de Sócrates: a sua

---

([7]) Para Aristóteles, «indução» *(epagoge)* significava, pelo menos, duas coisas diferentes, que ele por vezes associava. Uma é um método pelo qual somos «levados a intuir o princípio geral» (*Anal. Pr.* 67a 22 s., sobre a *anamnésis* no *Mênon*; *An. Post.*, 71a 7). O outro (*Tópicos* 105a 13, 156a 4; 157a 34; *Anal. Posteriora* 78a 35; 81b 5 ss.) é um método de *aduzir* (determinadas) *provas* — provas *positivas*, em vez de provas *críticas* ou contraexemplos. O primeiro método parece-me ser o mais antigo, e o que melhor se pode relacionar com Sócrates e o seu método *maiêutico* da crítica e dos contraexemplos. O segundo método parece ter origem na tentativa de sistematizar logicamente a indução ou, como diz Aristóteles (*Anal. Priora*, 68b 15 ss.), construir um «silogismo válido que decorra da indução». Este, para ser válido, tem obviamente de ser um silogismo de indução perfeita ou completa (enumeração completa de exemplos); e a indução comum, no sentido do segundo método aqui mencionado, será apenas uma forma enfraquecida (e inválida) deste silogismo válido. (Cp. a minha *Sociedade Aberta*, nota 33 do cap. 11.)

finalidade é ajudar-nos a chegar — ou conduzir-nos — à *anamnésis*. E a *anamnésis* é o poder de ver a verdadeira natureza ou essência de uma coisa, essa natureza ou essência com que estávamos em contacto antes do nascimento, antes da nossa queda do estado de graça. Deste modo, os objetivos das duas, *maiêutica* e indução, são os mesmos. (Diga-se, a propósito, que Aristóteles explicou que o resultado de uma indução — a intuição da essência — devia ser expresso por uma definição dessa essência.)

Examinemos agora mais de perto estes dois procedimentos. A arte *maiêutica* de Sócrates consiste essencialmente em fazer perguntas destinadas a destruir preconceitos, crenças falsas — que são frequentemente crenças tradicionais ou em voga — e respostas falsas, dadas num espírito de presunção ignorante. Sócrates, ele mesmo, não tem pretensões de saber. A sua atitude é descrita por Aristóteles com estas palavras: «Sócrates levantava questões mas não apresentava respostas, pois confessava que nada sabia.» (*Sofista*, *El.*, 183b7; cf. *Teeteto*, 150c, 157c, 161b.) A *maiêutica* de Sócrates não é, por conseguinte, uma arte que vise transmitir qualquer crença, mas uma arte que tem por fim expurgar ou purificar (cf. a alusão à *anfidrómia* no *Teeteto* 160e; cp. *Fedro*, 67b, 69b/c) a alma das suas crenças erróneas, do seu conhecimento aparente, dos seus preconceitos. Consegue-o através de nos ensinar a duvidar das nossas próprias convicções.

Um procedimento fundamentalmente idêntico está também presente na indução de Bacon.

IX

A estrutura da teoria da indução de Bacon é a que passo a explicar. No *Novum Organum*, Bacon faz uma distinção entre método verdadeiro e método falso. A designação que atribui ao método verdadeiro, *interpretatio naturae*, é geralmente traduzida por «interpretação da natureza»; e o seu nome para o método falso, *anticipatio mentis*, por «antecipação da mente». Por muito óbvias que possam parecer, estas traduções são enganadoras. Aquilo que Bacon pretende dizer com *interpretatio naturae* é, sugiro eu, a leitura ou, melhor ainda, a *decifração do livro da Natureza*. (Galileu, numa célebre passagem do seu *Il Saggiatore*, secção 6, que me foi gentilmente recordada por Mario Burge, fala d' «esse grande livro colocado ante os nossos olhos — isto é, o Universo»; cf. *O Discurso do Método* de Descartes, secção 1.)

O termo «interpretação» tem, no Inglês moderno, um tom marcadamente subjetivista ou relativista. Quando falamos da interpretação de Rudolf Serkin do *Emperor Concerto*, está implícito que existem diferentes interpretações, mas que aquela é de Serkin. Não queremos, obviamente, sugerir que Serkin não seja o melhor, o mais fiel, o mais próximo das intenções de Beethoven. Mas, ainda que possamos ser incapazes de imaginar que haja uma interpretação melhor, ao usar esse termo «interpretação», estamos a indicar que existem outras interpretações ou leituras, deixando em aberto a questão de saber se algumas delas poderão ou não ser igualmente verdadeiras.

Utilizei aqui a palavra «leitura» como sinónimo de «interpretação», não apenas por os dois sentidos serem tão semelhantes, mas também porque «leitura» e «ler» sofreram uma modificação análoga à de «interpretação» e «interpretar» — excluindo o facto de, no caso de «leitura», ambos os significados estarem ainda em pleno uso. Na frase «Eu li a carta do João», encontramos o sentido comum, não-subjetivista. Mas «Eu li esta passagem da carta do João de forma muito diferente», ou, talvez, «A minha leitura desta passagem é muito diferente», pode ilustrar um significado posterior, subjetivista ou relativista, da palavra «leitura».

Eu afirmo que o significado de «interpretar» (embora não no sentido de «traduzir») sofreu uma alteração idêntica, com a diferença de que o significado original — talvez o de «ler em voz alta para os que não são capazes de ler por si» — está hoje praticamente perdido. Hoje em dia, até a frase «o juiz tem de interpretar a lei» significa que ele tem uma certa liberdade na sua interpretação, ao passo que no tempo de Bacon teria significado que o juiz tinha o dever de ler a lei tal como estava escrita, e de a expor e interpretar da única forma considerada correta. *Interpretatio juris* (ou *legis*) tem este significado, ou o de exposição da lei ao leigo (cp. Bacon, *De Augmentis* VI, xlvi; e T. Manley, *The Interpreter:* [...] *Obscure Words and Terms used in the Laws of this Realm*, 1672); não deixa, pois, qualquer liberdade ao intérprete legalista — em todo o caso, não mais do que seria permitido a um intérprete ajuramentado ao traduzir um documento legal.

A tradução por «a interpretação da natureza» é, portanto, enganadora; deveria ser substituída por algo como «a (verdadeira) leitura da natureza», análogo a «a (verdadeira) leitura da lei». E eu sou da opinião de que o que Bacon queria dizer era «lendo o livro da Natureza tal como ele é», ou, melhor ainda, «decifrando o livro da Natureza». A questão é que a frase deveria sugerir o evitamento de qualquer interpretação no sentido moderno, e que *não* deveria conter, mais especificamente, qualquer sugestão de uma tentativa de interpretar o que é manifesto na Natureza à luz de causas não-manifestas ou de hipóteses — pois tudo isso seria uma *anticipatio mentis* no sentido de Bacon. (É um erro, penso, atribuir a Bacon a ideia de que as hipóteses — ou conjeturas — podem ser consequência do seu método indutivo. Na verdade, a indução baconiana conduz a um conhecimento *certo*, e não conjetural.)

No que diz respeito ao significado de *antecipatio mentis*, basta-nos apenas citar Locke: «os homens entregam-se às primeiras antecipações das suas mentes» (*Conduct Underst.*, 26). Esta é, praticamente, uma tradução de Bacon; e deixa bem claro que *antecipatio* significa «preconceito» ou até mesmo «superstição». Podemos igualmente referir a expressão *antecipatio deorum*, que significa albergar ideias ingénuas, primitivas ou supersticiosas acerca dos deuses. Mas, para esclarecer ainda melhor a questão: «preconceito» (cf. Descartes, *Princ.* I, 50) deriva de um termo legal e, de acordo com o *Oxford English Dictionary*, terá sido Bacon a introduzir o verbo «to prejudge» na língua inglesa, no sentido de «julgar antecipadamente de modo desfavorável» — ou seja, em violação do dever de juiz.

Os dois métodos são, por conseguinte: (1) «o decifrar do livro aberto da Natureza» — que conduz ao conhecimento ou *episteme;* e (2) «o preconceito da mente que indevidamente pré-julga, e julga talvez erradamente, a Natureza» — que conduz à *doxa*, ou mera suposição, e à interpretação incorreta do livro da Natureza. Este último método, rejeitado por Bacon, é, de facto, um método de interpretação, no sentido moderno da palavra. É o *método da conjetura ou hipótese* (um método do qual eu sou, diga-se de passagem, um convicto defensor).

De que modo poderemos nós preparar-nos para ler adequada ou fielmente o livro da Natureza? A resposta de Bacon é: expurgando as nossas mentes de todas as antecipações, conjeturas, suposições ou preconceitos (*Nov. Org.* i, 68, 69 fim). Há diversos passos a dar no sentido dessa expurgação. Em primeiro lugar, temos de nos libertar de todas as espécies de «ídolos» ou crenças falsas commumente aceites, na medida em que estes distorcem as nossas observações (Nov. Org. i, 97). Mas temos também, e à semelhança de Sócrates, de procurar todo o tipo de contraexemplos capazes de destruir os nossos preconceitos acerca daquilo cuja verdadeira essência ou natureza desejamos descobrir. Tal como Sócrates, mediante a depuração dos nossos intelectos, temos de preparar as nossas almas para enfrentar a luz eterna das essências ou naturezas (cf. S. Agostinho, *Civ. Dei*, VIII, 3): os nossos impuros preconceitos têm de ser exorcizados pela invocação de contraexemplos (*Nov. Org.* II, pp. 16 ss.). Só depois de as nossas almas terem sido purificadas desta forma é que poderemos dar início à tarefa de decifrar aplicadamente o livro aberto da Natureza, a verdade manifesta.

Tendo tudo isto em consideração, sugiro que a indução baconiana (e também a aristotélica) é basicamente idêntica à *maiêutica* de Sócrates; ou seja, é a preparação da mente, pela depuração dos seus preconceitos, no sentido de a tornar capaz de reconhecer a verdade manifesta, ou de ler o livro aberto da Natureza.

O método cartesiano da dúvida sistemática é também, fundamentalmente, o mesmo: é um método de destruição de todos os falsos preconceitos da mente, com vista a alcançar a inabalável base da verdade autoevidente.

Podemos ver agora mais claramente como é que, nesta epistemologia otimista, o estado de conhecimento é o estado natural ou puro do homem, o estado dos olhos inocentes que conseguem ver a verdade. Em contrapartida, o estado de ignorância terá origem na lesão que esses olhos sofreram aquando da perda da graça — uma lesão que poderá ser parcialmente sarada mediante um processo de purificação. E podemos ver mais nitidamente porque é que esta epistemologia, não apenas no modelo de Descartes, mas também no de Bacon, permanece essencialmente uma doutrina religiosa em que a fonte de todo o conhecimento é a autoridade divina.

Poderíamos dizer que, encorajado pelas «essências» ou «naturezas» divinas de Platão e pela tradicional oposição grega entre a autenticidade da Natureza e a falsidade das convenções humanas, Bacon, na sua epistemologia, substitui «Deus» por «Natureza». Pode ser esta a razão por que temos de nos purificar antes de nos podermos aproximar da deusa *Natura*: quando tivermos purificado as nossas mentes, até mesmo os nossos sentidos, por vezes falíveis (e tidos como irremediavelmente impuros por Platão), estarão puros. As fontes do conhecimento têm de ser mantidas puras, uma vez que qualquer impureza se pode tornar numa fonte de ignorância.

X

A despeito do carácter religioso das suas epistemologias, os ataques de Bacon e Descartes contra o preconceito e contra as crenças tradicionais que descuidada ou irrefletidamente albergamos são claramente antiautoritários e antitradicionalistas. Ambos exigem, com efeito, que nos libertemos de todas as crenças, à exceção daquelas cuja verdade tenhamos por nós mesmos discernido. E os seus ataques tinham, certamente, por alvo a autoridade e a tradição. Faziam parte da guerra contra a autoridade que, naquela época, estava na moda travar — a guerra contra a autoridade de Aristóteles e a tradição das escolas. Os homens não precisavam dessas autoridades se podiam distinguir a verdade por si mesmos.

Não creio, porém, que Bacon e Descartes tenham conseguido libertar as suas epistemologias da autoridade. Não tanto por terem feito apelo a uma autoridade religiosa — a Natureza ou Deus — mas por uma razão ainda mais profunda.

Apesar das suas tendências individualistas, nenhum deles ousou apelar para o nosso juízo crítico — o vosso ou o meu —, talvez por terem sentido que isso poderia conduzir ao subjetivismo e à arbitrariedade. Contudo, independentemente de qual possa ter sido a razão, e por muito que o desejassem, foram certamente incapazes de deixar de pensar em termos de autoridade. Conseguiram apenas substituir uma autoridade — a de Aristóteles e da Bíblia — por outra. Recorreram, cada um deles, a uma nova autoridade — um, à *autoridade dos sentidos*, o outro, à *autoridade do intelecto*.

Significa isto que falharam em resolver o grande problema: como podemos nós admitir que o nosso conhecimento é uma questão humana — toda ela demasiado humana — sem com isso simultaneamente implicar que todo ele se reduz a fantasias individuais e à arbitrariedade?

Este problema já tinha sido, no entanto, visto e resolvido há muito tempo: primeiro, segundo parece, por Xenófanes, depois por Demócrito, e a seguir por Sócrates (pelo Sócrates da *Apologia*, não do *Mênon*). A solução reside na compreensão de que todos nós podemos errar, e frequentemente fazemo-lo, quer individual, quer coletivamente, mas que esta mesma ideia do erro e falibilidade humana envolve uma outra: a ideia da *verdade objetiva*, o modelo que podemos não conseguir atingir. A doutrina da falibilidade não deveria ser, nessa medida, considerada como parte da epistemologia pessimista. Ela implica que podemos procurar a verdade, a verdade objetiva, ainda que na maioria das vezes possamos falhá-la por uma larga margem. E implica também que, se respeitarmos a verdade, teremos de a procurar, procurando persistentemente os nossos erros, por meio de uma infatigável crítica — e autocrítica — racional.

Erasmo de Roterdão tentou ressuscitar esta doutrina socrática — a importante, embora discreta, doutrina do «Conhece-te a ti mesmo e reconhece quão pouco sabes!». No entanto, esta doutrina foi banida pela crença de que a verdade é manifesta e pela nova confiança do homem em si próprio, exemplificada e ensinada de diferentes modos por Lutero e Calvino, Bacon e Descartes.

É importante compreender, neste contexto, a diferença entre a dúvida cartesiana e a dúvida de Sócrates, de Erasmo ou de Montaigne. Enquanto Sócrates duvidava do conhecimento ou sabedoria humana, e se manteve firme no seu repúdio de qualquer pretensão no que a eles se referia, Descartes duvidou de tudo — mas apenas para acabar na posse de um conhecimento *absolutamente seguro*. Descartes descobriu, de facto, que a sua dúvida universal o levaria a duvidar da veracidade de Deus, o que seria absurdo. Tendo provado que a dúvida universal é absurda, concluiu que *podemos* conhecer com segurança, que *podemos* ser sábios, se distinguirmos, à luz natural da razão, entre as ideias claras e distintas, cuja fonte é Deus, e todas as outras ideias cuja fonte é a nossa própria imaginação impura. A dúvida cartesiana é, como vemos, um mero instrumento *maiêutico* para estabelecer um critério de verdade e, com ele, um modo de assegurar o conhecimento e a sabedoria. Para o Sócrates da *Apologia*, a sabedoria consistia, porém, na consciência das nossas limitações; consistia em saber quão pouco sabemos, todos e cada um de nós.

Foi esta doutrina de uma falibilidade humana essencial que Nicolau de Cusa e Erasmo de Roterdão (que se referiu a Sócrates) trouxeram de novo à luz; e foi esta doutrina «humanista» (em contraste com a doutrina otimista em que Milton confiava, a doutrina de que a verdade prevalecerá) que Nicolau e Erasmo, Montaigne, Locke e Voltaire, seguidos por John Stuart Mill e Bertrand Russell, converteram na base da doutrina da tolerância. «O que é a tolerância?», pergunta Voltaire no seu *Dicionário Filosófico*. E responde: «É uma consequência necessária da nossa humanidade. Todos somos falíveis e propensos a errar. Perdoemo-nos então uns aos outros pelas nossas loucuras. É este o primeiro princípio do direito natural.» (Mais recentemente, a doutrina da falibilidade tornou-se na base de uma teoria da liberdade política — ou seja, da ausência de coerção. Vd. F. A. Hayek, *The Constitution of Liberty*, especialmente pp. 22 e 29.)

XI

Bacon e Descartes instauraram a nova autoridade da observação e da razão e implantaram-na no interior de cada homem individual. Mas, ao fazê-lo, cindiram-no em duas partes: uma parte superior, investida de autoridade relativamente à verdade — as observações de Bacon, o intelecto de Descartes — e uma parte inferior. É essa parte inferior que constitui o nosso «eu» vulgar, o velho Adão em nós; pois, se a verdade é manifesta, somos sempre «nós próprios» os únicos responsáveis pelo erro. É sobre nós, com os *nossos* preconceitos, a *nossa* negligência, a *nossa* teimosia, que a culpa recai; somos nós, nós mesmos, a fonte da nossa ignorância.

Estamos assim divididos numa parte humana, nós próprios, a parte que é fonte das nossas opiniões falíveis *(doxa)*, dos nossos erros e da nossa ignorância; e uma parte sobre-humana, como os sentidos ou o intelecto, que são as fontes do verdadeiro conhecimento *(episteme)* e cuja autoridade sobre nós é quase divina.

Mas esta explicação não colhe, pois nós sabemos que a física de Descartes, por muito admirável que fosse sob diversos aspectos, estava errada. Baseava-se, no entanto, apenas em ideias que, pensava ele, eram claras e distintas e que, nessa medida, se deveriam ter revelado verdadeiras. E no que se refere à autoridade dos sentidos como fontes do conhecimento, o facto de estes não serem fiáveis já era conhecido dos antigos mesmo antes de Parménides — por exemplo, de Xenófanes e Heraclito e, evidentemente, de Demócrito e Platão (cp. mais à frente).

É estranho que este ensinamento da Antiguidade tenha podido passar quase ignorado pelos empiristas modernos, incluindo os fenomenalistas e os positivistas. É, todavia, ignorado na maioria dos problemas que colocam, bem como nas soluções que para eles propõem. A razão é esta: eles estão convencidos de que não são os nossos sentidos que erram, mas que somos sempre «nós próprios» que erramos *na nossa interpretação* do que nos é «dado» pelos sentidos. Os nossos sentidos dizem a verdade, mas nós podemos errar quando, por exemplo, tentamos pôr em *linguagem — linguagem convencional, criada pelo homem e, como tal, imperfeita* — o que eles nos dizem. É a nossa descrição linguística que é deficiente, uma vez que pode estar impregnada de preconceitos.

(A nossa linguagem de origem humana era, por conseguinte, culpada. Mas depois descobriu-se que também ela nos fora «dada», num importante sentido: que incorporava a sabedoria e a experiência de muitas gerações e que não devia ser responsabilizada por a usarmos incorretamente. Deste modo, também a linguagem se converteu numa autoridade fidedigna que nunca nos poderia enganar. E, se nos deixamos cair em tentação e usamos a linguagem em vão, somos nós os culpados pelos problemas daí advenientes. A Linguagem é um deus possessivo, e não julgará inocente aquele que invocar em vão as suas palavras, antes o lançará nas trevas e na confusão).

Culpando-nos a *nós* e à nossa linguagem (ou ao mau uso que Dela fazemos), é possível sustentar a divina autoridade dos sentidos (e até da Linguagem). Mas é possível somente à custa do alargamento da distância entre essa autoridade e nós: entre as fontes puras de onde podemos obter um conhecimento autorizado da verídica deusa Natureza e os nossos impuros e culpados eus — entre Deus e o homem. Tal como já foi referido, esta ideia da veracidade da Natureza que, segundo creio, pode ser discernida em Bacon, deriva dos gregos. Faz parte da oposição clássica entre *natureza* e *convenção* humana que, de acordo com Platão, seria procedente de Píndaro. Encontramo-la igualmente em Parménides, sendo identificada por este último e por alguns sofistas (como, por exemplo, Hípias) — e também, em parte, pelo próprio Platão — como a oposição entre verdade divina e erro humano, ou mesmo falsidade. Depois de Bacon, e sob a sua influência, a ideia de que a Natureza é divina e verdadeira, e de que todo o erro ou falsidade se deve ao carácter falacioso das nossas convenções humanas, continuou a desempenhar um papel fundamental não apenas na história da Filosofia, da Ciência e da Política, mas também na história das Artes Visuais. É o que podemos verificar, por exemplo, nas interessantíssimas teorias de Constable acerca da Natureza, da veracidade, do preconceito e da convenção, citadas em *Art and Ilusion*, de E. H. Gombrich. E foi uma ideia que desempenhou igualmente o seu papel na história da Literatura e até da Música.

XII

Poderá a estranha ideia de que se pode decidir da veracidade de um enunciado indagando acerca das suas fontes — ou seja, da sua origem — ser explicada como decorrendo de um qualquer erro lógico passível de ser esclarecido? Ou não conseguiremos mais do que explicá-la em termos de crenças religiosas, ou em termos psicológicos — relacionando-a, talvez, com a autoridade parental? Penso que é, na verdade, possível distinguir aqui um erro lógico ligado à estreita analogia entre o *significado* das nossas palavras, termos ou conceitos, e a *verdade* dos nossos enunciados ou proposições (ver quadro).

IDEIAS
ou seja

DESIGNAÇÕES OU TERMOS OU CONCEITOS	ENUNCIADOS OU PROPOSIÇÕES OU TEORIAS

podem ser formulados em

PALAVRAS	ASSERÇÕES

que podem ser

SIGNIFICATIVAS	VERDADEIRAS

e o seu/a sua

SIGNIFICADO	VERDADE

pode ser reduzido/a por meio de

DEFINIÇÕES	DERIVAÇÕES

ao/à de

CONCEITOS INDEFINIDOS	PROPOSIÇÕES PRIMITIVAS

a tentativa de determinar (e não de reduzir) por este meio o seu/a sua

SIGNIFICADO	VERDADE

conduz a uma regressão infinita

É fácil ver que o significado das nossas palavras tem, de facto, alguma relação com a sua história ou origem. Uma palavra é, logicamente considerada, um signo convencional. Psicologicamente considerada, é um signo cujo significado é estabelecido pelo uso, costume ou associação. Do ponto de vista lógico, o seu significado é, na verdade, determinado por uma decisão inicial — algo como uma definição ou convenção primária, uma espécie de contrato social originário. E, do ponto de vista psicológico, o seu significado foi determinado quando originariamente aprendemos a usá-la, quando primeiramente constituímos os nossos hábitos e associações linguísticas. Haverá, nessa medida, alguma razão de ser na queixa do jovem aluno acerca da desnecessária artificialidade do francês, em que «pain» significa pão, enquanto o inglês, pensa ele, é tão mais natural e compreensível ao chamar «dor» (pain) à dor e «pão» (bread) ao pão. Ele pode compreender perfeitamente a convenção do uso, mas exprime o sentimento de que não há qualquer motivo para que as convenções originais — originais para ele — não sejam obrigatórias. Assim, o seu erro poderá consistir no mero esquecimento de que podem existir diferentes convenções originais igualmente obrigatórias. Mas quem não terá nunca cometido, implicitamente, este mesmo erro? Muitos de nós terão dado por si surpreendidos ao descobrir que em França até as crianças pequenas falam fluentemente francês. É claro que nos rimos da nossa própria ingenuidade. Mas já não rimos do polícia que descobre que o *verdadeiro nome* do homem que se chamava «Samuel Jones» era, afinal, John Smith — ainda que se encontre aqui, sem dúvida, um último vestígio da crença mágica de que adquirimos poder sobre um homem, um deus ou espírito, ao tomarmos conhecimento do seu *verdadeiro* nome: pronunciando-o, podemos convocá-lo ou citá-lo judicialmente.

Existe assim, na verdade, um sentido, não só familiar como logicamente defensável, em que o significado «verdadeiro» ou «próprio» de um termo é o seu significado original; de modo que, se o compreendemos, é porque o aprendemos corretamente — de uma autoridade fidedigna, de alguém que conhecia a linguagem. Isto demonstra que o problema do significado de uma palavra está, de facto, ligado ao problema da fonte autorizada, ou origem, do uso que dela fazemos.

A situação é diferente com o problema da verdade de um enunciado de facto, uma proposição. Com efeito, qualquer um pode cometer um erro factual — e até em matérias em que deveria ser uma autoridade, como é o caso da sua própria idade, ou da cor de uma coisa que acabou agora mesmo de percecionar clara e distintamente.

E, no que se refere às origens, um enunciado podia bem ser falso da primeira vez que foi formulado e corretamente entendido. Já uma palavra, em contrapartida, deve ter tido um significado próprio assim que foi compreendida pela primeira vez.

Se refletirmos, por conseguinte, na diferença entre os modos como o significado das palavras e a verdade dos enunciados se relacionam com a sua origem, dificilmente seremos levados a pensar que a questão da origem tenha grande relação com a do conhecimento ou da verdade. Existe, contudo, uma profunda analogia entre significado e verdade; e existe uma perspetiva filosófica — a que chamei «essencialismo» — que procura estabelecer uma conexão de tal forma estreita entre significado e verdade que a tentação de tratar ambos do mesmo modo se torna quase irresistível.

Para explicar isto brevemente, podemos examinar uma vez mais a nossa tabela de Ideias, atentando na relação entre ambos os seus lados.

De que forma se relacionam os dois lados desta tabela? Se olharmos para o lado esquerdo, encontramos a palavra «Definições». Mas uma definição é uma espécie de *enunciado*, *teoria* ou *proposição* e, nessa medida, uma das coisas que figuram no lado direito da tabela. (Diga-se, a propósito, que este facto não estraga a simetria da nossa tabela de Ideias, pois as derivações também transcendem o tipo de coisas — enunciados, etc. — que se situam no lado em que surge a palavra «derivação». Do mesmo modo que uma definição é formulada por um tipo particular de *sequência de palavras*, e não por uma única palavra, também a derivação é formulada por um tipo particular de *sequência de enunciados*, e não por um único enunciado.)

O facto de as definições — que figuram no lado esquerdo — serem, não obstante, enunciados, sugere que podem, de alguma forma, estabelecer uma conexão entre ambos os lados da nossa tabela.

A existência desta conexão faz, na verdade, parte daquela doutrina filosófica a que dei o nome de «essencialismo». De acordo com o essencialismo (especialmente na versão que dele nos dá Aristóteles), uma definição é uma afirmação acerca da natureza ou essência inerente de uma coisa. Ao mesmo tempo, exprime o significado de uma palavra — do nome que designa a essência. (Descartes e também Kant, por exemplo, afirmam que a palavra «corpo» designa alguma coisa que é essencialmente extensa.)

Além disso, Aristóteles e todos os outros essencialistas afirmaram que as *definições são «princípios»*, ou seja, produzem proposições primárias (exemplo: «Todos os corpos são extensos») que não podem ser derivadas de outras proposições, e que constituem a base, ou são parte da base, de todas as demonstrações — constituindo, nessa medida, a base de todas as ciências. (Cf. a minha *Sociedade Aberta*, em especial as notas 27 a 33 do capítulo 11.) Convém notar que este princípio em particular, sendo embora uma componente importante do credo essencialista, está isento de qualquer referência às «essências». Assim se explica por que motivo foi aceite por alguns adversários nominalistas do essencialismo como Hobbes ou, por exemplo, Schlick. (Vd. deste último, *Erkenntnislehre*, 2.ª edição, 1925, p. 62.)

Penso que dispomos agora dos meios para explicar a lógica da ideia de que as questões da origem podem resolver questões de verdade factual. Com efeito, se as origens podem determinar o *verdadeiro significado* de um termo ou palavra, então podem determinar a *verdadeira definição* de uma ideia importante e, nessa medida, pelo menos alguns dos «princípios» básicos que descrevem as essências ou naturezas das coisas e que subjazem às nossas demonstrações e, consequentemente, ao nosso conhecimento científico. *Neste sentido parece, por conseguinte, haver fontes autorizadas do nosso conhecimento.*

Temos, porém, de compreender que o essencialismo está errado ao sugerir que as definições podem alargar o nosso *conhecimento dos factos* (ainda que, na qualidade de decisões acerca das convenções, elas possam ser influenciadas pelo nosso conhecimento dos factos, e ainda que criem instrumentos que podem, por seu turno, influenciar a formação das nossas teorias e, por essa via, a evolução do nosso conhecimento desses mesmos factos). Uma vez que tenhamos compreendido que as definições não nos dão nunca qualquer conhecimento factual acerca da «natureza», ou acerca da «natureza das coisas», veremos também a rutura na cadeia lógica, que alguns filósofos essencialistas tentaram forjar, entre o problema da origem e o problema da verdade factual.

XIII

Vou agora deixar de lado todas estas reflexões de carácter predominantemente histórico, e debruçar-me nos problemas propriamente ditos e na sua resolução.

Esta parte da minha conferência podia ser descrita como um ataque ao *empirismo*, tal como surge formulado, por exemplo, neste enunciado clássico de Hume: «Se eu vos perguntar por que motivo acreditais num qualquer facto em particular [...] tereis de me dar alguma razão; e essa razão será um outro facto, relacionado com o primeiro. Mas como não podeis proceder desta forma *ad infinitum*, tereis de vos deter, por fim, em qualquer facto que esteja presente na vossa memória ou nos vossos sentidos; ou então, tereis de admitir que a vossa crença é totalmente infundada» (*Enquiry Concerning Human Understanding*, secção v, Parte I; Selby-Bigge, p. 46; vd. igualmente a minha citação extraída da secção VII, Parte I, p. 62. NT. Em tradução portuguesa, *Investigação sobre o Entendimento Humano*, Lx., Ed. 70, 1989).

O problema da validade do empirismo pode ser posto aproximadamente nestes termos: será a observação a fonte última do nosso conhecimento da Natureza? E, se não, quais serão então as fontes do nosso conhecimento?

Estas questões mantêm-se, independentemente do que eu possa ter dito sobre Bacon, e ainda que tenha conseguido tornar aquelas partes da sua filosofia que foram objeto do meu comentário em algo desgostantes para os seus adeptos e outros empiristas.

O problema da fonte do nosso conhecimento foi recentemente reformulado da seguinte maneira — se fazemos uma asserção, temos de a justificar; mas isso significa que temos de ser capazes de responder a estas perguntas: *Como é que sabe? Quais são as fontes da sua asserção?*

Estas questões, afirma o empirista, equivalem, por seu turno, à pergunta: *Que observações* (ou memórias de observações) *subjazem à sua asserção?* Eu considero esta cadeia de perguntas bastante insatisfatória.

Em primeiro lugar, a maioria das nossas asserções não se baseia em observações, mas noutras fontes dos mais diversos géneros. «Li-o no *Times*», ou, talvez, «Li-o na *Enciclopédia Británica*», é uma resposta mais provável e mais definida à pergunta «Como é que sabe?» do que «Observei-o» ou «Sei-o de uma observação que fiz no ano passado».

«Mas», replicará o empirista, «como é que pensa que o *Times* ou a *Enciclopédia Británica* arranjaram a informação deles?». De certeza que, se levar a sua averiguação suficientemente longe, vai acabar por encontrar *relatos de observações de testemunhas oculares* (por vezes chamados «enunciados protocolares» ou — por si próprio — «enunciados básicos»). «É certo que», prosseguirá o empirista, «os livros são, em larga medida, escritos a partir de outros livros. É verdade que um historiador, por exemplo, trabalha com base em documentos. Mas no fim de contas, em última análise, esses outros livros ou documentos têm de se ter baseado em observações. De outro modo, teriam de ser descritos como poesia, como invenções ou mentiras, mas não como testemunhos. É neste sentido que nós, empiristas, afirmamos que a observação tem de ser a fonte última do nosso conhecimento».

E nisto consiste a argumentação do empirista, nos termos em que é ainda apresentada por alguns dos meus amigos positivistas.

Tentarei demonstrar que esta argumentação tem tão pouca validade quanto a de Bacon; que a resposta à pergunta pelas fontes do conhecimento é desfavorável ao empirista; e, finalmente, que toda esta questão das fontes últimas — fontes para que se pode apelar, da mesma forma que se apelaria para um Supremo Tribunal de Justiça ou para uma autoridade mais elevada — tem de ser rejeitada como estando baseada num erro.

Para começar, pretendo demonstrar que, se fôssemos efetivamente interrogando o *Times* e os seus correspondentes acerca das fontes do seu conhecimento, nunca chegaríamos, na verdade, a todas aquelas observações de testemunhas oculares em cuja existência o empirista acredita. Descobriríamos, em vez disso que, por cada passo que damos, a necessidade de novos passos vai aumentando como uma bola de neve.

Tomemos como exemplo o tipo de asserção ao qual as pessoas razoáveis se poderiam limitar ao aceitar como suficiente a resposta «Li-o no *Times*». Poderia ser esta afirmação: «O Primeiro-Ministro decidiu regressar a Londres alguns dias antes do previsto». Agora imaginem, por um momento, que alguém duvida desta afirmação ou sente necessidade de investigar a sua veracidade. Que há-de fazer? Se tiver um amigo no Gabinete do Primeiro-Ministro, o processo mais simples e mais direto será telefonar-lhe; e se o seu amigo corroborar a notícia, o assunto estará encerrado.

Por outras palavras, o investigador tentará, se possível, verificar ou examinar o *facto afirmado em si*, e não propriamente localizar a fonte da informação. Mas, de acordo com a teoria empirista, a asserção «Li-o no *Times*» é apenas um primeiro passo num processo de justificação que consiste em descobrir a fonte última. Qual o passo seguinte?

Haveria, pelo menos, dois outros passos. Um seria refletir que «Li-o no *Times*» também é uma asserção, e que podíamos perguntar:

«Qual a fonte do seu conhecimento de que o leu realmente no *Times* e não, digamos, num jornal muito parecido com o *Times*?».
O outro passo seria o de interrogar o *Times* acerca das fontes do seu conhecimento. A resposta à primeira questão podia ser: «Mas nós só somos assinantes do *Times*, e recebemo-lo todas as manhãs», o que levantaria uma série de outras questões acerca de fontes que não vamos prosseguir aqui. A segunda questão poderia obter do editor do *Times* a seguinte resposta: «Recebemos um telefonema do Gabinete do Primeiro-Ministro». De acordo com o procedimento do empirista, deveríamos então perguntar agora: «E quem foi o cavalheiro que atendeu esse telefonema?»; e, em seguida, solicitar o relato da sua observação. Mas teríamos também de perguntar ao indivíduo em questão: «Qual a fonte do seu conhecimento de que a voz que ouviu provinha de um funcionário do Gabinete do Primeiro-Ministro?», e assim sucessivamente.

Há uma razão simples para que esta fastidiosa sequência de perguntas nunca chegue a uma conclusão satisfatória. É a seguinte: no seu relato, cada testemunha tem sempre de fazer amplo uso do seu conhecimento de pessoas, lugares, coisas, usos linguísticos, convenções sociais, etc, etc. Não pode confiar unicamente nos seus olhos ou ouvidos, sobretudo se o seu relato servir para justificar qualquer asserção digna de ser justificada. Mas este facto tem, como é evidente, de levantar sempre novas questões em relação às fontes daqueles elementos do seu conhecimento que não se prendem diretamente com a observação.

É este o motivo pelo qual o programa de reconduzir todo o conhecimento à observação enquanto sua fonte última é logicamente impossível de concretizar: levar-nos-ia a uma regressão infinita. (A doutrina de que a verdade é manifesta interrompe essa regressão, o que não deixa de ser interessante, uma vez que pode ajudar a explicar o poder de atração dessa doutrina.)

Desejo abrir aqui um parêntesis para mencionar que este argumento está intimamente relacionado com outro — o de que toda a observação envolve interpretação à luz do nosso conhecimento teórico([8]), ou que o conhecimento puramente observacional, não

---

([8]) Vd. a minha obra *Logic of Scientific Discovery*, último parágrafo da secção 25, e o novo apêndice *X, (2). Relativamente a uma antecipação por Mark Twain do meu argumento do *Times* vd. p. 549.

adulterado pela teoria, seria, imaginando que tal era possível, absolutamente estéril e inútil.

O aspeto mais flagrante do programa observacionalista de perguntar pelas fontes — e para lá do seu carácter fastidioso — é a sua total violação do senso comum. Com efeito, se tivermos dúvidas acerca de uma dada asserção, o procedimento normal será testá-la, e não indagar acerca das suas fontes; e, se encontrarmos uma corroboração independente, é muito possível que aceitemos a asserção sem nos preocuparmos minimamente com as fontes.

Há, evidentemente, casos em que a situação é diferente. Testar uma asserção de natureza *histórica* significa sempre recuar até às fontes; mas não, geralmente, até aos relatos das testemunhas oculares.

É óbvio que nenhum historiador aceitará acriticamente o testemunho dos documentos. Há problemas de autenticidade, há problemas de tendenciosidade e há também problemas como o da reconstituição de fontes mais antigas. E, é claro, há problemas como o de saber: estaria o escritor presente quando estes acontecimentos ocorreram? Mas este não é um dos problemas característicos do historiador. Ele pode preocupar-se com a fidedignidade de um relato, mas raramente se preocupará com saber se o autor de um documento foi ou não testemunha ocular do acontecimento em causa, mesmo partindo do princípio de que esse acontecimento era de natureza observável. Uma carta dizendo «Mudei ontem de ideias acerca desta questão» pode ser um testemunho histórico extremamente valioso, apesar de as mudanças de ideias não serem observáveis (e apesar de podermos conjeturar, tendo em conta outros dados, que o autor estava a mentir).

Quanto às testemunhas oculares, a sua importância circunscreve-se quase exclusivamente aos tribunais, onde podem ser contrainterrogadas. Como a maioria dos advogados sabe, as testemunhas enganam-se com frequência. Este assunto já foi objeto de uma investigação experimental com resultados deveras surpreendentes. Testemunhas muito ansiosas por descrever um acontecimento tal como este se passou são capazes de cometer uma infinidade de erros, sobretudo se alguns factos mais excitantes se tiverem desenrolado de forma precipitada; e se houver um acontecimento que sugira alguma interpretação tentadora, então essa interpretação acabará, na maioria das vezes, por distorcer aquilo a que efetivamente se assistiu.

A perspetiva de Hume sobre o conhecimento histórico era diferente: «[...] nós acreditamos», escreve ele no *Tratado* (Livro I, Parte III, secção IV; Selby-Bigge, p. 83); «que César foi morto na Câmara do Senado nos *idos de Março* [...] porque este facto assenta no testemunho unânime dos historiadores, que estão de acordo em atribuir a esse acontecimento esta data e local precisos. Encontram-se aqui determinados caracteres e letras presentes na nossa memória ou nos nossos sentidos, caracteres esses que igualmente recordamos terem sido usados como signos de determinadas ideias. E essas ideias ou estavam na mente de alguns que tinham presenciado diretamente a ação e as receberam imediatamente da sua ocorrência; ou então foram derivadas de testemunhos alheios, baseados, por sua vez, em outros testemunhos [...] até chegarmos àqueles que foram testemunhas oculares e espectadores do acontecimento» (Vd. igualmente *Enquiry*, secção X, Selby-Bigge, pp. 111 ss.).

Parece-me que esta perspetiva conduz forçosamente à regressão infinita que atrás descrevi. O problema é, evidentemente, o de saber se «o testemunho unânime dos historiadores» deve ser aceite — ou possivelmente rejeitado — como fruto da sua confiança numa fonte comum, mas apócrifa. O apelo a «letras presentes na nossa memória ou nos nossos sentidos» não pode ter nenhuma relação com este ou com qualquer outro problema relevante de historiografia.

XIV

Mas quais são, afinal, as fontes do nosso conhecimento?

A resposta, creio, é esta: o nosso conhecimento tem fontes de todo o género, mas *nenhuma tem autoridade*.

Podemos dizer que o *Times*, ou a *Enciclopédia Britânica*, constitui uma fonte possível de conhecimento. Podemos dizer que certos ensaios da *Physical Review* sobre um problema de Física têm mais autoridade e mais carácter de fonte do que um artigo sobre o mesmo problema no *Times* ou na *Enciclopédia*. Mas seria perfeitamente errado dizer que a fonte do artigo na *Physical Review* deve ter sido, inteira ou mesmo parcialmente, a observação. Essa fonte poderia bem ser a descoberta de uma incongruência num outro ensaio ou, por exemplo, a descoberta de que uma hipótese proposta num outro ensaio poderia ser testada por esta ou aquela experiência. Todas estas descobertas independentes da observação são «fontes», no sentido de que todas elas contribuem para o nosso conhecimento.

Não nego, evidentemente, que uma experiência possa igualmente contribuir para o nosso conhecimento, e de uma forma muito significativa. Mas não constitui uma fonte em nenhum sentido terminante. Tem sempre de ser verificada. Tal como no exemplo da notícia do *Times*, nós não interrogamos habitualmente a testemunha ocular de uma experiência, mas, se duvidamos do resultado, podemos repetir essa experiência, ou pedir a alguém que o faça.

O erro fundamental da teoria filosófica das fontes últimas do nosso conhecimento é o de não distinguir com clareza suficiente entre questões de origem e questões de validade. É certo que, no caso da historiografia, estas duas questões podem, por vezes, coincidir. A questão da validade de uma asserção de natureza histórica pode ser testável, única ou principalmente, à luz da origem de determinadas fontes. Mas, em geral, as duas questões são diferentes; e, de uma maneira geral, nós não testamos a validade de uma asserção ou informação investigando quais as suas fontes ou origem: testamo-la de uma forma muito mais direta, mediante um exame crítico do que foi afirmado, ou seja, dos factos afirmados em si.

Vemos assim que as perguntas do empirista «Como é que sabe? Qual é a fonte da sua asserção?» estão mal colocadas. Não é que tenham sido formuladas de uma maneira inexata ou negligente, mas *estão totalmente equivocadas*. São perguntas que imploram uma resposta autoritária.

XV

Os sistemas tradicionais de epistemologia podem ser considerados como resultado de respostas afirmativas ou negativas a perguntas acerca das fontes do nosso conhecimento. *Nunca põem em causa essas perguntas, nem contestam a sua legitimidade.* As perguntas são encaradas como perfeitamente naturais, e ninguém parece ver qualquer mal nelas.

Este é um aspeto interessante, uma vez que estas perguntas têm um espírito claramente autoritário. Podem ser comparadas com aquela questão tradicional da teoria política — «Quem deveria governar?», que pede uma resposta autoritária como «o melhor» ou «o mais sábio», ou «o povo», ou «a maioria» (e que sugere, diga-se a propósito, alternativas patetas do género: «Quem deveriam ser os nossos governantes: os capitalistas ou os trabalhadores?», análoga a «Qual é a fonte última do conhecimento: o intelecto ou os sentidos?»). Esta questão política está mal colocada e as respostas que granjeia são paradoxais (tal como tentei demonstrar no capítulo 7 da minha *Sociedade Aberta*). Deveria ser substituída por uma questão completamente diferente, do estilo: «*Como poderemos nós organizar as nossas instituições políticas de modo que os governantes maus ou incompetentes* (que deveríamos tentar evitar, mas que, não obstante isso, nos podem tão facilmente caber em sorte) *não possam causar demasiado dano*?» Estou convencido de que só alterando a nossa pergunta neste sentido é que podemos ter esperanças de avançar para uma teoria racional das instituições políticas.

A questão acerca das fontes do nosso conhecimento pode ser substituída de um modo análogo. Tem sido sempre colocada neste espírito: «Quais são as melhores fontes do nosso conhecimento — as mais fidedignas, as que não nos induzem em erro, aquelas a que podemos e devemos recorrer em caso de dúvida, como Tribunal de Última Instância?» Proponho assumir, em vez disso, que essas fontes ideais não existem — da mesma forma que não existem governantes ideais — e que *todas* as fontes nos podem, ocasionalmente, induzir em erro. E proponho, por conseguinte, que substituamos a questão das fontes do nosso conhecimento por uma outra completamente diferente: *Como podemos esperar conseguir detectar e eliminar o erro?*

A questão das fontes do nosso conhecimento é, à semelhança de tantas outras questões de cariz autoritário, uma questão *genética*. Pergunta pela origem do nosso conhecimento, acreditando que o conhecimento se pode autolegitimar pela sua genealogia. A nobreza do conhecimento racialmente puro, o conhecimento imaculado, o conhecimento que deriva da autoridade suprema, se possível de Deus: são estas as (muitas vezes inconscientes) ideias metafísicas subjacentes à questão. A minha pergunta modificada «Como podemos esperar conseguir detetar o erro?» pode ser considerada como decorrente da opinião de que tais fontes puras, imaculadas e verdadeiras não existem, e que questões de origem ou de pureza não deveriam ser confundidas com questões de validade ou de verdade. Podemos dizer que esta perspetiva é tão velha quanto Xenófanes. Xenófanes sabia que o nosso conhecimento é conjetura, opinião — *doxa*, e não *episteme* — tal como o demonstram os seus versos (DK, B, 18 e 34):

> Os deuses não nos revelaram, desde o início,
> Todas as coisas; mas no decurso do tempo,
> Procurando, podemos aprender e conhecê-las melhor
>
> Mas quanto à verdade certa, homem algum a conheceu,
> Ou jamais conhecerá; nem acerca dos deuses
> Nem ainda de todas as coisas de que falo
> E mesmo que por sorte lhe acontecesse pronunciar
> A verdade perfeita, ele próprio não o saberia
> Pois tudo nada mais é que uma teia de suposições

Todavia, a questão tradicional das fontes autorizadas do conhecimento ainda hoje é reiterada — e, muito frequentemente, por positivistas e outros filósofos que se julgam em revolta contra a autoridade.

A resposta correta à minha pergunta «Como podemos esperar detetar e eliminar o erro?» será, segundo creio, «Criticando as teorias ou suposições dos outros e — se nos conseguirmos ensinar a fazê-lo — *criticando* as nossas próprias teorias ou suposições.» (Este último ponto é altamente desejável, mas não indispensável, visto que, se não formos capazes de criticar as nossas próprias teorias, outros haverá que o façam por nós.) Esta resposta sintetiza uma posição a que me proponho chamar «racionalismo crítico». É uma perspetiva, uma atitude e uma tradição que devemos aos Gregos. É muito diferente do «racionalismo» ou «intelectualismo» de Descartes e da sua escola, e muito diferente até da epistemologia de Kant. Contudo, no campo da ética, do conhecimento moral, Kant aproximou-se desta posição com o seu *princípio da autonomia*. Este princípio exprime a sua perceção de que não devemos aceitar o comando de uma autoridade, por muito elevada que esta seja, como base da ética — pois sempre que somos confrontados com a ordem de uma autoridade, é a nós que cabe julgar, criticamente, se é moral ou imoral obedecer-lhe. A autoridade pode ter o poder de fazer cumprir as suas ordens, e nós podemos ser impotentes para lhe resistir. Mas se tivermos o poder físico de escolha, então a responsabilidade última estará nas nossas mãos. Será uma decisão crítica da nossa parte o obedecermos ou não a uma ordem, o submetermo-nos ou não a uma autoridade.

Kant transpôs ousadamente esta ideia para o domínio da religião: «[...] independentemente do modo», escreve ele, «por que te for dado conhecer a Divindade, e mesmo [...] que Ele se revele perante ti: és tu [...] que tens de julgar se te é ou não permitido acreditar Nele e adorá-Lo.»(⁹)

Considerando a audácia desta afirmação, parece estranho que, na sua filosofia da ciência, Kant não tenha adotado a mesma atitude de racionalismo crítico, de busca crítica do erro. Estou certo de que foi somente o facto de ter aceitado a autoridade da cosmologia de Newton — em consequência da quase inacreditável resistência desta aos testes mais rigorosos — que obstou a que o fizesse. Se esta interpretação de Kant é correta, então o racionalismo crítico (e também o empirismo crítico) que advogo constituirá apenas um último retoque na própria filosofia crítica *kantiana*. E isto tornou-se possível graças a Einstein, que nos ensinou que a teoria de Newton podia bem estar errada, a despeito do seu assombroso sucesso.

Deste modo, a minha resposta às perguntas «Como é que sabe? Qual é a fonte ou o fundamento da sua asserção? Que observações o conduziram a ela?» seria: «*Não sei*: a minha asserção era uma mera conjetura. Não se preocupe com a fonte, ou com as fontes, de que possa ter provindo — há muitas fontes possíveis, e posso até nem estar consciente de metade delas. E origens e genealogias têm, em todo o caso, pouco a ver com a verdade. Mas, se está interessado no problema que tentei resolver com a minha asserção hipotética, pode ajudar-me, criticando-a com o maior rigor de que for capaz; e se conseguir conceber algum teste experimental que pense poder refutar essa minha asserção, de bom grado, e dentro do limite das minhas capacidades, o ajudarei a refutá-la.»

Esta resposta(¹⁰) só se aplica, rigorosamente falando, se a pergunta incidir sobre uma asserção de carácter científico, e não de natureza histórica. Se a minha conjetura fosse histórica, as fontes

---

(⁹) Vd. Immanuel Kant, *Religion Within the Limits of Pure Reason* (Tradução portuguesa: *A Religião nos Limites da Simples Razão*, Lx, Ed. 70, 1992), 2.ª edição (1794), Capítulo Quarto, Parte II, § 1, 1.ª nota de rodapé. A passagem (que não figura na 1.ª edição, de 1793) é citada mais desenvolvidamente no cap. 7 do presente volume, texto da nota 22.

(¹⁰) Esta resposta, assim como a quase totalidade da presente secção XV, foi extraída, com apenas ligeiras alterações, de um ensaio meu que foi publicado pela primeira vez em *The Indian Journal of Philosophy*, 1, n.º 1, 1959.

(no sentido não definitivo) teriam, evidentemente, de entrar na discussão da sua validade. Mas, em termos gerais, a minha resposta seria a mesma, tal como vimos.

XVI

É boa altura, parece-me, de formular os resultados epistemológicos desta discussão. Vou apresentá-los sob a forma de dez teses.

1. Não há fontes últimas do conhecimento. Todas as fontes, todas as sugestões, são bem-vindas; e todas as fontes, todas as sugestões, estão abertas a um exame crítico. À exceção da História, examinamos habitualmente os factos em si, e não as fontes da nossa informação.

2. A pergunta epistemológica adequada não incide sobre as fontes; perguntamos antes se a afirmação feita é verdadeira — isto é, se concorda com os factos. (A possibilidade de operar, sem nos envolvermos em antinomias, com a ideia de verdade objetiva — no sentido de correspondência com os factos — foi demonstrada pelo trabalho de Alfred Tarski.) E tentamos descobri-lo, da melhor forma que conseguimos, mediante um exame ou teste da asserção em si — tanto de um modo direto, como examinando ou testando as suas consequências.

3. No que respeita a este exame, todas as espécies de argumentos podem ser relevantes. Um procedimento típico é o que consiste em verificar se as nossas teorias são ou não compatíveis com as nossas observações. Mas também podemos examinar, por exemplo, se as nossas fontes históricas são mutua e internamente consistentes.

4. Em termos quantitativos e qualitativos, a fonte mais importante do nosso conhecimento é, de longe — se excluirmos o conhecimento inato —, a tradição. Muitas das coisas que sabemos foram adquiridas mediante exemplos, através daquilo que nos foi dito, daquilo que lemos, e também aprendendo a criticar, a enfrentar e aceitar críticas, e a respeitar a verdade.

5. O facto de a maioria das fontes do nosso conhecimento serem tradicionais condena o antitradicionalismo como vão. Mas este facto não deve ser usado em apoio de uma atitude tradicionalista. Todo o nosso conhecimento tradicional (e mesmo o nosso conhecimento inato) está aberto a um exame crítico e pode ser

aniquilado. Não obstante, sem a tradição, o conhecimento seria impossível.

6. O conhecimento não pode partir do nada — de uma *tabula rasa* — nem tão-pouco da observação. O avanço do conhecimento consiste, predominantemente, na modificação do conhecimento anterior. Ainda que possamos por vezes, como no caso da Arqueologia, progredir graças a uma observação fortuita, o significado da descoberta dependerá usualmente do seu poder de modificar as nossas teorias anteriores.

7. A epistemologia pessimista e a otimista estão erradas de modo sensivelmente idêntico. A história pessimista da Alegoria da Caverna, de Platão, é que é a verdadeira, e não a sua história otimista da *anamnésis* (embora devamos admitir que todos os homens, à semelhança de todos os outros animais, e até mesmo de todas as plantas, possuem um conhecimento inato). Mas, ainda que o mundo das aparências seja, na realidade, um mundo de meras sombras nas paredes da nossa caverna, todos nós tentamos constantemente transcendê-lo. E ainda que, como disse Demócrito, a verdade esteja oculta num abismo, nós podemos sondar-lhe as profundezas. Não existe nenhum critério de verdade à nossa disposição, e esse facto favorece o pessimismo. Mas nós dispomos efetivamente de critérios que, *se tivermos sorte*, nos podem permitir reconhecer o erro e a falsidade. A clareza e a distinção não são critérios de verdade, mas a obscuridade e a confusão *podem* ser indício de erro. Do mesmo modo, ainda que a coerência não possa por si só determinar a verdade, a incoerência e a inconsistência demonstram certamente a falsidade. E, uma vez reconhecidos, os nossos próprios erros fornecem as ténues luzes de alerta que nos auxiliam na busca tateante de uma saída para fora da escuridão da nossa caverna.

8. Nem a observação nem a razão constituem uma autoridade. A intuição intelectual e a imaginação são muito importantes, mas não são dignas de confiança: podem mostrar-nos as coisas muito claramente e, não obstante, induzir-nos em erro. São indispensáveis enquanto fontes principais das nossas teorias; mas, saldadas as contas, a maioria das nossas teorias é falsa. A função mais importante da observação e do raciocínio, e mesmo da intuição e da imaginação, é a de nos ajudar no exame crítico daquelas conjeturas ousadas, por meio das quais exploramos o desconhecido.

9. Ainda que a clareza seja valiosa em si mesma, o mesmo não acontece com a exatidão ou precisão: de nada serve tentarmos ser mais precisos do que aquilo que o nosso problema exige. A precisão linguística é um fantasma, e os problemas relacionados com o significado ou definição das palavras são irrelevantes. Nessa medida, a nossa tabela de Ideias (na pág. 62) tem, e a despeito da sua simetria, um lado importante e um outro que o não é: enquanto o lado esquerdo (palavras e seus significados) é irrelevante, o lado direito (teorias e problemas relacionados com a verdade) é de uma extrema importância. As palavras só são significativas enquanto instrumentos para a formulação de teorias e os problemas verbais são uma maçada — deveriam ser evitados a todo o custo.

10. Cada solução de um problema levanta novos problemas a resolver; e será tanto mais assim quanto maior for a complexidade do problema original e a audácia da sua solução. Quanto mais aprendermos sobre o mundo, e quanto mais profunda essa aprendizagem for, mais consciente, específico e articulado será o nosso conhecimento daquilo que desconhecemos, ou seja, o nosso conhecimento da nossa ignorância. Pois é esta, na verdade, a principal fonte da nossa ignorância: o facto de que o nosso conhecimento só pode ser finito, ao passo que a nossa ignorância tem, necessariamente, de ser infinita.

Podemos ter um vislumbre da vastidão da nossa ignorância quando contemplamos a vastidão dos céus: ainda que o tamanho do nosso Universo não seja, por si só, a causa mais profunda da nossa ignorância, é uma das suas causas. «Aquilo em que pareço divergir de alguns dos meus amigos», escreveu F. P. Ramsey numa cativante passagem da sua obra *Foundations of Mathematics* (p. 291), «é no facto de atribuir pouca importância ao tamanho físico. Não me sinto minimamente humilde perante a imensidão dos céus. As estrelas podem ser muito grandes, mas não são capazes de pensar ou de amar. E essas são qualidades que me impressionam bem mais do que o tamanho. Não tenho nenhuma honra em pesar quase 110 kg». Suspeito de que os amigos de Ramsey teriam estado de acordo com ele relativamente à insignificância do mero tamanho físico; e suspeito que, se eles se sentiam humildes perante a imensidão dos céus, era porque viam nela um símbolo da sua ignorância.

Acredito que valerá a pena tentar aprender alguma coisa sobre o mundo, mesmo que, ao fazê-lo, aprendamos simplesmente que não sabemos grande coisa. Esse estado de ignorância consciente poderia constituir uma ajuda em muitos dos nossos problemas. Poderia ser bom para todos nós relembrar que, embora nos diferenciemos consideravelmente uns dos outros na diversidade das pequeninas parcelas que conhecemos, na nossa infinita ignorância somos todos iguais.

XVII

Há uma última questão que desejo levantar.

Se nos dermos ao trabalho de procurar, conseguiremos frequentemente encontrar uma ideia verdadeira, digna de ser preservada, numa teoria filosófica que devemos rejeitar como falsa. Será que podemos encontrar uma ideia dessas numa das teorias acerca das fontes últimas do nosso conhecimento?

Acredito que sim. E sugiro que é uma das duas principais ideias subjacentes à doutrina de que a fonte de todo o nosso conhecimento é sobrenatural. Creio que a primeira destas ideias é falsa, ao passo que a segunda é verdadeira.

A primeira, a ideia falsa, é a de que temos de *justificar* o nosso conhecimento, ou as nossas teorias, por razões *positivas*, ou seja, por razões capazes de confirmar essas teorias, ou de as tornar, pelo menos, altamente prováveis – em todo o caso, por razões melhores do que a de terem até agora resistido à crítica. Esta ideia implica, penso eu, que temos de apelar para alguma fonte última ou autorizada de conhecimento verdadeiro, o que deixa ainda em aberto o carácter dessa autoridade — se é humana, como a observação ou a razão, ou sobre-humana (e, nessa medida, sobrenatural).

A segunda ideia — cuja importância vital foi enfatizada por Russell — é a de que nenhuma autoridade humana pode estabelecer a verdade por decreto; que nos devemos, em vez disso, submeter à verdade; e que *a verdade está acima da autoridade humana.*

Conjuntamente consideradas, estas duas ideias geram quase imediatamente a conclusão de que as fontes de que o nosso conhecimento deriva têm de ser sobre-humanas — uma conclusão que tende a encorajar o fariseísmo e o uso da força contra aqueles que se recusam a ver a verdade divina.

Alguns dos que acertadamente rejeitam esta conclusão, não rejeitam, infelizmente, a primeira ideia — a crença na existência de fontes últimas do conhecimento. Em vez disso, rejeitam a segunda ideia – a tese de que a verdade está acima da autoridade humana. E, ao fazê-lo, colocam em perigo a ideia da objetividade do conhecimento e da existência de padrões comuns de crítica ou racionalidade.

O que deveríamos fazer, creio eu, era renunciar à ideia de fontes últimas do conhecimento e admitir que todo o conhecimento é humano; que o nosso conhecimento está misturado com os nossos erros, os nossos preconceitos, os nossos sonhos e as nossas esperanças; que tudo o que podemos fazer é tatear em busca da verdade, mesmo que ela esteja fora do nosso alcance. Podemos admitir que esse nosso tatear é muitas vezes inspirado, mas devemos manter-nos em guarda contra a crença, por muito enraizada que esteja, de que a nossa inspiração comporta alguma autoridade, seja ela divina ou de outra natureza. Se desta forma admitirmos que, por muito longe que tenhamos ido na nossa descoberta do desconhecido, não existe qualquer autoridade dentro de toda a esfera do nosso conhecimento que se encontre fora do alcance da crítica, poderemos então, sem risco, reter a ideia de que a verdade está para lá da autoridade humana. E devemos retê-la, pois sem esta ideia não pode haver nenhum critério objetivo de investigação, nenhuma crítica das nossas conjeturas, nenhuma exploração do desconhecido, nenhuma busca de conhecimento.

CONJETURAS

CONCLUSION

Não poderia haver destino mais belo para qualquer [...] teoria do que o de apontar o caminho para uma teoria mais abrangente, dentro da qual continuará a viver como um caso delimitativo.

ALBERT EINSTEIN

1

Ciência: conjeturas e refutações

> O Sr. Turnbull havia previsto consequências nefastas [...] e estava agora a fazer todos os possíveis para promover a realização das suas próprias profecias.
>
> ANTHONY TROLLOPE

I

Quando recebi a lista de participantes neste curso e me dei conta de que havia sido convidado para falar perante colegas filósofos, pensei, após alguma hesitação e consulta, que preferiríeis, provavelmente, ouvir-me discorrer acerca daqueles problemas que me despertam maior interesse, e com cujos desenvolvimentos estou mais familiarizado. Decidi, por conseguinte, fazer o que nunca antes fizera: oferecer-vos um relatório do meu próprio trabalho na área da Filosofia da Ciência desde o outono de 1919, data em que comecei a debater-me com o problema de «*Quando é que uma teoria deve ser classificada como científica?*», ou «*Existe algum critério que determine o carácter ou estatuto científico de uma teoria?*»

Conferência dada em Peterhouse, Cambridge, no verão de 1953, como parte de um curso sobre desenvolvimentos e tendências na filosofia britânica contemporânea, organizado pelo British Council — originalmente publicado sob o título «Philosophy of Science: a Personal Report», British Philosophy in Mid-Century, ed. C. A. Mace, 1957.

O problema que na altura me preocupava não era «Quando é que uma teoria é verdadeira?», ou «Quando é que uma teoria é aceitável?». O meu problema era diferente. *Queria distinguir entre Ciência e pseudociência*, sabendo muito bem que a Ciência muitas vezes se engana, e que a pseudociência pode tropeçar acidentalmente na verdade.

Eu conhecia, como é óbvio, a resposta mais generalizadamente aceite para o meu problema: que a Ciência se distingue da pseudociência — ou da «metafísica» — pelo seu *método empírico*, que é essencialmente *indutivo*, procedendo da observação ou da experiência. Mas isso não me satisfazia. Pelo contrário, formulei muitas vezes o meu problema em termos de distinção entre um método genuinamente empírico e um método não-empírico ou mesmo pseudoempírico — ou seja, um método que, apelando embora para a observação e a experiência, não atinge, todavia, critérios científicos. Este último método pode ser exemplificado pela Astrologia, com a sua prodigiosa quantidade de dados empíricos baseados na observação — em horóscopos e em biografias.

Mas, dado que não foi o exemplo da Astrologia que me conduziu ao meu problema, deveria, talvez, descrever sumariamente a atmosfera em que ele emergiu e os exemplos pelos quais foi estimulado. Após o colapso do impé rio austríaco, tinha ocorrido uma revolução na Áustria: o ar estava carregado de slogans e ideias revolucionárias, e de novas e frequentemente extravagantes teorias. De entre as teorias que despertavam o meu interesse, a Teoria da Relatividade de Einstein era, de longe, e sem dúvida, a mais importante. Três outras eram a Teoria da História, de Marx, a Psicanálise, de Freud, e a chamada «Psicologia Individual», de Alfred Adler.

Corriam grandes disparates acerca destas teorias e, em especial, acerca da Teoria da Relatividade (como ainda hoje acontece), mas eu tive sorte com aqueles que me iniciaram no seu estudo. Todos nós — o pequeno círculo de estudantes a que eu pertencia — estávamos empolgados com o resultado das observações de eclipses de Eddington, observações essas que, em 1919, proporcionaram a primeira e significativa confirmação da teoria da gravitação de Einstein. Foi uma grande experiência para nós, e uma experiência que viria a exercer uma influência duradoura no meu desenvolvimento intelectual.

As outras três teorias que mencionei eram também amplamente discutidas entre os estudantes dessa época. Eu próprio tive ocasião de entrar pessoalmente em contacto com Alfred Adler, e até mesmo de cooperar no seu trabalho social com as crianças e jovens dos bairros operários de Viena, onde ele havia fundado clínicas de assistência social.

Foi durante o verão de 1919 que comecei a sentir uma crescente insatisfação relativamente a estas três teorias: a Teoria Marxista da História, a Psicanálise e a Psicologia Individual. E comecei a ter dúvidas em relação às suas pretensões a um estatuto científico. O meu problema, de início, talvez se pudesse formular nestes simples termos: «O que é que há de errado no Marxismo, na Psicanálise e na Psicologia Individual? Porque é que são tão diferentes da Teoria de Newton e, em especial, da Teoria da Relatividade?»

Para tornar este contraste nítido, devo explicar que, na altura, poucos de nós teriam dito acreditar na *verdade* da teoria da gravitação de Einstein. Por aqui se vê que não era o facto de duvidar da *verdade* dessas outras três teorias o que me incomodava, mas, sim, algo diferente. Nem era, tão-pouco, que eu simplesmente considerasse a física matemática mais *exata* do que as teorias de tipo sociológico ou psicológico. O que, por conseguinte, me preocupava, não era o problema da verdade, pelo menos nessa fase, nem o problema da exatidão ou mensurabilidade. Era, antes, o facto de eu sentir que essas outras três teorias, dando embora ares científicos, tinham, na realidade, mais em comum com os mitos primitivos do que com a Ciência — de sentir que se pareciam mais com a Astrologia do que com a Astronomia.

Descobri que alguns desses meus amigos, que eram admiradores de Marx, de Freud e de Adler, estavam impressionados com um certo número de pontos em comum destas teorias e, em especial, com o seu aparente *poder explicativo*. Com efeito, estas teorias pareciam capazes de explicar praticamente tudo o que sucedia nos domínios a que se referiam. O estudo de qualquer uma delas parecia exercer o efeito de uma revelação ou conversão intelectual, abrindo os nossos olhos para uma verdade nova, oculta dos ainda não-iniciados. E, uma vez assim abertos os nossos olhos, víamos exemplos confirmativos em toda a parte: o mundo estava cheio de *verificações* da *teoria*. O que quer que acontecesse, confirmava-a sempre. Desta maneira, a sua verdade parecia manifesta. E os descrentes eram, evidentemente, pessoas que não queriam ver a verdade manifesta; que se recusavam a vê-la, fosse porque essa verdade era contra os seus interesses de classe, ou fosse por causa das suas repressões, que estavam ainda «por psicanalisar» e a berrar por tratamento.

O elemento mais característico desta situação parecia-me ser o incessante caudal de confirmações, de observações que «verificavam» as teorias em questão. E este ponto era constantemente salientado pelos seus partidários. Um marxista não podia abrir um jornal sem descobrir, em cada página, provas confirmativas da sua interpretação da História. Não apenas nas notícias mas também na sua apresentação — que revelava a tendência de classe do jornal — e, sobretudo, como é óbvio, naquilo que o jornal *não* dizia. Os psicanalistas freudianos enfatizavam que as teorias eram cons tantemente confirmadas pelas suas «observações clínicas». No que diz respeito a Adler, fiquei muito surpreendido com uma experiência pessoal. Uma vez, em 1919, relatei-lhe um caso que, a mim, não se afigurava particularmente adleriano, mas que ele não teve, no entanto, dificuldade em analisar à luz da sua teoria de sentimentos de inferioridade, apesar de não ter, sequer, visto a criança em questão. Ligeiramente chocado, perguntei-lhe como é que podia ter tanta certeza. «Por causa da minha experiência de mil casos semelhantes», foi a resposta — perante a qual não pude deixar de comentar: «E com este novo caso, suponho, esse número já deve ter aumentado para mil e um.»

Aquilo em que eu estava a pensar era que as observações que ele anterior mente fizera podiam não ter sido muito mais consistentes do que esta; que cada uma delas teria sido, por sua vez, interpretada à luz de «experiência prévia» e simultaneamente contabilizada como confirmação adicional. E confirmação de quê?, perguntei a mim próprio. Unicamente de que um caso podia ser interpretado à luz de uma teoria. Mas isso, refleti eu, signi ficava muito pouco, uma vez que qualquer caso concebível podia ser interpretado à luz da teoria de Adler, ou também da de Freud. Posso ilustrar este ponto com dois exemplos muito diferentes de comportamento humano: o exemplo de um homem que empurra uma criança para a água com a inten ção de a afogar; e o exemplo de um homem que sacrifica a sua vida numa tentativa de salvar a criança. Qualquer um destes dois casos pode ser explicado, com idêntica facilidade, em termos freudianos e em termos adlerianos. De acordo com Freud, o primeiro homem sofreria de repressão (digamos, de uma componente do seu complexo de Édipo), enquanto o segundo teria atingido a sublimação. De acordo com Adler, o primeiro homem sofria de sentimentos de inferioridade (que teriam produzido, talvez, a necessidade de provar perante si próprio que tinha coragem de cometer um crime); e o mesmo se passaria com o segundo homem (cuja necessidade seria de provar a si próprio que tinha coragem para salvar a criança). Não me consegui lembrar de nenhum comportamento humano que não pudesse ser interpretado nos termos de qualquer uma destas teorias. E era precisamente esse facto — o facto de se adequarem sempre, de serem sempre confirmadas — que constituía, aos olhos dos que as admiravam, o ponto mais forte a seu favor. Mas que em mim começou a despertar a ideia de que essa aparente força era, na realidade, a sua fraqueza.

No que respeita à teoria de Einstein, a situação era notavelmente dife rente. Tomemos um exemplo típico: a previsão de Einstein, logo a seguir confirmada pelos achados da expedição de Eddington. A teoria gravitacional de Einstein havia conduzido à conclusão de que a luz devia ser atraída pelos corpos pesados (como o Sol) precisamente do mesmo modo que os corpos materiais. Em consequência, podia ser calculado que a luz de uma estrela fixa distante, cuja aparente posição era próxima do Sol, alcançaria a Terra vinda de uma direção tal, que essa estrela pareceria estar levemente desviada do Sol. Ou, por outras palavras, que as estrelas próximas do Sol pareceriam ter-se afastado um pouco dele e umas em relação às outras. Este é um fenómeno que não pode, normalmente, ser observado, uma vez que o brilho ofuscante do Sol torna as estrelas invisíveis durante o dia. Mas durante um eclipse, é possível fotografá-las. Se a mesma constelação for fotografada de noite, podemos medir as distâncias nas duas fotografias e verificar o efeito previsto.

Ora, o aspeto impressionante deste caso é o *risco* envolvido numa previsão deste tipo. Se a observação demonstrar que o efeito previsto está defi nitivamente ausente, então a teoria será simplesmente refutada. A teoria será incompatível com *determinados resultados possíveis da observação* — de facto, com resultados que toda a gente antes de Einstein teria esperado.[1] Isto é bastante

---

[1] Esta é uma simplificação um pouco excessiva, dado que cerca de metade do efeito de Einstein pode ser derivado da teoria clássica, desde que admitamos uma teoria balística da luz.

diferente da situação que anteriormente descrevi, quando as teorias em questão se revelaram compatíveis com os mais diferentes comportamentos humanos, de modo que se tornava praticamente impossível descrever qualquer tipo de comportamento que não pudesse ser invocado como alegada comprovação dessas teorias.

Estas considerações conduziram-me, no inverno de 1919-20, a conclusões que posso agora reformular da seguinte maneira:

(1) É fácil obter confirmações ou verificações para quase todas as teo rias — desde que procuremos confirmações.

(2) As confirmações só deverão ser tidas em conta se forem o resultado de *previsões arriscadas*, ou seja, se, não esclarecidos pela teoria em questão, tivermos esperado um acontecimento incompatível com a teoria — um acontecimento que teria refutado essa teoria.

(3) Toda a «boa» teoria científica é uma interdição: proíbe que determinadas coisas aconteçam. Quanto mais a teoria proibir, melhor será.

(4) Uma teoria que não seja refutável por nenhum acontecimento concebível será uma teoria não-científica. A irrefutabilidade não é uma virtude da teoria (como as pessoas muitas vezes julgam), mas sim um defeito.

(5) Todo o teste genuíno de uma teoria constitui uma tentativa de a falsificar ou refutar. Testabilidade equivale a falsificabilidade. Mas há graus de testabilidade: algumas teorias são mais suscetíveis de ser testadas e estão mais expostas à refutação do que outras; assumem, por assim dizer, maiores riscos.

(6) As provas confirmativas não devem ser tidas em conta, *exceto quando são resultado de um teste genuíno da teoria*; e isso significa que podem ser apresentadas como uma séria, ainda que malograda, tentativa de falsificar essa teoria (costumo falar agora, nestes casos, em «provas corroborantes»).

(7) Algumas teorias genuinamente testáveis, mesmo depois de se ter concluído pela sua falsidade, são ainda sustentadas pelos seus adeptos — mediante a introdução *ad hoc* de uma hipótese auxiliar, por exemplo, ou por via de uma reinterpretação *ad hoc* da teoria, feita de um modo que escape à refutação. Ainda que um procedimento deste tipo seja sempre possível, a teoria só é salva da refutação à custa da destruição ou, pelo menos, do rebaixamento do seu estatuto científico. (Descrevi mais tarde essa ope ração de salvamento como uma «*distorção convencionalista*» ou um «*estratagema convencionalista*».)

Poderíamos resumir tudo isto dizendo que «*o critério do estatuto científico de uma teoria é a sua falsificabilidade, ou refutabilidade, ou testabilidade.*»

II

Talvez possa exemplificar o que acaba de ser dito com a ajuda das várias teorias até agora mencionadas. A teoria da gravitação de Einstein satisfazia claramente o critério da falsificabilidade. Mesmo se, na época, os nossos instrumentos de medição não permitiam que nos pronunciássemos com inteira segurança quanto aos resultados dos testes, havia uma clara possibilidade de refutar a teoria.

A Astrologia não passou no teste. Os astrólogos foram muito influenciados e iludidos pelo que acreditavam ser provas confirmativas — tão influenciados que não se deixavam abalar por quaisquer provas de sinal contrário. Além disso, formulando as suas interpretações e profecias de um modo suficientemente vago, tornavam-se capazes de apresentar uma explicação satisfatória para tudo quanto poderia ter constituído uma refutação da teoria, caso esta e as profecias tivessem sido enunciadas de uma forma mais precisa. Para se furtarem à falsificação, destruíram, assim, a testabilidade da sua teoria. Esta é, aliás, uma artimanha típica dos videntes: o fazer previsões tão vagas que dificilmente podem falhar — tornando-se, por conseguinte, irrefutáveis.

A teoria marxista da História, a despeito dos sérios esforços de alguns dos seus fundadores e partidários, acabou por adotar esta prática divinatória. Nalgumas das suas primeiras formulações (por exemplo, na análise que Marx faz do carácter da «revolução social vindoura»), as suas previsões eram testáveis e foram, de facto, falsificadas.[2] Todavia, em vez de aceitar as refutações, os partidários de Marx reinterpretaram a teoria e a evidência dos factos no sentido de as pôr de acordo. Desta forma, salvaram a teoria da refutação. Mas fizeram-no graças à adoção de um expediente que a tornou irrefutável. Submeteram, deste modo, a teoria a uma «distorção convencionalista» e, com esse estratagema, invalidaram a sua muito proclamada reivindicação de um estatuto científico.

---

[2] Vd., por exemplo, a minha obra *A Sociedade Aberta e os seus Inimigos*, cap. 15, secção III, e notas 13–14.

As duas teorias psicanalíticas estavam noutra categoria. Eram simplesmente não-testáveis, irrefutáveis. Não havia nenhum comportamento humano imaginável que as pudesse contradizer. Não pretendo com isto significar que Freud e Adler não tivessem razão em determinadas coisas. Pessoalmente, não duvido de que muito do que disseram se reveste de uma importância considerável, e poderá bem vir a ter, um dia, o seu papel numa ciência psicológica passível de ser testada. Mas isto significa, de facto, que aquelas «observações clínicas» que os psicanalistas ingenuamente acreditam confirmar a sua teoria não estão em melhor posição para o fazer do que as comprovações diárias que os astrólogos encontram na sua prática. ([3])

([3]) As «observações clínicas», à semelhança de todas as outras observações, são *interpretações à luz de teorias* (ver adiante, secções IV ss.); e é unicamente por essa razão que conseguem dar ideia de apoiar as teorias à luz das quais foram interpretadas. Mas o apoio verdadeiro só pode ser obtido das observações que sejam efetuadas como testes (ou seja, como «tentativas de refutação»). E para isso é necessário que os *critérios de refutação* sejam antecipadamente estabelecidos: é preciso determinar que situações observáveis, se efetivamente observadas, ditarão a refutação da teoria. Mas que tipo de respostas clínicas poderiam constituir uma refutação satisfatória para o analista, não apenas de um determinado diagnóstico psicanalítico concreto, mas de toda a psicanálise em si? E terão tais critérios alguma vez sido objeto de discussão ou de acordo por parte dos psicanalistas? Não haverá, pelo contrário, todo um conjunto de conceitos analíticos, como o de «ambivalência» (não estou a sugerir que a ambivalência não exista), que tornariam difícil, se não impossível, chegar a um acordo sobre tais critérios? Além do mais, em que medida tem sido investigada a questão de saber até que ponto as expectativas (conscientes ou inconscientes) e as teorias do psicanalista influenciam as «respostas clínicas» do paciente? (Para já não falar das tentativas conscientes de influenciar o paciente, propondo-lhe interpretações, etc.). Há anos, apresentei a expressão «efeito de Édipo» para descrever a influência de uma teoria, de uma expectativa, ou de uma previsão *sobre o acontecimento que por ela é previsto* ou descrito. Lembrar-se-ão certamente de que a cadeia causal que conduziu ao parricídio de Édipo teve início na previsão desse acontecimento pelo oráculo. Esse é um tema característico e recorrente de tais mitos, mas que não parece ter atraído o interesse dos psicanalistas, e talvez não por acaso. (O problema dos sonhos confirmativos sugeridos pelo psicanalista é discutido por Freud, por exemplo, em *Gesammelte Schriften*, III, 1925, onde ele diz na pág. 314: «Se alguém afirmar que a maioria dos sonhos que podem ser utilizados numa psicanálise [...] tem origem na sugestão [do psicanalista], nenhuma objeção lhe pode ser colocada do ponto de vista da teoria analítica. Não há, porém, nada nesse facto», acrescenta ele, surpreendentemente, «que diminua a fiabilidade das nossas conclusões».)

E no que se refere à epopeia freudiana do Ego, do Super-Ego e do Id, não haverá muito mais razões para lhe conferir um estatuto científico do que haveria em relação à coletânea homérica de histórias do Olimpo. Estas teorias descrevem alguns factos, mas sob a forma de mitos. Contêm sugestões muito interessantes em matéria psicológica, mas que não são suscetíveis de ser testadas.

Ao mesmo tempo, apercebi-me de que esses mitos podiam ser desenvolvidos e tornar-se testáveis; que, historicamente falando, todas — ou quase todas — as teorias científicas têm origem em mitos, e que um mito pode conter importantes antecipações de teorias científicas. Exemplos disso serão a teoria da evolução por ensaio e erro de Empédocles, ou o mito de Parménides do Universo-bloco imutável, no qual nada acontece nunca e que, se lhe acrescentarmos uma outra dimensão, se transforma no Universo-bloco de Einstein (no qual, de igual modo, nunca nada acontece, uma vez que tudo está, sob um ponto de vista tetradimensional, determinado e estabelecido desde o princípio). Pareceu-me, por conseguinte, que se uma teoria fosse considerada não-científica ou «metafísica» (como poderíamos dizer), não teria por isso de ser considerada irrelevante, insignificante, «desprovida de significado» ou «sem sentido».([4]) Mas não poderia pretender ser apoiada por provas empíricas em sentido científico — ainda que, num sentido genético, pudesse perfeitamente ser «resultado da observação».

(Houve numerosas outras teorias com este carácter pré-científico, ou pseudocientífico, algumas das quais, infelizmente, tão influentes quanto a interpretação marxista da História — caso, por exemplo, da interpretação racista da História, que é mais uma

---

([4]) O caso da Astrologia, hoje em dia uma típica pseudociência, pode ilustrar este ponto. A Astrologia foi atacada pelos aristotélicos e outros racionalistas, até ao tempo de Newton, pelo motivo errado — pela sua afirmação, atualmente aceite, de que os planetas tinham «influência» sobre os acontecimentos terrestres («sublunares»). De facto, a teoria da gravidade de Newton e, em especial, a teoria lunar das marés, foi, em termos históricos, uma descendente do conhecimento astrológico. Newton, segundo parece, terá sentido bastante relutância em adotar uma teoria proveniente do mesmo saco, por exemplo, da teoria de que as epidemias de gripe («influenza») se devem a uma «influência» astral. E Galileu, sem dúvida pela mesma razão, rejeitou efetivamente a teoria lunar das marés — a sua desconfiança em relação a Kepler pode ser facilmente explicada pela sua desconfiança em relação à Astrologia.

dessas poderosas teorias «omniexplicativas» que exercem sobre os fracos de espírito o efeito de uma revelação.)

Deste modo, o problema que tentei resolver ao propor o critério de falsificabilidade não era um problema de sentido ou significado, nem um problema de verdade ou aceitabilidade. Era, antes, o problema de traçar uma linha (tão clara quanto possível) entre os enunciados, ou sistemas de enunciados, das ciências empíricas, e todos os outros enunciados — quer sejam de carácter religioso, metafísico, ou simplesmente pseudocientífico. Anos mais tarde — terá sido por volta de 1928 ou 1929 —, chamei a este meu primeiro problema o «*problema da demarcação*». O critério da falsificabilidade é uma resposta a este problema da demarcação, uma vez que diz que os enunciados, ou sistemas de enunciados, para poderem ser considerados científicos, têm de ser capazes de se confrontar com possíveis, ou imagináveis, observações.

III

Hoje sei, evidentemente, que este *critério de demarcação* — o critério da testabilidade, da falsificabilidade ou da refutabilidade — está longe de ser óbvio. Mesmo nos nossos dias, o seu significado raramente é compreendido. Naquele tempo, em 1920, este critério parecia-me quase trivial, ainda que, para mim, resolvesse um problema intelectual que me havia preocupado profundamente, e que tinha também consequências práticas evidentes (políticas, por exemplo). Mas não me apercebera ainda de todas as suas implicações, ou do seu significado filosófico. Quando expliquei este critério a um colega do Departamento de Matemática (atualmente um distinto matemático na Grã-Bretanha), ele sugeriu que eu o publicasse. Na altura, isso pareceu-me absurdo, pois estava convencido de que o meu problema, uma vez que era tão importante para mim, devia ter inquietado também muitos outros filósofos e cientistas, que teriam certamente chegado à minha bastante óbvia conclusão. Que não era esse o caso, foi que descobri com a obra de Wittgenstein e com a receção de que foi alvo. E assim publiquei as minhas conclusões treze anos mais tarde, sob a forma de uma crítica ao *critério de significação* de Wittgenstein.

Wittgenstein, como todos sabem, tentou demonstrar no seu *Tractatus* (ver, por exemplo, as suas proposições 6.53; 6.54; e 5) que todas as chamadas proposições filosóficas ou metafísicas eram, na verdade, não-proposições ou pseudoproposições: que eram desprovidas de sentido ou significado. Todas as proposições genuínas (ou significantes) seriam funções de verdade das proposições elementares ou atómicas, que descreviam «factos atómicos» — isto é, factos que podiam ser, em princípio, verificados pela observação. Por outras palavras, as proposições significantes seriam inteiramente redutíveis a proposições elementares ou atómicas, que eram simples enuncia dos descrevendo possíveis estados de coisas e que poderiam ser, em prin cí pio, comprovados ou refutados pela observação. Se designarmos por «enunciado de observação» não apenas aquele que refere uma observação efetiva mas também o enunciado que refere algo que *pode* ser observado, teremos de dizer (de acordo com o *Tractatus*, 5 e 4.52) que toda a proposição genuína tem de ser uma função de verdade — e, nessa medida, dedutível — de enunciados de observação. Todas as outras aparentes proposições serão pseudoproposições destituídas de significado; não passarão, de facto, de uma algaraviada sem sentido.

Esta ideia foi usada por Wittgenstein para uma caracterização da Ciência como oposta à Filosofia. Podemos ler (por exemplo em 4.11, onde a Ciência da Natureza é considerada em contraposição à Filosofia): «A totalidade das proposições verdadeiras é a Ciência da Natureza no seu todo (ou a totalidade das Ciências da Natureza).» Significa isto que as proposições que pertencem à Ciência são as dedutíveis de enunciados de observação *verdadeiros;* são aquelas proposições que podem ser *verificadas* por enunciados de observação verdadeiros. Pudéssemos nós conhecer todos os enunciados de observação verdadeiros e conheceríamos também tudo o que pode ser afirmado pela Ciência da Natureza.

Encontramos aqui representado um ainda rudimentar critério de demar cação em termos de verificabilidade. Para o tornar um pouco menos rudimentar, poderíamos reformulá-lo do seguinte modo: «Os enunciados passíveis de entrar no âmbito da Ciência são os que podem ser verificados por enunciados de observação; e esses enunciados coincidem, uma vez mais, com a classe de *todos* os enunciados genuínos ou significantes.» Nesta perspetiva, então, *verificabilidade, significância e carácter científico são todos coincidentes.*

Pessoalmente, nunca me interessei pelo chamado problema da significação. Pelo contrário, parecia-me tratar-se de um problema verbal, um típico pseudoproblema. O meu interesse residia apenas no problema da demarcação, isto é, no problema de encontrar um critério de avaliação do carácter científico das teorias. Foi somente esse interesse que me fez ver de imediato que o critério de verificabilidade da significação de Wittgenstein estava destinado a desempenhar também o papel de critério de demarcação; e que me fez igualmente ver que, nessa qualidade, este critério de Wittgenstein era totalmente inadequado, mesmo que todas as reticências acerca do dúbio conceito de significação fossem postas de lado. Com efeito, o critério de demarcação de Wittgenstein — para usar a minha própria terminologia neste contexto — é a verificabilidade, ou a dedutibilidade, a partir de enunciados de observação. Mas este critério é demasiado restrito (e demasiado lato): exclui da Ciência praticamente tudo o que é, de facto, característico dela (embora falhe, na realidade, em excluir a Astrologia). Nenhuma teoria científica pode alguma vez ser deduzida de enunciados de observação, ou descrita como uma função de verdade desses mesmos enunciados.

Para tudo isto chamei a atenção, em diferentes ocasiões, dos *wittgensteinianos* e dos membros do Círculo de Viena. Em 1931-32, sumarizei as minhas ideias num livro consideravelmente extenso (lido por diversos membros do Círculo, mas nunca publicado, ainda que parte dele tenha sido incorporada na minha obra *The Logic of Scientific Discovery*). E, em 1933, publiquei uma carta para o editor de *Erkenntnis*, na qual tentava condensar, em duas páginas, as minhas ideias acerca dos problemas da demarcação e da indução.([5]) Nessa carta, e num outro trabalho, descrevi o problema da

---

([5]) A minha *Logic of Scientific Discovery* (1959, 1960, 1961), habitualmente referida como *L. Sc. D.*, é a tradução de *Logik der Forschung* (1934) com uma série de notas adicionais e apêndices, incluindo (nas pp. 312-314) a carta ao editor de *Erkenntnis*, aqui mencionada no texto, e que foi publicada pela primeira vez em *Erkenntnis*, **3**, 1933, pp. 426 ss.

A respeito do meu livro, nunca publicado, a que aqui faço referência, ver o ensaio de Rudolf Carnap, «Über Protokollsätze» («On Protocol Sentences»), *Erkenntnis*, **3**, 1932, pp. 215-228, em que ele traça um esboço da minha teoria (pp. 223-228), aceitando-a. Carnap designa a minha teoria por «procedimento B» e diz (p. 224, no cimo): «Partindo de um ponto de vista diferente do de Neurath (que desenvolveu aquilo a que Carnap chama, na p. 223, "procedimento A"), Popper desenvolveu o procedimento B como parte do seu sistema». E, após descrever em pormenor a minha teoria dos testes, Carnap resume as suas ideias da seguinte maneira (p. 228): «Após ter ponderado os vários argumentos aqui discutidos, parece-me que o segundo modelo de linguagem

significação como um pseudoproblema, em contraste com o problema da demarcação. Mas o meu contributo foi classificado por membros do Círculo como uma proposta de substituir o critério de verificabilidade da *significação* por um critério de falsificabilidade dessa mesma *significação* — o que tornou as minhas ideias efetivamente incompreensíveis.([6]) E de nada serviram os meus protestos de que estava a tentar resolver o problema da demarcação, e não o pseudoproblema da significação de que se ocupava o Círculo.

Os meus ataques contra a verificação produziram, no entanto, algum efeito. Depressa conduziram a uma total confusão no campo dos filósofos verificacionistas do sentido e do não-sentido. A proposta original da verificabilidade como critério de significação era, pelo menos, clara, simples e convincente. As modificações e desvios agora introduzidos eram precisamente o contrário.([7]) Esse facto é, devo dizê-lo, atualmente reconhecido até mesmo pelos que nisso tomaram parte. Mas, atendendo a que sou habitualmente citado como sendo um deles, desejo repetir que, apesar de lhe ter

---

com o procedimento B — que se encontra no modelo aqui descrito — é o mais adequado de entre os modelos de linguagem científica atualmente defendidos [...] na [...] teoria do conhecimento.» Este ensaio de Carnap continha a primeira exposição publicada da minha teoria da experimentação crítica. (Ver também as minhas observações críticas em *L. Sc. D.*, nota 1 da secção 29, p. 104, onde, em vez da data «1933», se deve ler «1932»; e o cap. 11, mais adiante, texto da nota 41.)

([6]) O exemplo de Wittgenstein de uma pseudoproposição sem sentido é: «Sócrates é idêntico». Como é óbvio, a proposição «Sócrates não é idêntico» tem de ser, também ela, sem sentido. Por conseguinte, a negação de um qualquer enunciado sem sentido será igualmente desprovida de sentido, ao passo que a negação de um enunciado com sentido continuará a ter sentido. *Mas a negação de um enunciado testável (ou falsificável) não precisa de ser testável*, tal como foi observado, primeiro na minha *L. Sc. D.* (por exemplo, pp. 38 ss.) e posteriormente pelos meus críticos. A confusão causada por se encarar a testabilidade como um critério de *significação*, em vez de um critério de *demarcação*, pode ser facilmente imaginada.

([7]) O exemplo mais recente de como a história deste problema é mal compreendida é o artigo de A. R. White, «Note on Meaning and Verification», *Mind*, 63, 1954, pp. 66 ss. O artigo de J. L. Evans em *Mind*, 62, 1953, pp. 1 ss., que o Sr. White critica, é, na minha opinião, excelente e invulgarmente perspicaz. Compreensivelmente, nenhum dos autores consegue reconstituir bem a história (podem encontrar-se algumas alusões a esta questão na minha *Sociedade Aberta*, notas 46, 51 e 52 do cap. 11; e uma nota mais completa no cap. 11 do meu presente volume).

dado origem, nunca participei nessa confusão. Nem a falsificabilidade nem a testabilidade foram por mim propostas como critérios de significação; e ainda que me possa dar por culpado de haver introduzido ambos os termos na discussão, não fui eu quem os introduziu na teoria da significação.

A crítica das minhas alegadas ideias espalhou-se com grande sucesso. Mas continuo à espera de uma crítica das minhas verdadeiras ideias.([8]) Enquanto isso, a testabilidade está a ser amplamente aceite como critério de demarcação.

IV

Discuti com algum pormenor o problema da demarcação porque acredito que a sua solução constitui a chave da maioria dos problemas fundamentais da Filosofia da Ciência. Dar-vos-ei mais tarde uma lista de alguns desses outros problemas, mas apenas um deles — o *problema da indução* — pode ser aqui discutido com alguma minúcia.

([8]) Em *L. Sc. D.* discuti e respondi a algumas prováveis objeções que, mais tarde, viriam a ser efetivamente levantadas, sem referência às minhas respostas. Uma delas é o argumento de que a falsificação de uma lei natural é tão impossível quanto a sua comprovação. A resposta é que esta objeção mistura dois níveis de análise totalmente diferentes (à semelhança da objeção de que as demonstrações matemáticas são impossíveis, uma vez que a verificação, por muito repetida que seja, não nos pode dar nunca a certeza absoluta de não termos deixado passar algum erro). No primeiro nível, há uma assimetria lógica: um enunciado singular — por exemplo, sobre o periélio de Mercúrio — pode falsificar formalmente as leis de Kepler; mas essas leis não podem ser formalmente verificadas por qualquer número de enunciados singulares. A tentativa de minimizar esta assimetria só pode dar origem a confusão. Num outro nível, podemos hesitar em aceitar qualquer enunciado, até mesmo o mais simples enunciado de observação. E podemos fazer notar que todo o enunciado envolve *interpretação à luz de teorias*, sendo, nessa medida, incerto. Embora não afete a assimetria fundamental, isto é importante: muitos dissecadores do coração anteriores a Harvey observaram coisas erradas — observaram aquilo que esperavam ver. Não poderá existir nunca uma observação inteiramente segura, livre dos perigos da má interpretação (sendo essa uma das razões por que a teoria da indução não funciona). A «base empírica» consiste, em larga medida, numa mistura de *teorias* de um grau inferior de universalidade (de «efeitos reprodutíveis»). Mas seja qual for a base aceite (por sua conta e risco) pelo investigador, permanece o facto de ele só poder testar a sua teoria tentando refutá-la.

O meu interesse pelo problema da indução data de 1923. Embora exista uma relação muito próxima entre esse problema e o problema da demarcação, levei cerca de cinco anos até me aperceber inteiramente dela.

Abordei o problema da indução através de Hume. Hume, pareceu-me, estava perfeitamente certo em fazer notar que não é possível justificar logicamente a indução. Ele considerava que não pode haver argumentos lógicos([9]) válidos que nos permitam demonstrar que «*aqueles casos de que não tivemos qualquer experiência se assemelham àqueles de que tivemos*». Consequentemente, «*mesmo após a observação de uma frequente ou constante conjunção de objetos, não temos nenhuma razão para fazer qualquer infe rência a respeito de qualquer objeto para além daqueles de que tenhamos tido experiência*»; pois, «caso fosse dito que temos experiência»([10]) — uma expe riência que nos ensinasse que objetos que constantemente nos surjam associa dos a outros determinados objetos manterão essa associação — nesse caso, diz Hume, «eu renovaria a minha pergunta, *por que motivo retiramos nós desta experiência uma conclusão que ultrapassa aqueles exemplos passa dos de que tivemos experiência?*». Esta «renovada pergunta» indica que uma tentativa de justificar a prática da indução por um apelo à experiência tem de conduzir a uma *regressão infinita*. Em consequência, podemos dizer que as teorias nunca podem ser inferidas de enunciados de observação, ou racionalmente justificadas por eles.

Considerei esta refutação da inferência indutiva, feita por Hume, clara e conclusiva. Mas senti-me totalmente insatisfeito com a sua explicação psicológica da indução em termos de costume ou hábito.

Tem sido com frequência observado que esta explicação de Hume não é filosoficamente muito satisfatória. Mas não há dúvida de que ele tinha mais em vista uma teoria *psicológica* do

---

([9]) Hume não diz «lógicos», mas, sim, «demonstrativos», uma terminologia que me parece um pouco equívoca. As duas citações que se seguem são do *Treatise of Human Nature*, Livro I, Parte III, secções VI e XII (os itálicos são todos de Hume).

([10]) Esta citação e a que se lhe segue são de *loc. cit*, secção VI. Ver também, de Hume, *Enquiry Concerning Human Understanding* (Trad. Port.: *Investigação sobre o Entendimento Humano*, Lx., Ed. 70, 1989), secção IV, Parte II, e o seu *Abstract*, editado em 1938 por J. M. Keynes e P. Sraffa, p. 15, e citado em *L. Sc. D.*, novo apêndice *VII, texto da nota 6.

que propriamente filosófica, pois tentou dar uma explicação causal de um facto psicológico — *o facto de acreditarmos em leis*, em enunciados que afirmam padrões de regularidade ou tipos de acontecimentos constantemente associados. Hume explica este facto afirmando que ele se deve (ou seja, está constantemente associado) ao costume ou hábito. Mas mesmo esta reformulação da teoria de Hume é inaceitável, dado que aquilo a que ainda agora chamei «facto psicológico» pode ser, ele mesmo, descrito como um costume ou hábito — o nosso costume ou hábito de acreditar em leis ou regularidades. Não surpreende, nem esclarece, ouvir que um tal costume ou hábito pode ser explicado como devido ao costume ou hábito, ou como estando associado a um costume ou hábito (ainda que diferente). Só quando nos lembramos de que as palavras «costume» ou «hábito» são usadas por Hume — tal como o são na linguagem comum — não somente para *descrever* comportamentos regulares, mas mais para *teorizar acerca da sua origem* (atribuída a uma frequente repetição), é que podemos reformular esta teoria psicológica de um modo mais satisfatório. A teoria de Hume converte-se então na tese de que, à semelhança dos outros hábitos, também *o nosso hábito de acreditar em leis é produto de uma frequente repetição* — da repetida observação de que coisas de uma certa espécie estão constantemente associadas a coisas de uma outra espécie.

Esta teoria genético-psicológica está, tal como foi referido, incorporada na linguagem comum e não é, nessa medida, tão revolucionária quanto Hume pensava. É, sem dúvida, uma teoria psicológica extremamente popular — parte do «senso comum», poderíamos nós dizer. Mas, não obstante o meu apreço por ambos, por Hume e pelo senso comum, estava convencido de que esta teoria psicológica estava errada e que era, na verdade, refutável por razões puramente lógicas.

A psicologia de Hume — que é a psicologia popular — estava, considerei eu, enganada em pelo menos três pontos distintos: (a) o resultado típico da repetição; (b) a génese dos hábitos; e, em especial, (c) o carácter daquelas experiências ou formas de comportamento que podem ser descritas como «acreditando numa lei» ou «esperando uma sucessão regrada de acontecimentos».

(a) O resultado típico da repetição — por exemplo, a repetição de uma passagem difícil no piano — é que movimentos que inicialmente reque riam atenção acabam por ser executados mesmo sem ela. Poderíamos dizer que o processo é radicalmente abreviado e deixa de ser consciente: torna-se automático, «fisiológico». Uma tal transformação, longe de criar uma expectativa consciente de uma sucessão ordenada de movimentos, ou a crença numa lei, pode, pelo contrário, começar com uma crença consciente e destruí-la em seguida, tornando-a supérflua. Ao aprender a andar de bicicleta, podemos começar com a crença de que é possível evitar as quedas se dirigirmos o guiador na direção em que ameaçamos cair, e esta crença pode ser útil para orientar os nossos movimentos. Após suficiente prática, pode mos esquecer a regra — em todo o caso, já não precisamos mais dela. Por outro lado, ainda que seja verdade que a repetição pode criar expectativas inconscientes, elas só se tornarão conscientes se alguma coisa correr mal (podíamos não estar a ouvir o tiquetaque do relógio, mas podemos ouvir que ele parou).

(b) Os hábitos ou costumes não têm, por via de regra, *origem* na repetição. Mesmo o hábito de andar, de falar, ou de comer a certas horas, *tem início* antes que a repetição possa desempenhar qualquer papel. Podemos dizer, se quisermos, que os «hábitos» ou «costumes» só merecem ser assim chamados depois de a repetição ter desempenhado o seu típico papel, descrito em (a); mas não devemos dizer que as práticas em questão *se originaram* em consequência de muitas repetições.

(c) A crença numa lei não é exatamente o mesmo que um comportamento que traduza a expectativa de uma sucessão regrada de acontecimentos; mas estão ambos suficientemente próximos para serem tratados em conjunto. Podem, talvez, em casos excecionais, resultar de uma mera repetição de impressões dos sentidos (como no caso do relógio que pára). Não me custava admitir isto, mas afirmei que normalmente, e na maioria dos casos com algum interesse, não podem ser explicados dessa forma. Como Hume reconhece, até uma única observação impressionante pode ser suficiente para criar uma crença ou expectativa — um facto que ele tenta explicar como sendo devido a um hábito indutivo, constituído em resultado de um vasto número de longas sequências repetitivas, experienciadas numa fase anterior da vida.[11] Mas isso, argumentei eu na altura, terá sido uma mera tentativa, por parte de Hume, de justificar factos adversos que ameaçavam a sua

---

[11] *Treatise*, secção XIII; secção XV, regra 4.

teoria; e uma tentativa malograda, uma vez que esses factos desfavoráveis podiam ser observados em bebés e animais muito jovens — na verdade, numa fase tão precoce quanto desejarmos. «Um cigarro aceso foi posto perto do nariz dos jovens cachorrinhos», relata F. Bäge. Eles farejaram-no uma vez, viraram costas, e não houve meio de os convencer a regressar à fonte do cheiro e a farejar de novo. Alguns dias mais tarde, reagiram à mera visão de um cigarro, ou até de um pedaço enrolado de papel branco, saltando para trás e espirrando.([12]) Se tentarmos explicar casos como este mediante o postulado de um vasto número de longas sequências repetitivas numa idade ainda mais precoce, estaremos não só a romancear, como a esquecer que, nas curtas vidas destes espertos cachorrinhos, teve de haver espaço não apenas para a repetição, mas também para uma grande dose de novidade e, consequentemente, de não-repetição.

Mas não é só a questão de certos factos empíricos não secundarem Hume. Há argumentos decisivos, de carácter *puramente lógico*, contra a sua teoria psicológica.

A ideia central da teoria psicológica de Hume é a ideia de *repetição baseada na similaridade* (ou «semelhança»). Esta ideia é usada de um modo muito acrítico. Somos levados a pensar na gota de água que fura a pedra: em sequências de acontecimentos indiscutivelmente semelhantes que lentamente se nos vão impondo, como o tiquetaque do relógio. Mas deveríamos compreender que, numa teoria psicológica como a de Hume, só a repetição-para-nós, baseada na similaridade-para-nós, pode admissivelmente ter algum efeito sobre nós. Temos de responder às situações como se elas fossem equivalentes; *tomá-las* como similares, *interpretá-las* como repetições. Deste modo, elas tornam-se para nós *funcionalmente iguais*. Os espertos cachorrinhos, podemos supor, demonstraram pela sua resposta, pela sua forma de agir ou reagir, que reconheciam ou interpretavam a segunda situação como uma repetição da primeira; que esperavam que o seu principal elemento, o cheiro desagradável, estivesse presente. A situação foi uma repetição-para-eles, porque eles lhe responderam *antecipando* a sua similaridade com a situação anterior.

([12]) F. Bäge, «Zur Entwicklung, etc.», *Zeitschrift f. Hundeforschung*, 1933; cp. D. Katz, *Animals and Men*, cap. VI, nota de rodapé.

Esta crítica aparentemente psicológica tem uma base puramente lógica que pode ser sintetizada no simples argumento que se segue (e que acontece ser aquele de que originalmente partiu a minha crítica): a espécie de repetição considerada por Hume não pode nunca ser perfeita; os casos que ele tem em mente não podem ser casos de perfeita identidade — são apenas casos de similaridade. Nessa medida, *só são repetições sob um certo ponto de vista* (o que para mim tem o efeito de uma repetição pode não o ter para uma aranha). Mas isto significa que, por razões lógicas, tem de existir sempre um ponto de vista — como um sistema de expectativas, de antecipações, de suposições ou de interesses — *antes* de poder haver qualquer repetição; ponto de vista esse que não pode, consequentemente, ser o mero resultado de uma repetição (ver agora também o Apêndice *X, (1), da minha *L. Sc. D.*).

Temos, por conseguinte, de substituir, e tendo em vista uma teoria psicológica da origem das nossas crenças, a ideia ingénua de acontecimentos que *são* similares pela ideia de acontecimentos a que reagimos *interpretando-os* como similares. Mas se isto é assim (e não vejo como possa deixar de ser), então a teoria psicológica da indução de Hume conduz a uma regres são infinita precisamente análoga àquela outra regressão infinita descoberta pelo próprio Hume e por ele utilizada para arrasar a teoria lógica da indução. Pois que queremos nós explicar? No exemplo dos cachorrinhos, pretende mos explicar um comportamento que pode ser descrito em termos de *reconhecer* ou *interpretar* uma situação como uma repetição de outra. Não podemos, obviamente, esperar conseguir explicar este facto fazendo apelo a repetições anteriores, a partir do momento em que compreendemos que essas repetições anteriores devem ter sido também repetições-para-eles, de forma que se coloca de novo o mesmo problema: o de *reconhecer* ou *interpretar* a situação como uma repetição de outra.

Para pôr a questão de um modo mais conciso, a similaridade-para-nós será produto de uma resposta que envolve interpretações (que podem ser inadequadas) e antecipações ou expectativas (que podem nunca se concretizar). Será, por conseguinte, impossível explicar as antecipações ou expectativas como resultando de um grande número de repetições, tal como foi sugerido por Hume; pois mesmo a primeira repetição-para-nós tem de estar baseada numa similaridade-para-nós e, nessa medida, em expectativas — ou seja, precisamente a situação que queríamos explicar. (As expectativas têm de vir primeiro, *antes* das repetições.)

Vemos assim que a teoria psicológica de Hume implica uma regressão infinita.

Hume, quis-me parecer, não aceitara nunca o pleno alcance da sua própria análise lógica. Tendo refutado a ideia lógica da indução, viu-se confrontado com o seguinte problema: como é que obtemos realmente o nosso conhecimento enquanto facto psicológico se a indução é um método logicamente inválido e racionalmente injustificável? Há duas respostas possíveis: (1) obtemos o nosso conhecimento por um processo não indutivo. Esta resposta teria permitido a Hume manter uma certa forma de racionalismo. (2) obtemos o nosso conhecimento por repetição e indução e, nessa medida, por um processo logicamente inválido e racionalmente injustificável, o que significa que todo o aparente conhecimento se reduz a uma espécie de crença — uma crença baseada no hábito. Esta resposta implicaria a irracionalidade do próprio conhecimento científico, de modo que o racionalismo seria absurdo e teria de ser posto de parte. (Não vou discutir aqui as velhíssimas tentativas, atualmente de novo em voga, de sair desta dificuldade afirmando que, embora a indução seja, como é óbvio, logicamente inválida — se por «lógica» quisermos dizer (o mesmo que) «lógica dedutiva» — não será irracional segundo os seus próprios critérios e como a lógica indutiva admite; e como pode, aliás, ser verificado pelo facto de todas as pessoas racionais a aplicarem *de facto*. Em contraste com isto, o grande feito de Hume terá sido romper com esta identificação acrítica entre a questão de facto — *quid facti?* — e a questão da justificação ou validade — *quid juris?*. (Ver mais à frente, ponto (13) do apêndice ao presente capítulo.)

Hume parece nunca ter considerado seriamente a primeira alternativa. Tendo rejeitado a teoria lógica da indução pela repetição, firmou um pacto com o senso comum, permitindo pacificamente a reentrada da indução por repetição, sob a aparência de um facto psicológico. Eu propus-me inverter os dados desta teoria de Hume. Em lugar de explicar a nossa propensão para esperar padrões de regularidade como resultado da repetição, propus explicar a repetição-para-nós como resultado dessa nossa propensão para esperar e procurar padrões de regularidade.

Fui assim levado por considerações de ordem puramente lógica a substituir a teoria psicológica da indução pela seguinte perspetiva:

em vez de esperar passivamente que as repetições nos imprimam ou imponham padrões de regularidade, somos nós quem ativamente tenta impor essa regularidade ao mundo. Tentamos descobrir similaridades no mundo e interpretá-lo em termos de leis por nós inventadas. Sem esperar por premissas, saltamos para as conclusões — que poderão ter de ser abandonadas mais tarde, caso a observação demonstre que estavam erradas.

Esta era uma teoria de ensaio e erro — de *conjeturas* e *refutações*. Tornou possível compreender por que motivo as nossas tentativas de impor interpretações ao mundo são logicamente anteriores à observação de similaridades. Uma vez que havia razões lógicas por detrás deste processo, pensei que ele se poderia aplicar também ao domínio da Ciência; que as teorias científicas não eram uma síntese de observações, mas, sim, invenções — conjeturas ousadamente avançadas para serem postas à prova e eliminadas no caso de colidirem com as observações. Observações essas que raras vezes eram acidentais, mas, antes, geralmente levadas a efeito com o intuito definido de testar uma teoria e obter, se possível, uma decisiva refutação.

V

A crença de que a Ciência procede da observação para a teoria é ainda tão firme e generalizada que a minha recusa em subscrevê-la é frequentemente acolhida com incredulidade. Já fui inclusivamente suspeito de insinceridade — por negar aquilo de que ninguém no seu perfeito juízo pode duvidar.

Mas, na verdade, a crença de que podemos começar pela pura observação apenas, sem nada que se pareça com uma teoria, é absurda — como pode ser ilustrado pela história do homem que dedicou a sua vida à Ciência da Natureza, anotou tudo o que conseguiu observar e legou a sua inestimável coleção de observações à Royal Society para serem usadas como matéria indutiva. Esta história devia mostrar-nos que, apesar de os escaravelhos poderem ser colecionados com proveito, o mesmo não se passa com as observações.

Há vinte e cinco anos, tentei trazer esta questão a um grupo de estudantes de Física, em Viena, iniciando uma conferência com as seguintes instruções: «Peguem no lápis e no papel;

observem cuidadosamente e anotem o que observaram!» Eles perguntaram, como é óbvio, *o que* é que eu queria que observassem. Manifestamente, a instrução «Observem!» é absurda.([13]) (Não é sequer idiomática, a menos que o objeto do verbo transitivo possa ser dado como subentendido). A observação é sempre seletiva. Requer um objeto determinado, uma tarefa definida, um interesse, um ponto de vista, um problema. E a sua descrição pressupõe uma linguagem descritiva, com palavras qualificativas; pressupõe similaridade e classificação, que pressupõem, por seu turno, interesses, pontos de vista e problemas. «Um animal com fome», escreve Katz([14]), «divide o seu meio circundante em coisas comestíveis e incomestíveis. Um animal em fuga vê caminhos por onde se escapar e sítios para se esconder [...] Falando em termos gerais, os objetos mudam [...] de acordo com as necessidades do animal.» Podemos acrescentar que os objetos podem ser classificados, e podem tornar-se semelhantes ou dissemelhantes, *unicamente* desta maneira — relacionando-se com necessidades e interesses. Esta regra aplica-se não só aos animais, mas também aos cientistas. No caso do animal, o ponto de vista decorre das suas necessidades, da tarefa do momento e das suas expectativas; no caso do cientista, decorrerá dos seus interesses teóricos, do problema concreto a investigar, das suas conjeturas e antecipações e das teorias por ele aceites como uma espécie de pano de fundo: ou seja, do seu quadro de referências, do seu «horizonte de expectativas».

O problema «O que é que surge primeiro, a hipótese (H) ou a observação (O)?» é solúvel, da mesma forma que o problema «O que é que surgiu primeiro, a galinha (G) ou o ovo (O)?». A resposta a este último é «Uma espécie anterior de ovo»; enquanto a resposta ao primeiro será «Uma espécie anterior de hipótese». É, sem dúvida, verdade que qualquer hipótese em particular pela qual optemos terá sido precedida por observações — por exemplo, as observações que essa mesma hipótese tem por objetivo explicar. Mas essas observações, por seu turno, pressupõem a adoção de um sistema de referências — um sistema de expectativas — um sistema de teorias. Se se revelaram significativas, se criaram a necessidade de uma explicação e, nessa medida, deram origem à invenção de uma hipótese, foi porque não podiam ser explicadas

---

([13]) Vd. secção 30 de *L. Sc. D.*
([14]) Katz, *loc. cit.*

no interior do antigo sistema teórico, do antigo horizonte de expectativas. Não há aqui perigo de uma regressão infinita. Se formos recuando até teorias e mitos cada vez mais primitivos, acabaremos finalmente por encontrar expectativas inconscientes e *inatas*.

Penso que a teoria das ideias inatas é absurda. Mas todos os organismos têm *reações* e *respostas* inatas; e, entre elas, respostas adaptadas a acontecimentos iminentes. Podemos descrever estas respostas como «expectativas» sem com isso implicar que essas «expectativas» sejam conscientes. O bebé recém-nascido «espera», neste sentido, ser alimentado (e, poderíamos até acrescentar, protegido e amado). Tendo em vista a estreita relação entre expectativa e conhecimento, podemos inclusivamente falar, num sentido perfeitamente aceitável, em «conhecimento inato». Esse conhecimento, contudo, não é *válido a priori*. Uma expectativa inata, por muito forte e específica que seja, pode estar errada. (A criança recém-nascida pode ser abandonada e morrer à fome).

Nós nascemos, por conseguinte, com expectativas; com um «conhecimento» que, apesar de não *válido a priori*, é *psicológica ou geneticamente a priori*, isto é, anterior a toda a experiência de observação. Uma das mais importantes destas expectativas é a expectativa de encontrar um padrão de regularidade. Está ligada a uma propensão inata para procurar regularidades, ou a uma *necessidade de encontrar* regularidades, como podemos verificar pelo prazer de uma criança que satisfaz essa necessidade.

Esta expectativa inconsciente de encontrar padrões de regularidade, que é psicologicamente *a priori*, corresponde muito aproximadamente à lei da causalidade, que Kant acreditava fazer parte do nosso aparelho mental e ser *a priori* válida. Poderíamos, assim, sentir-nos inclinados a dizer que Kant não soube distinguir entre formas psicologicamente *a priori* de pensar ou reagir e crenças válidas *a priori*. Mas eu não creio que o seu erro tenha sido tão crasso. E isso na medida em que a expectativa de encontrar padrões de regularidade não é só psicologicamente *a priori*, mas também logicamente *a priori:* é logicamente anterior a toda a experiência de observação, dado que é, tal como vimos, anterior a qualquer reconhecimento de semelhanças; e toda a observação envolve o reconhecimento de semelhanças (ou dissemelhanças). Mas, sendo embora logicamente *a priori* neste sentido, a expectativa não é válida *a priori*; pode, na verdade, revelar-se infundada. Nós poderíamos facilmente criar um ambiente (sem dúvida letal) que, comparado com o nosso ambiente quotidiano, fosse tão caótico que nos seria totalmente impossível encontrar nele algum padrão de regularidade. (Todas as leis naturais podiam permanecer válidas. Ambientes deste tipo têm sido usados em experiências com animais, mencionadas na secção seguinte.)

Deste modo, a resposta de Kant a Hume não terá ficado muito aquém da verdade — pois a distinção entre uma expectativa válida *a priori* e uma expectativa genetica e logicamente anterior à observação, mas não válida *a priori*, é, na realidade, algo subtil. Mas Kant provou demasiado. Ao tentar demonstrar como é que o conhecimento é possível, propôs uma teoria que tinha como inevitável consequência o forçoso sucesso da nossa busca de conhecimento — o que é manifestamente falso. Quando Kant disse: «O nosso intelecto não extrai da Natureza as suas leis, antes impõe as suas leis à Natureza», tinha razão. Mas, ao pensar que essas leis são necessariamente verdadeiras, ou que nós somos necessariamente bem sucedidos na sua imposição à Natureza, estava enganado.[15] A Natureza consegue muitas vezes resistir-nos, obrigando-nos a renunciar às leis que vão sendo refutadas. Mas, enquanto estivermos vivos, podemos sempre tentar de novo.

Para resumir esta crítica lógica da psicologia da indução de Hume, pode mos considerar a ideia de construir uma máquina indutiva. Colocada num «mundo» simplificado (por exemplo, um mundo de sequências de fichas de jogo coloridas), uma máquina assim poderia, por um processo de repetição, «aprender», ou até «formular», leis de sucessão válidas no seu «mundo». Se uma tal máquina pudesse ser construída (e não duvido que possa), então, poder-se-ia argumentar, a minha teoria deve estar errada — pois se uma máquina é capaz de efetuar induções com base na repetição,

---

[15] Kant estava persuadido de que a dinâmica de Newton era válida *a priori* (ver os seus primeiros *Princípios Metafísicos da Ciência da Natureza*, publicados entre a primeira e a segunda edição da *Crítica da Razão Pura*). Mas se, como ele pensou, nós podemos explicar a validade da teoria de Newton pelo facto de o nosso intelecto impor as suas leis à Natureza, segue-se, segundo me parece, que o nosso intelecto *tem de ser bem-sucedido* nessa tarefa — o que torna difícil compreender porque é que um conhecimento *a priori* como o de Newton é tão difícil de encontrar. Uma exposição um pouco mais desenvolvida desta crítica pode ser lida no capítulo 2, em especial na secção x, e nos capítulos 7 e 8 do presente volume.

não pode haver nenhuma razão lógica que nos impeça de fazer o mesmo. O argumento parece convincente, mas está errado. Ao construir uma máquina indutiva, nós, os arquitetos dessa máquina, temos de decidir *a priori* o que é que constitui o seu «mundo»; quais são as coisas que nele devem ser tomadas como semelhantes ou iguais; e que *espécie* de «leis» pretende mos nós que a máquina seja capaz de «descobrir» nesse seu «mundo». Por outras palavras, temos de a dotar de uma estrutura que determine o que é relevante ou interessante no seu mundo: a máquina terá os seus princípios de seleção «inatos». Os problemas de similaridade ter-lhe-ão sido resolvidos pelos seus criadores, que terão dessa forma interpretado o «mundo» para a máquina.

VI

A nossa propensão para procurar padrões de regularidade e para impor leis à Natureza conduz ao fenómeno psicológico do *pensamento dogmático* ou, em termos mais gerais, do comportamento dogmático: esperamos encon trar regularidades em todo o lado e tentamos vê-las até onde elas não existem. Aos acontecimentos que não se submetem a estas tentativas, tratamo-los como uma espécie de «ruído de fundo». E mantemo-nos agarrados às nossas expectativas mesmo quando elas se revelam inadequadas e devíamos aceitar a derrota. Este dogmatismo é, até certo ponto, necessário. É exigido por uma situação com que apenas podemos lidar impondo as nossas conjeturas ao mundo. Além do mais, este dogmatismo permite-nos ir elaborando uma boa teoria por fases, por meio de aproximações. Se nos dermos demasiado depressa por derrotados, poderemos impedir-nos de descobrir que estávamos muito perto da verdade.

É evidente que esta *atitude dogmática*, que nos mantém agarrados às nossas primeiras impressões, é indício de uma forte crença; ao passo que uma *atitude crítica*, que esteja pronta a modificar os seus princípios, que admita a dúvida e exija ser testada, será sinal de uma crença mais fraca. Ora, de acordo com a teoria de Hume e com a teoria popular, a força de uma crença deveria ser produto da repetição. Nessa medida, deveria ir crescendo com a experiência, e ser sempre mais forte nas pessoas menos primitivas. Mas o pensamento dogmático, o desejo incontrolado de impor padrões de regularidade e o prazer manifesto em ritos e na repetição enquanto tal são característicos dos primitivos e das crianças; e a experiência crescente e a maturidade dão por vezes origem a uma atitude cautelosa e crítica, não dogmática.

Posso, talvez, mencionar aqui um ponto de concordância com a Psicanálise. Os psicanalistas afirmam que os neuróticos, e não só, interpretam o mundo de acordo com um modelo fixo individual, de que não abdicam facilmente, e cuja origem remonta com frequência à primeira infância. Um modelo ou esquema de interpretação adotado numa fase muito precoce vai-se mantendo ao longo da vida e cada nova experiência é interpretada em função dele, verificando-o, por assim dizer, e contribuindo para a sua rigidificação. Esta é uma descrição daquilo a que chamei atitude dogmática, como distinta da atitude crítica, que partilha com a primeira a rápida adoção de um esquema de expectativas — um mito, talvez, ou uma conjetura ou hipótese —, mas que está pronta a modificá-lo, a corrigi-lo e até a abandoná-lo. Sinto-me inclinado a sugerir que muitas neuroses podem ser devidas a uma atrofia parcial do desenvolvimento da atitude crítica; a um dogmatismo embargado, em vez de natural; a uma resistência às exigências de modificação e ajustamento de determinadas interpretações e respostas esquemáticas. Esta resistência, por seu turno, poderá talvez ser explicada, em alguns casos, como decorrente de uma lesão ou choque, que terá tido como consequência o medo e uma necessidade acrescida de segurança ou certeza, num processo análogo àquele em que a lesão num membro nos deixa de tal forma receosos de o movimentar que ele acaba por se tornar hirto. (Poder-se-ia inclusivamente dizer que o caso do membro não é meramente análogo à resposta dogmática, mas um exemplo dela.) A explicação de qualquer caso concreto terá de levar em conta o peso das dificuldades implicadas nos ajustamentos que é necessário fazer — dificuldades essas que podem ser consideráveis, em especial num mundo complexo e mutável. Sabemos, através de experiências com animais, que é possível produzir arbitrariamente graus variáveis de comportamento neurótico por meio de dificuldades de grau correspondentemente variável.

Encontrei muitas outras conexões entre a Psicologia do Conhecimento e áreas da Psicologia que frequentemente se considera estarem afastadas dela — como é o caso da Psicologia da

Arte e da Música. Na verdade, as minhas ideias sobre a indução tiveram origem numa conjetura acerca da evolução da polifonia ocidental. Mas vou poupar-vos a essa história.

VII

A minha crítica lógica da teoria psicológica de Hume e as considerações com ela relacionadas (a maioria das quais foi por mim elaborada entre 1926 e 1927, numa tese intitulada On Habit and Belief in Laws (Acerca do Hábito e da Crença em Leis)([16]) pode parecer um pouco afastada do âmbito da Filosofia da Ciência. Mas a distinção entre pensamento dogmático e pensamento crítico, ou entre uma atitude crítica e uma dogmática, traz-nos justamente de regresso ao nosso problema central. E isto uma vez que a atitude dogmática está claramente ligada à tendência para *verificar* as nossas leis e esquemas mediante uma tentativa de os aplicar e confirmar que vai ao ponto de negligenciar as refutações; ao passo que a atitude crítica se traduz na prontidão em modificar essas leis e esquemas; em testá-los; em refutá-los; em *falsificá-los*, se possível. Isto sugere que podemos identificar a atitude crítica com a atitude científica, e a atitude dogmática com aquela que descrevemos como pseudocientífica.

E sugere, além disso, e falando em termos genéticos, que a atitude pseudo-científica é mais primitiva e anterior do que a atitude científica — que é uma atitude pré-científica. E este carácter primitivo ou anterior tem também o seu aspeto lógico — pois, mais do que oposta à atitude dogmática, a atitude crítica está-lhe sobreposta: a crítica tem de ser dirigida contra crenças existentes e influentes a necessitar de revisão. Por outras palavras, crenças dogmáticas. Uma atitude crítica precisa, como matéria-prima, por assim dizer, de teorias ou crenças sustentadas de forma mais ou menos dogmática.

A Ciência tem, por conseguinte, de começar por mitos e pela crítica de mitos; não pela coleção de observações, nem pela invenção de experiências, mas, sim, pela discussão crítica de mitos e de técnicas e práticas mágicas. A tradição científica distingue-se da

---

([16]) Tese apresentada sob o título *Gewohnheit und Gesetzerlebnis* ao Instituto de Educação da cidade de Viena em 1927 (não publicada).

pré-científica por ter dois estratos. Tal como esta última, transmite as suas teorias; mas transmite igualmente uma atitude crítica em relação a elas. As teorias são transmitidas não como dogmas, mas, antes, acompanhadas do desafio à sua discussão e aperfeiçoamento. Esta tradição é helénica: podemos reportá-la a Tales, fundador da primeira *escola* (não quero dizer «da primeira escola *filosófica*», mas simplesmente «da primeira escola») que não estava prioritariamente preocupada com a preservação de um dogma.([17])

A atitude crítica, a atitude da livre discussão das teorias, que tem por finalidade descobrir os seus pontos fracos no sentido de as aperfeiçoar, é a atitude da razoabilidade, da racionalidade. É uma atitude que faz amplo uso da discussão verbal e da observação — observação feita, porém, no interesse da discussão. A descoberta do método crítico pelos Gregos deu origem, no princípio, à falsa esperança na solução de todos os grandes e velhos problemas; na determinação de um conhecimento certo; e na possibilidade de conduzir à *comprovação* e *justificação* das nossas teorias. Mas esta esperança era um resquício do modo de pensamento dogmático. Na verdade, nada pode ser justificado ou provado (fora do domínio da Matemática e da Lógica). A exigência de provas racionais em Ciência denota uma incapacidade de manter a distinção entre o amplo reino da racionalidade e o exíguo reino da certeza racional: é uma exigência insustentável, irracional.

Não obstante isso, o papel da discussão lógica, do raciocínio lógico-dedutivo, continua a ser de uma extrema importância para a abordagem crítica. Não porque nos permita provar as nossas teorias, ou inferi-las de enunciados de observação, mas porque só por um raciocínio puramente dedutivo nos é possível descobrir o que as nossas teorias significam e, desse modo, criticá-las com eficácia. A crítica é, como disse, uma tentativa de encontrar os pontos fracos de uma teoria, e esses pontos só podem, regra geral, ser encontrados nas consequências lógicas mais remotas que dela possam derivar. É neste aspeto que o raciocínio puramente lógico desempenha um importante papel na Ciência.

Hume tinha razão em salientar que as nossas teorias não podem ser validamente inferidas daquilo que temos possibilidade de saber que é verdadeiro — nem de observações, nem de nenhuma

---

([17]) Comentários adicionais a estas explanações podem ser encontrados mais à frente, nos caps. 4 e 5.

outra coisa. E daí concluiu que a nossa crença nelas é irracional. Se «crença» significa aqui a nossa incapacidade de duvidar das nossas leis naturais e da constância de regularidades naturais, então Hume tinha, uma vez mais, razão. Esta espécie de crença dogmática tem, poderíamos dizê-lo, uma base mais fisiológica do que racional. Se se considerar, todavia, que o termo «crença» abrange a nossa adesão crítica às teorias científicas — uma adesão *experimental*, combinada com uma impaciência por corrigir a teoria, caso sejamos capazes de conceber um teste que ela não consiga ultrapassar —, então Hume estava errado. Não há nada de irracional nesta forma de aceitar as teorias. E não há nada de irracional, sequer, no facto de nos apoiarmos, por razões de ordem prática, em teorias bem testadas, uma vez que nenhum outro curso de ação racional se abre perante nós.

Vamos admitir que assumimos deliberadamente a tarefa de viver neste mundo desconhecido que nos rodeia; de nos adaptarmos a ele tão bem quanto pudermos; de tirarmos vantagem das oportunidades que nele podemos encontrar; e de explicá-lo, *se possível* (não temos de supor que o seja), e na medida do possível, com o auxílio de leis e teorias interpretativas. *Se assumirmos esta tarefa, não haverá então procedimento mais racional do que o método de ensaio e erro — da conjetura e refutação*: de ousadamente propor teorias; de tentar o nosso melhor para demonstrar que estão erradas; e de as aceitar, a título provisório, caso os nossos esforços críticos não sejam bem-sucedidos.

Sob o ponto de vista aqui desenvolvido, todas as leis, todas as teorias, permanecem essencialmente provisórias, ou conjeturais, ou hipotéticas, mesmo que nos sintamos incapazes de continuar a pô-las em dúvida. Antes de uma teoria ter sido refutada, não podemos saber nunca que modificações poderá vir a sofrer. Que o Sol há-de sempre nascer e declinar num espaço de vinte e quatro horas é ainda proverbial como «lei estabelecida por indução além de qualquer dúvida razoável». É estranho que este exemplo ainda continue em uso, embora possa ter sido suficientemente bom nos tempos de Aristóteles e de Píteas de Massalia — esse grande viajante a quem durante séculos chamaram mentiroso, por causa das suas histórias de Tule, a terra do mar gelado e do *Sol da meia-noite*.

O método de ensaio e erro não é, como é evidente, absolutamente idêntico à abordagem científica ou crítica — ao método da conjetura e refutação. Este método de ensaio e erro foi aplicado não apenas por Einstein mas também, de uma maneira mais dogmática, pela ameba. A diferença não residirá tanto nos ensaios como na atitude crítica e construtiva em relação aos erros; erros esses que o cientista tenta consciente e cautelosamente descobrir, no sentido de refutar as suas teorias com argumentos rigorosos, que incluam o recurso aos mais exigentes testes experimentais que essas suas teorias e o seu engenho lhe permitam conceber.

A atitude crítica pode ser descrita como o resultado de uma tentativa consciente de que sejam as nossas teorias, as nossas conjeturas, a sofrer em nosso lugar na luta pela sobrevivência do mais apto. Esta atitude dá-nos uma oportunidade de sobreviver à eliminação de uma hipótese inadequada — quando uma atitude mais dogmática a eliminaria, eliminando-nos a nós. (Há uma história comovente de uma comunidade indiana que se extinguiu em virtude da sua crença na sacralidade da vida, incluindo a dos tigres.) Obtemos assim a teoria mais apta ao nosso alcance mediante a eliminação das menos aptas. (Por «aptidão» não quero simplesmente dizer «utilidade», mas verdade. Ver adiante capítulos 3 e 10.) Não penso que este procedimento seja irracional, ou que necessite de qualquer justificação racional suplementar.

VIII

Desviemo-nos agora da crítica lógica da *psicologia da experiência* para o nosso verdadeiro problema — o problema da *lógica da Ciência*. Embora algumas das coisas que já disse nos possam aqui auxiliar, uma vez que podem ter eliminado determinados preconceitos psicológicos que favorecem a indução, a minha abordagem do *problema lógico da indução* é completamente independente desta crítica e de todas as considerações de ordem psicológica. Desde que não acrediteis dogmaticamente no alegado facto psicológico de que fazemos induções, podeis esquecer agora toda a minha história, à exceção de dois pontos lógicos: as minhas observações lógicas acerca da testabilidade ou falsificabilidade enquanto critério de demarcação; e a crítica lógica da indução por Hume.

Por aquilo que disse, é óbvio que havia uma estreita ligação entre os dois problemas que me interessavam na altura: demarcação e indução ou método científico. Era fácil de ver que o método da Ciência é a crítica, isto é, tentativas de falsificação. Levei, contudo, alguns anos até me aperceber de que os dois problemas — o problema da demarcação e o problema da indução — eram, num certo sentido, um só.

Por que motivo, perguntei, acreditam tantos cientistas na indução? Descobri que o faziam por acreditarem que a ciência natural se caracteriza pelo método indutivo — ou seja, por um método que parte e depende de longas sequências de observações e experiências. Estavam convencidos de que a diferença entre a Ciência autêntica e a especulação metafísica ou pseudo-científica dependia unicamente de o método indutivo ser ou não utilizado. Acreditavam (para aplicar a minha própria terminologia) que só o método indutivo podia fornecer um *critério de demarcação* satisfatório.

Deparei recentemente com uma interessante formulação desta crença numa notável obra filosófica de um grande físico — *Natural Philosophy of Cause and Chance*, de Max Born.([18]) Escreve ele: «A indução permite-nos extra polar de um determinado número de observações para uma regra geral: que a noite se segue ao dia e o dia se segue à noite [...] Mas, enquanto a vida quotidiana não tem nenhum critério definido para a validade de uma indução, [...] a Ciência elaborou um código ou regra profissional para a sua aplicação.» Born não revela em ponto algum o conteúdo desse código indutivo (que, como o seu texto demonstra, contém «um critério definido para aferir da validade de uma indução»). Mas acentua que «não há nenhum argumento lógico» para a sua aceitação: «é uma questão de fé»; e Born está, por conseguinte, «disposto a chamar princípio metafísico à indução». Mas por que está ele convencido de que um tal código de regras indutivas válidas tem de existir? A resposta torna-se clara quando Born se refere às «vastas comunidades de pessoas que ignoram ou rejeitam as regras da Ciência, entre elas os membros das sociedades anti-vacinação e os crentes na astrologia. É inútil argumentar com eles; não posso compeli-los a aceitar os mesmos critérios de indução válida em que acredito: o código de regras científicas». Por isto se vê claramente que *«indução válida» se destinava a servir aqui de critério de demarcação entre Ciência e pseudociência.*

É óbvio, porém, que esta regra ou arte da «indução válida» não é sequer metafísica: não existe, pura e simplesmente. Regra nenhuma pode alguma vez garantir que uma generalização inferida

---

([18]) Max Born, *Natural Philosophy of Cause and Chance*, Oxford, 1949, p. 7.

de observações verdadeiras, por muito repetidas que estas tenham sido, seja também verdadeira. (O próprio Born não acredita na verdade da física de Newton, apesar do seu sucesso, embora acredite que ela se baseia na indução.) E o sucesso da Ciência não se baseia em regras de indução, mas depende da sorte, do engenho e das regras puramente dedutivas da discussão crítica.

Posso resumir algumas das minhas conclusões da seguinte maneira:

(1) A indução, isto é, a inferência baseada num grande número de observações, é um mito. Não é nem um facto psicológico, nem um facto da vida quotidiana, nem um facto do método científico.

(2) O verdadeiro método da Ciência consiste em operar com conjeturas: em saltar para conclusões, muitas vezes após uma única observação (como notaram, por exemplo, Hume e Born).

(3) Na Ciência, as repetidas observações e experiências funcionam como *testes* das nossas conjeturas ou hipóteses, isto é, como tentativas de refutação.

(4) A crença errónea na indução é reforçada pela necessidade de um critério de demarcação que, segundo se tem tradicional mas erradamente acreditado, só o método indutivo poderia fornecer.

(5) A conceção desse método indutivo, tal como o critério de verificabilidade, implica uma demarcação deficiente.

(6) Nada disto será minimamente alterado se dissermos que a indução dá origem a teorias apenas prováveis e não certas (ver especialmente o capítulo 10, à frente).

IX

Se, como sugeri, o problema da indução é apenas um exemplo ou faceta do problema da demarcação, isso significa que a resolução deste último nos deverá fornecer uma solução para o primeiro. É, na verdade, esse o caso, segundo creio, ainda que não seja, talvez, imediatamente óbvio.

Para uma formulação breve do problema da indução, podemos virar-nos de novo para Born, que escreve: «[...] nenhuma observação ou experiência, por muito ampla que seja, nos pode dar mais do que um número finito de repetições»; por conseguinte, «o enunciado de uma lei — B depende de A — transcende sempre a experiência. Todavia, este tipo de enunciado está constantemente a ser produzido, em todo o lado e a toda a hora, e por vezes a partir de um escasso material».([19])

Por outras palavras, o problema lógico da indução decorre (a) da descoberta de Hume (tão bem exprimida por Born) de que é impossível justificar uma lei pela observação ou experiência, dado que ela «transcende a experiência»; (b) do facto de a Ciência propor e usar leis «em todo o lado e a toda a hora». (Tal como Hume, Born está surpreendido com o «escasso material», isto é, com o reduzido número de casos observados em que a lei pode estar baseada.) A isto temos de acrescentar (c) o *princípio do empirismo*, segundo o qual, na Ciência, só a observação e a experiência podem decidir acerca da *aceitação* ou *rejeição* dos enunciados científicos, incluindo leis e teorias.

Estes três princípios (a), (b) e (c) parecem, à primeira vista, colidir; e esta aparente colisão constitui o *problema lógico da indução*.

Confrontado com esta colisão, Born abandona (c) o princípio do empirismo (como Kant e muitos outros, incluindo Bertrand Russell, antes dele haviam feito), em favor daquilo que designa por «princípio metafísico» — um princípio metafísico que ele não tenta sequer formular; que descreve vagamente com um «código ou regra profissional»; e do qual não vi nunca uma formulação que parecesse sequer prometedora, e que não fosse claramente insustentável.

Mas, na verdade, os princípios de (a) a (c) não colidem entre si. Podemos constatá-lo no momento em que percebemos que a aceitação, por parte da Ciência, de uma lei ou teoria é *apenas experimental* — o que significa que todas as leis e teorias são conjecturas ou *hipóteses* experimentais (uma posição a que por vezes chamei «hipoteticismo»); e que podemos rejeitar uma lei ou teoria com base em novas provas, sem necessariamente abandonar as provas antigas que nos levaram originalmente a aceitá-la.([20])

O princípio do empirismo (c) pode ser inteiramente preservado, uma vez que o destino de uma teoria, a sua aceitação ou rejeição, é decidido pela observação e pela experiência — pelo resultado

---

([19]) *Natural Philosophy of Cause and Chance*, p. 6.

([20]) Não duvido de que Born e muitos outros estariam de acordo em que as teorias apenas são aceites a título experimental. Mas a crença, largamente difundida, na indução demonstra que as vastas implicações desta ideia raramente são discernidas.

de testes. Enquanto uma teoria resistir aos mais rigorosos testes que conseguirmos conceber, será aceite; quando não resistir, será rejeitada. Mas não é nunca inferida, em nenhum sentido, das provas empíricas. Não existe uma indução psicológica, tal como não existe uma indução lógica. *Só a falsidade da teoria pode ser inferida das provas empíricas, e essa inferência é puramente dedutiva.*

Hume demonstrou que não é possível inferir uma teoria de enunciados de observação. Mas isso não afeta a possibilidade de se refutar uma teoria por meio de enunciados de observação. A plena apreciação desta possibilidade torna a relação entre teorias e observações perfeitamente clara.

E assim se resolve o problema da alegada colisão entre os princípios (a), (b) e (c) e, com ele, o problema da indução de Hume.

X

O problema da indução está, por conseguinte, resolvido. Mas nada parece menos desejado do que uma solução simples para um problema filosófico antiquíssimo. Wittgenstein e a sua escola afirmam que os problemas filosóficos não existem([21]) — donde claramente se segue que não podem ser resolvidos. Outros de entre os meus contemporâneos acreditam que há, de facto, problemas filosóficos e respeitam-nos. Só que parecem respeitá-los demasiado; parecem acreditar que esses problemas são insolúveis, se não mesmo tabu; e sentem-se chocados e horrorizados pela afirmação de que existe uma solução simples, clara e lúcida, para cada um deles. A existir uma solução, pensam eles, tem de ser profunda, ou pelo menos complicada.

Seja como for, continuo ainda à espera de uma crítica simples, clara e lúcida da solução que publiquei pela primeira vez em 1933, na minha carta ao editor de Erkenntnis([22]), e mais tarde no meu livro *The Logic of Scientific Discovery.*

É evidente que se podem inventar novos problemas de indução, diferentes daquele que formulei e resolvi. (A sua formulação

---

([21]) Wittgenstein ainda mantinha esta crença em 1946; vd. nota 8 do cap. 2, mais à frente.

([22]) Vd. nota 5, mais atrás.

foi metade da sua solução.) Mas ainda estou para ver alguma reformulação do problema cuja solução não possa ser facilmente obtida da que por mim foi proposta. Vou agora discutir algumas destas reformulações.

Uma pergunta que pode ser colocada é a seguinte: como é que na realidade saltamos de um enunciado de observação para uma teoria?

Ainda que esta questão pareça mais psicológica do que filosófica, é possível dizer algo positivo acerca dela sem invocar a Psicologia. Podemos começar por dizer que o salto não parte de um enunciado de observação, mas de uma situação problemática, e que a teoria nos deve permitir *explicar* as observações que deram origem ao problema (ou seja, deve permitir-nos *deduzi-las* da teoria, fortalecida por outras teorias aceites e por outros enunciados de observação, as chamadas condições iniciais). Ficaremos assim, como é evidente, com um imenso número de teorias possíveis, boas e más; e parece, por conseguinte, que a nossa pergunta não foi respondida.

Mas isto deixa bastante claro que, quando fizemos a nossa pergunta, tínhamos em mente algo mais do que «Como é que saltamos de um enunciado de observação para uma teoria?». A questão em que estávamos a pensar seria, segundo agora parece, «Como é que saltamos de um enunciado de observação para uma *boa* teoria?». Mas para esta pergunta a resposta é: saltando primeiro para uma *qualquer* teoria e pondo-a em seguida à prova, para descobrir se é boa ou não; isto é, aplicando repetidamente o método crítico, eliminando um largo número de más teorias e inventando muitas novas. Nem toda a gente é capaz de o fazer; mas não há outra via.

Outras questões têm sido algumas vezes colocadas. O problema original da indução é, como foi dito, o problema de *justificar* a indução, isto é, de justificar a «inferência indutiva». Se respondermos a este problema dizendo que aquilo a que se chama uma «inferência indutiva» não é nunca válido, sendo, nessa medida, claramente injustificável, levanta-se forçosamente a seguinte questão: como é que justificamos o nosso método de ensaio e erro? Resposta: o método de ensaio e erro é um *método de eliminar falsas teorias* por meio de enunciados de observação; e a justificação para isso é a relação puramente lógica de dedutibilidade que nos permite afirmar a falsidade de enunciados universais, se aceitarmos a verdade de enunciados singulares.

Outra questão que por vezes se põe é esta: por que motivo é racional preferir enunciados não-falsificados a enunciados falsificados? Esta pergunta deu origem a algumas respostas intricadas, por exemplo, respostas pragmáticas. Mas, de um ponto de vista pragmático, a questão não se levanta, pois todas as falsas teorias servem com frequência suficientemente bem: muitas das fórmulas usadas em engenharia ou navegação são reconhecidamente falsas, embora possam ser aproximações excelentes e fáceis de aplicar; e são utilizadas com confiança por pessoas que as sabem falsas.

A única resposta correta será, pois, a resposta direta: porque procuramos a verdade (ainda que não possamos ter nunca a certeza de a haver encontrado) e porque as teorias falsificadas são reconhecida ou acreditadamente falsas, ao passo que as teorias não-falsificadas podem ainda ser verdadeiras. Além disso, nós não damos preferência a *toda e qualquer* teoria não-falsificada — mas somente a uma que, à luz da crítica, se nos afigure melhor do que as suas adversárias: que resolva os nossos problemas, que esteja bem testada e acerca da qual pensemos, ou melhor, conjeturemos, ou esperemos (considerando outras teorias provisoriamente aceites), que seja capaz de resistir a futuros testes.

Foi igualmente dito que o problema da indução é «Por que motivo é razoável acreditar que o futuro será semelhante ao passado?» e que uma resposta satisfatória a esta pergunta deveria tornar óbvio que uma tal crença é, de facto, razoável. A minha resposta é que é razoável acreditar que o futuro será muito diferente do passado, em muitos aspetos de importância vital. É certo que é perfeitamente razoável *agir* com base no pressuposto de que o futuro será, em muitos aspetos, semelhante ao passado e que leis bem testadas continuarão válidas (uma vez que não podemos ter melhor pressuposto em que basear a nossa ação). Mas é igualmente racional acre ditar que um tal curso de ação nos irá conduzir, por vezes, a sérios embaraços, atendendo a que algumas das leis em que atualmente depositamos grande confiança se podem vir facilmente a revelar indignas dela. (Lembrem-se do Sol da meia--noite!) Poderíamos mesmo dizer que, a avaliar pela experiência passada e pelo nosso conhecimento científico geral, o futuro *não* será como o passado em talvez muitos dos aspetos que têm em mente aqueles que nisso acreditam. A água não matará a sede, o ar sufocará aqueles que o respirarem. Uma saída aparente consistiria em dizer que o futuro será como o passado *no sentido de que as leis da Natureza não se vão modificar*, mas isso é um modo de fugir à questão. Só falamos em «lei da Natureza» se julgamos ter perante nós uma regularidade inalterável; se descobrirmos que se altera, então não continuaremos a chamar-lhe uma «lei da Natureza». É claro que a nossa busca de leis naturais indica que esperamos encontrá-las e que acreditamos na sua existência; mas a nossa crença numa determinada lei natural não pode ter uma base mais segura do que o fracasso das nossas tentativas críticas de a refutar.

Creio que aqueles que põem o problema da indução em termos da *razoabilidade* das nossas crenças têm todos os motivos para se sentirem insatisfeitos com um desespero cético, humeano ou pós-humeano, da razão. Devemos, efetivamente, rejeitar a ideia de que a crença na Ciência é tão irracional quanto a crença em práticas mágicas primitivas — que se traduzem ambas na aceitação de uma «ideologia global», de uma convenção ou tradição baseada na fé. Mas devemos ter cautela se, tal como Hume, formularmos o nosso problema como um problema de razoabilidade das nossas *crenças*. Deveríamos dividir este problema em três — o nosso velho problema da demarcação, ou de como *distinguir* entre Ciência e magia primitiva; o problema da racionalidade do *método* científico ou crítico e do papel que nele desempenha a observação; e, por último, o problema da racionalidade da nossa *aceitação* de teorias em função de objetivos de ordem científica e prática. Para todos estes problemas foram aqui oferecidas soluções.

Deveríamos ter igualmente cuidado de não confundir o problema da razoabilidade do método científico e da aceitação (a título experimental) dos seus resultados — isto é, das teorias científicas — com o problema da racionalidade ou, dito de outro modo, *da crença de que este método será bem sucedido*. Na prática, na investigação científica prática, esta crença é, sem dúvida, inevitável e razoável, não existindo alternativa melhor. Mas em sentido teórico, é uma crença seguramente injustificável, tal como demonstrei (na secção v). Além do mais, se pudéssemos demonstrar, com base em razões gerais de ordem lógica, que a busca científica é suscetível de ser bem-sucedida, não se conseguiria compreender por que motivo tem esse sucesso sido tão raro na longa história dos esforços humanos para saber mais acerca do nosso mundo.

O problema da indução pode ainda ser colocado em termos de probabilidade. Consideremos t como a teoria e e como os elementos de prova: pode-mos perguntar por $P(t, e)$, ou seja, pela probabilidade de t dado e. O problema da indução poderá então, segundo frequentemente se crê, ser posto da seguinte forma: idealize um *cálculo de probabilidades* que nos permita calcular a respeito de uma qualquer teoria t qual (é) a sua probabilidade relativamente a uma qualquer prova empírica e; e demonstre que $P(t, e)$ aumenta com a acumulação de provas corroborantes, atingindo valores elevados — em todo o caso, valores superiores a 1/2.

Em *The Logic of Scientific Discovery* expliquei por que motivo penso que esta forma de tratar a questão é basicamente errada.([23]) Para clarificar o problema, introduzi aí a distinção entre *probabilidade e grau de corroboração ou confirmação* (o termo «confirmação» tem sido ultimamente tão usado e abusado que decidi deixá-lo para os verificacionistas e, pela parte que me toca, usar apenas o termo «corroboração». O termo «probabilidade» é preferentemente utilizado em alguns dos muitos sentidos que satisfazem o bem conhecido cálculo de probabilidades, axiomatizado, por exemplo, por Keynes, Jeffreys e por mim próprio. Mas é evidente que nada depende da escolha das palavras, desde que não *suponhamos*, acriticamente, que o grau de corroboração deve ser também uma probabilidade — ou seja, que deve satisfazer o cálculo de probabilidades.)([24])

([23]) *L. Sc. D.* (ver nota 5, atrás), cap. x, em especial as secções 80 a 83, e também a secção 34. Vd. igualmente a minha nota: «A Set of Independent Axioms for Probability», *Mind*, N. S., 47, 1938, p. 275 (Esta nota foi desde então reimpressa, com correções, no novo Apêndice *II de *L. Sc. D.* Ver também a nota 25 do presente capítulo.)

([24]) Uma definição, em termos de probabilidades (ver a nota que se segue), de $C(t, e)$, isto é, do grau de corroboração (de uma teoria t relativa ao elemento de prova e) que satisfaça as exigências indicadas na minha *L. Sc. D.*, secções 82 a 83, será a seguinte:
$$C(t, e) = E(t, e)(1 + P(t)P(t, e)),$$
em que $E(t, e) = (P(e, t) - P(e))/(P(e, t) + P(e))$ é uma medida (não aditiva) do poder explicativo de t a respeito de e. Convém notar que $C(t, e)$ não é uma probabilidade: pode ter valores entre -1 (refutação de t por e) e $C(t, t) \leq +1$. Enunciados t que sejam semelhantes a leis e, nessa medida, não verificáveis, não podem sequer atingir $C(t, e) = C(t, t)$ com base em provas empíricas e. $C(t, t)$ é o *grau de corroborabilidade* de t, e é igual ao *grau de testabilidade* de t ou ao *conteúdo* de t. Tendo em conta as exigências implicadas no ponto (6), no final da secção I, mais atrás, não creio, todavia, que seja possível dar uma

Expliquei no meu livro porque nos interessamos por teorias com um elevado *grau de corroboração*. E expliquei por que motivo é um erro concluir daí que estamos interessados em *teorias altamente prováveis*. Fiz notar que a probabilidade de um enunciado (ou conjunto de enunciados) será sempre tanto maior quanto menos esse enunciado exprimir: será inversamente proporcional ao conteúdo ou poder dedutivo do enunciado e, por conseguinte, ao seu poder explicativo. Em consequência, todos os enunciados interessantes e poderosos têm de ter um reduzido grau de probabilidade, e vice-versa: um enunciado com um elevado grau de probabilidade será cientificamente desinteressante, uma vez que diz pouco e não tem capacidade explicativa. Ou seja: ainda que procuremos teorias com um elevado grau de corroboração, *enquanto cientistas, nós não procuramos teorias altamente prováveis, mas sim explicações: o mesmo é dizer, teorias poderosas e improváveis*. A ideia oposta — a de que a Ciência tem em vista a elevada probabilidade — é um desenvolvimento característico do verificacionismo: se descobrirmos que não somos capazes de verificar uma teoria, ou de certificá-la pela indução, pode mos virar-nos para a probabilidade como uma espécie de *Ersatz* da certeza, na esperança de que a indução possa, pelo menos, proporcionar-nos esse tanto.

Analisei os dois problemas da demarcação e da indução com algum pormenor. Todavia, atendendo a que me propus oferecer-vos nesta conferência uma espécie de relatório do trabalho que tenho vindo a desenvolver neste domínio, terei de acrescentar, sob a forma de apêndice, algumas palavras acerca de alguns outros problemas em que trabalhei entre os anos de 1934 e 1953. A maioria deles surgiu-me enquanto tentava refletir nas consequências das soluções dos problemas da demarcação e da indução. Mas o tempo não me permite continuar esta narrativa e contar-vos como é que os meus novos problemas nasceram dos antigos. E, uma vez

---

formalização completa da ideia de corroboração (ou, como anteriormente costumava dizer, de confirmação).

(Acrescentado em 1955 às primeiras provas deste ensaio.)

Ver também a minha nota «Degree of Confirmation», *British Journal for the Philosophy of Science*, 5, 1954, pp. 143 ss. (Ver igualmente 5, pp. 334). Desde essa altura simplifiquei esta definição da forma que se segue (*B. J. P. S.*, 1955, 5, p. 359):

$$C(t, e) = (P(e, t) - P(e)) / (P(e, t) - (P(e\,t) + P(e))$$

Para um aperfeiçoamento ulterior, ver *B. J. P. S.*, 6, 1955, p. 56.

que não posso sequer iniciar a discussão desses outros problemas neste momento, terei de me limitar a dar-vos uma mera lista deles, acompanhada por umas breves e esporádicas explicações. Mas creio que mesmo uma simples lista pode ser útil. Pode servir para dar uma ideia da fecundidade da abordagem; pode ajudar a ilustrar a configuração dos novos problemas; pode demonstrar-vos a sua quantidade e, nessa medida, convencer-vos de que não há qualquer necessidade de nos preocuparmos com a questão de saber se existem ou não existem problemas filosóficos, e em que é que a Filosofia realmente consiste. Esta lista contém, assim, um pedido implícito de desculpa pela minha relutância em romper com a velha tradição de tentar resolver os problemas com a ajuda de argumentos racionais e, nessa medida, pela minha relutância em participar empenhadamente nos desenvolvimentos, tendências e correntes da filosofia contemporânea.

APÊNDICE: ALGUNS PROBLEMAS NA FILOSOFIA DA CIÊNCIA

Os meus três primeiros itens nesta lista de problemas adicionais relacionam-se com o cálculo de probabilidades.

(1) A teoria de frequência da probabilidade. Em *The Logic of Scientific Discovery*, eu estava interessado em desenvolver uma teoria consistente da probabilidade tal como é usada na Ciência, o que significa uma teoria estatística ou de frequência da probabilidade. Mas também trabalhei aí com um outro conceito, a que chamei «probabilidade lógica». Senti, por conseguinte, necessidade de uma generalização — de uma teoria formal da probabilidade que permitisse diferentes *interpretações*: (a) enquanto teoria da probabilidade lógica de um enunciado relativo a uma determinada prova empírica — incluindo uma teoria da probabilidade lógica absoluta, isto é, da medida da probabilidade de um enunciado relativo a zero provas empíricas; (b) enquanto teoria da probabilidade de um acontecimento relativo a um determinado *ensemble* (ou «colectivo») de acontecimentos. Resolvendo este problema, obtive uma teoria simples, que permite uma série de outras interpretações: pode ser interpretada como um cálculo de conteúdos ou de sistemas

dedutivos; como um cálculo de classes (álgebra de Boole) ou um cálculo proposicional; e ainda como um cálculo de *propensões*.([25])

([25]) Vd. a minha nota em *Mind, Loc. cit*. O sistema axiomático que aí é apresentado para a probabilidade elementar (isto é, não-contínua) pode ser simplificado como se segue («x^-» denota o complemento de x; «xy» a interseção ou conjunção de x e y):

(A1) $P(xy) \geq P(yx)$ (Comutação)
(A2) $P(x(yz)) \geq P((xy)z)$ (Associação)
(A3) $P(xx) \geq P(x)$ (Tautologia)
(B1) $P(x) \geq P(xy)$ (Monotonia)
(B2) $P(xy) + P(xy^-) = P(x)$ (Adição)
(B3) $(x)(Ey)(P(y) \neq O$ e $P(xy) = P(x)P(y))$ (Independência)
(C1) Se $P(y) \neq O$, então $P(x,y) = P(xy)/P(y)$ (Definição de Probabilidade
(C2) Se $P(y) = O$, então $P(x,y) = P(x,x) = P(y,y)$ relativa)

O axioma (C2), nesta forma, só é válido para a teoria finitista; pode ser omitido se estivermos preparados para aceitar uma condição como $P(y) \neq O$ na maioria dos teoremas sobre a probabilidade relativa. Para a probabilidade relativa é suficiente (A1) – (B2), (C1) – (C2), e (B3) até «*e*». Para a probabilidade absoluta, (A1) – (B3) é necessário e suficiente: sem (B3) não podemos, por exemplo, derivar a definição de absoluto em termos de probabilidade relativa,

$$P(x) = P(x, xx^-)$$

nem o seu enfraquecido corolário

$$(x)(Ey)(P(y) \neq O \text{ e } P(x) = P(x, y))$$

do qual (B3) imediatamente resulta (substituindo «$P(x, y)$» pelo seu *definiens*). Deste modo (B3), à semelhança de todos os outros axiomas com a possível exceção de (C2) exprime parte do significado pretendido dos conceitos envolvidos, e não devemos considerar $1 \geq P(x)$ ou $1 \geq P(x, y)$, que são deriváveis de (B1), com (B3) ou com (C1) e (C2), como «convenções não essenciais» (tal como foi sugerido por Carnap e outros).

(Acrescentado em 1955 às primeiras provas deste ensaio; ver também adiante, nota 31.)

Desenvolvi desde então um sistema axiomático para a *probabilidade relativa* que se aplica a sistemas finitos *e* infinitos (e no qual a probabilidade absoluta pode ser definida como na penúltima forma em cima). Os seus axiomas são:

(B1) $P(x, z) \geq P(xy, z)$
(B2) Se $P(y, y) \neq P(u, y)$ então $P(x, y) + P(x^-, y) = P(y, y)$
(B3) $P(xy, z) = P(x, yz)P(y, z)$
(C1) $P(x, x) = P(y, y)$
(D1) Se $((u)P(x, u) = P(y, u))$ então $P(w, x) = P(w, y)$
(E1) $(Ex)(Ey)(Eu)(Ew) P(x, y) \neq P(u, w)$

(2) Este problema de uma *interpretação propensiva da probabilidade* nasceu do meu interesse pela Teoria Quântica. Acredita-se usualmente que a Teoria Quântica tem de ser estatisticamente interpretada, e a estatística é, sem dúvida, essencial para os seus testes empíricos. Mas este é um ponto em que, segundo creio, os perigos da teoria da testabilidade da significação se tornam manifestos. Embora os testes da teoria sejam estatísticos, e ainda que a teoria (suponhamos, a equação de Schrödinger) possa implicar consequências estatísticas, não tem necessariamente de ter um significado estatístico. E podemos dar exemplos de propensões objetivas (que são uma espécie de forças generalizadas) e de campos de propensões que podem ser medidos por métodos estatísticos sem serem eles próprios estatísticos (ver também o último parágrafo do cap. 3, mais à frente, com a nota 36).

(3) O uso da estatística em tais casos consiste, de um modo geral, em proporcionar *testes empíricos* de teorias que não têm de ser puramente estatísticas. E isto levanta a questão da *refutabilidade dos enunciados estatísticos* — um problema por mim tratado, embora de forma não inteiramente satisfatória, na edição de 1934 da minha obra *The Logic of Scientific Discovery*. Descobri mais tarde, no entanto, que esse livro continha, prontos a usar, todos os elementos necessários à elaboração de uma solução satisfatória: determinados exemplos que eu dera permitem uma caracterização matemática de uma classe de sequências aleatórias infinitas que são, num certo sentido, as mais *curtas sequências* da sua espécie.([26]) Pode

---

Este é um ligeiro aperfeiçoamento de um sistema que publiquei em *B. J. P. S.*, 6, 1955, pp. 56 ss. O «Postulado 3» é aqui chamado «D1». (Vd. também *vol. cit.*, final da p. 176. Além disso, na linha 3 do último parágrafo da p. 57, antes da palavra «todo» deveriam ser inseridas, entre parêntesis, as palavras «e que o limite existe».)

(Acrescentado em 1961 às provas do presente volume.)

Um desenvolvimento bastante completo de todas estas questões pode ser agora encontrado nos novos apêndices da *L. Sc. D.*

Deixei ficar esta nota como na primeira publicação porque me referi a ela em diversos locais. Os problemas abordados nesta nota e na precedente foram desde então mais desenvolvidamente tratados nos novos apêndices de *L. Sc. D.* (Na sua edição americana de 1961, acrescentei um sistema de apenas três axiomas: ver também *Adenda* 2 do presente volume.)

([26]) Vd. *L. Sc. D.*, p. 163 (secção 55); ver em especial o novo apêndice *VI.

dizer-se agora que um enunciado estatístico é testável por comparação com estas «sequências mais curtas». Será refutado se as propriedades estatísticas dos *ensembles* testados diferirem das propriedades estatísticas das secções iniciais dessas «sequências mais curtas».

(4) Há uma série de outros problemas relacionados com a interpretação do formalismo de uma teoria quântica. Num capítulo de *The Logic of Scientific Discovery*, critiquei a interpretação «oficial» e estou ainda convencido de que a minha crítica é válida em todos os pontos, à exceção de um: um exemplo que usei (na secção 77) está errado. Mas desde que escrevi essa secção, Einstein, Podolsky e Rosen publicaram uma experiência conceptual que pode substituir o meu exemplo, se bem que a sua tendência (que é determinística) seja bastante diferente da minha. A crença de Einstein no determinismo (que tive ocasião de discutir com ele) é, creio eu, infundada, e também infeliz: retira à sua crítica muito da sua força, e convém salientar que uma boa parte da sua crítica é totalmente independente do seu determinismo.

(5) No que se refere ao problema do determinismo em si, tentei demonstrar que mesmo a física clássica, que é determinista num certo sentido *prima facie*, será mal interpretada se for usada em apoio de uma visão determinista do mundo físico no sentido de Laplace.

(6) Neste contexto, posso referir também o *problema da simplicidade* — da simplicidade de uma teoria, que tive oportunidade de relacionar com o conteúdo de uma teoria. Pode demonstrar-se que aquilo a que usualmente se chama a simplicidade de uma teoria está associado à sua improbabilidade lógica e não à sua probabilidade, como muitas vezes se supõe. Tal permite-nos, na verdade, deduzir, a partir da teoria da Ciência atrás delineada, o motivo por que é sempre vantajoso experimentar primeiro as teorias mais simples: são essas que nos oferecem maior possibilidade de as submeter a rigorosos testes. A teoria mais simples tem sempre um grau de testabilidade superior à mais complicada.([27])
(Porém, não penso que com isto se resolvam todos os problemas

---

([27]) *Ibid.*, secções 41 a 46, mas ver agora também o cap. 10, secção XVIII, mais adiante.

relativos à simplicidade. Ver também mais adiante, capítulo 10, secção XVIII.)

(7) Intimamente relacionado com este problema está o problema do carácter *ad hoc* de uma hipótese e do grau desse carácter *ad hoc* (de «*ad hocidade*», se assim lhe posso chamar). É possível demonstrar que a metodologia da Ciência (bem como da história da Ciência) se torna compreensível nos seus pormenores se partirmos do princípio de que o objetivo da Ciência é obter teorias explicativas que sejam o menos *ad hoc* possível. Uma «boa» teoria não é *ad hoc*, contrariamente a uma má teoria. Por outro lado, é possível demonstrar que as teorias probabilísticas da indução implicam, inadvertida, mas necessariamente, esta inaceitável regra: usar sempre a teoria que seja mais *ad hoc*, isto é, que ultrapasse o menos possível as provas disponíveis (ver também o meu ensaio «The Aim of Science» mencionado mais à frente na nota 28).

(8) Um problema importante é o problema dos *estratos das hipóteses explicativas*, que encontramos nas ciências teóricas mais desenvolvidas, e das relações entre esses estratos. Afirma-se com frequência que a teoria de Newton pode ser induzida, ou até deduzida, das leis de Kepler e de Galileu. Mas é possível demonstrar que a teoria de Newton (incluindo a sua teoria do espaço absoluto) contradiz, rigorosamente falando, a teoria de Kepler (mesmo se nos ativermos ao problema dos dois corpos([28]) e ignorarmos a atração mútua entre os planetas) e também a teoria de Galileu — ainda

---

([28]) As contradições referidas nesta parte do texto foram evidenciadas, no que toca ao problema dos corpos múltiplos, por P. Duhem, *The Aim and Structure of Physical Theory* (1906; trad. de P. P. Wiener, 1954). No caso do problema dos dois corpos, as contradições levantam-se em relação à terceira lei de Kepler, que pode ser reformulada, no que se refere a esse mesmo problema, nos termos que se seguem: «Consideremos S como um qualquer *conjunto de pares* de corpos de uma natureza tal que *um* corpo de cada par tenha a massa do nosso Sol; então $a^3/T^2 = constante$ para qualquer par em S.» Esta lei contradiz claramente a teoria de Newton, que produz para unidades adequadamente escolhidas $a^3/T^2 = m_0 + m_1$ (em que m_0 = massa do Sol = *constante*, e m_1 = massa do segundo corpo, que varia com esse corpo). Mas «$a^3/T^2 = constante$» é, naturalmente, uma excelente aproximação, *contanto que* as massas variáveis dos segundos corpos sejam todas negligenciáveis, em comparação com a do nosso Sol (Ver também o meu ensaio «The Aim of Science», *Ratio*, 1, 1957, pp. 24 ss. e secção 15 do *Posfácio* da minha *Logic of Scientific Discovery*.)

que aproximações a estas duas teorias possam ser, evidentemente, deduzidas da teoria de Newton. Mas é claro que nem uma inferência dedutiva nem uma inferência indutiva podem, partindo de premissas consistentes, conduzir a uma conclusão que as contradiga. Estas considerações permitem-nos analisar as relações lógicas entre «estratos» de teorias, bem como a ideia de uma *aproximação* no duplo sentido de: (a) A teoria x é uma aproximação à teoria y; e (b) A teoria x «é uma boa aproximação aos factos» (ver também capítulo 10, mais adiante).

(9) Há uma série de problemas interessantes que são levantados pelo *operacionalismo*, a doutrina segundo a qual os conceitos teóricos têm de ser definidos em termos de operações de medição. Contra esta ideia, pode ser demonstrado que as *medições pressupõem teorias*. Sem teoria não há medições, nem nenhuma operação passível de ser satisfatoriamente descrita em termos não-teoréticos. As tentativas nesse sentido são sempre circulares: por exemplo, a descrição da medição do comprimento requer uma teoria (rudimentar) da medição do calor e da temperatura; mas estas, por seu turno, envolvem medições de comprimento.

A análise do operacionalismo demonstra a necessidade de uma *teoria geral da medição:* uma teoria que não dê ingenuamente por «adquirida» a prática da medição, mas, antes, a explique, analisando a sua função no testar das hipóteses científicas. Isso pode ser feito com a ajuda da doutrina dos graus de testabilidade.

Uma doutrina ligada e estreitamente paralela ao operacionalismo é a doutrina *behaviourista*, isto é, a doutrina segundo a qual, atendendo a que todos os enunciados-padrão descrevem comportamentos, também as nossas teorias devem ser enunciadas em termos de comportamento possível. Mas esta inferência é tão inválida quanto a doutrina fenomenalista, de acordo com a qual, dado que todos os enunciados-padrão são de natureza observacional, também as teorias devem ser enunciadas em termos de possíveis observações. Todas estas doutrinas são formas da teoria da verificabilidade da significação, ou seja, do indutivismo.

Intimamente relacionado com o operacionalismo está o *instrumentalismo*, isto é, a interpretação das teorias científicas como instrumentos ou ferramentas práticas ao serviço de objetivos como a previsão de acontecimentos iminentes. Que as teorias podem ser usadas desta forma não oferece dúvidas; mas o instrumentalismo afirma que podem ser mais bem compreendidas enquanto instrumentos. E que isso está errado foi o que tentei demonstrar, mediante uma comparação das *diferentes funções* das fórmulas da ciência pura e aplicada. Neste contexto, o problema da função teórica (isto é, não-prática) das previsões pode ser igualmente resolvido (ver capítulo 3, secção 5, mais à frente).

É interessante analisar do mesmo ponto de vista a função da linguagem — enquanto instrumento. Uma conclusão imediata desta análise é que usamos uma linguagem descritiva para falar *acerca do mundo*, o que nos fornece novos argumentos a favor do *realismo*.

O operacionalismo e o instrumentalismo devem, segundo creio, ser substituídos pelo «teoreticismo», se assim lhe posso chamar. Ou seja, pelo reconhecimento do facto de que atuamos sempre no interior de um complexo sistema de teorias, e que não visamos simplesmente correlações, mas também explicações.

(10) O problema da *explicação* propriamente dita. Tem-se dito muitas vezes que a explicação científica é a redução do desconhecido ao conhecido. Se isto se refere à ciência pura, nada poderia estar mais longe da verdade. Podemos dizer, sem incorrer em paradoxo, que a explicação científica é, pelo contrário, a redução do conhecido ao desconhecido. Na ciência pura, como contraposta a uma ciência aplicada que toma a ciência pura por «adquirida» ou «conhecida», a explicação é sempre a redução lógica de hipóteses a outras hipóteses com um mais elevado grau de universalidade; de factos «conhecidos» e teorias «conhecidas» a suposições de que sabemos por enquanto muito pouco, e que têm ainda de ser testadas. A análise dos graus de poder explicativo e da relação entre explicações genuínas e pretensas explicações, bem como da relação entre explicação e previsão, são exemplos de problemas que se revestem de grande interesse neste contexto.

(11) E isto traz-me ao problema da relação entre explicação nas Ciências da Natureza e explicação histórica (um problema que, por estranho que pareça, é logicamente análogo ao problema da explicação nas ciências puras e aplicadas); e traz-me também ao vasto domínio dos problemas na metodologia das Ciências Sociais, em especial os problemas da *previsão histórica;* do *historicismo* e do *determinismo histórico;* e do *relativismo histórico*. Estes problemas estão, por sua vez, ligados aos problemas mais gerais do

determinismo e do relativismo, incluindo os problemas do relativismo linguístico.(²⁹)

(12) Um outro problema com interesse é a análise daquilo a que se chama «objetividade científica». Ocupei-me deste problema em diversos pontos da minha obra, particularmente no que diz respeito a uma crítica da chamada «Sociologia do conhecimento».(³⁰)

(13) Um certo modo de solucionar o problema da indução deve ser aqui de novo referido (ver secção IV, mais atrás), no sentido de nos advertir contra ele. (As soluções deste género são, por via de regra, avançadas sem uma formulação clara do problema que deveriam supostamente resolver.) A perspetiva que tenho em mente pode ser descrita da seguinte forma: começa-se por ter como assente que ninguém seriamente duvida de que nós fazemos, *de facto*, induções, e induções coroadas de êxito. (A minha ideia de que isto é um mito, e que os aparentes casos de indução, se analisados mais atentamente, acabam por se revelar casos do método de ensaio e erro, é tratada com o desprezo que uma ideia totalmente disparatada desta espécie merece.) Dir-se-á então que a tarefa de uma teoria da indução consistirá em descrever e classificar os nossos procedimentos ou métodos indutivos, e em apontar, talvez, quais de entre eles são os mais bem-sucedidos e fiáveis, e quais os que, pelo contrário, nos oferecem menores garantias de sucesso e fiabilidade; e que, por consequência, qualquer outra questão de natureza justificativa não tem aqui cabimento. A perspetiva que tenho em mente caracteriza-se, assim, pela ideia de que a distinção entre o problema factual de descrever a forma como argumentamos indutivamente (*quid facti?*) e o problema da justificação dos nossos argumentos indutivos (*quid juris?*) é uma distinção inadequada. Podemos igualmente dizer que a justificação requerida é irrazoável, uma vez que não podemos esperar que os argumentos indutivos sejam «válidos», no mesmo sentido em que os argumentos dedutivos o podem ser. Acontece, simplesmente, que a indução não é dedução, não sendo, pois, razoável exigir-lhe que se conforme

---

(²⁹) Ver o meu livro *A Pobreza do Historicismo*, 1957, secção 28 e notas 30 a 32; ver também a Adenda I do vol. II da minha *Sociedade Aberta* (acrescentado à 4.ª edição de 1962).

(³⁰) *A Pobreza do Historicismo*, secção 32; *L. Sc. D.*, secção 8; *A Sociedade Aberta*, cap. 23 e Adenda do vol. II (Quarta edição). As passagens são complementares.

com os critérios da validade lógica — isto é, dedutiva. Temos, por conseguinte, de a avaliar segundo os seus próprios critérios — ou seja, por critérios indutivos — de razoabilidade.

Penso que esta defesa da indução está errada. Não só toma um mito por um facto, e esse alegado facto por um critério de racionalidade, com o resultado de que um mito se converte num critério de racionalidade; mas também difunde, desta forma, um princípio que pode ser usado para defender *qualquer* dogma contra *qualquer* crítica. Além disso, confunde o estatuto da lógica formal ou «dedutiva» (e confunde-o tanto quanto aqueles que viram nela a sistematização das nossas «leis — factuais, ou seja, psicológicas — do pensamento»). E isso na medida em que a dedução, afirmo eu, não é válida porque nós escolhemos ou decidimos adotar as suas regras como padrão, ou porque decretámos que elas devem ser aceites. É antes válida porque adota e incorpora as regras de acordo com as quais a verdade é transmitida de premissas (logicamente mais fortes) para conclusões (logicamente mais fracas), e a falsidade retransmitida das conclusões para as premissas. (Esta retransmissão da falsidade converte a lógica formal no *Organum da crítica racional* — ou seja, da refutação.)

Um ponto que pode ser concedido àqueles que sustentam a perspetiva que aqui estou a criticar é o seguinte: ao argumentar das premissas para a conclusão (ou no que podemos chamar a «direção dedutiva») nós argumentamos partindo da verdade, da certeza ou da probabilidade das premissas para a correspondente propriedade da conclusão; ao passo que, se argumentarmos da conclusão para as premissas (e, nessa medida, naquilo a que chamámos «direção indutiva»), argumentaremos partindo da falsidade, da incerteza, da impossibilidade ou da improbabilidade da conclusão para a correlativa propriedade das premissas. Em consequência, temos, na verdade, de admitir que critérios como, mais particularmente, a *certeza*, que se aplicam a argumentos na direção dedutiva, não se aplicam de igual modo a argumentos na direção indutiva. Todavia, até mesmo esta minha concessão acaba por se virar contra aqueles que defendem a perspetiva que aqui estou a criticar, uma vez que eles partem erradamente do princípio de que podemos argumentar na direção indutiva, embora não no sentido da certeza, mas, sim, da *probabilidade* das nossas «generalizações». Mas esta suposição está errada, não obstante todas as ideias intuitivas de probabilidade até hoje sugeridas.

Esta é uma lista de apenas algumas das questões da Filosofia da Ciência a que fui conduzido pela investigação dos dois fecundos e fundamentais problemas cuja história vos tentei aqui relatar.([31])

([31]) (13) foi acrescentado em 1961. Desde 1953, quando esta conferência foi proferida, e 1955, quando li as provas, a lista apresentada neste Apêndice cresceu consideravelmente, e alguns contributos mais recentes, abordando problemas que não são aqui referidos, podem ser encontrados neste volume (ver especialmente o cap. 10, mais à frente) e nos meus outros livros (ver em especial os novos apêndices da minha *L. Sc. Discovery* e a nova Adenda ao vol. II da minha *Sociedade Aberta*, que acrescentei à quarta edição de 1962). Ver também em particular o meu ensaio «Probability Magic, or Knowledge out of Ignorance», *Dialética*, 11, 1957, pp. 354-374.

(Acrescentado em 1989). É interessante que, tal como David Miller e eu tivemos oportunidade de demonstrar, a existir um apoio indutivo probabilístico, este será sempre negativo — ou seja, um contra-apoio. Vd. o nosso ensaio «Why Probabilistic Support Is Not Inductive», *Philosophical Transactions of the Royal Society of London*, série A, 321, 1987, pp. 569-596.

2

A natureza dos problemas filosóficos e as suas raízes na ciência

I

Foi após alguma hesitação que decidi tomar como meu ponto de partida a atual situação da filosofia inglesa. Estou, na verdade, convencido de que a função de um cientista ou filósofo é resolver problemas científicos ou filosóficos, e não tanto falar acerca do que ele ou outros filósofos fazem ou poderiam fazer. Qualquer tentativa malograda de resolver um problema científico ou filosófico, desde que seja uma tentativa honesta e empenhada, parece-me bem mais significativa do que a discussão de questões como «O que é a Ciência?» ou «O que é a Filosofia?». E mesmo que coloquemos esta última questão, como deveríamos, sob a forma ligeiramente mais correta de «Qual é o carácter dos problemas filosóficos?», eu, pela parte que me toca, não me incomodaria muito com ela. Sentiria que é uma questão de pouca monta, mesmo se comparada com um problema filosófico tão irrelevante quanto o de saber se toda a discussão ou toda a crítica devem ou não derivar de «assunções» ou «suposições» que estão, em si mesmas, fora de discussão.([1])

([1]) Considero este um problema menor, uma vez que acredito que pode ser facilmente resolvido pela refutação da doutrina («relativista») que dá origem

---

Palestra do Presidente da mesa, proferida no Encontro de 28 de abril de 1952, acerca da Filosofia do Grupo das Ciências da British Society for the History of Science (atualmente British Society for the Philosophy of Science). Publicada pela primeira vez em The British Journal for the Philosophy of Science, *3, 1952.*

Ao descrever «Qual é o carácter dos problemas filosóficos?» como uma formulação ligeiramente aperfeiçoada de «O que é a Filosofia?», pretendia aludir a uma das razões da futilidade da atual controvérsia acerca da natureza da Filosofia: a crença ingénua de que existe uma entidade como a «Filosofia», ou talvez a «atividade filosófica», que será dotada de um certo carácter, essência ou «natureza». A crença de que existe algo como a Física, a Biologia, ou a Arqueologia, e que esses «estudos» ou «disciplinas» são distinguíveis pela matéria que investigam, afigura-se-me um resquício da época em que se acreditava que uma teoria tinha de provir de uma definição da sua própria matéria temática.(^{2}) Mas matérias, ou espécies de coisas, não constituem, digo eu, uma base para distinguir disciplinas. As disciplinas são distinguidas, em parte, por razões históricas e razões de conveniência administrativa (como a organização do ensino e dos apontamentos); e, em parte, porque as teorias que elaboramos para resolver os nossos problemas têm tendência(^{3}) para se transformar em sistemas unificados. Mas todas estas classificações e distinções constituem uma questão relativamente irrelevante e superficial. *Nós não somos estudantes de uma qualquer matéria, mas estudantes de problemas.* E os problemas podem atravessar directamente as fronteiras de uma qualquer matéria ou disciplina.

Por muito óbvio que este facto possa parecer a algumas pessoas, é tão importante para a nossa presente discussão que vale a pena ilustrá-lo com um exemplo. Quase nem preciso de dizer que um problema geológico como seja avaliar as hipóteses de encontrar petróleo e urânio numa determinada região tem de ser resolvido com a ajuda de teorias e técnicas habitualmente classificadas como matemáticas, físicas e químicas. Já é, no entanto, menos óbvio que mesmo uma ciência mais «básica» como a física atómica possa ter de recorrer a um exame geológico e a teorias e técnicas geológicas

---

à questão. (Por conseguinte, a resposta à questão é negativa. Ver a Adenda do vol. II da minha *Sociedade Aberta,* acrescentada à quarta edição de 1962.)

(^{2}) Esta ideia faz parte do que designei por «essencialismo». Cf., por exemplo, a minha *Sociedade Aberta,* caps. 2 a 11, ou *A Pobreza do Historicismo,* secção 10.

(^{3}) Esta tendência pode ser explicada pelo princípio de que as explicações teóricas serão tanto mais satisfatórias quanto melhor se puderem apoiar em provas *independentes* — pois, para se poder apoiar em provas mutuamente independentes, a teoria tem de ser abrangente.

para resolver um problema numa das suas teorias mais abstratas e fundamentais — por exemplo, o problema de testar previsões acerca da relativa estabilidade ou instabilidade dos átomos de um número atómico par ou ímpar.

Estou perfeitamente disposto a admitir que muitos problemas, mesmo que a sua solução envolva as mais diversas disciplinas, «pertencem» de alguma forma, e apesar disso, a uma ou outra das disciplinas tradicionais. Os dois problemas ainda agora mencionados «pertencem» respetivamente, sem dúvida, à Geologia e à Física. E isto é assim uma vez que ambos decorrem de uma discussão característica da tradição da disciplina em causa. Nascem, cada um deles, da discussão de uma dada teoria, ou de testes empíricos que se apoiam numa teoria. E as teorias, em contraste com as matérias temáticas, podem constituir uma disciplina (que poderia ser descrita como um aglomerado algo incoeso de teorias que vão sendo sujeitas ao desafio, à mudança e ao desenvolvimento). Mas isto não afeta o meu argumento de que a classificação em disciplinas é relativamente irrelevante, e de que nós não somos estudantes de disciplinas, mas sim de *problemas*.

Mas existem problemas filosóficos? A posição atual da filosofia inglesa — o meu ponto de partida — tem origem, segundo creio, na doutrina do falecido professor Ludwig Wittgenstein, de acordo com a qual não existem quaisquer problemas filosóficos. Todos os problemas genuínos serão de natureza científica; os alegados problemas da Filosofia serão, na verdade, pseudoproblemas; as alegadas proposições ou teorias da Filosofia serão pseudoproposições ou pseudoteorias; e essas pseudoproposições ou pseudoteorias não são falsas (se o fossem, as suas negações seriam proposições ou teorias verdadeiras), mas, sim, combinações de palavras rigorosamente desprovidas de sentido ([4]), não mais significativas do

---

([4]) «Todos os animais são iguais, mas alguns são mais iguais do que outros» é um excelente exemplo de uma expressão que seria «sem-sentido» na aceção técnica de Russell e Wittgenstein, embora esteja claramente longe de ser sem-sentido (como sinónimo de sem significado) no contexto de *O Triunfo dos Porcos* de Orwell. É interessante que posteriormente Orwell tenha considerado a possibilidade de introduzir e implementar o uso de uma linguagem na qual «Todos os homens são iguais» se tornaria em sem-sentido na aceção técnica de Wittgenstein.

que o incoerente palrar de uma criança que não aprendeu ainda a falar corretamente.([5])

Em consequência, a Filosofia não pode conter quaisquer teorias. A sua verdadeira natureza, de acordo com Wittgenstein, não é a de uma teoria, mas de uma atividade. A tarefa de toda a autêntica Filosofia consistirá em desmascarar o não-sentido filosófico e ensinar as pessoas a falar com sentido.

O meu plano é tomar esta doutrina([6]) de Wittgenstein como o meu ponto de partida. Tentarei explicá-la (na secção II), defendê-la até certo ponto e criticá-la (na secção III). E ilustrarei tudo isto (nas secções IV a XI) com alguns exemplos da história das ideias científicas.

Mas, antes de proceder à concretização deste plano, desejo reafirmar a minha convicção de que um filósofo deve filosofar;

([5]) Uma vez que Wittgenstein descreveu o seu próprio *Tractatus* como desprovido de sentido (ver também a nota que se segue), estabeleceu uma distinção, pelo menos implícita, entre um sem-sentido revelador ou importante e um sem-sentido vão ou irrelevante. Mas isto não afeta a sua doutrina principal que aqui estou a discutir, e que é a inexistência de problemas filosóficos. (Pode-se encontrar uma discussão de outras doutrinas de Wittgenstein nas notas da minha *Sociedade Aberta*, em especial nas 26, 46, 51 e na 52 do cap. 11.)

([6]) É fácil detetar, logo à primeira vista, uma falha nesta doutrina: a doutrina, podemos dizer, é, em si mesma, uma teoria filosófica que se reclama como verdadeira, e não desprovida de sentido. Esta crítica, porém, é talvez demasiado óbvia. Podia ser rebatida de, pelo menos, duas formas: (1) poder-se-ia dizer que a doutrina é efetivamente desprovida de sentido enquanto doutrina, mas não enquanto atividade. (É esta a perspetiva de Wittgenstein, que disse no final do seu *Tractatus Logico-Philosophicus* que quem compreendesse o livro teria de perceber, no fim da leitura, que ele era em si mesmo destituído de sentido, e que deveria ser, nessa medida, afastado como uma escada que se utilizou para alcançar uma altura desejada.); (2) poder-se-ia dizer que a doutrina não é filosófica, mas empírica; que enuncia o facto histórico de que todas as aparentes «teorias» propostas pelos filósofos são, na verdade, gramaticalmente incorrectas; que essas teorias não são, de facto, conformes às regras inerentes às linguagens em que parecem ter sido formuladas; que se revela ser impossível corrigir esse defeito; e que todas as tentativas de as expressar adequadamente redundaram na perda do seu carácter filosófico (e denunciaram-nas como sendo, por exemplo, truísmos empíricos ou falsos enunciados). Estes dois contra-argumentos salvam, segundo creio, a ameaçada consistência da doutrina, que deste modo se torna, de facto, inatacável — para usar o termo de Wittgenstein — pelo tipo de crítica referido nesta nota (ver também nota 8).

deve tentar resolver problemas filosóficos, em vez de falar sobre Filosofia. Se a doutrina de Wittgenstein é verdadeira, então ninguém pode filosofar, no sentido a que me refiro. Se fosse essa a minha opinião, renunciaria à Filosofia. Mas acontece que não só estou profundamente interessado em certos problemas filosóficos (e não estou muito preocupado em saber se «problemas filosóficos» é ou não uma designação «correta»), como inspirado pela esperança de poder contribuir — mesmo que modestamente, e mercê de um árduo esforço — para a sua solução. A minha única desculpa para falar aqui de Filosofia — em vez de filosofar — é a minha esperança de que, ao levar a cabo o meu programa para esta palestra, a oportunidade de filosofar um pouco acabe, no fim de contas, por surgir.

II

Desde a ascensão do hegelianismo, verifica-se a existência de um perigoso fosso entre Ciência e Filosofia. Os filósofos foram acusados — justificadamente, segundo creio — de «filosofar sem conhecimento de facto», e as suas filosofias foram descritas como «meras fantasias, até mesmo fantasias imbecis».[7] Ainda que o hegelianismo tenha sido a principal influência em Inglaterra e no Continente, o antagonismo com que deparou e o desprezo pelo seu pretensiosismo nunca se extinguiram por completo. A sua queda foi ocasionada por um filósofo que, à semelhança dos seus antecessores Leibniz, Berkeley e Kant, possuía um sólido conhecimento da Ciência e, em especial, da Matemática. Estou a falar de Bertrand Russell.

Russell é também o autor da classificação, estreitamente relacionada com a sua famosa *teoria dos tipos*, que constitui a base da visão wittgensteiniana da Filosofia: a classificação (criticada mais à frente, na pág. 413) das expressões de uma linguagem em:

(1) *Enunciados verdadeiros*
(2) *Enunciados falsos*

---

[7] As duas citações não são palavras de um crítico cientista, mas, por irónico que pareça, a caracterização feita pelo próprio Hegel da Filosofia Natural do seu precursor e antigo amigo Schelling. Cf. a minha *Sociedade Aberta*, nota 4 (e texto) do cap. 12.

(3) *Expressões sem sentido*, entre as quais se encontram sequências de palavras semelhantes a enunciados, os chamados «pseudoenunciados».

Russell usou esta distinção para resolver o problema dos paradoxos lógicos que descobrira. Para a sua solução, era essencial distinguir, mais particularmente, entre (2) e (3). Poderíamos dizer, em linguagem corrente, que um falso enunciado como «3 vezes 4 é igual a 173», ou «Todos os gatos são vacas», é um enunciado sem sentido. Russell, no entanto, reservou o termo «sem-sentido» para expressões como «3 vezes 4 são vacas» ou «Todos os gatos é igual a 173», ou seja, para expressões de um género que será preferível não descrever como falsos enunciados. E é preferível não os descrever como falsos porque a negação de um enunciado falso, mas com sentido, será sempre verdadeira. Mas a negação *prima facie* do pseudoenunciado «Todos os gatos é igual a 173» é «Alguns gatos não é igual a 173», e este é um pseudoenunciado tão insatisfatório quanto o enunciado original. *As negações dos pseudoenunciados são, por sua vez, pseudoenunciados*, tal como as negações de enunciados correctos (verdadeiros ou falsos) são, também elas, enunciados correctos (respectivamente falsos ou verdadeiros).

Esta distinção permitiu a Russell eliminar os paradoxos (que, segundo ele, eram pseudoenunciados sem sentido). Wittgenstein foi mais longe. Levado, talvez, pela sensação de que aquilo que os filósofos, em especial os hegelianos, diziam era, de alguma forma, similar aos paradoxos da Lógica, Wittgenstein usou a distinção de Russell para denunciar *toda a Filosofia* como rigorosamente *sem sentido*.

Consequentemente, não podiam existir problemas filosóficos genuínos. Todos os alegados problemas filosóficos poderiam ser classificados sob quatro designações:([8]) (1) problemas puramente lógicos ou matemáticos, a que se impõe responder com

---

([8]) Wittgenstein ainda defendia a doutrina da inexistência de problemas filosóficos, na forma aqui descrita, da última vez que o vi (em 1946, quando presidiu a um tempestuoso encontro do Clube das Ciências Morais, em Cambridge, por ocasião da minha leitura de um ensaio subordinado ao tema «Existem problemas filosóficos?»). Dado que nunca vira nenhum dos seus ainda não publicados manuscritos, que alguns dos seus alunos faziam circular a título privado, tinha-me interrogado se ele teria ou não modificado aquilo a que aqui chamo a sua «doutrina». Mas nesse ponto, que é o mais fundamental e influente do seu ensino, encontrei as suas ideias inalteradas.

proposições lógicas ou matemáticas, e que são, por conseguinte, não filosóficos; (2) problemas factuais, a que se impõe responder com um qualquer enunciado do domínio da ciência empírica e que são, nessa medida, e uma vez mais, não filosóficos; (3) problemas que são combinações de (1) e (2) e de novo, portanto, não filosóficos; e (4) pseudoproblemas sem sentido, do género «São todos os gatos iguais a 173?», ou «É Sócrates idêntico?», ou «Será que existe um Sócrates invisível, intangível e, ao que tudo indica, totalmente incognoscível?».

A ideia de Wittgenstein de erradicar a Filosofia (e a Teologia) mediante o recurso a uma adaptação da teoria dos tipos de Russell foi engenhosa e original (e mais radical ainda do que o positivismo de Comte, a que se assemelha de perto).([9]) Esta ideia tornou-se a inspiração de uma poderosa escola moderna de analistas da linguagem que herdaram a sua convicção de que não existem problemas filosóficos genuínos, e de que tudo o que um filósofo pode fazer é desmascarar e desmontar os *puzzles* linguísticos que foram propostos pela Filosofia tradicional.

A minha opinião pessoal acerca deste assunto é que só enquanto tiver problemas filosóficos genuínos para resolver é que manterei o meu interesse pela Filosofia. Não sou capaz de entender a atração de uma Filosofia sem problemas. Sei, como é óbvio, que muitas pessoas dizem coisas sem sentido. E é concebível que devesse tornar-se nossa tarefa (uma tarefa desagradável) desmascarar os disparates ditos por alguém, pois podem ser disparates perigosos. Mas acredito que algumas pessoas disseram coisas que, apesar de não terem grande sentido nem estarem certamente muito corretas do ponto de vista gramatical, eram, não obstante, deveras interessantes e estimulantes e, possivelmente, bem mais dignas de atenção do que as coisas plenas de sentido e bom senso que foram ditas por outros. Posso referir o cálculo diferencial e integral que, sobretudo nas suas formas iniciais, era, sem dúvida, completamente paradoxal e desprovido de sentido segundo os critérios de Wittgenstein (e de outros) — cálculo esse que nos surge, porém, razoavelmente bem fundamentado ao cabo de cerca de cem anos de grandiosos esforços matemáticos, embora os seus fundamentos, mesmo neste preciso momento, careçam ainda (e estejam ainda

---

([9]) Cf. nota 51 (2) do cap. 11 da minha *Sociedade Aberta*.

em processo) de clarificação.([10]) Podíamos lembrar, neste contexto, que foi o contraste entre a precisão aparentemente absoluta da Matemática e o carácter vago e impreciso da linguagem filosófica que marcadamente impressionou os primeiros discípulos de Wittgenstein. Mas, caso tivesse existido um Wittgenstein que usasse as suas armas contra os pioneiros do cálculo, e tivesse ele logrado eliminar o seu não-sentido no ponto em que os críticos contemporâneos desse cálculo (como Berkeley, que estava basicamente certo) falharam, nós teríamos, então, visto sufocado um dos mais fascinantes e filosoficamente importantes desenvolvimentos da história do pensamento. Wittgenstein escreveu uma vez: «Daquilo de que não se pode falar, deve-se guardar silêncio». Foi, se bem me lembro, Erwin Schrödinger quem respondeu: «Mas é justamente nessa altura que merece a pena falar».([11]) A história do cálculo — e talvez da própria teoria de Schrödinger([12]) — dá-lhe razão.

Não há dúvida de que todos nos deveríamos preparar para falar de uma forma tão clara, tão precisa, tão simples e tão directa quanto possível. Acredito, porém, que não existe um clássico da Ciência ou da Matemática, ou, na verdade, um qualquer livro digno de ser lido, em que não pudéssemos apontar, mediante uma engenhosa aplicação da técnica da análise da linguagem, um bom número de pseudoproposições sem sentido e daquilo a que algumas pessoas poderiam chamar «tautologias».

Acredito, além disso, que mesmo a adaptação original que Wittgenstein fez da teoria de Russell assenta num erro lógico. Do ponto de vista da lógica moderna, não parece haver já qualquer

---

([10]) Estou aqui a aludir à recente construção por G. Kreisel (*Journal of Symbolic Logic*, 17, 1952, 57) de uma sequência limitada e monótona de números racionais, na qual cada termo pode ser efetivamente calculado, mas que não possui, no entanto, um limite computável — em contradição com o que se afigura ser a interpretação *prima facie* do teorema clássico de Bolzano e Weierstrass, mas em concordância, segundo parece, com as dúvidas de Brouwer acerca deste teorema.

([11]) Após a primeira publicação deste ensaio, Schrödinger declarou-me que não se lembrava de ter dito isto, nem acreditava que alguma vez o tivesse feito. Mas gostou do comentário. (Acrescentado em 1964: descobri, desde então, que o verdadeiro autor foi o meu velho amigo Franz Urbach.)

([12]) Antes de Max Born ter proposto a sua famosa interpretação da probabilidade, a equação ondulatória de Schrödinger era, podem alguns argumentar, desprovida de sentido. (Não é essa, no entanto, a minha opinião.)

justificação para se falar em pseudoenunciados, ou erros de tipo ou de categoria, dentro das linguagens correntes e naturalmente desenvolvidas (por contraste com os cálculos artificiais) enquanto as regras convencionais do uso e da gramática forem observadas. Poderíamos inclusivamente dizer que o positivista que nos afirma, com ar de iniciado, que estamos a utilizar palavras desprovidas de significado, ou a dizer coisas sem sentido, não sabe literalmente de que é que está a falar — limita-se a repetir o que ouviu a outros, que tão-pouco sabiam o que diziam. Mas isto levanta uma questão de ordem técnica que não posso abordar aqui (será, no entanto, tratada mais à frente, nos capítulos 11 a 14).

III

Prometi dizer algo em defesa das ideias de Wittgenstein. Aquilo que desejo dizer em primeiro lugar é que há muita escrita filosófica (sobretudo na escola hegeliana) que pode ser justamente criticada como palavreado sem sentido. Em segundo lugar, que este género de escrita irresponsável ficou inibido, pelo menos durante algum tempo, pela influência de Wittgenstein e dos analistas da linguagem (apesar de a influência mais salutar neste ponto ter sido provavelmente o exemplo de Russell, que, com o incomparável encanto e clareza da sua escrita, demonstrou que a subtileza de conteúdo não é incompatível com a lucidez e com o despretensiosismo de estilo).

Mas estou preparado para admitir mais. Em defesa parcial das ideias de Wittgenstein, estou disposto a adotar as duas teses que se seguem.

A minha primeira tese é que todas as filosofias e, em especial, todas as «escolas» filosóficas estão sujeitas a degenerar de uma tal forma que os seus problemas se tornam praticamente indistinguíveis de pseudoproblemas, e o seu jargão, por conseguinte, praticamente indistinguível de uma tagarelice sem sentido. Esta situação é, como tentarei demonstrar, consequência de uma consanguinidade filosófica. A degeneração das escolas filosóficas é, por seu turno, consequência da crença errónea de que se pode filosofar sem se haver sido compelido a fazê-lo *por problemas surgidos no exterior da Filosofia* — na Matemática, por exemplo, na Cosmologia, na política, na religião ou na vida social. Por outras palavras, a minha primeira tese é esta: *os problemas filosóficos genuínos estão sempre enraizados em problemas prementes exteriores à Filosofia, e morrem se essas raízes apodrecerem.* Nos seus esforços por os solucionar, os filósofos são capazes de perseguir o que se lhes afigura ser um método ou técnica filosófica, ou uma chave infalível para o sucesso filosófico. ([13]) Mas tais métodos ou técnicas não existem. Em Filosofia, pouco importam os métodos: *qualquer* método é legítimo desde que conduza a resultados suscetíveis de ser racionalmente discutidos. O importante não são os métodos ou técnicas utilizados, mas sim ter sensibilidade para os problemas e uma paixão insaciável pelo seu estudo. Ou, como diziam os Gregos, o dom do maravilhamento.

Há aqueles que se sentem impelidos a resolver um problema, aqueles para quem um problema se torna real, como uma doença que têm de expulsar do seu sistema orgânico. ([14]) Esses podem prestar um contributo, mesmo que se circunscrevam a um determinado método ou técnica. Outros há, todavia, que não sentem este ímpeto, que não têm nenhum problema sério ou imperioso, mas que, no entanto, se entregam a exercícios intelectuais segundo métodos em voga. Para esses, a Filosofia é *aplicação* (de uma qualquer técnica ou capacidade intelectiva) em vez de *pesquisa*. São esses os que estão a atrair a Filosofia para o pântano dos pseudo-problemas e *puzzles* verbais — quer oferecendo-nos pseudoproblemas no lugar de problemas reais (o perigo que Wittgenstein detetou), quer persuadindo-nos a concentrar a atenção na vã e interminável tarefa de desmascarar o que eles, correta ou erradamente, tomam por pseudoproblemas ou «*puzzles*» (a armadilha em que Wittgenstein caiu).

([13]) É muito interessante verificar que os imitadores mostraram sempre tendência para acreditar que o «mestre» fazia o seu trabalho com a ajuda de um método secreto ou de um truque. Está relatado que no tempo de J. S. Bach alguns músicos acreditavam que ele possuía uma fórmula secreta para a composição de temas de fuga.

É também interessante notar que todas as filosofias que se tornaram moda (tanto quanto sei) ofereceram aos seus discípulos uma espécie de método para a produção de resultados filosóficos. Era esse o caso do essencialismo hegeliano, que ensinava os seus adeptos a produzir ensaios sobre a essência, natureza, ou ideia de tudo e mais alguma coisa — a alma, o Universo, a Universidade. Era igualmente o caso da fenomenologia de Husserl, do existencialismo, e também da análise da linguagem.

([14]) Estou a aludir a um comentário do professor Gilbert Ryle, que diz, na página 9 do seu *Concept of Mind:* «Em primeiro lugar, estou a tentar erradicar algumas doenças do meu próprio sistema.»

A minha segunda tese é que aquilo que parece ser o método *prima facie* de ensinar Filosofia é suscetível de produzir uma filosofia que corresponde à descrição de Wittgenstein. Aquilo a que me refiro com «método *prima facie* de ensinar Filosofia», e que pareceria ser o único método possível, é o que consiste em dar a ler ao principiante (que presumimos desconhecedor da história das ideias da Matemática, da Cosmologia e de outras áreas da Ciência, bem como da política) as obras dos grandes filósofos como Platão e Aristóteles, Descartes e Leibniz, Locke, Berkeley, Hume, Kant e Mill. Qual o efeito de um tal programa de leitura? Um novo mundo de *abstrações* espantosamente subtis e vastas abre-se perante o leitor — abstrações de um nível extremamente elevado e complexo. O seu espírito confronta-se com pensamentos e raciocínios que não só são, por vezes, difíceis de compreender como se lhe afiguram irrelevantes, uma vez que ele não consegue descobrir em que sentido poderão ter relevância. Todavia, o estudante sabe que aqueles é que são os grandes filósofos, que aquele é que é o modo de ser da Filosofia. Fará, por conseguinte, um esforço para adaptar o seu espírito àquilo que acredita (erradamente, como veremos) ser a sua maneira de pensar. Tentará falar a sua estranha linguagem, igualar as sinuosas circunvoluções da sua argumentação, e talvez até amarrar-se aos seus curiosos nós. Alguns podem aprender estes truques de um modo superficial, outros podem começar a tornar-se dependentes verdadeiramente fascinados. Sinto, contudo, que deveríamos respeitar aquele que, tendo feito o seu esforço, chega finalmente ao que pode ser descrito como a conclusão de Wittgenstein: «Aprendi o jargão tão bem quanto qualquer pessoa. É muito engenhoso e cativante. É, na realidade, perigosamente cativante, pois a simples verdade acerca deste assunto é a de que há muito espalhafato para nada — tudo uma série de disparates».

Ora eu estou convencido de que uma conclusão destas é um erro crasso. Afirmo, no entanto, que é o inevitável resultado do método *prima facie*, aqui descrito, de ensinar Filosofia (não digo, obviamente, que alguns estudantes particularmente dotados não possam encontrar nas obras dos grandes filósofos muito mais do que esta história indica — e sem se autoiludirem). Na verdade, as possibilidades de o estudante descobrir os problemas extrafilosóficos (problemas matemáticos, científicos, morais e políticos) que inspiraram estes grandes filósofos são realmente muito diminutas. Regra geral, esses problemas só podem ser descobertos pelo estudo da história, por exemplo, das ideias científicas e, mais concretamente, da situação dos problemas na Matemática e nas Ciências durante o período em questão; e isso pressupõe, por sua vez, uma considerável familiaridade com a Matemática e a Ciência. Só compreendendo a situação contemporânea dos problemas científicos é que o estudante dos grandes filósofos pode compreender que eles tentaram resolver questões urgentes e concretas — problemas que consideraram não poderem ser ignorados. E só após ter compreendido isto é que o estudante consegue obter uma imagem diferente das grandes filosofias — uma imagem que configura o sentido da aparente falta de sentido.

Vou tentar demonstrar as minhas duas teses com a ajuda de exemplos. Mas, antes de os apresentar, gostaria de sintetizar estas minhas teses e de acertar as minhas contas com Wittgenstein.

As minhas duas teses traduzem-se na afirmação de que, uma vez que a Filosofia está profundamente enraizada em problemas não-filosóficos, o juízo negativo de Wittgenstein estará, em termos gerais, correto, até ao ponto em que incidir sobre filosofias que tenham esquecido as suas raízes extrafilosóficas; e na afirmação de que essas raízes facilmente são esquecidas pelos filósofos que «estudam» Filosofia, em vez de serem compelidos a mergulhar nela pela pressão de problemas não-filosóficos.

A minha perspetiva da doutrina de Wittgenstein pode ser resumida da forma que se segue. Talvez seja verdade que, de uma maneira geral, os problemas filosóficos «puros» não existem; pois, na verdade, quanto mais puro se torna um problema filosófico, maior é a perda do seu significado original, e maior a probabilidade de que a sua discussão degenere num verbalismo oco. Por outro lado, não existem somente problemas científicos genuínos, mas também problemas filosóficos genuínos. Mesmo se, após análise, se concluir que esses problemas têm componentes factuais, não precisam, por isso, de ser classificados como pertencendo à Ciência. E mesmo que sejam resolúveis por meios, digamos, puramente lógicos, não têm de ser classificados como puramente lógicos ou tautológicos. Situações análogas surgem na Física. Por exemplo, o problema de explicar séries de linhas espectrais (com o auxílio de uma hipótese acerca da estrutura dos átomos) pode revelar-se solucionável por meio de cálculos puramente matemáticos. Mas isso, repito, não significa que o problema pertença à Matemática pura em vez da Física. Temos uma perfeita justificação para classificar um problema como «físico» se este estiver relacionado com problemas e teorias que tenham sido tradicionalmente discutidas pelos físicos (como sucede com o problema da constituição da matéria), e ainda se os meios utilizados para a sua solução se revelem puramente matemáticos. Tal como vimos, a solução dos problemas pode ser transversal a um grande número de ciências. De modo semelhante, um problema pode ser corretamente designado como «filosófico» se descobrirmos que, embora tenha originalmente surgido em conexão com a teoria atómica, por exemplo, está mais estreitamente relacionado com os problemas e teorias discutidos pelos filósofos do que com as teorias atualmente investigadas pelos físicos. E, tal como já disse, não interessa minimamente que espécie de métodos usamos para resolver um problema destes. A Cosmologia, por exemplo, terá sempre um grande interesse filosófico, ainda que, no que toca a alguns dos seus métodos, tenha adquirido grande afinidade com aquilo a que se pode talvez mais propriamente chamar «Física». Dizer que, dado que lida com questões factuais, a Cosmologia deve pertencer à Ciência e não à Filosofia é não só pedante como o claro resultado de um dogma epistemológico e, nessa medida, filosófico. Analogamente, não existe razão para que um problema resolúvel por meios lógicos veja ser-lhe negado o atributo de «filosófico». Pode muito bem ser tipicamente filosófico, físico ou biológico. A análise lógica desem-penhou um papel considerável na teoria restrita da relatividade de Einstein; e foi, em parte, esse facto que tornou a teoria filosoficamente interessante, e deu origem a um vasto leque de problemas filosóficos relacionados com ela.

A doutrina de Wittgenstein surge como resultado da tese de que todos os enunciados genuínos (e, por conseguinte, todos os problemas genuínos) podem ser classificados numa de duas classes exclusivas: enunciados factuais (*sintéticos a posteriori*) que pertencem às ciências empíricas; e enunciados lógicos *(analíticos a priori)* que pertencem à Lógica formal pura ou à Matemática pura. Esta simples dicotomia, apesar de extremamente valiosa para uma investigação rudimentar, acaba por revelar-se excessivamente simples em muitos outros aspetos.([15]) Mas, embora tenha sido especialmente

---

([15]) Já na minha *L. Sc. D.*, de 1934, eu tinha feito notar que uma teoria como a de Newton pode ser *interpretada* quer como teoria factual, quer como teoria constituída por definições implícitas (no sentido de Poincaré e

concebida, por assim dizer, para excluir a existência de problemas filosóficos, fica consideravelmente aquém desse objetivo; pois, mesmo que aceitemos a dicotomia, podemos ainda alegar que os problemas factuais, lógicos ou mistos, se podem revelar, em certas circunstâncias, igualmente filosóficos.

IV

Vou debruçar-me agora no meu primeiro exemplo: *Platão e a Crise no Atomismo Grego Primitivo*.

A minha tese relativamente a este ponto é que a principal doutrina filosófica de Platão, a chamada Teoria das Formas ou Ideias, só pode ser corretamente compreendida num contexto extrafilosófico([16]), mais especificamente no contexto da *situação crítica dos problemas* na ciência grega([17]) (em especial na teoria da

---

Eddington), e que a interpretação adotada por um determinado físico, mais do que naquilo que ele diz, está patente na sua *atitude* em relação aos testes que põem em causa a sua teoria. Fiz igualmente notar que há teorias não--analíticas que não são testáveis (não sendo, nessa medida, *a posteriori*), mas que tiveram, não obstante, uma grande influência na Ciência. (Exemplos disso são a primeira teoria atómica, ou a primeira teoria da ação por contacto.) Chamei «metafísicas» a essas teorias inverificáveis, e afirmei que não eram destituídas de sentido. O dogma da simples dicotomia foi recentemente atacado, em termos muito diferentes, por F. H. Heinemann (*Proc. of the Xth Int. Congress of Philosophy*, Fasc. 2, 629, Amesterdão, 1949), por W. V. Quine e por Morton G. White. Podemos observar, mais uma vez de um diferente ponto de vista, que a dicotomia só se aplica em sentido preciso a uma linguagem formalizada, estando, por conseguinte, sujeita a claudicar se for aplicada às linguagens em que temos de falar antes de qualquer formalização, isto é, àquelas linguagens em que todos os problemas tradicionais foram concebidos.

([16]) Na minha obra *A Sociedade Aberta e os seus Inimigos*, tentei explicar com algum pormenor outra raiz extrafilosófica da mesma doutrina — a sua raiz política. Também discuti aí (na nota 9 do cap. 6 da 4.ª edição revista, de 1962) o problema que me ocupa na presente secção, mas a partir de um ângulo algo diferente. A referida nota e a presente secção são em parte coincidentes, mas complementam-se consideravelmente uma à outra. Referências relevantes (especialmente a Platão) que aqui foram omitidas serão aí encontradas.

([17]) Há historiadores que negam que o termo «ciência» possa ser corretamente aplicado a qualquer desenvolvimento anterior ao século XVI, ou mesmo XVII. Mas, aparte o facto de as controvérsias acerca de etiquetas deverem ser evitadas, já não pode, creio, haver hoje em dia qualquer dúvida relativamente

matéria) que se desenvolveu em consequência da descoberta da *irracionalidade da raiz quadrada de dois*. Se a minha tese está correta, a teoria de Platão não foi ainda, até agora, plenamente compreendida. (Se essa compreensão «plena» poderá alguma vez ser alcançada é, obviamente, mais questionável.) Mas uma consequência mais importante será a teoria platónica não poder nunca ser compreendida por filósofos formados de acordo com o método *prima facie* descrito na secção anterior — a menos, claro, que tenham recebido informação especial e *ad hoc* acerca dos factos relevantes (factos esses a cuja autoridade poderão ter de se submeter, o que significará o abandono do método *prima facie* de ensino da Filosofia, atrás exposto).

É provável([18]) que a Teoria das Formas de Platão esteja intimamente relacionada, tanto no que toca à sua origem como ao seu conteúdo, com a teoria pitagórica de que todas as coisas são, em essência, números. Os pormenores desta relação e da relação entre atomismo e pitagorismo não serão, talvez, muito conhecidos. Vou, por conseguinte, contar-vos a história em breves linhas, tal como presentemente a vejo.

Segundo consta, o fundador da ordem ou seita pitagórica terá ficado profundamente impressionado por duas descobertas. A primeira terá sido que um fenómeno *prima facie* puramente qualitativo como a harmonia musical se baseava, na sua essência, nas razões

---

à espantosa semelhança, para não dizer identidade, entre os propósitos, interesses, atividades, argumentos e métodos de, por exemplo, Galileu e Arquimedes, Copérnico e Platão, ou Kepler e Aristarco (o «Copérnico» da Antiguidade). E qualquer dúvida a respeito dos longuíssimos séculos de observação científica e dos cuidadosos cálculos baseados na observação terá sido dissipada pela descoberta de novas provas testemunhais acerca da história da astronomia antiga. Podemos agora traçar um paralelo não só entre Tycho e Hiparco, mas até entre Hansen (1857) e Cidenas, o Caldeu (314 a. C.), cujos cálculos das «constantes relativas ao movimento do Sol e da Lua» são todos eles de uma precisão comparável à dos melhores astrónomos do século XIX. «O valor apresentado por Cidena para o movimento do Sol a partir do Nodo (com um excesso de 0".5), embora inferior ao de Brown, é superior a pelo menos um dos valores modernos mais amplamente usados», escreveu J. K. Fotheringham em 1928, no seu admirável artigo «The Indebtedness of Greek to ChaldeanAstronomy» (*The Observatory*, 1928, 51, n.º 653), no qual se baseia o meu ponto de vista quanto à idade da astronomia métrica.

([18]) Se podemos confiar no célebre relato que Aristóteles nos faz na sua *Metafísica*.

puramente numéricas 1 : 2; 2 : 3; 3 : 4. A segunda foi a de que o ângulo «reto» ou «raso» (que se obtém, por exemplo, dobrando uma folha duas vezes, de modo que as duas dobras formem uma cruz) estava ligado às razões puramente numéricas 3 : 4 : 5, ou 5 : 12 : 13 (os lados dos triângulos retangulares). Estas duas descobertas terão, segundo parece, conduzido Pitágoras à generalização algo fantástica de que todas as coisas são, em essência, números ou razões numéricas; ou de que o número é a razão (logos = razão), a essência racional das coisas, ou a sua verdadeira natureza.

Por muito fantástica que esta ideia fosse, revelou-se fecunda em muitos aspetos. Uma das suas aplicações mais bem-sucedidas foi a aplicação a figuras geométricas simples como quadrados, triângulos retangulares e isósceles, e também a determinados sólidos simples como as pirâmides. O estudo de alguns destes problemas geométricos baseava-se no chamado *gnomon*.

Podemos explicar isto da forma que se segue. Se indicarmos um quadrado por quatro pontos

podemos interpretar isto como resultado da adição de três pontos ao ponto do canto superior esquerdo. Estes três pontos são o primeiro *gnomon*. Podemos indicá-lo assim:

Adicionando um segundo *gnomon*, constituído por cinco novos pontos, obtemos:

Vemos de imediato que cada número da sequência de números ímpares 1, 3, 5, 7..., forma o *gnomon* de um quadrado, e que as somas 1, 1 + 3, 1 + 3 + 5, 1 + 3 + 5 + 7,... são os números quadrados; e vemos que se *n* é o (número de pontos no) lado de um quadrado, a sua área (número total de pontos = n^2) será igual à soma dos primeiros *n* números ímpares.

A análise dos quadrados pode ser transposta para os triângulos equiláteros. A figura que se segue pode ser vista como representando um triângulo crescente — crescendo para baixo mediante a adição de sucessivas linhas horizontais de pontos.

.

. .

. . .

. . . .

Nesta figura, cada *gnomon* é uma linha horizontal de pontos posterior às antecedentes, e cada elemento da sequência 1, 2, 3, 4,... é um *gnomon*. Os «números triangulares» são as somas 1 + 2; 1 + 2 + 3; 1 + 2 + 3 + 4, etc., ou seja, as somas dos primeiros *n* números naturais. Colocando dois desses triângulos lado a lado

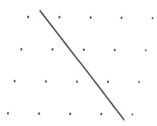

obtemos o paralelograma com o lado horizontal *n* + 1 e o outro lado *n*, contendo *n* (*n* + 1) pontos. Uma vez que consiste em dois triângulos isósceles, o seu número é 2(1 + 2 +...+ *n*), de modo que obtemos a equação

(1) $$1 + 2 + ... + n = \tfrac{1}{2} n(n+1)$$

e assim

(2) $$d(1 + 2 + ... + n) = \tfrac{d}{2} n(n+1)$$

A partir daqui é fácil obter a fórmula geral para a soma de uma série aritmética.

Obtemos também números «oblongos», ou seja, os números de figuras rectangulares oblongas, das quais a mais simples é

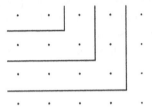

com os números oblongos 2 + 4 + 6 ... O *gnomon* de um oblongo é um número par, e os números oblongos são as somas dos números pares.

Estas considerações foram alargadas aos sólidos. Somando, por exemplo, os primeiros números triangulares, obtiveram-se números piramidais. Mas a principal aplicação foi a figuras planas, configurações ou «Formas». Acreditava-se que estas se caracterizavam pela sequência apropriada de números e, nessa medida, pelas razões numéricas dos números consecutivos da sequência. Por outras palavras, *as «Formas» seriam números ou razões de números*. Por outro lado, não só as configurações das coisas mas também propriedades abstractas como a harmonia e a «retidão» seriam números. Deste modo, chegou-se à teoria geral de que os números eram as essências racionais de todas as coisas.

Parece provável que o desenvolvimento desta ideia tenha sido influenciado pela similaridade dos diagramas de pontos com o diagrama de uma constelação como a de Leão, Escorpião ou Virgem. Se a constelação de Leão era uma combinação de pontos, tinha de ter um número. Desta forma, o pitagorismo parece estar ligado à crença de que os números ou «Formas» são configurações celestes das coisas.

V

Um dos principais elementos desta teoria primitiva era a chamada «Tábua dos Opostos», baseada na distinção fundamental entre números ímpares e números pares. Continha coisas como:

UM	MÚLTIPLO
ÍMPAR	PAR
MASCULINO	FEMININO
REPOUSO (SER)	MUDANÇA (DEVIR)
DETERMINADO	INDETERMINADO
QUADRADO	OBLONGO
RETO	CURVO
DIREITO	ESQUERDO
LUZ	ESCURIDÃO
BOM	MAU

Percorrendo esta estranha tabela, ficamos com uma ideia do funcionamento da mente pitagórica e do motivo por que não eram só as «Formas» ou configurações das figuras geométricas que eram consideradas, na sua essência, números, mas também ideias abstratas como a de Justiça e, evidentemente, as de Harmonia e Saúde, Beleza e Sabedoria. A tabela também é interessante uma vez que foi aproveitada, com muito poucas alterações, por Platão. A primeira versão da célebre teoria platónica das «Formas» ou «Ideias» pode, na verdade, ser descrita, de uma forma algo tosca, como a doutrina de que o lado «Bom» da Tábua dos Opostos constitui um Universo (invisível), um Universo de Realidade Superior, das «Formas» Imutáveis e Determinadas de todas as coisas; e de que o Conhecimento Certo e Verdadeiro (*episteme* = *scientia* = *ciência*) só pode ser o desse Universo Real e Imutável — ao passo que o mundo visível de fluxo e mudança em que nós vivemos e morremos, o mundo da geração e destruição, o mundo da experiência, será apenas uma espécie de reflexo ou cópia desse Mundo Real. Será tão-só um mundo de aparência, de que não é possível obter nenhum Conhecimento Certo e Verdadeiro. Tudo o que pode ser obtido no lugar do Conhecimento (*episteme*) são as plausíveis, mas inconstantes e preconceituosas, opiniões (*doxa*) dos falíveis mortais.[19]

---

[19] A distinção de Platão (*episteme* vs. *doxa*) foi derivada, através de Parménides, de Xenófanes (*verdade* vs. *conjetura* ou *aparência*). Platão percebeu claramente que *todo* o conhecimento do mundo visível, o mundo mutável da aparência, consiste na *doxa*; que está contaminado pela incerteza, mesmo que utilize ao máximo a *episteme*, o conhecimento das «Formas» imutáveis e da matemática pura, e mesmo que interprete o mundo visível com recurso a uma teoria do mundo invisível. Cf. *Crátilo,* 439d ss., *República,* 476d ss.; e,

Na sua interpretação da Tábua dos Opostos, Platão foi influenciado por Parménides, o homem cujo desafio esteve na origem do desenvolvimento da teoria atomista de Demócrito.

VI

A teoria pitagórica, com os seus diagramas de pontos, contém, sem dúvida, os indícios de um atomismo muito primitivo. Mas é difícil avaliar até que ponto a teoria atomista de Demócrito terá sido influenciada pelo pitagorismo. As suas principais influências terão vindo, até aí não parece haver dúvida, da Escola Eleática: de Parménides e de Zenão. O problema básico desta Escola, que era também o de Demócrito, era o problema da compreensão racional da *mudança* (divirjo neste ponto das opiniões de Cornford e outros). Penso que este problema deriva de Heraclito e, nessa medida, mais do pensamento jónico do que do pitagórico[20]; e penso que continua a ser ainda o principal problema da Filosofia Natural.

---

em especial, o *Timeu*, 29b ss., onde a distinção é aplicada àquelas partes da própria teoria de Platão a que hoje chamaríamos «Física» ou «Cosmologia» ou, mais genericamente, «Ciência Natural». Essas áreas pertencem, diz-nos Platão, ao reino da *doxa* (a despeito do facto de ciência = *scientia* = *episteme*; cf. os meus comentários a este problema no cap. 20, mais à frente). Para uma perspetiva diferente da relação entre Platão e Parménides, ver Sir David Ross, *Plato's Theory of Ideas*, Oxford, 1951, p. 164.

[20] Karl Reinhardt, no seu *Parmenides* (1916; segunda edição de 1959, p. 220) diz, em termos muito incisivos: «A história da Filosofia é a história dos seus problemas. Se quereis explicar Heraclito, dizei primeiro que problema era o seu.» Concordo inteiramente; e acredito, ao contrário de Reinhardt, que o problema de Heraclito era o problema da mudança — ou, mais precisamente, o problema da identidade própria (*e* da não-identidade) da coisa mutável no decurso da mudança (ver também a minha *Sociedade Aberta*, cap. 2). Se aceitarmos as provas de Reinhardt acerca da estreita relação entre Heraclito e Parménides, esta visão do problema de Heraclito fará do sistema parmenidiano uma tentativa de resolver o problema dos paradoxos da mudança tornando essa mudança irreal. Assumindo uma posição diferente, Cornford e os seus discípulos seguem a tese de Burnet de que Parménides seria um pitagórico (dissidente). Ainda que isto possa bem ser verdade, as provas a seu favor não demonstram que Parménides não tenha igualmente tido um mestre jónico. (Ver também cap. 5, mais à frente.)

Ainda que Parménides não tenha, possivelmente, sido um físico (ao contrário dos seus grandes antecessores jónicos), pode ser descrito, segundo creio, como pai da *Física Teórica*. Parménides concebeu uma teoria antifísica ([21]) (e não afísica, como Aristóteles disse) que constituiu, todavia, o primeiro sistema hipotético-dedutivo. E foi esse o início de uma longa série de sistemas de teorias físicas, cada um dos quais representando um aperfeiçoamento do seu predecessor. Regra geral, esse aperfeiçoamento era considerado necessário porque se percebia que o anterior sistema fora falsificado por determinados factos da experiência. Uma tal refutação empírica das consequências de um sistema dedutivo leva a esforços no sentido da sua reconstrução e, nessa medida, a uma teoria nova e melhorada que, por via de regra, conserva claramente as marcas da sua ancestralidade, isto é, da teoria mais antiga, assim como da experiência que a refutou.

Estas experiências ou observações, como veremos, eram a princípio muito rudimentares; mas foram-se tornando progressivamente mais subtis, à medida que as teorias se tornavam cada vez mais capazes de explicar as observações mais toscas. No caso da teoria de Parménides, o choque com a observação era tão óbvio que parecerá talvez extravagante descrever a sua teoria como o primeiro sistema hipotético-dedutivo da Física. Podemos, por conseguinte, descrevê-lo como o último sistema dedutivo pré-físico, cuja refutação ou falsificação terá dado origem à primeira teoria física da matéria, a teoria atomista de Demócrito.

A teoria de Parménides é simples. Ele considera que é impossível compreender racionalmente a mudança ou o movimento e conclui que a mudança, na realidade, não existe — ou que é apenas aparente. Mas, antes de nos comprazermos em sentimentos de superioridade perante o insanável irrealismo de semelhante teoria, deveríamos primeiro compreender que há aqui um problema sério. Se uma coisa X se modifica, então, não é já, claramente, a mesma coisa X. Por outro lado, não podemos dizer que X muda sem com isso implicar que X persiste durante a mudança — que é a mesma coisa X no princípio e no fim da mudança. Parece assim que chegamos a uma contradição e que a ideia de uma coisa que muda e, por conseguinte, a ideia de mudança, é impossível.

([21]) Cp. Platão, *Teeteto*, 181.ª, e Sexto Empírico, *Adv. Mathem.* (Bekker), X. 46, p. 485, 25.

Tudo isto tem um ar muito filosófico e abstrato, e é mesmo. Mas é um facto que a dificuldade aqui indicada nunca deixou de se fazer sentir no desenvolvimento da Física.([22]) E um sistema determinista como a teoria de campo de Einstein poderia até ser descrito como uma versão tetradimensional do universo tridimensional e imutável de Parménides. De facto, e num certo sentido, nenhuma mudança ocorre no universo-bloco tetradimensional de Einstein: tudo nele é exatamente como é, no seu *locus* tetradimensional. A mudança torna-se uma espécie de mudança «aparente»; é «somente» o observador que, por assim dizer, desliza ao longo da sua linha-mundo, e vai tomando sucessivamente consciência dos diferentes *loci* ao longo dela — ou seja, do seu meio espaciotemporal.

Para regressar deste novo Parménides ao velho pai da Física Teórica, podemos parafrasear a sua teoria dedutiva aproximadamente da seguinte maneira:

(1) Só o que é, é.

(2) O que não é, não existe.

(3) O não-ser, ou seja, o vazio, não existe.

(4) O mundo está cheio.

(5) O mundo não tem partes; é *um* imenso bloco (porque está cheio).

(6) O movimento é impossível (dado não haver qualquer espaço vazio no interior do qual alguma coisa se pudesse mover).

As conclusões (5) e (6) eram obviamente contestadas pelos factos. E daí que, na sua argumentação, Demócrito tenha partido da falsidade da conclusão para a falsidade das premissas:

(6') Há movimento (por isso, o movimento é possível).

([22]) Podemos constatá-lo em *Identity and Reality*, de Emile Meyerson, um dos mais interessantes estudos filosóficos sobre o desenvolvimento das teorias físicas. Hegel (seguindo Heraclito, ou o relato que Aristóteles dele faz) pegou no facto da mudança (que considerava autocontraditória) para provar a existência de contradições no mundo e, por conseguinte, infirmar a «lei da não-contradição», isto é, o princípio de que as nossas teorias devem evitar as contradições a todo o custo. Hegel e os seus partidários (sobretudo Engels, Lenine e outros marxistas) começaram a ver «contradições» em todo o lado, e acusaram todas as filosofias que defendiam a lei da não-contradição de serem «metafísicas» — um termo que usavam para indicar que essas filosofias ignoram o facto de que o mundo muda. Ver cap. 15, mais à frente.

(5') O mundo tem partes; não é um, mas múltiplo.
(4') Logo, o mundo não pode estar cheio.([23])
(3') O vazio (ou não-ser) existe.

Até aqui, a teoria tinha de ser alterada. No que se refere ao ser, ou à multi-plicidade de coisas existentes (em contraste com o vazio), Demócrito adotou a teoria de Parménides de que não tinham partes. Eram indivisíveis (átomos) porque estavam cheias, porque não tinham nenhum vazio no seu interior.

O ponto principal desta teoria é que nos dá uma explicação racional da mudança. O mundo consiste em espaço vazio (o vácuo) com átomos dentro. Os átomos não mudam; são miniaturas do universo-bloco indivisível de Parménides.([24]) Toda a mudança se deve à recombinação dos átomos no espaço. Por consequência, *toda a mudança é movimento*. Uma vez que, de acordo com esta perspetiva, a única espécie de novidade que pode surgir é uma nova disposição dos Átomos([25]), será, em princípio, possível *prever todas as futuras mudanças no mundo*, desde que consigamos prever o movimento de todos os átomos (ou, usando uma terminologia moderna, de todos os pontos de masssa).

A teoria da mudança de Demócrito foi extremamente importante para o desenvolvimento da ciência física. Foi parcialmente aceite por Platão, que reteve muito do atomismo, embora tenha explicado a mudança não apenas por meio de átomos — que, apesar de imutáveis, se moviam — mas também por outras «Formas» que não estavam sujeitas nem à mudança nem ao movimento. Mas

---

([23]) A inferência de um vazio a partir da existência do movimento não é válida, uma vez que a inferência de Parménides da impossibilidade de movimento a partir do carácter «cheio» do mundo também não é válida. Platão parece ter sido o primeiro a ver, embora apenas vagamente, que pode existir um movimento circular ou em vórtice num mundo cheio, contanto que este tenha um meio líquido (as folhas do chá podem mover-se com o girar do chá na chávena). Esta ideia, apresentada pela primeira vez, sem grande convicção, no *Timeu* (onde *o espaço está «preenchido»*, 52e), tornar-se-ia a base do Cartesianismo e da teoria do «éter luminoso», tal como foi sustentada até 1905 (ver também nota 45, mais à frente).

([24]) A teoria de Demócrito também admitia a existência de átomos grandes, tipo blocos, mas a vasta maioria dos seus átomos era invisivelmente pequena.

([25]) Cp. *A Pobreza do Historicismo*, secção 3.

foi condenada por Aristóteles, que ensinou em seu lugar([26]) que toda a mudança constituía o desabrochar das potencialidades inerentes de *substâncias* essencialmente imutáveis. A teoria aristotélica das substâncias como objetos de mudança tornou-se prevalecente; mas revelou-se estéril.([27]) E a teoria metafísica de Demócrito de que toda a mudança deve ser explicada pelo movimento converteu-se no programa de trabalho da Física, tacitamente aceite até aos nossos dias. Faz ainda parte da filosofia desta disciplina, a despeito do facto de a Física em si o haver superado (para já não falar nas Ciências Biológicas e Sociais). Com Newton, além dos pontos de massa em movimento, entram em cena *forças* de intensidade (e direção) variável. É verdade que as mudanças das forças *newtonianas* podem ser explicadas como decorrentes ou dependentes do movimento, ou seja, da posição variável das partículas. Mas não são, contudo, idênticas a mudanças na posição dessas partículas. Em consequência da lei inversa do quadrado, a dependência não é, sequer, linear. E com Faraday e Maxwell, os campos variáveis de forças tornam-se tão importantes quanto as partículas materiais atómicas. O facto de os nossos átomos modernos se terem revelado, afinal, compostos é uma questão de somenos importância: do ponto de vista de Demócrito, os verdadeiros átomos não seriam os nossos átomos, mas, sim, as nossas partículas elementares — se exceturamos o facto de também estas se revelarem sujeitas à mudança. Temos assim uma situação extremamente interessante. Uma filosofia da mudança, concebida para fazer frente à dificuldade de compreender racionalmente essa mudança, serve a ciência durante milhares de anos, mas acaba por se ver posta de lado pelo desenvolvimento dessa mesma ciência. E esse facto passa praticamente

---

([26]) Inspirado pelo *Timeu* (55) de Platão, onde as potencialidades dos elementos são explicadas pelas propriedades geométricas (e, nessa medida, pelas formas substanciais) dos sólidos correspondentes.

([27]) A esterilidade da teoria «essencialista» (cf. nota 2, mais atrás) da substância está ligada ao seu antropomorfismo, uma vez que as substâncias (como Locke viu) extraem a sua plausibilidade da experiência de um ego que, sendo embora idêntico a si próprio, vai mudando e desabrochando. Mas, ainda que nos possamos congratular com o facto de a substância de Aristóteles ter desaparecido da *Física*, não há nada de errado, como diz o professor Hayek, em pensar antropomorficamente sobre o *homem*. Não existe assim qualquer razão filosófica ou *a priori* pela qual a substância de Aristóteles — a psique — devesse desaparecer da Psicologia.

despercebido àqueles filósofos que andam demasiado ocupados a negar a existência de problemas filosóficos.

A teoria de Demócrito constituiu uma notável proeza. Forneceu um quadro teórico para a explicação da maioria das propriedades da matéria empiricamente conhecidas (e já anteriormente discutidas pelos Jónios), tais como a compressibilidade, os graus de dureza e resiliência, a rarefação e a condensação, a coerência, a desintegração, a combustão e muitas outras. Mas a teoria não foi só importante enquanto explicação dos fenómenos da experiência. Em primeiro lugar, estabeleceu o princípio metodológico de que uma teoria ou explicação dedutiva tem de «salvaguardar os fenómenos» ([28]), ou seja, estar de acordo com a experiência. Em segundo lugar, demonstrou que uma teoria pode ser especulativa e basear-se no princípio (parmenideano) fundamental de que o mundo, tal como tem de ser compreendido pelo pensamento argumentativo, se revela diferente do mundo da experiência *prima facie*, ou seja, do mundo enquanto visto, ouvido, cheirado, saboreado, tocado;([29]) e demonstrou que uma teoria especulativa desta natureza pode, não obstante, aceitar o «critério» empirista de que é o visível que decide da aceitação ou da rejeição de uma teoria do invisível([30]) (como os átomos). Esta filosofia conservou um papel fundamental em todo o desenvolvimento da Física e continuou em conflito com todas as tendências filosóficas «relativistas» e «positivistas».([31])

Além do mais, a teoria de Demócrito esteve na origem dos primeiros sucessos do método da exaustão (o antepassado do cálculo da integração), já que o próprio Arquimedes reconheceu que Demócrito havia sido o primeiro a formular a teoria dos volumes

---

([28]) Cp. nota 6 do capítulo 3, à frente.

([29]) Cf. Democritus, Diels, fragm. 11 (cf. Anaxagoras, Diels, fragm. 21; ver também fragm. 7).

([30]) Cf. Sextus Empiricus, *Adv. mathem.* (Bekker), VII, 140, p. 221, 23B.

([31]) «Relativistas» no sentido de relativismo filosófico, por exemplo, da doutrina do *homo mensura* de Protágoras. Continua a ser, infelizmente, necessário sublinhar que a teoria de Einstein nada tem que ver com este relativismo filosófico.

«Positivistas» como eram as tendências de Bacon; da teoria (mas não, felizmente, da prática) da primitiva *Royal Society*; e, nos nossos dias, de Mach (que se opôs à teoria atómica) e dos teóricos da perceção sensorial.

dos cones e pirâmides.(³²) Mas talvez o elemento mais fascinante da teoria de Demócrito seja a sua doutrina da quantização do espaço e do tempo. Estou a pensar na doutrina, agora amplamente discutida(³³), de que existe uma *distância e um intervalo temporal mínimos*, ou seja, de que há distâncias no espaço e no tempo (elementos da extensão e do tempo, as *ameres*(³⁴) de Demócrito, que se contrapõem aos seus átomos) de tal forma diminutas que é impossível existirem outras mais pequenas.

VII

O atomismo de Demócrito foi desenvolvido e exposto como uma resposta, ponto por ponto(³⁵), aos detalhados argumentos dos seus predecessores eleáticos, Parménides e o seu discípulo Zenão. Em particular, a teoria das distâncias atómicas e dos intervalos de tempo de Demócrito é o resultado direto dos argumentos de Zenão ou, mais precisamente, da rejeição das suas conclusões. Mas em nenhum ponto daquilo que conhecemos de Zenão se encon-

---

(³²) Cf. Diels, fragm. 155, que deve ser interpretado à luz de Arquimedes (ed. Heiberg) II², p. 428. Cf. o mais importante artigo de S. Luria, «Die Infinitesimalmethode der antiken Atomisten» (*Quellen & Studien zur Gesch. d. Math.*, B., **2**, Heft 2, 1932, p. 142).

(³³) Cf. A. March, *Natur und Erkenntnis*, Viena, 1948, pp. 193 ss.

(³⁴) Cf. S. Luria, *op. cit.*, em especial pp. 148 ss., 172 ss. A Senhora A. T. Nicols em «Indivisible Lines» (*Class. Quaterly*, XXX, 120 s.) argumenta que «duas passagens, uma de Plutarco, a outra de Simplício» demonstram por que é que Demócrito «não podia acreditar em linhas indivisíveis». Não discute, contudo, as ideias opostas de Luria, de 1932, que se me afiguram muito mais convincentes, sobretudo se nos lembrarmos de que Demócrito tentou responder a Zenão (ver nota seguinte). Mas, quaisquer que tenham sido as ideias de Demócrito acerca das distâncias indivisíveis ou atómicas, Platão parece ter pensado que o atomismo de Demócrito necessitava de ser revisto à luz da descoberta dos números irracionais. Heath, no entanto (*Greek Mathematics*, 1, 1921, p. 181, referindo-se a Simplício e a Aristóteles), acredita também que Demócrito não ensinava a existência de linhas indivisíveis.

(³⁵) Esta resposta ponto por ponto está conservada na obra de Aristóteles *Da Geração e da Corrupção*, 316a, numa passagem muito importante, identificada pela primeira vez como democritiana por I. Hammer Jensen, em 1910, e cuidadosamente analisada por Luria, que diz (*op. cit.*, 135), referindo-se a Parménides e Zenão: «Demócrito serve-se dos seus argumentos dedutivos, mas chega à conclusão oposta.»

tra qualquer referência à *descoberta dos irracionais*, que tem uma importância decisiva para a nossa história.

Não sabemos a data da prova da irracionalidade da raiz quadrada de dois, ou quando é que a sua descoberta se tornou publicamente conhecida. Embora tenha existido uma tradição que a atribuía a Pitágoras (século sexto a. C.), e embora alguns autores ([36]) lhe chamem o «Teorema de Pitágoras», não pode haver grandes dúvidas de que a descoberta não terá sido feita, nem com certeza publicamente conhecida, antes de 450 a. C., e provavelmente não antes de 420. Se Demócrito teria ou não conhecimento dela, não se sabe ao certo. Sinto-me agora inclinado a crer que não tinha, e que o título dos seus dois livros perdidos, *Peri alogon grammon kai naston*, deveria ser traduzido por «Acerca das Linhas Ilógicas e dos Corpos Cheios (Átomos)» ([37]). E estou também convencido de que

---

([36]) Cf. G. H. Hardy e E. M. Wright, *Introduction to the Theory of Numbers*, 1938, pp. 39, 42, onde se encontra um comentário histórico muito interessante acerca da prova de Teodoro, tal como foi exposta no *Teeteto* de Platão. Ver também agora o artigo de A. Wasserstein, «Theatetus and the History of the Theory of Numbers», *Classical Quaterly*, 8, N. S., 1958, pp. 165-179, a melhor análise que conheço desta matéria.

([37]) Em vez de *On Irrational Lines and Atoms* (*Acerca das Linhas Irracionais e dos Átomos*), como traduzi na nota 9 do cap. 6 da minha *Sociedade Aberta* (segunda ed.). O que o título provavelmente significa (considerando a passagem de Platão referida na nota que se segue) poderia ser, penso eu, mais adequadamente traduzido por *On Crazy Lines and Atoms* (*Acerca das Linhas Loucas e dos Átomos*). Cf. H. Vogt, *Bibl. Math.*, 1910, 10, 147 (contra quem Heath argumenta, *op. cit.*, 156 s., mas, segundo creio, sem grande sucesso) e S. Luria, *op. cit.*, pp. 168 ss., onde é convincentemente sugerido que *De insec. lin.*, 968b 17 (Arist.) e *De comm. notit.*, 38, 2, pp. 1078 ss. (Plutarco), contêm traços da obra de Demócrito. De acordo com essas fontes, o argumento de Demócrito seria este: *Se as linhas são infinitamente divisíveis* é porque são compostas por uma infinidade de unidades elementares e estão, por conseguinte, *todas* relacionadas como $\infty : \infty$, ou seja, são todas «não comparáveis» (não há proporção). Na verdade, se as linhas são consideradas como conjuntos de pontos, o «número» cardinal (potência) dos pontos de uma linha será, segundo a visão atual, igual para todas as linhas, quer estas sejam finitas ou infinitas. Este facto tem sido descrito como «paradoxal» (por Bolzano, por exemplo) e é bem possível que tenha sido classificado como «louco» por Demócrito. Podemos observar que, de acordo com Brouwer, mesmo a teoria clássica de Lebesgue da *medição* de um contínuo conduz fundamentalmente aos mesmos resultados — pois Brouwer afirma que todos os contínuos clássicos têm uma medida zero, de modo que a ausência de uma razão é aqui exprimida por

esses dois livros não continham qualquer referência à descoberta da irracionalidade.([38])

A minha opinião de que Demócrito desconhecia o problema dos irracionais baseia-se no facto de não haver quaisquer indícios de defesa da sua teoria contra o golpe que nela foi desferido por esta descoberta. Todavia, o golpe foi tão fatal para o atomismo como para o pitagorismo. Ambas as teorias se baseavam na doutrina de que toda a medição é, em última análise, uma contagem de unidades naturais, o que significa que deveria ser, em todos os casos, redutível a puros números. A distância entre quaisquer dois pontos atómicos deveria, por conseguinte, consistir num certo número de distâncias atómicas; logo, todas as distâncias deveriam ser comensuráveis. Mas isto revela-se impossível mesmo no simples caso das distâncias entre os cantos de um quadrado, em virtude da incomensurabilidade da sua diagonal d com o seu lado a.

O nosso termo «incomensurável» é algo infeliz. O que aqui se significa é antes a inexistência de uma *razão de números naturais*. O que se pode, por exemplo, provar no caso da diagonal do quadrado da unidade é que não existem dois números naturais, n e m, cuja razão, n/m, seja igual à diagonal do quadrado da unidade. «Incomensurabilidade» não significará, pois, incomparabilidade segundo métodos geométricos — ou por *medição* — mas incomparabilidade segundo métodos aritméticos de *contagem* — ou por números naturais — incluindo o característico método pitagórico de comparar *razões* de números naturais e também, como é evidente, a contagem de unidades de comprimento (ou de «medidas»).

Lancemos agora um breve olhar retrospetivo sobre as características deste *método dos números naturais e das suas razões*. A ênfase de Pitágoras no número foi fecunda do ponto de vista do desenvolvimento das ideias científicas. Refere-se frequentes vezes, embora de modo algo vago, esse facto, dizendo que os pitagóricos deram início à medição numérica científica. Ora o que eu pretendo salientar é

---

o : o. A conclusão de Demócrito (e a sua teoria de *ameres*) afigura-se como inevitável enquanto a geometria se basear no *método aritmético* pitagórico, isto é, na contagem de pontos.

([38]) Tal estaria de acordo com o facto, mencionado na citada nota da *Sociedade Aberta*, de que o termo «alogos», segundo parece, só muito mais tarde terá sido usado no sentido de «irracional», e de Platão, que faz alusão (*República*, 534d) ao título de Demócrito, ter usado aí «alogos» como sinónimo de «louco». Que eu saiba, nunca o terá utilizado como sinónimo de «*arrhetos*».

que para os pitagóricos tudo isto era *contar, e não medir*. Era a contagem de números, de essências ou «Naturezas» invisíveis, que eram Números de pequenos pontos. Os pitagóricos sabiam que nós não podemos contar esses pequenos pontos diretamente, dado serem invisíveis, e que, na verdade, não *contamos*, mas antes *medimos*, os Números ou Unidades naturais, isto é, contamos unidades visíveis arbitrárias. Interpretaram, todavia, o significado das medições como revelando, indiretamente, as verdadeiras *Razões das Unidades Naturais ou dos Números Naturais*.

Por conseguinte, o método de Euclides para provar o chamado «Teorema de Pitágoras» (Euclides, 1, 47), de acordo com o qual se a é o lado de um triângulo oposto ao seu ângulo reto entre b e c,

(1) $$a^2 = b^2 + c^2,$$

era estranho ao espírito da matemática pitagórica. Parece aceitar-se agora que o teorema era conhecido dos babilónios e fora geometricamente provado por eles. Todavia, nem Pitágoras nem Platão parecem ter tomado conhecimento da prova *geométrica* de Euclides (que usa triângulos diferentes com base e altura comuns), visto que o problema para o qual ofereceram soluções, o problema *aritmético* de encontrar as soluções integrais para os lados dos triângulos retangulares, pode, se (1) for conhecido, ser facilmente resolvido pela fórmula (em que m e n são números naturais, e $m > n$)

(2) $$a = m^2 + n^2; \quad b = 2mn; \quad c = m^2 - n^2.$$

Mas a fórmula (2) era aparentemente desconhecida de Pitágoras e até de Platão. É o que demonstra a tradição([39]) de acordo com a qual Pitágoras propôs a fórmula (obtida a partir de (2), colocando $m = n + 1$)

(3) $$a = 2n(n+1) + 1; \quad b = 2n(n+1); \quad c = 2n + 1$$

que pode ser derivada do *gnomon* dos números quadrados, mas que é menos geral do que (2), uma vez que não funciona, por exemplo,

---

([39]) *Procli Diadochi in primum Euclidis Elementorum librum commentarii*, ed. G. Friedlein, Leipzig, 1873, p. 487, 7–21.

para 17: 8: 15. A Platão, de quem se disse([40]) ter aperfeiçoado a fórmula (3) de Pitágoras, é atribuída uma outra fórmula que fica ainda aquém da solução geral (2).

Para demonstrar a diferença entre o método pitagórico ou aritmético e o método geométrico, podemos mencionar a prova de Platão de que o quadrado sobre a diagonal do quadrado unidade (isto é, o quadrado com o lado 1 e uma área de medida 1) tem uma área que é o dobro do quadrado unidade (ou seja, uma área de medida 2). A operação consiste em desenhar um quadrado com a diagonal

e em demonstrar de seguida que podemos acrescentar assim o desenho

do qual obtemos o resultado por contagem. Mas não é possível demonstrar a validade da transição da primeira para a segunda destas figuras pela aritmética dos pontos, e nem mesmo pelo método das razões.

Que isso é de facto impossível é o que demonstra a famosa prova da irracionalidade da diagonal, ou seja, da raiz quadrada de 2, que se presume bem conhecida de Platão e Aristóteles. Consiste em demonstrar que a hipótese

(1) $\sqrt{2} = n/m$

isto é, que $\sqrt{2}$ é igual à razão de quaisquer dois números naturais, n e m, resulta num absurdo.

Começamos por notar que é possível supor que

(2) *não mais de um* dos dois números, n e m, é par.

([40]) Por Proclo, *op. cit.*, pp. 428, 21a 429, 8.

Pois se ambos fossem pares, poderíamos sempre anular o fator 2, de modo que se obtivesse dois outros números naturais, n' e m', de forma que $n/m = n'/m'$, e que, quando muito, um dos dois números, n' e m', seria par. Elevando agora (1) ao quadrado, obtemos

(3) $\qquad 2 = n^2 / m^2$

e daqui

(4) $\qquad 2m^2 = n^2$

e assim

(5) $\qquad n$ é par.

Deve, por conseguinte, existir um número natural a, de modo que

(6) $\qquad n = 2a$

e de (3) e (6) obtemos

(7) $\qquad 2m^2 = n^2 = 4a^2$

e assim

(8) $\qquad m^2 = 2a^2$

Mas isto significa

(9) $\qquad m$ é par.

É manifesto que (5) e (9) contradizem (2). Por conseguinte, a hipótese de que há dois números naturais, n e m, cuja razão é igual à $\sqrt{2}$, conduz a uma conclusão absurda. Em consequência, $\sqrt{2}$ não é uma razão, é «irracional».

Esta prova utiliza apenas a aritmética dos números naturais. Utiliza, pois, métodos puramente pitagóricos, e a tradição de que terá sido descoberta na Escola Pitagórica não precisa de ser posta em causa. Mas é improvável que a descoberta tenha sido feita por Pitágoras, ou que tenha ocorrido muito cedo. Zenão não parecia conhecê-la, nem Demócrito. Além do mais, uma vez que destrói a base do pitagorismo, é razoável supor que não tenha tido lugar muito antes de a ordem haver atingido o pico da sua influência ou, pelo menos, não antes de ela se encontrar bem estabelecida, visto tratar-se de uma descoberta que parece ter contribuído para o seu declínio. A tradição de que terá sido feita no interior da ordem, mas conservada secreta, parece-me muito plausível. Pode ser apoiada pela consideração de que o antigo termo para «irracional» — «*arrhetos*», «inexprimível» ou «impronunciável» — podia bem apontar para um segredo impronunciável. Reza a tradição que o membro da escola que revelou o segredo pagou com a vida a sua traição. ([41]) Fosse como fosse, não há grandes dúvidas de que a perceção de que as grandezas irracionais (não eram, evidentemente, reconhecidas como números) existiam, e que a sua existência podia ser provada, minou a fé da ordem pitagórica. Destruiu a esperança de derivar a cosmologia, ou mesmo a geometria, da aritmética dos números naturais.

VIII

Foi Platão quem se apercebeu deste facto, e que nas *Leis* sublinhou a sua importância da forma mais incisiva possível, denunciando a incapacidade dos seus compatriotas para avaliar as suas implicações. Estou convencido de que toda a sua filosofia, e especialmente a sua «Teoria das Formas» ou «Ideias», foi influenciada por ele.

Platão estava muito próximo da Escola Pitagórica, bem como da Eleática. E, ainda que pareça ter antipatizado com Demócrito, ele próprio era uma espécie de atomista. (O ensino do atomismo permaneceu como uma das tradições escolares da Academia.) ([42]) Tal não é de admirar, atendendo à estreita relação entre as ideias pitagóricas e as atomistas. Mas tudo isto ficou ameaçado pela descoberta dos irracionais. Sou de opinião que o principal contributo de Platão para a ciência proveio da sua perceção do problema dos irracionais e da modificação do pitagorismo e do atomismo por ele empreendida com o objetivo de salvar a ciência de uma catastrófica situação.

([41]) A história refere-se a um tal Hípaso, figura algo obscura, de quem se diz haver morrido no mar (cf. Diels⁶, 4). Ver também o artigo de A. Wasserstein atrás mencionado, na nota 36.

([42]) Vd. S. Luria, em especial sobre Plutarco, *loc. cit.*

Platão compreendeu que a teoria puramente aritmética da Natureza tinha sido derrotada e que havia necessidade de um novo método matemático para descrever e explicar o mundo. Encorajou, por conseguinte, o desenvolvimento de um método geométrico autónomo, que se viria a concretizar nos «Elementos» do platónico Euclides.

Quais são os factos? Vou tentar reuni-los brevemente.

(1) O Pitagorismo e o atomismo na forma de Demócrito estavam ambos fundamentalmente baseados na aritmética, ou seja, na contagem.

(2) Platão enfatizou o carácter catastrófico da descoberta dos irracionais.

(3) Inscreveu sobre os portões da Academia: «Nenhum Ignorante em Geometria Está Autorizado a Entrar em Minha Casa». Mas a *geometria*, de acordo com o discípulo direto de Platão, Aristóteles[43] — e também com Euclides — trata tipicamente de incomensuráveis ou irracionais, em contraste com a *aritmética*, que se ocupa «dos ímpares e dos pares» (isto é, dos números inteiros e das suas relações).

(4) Pouco tempo após a morte de Platão, a sua escola produziu, com os «Elementos» de Euclides, uma obra em que um dos aspectos mais salientes era o facto de libertar a matemática da suposição «aritmética» da comensurabilidade ou racionalidade.

(5) O próprio Platão contribuiu para este desenvolvimento e, em particular, para o desenvolvimento da geometria no espaço.

(6) Mais particularmente, Platão deu-nos no *Timeu* uma versão especificamente geométrica da teoria atomista, que era, a princípio, puramente aritmética. Uma versão que constituía as partículas elementares (os célebres corpos platónicos) a partir de triângulos que incorporavam as raízes quadradas irracionais de dois e de três. (Ver mais à frente.) Em quase todos os outros aspetos, Platão preservou as ideias pitagóricas, bem como algumas das mais importantes ideias de Demócrito.[44] Ao mesmo tempo,

---

[43] *An. Post.*, 76b9; *Metaph.*, 983a20, 1061b1. Vd. igualmente *Epinomis*, 990d.

[44] Platão tomou para si, mais particularmente, a teoria dos vórtices de Demócrito (Diels, fragm. 167, 164; cf. Anaxagoras, Diels, 9, e 12, 13; ver também as duas notas que se seguem) e a sua teoria daquilo que hoje chamaríamos de fenómenos gravitacionais (Diels, Democritus 164; Anaxagoras,

tentou eliminar o vazio deste último, pois compreendeu[45] que o movimento permanece possível mesmo num mundo «cheio», contanto que seja concebido como análogo a vórtices num líquido. Deste modo, Platão conservou algumas das ideias mais fundamentais de Parménides.[46]

(7) Platão incentivou a construção de modelos geométricos do mundo e, em especial, de modelos que explicavam os movimentos planetários. E eu creio que a geometria de Euclides não foi concebida como um exercício de pura geometria (como agora geralmente se supõe), mas, sim, como um *organun* de *uma teoria do mundo*. De acordo com esta perspetiva, os «Elementos» não são um «manual de geometria», mas uma tentativa de resolver sistematicamente os problemas principais da cosmologia de Platão. Essa tentativa terá sido tão bem-sucedida que os problemas, uma vez solucionados, desapareceram e foram quase esquecidos — embora tenham deixado um rasto em Proclo, que escreve: «Alguns pensaram que a temática dos diversos livros (de Euclides) diz respeito ao cosmos, e que estes têm por fim ajudar-nos na nossa contemplação e teorização acerca do Universo» (*op. cit.*, nota 39, atrás, Prologus, II, p. 71, 2-5). Todavia, nem mesmo Proclo menciona neste contexto o problema principal — o problema dos irracionais (é claro que o menciona noutro ponto), embora faça notar, e com razão, que os «Elementos» culminam na construção dos poliedros regulares

---

12, 13, 15 e2) — uma teoria que, ligeiramente modificada por Aristóteles, acabaria por ser rejeitada por Galileu.

[45] A passagem mais clara é a do *Timeu*, 80c, onde é dito que nem no caso do âmbar (friccionado) nem no da «pedra heráclea» (magneto) existe qualquer atração real; «não há vazio e estas coisas andam aos encontrões umas por cima das outras.» Por outro lado, Platão não foi muito claro neste ponto, dado que as suas partículas elementares não podem (ao contrário do cubo e da pirâmide) ser comprimidas sem deixarem algum espaço (vazio?) entre elas, tal como Aristóteles observou em *De Caelo*, 306b5. Ver também nota 23, atrás (e *Timeu* 52e).

[46] A reconciliação, levada a cabo por Platão, entre o atomismo e a teoria do *plenum* («a Natureza tem horror ao vazio») adquiriu uma enorme importância na história da Física até aos nossos dias. Não só exerceu uma forte influência em Descartes, como se tornou a base da teoria do éter e da luz, e assim, após ter passado por Huyghens e Maxwell, acabou igualmente por se converter na base da mecânica ondulatória de Broglie e Schrödinger. Vd. o meu relato in *Atti d. Congr. Intern. di Filosofia* (1958), 2, 1960, pp. 367 ss.

«cósmicos» ou «platónicos». Desde (⁴⁷) Platão e Euclides, mas não antes deles, a geometria (e não a aritmética) surge como o instrumento fundamental de todas as explicações e descrições físicas, tanto na teoria da matéria como na cosmologia. (⁴⁸)

IX

São estes os factos históricos. Comprovam em larga medida, creio eu, a minha tese principal: que aquilo a que chamei o método *prima facie* de ensinar Filosofia não pode conduzir a uma compreensão dos problemas que inspiraram Platão. Nem tão-pouco a uma apreciação daquilo que pode ser justamente reivindicado como o seu maior feito filosófico, a teoria geométrica do mundo. Os grandes físicos do Renascimento — Copérnico, Galileu, Kepler, Gilbert — que se viraram de Aristóteles para Platão, pretendiam com esse gesto substituir as substâncias ou potencialidades qualitativas de Aristóteles por um método geométrico para o estudo da cosmologia. Foi isso, na verdade, o que o Renascimento (na ciência) em ampla medida significou: um renascimento do método geométrico, que foi a base das obras de Euclides, Aristarco, Arquimedes, Copérnico,

---

(⁴⁷) Uma exceção é o reaparecimento de métodos aritméticos na Teoria Quântica, por exemplo, na teoria do invólucro de eletros do sistema periódico baseado no princípio de exclusão de Pauli — uma inversão da tendência de Platão para *geometrizar a aritmética* (ver adiante).

No que se refere à tendência atual para o que, por vezes, se chama «aritmetização da geometria» (uma tendência que não é, de forma alguma, característica de todo o trabalho atualmente desenvolvido nesta área), dever-se--ia notar que não apresenta grande semelhança com a abordagem pitagórica, uma vez que os seus principais instrumentos são as *séries* ou *sequências infinitas* de números naturais, e não os números naturais em si.

Só aqueles que se confinam a métodos «construtivos», «finitistas» ou «intuicionistas» da teoria dos números — em contraste com métodos rigidamente teoréticos — poderiam afirmar que as suas tentativas de reduzir a geometria à teoria dos números se assemelham a ideias de aritmetização pitagóricas ou pré-platónicas. Um grande passo nesta direção terá sido recentemente dado, segundo parece, pelo matemático alemão E. de Wette.

(⁴⁸) Para uma perspetiva similar da influência de Platão e Euclides, ver G. F. Hemens, *Proc of the Xth Intern. Congress of Philosophy* (Amesterdão, 1949), Fasc. 2, 847.

Kepler, Galileu, Descartes, e que se tornaria igualmente o alicerce das obras de Newton, Maxwell e Einstein.

Mas será este feito correctamente descrito como filosófico? Não pertencerá antes à Física — uma ciência factual — e à Matemática pura — um ramo, como afirmaria a Escola de Wittgenstein, da lógica tautológica?

Creio que nesta altura já podemos ver com bastante clareza porque é que o feito de Platão (tendo embora, sem dúvida, as suas componentes físicas, lógicas, mistas e até sem sentido) foi um feito filosófico; por que motivo é que pelo menos uma parte da sua filosofia da natureza e da sua física subsistiu e, acredito, subsistirá.

Aquilo que encontramos em Platão e nos seus antecessores é a construção e a invenção consciente de uma nova forma de aproximação ao mundo e ao seu conhecimento. Esta nova abordagem transforma uma ideia originalmente teológica, *a ideia de explicar o mundo visível pelo postulado de um mundo invisível*[49], no instrumento fundamental da ciência teorética. A ideia fora explicitamente formulada por Anaxágoras e Demócrito[50] como o princípio de investigação da natureza da matéria ou dos corpos. A matéria visível devia ser explicada mediante hipóteses sobre invisíveis, sobre uma *estrutura invisível demasiado pequena para ser vista*. Com Platão, esta ideia é conscientemente aceite e generalizada: o mundo visível da mudança explica-se, em última análise, por um mundo invisível de «Formas» imutáveis (substâncias, essências, ou «naturezas»; ou seja, como tentarei demonstrar com maior detalhe, formas ou figuras geométricas).

Será esta ideia acerca da estrutura invisível da matéria uma ideia física ou filosófica? Se um físico se limita a *agir* de acordo com esta teoria; se a aceita, talvez inconscientemente, aceitando os problemas tradicionais da sua disciplina como procedentes da situação problemática com que se vê confrontado; e se, ao agir desta maneira, produz uma nova e específica teoria acerca da estrutura da matéria, então, eu não lhe chamaria filósofo. Mas se ele, pelo contrário, reflectir nessa teoria e, por exemplo, a rejeitar

---

[49] Cf. a explicação de Homero do mundo visível em redor de Tróia com recurso ao mundo invisível do Olimpo. A ideia perde algum do seu carácter teológico (que é ainda forte em Parménides, embora já menos em Anaxágoras) com Demócrito, mas recupera-o com Platão, para logo o perder de novo, pouco tempo depois.

[50] Vd. nota 28, mais atrás, e Anaxágoras, Fragmentos B4 e 17, Diels-Kranz.

(como Berkeley ou Mach), preferindo uma física fenomenológica ou positivista à abordagem teorética e, até certo ponto, teológica, nesse caso poderemos chamar-lhe filósofo. De modo semelhante, aqueles que conscientemente procuraram a abordagem filosófica, que a conceberam e explicitamente formularam, transferindo assim o método hipotético-dedutivo da teologia para a Física, esses eram filósofos — ainda que fossem físicos —, uma vez que seguiam os seus próprios preceitos e tentavam produzir verdadeiras teorias acerca da estrutura invisível da matéria.

Mas não vou prosseguir nesta questão da propriedade com que o rótulo de «filosofia» é ou não aplicado; pois este problema, que é o de Wittgenstein, revela-se claramente um problema de uso linguístico. É, na verdade, um pseudoproblema, e que nesta altura se deve estar já a transformar numa maçada para a minha audiência. Desejo, todavia, acrescentar mais algumas palavras à Teoria das Formas ou Ideias de Platão, ou, para ser mais preciso, ao ponto (6) da lista de factos históricos atrás apresentada.

A teoria platónica sobre a estrutura da matéria pode ser encontrada no *Timeu*. Apresenta, pelo menos, uma semelhança superficial com a moderna teoria dos sólidos, que os interpreta como cristais. Os corpos físicos de Platão são compostos por partículas elementares invisíveis de diversas formas, formas essas que são responsáveis pelas propriedades macroscópicas da matéria visível. As formas das partículas elementares são, por sua vez, determinadas pelas formas das figuras planas que constituem os seus lados. E essas figuras planas, por seu turno, são, em última análise, todas compostas por *dois* triângulos elementares: o triângulo semi-quadrado (ou retangular *isósceles*), que incorpora a *raiz quadrada de dois*, e o triângulo rectangular semi-equilátero, que incorpora a *raiz quadrada de três*, ambos irracionais.

Estes triângulos são, por sua vez, descritos como cópias ([51]) de «Formas» ou «Ideias» imutáveis, o que significa que as «Formas»

([51]) Para ver o processo pelo qual os triângulos são erradicados do espaço (a «mãe») pelas ideias (os «pais»), cf. a minha *Sociedade Aberta*, nota 15 do cap. 3, e as referências aí dadas, bem como a nota 9 do cap. 6. Ao admitir triângulos irracionais no seu céu de formas divinas, Platão admite algo «indeterminável» no sentido dos pitagóricos, isto é, algo que pertence ao lado «Mau» da Tábua dos Opostos. O facto de as coisas «Más» poderem ter de ser admitidas parece ter sido afirmado pela primeira vez no *Parménides* de Platão, 130b-e. A admissão foi aí posta na boca do próprio Parménides.

especificamente *geométricas* são admitidas no céu dos Números-Formas *aritméticos* dos Pitagóricos.

Não há grandes dúvidas de que o motivo desta construção é a tentativa de resolver a crise do atomismo mediante a incorporação dos irracionais nos elementos últimos de que o mundo é constituído. Uma vez isto feito, a dificuldade originada pela existência das distâncias irracionais é ultrapassada.

Mas por que motivo escolheu Platão apenas estes dois triângulos? Expressei, num outro ponto([52]), a opinião, a título conjectural, de que Platão estaria convencido de que todos os outros irracionais podiam ser obtidos pela adição aos racionais de múltiplos das raízes quadradas de dois e três.([53]) Estou agora mais persuadido de que a passagem crucial no *Timeu* implica de facto esta doutrina (que estava errada, como Euclides mais tarde demonstrou). Na passagem em questão, Platão diz, com efeito, muito claramente: «*Todos* os triângulos têm origem em dois, tendo cada um deles um ângulo reto», prosseguindo com a especificação desses dois triângulos como semiquadrado e semiequilátero. Mas, neste contexto, isto só pode significar que *todos* os triângulos tiveram, de alguma forma, origem nestes dois. Parece encontrar-se aqui uma alusão à falsa teoria da comensurabilidade relativa de todos os irracionais com somas de racionais e as raízes quadradas de dois e três.([54]) Mas Platão não simula ter uma prova da teoria em questão. Diz, pelo contrário, que assume os dois triângulos como princípios, «de acordo com um cálculo que combina conjetura provável com necessidade». E um pouco depois, após explicar que toma o triângulo semiequilátero como o segundo dos seus princípios, declara: «A razão é uma história demasiado longa; mas se alguém investigasse este assunto e provasse a existência desta propriedade»

([52]) Na última nota citada da minha *Sociedade Aberta*.

([53]) Isto significaria que todas as distâncias geométricas (grandezas) são comensuráveis com uma de *três* medidas (ou uma soma de duas ou de todas elas) relacionadas como $1 : \sqrt{2} : \sqrt{3}$. Parece provável que Aristóteles tenha inclusivamente acreditado que todas as grandezas geométricas são comensuráveis com uma de *duas* medidas, isto é, 1 e $\sqrt{2}$, visto ter escrito (*Metafísica*, 1053 a 17): «A diagonal e o lado de um quadrado e todas as grandezas (geométricas) são medidas por 2 (medidas).» (Cp. a nota de Ross sobre esta passagem.)

([54]) Na nota 9 do cap. 6 da minha *Sociedade Aberta*, atrás mencionada, conjeturei também que a aproximação de $\sqrt{2} + \sqrt{3}$ a π terá constituído um incentivo para a teoria errada de Platão.

(suponho que a propriedade de que todos os outros triângulos podem ser compostos por estes dois), «então o galardão seria seu, com toda a nossa boa vontade».([55]) A linguagem é algo obscura, e a razão provável dessa obscuridade era Platão estar consciente de não ter qualquer prova da sua conjetura (errada) acerca destes dois triângulos e sentir que ela deveria ser fornecida por alguém.

A obscuridade desta passagem teve, segundo parece, o estranho efeito de a escolha — claramente manifestada por Platão — de triângulos que introduzem *irracionais* no seu mundo de Formas ter passado despercebida à maioria dos seus leitores e comentadores, e isso não obstante a insistência de Platão no problema da irracionalidade em outros pontos da sua obra. E esse facto, por seu turno, poderá talvez explicar por que é que a Teoria das Formas de Platão pôde parecer a Aristóteles fundamentalmente idêntica à teoria pitagórica dos números-formas([56]), e por que é que o atomismo platónico pareceu também a Aristóteles uma mera

---

([55]) As duas citações são do *Timeu*, 53c/d e 54a/b.

([56]) Estou convencido de que as nossas considerações podem lançar alguma luz sobre o problema dos famosos dois «princípios» de Platão — «o Uno» e «a Díade Indeterminada». A interpretação que se segue desenvolve uma sugestão feita por van der Wielen (*De Ideegetallen van Plato*, 1941, pp. 132 ss.) e brilhantemente defendida contra a crítica do próprio van der Wielen por Ross (*Plato's Theory of Ideas*, p. 201). Suponhamos que a «Díade Indeterminada» é uma linha ou distância reta que não deve ser interpretada como uma unidade de distância, ou como tendo sido já, sequer, medida. Suponhamos que um ponto (limite, *monas*, «Uno») é sucessivamente colocado em posições tais que divide a Díade de acordo com a razão $1 : n$, para qualquer número natural n. Podemos então descrever a «geração» dos números da seguinte maneira: para $n = 1$, a Díade é dividida em duas partes cuja razão é $1 : 1$. Isto pode ser interpretado como a «geração» da Dualidade a partir da Unidade ($1 : 1 = 1$) e da Díade, uma vez que dividimos a Díade em *duas* partes iguais. Tendo deste modo «gerado» o número 2, podemos dividir a Díade de acordo com a razão $1 : 2$ (e a maior das secções subsequentes, como anteriormente, de acordo com a razão $1 : 1$), originando assim *três* partes iguais e o número 3. De um modo geral, a «geração» de um número n dá origem a uma divisão da Díade na razão $1 : n$ e, com isso, à «geração» do número $n + 1$. (E, em cada fase, o «Uno» intervém de novo como o ponto que introduz um limite, forma ou medida na de outro modo «indeterminada» Díade, para criar o novo número. Esta observação pode reforçar os argumentos de Ross contra os de van der Wiele. Cp. igualmente os ensaios de Toeplitz, Stenzel e Becker em *Quellen & Studien z. Gesch. d. Math.*, I, 1931. Nenhum deles, porém, aponta para uma *geometrização da aritmética* — a despeito das figuras nas pp. 476 ss.)

variação, comparativamente inferior, do atomismo de Demócrito.([57])
Aristóteles, apesar de dar por adquirida a associação tanto da aritmética com os números ímpares e pares, como da geometria com o irracional, não parece ter levado a sério o problema dos irracionais. Partindo, como partiu, de uma interpretação do *Timeu* que identificava o Espaço de Platão com a matéria, Aristóteles terá,

---

Deveríamos agora notar que este processo, apesar de «gerar» (no primeiro caso, pelo menos) apenas a «sequência» de números naturais, contém, não obstante, um elemento *geométrico* — a divisão de uma linha, primeiro em duas partes iguais, e depois em duas partes de acordo com uma certa proporção 1 : n. Ambos os tipos de divisão requerem métodos geométricos, e o segundo, mais particularmente, requer um método como a Teoria das Proporções de Eudoxo. Ora, eu sugiro que Platão terá começado a interrogar-se por que motivo não havia de dividir também a Díade na proporção de 1 : $\sqrt{2}$ e de 1 : $\sqrt{3}$. Isso, terá ele pensado, constituía um desvio do método pelo qual são gerados os números naturais; é ainda menos «aritmético», e requer métodos mais especificamente «geométricos». Mas «geraria», em lugar dos números naturais, elementos lineares na proporção 1 : $\sqrt{2}$ e 1 : $\sqrt{3}$, que podem ser idênticos às linhas «atómicas» (*Metafísica*, 992a19) com base nas quais os triângulos atómicos são construídos. Ao mesmo tempo, a caracterização da Díade como «indeterminada» tornar-se-ia muito conveniente, tendo em conta a atitude pitagórica (cf. Philolaos, Diels, fragm. 2 e 3) em relação ao irracional. (Talvez a designação «O Grande e o Pequeno» tenha começado a ser substituída por «A Díade Indeterminada» quando as proporções irracionais foram geradas em acréscimo às racionais.)

Partindo do princípio de que esta perspetiva está correta, podíamos conjecturar que Platão se terá lentamente aproximado (começando no *Hípias Maior* e, portanto, muito antes da *República* — e contrariamente a uma observação feita por Ross, *op. cit.*, cimo da p. 56) da ideia de que os *irracionais são números* (*a*) uma vez que são comparáveis com números (*Met.*, 1021a 4 s.) e (*b*) uma vez que tanto os números naturais como os irracionais são «gerados» por processos similares e *essencialmente geométricos*. Todavia, assim que esta ideia é alcançada (e terá sido alcançada pela primeira vez, segundo parece, no *Epinomis*, 990d-e, independentemente de esta obra pertencer — como me inclino a acreditar — ou não a Platão), então, até mesmo os triângulos irracionais do *Timeu* se transformam em «números» (isto é, caracterizados por proporções numéricas, mesmo se irracionais). Mas, neste ponto, o contributo específico de Platão e a diferença entre a sua teoria e a pitagórica podem tornar-se indiscerníveis, o que explicará possivelmente o facto de haver caído no esquecimento, até mesmo de Aristóteles (que desconfiava de ambas, «geometrização» *e* «aritmetização»).

([57]) Que era esta a opinião de Aristóteles, foi observado por Luria; ver atrás, nota 32.

aparentemente, admitido sem discussão o programa platónico de reforma da geometria, que havia sido parcialmente levado a cabo por Eudoxo, antes de ele ter entrado na Academia platónica. O seu interesse pela matemática era apenas superficial, e nunca fez qualquer alusão à inscrição por cima dos portões da Academia.

Resumindo a questão[58], parece provável que a Teoria das Formas de Platão e a sua teoria da matéria, tenham sido ambas reformulações das teorias dos seus antecessores, respetivamente os pitagóricos e Demócrito, efetuadas à luz da sua perceção de que os irracionais exigiam que a geometria precedesse a aritmética. Ao encorajar esta emancipação da geometria, Platão contribuiu para o desenvolvimento do sistema de Euclides, que foi a mais importante e influente teoria dedutiva alguma vez elaborada. Pela sua adoção da geometria como a teoria do mundo, muniu Aristarco, Newton e Einstein das suas caixas de ferramentas intelectuais. A calamidade do atomismo grego foi assim transformada num portentoso empreendimento. Todavia, os interesses científicos de Platão estão parcialmente esquecidos. A situação problemática da ciência que esteve na origem dos seus problemas filosóficos é mal compreendida. E o seu maior feito, a teoria geométrica do mundo, influenciou a um tal ponto a nossa mundividência que a damos hoje, irrefletidamente, por adquirida.

X

Um exemplo nunca chega. Como segundo exemplo, entre muitas outras possibilidades interessantes, escolhi Kant. A sua *Crítica da Razão Pura* é um dos livros mais difíceis jamais escritos. Kant escreveu numa grande pressa[59] sobre um problema que, como tentarei demonstrar, não só era insolúvel como estava mal formulado. Não era, contudo, um pseudoproblema, mas antes um problema inevitável, que teve origem na situação da ciência desse tempo.

O livro de Kant foi escrito para pessoas que sabiam alguma coisa da dinâmica estelar de Newton e que tinham, pelo menos,

---

[58] Comparar este resumo com a Adenda I do volume I da minha *Sociedade Aberta*.

[59] Kant receava morrer antes de haver completado a sua obra.

uma ideia dos seus precursores — Copérnico, Tycho Brahe, Kepler e Galileu.

É talvez difícil para os intelectuais da nossa própria época, demasiado habituados e já indiferentes ao espetáculo do sucesso científico, compreender o que a teoria de Newton terá significado não apenas para Kant, mas para qualquer pensador do século XVIII. Após a incomparável ousadia com que os antigos haviam tentado decifrar o enigma do Universo, tinham-se atravessado longos períodos de decadência e recuperação, a que se seguia agora um assombroso sucesso. Newton tinha descoberto o segredo tão longamente procurado. A sua teoria geométrica, concebida e formulada de acordo com Euclides, fora recebida a princípio com grandes dúvidas, até mesmo pelo seu próprio criador.([60]) A razão era o facto de a força de atração gravitacional ser sentida como «oculta» ou, pelo menos, como algo que requeria uma explicação. Mas, ainda que nenhuma explicação plausível tivesse sido encontrada (e Newton desdenhava o recurso a hipóteses *ad hoc*), todas as dúvidas haviam sido dissipadas muito antes de Kant ter dado o seu próprio e importante contributo para a teoria *newtoniana*, sessenta e oito anos após os *Principia*.([61]) Ninguém em posição de julgar([62]) abalizadamente a teoria de Newton podia continuar a duvidar da sua verdade. Fora posta à prova pelas medições mais rigorosas e mostrara-se sempre correta. Permitira a previsão de desvios mínimos das leis de Kepler e conduzira a novas descobertas. Numa época como a nossa, em que as teorias vão e vêm como os autocarros em Picadilly, e em que qualquer miúdo da escola ouviu já dizer que Newton foi há muito ultrapassado por Einstein, é difícil imaginar a força da convicção inspirada pela teoria de Newton, ou o sentimento de júbilo e libertação. Um *evento único* tinha tido

---

([60]) Ver as cartas a Bentley de Newton, 1693 (cf. nota 20 do cap. 3, mais à frente).

([61]) A chamada hipótese laplaceo-kantiana, publicada por Kant em 1755 (e que deixou de ser imprimida).

([62]) Haviam sido feitas algumas críticas muito pertinentes (especialmente por Leibniz e Berkeley), mas, atendendo ao sucesso da teoria, considerou-se — e creio que acertadamente — que os críticos tinham, de alguma forma, passado ao lado da sua questão fundamental. Não devemos esquecer que, mesmo hoje em dia, esta teoria ainda representa, com apenas ligeiras modificações, uma excelente primeira aproximação (ou, considerando Kepler, talvez uma segunda aproximação).

lugar na história do pensamento, um evento que jamais se poderia repetir: a primeira e derradeira descoberta da verdade absoluta acerca do Universo. Um sonho antiquíssimo tornado realidade. A humanidade alcançara o *conhecimento*, um conhecimento real, certo, indubitável e demonstrável — a divina *scientia* ou *episteme*, e não a mera *doxa* ou opinião humana. Este sentimento de convicção, tornar-se-ia — através de Voltaire — a origem do Iluminismo. ([63])

Para Kant, por conseguinte, a teoria *newtoniana* era absolutamente verdadeira e a crença nessa verdade manteve-se inabalável durante o século que se seguiu à sua morte. Kant aceitou até ao fim o que ele e todos os seus contemporâneos tomavam como um facto, a obtenção da *scientia* ou *episteme*. A princípio, aceitou-o sem discussão. A esse estado deu o nome de «sono dogmático». Foi despertado dele por Hume.

Hume ensinara que não podia haver qualquer conhecimento seguro de leis universais, ou *episteme*; que tudo o que sabíamos fora obtido com a ajuda da observação, que apenas podia ser uma observação de casos singulares (ou particulares), de modo que todo o conhecimento teorético era incerto. Os seus argumentos eram convincentes (e ele tinha, evidentemente, razão). Havia, todavia, um facto — ou o que parecia ser um facto — o alcance da *episteme* por Newton.

Hume despertou Kant para a perceção do quase absurdo daquilo que ele nunca duvidara ser um facto. Aqui estava um problema que não podia ser ignorado. Como pudera um homem apoderar-se de um tal conhecimento? Um conhecimento que era geral, preciso, matemático, demonstrável e indubitável como a geometria euclideana e, no entanto, capaz de dar uma explicação causal de factos observados?

Assim nasceu o problema central da *Crítica*: «Como é possível a ciência natural pura?». Com «ciência natural pura» — *scientia, episteme* — Kant referia-se simplesmente à teoria de Newton. (Isso não o diz ele, infelizmente. E não estou a ver como é que um estudante que lesse a primeira *Crítica*, de 1781 e 1787, o poderia possivelmente descobrir. Mas que Kant estava a pensar na teoria de Newton torna-se claro pelos *Primeiros Princípios Metafísicos da Ciência da Natureza*, de 1786, em que apresenta uma dedução a *priori* da teoria de Newton (vd. especialmente os oito teoremas da

---

([63]) Ver à frente, capítulo 7, secção 1.

segunda parte, com os seus Aditamentos, sobretudo o Aditamento 2, nota 1, parágrafo 2. Kant relaciona a teoria de Newton, no quinto parágrafo da última «Nota Geral sobre a Fenomenologia», com os «céus estrelados». E é igualmente claro pela «Conclusão» da *Crítica da Razão Prática*, 1788, onde o apelo aos «céus estrelados» é explicado, no final do segundo parágrafo, por uma referência ao carácter *a priori* da nova astronomia.[64])

Embora a *Crítica* esteja mal escrita, e os erros gramaticais nela abundem, o problema central de Kant não era um *puzzle* linguístico. *Aqui estava o conhecimento. Como conseguira Newton atingi-lo?* A questão era incon-tornável.[65]

Mas era também insolúvel. E isso porque o aparente facto de se haver atingido a *episteme* não era facto nenhum. Como agora sabemos, ou acreditamos saber, a teoria de Newton não passava de uma maravilhosa *conjetura*, de uma aproximação espantosamente bem conseguida. Única, na verdade, mas não como verdade divina: apenas uma invenção única do génio humano, que não é *episteme*, mas pertence ao reino da *doxa*. Perante isso, o problema de Kant, «Como é possível a ciência natural?», dissolve-se e a mais perturbadora das suas perplexidades desaparece.

A solução proposta por Kant para o seu insolúvel problema consistiu naquilo a que ele orgulhosamente chamou a sua «Revolução Copernicana» do problema do conhecimento. O conhecimento — *episteme* — era possível porque nós não somos recetores passivos dos dados dos sentidos, mas sim os seus ativos «digestores». Digerindo e assimilando esses dados, constituímo-los e organizamo-los num Cosmos, o Universo da Natureza. Neste processo, submetemos o material que se apresenta aos nossos sentidos às leis matemáticas que fazem parte do nosso mecanismo digestivo e organizador. Desta forma, o nosso intelecto não descobre leis universais da Natureza, antes prescreve e impõe as suas próprias leis à Natureza.

Esta teoria é um estranho misto de absurdo e verdade. É tão absurda quanto o falso problema que tenta resolver, uma vez que

---

[64] Kant diz aí que Newton nos deu «uma visão tão clara da estrutura do Universo, que se manterá inalterada para todo o sempre. E, embora haja esperança de que a nossa visão se expanda ainda mais por uma contínua observação, não haverá que temer nunca qualquer retrocesso». (Acrescentado em 1989.)

[65] Poincaré estava ainda imensamente preocupado com ela em 1909.

prova demasiado, tendo sido concebida para provar demasiado. De acordo com a teoria de Kant, a «ciência natural pura» não é apenas *possível;* embora ele nem sempre disso esteja consciente, a ciência natural pura converte-se, ao contrário da sua intenção, no *produto necessário* do nosso aparelho mental. Com efeito, se o facto de atingirmos a *episteme* pode, de alguma forma, ser explicado pelo facto de o nosso intelecto legislar e impor as suas próprias leis à Natureza, então, o primeiro desses dois factos não pode ser mais contingente do que o segundo.([66]) Por conseguinte, o problema já não consistirá em saber como é que Newton conseguiu fazer a sua descoberta, mas, sim, como se explica que ninguém a tenha anteriormente feito. Como é que se compreende que o nosso mecanismo digestivo não tenha funcionado mais cedo?

Esta é uma consequência manifestamente absurda da ideia de Kant. Mas repudiá-la de imediato, e repudiar o seu problema como pseudoproblema, não é suficiente. Podemos, de facto, encontrar um elemento de verdade na sua tese (e uma correção muito necessária de algumas ideias de Hume) após termos reduzido o seu problema às suas devidas dimensões. A sua pergunta, sabemo-lo agora, ou cremos sabê-lo, deveria ter sido: «Como são possíveis as conjeturas bem-sucedidas?» E a nossa resposta, no espírito da sua Revolução Copernicana, poderia ser — sugiro eu — algo como isto: Porque, tal como disse, nós não somos recetores passivos de dados dos sentidos, mas organismos ativos. Porque nem sempre reagimos ao nosso ambiente de forma meramente instintiva, mas, sim, livre e conscientemente. Porque somos capazes de inventar mitos, histórias, teorias. Porque temos uma sede de explicação, uma curiosidade insaciável, um desejo de saber. Porque não só inventamos histórias e teorias como as pomos à prova para ver se funcionam, e como funcionam. Porque, graças a um grande esforço, tentando insistentemente e cometendo muitos erros, podemos, por vezes, caso tenhamos sorte, deparar com uma história, uma explicação, que «salvaguarde os fenómenos» — talvez inventando um mito sobre «invisíveis», como átomos ou forças gravitacionais que expliquem

---

([66]) Um requisito essencial que qualquer teoria adequada do conhecimento deve preencher é o de não explicar demasiado. Qualquer teoria não histórica que tente explicar porque é que uma determinada descoberta tinha de ser feita falhará necessariamente o objetivo, visto não conseguir explicar porque é que essa descoberta não teve lugar mais cedo.

o visível. Porque o conhecimento é uma aventura de ideias. Essas ideias, lá isso é verdade, são produzidas por nós, e não pelo mundo que nos rodeia; não são as meras marcas de repetidas sensações, estímulos, ou coisa que o valha — nisso tinha razão. Mas nós somos mais ativos e livres do que até mesmo o senhor pensou — pois observações idênticas, ou circunstâncias ambientais idênticas, não produzem, como a sua teoria implicava, explicações idênticas em pessoas diferentes. Nem tão-pouco o facto de criarmos as nossas teorias e tentarmos impô-las ao mundo constitui uma explicação do seu sucesso([67]), como o senhor acreditava. Pois, na verdade, a esmagadora maioria das nossas teorias, das nossas ideias livremente inventadas, é um fracasso: não resistem a testes rigorosos e são postas de lado como falsificadas pela experiência. Apenas um reduzido número delas consegue triunfar, durante algum tempo, na competitiva luta pela sobrevivência.([68])

XI

Poucos sucessores de Kant parecem ter compreendido claramente a precisa situação problemática que deu origem à sua obra. Havia dois problemas para ele: a dinâmica celeste de Newton e os padrões absolutos de fraternidade humana e justiça para que apelavam os revolucionários franceses. Ou, como o próprio Kant dizia, «O céu estrelado sobre mim e a lei moral dentro de mim». Mas o céu estrelado de Kant raramente é reconhecido como aquilo que era: uma alusão a Newton.([69]) De Fichte em diante([70]), muitos copiaram o «método» de Kant e o difícil estilo de partes da sua *Crítica*. Mas a maioria desses imitadores, desconhecendo os interesses e problemas originais de Kant, tentou afanadamente apertar,

---

([67]) Aplicando aqui a nota 66, teoria alguma pode explicar porque é que a nossa busca de teorias explicativas tem êxito. Em qualquer teoria válida, as explicações bem-sucedidas não devem ultrapassar a probabilidade zero, supondo que medimos aproximadamente essa probabilidade pela proporção de hipóteses explicativas com «sucesso» na totalidade das hipóteses que poderiam ser concebidas pelo homem.

([68]) As ideias desta «resposta» foram desenvolvidas na minha *L. Sc. D.* (1934, 1959, e edições posteriores).

([69]) Ver atrás, nota 64 e texto.

([70]) Cf. a minha *Sociedade Aberta*, nota 58 do cap. 12.

ou então desfazer, o nó górdio em que este, sem qualquer culpa própria, se havia amarrado a si mesmo.

Devemos ter o cuidado de não confundir as quase disparatadas e inúteis subtilezas dos imitadores com os problemas genuínos e prementes do pioneiro. Deveríamos lembrar-nos de que o seu problema, não sendo embora empírico no sentido vulgar, se revelou, não obstante, e de modo inesperado, como um problema de certa forma factual (Kant classificava esses factos como «transcendentais»), dado ter surgido de uma questão aparente, mas inexistente, de *scientia* ou *episteme*. E deveríamos, permito-me afirmar, considerar seriamente a ideia de que a resposta de Kant, a despeito do seu carácter parcialmente absurdo, continha o núcleo de uma verdadeira filosofia da ciência.

3

Três perspetivas acerca do conhecimento humano

1. A ciência de Galileu e a sua mais recente traição

Era uma vez um famoso cientista chamado Galileu Galilei, que foi julgado pela Inquisição e obrigado a renegar a sua doutrina. O caso provocou um grande tumulto e, durante bem mais de duzentos e cinquenta anos, continuou a gerar indignação e distúrbio — muito após a opinião pública haver conquistado já a sua vitória e a Igreja se ter tornado tolerante com a ciência.

Mas esta é agora uma história muito antiga e receio que tenha perdido o seu interesse, pois, segundo tudo indica, a ciência galilaica já não tem inimigos: a sua vida está doravante segura. A vitória, há muito conquistada, foi definitiva, e nada perturba o sossego desta ex-frente de batalha. Lançamos assim, hoje em dia, um olhar distanciado sobre o caso, tendo aprendido, pelo menos, a pensar em termos históricos e a compreender ambos os lados de uma discussão. E já ninguém tem paciência para ouvir os maçadores que não conseguem esquecer um velho agravo.

Em que é que consistia afinal este velho caso? No cerne da questão estava o estatuto do «Sistema do Mundo» de Copérnico que, entre outras coisas, explicava o movimento diurno do Sol como meramente aparente e devido à rotação da nossa própria

---

Publicado pela primeira vez em Contemporary British Philosophy, *3rd Series,* ed. H. D. Lewis, *1956.*

Terra.(¹) A Igreja estava perfeitamente disposta a admitir que o novo sistema era mais simples do que o antigo; que constituía um *instrumento* mais cómodo para os cálculos astronómicos e previsões. E a reforma do calendário do Papa Gregório fez pleno uso prático dele. Não havia nenhuma objeção ao ensino da teoria matemática por Galileu, desde que este deixasse claro que o seu valor era apenas *instrumental;* que não passava de uma «suposição», como o Cardeal Bellarmino dizia(²), ou de uma «hipótese matemática» — uma espécie de artifício matemático «inventado e assumido para abreviar e facilitar os cálculos.»(³) Por outras palavras, não havia objeções desde que Galileu estivesse disposto a pôr-se de acordo com Andreas Osiander, que escrevera no seu prefácio ao *De revolutionibus* de Copérnico: «Estas hipóteses não precisam de

---

(¹) Saliento aqui o movimento diurno por contraste com o movimento anual do Sol porque era a teoria do movimento diurno que estava em desacordo com Josué 10, 12 s., e porque a explicação do movimento diurno do Sol pelo movimento da Terra será um dos meus principais exemplos no que se segue. (Esta explicação é, naturalmente, muito anterior a Copérnico — anterior mesmo a Aristarco — e tem sido sucessivamente redescoberta — por exemplo, por Oresme.)

(²) «Galileu agirá avisadamente», escreveu o cardeal Bellarmino (que fora um dos inquisidores no processo contra Giordano Bruno), «[...] se falar hipoteticamente, *ex suppositione* [...]: dizer que descrevemos melhor as aparências supondo a Terra em movimento e o Sol em repouso do que se usássemos excêntricos e epiciclos é falar acertadamente. Não há perigo nisso, e é tudo aquilo de que o matemático necessita.» Cf. H. Grisar, *Galileistudien*, 1882, Apêndice IX (Ainda que esta passagem faça de Bellarmino um dos fundadores da epistemologia que Osiander havia proposto algum tempo atrás, e que vou chamar «instrumentalismo», Bellarmino — ao contrário de Berkeley — não era, de forma alguma, ele próprio, um instrumentalista convicto, como demonstram outras passagens desta carta. Não via no instrumentalismo mais do que uma das possíveis formas de lidar com hipóteses científicas inconvenientes. E o mesmo se poderia bem aplicar a Osiander. Ver também nota 6, mais à frente.)

(³) A citação é da crítica de Bacon a Copérnico no *Novum Organum*, II, 36. Na citação que se segue (do *De revolutionibus*) traduzi o termo «*verisimilis*» por «semelhante à verdade». Este termo não deverá, seguramente, ser traduzido por provável, pois o que aqui está efetivamente em causa é saber se o sistema de Copérnico tem ou não uma estrutura semelhante ao mundo, ou seja, se é semelhante à verdade, ou adequado à verdade. A questão dos graus de certeza ou probabilidade não se coloca aqui. No que se refere ao importante *problema* da *semelhança com a verdade* ou *verosimilhança*, ver também o cap. 10, mais à frente, especialmente secções III, X e XIV, e a Adenda 6.

ser verdadeiras ou de se assemelhar sequer à verdade; pelo contrário, basta-lhes apenas uma coisa: produzirem cálculos que se harmonizem com as observações.»

O próprio Galileu estava, como é óbvio, perfeitamente disposto a realçar a superioridade do sistema copernicano enquanto *instrumento de cálculo*. Mas, ao mesmo tempo, conjeturava e, inclusivamente, acreditava que esse sistema constituía uma descrição *verdadeira do mundo*. E para Galileu (como para a Igreja) este era, de longe, o aspeto mais importante da questão. Ele tinha, na verdade, boas razões para acreditar na verdade da teoria. Vira pelo telescópio que Júpiter e as suas luas formavam um modelo em miniatura do sistema solar copernicano (de acordo com o qual, os planetas eram luas do Sol). Além do mais, se Copérnico tinha razão, os planetas interiores (e apenas esses) deveriam, quando observados da Terra, apresentar fases como a Lua; e Galileu vira no seu telescópio as fases de Vénus.

A Igreja não estava disposta a admitir a verdade de um Novo Sistema do Mundo que parecia contradizer uma passagem do Antigo Testamento. Mas essa estava longe de ser a sua principal razão. Uma razão mais profunda foi claramente enunciada pelo Bispo Berkeley, cerca de um século mais tarde, na sua crítica de Newton.

No tempo de Berkeley, o Sistema Copernicano do Mundo tinha evoluído para a Teoria da Gravidade de Newton, e Berkeley via nela uma séria adversária da religião. Apercebera-se de que a nova ciência iria conduzir a um declínio da fé e da autoridade religiosa, a menos que a interpretação que dela faziam os «livres pensadores» pudesse ser refutada; e isso porque eles viam no seu sucesso uma prova do *poder do intelecto humano para, sem auxílio da revelação divina, desvendar os segredos do nosso mundo* — a realidade oculta por detrás da sua aparência.

Na opinião de Berkeley, isso era interpretar mal a nova ciência. Analisou a teoria de Newton com total candura e grande perspicácia filosófica. E um exame crítico dos conceitos de Newton convenceu-o de que essa teoria não podia, de modo algum, passar de uma «hipótese matemática», ou seja, de um cómodo *instrumento* para o cálculo e previsão de fenómenos ou aparências; que não podia ser, de maneira nenhuma, tomada por uma descrição verdadeira de alguma coisa real.[4]

---

[4] Vd. igualmente cap. 6.

A crítica de Berkeley passou quase despercebida aos físicos. Foi, no entanto, retomada por filósofos, tanto céticos como religiosos. Como arma revelou-se um *boomerang*. Nas mãos de Hume, converteu-se numa ameaça a toda a crença — a todo o conhecimento, humano ou revelado. Nas mãos de Kant, que acreditava firmemente tanto em Deus como na verdade da ciência de Newton, transformou-se na doutrina de que o conhecimento teórico de Deus é impossível, e que a ciência *newtoniana* tinha de pagar a admissão da sua reivindicação de verdade com a renúncia à sua pretensão de haver descoberto o mundo real por detrás do mundo da aparência. A ciência de Newton era uma verdadeira Ciência da Natureza, mas essa *Natureza* era precisamente o mundo dos meros fenómenos, o mundo tal como surgia perante as nossas mentes assimilantes. Mais tarde, certos pragmatistas basearam toda a sua filosofia na perspetiva de que a ideia de conhecimento «puro» era um erro e que não podia haver conhecimento em nenhum outro sentido que não o de um conhecimento *instrumental:* que o conhecimento era poder e a verdade utilidade.

Os físicos (com algumas brilhantes exceções[5]) mantiveram-se à margem de todos estes debates filosóficos, que permaneciam totalmente inconclusivos. Fiéis à tradição criada por Galileu, entregaram-se à busca da verdade, tal como ele a compreendera.

Ou assim fizeram até muito recentemente. Pois tudo isto são agora águas passadas. Hoje em dia, a perspetiva da ciência física instaurada por Osiander, pelo Cardeal Bellarmino e pelo Bispo Berkeley[6] venceu a batalha sem que nenhum outro tiro tivesse

---

(⁵) Como exceções mais importantes refiram-se os nomes de Mach, Kirchhoff, Hertz, Duhem, Poincaré, Bridgman e Eddington — todos eles instrumentalistas de diferentes modos.

(⁶) Duhem, na sua célebre série de ensaios «*Sōzein to phainómena*» (*Ann. de philos. chrétienne*, anneé 79, tom 6, 1908, n.ᵒˢ 2 a 6), reivindicou para o instrumentalismo uma ascendência muito mais antiga e muito mais ilustre do que os dados justificam. Com efeito, o postulado de que, com as nossas hipóteses causais, deveríamos «explicar *os factos observados*» em vez de «os violentar, tentando forçá-los ou encaixá-los nas nossas teorias» (Aristóteles, *De Caelo*, 293a25; 296b6; 297a4; b24 ss.; *Met*. 1073b37, 1074a1) tem pouco que ver com a tese instrumentalista (de que as nossas teorias *não podem explicar* os factos). Todavia, este postulado corresponde essencialmente ao de que deveríamos «*preservar os fenómenos*» ou «*salvaguardá-los*» ([*dia*] *sozein ta phainómena*). A frase parece estar relacionada com o ramo astronómico da tradição da Escola Platónica (ver, em particular, a passagem mais interessante sobre

sido disparado. Sem mais discussões acerca da questão filosófica, sem produzir qualquer novo argumento, a *perspetiva instrumentalista* (como a vou designar) tornou-se um dogma aceite. Pode bem agora ser chamada a «perspetiva oficial» da teoria física, uma vez que é subscrita pela maioria dos nossos principais teóricos desta matéria (embora não por Einstein nem Schrödinger). E tornou-se parte do atual ensino da Física.

2. O ponto em questão

Tudo isto se afigura como uma grande vitória do pensamento crítico filosófico sobre o «realismo ingénuo» dos físicos. Mas eu duvido que essa interpretação esteja correta.

Poucos — se é que algum — dos físicos que agora aceitam a perspetiva instrumentalista do Cardeal Bellarmino e do Bispo Berkeley se apercebem de que aceitaram uma teoria filosófica. Nem tão-pouco se apercebem de que romperam com a tradição galilaica. Pelo contrário, a maioria deles pensa que se manteve livre da Filosofia; e muitos já pouco se importam, seja como for. Aquilo que atualmente lhes interessa, enquanto físicos, é (a) o *domínio do formalismo matemático*, isto é, do instrumento, e (b) *as suas aplicações*; e não querem saber de mais nada. Pensam que, tendo dessa forma excluído tudo o mais, se viram finalmente livres de todos os

---

Aristarco em *De Facie in Orbe Lunae*, de Plutarco, 923a; ver também 933a para a «confirmação da causa» pelos fenómenos, e a nota *a* de Cherniss na p. 168 da sua edição desta obra de Plutarco. Além disso, vejam-se os comentários de Simplício ao *De Caelo*, onde a frase surge, por exemplo, nas pp. 497 1.21, 506 1.10, e 448 1.23 s., na edição de Heiberg, em observações sobre o *De Caelo*, 293a4 e 292b10). Podemos perfeitamente aceitar o relato de Simplício, segundo o qual Eudoxo, sob a influência de Platão, e no sentido de explicar os fenómenos observáveis dos movimentos planetários, se terá imposto a si mesmo a tarefa de desenvolver um sistema geométrico abstrato de esferas rotativas *a que não atribuía qualquer realidade física*. (Parece haver alguma semelhança entre este programa e o de *Epinomis*, 990–991, onde o estudo da geometria abstrata, 990d–991b — da teoria dos irracionais — é descrito como um preliminar necessário da teoria planetária. Outro desses preliminares é o estudo do número — isto é, do ímpar e do par, 990c.) Todavia, mesmo isto não significa que Platão ou Eudoxo tivessem aceitado uma epistemologia instrumentalista: podem ter-se conscientemente (e sensatamente) limitado a um problema preliminar.

contrassensos filosóficos. Esta precisa atitude de se manterem firmes e não tolerarem qualquer contrassenso impede-os de considerar seriamente os argumentos filosóficos a favor e contra a perspetiva galilaica da Ciência (embora tenham, sem dúvida, ouvido falar de Mach[7]). Nessa medida, a vitória da filosofia instrumentalista dificilmente se deverá à solidez dos seus argumentos.

Como aconteceu então essa vitória? Até ao ponto em que me é dado ver, em virtude da coincidência de dois fatores: (a) dificuldades na interpretação do formalismo da Teoria Quântica; e (b) o espetacular sucesso prático das suas aplicações.

(a) Em 1927, Niels Bohr, um dos maiores pensadores no campo da física atómica, introduziu nesta o chamado *princípio da complementaridade*, que representava uma «renúncia» à tentativa de interpretar a teoria atómica como descrição de alguma coisa. Bohr fez notar que podíamos evitar certas contradições (que ameaçavam surgir entre o formalismo e as suas várias interpretações) se simplesmente nos lembrássemos de que o formalismo enquanto tal era, em si mesmo, coerente, e que cada caso particular da sua aplicação (ou cada tipo de caso) se mantinha coerente com ele. As contradições só surgiam em consequência da tentativa de incluir conjuntamente, numa *única* interpretação, o formalismo e mais de um caso, ou tipo de caso, da sua aplicação experimental. Mas, tal como Bohr observou, quaisquer duas dessas aplicações em conflito eram fisicamente insuscetíveis de ser alguma vez combinadas numa experiência. Assim sendo, o resultado de *toda e qualquer experiência individual* era coerente com a teoria e inequivocamente determinado por ela. E isso, disse Bohr, era tudo quanto podíamos alcançar — o que significa que teríamos de renunciar à pretensão, e mesmo à esperança, de algum dia obter mais. A Física só manteria a coerência se a nossa tentativa de interpretar ou compreender as suas teorias não ultrapassasse (a) o domínio do formalismo e (b) a relacionação individual dessas teorias com cada um dos casos efetivamente realizáveis da sua aplicação.(8)

---

(7) Mas parecem ter esquecido que Mach foi levado pelo seu instrumentalismo a lutar contra a teoria atómica — um exemplo típico do *obscurantismo do instrumentalismo*, que constitui o tópico da secção 5, mais à frente.

(8) Expliquei o «Princípio da Complementaridade» de Bohr tal como o compreendo após muitos anos de esforço. Não tenho dúvidas de que me dirão que o formulei de modo insatisfatório. Mas, se assim for, estou em boa companhia: Einstein refere-se a ele como «o princípio da complementaridade

Vemos assim que a filosofia instrumentalista foi aqui utilizada *ad hoc* no sentido de proporcionar uma escapatória à teoria, face à ameaça de determinadas contradições. Foi, pois, utilizada num espírito defensivo – para salvar a teoria existente. E o princípio da complementaridade tem-se (creio que por esta razão) mantido completamente estéril dentro da Física. Em vinte e sete anos nada mais produziu além de umas quantas discussões filosóficas e de alguns argumentos para confundir os críticos (especialmente Einstein).

Não acredito que os físicos tivessem aceitado um tal princípio *ad hoc* se tivessem compreendido que era *ad hoc*, ou que se tratava de um princípio filosófico — que fazia parte da filosofia instrumentalista da física de Bellarmino e Berkeley. Lembraram-se, porém, do anterior e extremamente fecundo «princípio da correspondência» de Bohr, e esperaram (em vão) por resultados semelhantes.

(b) Em vez de resultados devidos ao princípio da complementaridade, obtiveram-se outros — e mais práticos — resultados da teoria atómica, alguns deles com um estrondoso sucesso. Sem dúvida que os físicos tinham todos os motivos para interpretar estas bem-sucedidas aplicações como corroboração das suas teorias. Mas, por estranho que pareça, tomaram-nas como confirmando o credo instrumentalista.

Ora isto era um erro óbvio. A perspetiva instrumentalista afirma que as teorias *não passam* de instrumentos, ao passo que a perspetiva galilaica era a de que são não apenas instrumentos mas também — e principalmente — descrições do mundo, ou de certos aspetos do mundo. É evidente que, nesta discordância, mesmo uma prova que demonstrasse o carácter instrumental das teorias (supondo que era possível «provar» tal coisa) não poderia ser seriamente invocada em apoio de qualquer das partes em litígio, uma vez que ambas estavam de acordo neste ponto.

Se estou correto, ou mesmo aproximadamente correto, na forma como exponho a situação, então os filósofos, incluindo os filósofos instrumentalistas, não têm qualquer motivo para se orgulhar da sua vitória. Pelo contrário, deveriam rever os seus argumentos; pois, pelo menos aos olhos daqueles que, como eu, não aceitam a perspetiva instrumentalista, há muito em jogo nesta questão.

---

de Bohr, relativamente ao qual fui incapaz de elaborar uma formulação precisa, a despeito do grande esforço que nisso despendi.» Cf. *Albert Einstein: Philosopher-Scientist*, ed. por P. A. Schilpp, 1949, p. 674.

A questão, tal como a vejo, é a seguinte:

Um dos mais importantes ingredientes da nossa civilização ocidental é aquilo a que chamo a «tradição racionalista» que herdámos dos Gregos. É a tradição da discussão crítica — não a discussão pela discussão, mas a discussão no interesse da busca da verdade. A ciência grega, à semelhança da filosofia grega, foi um dos produtos desta tradição[9] e do anseio por compreender o mundo em que vivemos. E a tradição instaurada por Galileu foi o seu renascimento.

Dentro desta tradição racionalista, a Ciência é reconhecidamente valorizada pelos seus resultados práticos; mas é ainda mais valorizada pelo seu conteúdo informativo e pela sua capacidade de libertar as nossas mentes de velhas crenças, velhos preconceitos e velhas certezas, oferecendo-nos, em seu lugar, novas conjeturas e audaciosas hipóteses. A Ciência é valorizada pela sua influência libertadora — por ser uma das maiores forças que concorrem para a liberdade humana.

De acordo com a perspetiva da Ciência que aqui estou a tentar defender, essa força libertadora dever-se-á ao facto de os cientistas terem ousado (desde Tales, Demócrito, o *Timeu* de Platão e Aristarco) criar mitos, conjeturas ou teorias que, estando embora em flagrante contraste com o mundo quotidiano da experiência comum, são, todavia, capazes de explicar alguns aspetos desse mesmo mundo. Galileu presta homenagem a Aristarco e Copérnico precisamente por eles terem ousado transpor os limites do mundo conhecido dos nossos sentidos: «Não consigo», escreve ele[10], «exprimir com veemência suficiente a minha infinita admiração pela grandeza de espírito desses homens que conceberam [o sistema heliocêntrico] e o defenderam como verdadeiro [...] em violenta oposição à evidência dos seus próprios sentidos». É este o testemunho de Galileu sobre a força libertadora da Ciência. Teorias assim seriam importantes mesmo que não passassem de exercícios da nossa imaginação. Mas são mais do que isso, como se pode ver pelo facto de nós as submetermos a rigorosos testes ao tentarmos deduzir delas alguns dos padrões de regularidade do mundo conhecido da nossa experiência comum — isto é, ao tentarmos

---

[9] Vd. cap. 4.

[10] Salviati repete-o por diversas vezes, quase textualmente, no Terceiro Dia de *Os Dois Principais Sistemas*.

explicar essas regularidades. E estas tentativas de *explicar o conhecido pelo desconhecido* (tal como as descrevi noutro ponto[11]) alargaram incomensuravelmente o reino do conhecido. Acrescentaram aos factos do nosso mundo quotidiano o ar invisível, os antípodas, a circulação sanguínea, os mundos do telescópio e do microscópio, da eletricidade e dos átomos radioativos detetores, que nos revelam em pormenor os movimentos da matéria no interior dos corpos vivos. Todas estas coisas estão longe de ser meros instrumentos. São testemunhos da conquista intelectual do nosso mundo pelas nossas mentes.

Mas existe uma outra forma de olhar para estas questões. Alguns há para quem a Ciência não passa ainda de uma glorificada pesquisa, de uma glorificada fabricação de engenhocas — de uma «mecânica» — muito útil, mas um perigo para a verdadeira cultura, ameaçando-nos com a dominação dos quase-iletrados (os «mecânicos» de Shakespeare). Segundo esses, a Ciência não deveria ser nunca colocada em pé de igualdade com a Literatura, as Artes ou a Filosofia. As suas alegadas descobertas serão meras invenções mecânicas e as suas teorias instrumentos — mais uma vez, engenhocas ou, talvez, superengenhocas. A Ciência não nos revela, nem nos pode revelar, mundos novos por detrás do nosso quotidiano mundo de aparências, pois o mundo físico é apenas superfície: não tem profundidade. *O mundo é apenas o que parece ser. Só as teorias científicas é que não são o que parecem.* Uma teoria científica não explica nem descreve o mundo; não é mais do que um instrumento.

Não apresento isto como um quadro completo do instrumentalismo moderno, ainda que seja, segundo creio, um razoável esboço de parte dos seus antecedentes filosóficos de origem. Sei bem que existe, hoje em dia, uma componente muito mais importante, que é a do desenvolvimento e autoafirmação da «mecânica» ou engenharia moderna.(12) Creio, porém, que a questão deveria ser vista como situada entre um racionalismo crítico e aventuroso — o espírito de descoberta — e uma crença tacanha e defensiva,

---

(11) Ver o Apêndice, ponto (10) do cap. 1, mais atrás, e o penúltimo parágrafo do cap. 6, mais adiante.

(12) A perceção de que a Ciência Natural não é *episteme (scientia)* indubitável deu origem à ideia de que é *techne* (técnica, arte, tecnologia). Mas a ideia correta, segundo creio, é a de que consiste em *doxai (opiniões, conjeturas)*, controladas pela discussão crítica, assim como pela *techne* experimental. Cf. cap. 20.

de acordo com a qual não podemos, nem necessitamos, de aprender ou compreender mais acerca do nosso mundo do que aquilo que já sabemos. Uma crença que é, além do mais, incompatível com a apreciação da Ciência como uma das maiores realizações do espírito humano.

E são estas as razões por que vou tentar, neste ensaio, defender pelo menos parte da perspetiva galilaica da Ciência contra a perspetiva instrumentalista. Mas não posso defendê-la por inteiro. Há uma parte dela que, segundo creio, os instrumentalistas terão tido razão em atacar. Refiro-me à ideia de que na Ciência podemos ter em vista, e obter, *uma explicação última pelas essências*. É na sua oposição a esta ideia aristotélica (que designei ([13]) por «essencialismo») que reside a força e o interesse filosófico da visão instrumentalista. Terei, por conseguinte, de discutir e criticar duas perspetivas do conhecimento humano: o *essencialismo* e o *instrumentalismo*. E vou contrapor-lhes aquilo a que chamarei a *terceira perspetiva:* o que resta da perspetiva de Galileu após a eliminação do essencialismo, ou, mais precisamente, após lhe termos descontado aquilo que os instrumentalistas tiveram razão em atacar.

3. A primeira perspetiva: explicação última pelas essências

O essencialismo, a primeira das três perspetivas da teoria científica a ser discutida, faz parte da filosofia galilaica da Ciência. Dentro desta filosofia, podemos distinguir três elementos ou doutrinas que nos dizem aqui respeito: o essencialismo (a nossa «primeira perspetiva») é aquela parte da filosofia galilaica que não desejo defender e que consiste numa combinação das doutrinas (2) e (3). São estas as três doutrinas:

(1) *O cientista tem por finalidade descobrir uma teoria ou descrição verdadeira do mundo* (e, em especial, das suas regularidades ou «leis»), *que constituirá igualmente uma explicação dos factos observáveis.* (Isto significa que a descrição desses factos tem de ser dedutível da teoria, em conjunção com determinados enunciados, as chamadas «condições iniciais».)

([13]) Ver secção 10 das minhas obras *A Pobreza do Historicismo* e *A Sociedade Aberta e os seus Inimigos*, vol. I, cap. 3, secção VI, e vol. II, cap. 11, secções I e II.

Esta é uma doutrina que desejo apoiar. Vai fazer parte da nossa «terceira perspetiva».

(2) *O cientista pode conseguir comprovar em definitivo a verdade dessas teorias, além de qualquer dúvida razoável.*
Esta segunda doutrina, segundo creio, necessita de correção. Tudo o que o cientista pode fazer, em minha opinião, é testar as suas teorias e eliminar todas aquelas que não consigam fazer face aos testes mais rigorosos que for capaz de conceber. Mas não pode estar nunca inteiramente seguro de que novos testes (ou mesmo uma nova discussão teórica) não possam levá-lo a modificar, ou a abandonar, a sua teoria. Neste sentido, todas as teorias são e permanecem hipóteses: são conjeturas *(doxa)*, por contraste com o conhecimento indubitável *(episteme)*.

(3) *As melhores teorias, as teorias verdadeiramente científicas, descrevem as «essências» ou as «naturezas essenciais» das coisas — as realidades que subjazem às aparências.* Essas teorias não necessitam, nem são suscetíveis, de explicações adicionais; são *explicações últimas,* e encontrá-las é o fim último do cientista.

Esta terceira doutrina (em conexão com a segunda) é aquela a que chamei «essencialismo». Estou convencido de que, à semelhança da segunda, é uma doutrina errónea.

Ora o que os filósofos instrumentalistas da Ciência, de Berkeley a Mach, Duhem e Poincaré, têm em comum é o seguinte: todos eles afirmam que a explicação não é um objetivo da ciência física, dado que esta não pode descobrir «a essência oculta das coisas». O argumento demonstra que o que eles têm em mente é aquilo a que eu chamo explicação *última.*([14]) Alguns deles, como Berkeley e Mach, sustentam esta perspetiva porque não acreditam que exista algo como uma essência de qualquer coisa física: Mach, porque não acredita em essências de espécie alguma; Berkeley, porque acredita apenas em essências espirituais, e pensa que a única explicação essencial do mundo é Deus. Duhem parece pensar (numa atitude

---

([14]) Esta questão tem sido, por vezes, confundida pelo facto de a crítica instrumentalista da explicação (última) ter sido exprimida por alguns com recurso à fórmula: o objetivo da Ciência é *mais a descrição do que a explicação.* Mas o que o termo «descrição» aqui significava era a descrição do *mundo empírico quotidiano;* e o que a fórmula indiretamente exprimia era que as teorias que não descrevem *neste sentido* tão-pouco explicam, não passando de instrumentos cómodos que nos ajudam a descrever os fenómenos do dia a dia.

que lembra Kant[15]) que as essências existem só que não são passíveis de ser descobertas pela ciência humana (embora possamos, de alguma forma, aproximar-nos delas); à semelhança de Berkeley, crê que podem ser reveladas pela religião. Mas todos estes filósofos concordam que a explicação (última) científica é impossível. E da ausência de uma essência oculta que as teorias científicas pudessem descrever concluem que essas teorias (que não descrevem, manifestamente, o mundo quotidiano da nossa experiência comum) não descrevem absolutamente nada. Serão, pois, meros instrumentos.(16) E o que se nos pode afigurar ser o desenvolvimento do conhecimento teorético será tão-só o aperfeiçoamento de instrumentos. Os filósofos instrumentalistas rejeitam, por conseguinte, a terceira doutrina, isto é, a doutrina das essências. (Eu também a rejeito, mas por razões algo diferentes.) Ao mesmo tempo, rejeitam, e são obrigados a rejeitar, a segunda doutrina — pois se uma teoria é um instrumento, então não pode ser verdadeira (mas apenas conveniente, simples, económica, poderosa, etc.). Designam até, frequentemente, as teorias por «hipóteses»; só que não empregam, obviamente, essa designação no mesmo sentido do que eu: o de que uma teoria é *conjeturada como verdadeira*, que é um enunciado descritivo, ainda que possivelmente falso. Isso não significa, porém, que não reconheçam que as teorias são incertas: «E no que se refere à utilidade das hipóteses», escreve Osiander (no final do seu prefácio), «ninguém deveria esperar que algo de certo surja da astronomia, pois nada dessa natureza pode alguma vez provir dela». Ora eu estou inteiramente de acordo em que não há certeza acerca das teorias (que podem sempre ser refutadas); e concordo até que são instrumentos, embora não concorde que seja essa a razão por que não pode haver certeza acerca delas. (A razão correta é, segundo creio, o simples facto de os nossos testes não poderem nunca ser exaustivos.) Existe, por conseguinte, um considerável consenso entre mim e os meus oponentes instrumentalistas acerca da segunda e da terceira doutrina. Mas, no que toca à primeira, o desacordo é total.

---

(15) Cf. a carta de Kant a Reinhold, de 12. 5. 1789, na qual a «essência real» ou «natureza» de uma coisa (por exemplo, da matéria) é considerada inacessível ao conhecimento humano.

(16) Vd. cap. 6, mais adiante.

A esse desacordo regressarei mais tarde. Na presente secção, vou tentar criticar (3) a doutrina essencialista da Ciência, em moldes algo diferentes dos argumentos do instrumentalismo que não posso aceitar. E isso uma vez que o seu argumento de que não podem existir «essências ocultas» se baseia na convicção de que *não pode haver nada oculto* (ou de que, a haver algo oculto, apenas poderá ser conhecido por revelação divina). Por aquilo que disse na última secção, torna-se claro que não posso aceitar um argumento que nos levaria a renegar a pretensão da Ciência de haver descoberto a rotação da Terra, os núcleos do átomo, a radiação cósmica ou as «estrelas radioativas».

Admito, por conseguinte, de bom grado, a afirmação do essencialismo de que há muitas coisas ocultas perante nós, e que muito do que está oculto pode ser descoberto. (Discordo profundamente do espírito do dito de Wittgenstein, «O enigma não existe».) E não pretendo, sequer, criticar aqueles que tentam compreender a «essência do mundo». A doutrina essencialista que estou a contestar é somente a *doutrina de que a Ciência tem por finalidade a explicação última,* ou seja, uma explicação que (essencialmente, ou pela sua própria natureza) não pode ser mais bem explicada, nem carece de qualquer explicação adicional.

A minha crítica do essencialismo não visa, pois, decretar a inexistência das essências; pretende meramente demonstrar o carácter obscurantista do papel desempenhado pela ideia das essências na filosofia galilaica da ciência (e que chegou até Maxwell, que se inclinava a acreditar nelas, mas cujo trabalho destruiu essa crença). Por outras palavras, a minha crítica tenta demonstrar que, quer as essências existam quer não, a crença nelas não nos ajuda de nenhuma forma e é até, na verdade, capaz de nos estorvar; de modo que não existe qualquer razão por que o cientista deva *assumir* a sua existência.([17])

([17]) Esta minha crítica é, pois, francamente utilitária e poderia ser descrita como instrumentalista; mas o que me preocupa aqui é um *problema de método,* que é sempre um problema de adequação dos meios aos fins.
Os meus ataques contra o *essencialismo* — isto é, contra a *doutrina da explicação última* — têm sido por vezes rebatidos pela observação de que eu próprio opero (talvez inconscientemente) com a ideia de uma *essência da Ciência* (ou uma *essência do conhecimento humano*), de modo que o meu argumento, caso fosse explicitado, seria o seguinte: «É da essência ou da natureza da ciência humana (ou do conhecimento humano) o não podermos conhecer, ou

Tudo isto pode, segundo creio, ser mais bem explicitado mediante o recurso a um simples exemplo — *a teoria newtoniana da gravidade*.

A interpretação essencialista da teoria *newtoniana* deve-se a Roger Cotes.([18]) Segundo ele, Newton terá descoberto que todas as partículas da matéria eram dotadas de *gravidade*, isto é, de uma força ou poder inerente para atrair outra matéria. Eram igualmente dotadas de *inércia* — uma capacidade inerente de resistir a mudanças no seu estado de movimento (ou de conservar a direção e velocidade do seu movimento). E uma vez que tanto a gravidade como a inércia são inerentes a cada partícula de matéria, segue-se que ambas devem ser rigorosamente proporcionais à quantidade de matéria de um corpo e, nessa medida, proporcionais entre si — e daí a lei da proporcionalidade da massa inerte e gravitante. Dado que a gravidade é irradiada por cada partícula, obtemos a lei do quadrado da atração. Por outras palavras, as leis do movimento de Newton limitam-se a descrever em linguagem matemática os estados decorrentes das propriedades inerentes da matéria: descrevem a *natureza essencial da matéria*.

Uma vez que a teoria de Newton descrevia deste modo a natureza essencial da matéria, ele podia explicar o comportamento dessa matéria com a sua ajuda, por dedução matemática. Mas a teoria de Newton, por seu turno, e de acordo com Cotes, não só não é capaz como não necessita de explicações suplementares — pelo menos, não dentro da Física. (A única explicação suplementar possível seria a de que Deus dotou a matéria destas propriedades essenciais.[[19]])

---

indagar, coisas como essências ou naturezas». Já respondi, no entanto, a esta objeção em particular, de modo implícito e com relativa minúcia, na *L. Sc. D.* (secções 9 e 10, «The Naturalist View of Method»), e fi-lo antes de ela ter sido sequer levantada — de facto, antes de ter alguma vez descrito e atacado o essencialismo. Além do mais, poderíamos adotar a perspetiva de que certas *coisas que nós mesmos fabricamos* — como os relógios — podem bem ser consideradas como tendo essências, a saber, os fins a que se destinam (e o que as faz servir esses «fins»). E a Ciência, enquanto atividade (ou método) humana e dotada de finalidade, *poderia*, por conseguinte, ser declarada por alguns como possuidora de uma essência, mesmo negando estes que os objetos naturais tenham essências. (Esta negação não está, contudo, implícita na minha crítica do essencialismo.)

([18]) Vd. R. Cotes, Prefácio à segunda edição dos *Princípia* de Newton.

([19]) Existe uma teoria essencialista do Tempo e do Espaço (semelhante a esta teoria da matéria) que se deve ao próprio Newton.

Esta perspetiva essencialista da teoria de Newton foi, em traços gerais, a perspetiva aceite até às últimas décadas do século dezanove. Tinha, manifestamente, um carácter obscurantista: impedia a formulação de questões fecundas como, por exemplo, «Qual é a causa da gravidade?», ou, de forma mais desenvolvida, «Será que podemos explicar a gravidade deduzindo a teoria de Newton, ou uma boa aproximação dela, de uma teoria mais geral (que deveria ser independentemente testável)?».

Ora, é sem dúvida esclarecedor ver que o próprio Newton não considerou a gravidade uma propriedade essencial da matéria (ainda que considerasse essencial a *inércia* e, tal como Descartes, a *extensão*). Newton parece ter retomado a ideia cartesiana de que a essência de uma coisa tem de ser uma propriedade verdadeira ou absoluta dessa coisa (isto é, uma propriedade que não depende da existência de outras coisas), como a extensão ou a capacidade de resistir a uma mudança no seu estado de movimento, e não uma propriedade relacional, isto é, uma propriedade que, à semelhança da gravidade, determina as relações (interações no espaço) entre um corpo e outros corpos. Newton ter-se-á, assim, vivamente apercebido da insuficiência desta teoria e da consequente necessidade de explicar a gravidade. «Que a gravidade», escreveu ele[20], deva ser inata, inerente e essencial à matéria, de modo que um corpo possa agir à distância sobre outro [...] é para mim um tamanho absurdo, que não acredito que nenhum homem dotado de uma competente faculdade de juízo em assuntos de natureza filosófica possa alguma vez cair nele.» É interessante ver que Newton condenou aqui, antecipadamente, a maior parte dos seus adeptos. Para eles, apetece dizer, as propriedades que haviam estudado na escola pareciam essenciais (e até evidentes em si mesmas), ao passo que para Newton, com a sua formação cartesiana, as mesmas propriedades se afiguravam carecidas de explicação (e, na verdade, quase paradoxais).

O próprio Newton era, todavia, um essencialista. Esforçara-se arduamente por encontrar uma explicação última aceitável da gravidade, tentando deduzir a lei do quadrado da suposição de um impulso mecânico — a única espécie de ação causal que Descartes admitira, uma vez que só o impulso podia ser explicado

---

[20] Carta a Richard Bentley, 25 de fevereiro de 1692-3 (isto é, 1693); cf. igualmente a carta de 17 de janeiro.

pela propriedade essencial de todos os corpos, a extensão.([21])
Mas falhara. Tivesse ele conseguido e poderíamos estar seguros de que teria pensado que o seu problema estava finalmente resolvido — que havia encontrado a explicação última da gravidade.([22]) Mas, nesse ponto, estaria enganado. A pergunta «Porque é que os corpos conseguem empurrar-se uns aos outros?» *pode* ser feita (como Leibniz foi o primeiro a observar), e é até uma pergunta extremamente fecunda. (Cremos atualmente que se empurram uns aos outros devido a determinadas forças elétricas repulsivas.) Mas o essencialismo de Descartes e Newton, sobretudo se este último tivesse sido bem-sucedido na sua tentativa de explicação da gravidade, podia ter obstado a que esta questão fosse alguma vez levantada.

Estes exemplos, segundo penso, tornam claro que a crença em essências (sejam verdadeiras ou falsas) é suscetível de criar obstáculos ao pensamento — à formulação de novos e fecundos problemas. Além do mais, esta crença não pode fazer parte da Ciência (pois ainda que, por um feliz acaso, deparássemos com uma teoria que descrevesse as essências, não poderíamos nunca estar seguros dela). Mas uma crença passível de conduzir ao obscurantismo não é, com toda a certeza, uma daquelas crenças extracientíficas

---

([21]) Newton tentou explicar a gravidade mediante uma «*ação por contacto*» de tipo cartesiano (precursora de uma *ação a distâncias desvanecentes*. A sua *Opticks*, Qu. 31, demonstra que ele *efetivamente* considerava que «Aquilo a que chamo Atração pode ser realizado por impulso» (antecipando a explicação lesagiana da gravidade como um efeito de guarda-chuva numa chuva de partículas). As questões 21, 22 e 28 sugerem que ele estaria possivelmente consciente do fatal excesso de impacto no para-brisas através da janela de trás.

([22]) Newton era um essencialista para quem a gravidade era inaceitável enquanto explicação última; mas era demasiado crítico para aceitar, sequer, as suas próprias tentativas de a explicar. Descartes, em circunstâncias análogas, teria suposto a existência de um qualquer mecanismo propulsor, propondo aquilo a que chamava uma «hipótese». Mas Newton, fazendo uma alusão crítica a Descartes, sublinhou que ia «discutir a partir de Fenómenos, sem forjar Hipóteses (arbitrárias ou *ad hoc*)» (Qu. 28). Mas, como é evidente, não podia evitar o recurso constante a hipóteses, e a sua obra *Opticks* transborda de ousadas especulações. Todavia, a sua explícita e reiterada rejeição do método hipotético deixou uma impressão duradoura, e Duhem usou-a em apoio do instrumentalismo.

(como a fé no poder da discussão crítica) que um cientista tenha necessidade de aceitar.

E com isto concluo a minha crítica do essencialismo.

4. A segunda perspetiva: teorias como instrumentos

A perspetiva instrumentalista tem grandes atrativos. É uma perspetiva modesta e muito simples, sobretudo se comparada com o essencialismo.

De acordo com o essencialismo, temos de distinguir entre (i) o universo da realidade essencial, (ii) o universo dos fenómenos observáveis; e (iii) o universo da linguagem descritiva ou da representação simbólica. Vou representar cada um destes universos por um quadrado.

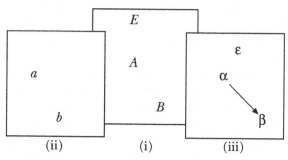

A função de uma teoria pode ser aqui descrita da seguinte forma:

a, b são fenómenos; A, B são as realidades correspondentes por detrás das aparências; e α, β são descrições ou representações simbólicas dessas realidades. E são as propriedades essenciais (relacionais) de A, B; e ε é a teoria que descreve E. Ora de ε e α podemos deduzir β. Isto significa que podemos explicar, com a ajuda da nossa teoria, por que é que a conduz a, ou é a causa de, b.

Podemos obter uma representação do instrumentalismo a partir deste esquema mediante a simples omissão de (i), isto é, o universo das realidades por detrás das diversas aparências. α descreve, então, diretamente a, e β descreve diretamente b; e ε não descreve nada — é um mero instrumento que nos ajuda a deduzir β de α. (Isto pode ser exprimido dizendo — como Schlick disse, seguindo Wittgenstein — que uma lei universal ou uma teoria não é um enunciado propriamente dito, mas antes «uma regra, ou um conjunto de instruções, para a derivação de enunciados singulares a partir de outros enunciados singulares».[23])

É esta a perspetiva instrumentalista. Para a compreender melhor, podemos de novo tomar como exemplo a dinâmica de Newton. *a* e *b* podem ser tomados como duas posições de dois feixes de luz (ou duas posições do planeta Marte); α e β serão as fórmulas correspondentes do formalismo; e ϵ será a teoria reforçada por uma descrição geral do sistema solar (ou por um «modelo» do sistema solar). Não há nada no mundo (no universo ii) que corresponda a ϵ: não existe, pura e simplesmente, algo como forças atrativas, por exemplo. As forças *newtonianas* não são entidades que determinem a aceleração dos corpos: são apenas instrumentos matemáticos que têm por função permitir-nos deduzir β de α.

Temos aqui, sem dúvida, uma simplificação atraente, uma aplicação radical da navalha de Ockham. Mas, ainda que esta simplicidade tenha convertido muitos ao instrumentalismo (como foi o caso de Mach), não constitui, de forma alguma, o argumento mais forte a seu favor.

O argumento mais convincente de Berkeley em prol do instrumentalismo baseava-se na sua filosofia nominalista da linguagem. De acordo com essa filosofia, a expressão «força de atração» é necessariamente uma expressão sem sentido, dado que as forças de atração não podem nunca ser observadas. O que pode ser observado são movimentos, não as suas alegadas «causas ocultas». É quanto basta, na perspetiva da linguagem de Berkeley, para demonstrar que a teoria de Newton não pode ter qualquer conteúdo informativo ou descritivo.

Ora, este argumento de Berkeley pode, talvez, ser criticado em virtude da intoleravelmente limitada teoria da significação que lhe está subjacente. Com efeito, se for coerentemente aplicada, esta teoria equivale à tese de que todas as palavras disposicionais são desprovidas de sentido. Não só as «forças atrativas» de Newton não

---

(23) Para uma análise e crítica desta ideia, ver a minha *L. Sc. D.*, em especial a nota 7 da secção 4, e a minha *Sociedade Aberta*, nota 51 do cap. 11. A ideia de que os juízos universais podem funcionar desta forma pode ser encontrada na obra de Mill, *Logic*, Book II, cap. III, 3: «Toda a inferência se processa de particulares para particulares.» Ver também G. Ryle, *The Concept of Mind* (1949), cap. V, p. 121 ss., para uma formulação mais cuidadosa e crítica da mesma ideia.

teriam sentido, mas também palavras e expressões disposicionais tão vulgares como «quebrável» (por oposição a «quebrado»), ou «capaz de conduzir eletricidade» (por oposição a «conduzindo eletricidade»). Essas não são designações de nada de observável, e teriam, por conseguinte, de ser tratadas em igualdade de circunstâncias com as forças *newtonianas*. Mas seria complicado classificar todas estas expressões como sem-sentido e, *do ponto de vista do instrumentalismo*, não há qualquer necessidade de o fazer: tudo o que é necessário é uma análise do significado dos termos e enunciados disposicionais. Essa análise revelará que eles têm sentido. Mas, do ponto de vista do instrumentalismo, esse sentido não é descritivo (como o dos termos e enunciados não-disposicionais). A função dos termos e enunciados disposicionais não consiste em relatar acontecimentos, ocorrências ou «incidentes» no mundo, ou em descrever factos. O seu sentido esgota-se antes na permissão ou licença que nos dão para inferir ou argumentar determinados factos a partir de outros factos. Os enunciados não-disposicionais que descrevem factos observáveis («esta perna está partida») têm valor de moeda, por assim dizer; os enunciados disposicionais, a que pertencem as leis da Ciência, não são semelhantes a moeda, mas sim a «instrumentos» legais que instituem direitos monetários.

Basta-nos avançar um passo mais nesta direção para, segundo parece, chegarmos a um argumento instrumentalista extremamente difícil, se não mesmo impossível, de criticar; pois toda a nossa questão — saber se a Ciência é descritiva ou instrumental — é aqui exposta como um pseudoproblema.[24]

O passo em questão consiste, simplesmente, em não apenas conferir sentido — um sentido instrumental — aos termos disposicionais, mas também uma espécie de *sentido descritivo*. Podemos dizer que palavras disposicionais como «quebrável» descrevem certamente alguma coisa, visto que dizer de uma coisa que ela é quebrável é descrevê-la como uma coisa que pode ser quebrada. Mas dizer de uma coisa que ela é quebrável ou solúvel será descrevê-la

---

[24] Não encontrei até agora, na bibliografia respeitante a esta área, esta forma particular do argumento instrumentalista. Mas se nos lembrarmos do paralelismo entre problemas relativos ao *significado* de uma expressão e problemas relativos à *verdade* de um enunciado (ver, por exemplo, atrás, a tabela na secção XII da Introdução), veremos que este argumento corresponde muito aproximadamente à definição de William James de «verdade» como «utilidade».

de um modo diferente, e por um método diferente, do que dizer que ela está quebrada ou dissolvida — de outra forma, não utilizaríamos o sufixo «ável». A diferença é apenas esta: descrevermos, usando palavras disposicionais, o que pode acontecer a uma coisa (em determinadas circunstâncias). Por conseguinte, as descrições disposicionais *são* descrições, mas têm, não obstante, uma função puramente instrumental. No que a elas se refere, conhecer *é* poder (o poder de prever). Quando Galileu disse da Terra «e, contudo, move-se», proferiu, sem dúvida, um enunciado descritivo. Mas a função ou o sentido deste enunciado revela-se, no entanto, puramente instrumental: esgota-se no auxílio que presta à dedução de determinados enunciados não-disposicionais.

Desta forma, a tentativa de demonstrar que as teorias têm um sentido descritivo *para lá* do seu sentido instrumental será, em conformidade com este argumento, uma tentativa equivocada; e todo o problema — o conflito entre Galileu e a Igreja — acaba por se revelar um pseudoproblema.

Em apoio da ideia de que Galileu terá sofrido em nome de um pseudoproblema, tem-se afirmado que, à luz de um sistema de Física logicamente mais avançado, o problema galilaico se desfez, de facto, em nada. O princípio geral de Einstein, ouve-se com frequência dizer, torna perfeitamente claro que não tem sentido falar em movimento absoluto, mesmo no caso da rotação, uma vez que podemos escolher livremente, como referência, um qualquer sistema que queiramos considerar (relativamente) em repouso. Desta forma, o problema de Galileu desvanece-se. Mais ainda, desvanece-se precisamente pelas razões acima expostas. O conhecimento astronómico só pode ser o conhecimento de como as estrelas se comportam. Não pode, por conseguinte, ser outra coisa que não a capacidade de descrever e predizer as nossas observações; e, dado que estas têm de ser independentes da nossa livre escolha de um sistema coordenado, podemos ver agora mais claramente porque é que o problema de Galileu não podia, de forma alguma, ser real.

Não vou criticar o instrumentalismo nesta secção, ou responder aos seus argumentos, exceto ao último de todos — o argumento da relatividade geral. Este argumento baseia-se num erro. Do ponto de vista da relatividade geral, tem muito sentido — até mesmo um absoluto sentido — dizer que a Terra gira: *gira precisamente no sentido em que uma roda de bicicleta gira*. Gira, por assim dizer, em relação a um *qualquer* sistema inercial local que se escolha.

De facto, a relatividade descreve o sistema solar de uma tal maneira que, partindo dessa descrição, podemos deduzir que um *qualquer* observador, situado num *qualquer* corpo físico em movimento livre suficientemente distante (como a nossa Lua, um outro planeta, ou uma estrela no exterior do sistema), veria a Terra a girar e poderia deduzir, a partir dessa observação, que para os seus habitantes havia um movimento diurno aparente. Mas é claro que este é precisamente o sentido da palavra «move-se» que estava em questão, uma vez que parte dessa questão consistia em saber se o sistema solar era ou não um sistema como o de Júpiter e as suas luas, só que maior; e se se pareceria com esse sistema, caso fosse visto do exterior. Em todas estas questões, Einstein apoia inequivocamente Galileu.

O meu argumento não deveria ser interpretado como uma admissão de que todo o problema se pode reduzir a uma questão de observações, ou de possíveis observações. Reconhecidamente, tanto Galileu como Einstein pretendiam, entre outras coisas, deduzir o que um observador, ou possível observador, veria. Mas não era esse o seu principal problema. Ambos investigaram sistemas físicos e os seus movimentos. Só o filósofo instrumentalista é que afirma que o que eles discutiram, ou «realmente queriam» discutir, não eram sistemas físicos, mas *apenas* os resultados de possíveis observações; e que os seus chamados «sistemas físicos», que *pareciam* ser os seus objetos de estudo, eram, *na realidade,* meros instrumentos para a predição de observações.

5. Crítica da perspetiva instrumentalista

O argumento de Berkeley depende, tal como vimos, da adoção de uma determinada filosofia da linguagem, talvez convincente a princípio, mas não necessariamente verdadeira. É, além do mais, um argumento que gira em torno do *problema da significação*[25], conhecido pelo seu carácter vago e sem grandes perspetivas de solução. A situação torna-se ainda menos animadora se considerarmos alguns desenvolvimentos mais recentes dos argumentos de Berkeley, tal como foram esboçados na secção precedente.

---

[25] Relativamente a este problema, ver as minhas *L. Sc. D.* e *Sociedade Aberta.* Ver igualmente os caps. 1, 11, 13 e 14 do presente volume.

Tentarei, por conseguinte, obter uma resolução clara do nosso problema por meio de uma abordagem diferente — uma análise da Ciência, em vez de uma análise da linguagem.

A minha proposta de crítica da perspetiva instrumentalista das teorias científicas pode ser resumida da seguinte maneira:

O instrumentalismo pode ser formulado como a tese de que as teorias científicas — as teorias das chamadas ciências «puras» — não são mais do que regras de computação (ou regras de inferência), que têm, fundamentalmente, o mesmo carácter que as regras de computação das chamadas ciências «aplicadas». (Poderíamos inclusivamente formulá-lo como a tese de que Ciência «pura» é uma designação imprópria, e que toda a Ciência é «aplicada».)

Ora a minha réplica ao instrumentalismo consiste em demonstrar que existem profundas diferenças entre teorias «puras» e regras tecnológicas de computação, e que o instrumentalismo, conseguindo embora fazer uma descrição perfeita dessas regras, é totalmente incapaz de dar conta da diferença entre elas e as teorias. Nessa medida, o instrumentalismo cai por terra.

A análise das muitas diferenças funcionais entre as regras de computação (para a navegação, por exemplo) e as teorias científicas (como a de Newton) é uma tarefa muito interessante, mas uma breve lista de conclusões deve-nos bastar aqui. As relações lógicas que se podem estabelecer entre teorias e regras de computação não são simétricas; e são diversas daquelas que podem ser mantidas entre diferentes teorias, bem como das que possam existir entre diferentes regras de computação. O modo como as regras de computação são *postas à prova* é diferente do modo como as teorias são *testadas;* e a aptidão requerida pela aplicação das primeiras é muito diferente da que é necessária para a sua discussão (teórica) e para a determinação (teórica) dos limites da sua aplicabilidade. Estas são apenas algumas achegas, mas podem ser suficientes para indicar a direção e a força do argumento.

Vou agora explicar um pouco mais desenvolvidamente um destes pontos, uma vez que está na base de um argumento de alguma forma análogo àquele que utilizei contra o essencialismo. Aquilo que desejo discutir é o facto de as teorias serem testadas por *tentativas de as refutar* (tentativas com que aprendemos muito), ao passo que nada de rigorosamente idêntico acontece no caso das regras tecnológicas de computação ou cálculo.

Uma teoria é testada não somente pelo facto de ser aplicada ou de ser posta à prova, mas pela sua aplicação a casos muito particulares — casos em relação aos quais produz resultados diferentes daqueles que teríamos esperado sem essa teoria, ou à luz de outras teorias. Por outras palavras, tentamos escolher para os nossos testes aqueles casos cruciais em que devemos esperar que a teoria falhe, se não for verdadeira. Esses casos são «cruciais» no sentido de Bacon — indicam as encruzilhadas entre *duas* (ou mais) teorias. Dizer que, sem a teoria em questão, teríamos esperado um resultado diferente significa, com efeito, que a nossa expectativa era consequência de alguma outra (e possivelmente mais antiga) teoria, por muito pouco conscientes que estivéssemos desse facto. Mas enquanto Bacon acreditava que uma experiência crucial pode demonstrar ou verificar uma teoria, nós teremos antes de dizer que ela pode, no máximo, refutar ou falsificar uma teoria.[26] Constituirá, pois, uma tentativa de refutar essa teoria; e caso não consiga fazê-lo — caso essa teoria se revele, pelo contrário, bem-sucedida na sua inesperada previsão — diremos então que foi corroborada pela experiência. (E será tanto mais corroborada[27] quanto menos esperado, ou menos provável, tiver sido o resultado da experiência em questão.)

Contra a perspetiva aqui explanada, poderíamos ser tentados a objetar (de acordo com Duhem[28]) que, em cada teste, não é apenas a teoria sob investigação que está envolvida, mas também todo o sistema das nossas teorias e suposições — de facto, mais ou menos todo o nosso conhecimento — de modo que não podemos nunca ter a certeza de qual de todas essas suposições é refutada. Mas esta crítica ignora o facto de que se pegarmos em cada uma das duas teorias (entre as quais a experiência crucial vai decidir) *juntamente* com todo esse conhecimento prévio em que ambas assentam — como na verdade temos de fazer — nesse

---

[26] Duhem, na sua célebre crítica das experiências cruciais (no seu *Aim and Structure of Physical Theory*), consegue demonstrar que as experiências cruciais não podem nunca *comprovar* uma teoria. Mas não consegue demonstrar que não a podem *refutar*.

[27] O grau de corroboração aumentará, por conseguinte, com a improbabilidade (ou o conteúdo) dos casos corroborantes. Ver o meu «Degree of Confirmation», *Brit. Jour. Phil. Sci.*, **5**, pp. 143 ss., agora entre os novos apêndices da minha *L. Sc. D.*, e o cap. 10 do presente volume (incluindo a Adenda).

[28] Vd. nota 26.

caso, decidiremos entre dois sistemas que diferem *apenas* no que diz respeito às duas teorias em causa. E ignora, além disso, o facto de que não declaramos a refutação da teoria enquanto tal, mas da teoria *juntamente* com todo esse conhecimento prévio em que se enquadra — e do qual, se outras experiências cruciais forem entretanto concebidas, determinadas partes poderão vir, na realidade, a ser um dia rejeitadas como responsáveis pelo fracasso da teoria. (Deste modo, podemos mesmo caracterizar uma *teoria sob investigação* como aquela parte de um vasto sistema para a qual temos, ainda que vagamente, uma alternativa em vista, e para a qual tentamos conceber testes cruciais.)

Ora, nada de suficientemente parecido com esses testes existe no caso dos instrumentos ou regras de computação. Um instrumento pode certamente falhar ou tornar-se obsoleto. Mas dificilmente terá sentido dizer que submetemos um instrumento aos testes mais rigorosos que conseguirmos conceber para o rejeitarmos se ele não se mostrar à altura. Todas as fuselagens de avião, por exemplo, podem ser «testadas até à destruição», mas esse rigoroso teste não é empreendido com o objetivo de rejeitar cada fuselagem que é destruída e sim de obter informação acerca dela (isto é, de testar uma teoria sobre ela), de forma que possa ser usada *dentro dos limites da sua aplicabilidade* (ou segurança).

Para fins instrumentais de aplicação prática, uma teoria pode continuar a ser usada *mesmo após a sua refutação*, dentro dos limites da sua aplicabilidade: um astrónomo convencido de que a teoria de Newton se revelou falsa não hesitará, no entanto, em aplicar o seu formalismo dentro dos limites da sua aplicabilidade.

Podemos, por vezes, sentir-nos desapontados ao descobrir que o âmbito de aplicabilidade de um instrumento é menor do que inicialmente esperávamos; mas isso não nos leva a rejeitar o instrumento *enquanto* instrumento — quer se trate de uma teoria ou de outra coisa qualquer. Por outro lado, um desapontamento deste género significa que obtivemos *informação* nova mediante a refutação de uma *teoria* — daquela teoria que implicava que o instrumento em causa tivesse um raio de ação mais alargado.

Os instrumentos e, inclusivamente, as teorias — *até ao ponto em que são instrumentos* — não podem ser refutados, como vimos. A interpretação instrumentalista não tem, por conseguinte, capacidade para explicar os verdadeiros testes, que são tentativas de refutação, e não irá além da asserção de que *teorias diferentes têm diferentes âmbitos de aplicação*. Será, assim, totalmente incapaz de explicar o progresso científico. Em vez de dizer (como eu diria) que a teoria de Newton foi falsificada por experiências cruciais que não conseguiram falsificar Einstein — e que, por esse motivo, a teoria de Einstein é melhor do que a de Newton —, o instrumentalista coerente terá de dizer, em função do seu «novo ponto de vista», o mesmo que Heisenberg: «Consequentemente, já não dizemos: A mecânica de Newton é falsa [...] Em vez disso, usamos agora a seguinte formulação: A mecânica clássica [...] está totalmente "correta" em todos os pontos em que os seus conceitos possam ser aplicados.» (^{29})

Uma vez que «correto» significa aqui «aplicável», esta asserção equivale simplesmente a dizer «A mecânica clássica é aplicável onde os seus conceitos podem ser aplicados», o que não é dizer muito. Mas, seja como for, o que aqui interessa é que, *ao negligenciar a falsificação e salientar a aplicação, o instrumentalismo prova ser uma filosofia tão obscurantista quanto o essencialismo*. De facto, é só pela procura de refutações que a Ciência pode esperar aprender e progredir. Só avaliando a forma como as suas diversas teorias se comportam perante os testes é que lhe é possível distinguir entre as melhores e as piores, e encontrar assim um critério de progresso. (Ver capítulo 10, mais à frente.)

Um mero instrumento de previsão não pode, por conseguinte, ser falsificado. O que a princípio nos pode parecer a sua falsificação acaba por se revelar uma simples cláusula, advertindo-nos acerca dos limites da sua aplicabilidade. É por isso que a perspetiva instrumentalista pode ser utilizada *ad hoc* para salvar uma teoria física que esteja ameaçada por contradições, tal como fez Bohr (se a minha interpretação, apresentada na secção 2, do seu princípio da complementaridade estiver correta). Se as teorias são meros instrumentos de previsão, não precisamos de rejeitar nenhuma em particular, ainda que estejamos convencidos da inexistência de qualquer interpretação física consistente do seu formalismo.

(^{29}) Ver W. Heisenberg em *Dialética*, 2, 1948, pp. 333 ss. O próprio instrumentalismo de Heisenberg está longe de ser consistente, e ele tem um grande número de comentários anti-instrumentalistas a seu crédito. Mas este artigo aqui citado pode ser descrito como uma pura tentativa de provar que a sua teoria quântica conduz necessariamente a uma filosofia instrumentalista e, nessa medida, à conclusão de que a teoria física não pode ser nunca unificada, ou adquirir, sequer, consistência.

Podemos, em resumo, dizer que o instrumentalismo é incapaz de explicar como é importante para a Ciência pura testar rigorosamente até mesmo as mais remotas implicações das suas teorias, uma vez que é incapaz de explicar o interesse do cientista puro pela verdade e pela falsidade. Em contraste com a exigente atitude crítica indispensável ao cientista puro, a atitude do instrumentalismo é (tal como a da Ciência aplicada) uma atitude de comprazimento perante o sucesso das aplicações. É, por conseguinte, bem possível que seja responsável pela recente estagnação da teoria quântica. (Isto foi escrito antes da refutação da paridade.)

6. A terceira perspetiva: conjeturas, verdade e realidade

Nem Bacon nem Berkeley acreditavam que a Terra gira, mas essa é, hoje em dia, uma crença generalizadamente aceite, inclusive pelos físicos. O instrumentalismo é adotado por Bohr e Heisenberg apenas como saída das dificuldades específicas surgidas na teoria quântica.

O motivo está longe de ser suficiente. É sempre difícil interpretar as teorias mais recentes, que são por vezes desconcertantes para os seus próprios criadores, como aconteceu com Newton.[30] Maxwell inclinou-se, a princípio, para uma interpretação essencialista da sua teoria — uma teoria que acabou por contribuir, mais do que qualquer outra, para o declínio do essencialismo. E Einstein começou por se inclinar para uma interpretação instrumentalista da relatividade, fazendo uma espécie de análise operacional do conceito de simultaneidade, que terá sido a grande responsável pela presente moda do instrumentalismo. Mas, mais tarde, arrependeu-se.[31]

Estou confiante em que os físicos em breve se aperceberão de que o princípio da complementaridade é *ad hoc*, e (o que é mais importante) que a sua única função consiste em evitar a crítica e impedir a discussão de interpretações no campo da Física — ainda

---

[30] Ver a citação de Newton no texto da nota 21, mais atrás.

[31] *Nota acrescentada às provas.* Quando este ensaio foi para impressão, Albert Einstein estava ainda vivo e eu tencionava enviar-lhe um exemplar assim que estivesse impresso. A minha observação referia-se a uma conversa que tivemos sobre o assunto em 1950. (Acrescentado em 1990.) Ver secção 28 da minha obra *Unended Quest*.

que a crítica e a discussão sejam duas necessidades urgentes para o aperfeiçoamento de qualquer teoria. Os físicos deixarão então de acreditar que o instrumentalismo lhes é imposto pela estrutura da teoria física contemporânea.

De qualquer das formas, e tal como tentei demonstrar, o instrumentalismo não é mais aceitável do que o essencialismo. Não há, porém, necessidade de aceitar qualquer um deles, uma vez que existe uma terceira perspetiva.(32)

Esta terceira perspetiva não é, penso eu, muito sensacional, ou sequer surpreendente. Conserva a doutrina galilaica de que o cientista tem por objetivo uma descrição verdadeira do mundo, ou de alguns dos seus aspetos, bem como uma explicação verdadeira dos factos observáveis. E combina esta doutrina com a ideia não-galilaica de que, embora este continue a ser o objetivo do cientista, ele não pode nunca saber ao certo se as suas descobertas são ou não verdadeiras — ainda que possa, por vezes, demonstrar, com um razoável grau de certeza, que uma teoria é falsa.(33)

Poderíamos formular esta «terceira perspetiva» das teorias científicas de forma breve, dizendo que elas são *conjeturas genuínas* — suposições altamente informativas acerca do mundo que, apesar de não verificáveis (isto é, suscetíveis de ser demonstradas como verdadeiras), podem ser submetidas a rigorosos testes críticos. São sérias tentativas de descobrir a verdade. Neste aspeto, as hipóteses científicas são exatamente como a famosa conjetura de Goldbach na teoria dos números. Goldbach pensava que essa conjetura podia ser eventualmente verdadeira. E é efetivamente possível que o seja, ainda que *nós não saibamos e possamos, talvez, nunca vir a saber se ela é ou não verdadeira*.

Vou limitar-me a mencionar apenas alguns aspetos da minha «terceira perspetiva», apenas aqueles que a distingam do essencialismo e do instrumentalismo; e vou abordar o essencialismo em primeiro lugar.

O essencialismo olha para o nosso mundo quotidiano como uma mera aparência, por detrás da qual descobre o mundo real. Esta perspetiva tem de ser abandonada assim que tomamos consciência

---

(32) Cf. secção V do cap. 6, mais adiante.
(33) Cf. a discussão deste ponto na secção 5, atrás, e em *L. Sc. D. (passim)*. Ver também cap. 1 e os fragmentos de Xenófanes citados mais adiante, perto do final do cap. 5.

do facto de que o mundo de cada uma das nossas teorias pode ser, por seu turno, explicado por outros mundos, que são descritos por outras teorias — teorias de um mais elevado nível de abstração, universalidade e testabilidade. A doutrina de uma *realidade essencial ou última* desmorona-se juntamente com a doutrina da explicação última.

Uma vez que, de acordo com a nossa terceira perspetiva, as novas teorias científicas são, à semelhança das antigas, verdadeiras conjeturas, elas constituem verdadeiras tentativas de descrever esses outros mundos. Somos assim levados a tomar todos esses mundos, incluindo o nosso mundo quotidiano, como igualmente reais; ou talvez, melhor dizendo, como aspectos ou estratos igualmente reais do mundo real. (Se, ao olhar através de um microscópio, alterarmos o seu grau de amplificação, poderemos ver diversos aspetos ou estratos da mesma coisa, todos completamente diferentes, mas igualmente reais.) Será, por conseguinte, um erro dizer que o meu piano, tal como o conheço, é real, ao passo que as suas alegadas moléculas e átomos são meras «construções lógicas» (ou o que quer que possa indicar a sua irrealidade); tal como será um erro dizer que a teoria atómica demonstra que o piano do meu mundo quotidiano é uma simples aparência — uma doutrina que se torna claramente insatisfatória assim que vemos que os átomos, por seu turno, podem talvez ser explicados como perturbações, ou estruturas de perturbações, num campo quantizado de forças (ou talvez de probabilidades). Todas estas conjeturas são idênticas nas suas pretensões de descrever a realidade, ainda que algumas sejam mais conjeturais do que outras.

Não vamos, deste modo, por exemplo, classificar apenas as chamadas «qualidades primárias» de um corpo (caso da sua forma geométrica) como reais e contrapô-las, como os essencialistas outrora fizeram, às suas «qualidades secundárias» (caso da cor), irreais e meramente aparentes. E isso na medida em que a extensão e até a forma de um corpo se converteram, entretanto, em *objetos de explicação* em termos de teorias de um nível superior; de teorias que descrevem um outro e mais profundo estrato da realidade — forças e campos de forças que se relacionam com as qualidades primárias do mesmo modo que estas, segundo acreditavam os essencialistas, se relacionam com as secundárias. E as qualidades secundárias, como as cores, são tão reais quanto as primárias — ainda que as nossas experiências de cor tenham de ser distinguidas das cores enquanto propriedades das coisas físicas, precisamente da mesma maneira que as nossas experiências de formas geométricas têm de ser distinguidas das formas geométricas enquanto propriedades dessas mesmas coisas. Do nosso ponto de vista, ambas as espécies de qualidades são igualmente reais — ou seja, conjeturadas como reais; e o mesmo acontece com as forças e campos de forças, a despeito do seu carácter indubitavelmente hipotético ou conjetural.

Se bem que, num dos sentidos da palavra «real», todos estes diversos níveis sejam igualmente reais, existe um outro sentido — diferente embora estreitamente relacionado com esse — em que podemos dizer que os níveis mais elevados são os *mais reais* — apesar do facto de serem mais conjeturais. Esses níveis são, de acordo com as nossas teorias, mais reais (mais estáveis em intenção, mais permanentes), no sentido em que uma mesa, uma árvore, ou uma estrela são mais reais do que qualquer um dos seus aspetos.

Mas não será justamente este carácter conjetural ou hipotético das nossas teorias a razão pela qual não devemos atribuir realidade aos mundos por elas descritos? Será que não deveríamos (mesmo que consideremos o «ser é ser percebido» de Berkeley demasiado limitado) *classificar como «reais» unicamente aqueles estados de coisas que são descritos por enunciados verdadeiros*, e não por conjeturas que podem vir a revelar-se falsas? Com estas perguntas, viramo-nos para a discussão da doutrina instrumentalista que, com a sua asserção de que as teorias são meros instrumentos, pretende negar a afirmação de que algo como um mundo real seja descrito por elas.

Eu aceito a ideia (implícita na teoria clássica, ou teoria da correspondência com a verdade[34]) de que só deveríamos classificar

---

(34) Ver a obra de A. Tarski sobre o *Conceito de Verdade* (*Der Wahrheitsbegriff*, etc., *Studia Philosophica*, 1935, texto da nota 1: «verdadeiro = de acordo com a realidade»). (Ver a tradução inglesa *in* A. Tarski, *Logic, Semantics, Metamathematics*, 1956, p. 153. A tradução diz «correspondente» onde eu traduzi «de acordo».) As observações que se seguem (e também o penúltimo parágrafo antes daquele a que esta nota está apensa) foram acrescentadas numa tentativa de responder a uma crítica amigável que me foi particularmente comunicada pelo professor Alexandre Koyré, com quem me sinto em grande dívida.

Não creio que, se aceitarmos a sugestão de que «de acordo com a realidade» e «verdadeiro» são equivalentes, estejamos em sério perigo de ser conduzidos para a via do idealismo. Não proponho *definir* «real» com a ajuda desta equivalência. (E, mesmo que propusesse, não há razão para acreditar que uma definição determine necessariamente o estatuto ontológico do

um estado de coisas como «real» se, e unicamente se, o enunciado que o descreve for verdadeiro. Mas seria um grave erro concluir daí que a incerteza de uma teoria, isto é, o seu carácter hipotético ou conjectural, diminui de alguma forma a sua implícita *pretensão* de descrever alguma coisa real. De facto, todo o enunciado *e* é equivalente a um enunciado que afirma que *e* é verdadeiro. E quanto à questão de *e* ser uma conjetura, devemos lembrar-nos, antes de mais, que uma conjetura *pode* ser verdadeira e descrever, nessa medida, um estado de coisas real. Em segundo lugar, se é falsa, então é porque contradiz algum estado de coisas real (descrito pela sua verdadeira negação). Além disso, se testarmos a nossa conjetura e lograrmos falsificá-la, veremos muito claramente que existia uma realidade — algo com o qual ela podia colidir.

As nossas falsificações indicam, por conseguinte, os pontos em que tocámos, por assim dizer, a realidade. E a nossa mais recente e mais perfeita teoria constitui sempre uma tentativa de incorporar todas as falsificações já encontradas no domínio em questão, explicando-as da forma mais simples; e isso significa (tal como tentei demonstrar em *The Logic of Scientific Discovery*, secções 31 a 46) da forma mais suscetível de ser testada.

Como é evidente, se não soubermos como testar uma teoria, podemos ter dúvidas de que exista efetivamente alguma coisa da espécie (ou nível) que por ela é descrita. E, se soubermos positivamente que não pode ser testada, então as nossas dúvidas aumentarão — poderemos suspeitar de que não passa de um simples mito ou conto de fadas. *Mas, se uma teoria for testável, implicará nesse caso que acontecimentos de um determinado tipo não podem ocorrer; e, nessa medida, afirmará alguma coisa acerca da realidade.* (É por isso que exigimos que, quanto mais conjetural uma teoria for, mais elevado seja o seu grau de testabilidade.) As conjeturas ou suposições testáveis são pois, em todo o caso, conjeturas ou suposições acerca da realidade. Do seu carácter incerto ou conjetural segue-se apenas que o nosso conhecimento da realidade por elas descrita será também incerto ou conjetural. E, ainda que somente aquilo que pode ser conhecido com certeza seja com certeza real, será um erro pensar o inverso, ou seja, que só é efetivamente real o que pode

---

termo definido.) O que esta equivalência nos devia ajudar a ver é que o *carácter hipotético* de um enunciado — isto é, a nossa *incerteza quanto à sua verdade* — significa que estamos a *tecer suposições acerca da realidade.*

ser conhecido com certeza como tal. Nós não somos omniscientes, e há sem dúvida muito de real que nos é desconhecido a todos. É, pois, na verdade, o velho equívoco de Berkeley (sob a forma «ser é ser conhecido») que continua subjacente ao instrumentalismo.

As teorias são invenções nossas, são ideias nossas. Não nos são impostas de fora — são antes os instrumentos autofabricados do nosso pensamento. Este aspeto foi claramente visto pelo idealista. Mas algumas destas nossas teorias podem entrar em choque com a realidade. E, quando tal acontece, sabemos que há uma realidade; sabemos que existe algo para nos recordar o facto de que as nossas ideias podem estar erradas. E é por esse motivo que o realista tem razão.

Estou, por conseguinte, de acordo com o essencialismo na sua opinião de que *a Ciência é capaz de verdadeiras descobertas*, e até mesmo no seu ponto de vista de que, ao descobrir novos mundos, o nosso intelecto triunfa sobre a nossa experiência dos sentidos. Mas não incorro no mesmo erro de Parménides — o de negar realidade a tudo quanto de colorido, variado, individual, indeterminado e indescritível existe no nosso mundo.

Uma vez que acredito que a Ciência pode fazer verdadeiras descobertas, tomo posição com Galileu contra o instrumentalismo. Admito que as nossas descobertas são conjeturais. Mas essa é uma verdade que se aplica até às explorações geográficas. As conjeturas de Colombo acerca do que tinha descoberto estavam de facto erradas. E Peary podia apenas conjeturar — com base em teorias — que havia alcançado o Polo. Mas esses elementos conjeturais não tornam as suas descobertas menos reais, ou menos significativas.

Há uma importante distinção entre dois tipos de previsão científica que podemos fazer, ao contrário do instrumentalismo: uma distinção que está ligada ao problema da descoberta científica. Estou a pensar, por um lado, na distinção entre a previsão de *acontecimentos de um género que é conhecido*, como os eclipses ou tempestades; e, por outro, na previsão de *novas espécies de acontecimentos* (a que os físicos chamam «novos efeitos»), como é o caso da previsão que conduziu à descoberta das ondas eletromagnéticas, ou da energia de ponto nulo, ou à criação artificial de novos elementos que não se encontravam anteriormente na Natureza.

Parece-me evidente que o instrumentalismo apenas consegue explicar o primeiro tipo de previsão: se as teorias são instrumentos de previsão, temos então de supor que a sua finalidade deve estar antecipadamente determinada, tal como a dos outros instrumentos. As previsões do segundo tipo só podem ser plenamente compreendidas como descobertas.

Estou persuadido de que as nossas descobertas são guiadas pela teoria, nestes como em muitos outros casos, e não de que as teorias sejam o resultado de descobertas «devidas à observação» — uma vez que a própria observação tende a ser guiada pela teoria. Mesmo as descobertas geográficas (Colombo, Franklin, os dois Nordenskjölds, Nansen, Wegener e a expedição de Heyerdahl a Kon-Tiki) são frequentemente realizadas com o objetivo de testar uma teoria. Não se contentar em fazer previsões, mas criar situações novas para novos tipos de teste: esta é uma função das teorias que o instrumentalismo dificilmente pode explicar sem abdicar dos seus princípios fundamentais.

Mas talvez o mais interessante contraste entre a «terceira perspetiva» e o instrumentalismo surja em consequência da negação, por parte deste último, da função descritiva das palavras abstratas, bem como das palavras disposicionais. Diga-se, a propósito, que esta doutrina manifesta uma tendência essencialista dentro do instrumentalismo — a crença de que os acontecimentos, ocorrências ou «incidentes» (que são diretamente observáveis) devem ser, num certo sentido, mais reais do que as disposições (que não são diretamente observáveis).

A «terceira perspetiva» desta questão é diferente. Eu mantenho que muitas das nossas observações são mais ou menos indiretas, e que é duvidoso que a distinção entre incidentes diretamente observáveis e o que é apenas indiretamente observável nos conduza ao que quer que seja. Não posso deixar de pensar que é um erro acusar as forças *newtonianas* (as «causas da aceleração») de serem ocultas e tentar rejeitá-las (como tem sido sugerido) em favor das acelerações. E isso porque as acelerações não podem ser observadas mais diretamente do que as forças, e são *de igual modo disposicionais*. A afirmação de que a velocidade de um corpo foi acelerada diz-nos que a velocidade desse corpo irá exceder, no espaço de um segundo, a velocidade que neste momento tem.

Em minha opinião, *todos os universais são disposicionais*. Se «quebrável» é disposicional, o mesmo acontece com «quebrado», considerando, por exemplo, a forma como um médico decide se um osso está quebrado ou não. E também não classificaríamos um copo como «quebrado» se os seus bocados se fundissem no momento em que os juntássemos de novo. O critério de estar quebrado é um comportamento *sob determinadas condições*. Analogamente, o «vermelho» é disposicional: uma coisa é vermelha se é capaz de refletir uma certa espécie de luz — se «parece vermelha» em determinadas situações. Mas mesmo «parecer vermelho» é disposicional. Descreve a disposição de uma coisa para levar os que para ela olham a concordar que parece vermelha.

Há, sem dúvida, *graus* de carácter disposicional: «capaz de conduzir eletricidade» tem um grau de disposicionalidade mais elevado do que «a conduzir eletricidade agora», que é ainda muitíssimo disposicional. Estes graus correspondem muito aproximadamente aos graus do carácter conjetural ou hipotético das teorias. Mas não há qualquer razão para negar realidade às disposições, nem mesmo que neguemos realidade a todos os universais e a todos os estados de coisas, incluindo incidentes, e para nos circunscrevamos àquele sentido da palavra «real» que, do ponto de vista do uso vulgar, é o mais restrito e o mais seguro: designar como «reais» unicamente os corpos físicos e, dentro desses, apenas aqueles que não sejam nem demasiado grandes, nem demasiado pequenos, nem demasiado distantes para poderem ser facilmente vistos e manejados.

Pois, mesmo então, deveríamos compreender (tal como escrevi há vinte anos[35]) que

> toda a descrição recorre a [...] universais; todo o enunciado tem o carácter de uma teoria, de uma hipótese. A frase "Aqui está um copo de água" não pode ser (inteiramente) verificada por nenhuma experiência dos sentidos, dado que os universais que nela surgem não podem ser correlacionados com nenhuma experiência sensorial em particular. (Uma "experiência imediata" é "imediatamente dada" uma só vez; é única.) Pela palavra "copo", por exemplo, referimos corpos físicos que manifestam um determinado *comportamento aparentemente regrado*. E o mesmo se aplica à palavra "água".

Não creio que uma linguagem sem universais pudesse alguma vez funcionar. E o uso dos universais obriga-nos a afirmar, e, nessa medida (pelo menos), a conjeturar a realidade das disposições

---

(35) Ver a minha *L. Sc. D.*, final da secção 25; ver também o novo apêndice *x, (1) a (4), e o cap. 1 do presente volume; e ainda cap. 11, secção v, texto das notas 61 a 65.

— embora não das disposições últimas e inexplicáveis, ou seja, das essências. Podemos exprimir tudo isto dizendo que a distinção usual entre «*termos de observação*» (ou «*termos não teoréticos*») e *termos teoréticos* está errada, dado que todos os termos são teoréticos até certo ponto, e ainda que alguns são mais teoréticos do que outros — tal como dissemos que todas as teorias são conjecturais, embora umas sejam mais conjecturais do que outras.

Mas se estamos empenhados ou, pelo menos, dispostos a conjecturar a realidade de forças, ou de campos de forças, não haverá então razão para não conjecturarmos que um dado tem uma *propensão* (ou disposição) definida para cair sobre uma ou outra das suas faces; que essa propensão pode ser modificada se o viciarmos; que as propensões deste género se podem alterar continuamente; e que podemos operar com campos de propensões, ou de entidades que determinam propensões. Uma interpretação da probabilidade nesta linha poderia permitir-nos dar uma nova interpretação física à teoria quântica — e que seria diferente da interpretação puramente estatística de Born, embora de acordo com ele na ideia de que os enunciados probabilísticos só podem ser testados estatisticamente.([36]) E esta interpretação poderia, talvez, auxiliar-nos um pouco nos nossos esforços para resolver aquelas sérias e desafiantes dificuldades da teoria quântica que parecem hoje em dia colocar em perigo a tradição galilaica.([37])

([36]) A respeito da teoria propensiva da probabilidade, ver os meus ensaios em *Observation and Interpretation*, ed. S. Körner 1957, pp. 65 ss., e no *B. J. P. S.* 10, 1959, pp. 25 ss.

([37]) (Acrescentado em 1980.) Se a memória não me falha, então este parágrafo é o primeiro enunciado da interpretação propensiva que publiquei em 1956 (foi escrito em 1953, embora a nota de rodapé 36 não constasse, obviamente, da versão original deste capítulo).

4

Avançando para uma teoria racional da tradição

No título desta palestra, a ênfase deveria ser posta na palavra «avançando». Não pretendo avançar nada que se pareça com uma teoria completa. Quero explicar-vos e exemplificar o tipo de questão a que uma teoria da tradição teria de responder e dar-vos, em traços largos, algumas ideias que podem contribuir para a sua elaboração. Como forma de introduzir o tema, desejo contar-vos como surgiu o meu interesse por ele e por que motivo penso que é importante. E tenciono igualmente referir algumas das possíveis atitudes que em relação a ele se podem adotar.

Sou um racionalista híbrido. Não estou inteiramente seguro de que o meu racionalismo seja considerado aceitável por todos vós, mas veremos isso mais tarde. Interesso-me muito pelo método científico. Tendo estudado durante algum tempo os métodos das Ciências da Natureza, senti que poderia ser interessante estudar também os métodos das Ciências Sociais. Foi então que, pela primeira vez, deparei com o problema da tradição. Os antirracionalistas do campo da política, da teoria social, etc., consideram habitualmente que este problema não pode ser tratado por nenhuma espécie de teoria racional. A sua atitude consiste em aceitar a tradição como algo simplesmente dado. Temos de admiti-la; não podemos racionalizá-la. A tradição desempenha um papel importante na sociedade e cabe-nos apenas compreender o seu significado e aceitá-la.

Transcrição de uma palestra proferida na Terceira Conferência Anual da Rationalist Press Association, em 26 de julho de 1948, no Magdalen College, Oxford (presidida pelo professor A. E. Heath). Publicada pela primeira vez em The Rationalist Annual, *1949.*

O nome mais importante associado a esta perspetiva antirracionalista é o de Edmund Burke. Ele lutou, como sabem, contra as ideias da Revolução Francesa, e a sua arma mais eficaz foi a análise da importância desse poder irracional a que chamamos «tradição». Menciono Burke porque creio que ele nunca recebeu uma resposta adequada por parte dos racionalistas. Em vez de lhe responder, os racionalistas tenderam a ignorar a sua crítica e a persistir na sua atitude antitradicionalista sem assumir o desafio. Existe, sem dúvida, uma hostilidade tradicional entre racionalismo e tradicionalismo. Os racionalistas têm tendência a adotar esta atitude: «Eu não estou interessado na tradição. Quero julgar todas as coisas pelos seus próprios méritos; quero descobrir os seus méritos e deméritos, e quero fazê-lo com total independência de qualquer tradição. Quero julgar pela minha própria cabeça, e não pelas de outras pessoas que já viveram há muito tempo.»

Que a questão está longe de ser tão simples quanto esta atitude supõe é o que ressalta do facto de o racionalista que diz tais coisas estar, ele próprio, muito condicionado por uma tradição racionalista que tradicionalmente as diz — o que demonstra a fraqueza de certas atitudes tradicionais relativamente ao problema da tradição.

O presidente da nossa reunião disse-nos hoje que não precisamos de nos preocupar com a reação antirracionalista; que é muito fraca, se não mesmo desprezável. Mas eu sinto que existe, de facto, uma reação antirracionalista de carácter sério entre homens muito inteligentes e que está relacionada com este problema particular. Um considerável número de proeminentes pensadores transformou o problema da tradição num grande pau para zurzir o racionalismo. Posso citar como exemplo Michael Oakeshott, um historiador de Cambridge e um pensador realmente original, que lançou recentemente, no *Cambridge Journal*, um ataque contra o racionalismo.([1]) Discordando embora, em larga medida, das suas críticas, tenho de admitir que o ataque foi poderoso. Quando ele o desferiu, não havia muito na literatura racionalista que se pudesse considerar uma resposta adequada aos seus argumentos. É possível que existam algumas respostas, mas duvido muito da sua justeza. E essa é uma das razões por que sinto que este assunto é importante.

([1]) Reeditado em M. Oakeshott, *Rationalism in Politics and other Essays*, 1962, pp. 1–36.

Outro dos motivos que me induziu a pegar nesta questão foi simplesmente a minha própria experiência — a minha própria mudança de ambiente social. Cheguei a Inglaterra vindo de Viena e senti que a *atmosfera* aqui era muito diferente daquela em que fora educado. Ouvimos esta manhã algumas interessantes observações do dr. J. A. C. Brown([2]) acerca da grande importância daquilo a que ele chama a «atmosfera» de uma fábrica. Tenho a certeza de que ele concordaria que essa atmosfera tem algo que ver com a tradição. Eu transferi-me de uma tradição ou atmosfera continental para uma inglesa e, mais tarde, durante algum tempo, para a da Nova Zelândia. Estas mudanças estimularam-me, sem dúvida, a pensar acerca destas questões e a tentar investigá-las mais profundamente.

Certos tipos de tradição particularmente importantes são locais e não podem ser facilmente transplantados. Essas tradições são preciosas e, uma vez perdidas, é muito difícil restaurá-las. Estou a pensar na tradição científica, em que estou especialmente interessado. Verifiquei que é muito difícil transplantá-la dos poucos sítios em que realmente criou raízes. Há dois mil anos, esta tradição foi destruída na Grécia e levou muito tempo até se enraizar de novo. Do mesmo modo, recentes tentativas de a transplantar de Inglaterra para o Ultramar não tiveram grande sucesso. Nada salta mais à vista do que a falta de uma tradição de investigação em alguns dos países ultramarinos. É uma verdadeira luta para tentar implantá-la onde ela não existe. Posso talvez referir que, na altura em que deixei a Nova Zelândia, o Reitor da Universidade levou a cabo um minucioso inquérito sobre a questão da investigação. Em consequência disso, fez um excelente discurso crítico em que denunciou a Universidade pela sua negligência neste aspecto. Mas poucos serão os que acreditam que esse discurso significa que uma tradição de pesquisa científica vai agora ser instaurada, dado que é uma coisa muito difícil de implantar. Podemos convencer as pessoas da necessidade de uma tal tradição, mas isso não significa que ela se vá enraizar e florescer.

Eu poderia, naturalmente, colher exemplos de outros domínios além da Ciência. Para vos recordar que não é apenas no domínio científico que a tradição é importante — embora seja essencialmente nele que me irei debruçar – basta-me mencionar

---

([2]) O objeto da alusão é a conferência «Rational and Irrational Behaviour in Industrial Groups», resumida em *The Literary Guide*, outubro, 1948.

a música. Quando estava na Nova Zelândia, adquiri um conjunto de gravações americanas do «Requiem» de Mozart. Depois de as escutar, compreendi o que significava a falta de uma tradição musical. Aquelas gravações tinham sido feitas sob a orientação de um músico que era obviamente alheio à tradição procedente de Mozart e o resultado era desolador. Não vou insistir mais neste assunto. Só o menciono para deixar claro que, ao eleger como principal exemplo a questão da tradição científica ou racional, não desejo transmitir-vos a impressão de que é a mais importante ou a única.

Deveria ser claramente compreendido que, perante a tradição, só há duas atitudes fundamentais possíveis. Uma delas é aceitarmos uma tradição *acriticamente*, muitas vezes sem estarmos, sequer, conscientes da sua existência. Em numerosos casos, não conseguimos escapar a isso, dado que, com frequência, nós simplesmente não nos apercebemos de que estamos face a uma tradição. Se eu uso o meu relógio no pulso esquerdo, não preciso de ter consciência de que estou a aceitar uma tradição. Fazemos diariamente centenas de coisas sob a influência de tradições de que não estamos minimamente conscientes. Mas, não sabendo que estamos a agir sob a influência de uma tradição, não podemos evitar aceitá-la acriticamente.

A outra possibilidade é uma atitude *crítica*, que tanto pode resultar numa aceitação como numa rejeição, ou talvez num compromisso. Temos, porém, de conhecer e de compreender uma tradição antes de podermos criticá-la, antes de estarmos em posição de dizer: «Rejeitamos esta tradição por motivos de ordem racional.» Ora eu não penso que possamos alguma vez libertar-nos inteiramente das cadeias da tradição. A chamada libertação é, na verdade, apenas uma mudança de uma tradição para outra. Mas podemos libertar-nos dos *tabus* de uma tradição; e podemos fazê-lo não só rejeitando-a, mas também aceitando-a *criticamente*. Libertamo-nos do tabu se *pensarmos* nele e se nos interrogarmos se devemos aceitá-lo ou rejeitá-lo. Para o fazer, temos de começar por ter a tradição bem definida perante nós e temos de compreender, em linhas gerais, qual pode ser a função e o significado de uma tradição. É por isso que é tão importante para os racionalistas analisar este problema, pois os racionalistas são aquelas pessoas que estão prontas a desafiar e a criticar tudo e mais alguma coisa, incluindo, espero bem, a sua própria tradição. Estão prontos a colocar pontos de interrogação em tudo, pelo menos nas suas mentes. Não se submetem cegamente a nenhuma tradição.

Devo dizer que há na nossa inestimável tradição racionalista (que os racionalistas tantas vezes aceitam de forma demasiado acrítica) uns quantos pontos que deveríamos desafiar. Faz parte da tradição racionalista, por exemplo, a ideia metafísica de determinismo. Aqueles que não estão de acordo com o determinismo são geralmente olhados com desconfiança pelos racionalistas, pois estes receiam que, se aceitarmos o indeterminismo, nos possamos ver obrigados a aceitar a doutrina do Livre Arbítrio e, consequentemente, envolvidos em argumentos teológicos acerca da Alma e da Graça Divina. Eu evito habitualmente falar do livre arbítrio, porque não estou inteiramente seguro do que isso significa, e suspeito até que a nossa intuição de livre arbítrio nos pode induzir em erro. Não obstante isso, penso que o determinismo é uma teoria insustentável a diversos títulos e que não temos qualquer razão para o aceitar. Creio, na verdade, que é importante para nós livrarmo-nos do fator «determinismo» da tradição racionalista. Não só é indefensável como nos cria infindáveis problemas. Importa, por isso, compreender que o indeterminismo — ou seja, a negação do determinismo — não nos envolve necessariamente em nenhuma doutrina acerca do nosso «arbítrio» ou da nossa «responsabilidade».

Um outro elemento da tradição racionalista que deveríamos questionar é a ideia de observacionalismo — a ideia de que conhecemos o mundo porque olhamos em volta, abrimos os nossos olhos e ouvidos, e vamos tomando nota do que vemos, ouvimos, etc.; e que será nisso que consiste o material do nosso conhecimento. Este é um preconceito profundamente enraizado e constitui, segundo penso, uma ideia que impede a compreensão do método científico. Voltarei a este ponto mais tarde. E é quanto basta como introdução.

Vou traçar agora um breve esboço da tarefa de uma teoria da tradição. Uma teoria da tradição deve ser uma teoria sociológica, pois a tradição é, obviamente, um fenómeno social. Refiro isto porque desejo discutir sucintamente convosco a *tarefa das Ciências Sociais teóricas*, que tem sido frequentes vezes incompreendida. A fim de explicar o que creio ser a principal tarefa de uma Ciência Social, gostaria de começar por descrever uma teoria que é sustentada por um grande número de racionalistas — uma teoria que, segundo penso, implica exatamente o oposto do verdadeiro objetivo das Ciências Sociais. Vou chamar a esta teoria «a teoria *conspiratória da sociedade*». Esta teoria, que é mais primitiva do que muitas formas de teísmo, é da família da teoria homérica da sociedade. Homero concebia o poder dos deuses em termos tais que tudo o que acontecesse na planície diante de Tróia seria apenas um reflexo das diversas conspirações no Olimpo. A teoria conspiratória da sociedade é uma simples variação deste teísmo, de uma crença em deuses que tudo governam com os seus caprichos e vontades. Provém do abandono de Deus e da consequente pergunta: «Quem ocupa o Seu lugar?» Esse lugar será então ocupado por diversos homens e grupos poderosos — sinistros grupos de pressão, culpados de haverem planeado a Grande Depressão e todos os males de que sofremos.

A teoria conspiratória da sociedade está muito disseminada e tem muito pouco de verdadeiro. Só quando teóricos da conspiração alcançam o poder é que ela se converte, de alguma forma, numa teoria elucidativa de coisas que efetivamente acontecem (um caso do que chamei «Efeito Édipo»). Por exemplo, Hitler, que acreditava no mito da conspiração dos Anciãos Sábios de Sião, quando ascendeu ao poder, tentou ultrapassar a conspiração deles com a sua própria contraconspiração. Mas o interessante é que *uma conspiração dessas nunca — ou «quase nunca» — resulta naquilo que se pretendia*.

Este comentário pode ser interpretado como uma pista acerca da verdadeira tarefa de uma teoria social. Hitler, como acabo de dizer, urdiu uma conspiração que falhou. E por que é que falhou? Não apenas porque outras pessoas conspiraram contra Hitler. Falhou simplesmente porque um dos aspetos mais flagrantes da vida social é o facto de *que nada sai nunca exactamente como se pretendia*. As coisas revelam-se sempre um pouco diferentes do esperado. É muito raro produzirmos na vida social precisamente o efeito que desejávamos produzir e vemo-nos habitualmente a braços com coisas que nunca fizeram parte dos nossos planos. É claro que agimos com determinados objetivos em mente. Mas, independentemente desses objetivos (que podemos ou não efetivamente alcançar) verificam-se sempre algumas consequências indesejadas das nossas ações. E, regra geral, essas consequências não podem ser eliminadas. Explicar por que não podem ser eliminadas é a grande tarefa da Ciência Social.

Vou dar-vos um exemplo muito simples. Suponhamos que um homem, numa pequena aldeia, tem de vender a sua casa. Não há muito tempo, um outro homem comprara uma casa nessa mesma aldeia porque precisava urgentemente de uma. Existe agora um vendedor. E ele vai descobrir que, em condições normais, não consegue um preço que se aproxime, sequer, daquele que o comprador tivera de pagar quando quis adquirir uma casa semelhante. Ou seja, o simples facto de alguém pretender vender a sua casa desce o preço de mercado. E isto é geralmente assim. Quem quer vender alguma coisa faz sempre baixar o valor de mercado daquilo que pretende vender; e quem quer comprar faz subir o valor daquilo que pretende adquirir. Esta regra só se aplica, evidentemente, aos pequenos mercados livres. Não digo que o sistema económico dos mercados livres não possa ser substituído por outro. Mas, numa economia de mercado, é isto que sucede. Concordarão certamente comigo que não há necessidade de provar que o homem que deseja vender alguma coisa não tem, normalmente, intenção de baixar o preço de mercado, tal como o homem que deseja comprar não tem intenção de o subir. Temos aqui um típico exemplo de consequências indesejadas.

A situação descrita é característica de *todas as situações sociais.* Em todas elas encontramos indivíduos que fazem coisas, que querem coisas, que têm determinados objetivos. Até ao ponto em que agem da forma como desejam agir, e realizam os objetivos que pretendem realizar, nenhum problema se levanta para as Ciências Sociais (exceto o de saber se as suas necessidades e objetivos se poderão, eventualmente, explicar em termos sociais, por exemplo, mediante determinadas tradições). Os problemas característicos das Ciências Sociais decorrem apenas do nosso desejo de conhecer as *consequências involuntárias* e, mais particularmente, as *consequências indesejadas* que podem surgir se fizermos determinadas coisas. Nós não queremos prever apenas as consequências diretas, mas também as indiretas e indesejadas. E por que é que essa previsão nos interessa? Ou por causa da nossa curiosidade científica, ou porque queremos estar preparados para elas: podemos pretender, se possível, enfrentar essas consequências e impedi-las de se tornarem demasiado importantes. (Isto significa, uma vez mais, ação e, com ela, o desencadear de novas consequências indesejadas.)

Penso que as pessoas que se aproximam das Ciências Sociais com uma teoria da conspiração pré-fabricada negam a si próprias a possibilidade de alguma vez virem a entender qual é a tarefa destas Ciências, uma vez que supõem que podemos explicar a quase totalidade dos factos sociais perguntando que interesses serviram — quando, afinal, a verdadeira tarefa das Ciências Sociais([3]) consistirá antes em explicar aquelas coisas que ninguém quer, como, por exemplo, uma guerra ou uma depressão. (A revolução de Lenine e, muito particularmente, a revolução e a guerra de Hitler são, penso eu, exceções. Essas foram conspirações verdadeiras. Mas foram consequências do facto de os teóricos da conspiração terem chegado ao poder — teóricos esses que, muito significativamente, se revelaram incapazes de consumar as suas conspirações.)

A teoria social tem, assim, por tarefa explicar como surgem as consequências inesperadas das nossas intenções e ações, e que espécie de consequências ocorrerão se as pessoas fizerem isto, aquilo ou aqueloutro, numa determinada situação social. E é especialmente tarefa das Ciências Sociais analisar deste modo a existência e o funcionamento das *instituições* (como as forças policiais, as companhias de seguros, as escolas ou os governos) e dos *coletivos* sociais (como os Estados, nações, classes ou outros grupos sociais). O teórico da conspiração acreditará que as instituições podem ser inteiramente compreendidas como resultando de um desígnio consciente. E, no que se refere aos coletivos, atribui-lhes habitualmente uma espécie de personalidade de grupo, tratando-os como agentes conspiradores, como se fossem pessoas individuais. Em contraste com esta ideia, o teórico social deverá reconhecer que a persistência das instituições e coletivos cria um problema que tem de ser resolvido mediante uma análise das ações sociais

---

([3]) No debate que se seguiu à palestra, fui criticado por rejeitar a teoria da conspiração, e afirmou-se que Karl Marx havia evidenciado a tremenda importância da conspiração capitalista para a compreensão da sociedade. Na minha resposta, declarei que deveria ter mencionado a minha dívida com Marx, *que foi um dos primeiros críticos da teoria da conspiração*, e um dos primeiros a analisar as consequências das ações voluntárias de pessoas que agem em determinadas situações sociais. Marx disse, de uma forma muito clara e precisa, que o capitalista está tão preso na rede das circunstâncias sociais (ou do «sistema social») quanto o trabalhador; que o capitalista não pode deixar de agir da maneira como age: não tem mais liberdade do que o trabalhador, e os efeitos das suas ações são, em larga medida, involuntários. Mas a abordagem verdadeiramente científica (embora, em minha opinião, demasiado determinista) de Marx tem sido esquecida pelos seus modernos partidários, os vulgarizadores do marxismo, que propuseram uma popular teoria conspiratória da sociedade, não mais convincente do que o mito dos Anciãos Sábios de Sião.

individuais que considere tanto as suas consequências voluntárias como as involuntárias (e frequentemente indesejadas). A tarefa de uma teoria da tradição deve ser vista a uma luz semelhante. É só muito raramente que as pessoas desejam conscientemente criar uma tradição; e mesmo nesses casos não têm grandes probabilidades de sucesso. Por outro lado, pessoas que nunca sonharam instaurar uma tradição podem, não obstante, fazê-lo de forma totalmente involuntária. Chegamos assim a um dos problemas da teoria da tradição: como é que surgem as tradições — e, mais importante ainda, como é que subsistem — enquanto consequências (possivelmente involuntárias) das ações das pessoas?

Um segundo e mais relevante problema é este: qual é a função da tradição na vida social? Terá alguma função que seja racionalmente compreensível, no mesmo sentido em que é possível explicar qual a função das escolas, de uma força policial, de uma mercearia, da Bolsa de Valores, ou de outras *instituições sociais* semelhantes? Será que podemos analisar as funções das tradições? É essa, talvez, a principal tarefa de uma teoria da tradição. A minha forma de abordar esta tarefa será a análise de uma tradição em particular como exemplo — a tradição racional ou científica — de que tenciono servir-me mais tarde para diversos fins.

O meu principal objetivo será traçar um paralelo entre, por um lado, as teorias que, após haverem sido submetidas a testes científicos, são adotadas como resultantes da atitude racional ou crítica — ou seja, de um modo geral as hipóteses científicas — e a forma como elas nos ajudam a orientar-nos neste mundo; e, por outro lado, as crenças, as atitudes e as tradições em geral e a forma como nos orientam, particularmente no mundo social.

Essa coisa peculiar a que chamamos tradição científica tem sido muitas vezes discutida. As pessoas têm-se frequentemente interrogado acerca desse estranho acontecimento que teve, de alguma forma, lugar algures na Grécia, nos séculos sexto e quinto antes de Cristo — a invenção de uma filosofia racional. Que é que efetivamente aconteceu, por que é que aconteceu, e como aconteceu? Alguns pensadores modernos afirmam que os filósofos gregos foram os primeiros a tentar *compreender* o que acontece na Natureza. Vou demonstrar-vos por que é que esta é uma explicação insatisfatória.

Os primeiros filósofos gregos tentaram, de facto, compreender o que acontecia na Natureza. Mas isso também fizeram os criadores de mitos mais primitivos antes deles. Como é que podemos caracterizar esse tipo primitivo de explicação que foi substituído pelos modelos dos primeiros filósofos gregos, os fundadores da nossa tradição científica? Pondo a questão em termos rudimentares, os inventores de mitos pré-científicos diziam, quando viam aproximar-se uma tempestade: «Ai, ai, Zeus está zangado!» E, quando viam que o mar estava bravo, diziam: «Poseidon está zangado.» Era este o tipo de explicação que se considerava satisfatória antes de a tradição racionalista ter introduzido novos critérios de explicação. Qual foi realmente a diferença decisiva? Dificilmente poderemos dizer que as novas teorias introduzidas pelos filósofos gregos eram mais facilmente compreendidas do que as antigas. É, segundo me parece, muito mais fácil compreender a declaração de que Zeus está zangado do que compreender uma explicação científica de uma tempestade. E, para mim, a afirmação de que Poseidon está zangado é uma explicação muito mais simples e compreensível das ondas alterosas do mar do que uma outra que nos fale da fricção entre o ar e a superfície da água.

Penso que a inovação que os primeiros filósofos gregos introduziram terá sido, em termos aproximados, esta: eles começaram a *discutir* estes assuntos. Em vez de aceitarem acriticamente a tradição religiosa e de a considerarem inalterável (como as crianças que protestam se a titi altera uma palavrinha da sua história preferida), em vez de se limitarem a transmitir uma tradição, estes filósofos desafiaram-na e, por vezes, inventaram até um novo mito para substituir o antigo. Temos, creio eu, de admitir que as novas histórias que eles puseram no lugar das antigas eram fundamentalmente mitos — tal como as outras o eram. Mas há duas coisas acerca delas que convém realçar.

Em primeiro lugar, essas histórias não eram meras repetições ou reformulações das antigas, mas continham novos elementos. Não que isso seja, em si mesmo, uma grande virtude. Mas o segundo e mais importante aspeto é este: os filósofos gregos inventaram uma *nova tradição* — a tradição de adotar uma atitude crítica em relação aos mitos, a tradição de os discutir; a tradição de não apenas contar um mito, mas também de o ver posto em causa por aquele a quem foi contado. Ao narrar o seu mito, eles estavam, por seu turno, prontos a ouvir o que o seu interlocutor dele pensava — admitindo com isso a possibilidade de o outro ter, talvez, uma explicação melhor do que eles. Estava-se perante algo que nunca antes tinha acontecido. Nascera uma nova forma de interrogar.

Juntamente com a explicação — o mito — surgia a pergunta: «Será que me pode dar uma explicação melhor?» E outro filósofo podia responder: «Posso sim.» Ou então, podia dizer: «Não sei se lhe posso dar uma explicação melhor, mas posso dar-lhe uma muito diferente que serve igualmente bem. Estas duas explicações não podem ser ambas verdadeiras, por isso deve haver algo aqui que não está certo. Não podemos simplesmente aceitar estas duas explicações. Nem temos qualquer razão para aceitar apenas uma delas. Queremos realmente saber mais sobre este assunto. Temos de o discutir melhor. Temos de ver se as nossas explicações justificam aquilo que já conhecemos, e até alguma outra coisa que nos tenha até aqui escapado.»

A minha tese é que aquilo a que chamamos «Ciência» se distingue dos mitos mais antigos não por ser algo distinto de um mito, mas por surgir acompanhada por uma tradição de segunda ordem — a tradição de discutir criticamente o mito. Antes disso existia apenas a tradição de primeira ordem. Uma história de contornos fixos ia sendo transmitida. Mais tarde, havia ainda, obviamente, uma história a transmitir, mas ia acompanhada por uma espécie de texto silencioso de segunda ordem: «Transmito-te esta história, mas diz-me o que pensas dela. Reflete sobre ela. Talvez nos possas dar uma diferente.» Esta tradição de segunda ordem era a atitude crítica ou argumentativa. Foi, segundo penso, uma coisa nova, e continua ainda a ser o aspeto fundamental da tradição científica. Se compreendermos isso, assumiremos uma atitude totalmente diferente em relação a um bom número de problemas do método científico. Compreenderemos que, num certo sentido, e tal como a religião, a Ciência é uma criadora de mitos. Dir-me-eis: «Mas os mitos científicos são tão diferentes dos mitos religiosos!» Certamente que são diferentes. Mas por que é que o são? Porque, se adotarmos esta atitude crítica, os nossos mitos tornam-se realmente diferentes. Modificam-se; e modificam-se no sentido de nos ir dando uma explicação cada vez mais aperfeiçoada do mundo e das diferentes coisas que nele podemos observar. E desafiam-nos também a observar coisas que nunca teríamos observado sem essas teorias ou mitos.

Nas discussões críticas que então se levantaram, surgiu também, pela primeira vez, algo como uma observação *sistemática*. O homem a quem um mito era transmitido — juntamente com o silencioso, mas tradicional, convite «Que tem a dizer sobre isto?

Pode fazer uma crítica?» — iria pegar nesse mito e aplicá-lo às diversas coisas que ele supostamente explicava, tais como o movimento dos planetas. E depois diria: «Não creio que este mito seja muito bom, pois não explica o movimento efetivamente observável dos planetas», ou do que quer que se tratasse. Vemos, por conseguinte, que é o mito ou a teoria que nos conduz e que orienta as nossas observações sistemáticas — observações levadas a cabo com a intenção de sondar a verdade dessa teoria ou mito. Sob este ponto de vista, o desenvolvimento das teorias científicas não deveria ser considerado consequência da coleção ou acumulação de observações; pelo contrário, as observações e a sua acumulação é que deveriam ser consideradas como resultado do desenvolvimento das teorias científicas. (Foi a isto que dei o nome de «Teoria da Ciência como holofote» — a ideia de que a Ciência em si lança uma nova luz sobre as coisas; que não se limita a resolver os problemas, pois que, ao fazê-lo, cria muitos mais; e que não só tira proveito das observações como conduz a novas observações.) Se procurarmos deste modo realizar novas observações com o intuito de investigar a verdade dos nossos mitos, não será de admirar se descobrirmos que os mitos, quando tratados com esta severidade, mudam de carácter e, com o tempo, tornam-se, por assim dizer, mais realistas, ou seja, mais concordantes com os factos observáveis. Por outras palavras, sob a pressão da crítica, os mitos são forçados a adaptar-se à tarefa de nos dar uma imagem adequada e mais detalhada do mundo em que vivemos. Assim se explica por que motivo os mitos científicos se tornam, sob a pressão da crítica, tão diferentes dos mitos religiosos. Penso, porém, que deve ficar bem claro que, na sua origem, eles continuam a ser mitos ou invenções, tal como os outros. Não são o que alguns racionalistas — os partidários da teoria da observação sensorial — acreditam: não são súmulas de observações. Deixem-me repetir este importante ponto. As teorias científicas não são apenas resultado da observação. São, em termos gerais, produto da invenção de mitos e da experimentação. Essa experimentação vai avançando, em parte por meio da observação, que é, nessa medida, muito importante. Mas a sua função não é produzir teorias; consiste, antes, em rejeitar, eliminar e criticar teorias. E desafia-nos a criar novos mitos, novas teorias que possam enfrentar esses testes de observação. Só se compreendermos isto é que seremos capazes de compreender a importância da tradição para a Ciência.

Aqueles que de entre vós defendem a opinião contrária e acreditam que as teorias científicas são fruto das observações, desafio a começar a observar aqui e agora e a dar-me os resultados científicos das vossas observações. Podeis dizer-me que isso não é justo e que não há nada de particularmente notável para observar aqui e agora. Mas mesmo que passásseis o resto da vossa vida de bloco de apontamentos em punho, a tomar nota de tudo o que íeis observando, e no fim legásseis esse importante trabalho à Royal Society, pedindo-lhe que o convertesse em matéria científica, é possível que ela o preservasse a título de curiosidade, mas não, decididamente, como fonte de conhecimento.(⁴) Talvez ficasse perdido nalguma cave do Museu Britânico (que, como deveis saber, não tem meios para catalogar muitos dos seus tesouros), mas o mais provável é que acabasse num monte de lixo.

Podereis, todavia, obter algo com interesse científico se disserdes: «Eis as teorias que alguns cientistas hoje defendem. Estas teorias requerem que tais e tais coisas sejam observadas, sob tais e tais condições. Vamos lá ver se são observáveis.» Por outras palavras, se selecionardes as vossas observações tendo em vista os problemas científicos e a situação geral da Ciência tal como surge no momento, sereis então bem capazes de prestar um contributo à Ciência. Não quero ser dogmático e negar que há exceções, como é o caso das chamadas descobertas acidentais (ainda que mesmo essas se revelem, com frequência, feitas sob a influência de teorias). Eu não digo que as observações sejam sempre insignificantes se não estiverem associadas a teorias, mas quero acentuar qual é o principal procedimento que está na base do desenvolvimento científico.

Tudo isto significa que um jovem cientista, esperançado em fazer descobertas, será mal aconselhado se o seu professor lhe disser: «Dá uma volta e observa.» Mas receberá um bom conselho se este lhe disser antes: «Tenta saber o que se discute atualmente na Ciência. Descobre onde é que surgem dificuldades e interessa-te pelas controvérsias. São essas as questões de que te deves ocupar.» Por outras palavras, devemos estudar a *situação problemática* do momento, o que significa pegar e tentar prosseguir numa linha de investigação que tem atrás de si todo o passado do desenvolvimento científico, ou seja, ligarmo-nos à tradição da Ciência. Este é um ponto muito simples e decisivo, mas que nem sempre é, no

---

(⁴) Ver cap. 1, secção IV.

entanto, devidamente compreendido pelos racionalistas: que não podemos partir do zero, que temos de usar o que os outros antes de nós fizeram em matéria de Ciência. Se começarmos tudo de novo, então, ao chegar ao fim da vida, teremos alcançado mais ou menos o ponto em que Adão e Eva estavam na altura em que morreram (ou, se preferirem, o homem de Neandertal). Em Ciência, queremos fazer progressos, e isso significa que temos de nos empoleirar nos ombros dos nossos predecessores. Temos de continuar uma certa tradição. Do ponto de vista do que pretendemos enquanto cientistas — compreender, prever, analisar, etc. — o mundo em que vivemos é extremamente complexo. Sentir-me-ia tentado a dizer que é infinitamente complexo, se a frase tivesse algum sentido. Nós não sabemos por onde ou como começar a nossa análise deste mundo. Não há sabedoria que no-lo diga. Nem mesmo a tradição científica. Essa diz-nos apenas por onde e de que forma é que outras pessoas começaram, e a que ponto conseguiram chegar. Diz-nos que as pessoas já construíram neste mundo uma espécie de estrutura teórica — talvez não muito boa, mas que vai funcionando de modo relativamente satisfatório: serve-nos como uma espécie de rede, um sistema de coordenadas a que podemos referir as diferentes complexidades deste mundo. Utilizamo-lo, examinando-o e criticando-o, e assim vamos progredindo.

Entre as duas possíveis explicações do desenvolvimento da Ciência, é necessário distinguirmos a irrelevância da primeira e a importância da segunda. A primeira explica a Ciência pela acumulação de conhecimento — como uma biblioteca (ou museu) em permanente expansão. À medida que mais e mais livros se acumulam, também o conhecimento se vai proporcionalmente acumulando. A outra explica-o pela crítica: o conhecimento desenvolver-se-á por um método mais revolucionário do que a acumulação — um método que o vai destruindo, mudando e alterando na sua totalidade e, nomeadamente, no seu mais importante instrumento: a linguagem em que os nossos mitos e teorias são formulados.

É interessante constatar que o primeiro método, o da acumulação, é muito menos importante do que as pessoas crêem. Em Ciência, a acumulação de conhecimento é largamente ultrapassada pela mudança revolucionária de teorias científicas. É um aspeto curioso e muito interessante, uma vez que, à primeira vista, poderíamos ser levados a crer que a tradição tem muito mais importância no desenvolvimento cumulativo do conhecimento do que no desenvolvimento de tipo revolucionário. Mas o que se passa é exatamente o inverso. Se a Ciência pudesse crescer por mera acumulação, não faria grande diferença se a tradição científica se perdesse, uma vez que a qualquer momento poderíamos começar a acumular de novo. Algo se perderia, mas essa perda não seria grave. Se, porém, a Ciência avança pela tradição de ir modificando os seus mitos tradicionais, então precisamos de alguma coisa para começar. Se não tivermos nada para alterar e mudar, não chegaremos a lado nenhum. Precisamos, por conseguinte, de *dois* pontos de partida para a Ciência: mitos novos e uma tradição nova de os modificar criticamente.([5]) Mas esse duplo princípio só muito raramente se verifica. Foram precisos não sei quantos anos desde a invenção de uma linguagem descritiva — que foi, podemos dizer, o momento em que o homem se tornou homem — até aos começos da Ciência. Durante esse tempo, a linguagem, o futuro instrumento da Ciência, ia-se desenvolvendo. Desenvolveu-se a par do mito — todas as linguagens incorporam e preservam inúmeros mitos e teorias, até mesmo na sua estrutura gramatical — e a par da tradição que utiliza a linguagem para descrever factos, e para explicar e discutir factos. (Desenvolverei este aspeto mais tarde.) Se estas tradições fossem destruídas, não poderíamos, sequer, começar a acumular, pois faltar-nos-ia o instrumento para o fazer.

Tendo dado este exemplo do papel desempenhado pela tradição num domínio particular — o domínio da Ciência — vou agora, já um pouco tardiamente, avançar para o problema de uma teoria sociológica da tradição. Refiro uma vez mais o dr. J. A. C. Brown, que me antecedeu hoje aqui e que disse muitas coisas de grande relevância para o meu tema, nomeadamente uma de que tomei nota. Disse ele que, se não houver disciplina numa fábrica, «os operários ficam ansiosos e atemorizados». Ora, eu não pretendo aqui discutir disciplina; não é essa a minha questão. Mas posso pô-la desta forma: se não tiverem nada por que se orientar, os operários ficam ansiosos e atemorizados. Ou, dizendo isto de um modo diverso e mais geral: sempre que nos vemos de repente no meio de um ambiente, quer natural, quer social, tão desconhecido que não nos seja possível prever o que vai acontecer, então, em tais circunstâncias, todos ficamos ansiosos e atemorizados. E isso

---

([5]) A mudança, ainda que revolucionária, terá de preservar os sucessos e explicar os falhanços da teoria anterior. Ver a minha *L. Sc. D.*, pp. 253 e 276 ss.

sucede porque, quando não temos possibilidade de prever o que vai acontecer no nosso ambiente — de prever, por exemplo, como é que as pessoas se vão comportar —, também não temos, nesse caso, possibilidade de reagir racionalmente. Se o ambiente em causa é natural ou social, será uma questão relativamente irrelevante.

A disciplina (que foi mencionada pelo dr. Brown) pode ser uma das coisas que ajudam as pessoas a encontrar o seu caminho numa determinada sociedade, mas tenho a certeza de que o dr. Brown concordará que é apenas uma delas, e que há outras coisas, especialmente instituições e tradições, que podem dar às pessoas uma ideia clara do que esperar e de como proceder. Este aspeto é importante. Aquilo a que chamamos vida social só pode existir se pudermos saber e confiar que há coisas e acontecimentos que são forçosamente assim e não podem ser de outro modo.

É aqui que o papel que a tradição desempenha nas nossas vidas se torna compreensível. Sentir-nos-íamos ansiosos, atemorizados e frustrados, e não conseguiríamos viver no mundo social, se este não contivesse um considerável grau de ordem, um grande número de regularidades a que nos podemos adaptar. A mera existência dessas regularidades é, talvez, mais importante do que os seus particulares méritos ou deméritos. Elas são necessárias enquanto regularidades e transmitidas, por conseguinte, como tradições, independentemente de serem ou não, sob outros pontos de vista, racionais, necessárias, benéficas, bonitas, ou o que quiserem. Há uma necessidade de tradição na vida social.

A criação de tradições desempenha, assim, um papel semelhante ao das teorias. As nossas teorias científicas são instrumentos mediante os quais tentamos introduzir alguma ordem no caos em que vivemos, de modo que o torne racionalmente previsível. Não quero que interpretem isto como uma profunda sentença filosófica. É apenas o enunciado de uma das funções práticas das nossas teorias. De modo semelhante, a criação de tradições, tal como tanta da nossa legislação, tem precisamente a mesma função de introduzir alguma ordem e previsibilidade racional no mundo social em que vivemos. Não nos é possível agir racionalmente no mundo se não fizermos ideia de como é que este vai reagir às nossas ações. Toda a ação racional pressupõe um determinado sistema de referências que reaja de uma forma previsível, ou parcialmente previsível. Tal como a invenção de mitos ou teorias no campo da

Ciência Natural tem por função ajudar-nos a introduzir ordem nos eventos da natureza, também a criação de tradições desempenha um papel análogo no campo da sociedade.

Mas a analogia entre o papel dos mitos ou teorias na Ciência e o papel das tradições na sociedade vai ainda mais longe. Temos de nos lembrar de que a grande importância dos mitos no método científico residia no facto de se poderem tornar objetos de crítica e de mudança. De modo semelhante, também as tradições têm a importante e dupla função de não apenas criarem uma certa ordem, ou algo como uma estrutura social, mas de nos darem igualmente qualquer coisa com base na qual possamos agir: algo que podemos criticar e mudar. Este ponto é decisivo para nós, enquanto racionalistas e reformistas sociais. Temos sempre ideias novas para um mundo social melhor, e essas ideias desempenham uma função importante. Mas há demasiados reformistas sociais com a ideia de que gostariam de limpar a tela — como Platão lhe chamava — do mundo social, apagando tudo e recomeçando do zero com um mundo racional novinho em folha. Essa é uma ideia disparatada e totalmente impraticável. Se construíssemos um mundo racional totalmente novo, não háveria qualquer razão para acreditar que fosse um mundo feliz. Nada nos leva a crer que esse mundo projetado pudesse ser de alguma forma melhor do que aquele em que vivemos. Por que é que havia de ser melhor? Um engenheiro não cria um motor unicamente a partir de projetos. Desenvolve-o com base em modelos anteriores; modifica-o; altera-o sucessivas vezes. Se fizéssemos desaparecer o mundo social em que vivemos, se aniquilássemos as suas tradições e criássemos um mundo novo a partir de uma planificação, muito em breve nos veríamos forçados a alterá-lo, a fazer pequenas mudanças e ajustamentos. Mas, a ter de fazer essas mudanças e ajustamentos que seriam, em todo o caso, necessários, por que não dar-lhes início aqui e agora, no mundo social em que nos é dado viver? Não importa o que temos, nem por onde começamos. Precisamos sempre de fazer pequenos ajustamentos. E, uma vez que não podemos dispensá-los, seria muito mais sensato e razoável começar por aquilo que existe no momento, pois, em relação ao que existe, sabemos pelo menos onde residem as dificuldades. Quando mais não seja, sabemos que certas coisas são más e que queremos vê-las mudadas. Se criássemos o nosso admirável mundo novo, ainda demoraríamos algum tempo a descobrir o que nele havia de errado. Além disso, a ideia de limpar a tela (que faz parte da tradição racionalista errónea) é impossível, uma vez que se o racionalista limpasse a tela social e eliminasse a tradição, estaria, nesse mesmo gesto, a varrer-se a si próprio e a todas as suas ideias e projetos acerca do futuro. Os projetos nada significam num mundo social vazio, num vácuo social. Só têm significado num quadro de tradições e instituições — como mitos, poesia e valores — que emergem, todos eles, do mundo social em que vivemos. Fora dele não significam absolutamente nada. Nessa medida, o próprio incentivo e o próprio desejo de construir um mundo novo teriam forçosamente de desaparecer, uma vez destruídas as tradições do velho mundo. Representaria uma tremenda perda para a Ciência se resolvêssemos dizer: «Não estamos a fazer grandes progressos. Vamos acabar com a Ciência inteira e começar tudo de novo.» Mas o procedimento racional será corrigir e revolucionar a Ciência, não acabar com ela. Podemos criar uma teoria nova, mas essa nova teoria será criada para resolver aqueles problemas a que a antiga já não conseguia dar resposta. (Ver nota 5, mais atrás.)

Examinámos de forma breve a função da tradição na vida social. Aquilo que descobrimos pode ajudar-nos agora a responder à questão de como surgem as tradições, como são transmitidas e como podem tornar-se em estereotipadas — sendo todas estas consequências involuntárias das ações humanas. Podemos agora compreender por que motivo é que as pessoas não apenas tentam conhecer as leis do seu ambiente natural (e ensiná-las a outros, muitas vezes sob a forma de mitos), mas tentam também conhecer as tradições do seu ambiente social. E podemos agora compreender por que é que as pessoas (especialmente os povos primitivos e as crianças) têm tendência a agarrar-se a tudo o que possa constituir ou tornar-se num elemento de uniformidade nas suas vidas. Agarram-se a mitos; e tendem a agarrar-se a uniformidades no seu próprio comportamento — primeiro, porque têm medo da irregularidade e da mudança e receiam, nessa medida, desencadeá-las; e, segundo, porque desejam reassegurar os outros da sua racionalidade ou previsibilidade, na esperança, talvez, de os levar a agir de modo idêntico. Tendem, pois, a criar tradições e a reafirmar as que encontram, agindo em cuidadosa conformidade com elas e insistindo ansiosamente para que os outros assim procedam também. É desta forma que surgem e são transmitidos os tabus tradicionais.

O que acabo de dizer explica parcialmente a intolerância fortemente emotiva que é característica de todo o tradicionalismo, e na luta contra a qual os racionalistas sempre, e com razão, se destacaram. Mas vemos agora claramente que esses racionalistas que, em virtude desta tendência, foram levados a atacar as tradições enquanto tais estavam enganados. Talvez possamos agora dizer que o que eles realmente pretendiam era substituir a intolerância dos tradicionalistas por uma nova tradição — a tradição da tolerância; e, em termos mais gerais, substituir a atitude de interdição por uma que avaliasse criticamente as tradições existentes, ponderando os seus méritos e deméritos, sem esquecer nunca o mérito que lhes advém do facto de serem tradições instituídas. Com efeito, ainda que acabemos por rejeitá-las para as substituir por tradições melhores (ou pelo que acreditamos serem tradições melhores), deveríamos permanecer sempre conscientes do facto de que toda a crítica social e todo o melhoramento da sociedade têm de ter como referência um quadro de tradições sociais, de entre as quais algumas são criticadas com a ajuda de outras — da mesma forma que todo o progresso em Ciência se processa necessariamente no interior de um quadro de teorias científicas, algumas das quais são também criticadas à luz de outras.

Muito do que aqui foi dito acerca das tradições pode aplicar-se também às instituições, pois a semelhança entre elas é, em muitos aspectos, flagrante. Não obstante, parece desejável (embora, talvez, não muito importante) preservar a diferença que pode ser encontrada no uso vulgar destas duas palavras, e eu vou terminar a minha palestra tentando evidenciar as similaridades e diferenças entre estes dois tipos de entidade social. Não creio que seja uma boa prática distinguir os termos «tradição» e «instituição» por meio de definições formais[6], mas a sua utilização pode ser explicada com a ajuda de exemplos. De facto, foi isso que já fiz, uma vez que mencionei as escolas, a força policial, a mercearia e a Bolsa de Valores como exemplos de instituições sociais e, num outro ponto, referi aspectos como o interesse ardente pela pesquisa científica, a atitude crítica do cientista, a atitude de tolerância, ou a intolerância do tradicionalista — e, já agora, do racionalista — como exemplos de tradições. As instituições e as tradições

---

[6] Relativamente a uma crítica desta prática, cf. cap. 11 do meu livro *A Sociedade Aberta e os seus Inimigos*.

têm muito em comum: entre outras coisas, o facto de deverem ser analisadas pelas Ciências Sociais em termos de pessoas individuais e das suas ações, atitudes, crenças, expectativas e inter-relações. Mas podemos, talvez, dizer que temos tendência para falar em instituições onde quer que um corpo (variável) de pessoas observe um determinado conjunto de normas, ou preencha determinadas funções *prima facie* sociais (como o ensino, o policiamento ou a venda de artigos de mercearia) que sirvam determinados fins também *prima facie* sociais (como a difusão do conhecimento, ou a proteção contra a violência ou a fome), ao passo que falamos em tradições sobretudo quando queremos descrever uma uniformidade de atitudes, de formas de comportamento, de objetivos, de valores ou de gostos das pessoas. Deste modo, as tradições estarão, talvez, mais estreitamente relacionadas com as pessoas e com os seus gostos e antipatias, esperanças e receios, do que estão as instituições. Ocupam, por assim dizer, um lugar intermediário, na teoria social, entre pessoas e instituições. (Falamos com maior naturalidade de uma «tradição viva» do que de uma «instituição viva».)

A diferença em questão pode mostrar-se mais clara por referência àquilo a que por vezes chamei a «ambivalência das instituições sociais», ou seja, o facto de que uma instituição social pode, em determinadas circunstâncias, funcionar de uma forma manifestamente diferente da sua função «própria» ou *prima facie*. Dickens teve muito a dizer acerca da perversão da função «própria» dos internatos. E já tem acontecido que uma força policial, em vez de proteger as pessoas da violência e da chantagem, tenha, ela própria, recorrido a ameaças de violência ou de prisão para as chantagear. De modo análogo, a instituição de uma Oposição parlamentar, entre cujas principais funções *prima facie* se conta a de impedir que o governo roube o dinheiro dos contribuintes, tem trabalhado de forma diferente em alguns países, convertendo-se num instrumento para a divisão proporcional do produto do saque. A ambivalência das instituições sociais está ligada ao seu carácter — ao facto de desempenharem determinadas funções *prima facie* e ao facto de só poderem ser controladas por pessoas (que são falíveis) ou por outras instituições (que são, por conseguinte, igualmente falíveis). A ambivalência pode ser, sem dúvida, muito reduzida mediante elaboradas formas de controlo institucional, mas é impossível eliminá-la completamente. O funcionamento das instituições, tal como o das fortalezas, depende, em última análise, das pessoas que constituem a sua guarnição; e o melhor que se pode fazer em termos de controlo institucional é dar uma maior oportunidade àquelas pessoas (se é que há algumas) que tencionam utilizar as instituições para o seu fim social «próprio».

É neste ponto que as tradições podem desempenhar um importante papel como intermediárias entre pessoas e instituições. As tradições também podem, evidentemente, ser pervertidas — algo correspondente à ambivalência aqui descrita não deixa, igualmente, de as afetar. Mas, atendendo a que o seu carácter é, de alguma forma, menos instrumental do que o das instituições, são afetadas em menor grau. As instituições podem também ser menos pessoais do que as tradições, e estas são, por seu turno, menos pessoais e mais previsíveis do que os indivíduos que dirigem as instituições. Podemos talvez dizer que o funcionamento «próprio», a longo prazo, das instituições depende fundamentalmente dessas tradições. É a tradição que confere às pessoas (que vão e vêm) aquela formação de base e aquela firmeza de propósitos que resistem à corrupção. Uma tradição é, por assim dizer, capaz de prolongar algo da atitude própria do seu fundador muito além da sua vida pessoal.

Do ponto de vista dos usos mais típicos de ambos os termos, podemos dizer que uma das conotações do termo «tradição» nos remete para a palavra *imitação* como sendo ou a origem da tradição em causa, ou a forma como é transmitida. Esta conotação não se encontra, segundo penso, no termo «instituição»: uma instituição pode ou não ter origem na imitação, e pode ou não prosseguir a sua existência através dela. Além disso, algumas das coisas a que chamamos tradições podem ser igualmente descritas como instituições — em especial como instituições daquela (sub-)sociedade em que a tradição é generalizadamente aceite. Poderíamos, por conseguinte, dizer que a tradição racionalista, ou a adoção de uma atitude crítica, é institucional dentro da (sub-)sociedade dos trabalhadores científicos (ou que a tradição de não pontapear um homem caído por terra é — quase — uma instituição britânica). De modo semelhante, podemos dizer que a língua inglesa, embora transmitida por tradição, é uma instituição, ao passo que a prática de, por exemplo, evitar a partição dos infinitivos será uma tradição (ainda que possa ser institucional dentro de um certo grupo).

Alguns destes pontos podem ser mais bem exemplificados se considerarmos certos aspetos da instituição social da linguagem.

A função principal de uma linguagem, que é a comunicação, foi analisada por K. Bühler em três subfunções: (1) a função expressiva — isto é, a comunicação serve para expressar as emoções ou pensamentos do falante; (2) a função sinalizante, estimulante ou desencadeadora — isto é, a comunicação serve para estimular ou desencadear determinadas reações no ouvinte (por exemplo, respostas linguísticas); e (3) a função descritiva — isto é, a comunicação descreve um determinado estado de coisas. Estas três funções são separáveis na medida em que cada uma delas é geralmente acompanhada pela função precedente, mas não precisa de ser acompanhada pela que se lhe segue. As duas primeiras aplicam-se igualmente às linguagens dos animais, ao passo que a terceira parece ser caracteristicamente humana. É possível (e penso que necessário) acrescentar uma quarta função a estas três de Bühler, e uma função que é particularmente importante do nosso ponto de vista, a saber (4) a função argumentativa ou explicativa — isto é, a apresentação e comparação de argumentos ou explicações com respeito a determinadas questões ou problemas([7]) bem definidos. Uma dada linguagem pode possuir as três primeiras funções sem a quarta (por exemplo([8]), a linguagem de uma criança na fase em que apenas «nomeia» as coisas). Ora, até ao ponto em que, enquanto instituição, tem estas funções, a linguagem pode ser ambivalente. Pode, por exemplo, ser utilizada pelo falante tanto para ocultar as suas emoções ou pensamentos como para os exprimir; ou para reprimir, em vez de estimular, a discussão. E há diferentes tradições relacionadas com cada uma destas funções. Por exemplo, as diferentes tradições de Itália e de Inglaterra (onde temos a tradição do *understatement* — (N.T.) declaração atenuada ou insuficiente de factos ou sentimentos) relativamente à função expressiva das suas respetivas línguas são deveras surpreendentes. Mas tudo isto se torna verdadeiramente importante no que se refere às duas funções caracteristicamente humanas da linguagem: a função descritiva e a função argumentativa. Na sua função descritiva,

---

([7]) Confrontar igualmente o cap. 12, mais à frente. A razão por que considero idênticas a função argumentativa e a explicativa não pode ser aqui discutida; elas derivam ambas de uma análise lógica da *explicação e da sua relação com a dedução* (*ou argumentação*).

([8]) Um vulgar mapa constitui também um exemplo de uma descrição que não é argumentativa, ainda que possa, evidentemente, ser usado em apoio de um argumento, no contexto de uma linguagem argumentativa.

podemos falar da linguagem como um veículo de verdade; mas pode, evidentemente, tornar-se também um veículo de falsidade. Sem uma tradição que atue *contra* esta ambivalência e a favor do uso da linguagem com vista a uma descrição *correta* (pelo menos em todos os casos em que não exista um móbil forte para mentir), a função descritiva da linguagem extinguir-se-ia — uma vez que, nesse caso, as crianças não aprenderiam nunca o seu uso descritivo. Mais preciosa ainda será, talvez, a tradição que trabalha contra a ambivalência relacionada com a função argumentativa da linguagem, ou seja, a tradição que se opõe àquele abuso da linguagem que são os pseudoargumentos e a propaganda. Essa é a tradição e a disciplina do falar claro e pensar claro; é a tradição crítica — a tradição da razão.

Os atuais inimigos da razão querem destruir esta tradição. Querem fazê-lo destruindo e pervertendo a função argumentativa, e talvez mesmo a função descritiva, da linguagem humana, defendendo um retorno romântico às suas funções emotivas: a função expressiva (fala-se demasiado em «autoexpressão») e, possivelmente, a função sinalizante ou estimulante. Podemos ver muito claramente a manifestação desta tendência em certos tipos de poesia, prosa e filosofia da atualidade — de uma filosofia que não discute porque não tem problemas passíveis de serem discutidos. Os novos inimigos da razão são, por vezes, antitradicionalistas que procuram novos e impressivos meios de autoexpressão ou de «comunicação». E, outras vezes, são tradicionalistas que exaltam a sabedoria da tradição linguística. Quer uns, quer outros, defendem implicitamente uma teoria da linguagem que não vê mais do que a primeira, ou talvez a segunda, das suas funções, enquanto, na prática, promovem a fuga da razão e da grande tradição de responsabilidade intelectual.

5

Regresso aos pré-socráticos

I

«Regresso a Matusalém» era um programa progressista, comparado com «Regresso a Tales» ou «Regresso a Anaximandro»: o que Shaw nos oferecia era uma melhoria da expectativa de vida — algo que andava no ar, em todo o caso quando ele o escreveu. Eu receio não ter nada para vos oferecer que ande no ar hoje em dia, pois aquilo a que pretendo regressar é à *racionalidade* simples e límpida dos Pré-Socráticos. E em que é que consiste essa tão discutida racionalidade dos Pré-Socráticos? A simplicidade e a ousadia das suas questões são parte integrante dela, mas a minha tese é que o seu ponto decisivo é a atitude crítica que, como tentarei demonstrar, se desenvolveu pela primeira vez na Escola Jónica.

As questões a que os Pré-Socráticos tentaram dar resposta foram primeiramente questões de ordem cosmológica, mas havia também questões de teoria do conhecimento. Estou convencido de que a Filosofia deve regressar à Cosmologia e a uma teoria simples do conhecimento. Há pelo menos um problema filosófico que interessa a todos os pensadores: o problema de compreender o mundo em que vivemos e, por consequência, nós próprios (que fazemos parte desse mundo) e o modo como adquirimos o nosso

---

Discurso do Presidente, proferido no Encontro da Aristotelian Society, em 13 de outubro de 1958; publicado pela primeira vez em Proceedings of the Aristotelian Society, *N. S. 59, 1958-9. As notas de rodapé (e o Apêndice) foram acrescentadas na presente reedição do discurso.*

conhecimento acerca dele. Toda a Ciência é Cosmologia, creio eu, e, para mim, o interesse da Filosofia, à semelhança do da Ciência, reside unicamente na sua ousada tentativa de alargar o nosso conhecimento do mundo e de aperfeiçoar a nossa teoria acerca desse conhecimento. Interesso-me por Wittgenstein, por exemplo, não por causa da sua filosofia linguística, mas porque o seu *Tractatus* era um tratado cosmológico (ainda que rudimentar) e a sua teoria do conhecimento estava estreitamente ligada à sua cosmologia.

Para mim, tanto a Filosofia como a Ciência perdem todo o seu poder de atração quando renunciam a essa busca — quando se convertem em especializações e deixam de ver e de se intrigar com os enigmas do nosso mundo. A especialização pode ser uma grande tentação para o cientista. Para o filósofo, é o pecado mortal.

II

Neste texto, falo na qualidade de amador, na qualidade de amante da bela história dos Pré-Socráticos. Não sou um especialista nem um perito: sinto-me totalmente fora do meu elemento quando um perito começa a discutir quais as palavras e frases que Heraclito poderia ou não poderia de modo algum ter usado. Todavia, quando um perito substitui uma bela história, baseada nos mais antigos textos que possuímos, por uma outra que — em todo o caso para mim — não faz já qualquer sentido, então sinto que mesmo um amador se pode erguer e defender uma velha tradição. Desta forma, vou, pelo menos, debruçar-me nos argumentos do perito e examinar a sua consistência. Esta parece-me ser uma ocupação inofensiva a que me dedicar. E se algum perito ou outra pessoa qualquer se der ao trabalho de refutar a minha crítica, será para mim uma honra e uma satisfação.([1])

Vou ocupar-me das teorias cosmológicas dos Pré-Socráticos, mas apenas até ao ponto em que se prendem com o desenvolvimento do *problema da mudança*, como lhe chamo, e apenas porque são necessárias à compreensão da forma como os filósofos Pré-Socráticos abordaram o problema do conhecimento — quer em termos práticos, quer teóricos. Tem, de facto, grande interesse

---

([1]) Apraz-me poder informar que G. S. Kirk respondeu de facto à minha palestra. Ver, à frente, notas 4 e 5 e o Apêndice a esta conferência.

analisar o modo como tanto a sua prática como a sua teoria do conhecimento se relacionam com as questões de índole cosmológica e teológica que a si mesmos colocavam. A sua teoria do conhecimento não era daquelas que começam pela pergunta: «Como é que sei que isto é uma laranja?» ou «Como é que sei que o objeto que neste momento distingo é uma laranja?» A sua teoria partia antes de problemas do género: «Como é que sabemos que o mundo é feito de água?», ou «Como é que sabemos que o mundo está cheio de deuses?», ou «Como é que podemos saber alguma coisa sobre os deuses?»

Existe uma convicção bastante disseminada, vagamente devida, segundo creio, à influência de Francis Bacon, de que deveríamos estudar os problemas do conhecimento mais no âmbito do nosso conhecimento da laranja do que do nosso conhecimento do cosmos. Não partilho desta convicção, e um dos principais objetivos deste meu ensaio é transmitir-vos algumas das razões dessa minha discordância. Em todo o caso, será bom recordar, de vez em quando, que a nossa ciência ocidental (e não parece haver nenhuma outra) não começou por nenhuma coleção de observações de laranjas, mas sim por audaciosas teorias acerca do mundo.

III

A epistemologia empirista tradicional e a historiografia tradicional da Ciência estão ambas profundamente influenciadas pelo mito baconiano de que toda a ciência começa pela observação e só depois avança, lenta e cuidadosamente, para as teorias. Que os factos são muito diferentes é o que podemos aprender com o estudo dos primeiros Pré-Socráticos. Neles, encontramos audaciosas e fascinantes ideias, algumas das quais constituem estranhas e até mesmo assombrosas antecipações de conclusões atuais, embora muitas outras estejam, do nosso presente ponto de vista, bastante longe da verdade. Mas a maioria delas, e as melhores de entre elas, nada têm que ver com a observação. Tomemos como exemplo algumas das teorias acerca da forma e da posição da Terra. Tales terá afirmado, dizem-nos, «que a Terra é sustentada pela água, pela qual desliza como um barco, e quando dizemos que há um terramoto é porque a Terra está a ser sacudida pelo movimento da água». Sem dúvida que Tales tinha observado terramotos, bem como os balanços de um barco, antes de chegar à sua teoria. Mas o objetivo dessa teoria era *explicar* a sustentação ou suspensão da Terra, e também os terramotos, pela conjetura de que a Terra flutua na água. E para essa conjetura (que tão estranhamente antecipa a moderna teoria da deriva dos continentes) não se pode ter baseado nas suas observações.

Não devemos esquecer que a função do mito de Bacon é explicar por que é que os enunciados científicos são *verdadeiros*, salientando que a observação é a «*verdadeira fonte*» do nosso conhecimento científico. Assim que nos apercebemos de que todos os enunciados científicos são hipóteses, suposições ou conjeturas, e que a vasta maioria dessas conjeturas (incluindo a do próprio Bacon) acabou por se revelar falsa, o mito de Bacon torna-se irrelevante — pois de nada serve argumentar que as conjeturas da Ciência — aquelas que se provou serem falsas, bem como as que ainda são aceites — começam todas pela observação.

Seja como for, a bela teoria de Tales acerca da sustentação ou suspensão da Terra e acerca dos terramotos, embora não esteja de modo nenhum baseada na observação, terá sido, pelo menos, inspirada por uma analogia empírica ou observacional. Mas mesmo isso não se aplica já à teoria proposta pelo notável discípulo de Tales, Anaximandro. A teoria de Anaximandro acerca da suspensão da Terra é ainda muito intuitiva, mas já não recorre a analogias com fenómenos observados. Pode, na realidade, ser descrita como contraobservacional. De acordo com a teoria de Anaximandro, «A Terra... não se apoia em nada, mas mantém-se imóvel em virtude da sua equidistância em relação a todas as outras coisas. A sua forma é [...] como a de um tambor [...] Nós andamos numa das suas superfícies planas, enquanto a outra está no lado oposto.» O tambor é, evidentemente, uma analogia baseada na observação. Mas a ideia da livre suspensão da Terra no espaço e a explicação da sua estabilidade não encontram qualquer analogia em todo o domínio dos factos observáveis.

Em minha opinião, esta ideia de Anaximandro é uma das mais ousadas, mais revolucionárias e mais prodigiosas ideias de toda a história do pensamento humano. Tornou possíveis as teorias de Aristarco e de Copérnico. Mas o passo dado por Anaximandro foi ainda mais difícil e audacioso do que o dado por estes dois últimos. Encarar a Terra como livremente suspensa no meio do espaço e dizer que «se mantém imóvel por causa da sua equidistância ou equilíbrio» (como Aristóteles parafraseia Anaximandro) é antecipar mesmo, até certo ponto, a ideia *newtoniana* de forças gravitacionais imateriais e invisíveis.([2])

IV

Como chegou Anaximandro a esta admirável teoria? Não, certamente, pela observação, mas pelo raciocínio. A sua teoria representa uma tentativa de resolver um dos problemas para que o seu professor e parente Tales, o fundador da Escola Milésia ou Jónica, oferecera, antes dele, uma solução. A minha conjetura é, por conseguinte, que Anaximandro tenha chegado à sua teoria pela crítica da teoria de Tales. Esta conjetura pode ser confirmada, segundo creio, se considerarmos a estrutura da teoria de Anaximandro.

É provável que Anaximandro tenha argumentado contra a teoria de Tales (de que a Terra flutuava na água) nos termos que se seguem. A teoria de Tales é um exemplo daquele tipo de teoria que, se coerentemente desenvol-vida, desembocaria numa regressão infinita. Se explicarmos a estabilidade da Terra pela suposição de que é sustentada pela água — ou seja, que flutua no oceano *(Okeanos)* — será que não temos de explicar a estabilidade do oceano por uma hipótese idêntica? Mas isto significaria procurar um suporte para o oceano e, a seguir, um suporte para esse suporte. Este método de explicação é insatisfatório: primeiro, porque resolvemos o nosso problema criando outro exatamente análogo; e depois, pela menos formal e mais intuitiva razão de que, num tal sistema de suportes ou sustentáculos, a falha de qualquer um dos suportes inferiores teria de conduzir à derrocada de todo o edifício.

([2]) O próprio Aristóteles compreendia Anaximandro deste modo, uma vez que caricatura a sua «engenhosa mas falsa teoria», comparando a situação da sua Terra à de um homem que, estando igualmente esfomeado e sedento, mas, todavia, equidistante da comida e da bebida, é incapaz de se mexer. (*De Caelo*, 295b32. Esta ideia tornou-se conhecida pela designação de «O asno de Buridano»). Manifestamente, Aristóteles concebe este homem como um ser mantido em equilíbrio por forças de atração imateriais e invisíveis, semelhantes às de Newton. E é interessante que este carácter «animista» ou «oculto» das suas forças tenha sido convictamente (embora erradamente) considerado pelo próprio Newton e pelos seus adversários — como foi o caso de Berkeley — como um ponto fraco na sua teoria.

Por aqui, vemos, intuitivamente, que a estabilidade do mundo não pode ser assegurada por um sistema de suportes ou sustentáculos. Em vez disso, Anaximandro faz apelo à simetria interna ou estrutural do mundo, que garante a inexistência de uma qualquer direção preferencial em que uma derrocada pudesse ocorrer. Aplica o princípio de que onde não há diferenças não pode haver alteração. Desta forma, explica a estabilidade da Terra pela igualdade da sua distância em relação a todas as outras coisas.

Era este, segundo parece, o argumento de Anaximandro. É importante compreender que ele abole, embora talvez sem plena consciência, e de um modo não muito consistente, a ideia de uma direção absoluta — o sentido absoluto de «para cima» e «para baixo». Isto é não apenas contrário a toda a experiência, mas manifestamente difícil de apreender. Anaxímenes ignorou-o, segundo parece, e nem mesmo o próprio Anaximandro o terá inteiramente compreendido. De facto, a ideia de uma igual distância em relação a todas as outras coisas deveria tê-lo conduzido à teoria de que a Terra tem a forma de um globo. Em vez disso, acreditou que ela tinha a forma de um tambor, com duas superfícies planas, superior e inferior. Dá, no entanto, ideia de que esta observação «Nós andamos numa das suas superfícies planas, enquanto a outra está no lado oposto» conteria a sugestão de que não existia uma superfície superior propriamente dita, mas que, pelo contrário, a superfície em que acontecia andarmos era aquela a que podíamos *chamar* «superior».

O que é que impediu Anaximandro de chegar à teoria de que a Terra era um globo em vez de um tambor? Não pode haver grandes dúvidas: foi a *experiência observacional* que lhe ensinou que a superfície da Terra era, de uma maneira geral, plana. Terá sido, por conseguinte, um raciocínio especulativo e crítico, a discussão abstrata e crítica da teoria de Tales, o que quase o conduziu à teoria verdadeira acerca da forma da Terra. E foi a experiência observacional que o desencaminhou.

V

Há uma objeção óbvia à teoria da simetria da Anaximandro, de acordo com a qual a Terra está igualmente distante de todas as outras coisas. A assimetria do Universo pode ser facilmente constatada pela existência do Sol e da Lua, e sobretudo pelo facto de o Sol e a Lua não estarem, por vezes, muito distantes um do outro, de modo que surgem ambos do mesmo lado da Terra, sem que haja nada do lado oposto a contrabalançá-los. Anaximandro parece ter enfrentado esta objeção com uma outra audaciosa teoria — a sua teoria da natureza oculta do Sol, da Lua e dos outros corpos celestes.

Pensou então nos arcos de duas gigantescas rodas de quadriga a girar à volta da Terra, uma delas vinte e sete vezes maior do que o nosso planeta e a outra dezoito. Cada um desses aros ou tubos circulares está cheio de fogo e tem um furo-respiradouro através do qual este é visível. A esses furos chamamos, respetivamente, Sol e Lua. O resto da roda é invisível, presumivelmente por causa da escuridão (ou nevoeiro) e da distância. As estrelas fixas (e provavelmente os planetas) são, de igual modo, furos em rodas que estão mais próximas da Terra do que as rodas do Sol ou da Lua. As rodas das estrelas fixas giram num eixo comum (a que agora chamamos o eixo da Terra) e formam, no seu conjunto, uma esfera à volta da Terra, o que satisfaz (aproximadamente) o postulado da equidistância em relação a esta. Deste modo, Anaximandro terá sido também um criador da *teoria das esferas*. (No que se refere à sua relação com as rodas ou círculos, ver Aristóteles, *De Caelo*, 289b10 a 290b10.)

VI

Não pode haver qualquer dúvida de que as teorias de Anaximandro não são empíricas, mas sim críticas e especulativas. E, se consideradas como aproximações à verdade, as suas especulações críticas e abstratas revelam-se mais fecundas do que a experiência ou a analogia observacional.

Mas, poder-nos-ia retorquir um discípulo de Bacon, foi precisamente por isso que Anaximandro não foi um cientista. E é justamente por isso que falamos de *filosofia* grega antiga, em vez de *ciência* grega antiga. A Filosofia é especulativa: toda a gente o sabe. E, tal como toda a gente igualmente sabe, a Ciência só teve início quando o método especulativo foi substituído pelo método observacional e a dedução substituída pela indução.

Esta réplica traduz, obviamente, a tese de que, por definição, as teorias serão (ou não) *científicas* consoante tenham origem em observações ou em chamados «processos indutivos». Acredito, porém, que poucas ou nenhumas teorias físicas cairiam sob esta definição. E não vejo por que motivo a questão da origem teria alguma importância neste contexto. O importante numa teoria é o seu poder explicativo e a sua capacidade de resistência à crítica e aos testes a que é submetida. A questão da sua origem, de como se chegou a ela — se por um «processo indutivo», como alguns dizem, ou por um ato de intuição —, pode ser extremamente interessante, em especial para o biógrafo do inventor dessa teoria, mas tem pouco que ver com o seu estatuto ou carácter científico.

VII

No que se refere aos Pré-Socráticos, afirmo que se verifica a mais perfeita continuidade de pensamento entre as suas teorias e os posteriores desenvolvimentos da Física. Pouco importa, creio eu, se lhes chamamos filósofos, pré-cientistas ou cientistas. Mas afirmo convictamente que a teoria de Anaximandro abriu caminho às teorias de Aristarco, Copérnico, Kepler e Galileu. Não se trata apenas de ele ter «influenciado» pensadores de outras épocas. «Influência» é uma categoria muito superficial. Prefiro pô-lo nestes termos: o feito de Anaximandro é valioso em si mesmo, tal como uma obra de arte. Além disso, tornou possíveis outros feitos, entre eles os dos grandes cientistas que mencionei.

Mas não são as teorias de Anaximandro falsas e, nessa medida, não-científicas? Admito que sejam falsas; mas falsas são também muitas teorias «baseadas» em inúmeras experiências que a ciência moderna até há pouco tempo aceitou e cujo carácter científico ninguém sonharia negar, embora se considere agora que são falsas. (Um exemplo é a teoria de que as propriedades químicas características do hidrogénio pertencem a uma única espécie de átomo — o mais leve de todos.) Houve historiadores da Ciência que tenderam a encarar como anticientífica (ou até supersticiosa) qualquer ideia que já não fosse aceite no tempo em que escreveram. Mas essa é uma atitude indefensável. Uma teoria falsa pode constituir uma realização tão notável quanto uma verdadeira. E muitas teorias falsas revelaram-se mais úteis na nossa busca da verdade do que outras menos interessantes que ainda são, todavia, aceites. Na verdade, as teorias falsas podem ajudar-nos de muitas formas: podem, por exemplo, sugerir algumas modificações mais ou menos radicais, e podem estimular a crítica. Foi desse modo que a teoria de Tales de que a Terra flutua na água reapareceu, sob uma forma modificada, em Anaxímenes e, numa época mais recente, sob a forma da teoria da deriva dos continentes de Wegener. A maneira como a teoria de Tales estimulou a crítica de Anaximandro já aqui ficou demonstrada.

A teoria de Anaximandro sugeriu, de modo semelhante, uma teoria modificada — a teoria de um globo terrestre, livremente suspenso no centro do Universo e rodeado por esferas onde os corpos celestes estavam instalados. E, ao estimular a crítica, conduziu igualmente à teoria de que a Lua brilha pela reflexão da luz; à teoria pitagórica de um fogo central; e, por fim, ao sistema do mundo heliocêntrico de Aristarco e Copérnico.

VIII

Estou convencido de que os Milésios, à semelhança dos seus predecessores orientais, que pensavam no mundo como uma tenda, encaravam o mundo como uma espécie de casa, o lar de todas as criaturas — o nosso lar. Não era, por conseguinte, necessário perguntar qual a sua finalidade. Mas havia uma efetiva necessidade de indagar acerca da sua arquitetura. As questões da sua estrutura, do seu traçado e do seu material constituinte são os três principais problemas da cosmologia milésia. Verifica-se igualmente um interesse especulativo pela sua origem, a questão da cosmogonia. Parece-me que o interesse cosmológico dos Milésios ultrapassava largamente o seu interesse cosmogónico, sobretudo se considerarmos a forte tradição cosmogónica e a quase irresistível tendência para descrever uma coisa descrevendo como fora feita e, nessa medida, para apresentar uma explicação cosmológica sob uma forma cosmogónica. O interesse cosmológico será certamente considerável, em comparação com o cosmogónico, se a apresentação de uma teoria cosmológica estiver pelo menos parcialmente livre desses ornatos cosmogónicos.

Estou convencido de que foi Tales quem primeiro discutiu a arquitetura do cosmos — a sua estrutura, traçado e material constituinte. Em Anaximandro, encontramos resposta às três questões. Já referi sumariamente a sua resposta à questão da estrutura. No que diz respeito à questão do traçado, esta foi igualmente objeto do seu estudo e comentário, tal como indica a tradição de que terá desenhado o primeiro mapa do mundo. E é claro que tinha uma teoria acerca do seu material constituinte — o «infinito», o «sem limites», o «ilimitado» ou o «informe» — o «*apeiron*».

No mundo de Anaximandro ocorriam *mudanças* de todo o género. Existia um fogo que precisava de ar e de respiradouros, que ficavam por vezes bloqueados («obstruídos»), de modo que o fogo ficava abafado:([3]) era esta a sua teoria dos eclipses e das fases da Lua. Havia ventos, que eram responsáveis pelas mudanças de tempo.([4]) E havia vapores, resultantes da secagem da água e do ar, que eram a causa dos ventos e das «voltas» do Sol (os solestícios) e da Lua.

Temos aqui o primeiro indício do que em breve iria surgir: o *problema geral da mudança*, que se converteu no problema central da cosmologia grega e que acabou por conduzir, com Leucipo e Demócrito, à *teoria geral da mudança*, aceite pela ciência moderna até quase ao início do século XX (e que só seria posta de parte com

---

([3]) Não sugiro que o abafamento se deva ao bloqueamento de respiradouros inspiratórios. De acordo com a teoria flogística, por exemplo, o fogo é abafado pela obstrução de respiradouros expiratórios. Mas não pretendo atribuir a Anaximandro uma teoria flogística da combustão, nem uma antecipação de Lavoisier.

([4]) Na minha palestra, tal como foi originalmente publicada, continuei, em relação a estas — bem como, na verdade, a todas as outras — mudanças no interior do edifício cósmico, a confiar em Zeller, que escreveu (apelando para o testemunho de Aristóteles em *Meteor*, 353b6): «Anaximandro, segundo parece, explicou o movimento dos corpos celestes pelas correntes de ar, que são responsáveis pelas revoluções das esferas estelares.» (*Phil. D. Griechen*, 5.ª ed., vol. I, 1892, p. 223; ver também p. 220, nota 2; Heath, *Aristarchus*, 1913, p. 33; e a edição de Lee de *Meteorologica*, 1952, p. 125). Mas talvez eu não devesse ter interpretado as «correntes de ar» de Zeller como «ventos», especialmente porque Zeller deveria ter dito «vapores» (trata-se de evaporações resultantes de um processo de secagem). Inseri por duas vezes as palavras «vapores» antes de «ventos», e «quase» antes de «todas» no segundo parágrafo da secção IX; e, no terceiro parágrafo da secção IX, substituí «ventos» por «vapores». Fiz estas modificações na esperança de ir ao encontro da crítica de G. S. Kirk, na p. 332 do seu artigo (discutido no apêndice do presente capítulo).

a invalidação dos modelos do éter de Maxwell, um acontecimento histórico que passou praticamente despercebido até 1905).

Este problema geral da mudança é um problema filosófico. Nas mãos de Parménides e de Zenão converte-se quase, de facto, num problema lógico. *Como é possível a mudança* — isto é, logicamente possível? Como pode uma coisa mudar sem perder a sua identidade? Se essa identidade se mantém é porque a coisa não muda; se ela perde, porém, a sua identidade, não é já, então, aquela coisa que mudou.

IX

A emocionante história do desenvolvimento do problema da mudança parece-me em risco de ficar totalmente soterrada sob o crescente amontoado de minudências da crítica textual. É uma história que não pode, obviamente, caber num curto ensaio, e menos ainda numa das suas muitas secções. Mas, resumindo-a o mais possível, é a que vos passo a contar.

Para Anaximandro, o nosso mundo, o nosso edifício cósmico, era apenas um de uma infinidade de mundos — uma infinidade sem limites de espaço ou tempo. Este sistema de mundos era eterno, como eterno era o movimento. Não havia, por conseguinte, necessidade de explicar esse movimento, de apresentar uma teoria *geral* da mudança (no sentido em que encontraremos um problema geral e uma teoria geral da mudança em Heraclito. Ver mais à frente). Mas havia necessidade de explicar as bem conhecidas mudanças que ocorriam no nosso mundo. As mais óbvias — a mudança do dia e da noite, dos ventos e do tempo, das estações (desde a sementeira às colheitas) e do crescimento das plantas, dos animais e dos homens — estavam, todas elas, relacionadas com o contraste de temperaturas, com a oposição entre quente e frio e entre seco e húmido. «As criaturas vivas formaram-se a partir da humidade evaporada pelo Sol», diz-nos ele. O quente e o frio também teriam contribuído para a génese do edifício que é o nosso mundo e seriam igualmente responsáveis pelos vapores e ventos, concebidos, por seu turno, como agentes de quase todas as outras mudanças.

Anaxímenes, discípulo e sucessor de Anaximandro, desenvolveu estas ideias em grande pormenor. À semelhança deste último, também Anaxímenes estava interessado nas oposições entre quente-frio e húmido-seco, e explicou as transições entre esses opostos mediante uma teoria da condensação e da rarefação. Tal como Anaximandro, acreditava no movimento eterno e na ação dos ventos; e não parece improvável que um dos dois principais pontos em que se desviou do seu mestre tenha sido atingido mediante uma crítica da ideia de que o que era ilimitado e informe (o *apeiron*) podia, não obstante, estar em movimento. Em todo o caso, Anaxímenes substituiu o *apeiron* pelo ar — algo quase ilimitado e informe e que, no entanto, de acordo com a velha teoria dos vapores de Anaximandro, era não apenas capaz de movimento, mas o principal agente do movimento e da mudança. Uma idêntica unificação de ideias foi realizada pela teoria de Anaxímenes de que «o Sol é feito de terra e fica muito quente em virtude da rapidez do seu movimento.»

A substituição de Anaxímenes da teoria mais abstracta do *apeiron* ilimitado pela teoria do ar — menos abstracta e mais próxima do senso comum — é equivalente à substituição da ousada teoria de Anaximandro acerca da estabilidade da Terra pela ideia — também mais próxima do senso comum — de que «a planura do nosso planeta é responsável pela sua estabilidade; pois... cobre como uma tampa o ar que está por baixo dela.» Desta forma, a Terra flutua no ar tal como a tampa de um pote pode flutuar no vapor, ou um barco na água. A questão e a resposta de Tales são assim reintroduzidas, e o histórico argumento de Anaximandro não é compreendido. Anaxímenes é um eclético, um sistematizador, um empirista, um homem de senso comum. Dos três grandes Milésios, é ele o menos fértil em ideias novas e revolucionárias; é o que tem um espírito menos filosófico.

Para estes três pensadores, o mundo era a nossa casa. Havia nela movimento e mudança, calor e frio, fogo e humidade. Havia um fogo na lareira e, sobre ele, uma chaleira com água. A casa estava exposta aos ventos e tinha, certamente, algumas correntes de ar; mas era o nosso lar e oferecia-nos uma certa segurança e estabilidade. Para Heraclito, porém, a casa estava a arder.

No mundo de Heraclito não havia já qualquer estabilidade. «Tudo flui e nada está em repouso». *Tudo* flui, até mesmo as vigas, a madeira, o material de construção de que o mundo é feito: terra e rochas, ou o bronze de um caldeirão — tudo está em fluxo. As vigas apodrecem, a terra é erodida e engolida pelo mar, as próprias rochas partem-se e definham, o caldeirão de bronze cobre-se de pátina ou de verdete: «Todas as coisas estão em permanente movimento, ainda que [...] isso escape aos nossos sentidos», como escreveu Aristóteles. Os que o não sabem e não pensam estão convencidos de que apenas o combustível é queimado, enquanto o recipiente em que arde (cp. DK, A4) se mantém inalterado, pois nós não vemos o recipiente arder. E, todavia, arde; é consumido pelo fogo que contém. Nós não *vemos* os nossos filhos crescer, mudar e envelhecer, mas é isso que acontece.

Não existem, por conseguinte, corpos sólidos. As coisas não são verdadeiramente coisas, são processos, estão em fluxo. São como o fogo, são como uma chama que, podendo embora ter uma forma definida, é um processo, uma corrente de matéria, um rio. Todas as coisas são chamas: o fogo é a própria matéria constituinte do nosso mundo. E a aparente estabilidade das coisas é meramente devida às leis, às normas a que estão sujeitos os processos do nosso mundo.

É esta, segundo creio, a história de Heraclito; é a sua «mensagem», a «verdadeira palavra» (o *logos*) que deveríamos escutar: «Escutando, não a mim mas a verdadeira narrativa, é sábio admitir que todas as coisas são uma»: elas são «um fogo eterno, que por medida deflagra e por medida se extingue».

Sei muito bem que a interpretação tradicional da filosofia de Heraclito que aqui reitero já não é, de um modo geral, atualmente aceite. Mas os críticos não puseram nada no seu lugar — isto é, nada com interesse filosófico. Discutirei abreviadamente a sua nova interpretação na secção que se segue. Aqui, desejo apenas acentuar que a filosofia de Heraclito, ao apelar ao pensamento, à palavra, à discussão, à razão, e ao fazer notar que vivemos num mundo de coisas cujas mudanças escapam aos nossos sentidos, ainda que *saibamos* que elas de facto mudam, criou dois novos problemas: o *problema da mudança* e o *problema do conhecimento*. Estes problemas eram tanto mais prementes quanto a sua própria explicação da mudança era difícil de entender. Mas isso, estou convencido, devia-se ao facto de ele ter visto mais claramente do que os seus antecessores as dificuldades envolvidas na própria ideia de mudança.

Efetivamente, toda a mudança é mudança de alguma coisa: a mudança pressupõe algo que muda. E pressupõe que, enquanto muda, essa coisa tem de permanecer a mesma. Podemos dizer que uma folha verde muda quando se torna castanha; mas não dizemos que a folha verde muda quando a substituímos por uma folha castanha. É essencial para a ideia de mudança que a coisa que muda conserve a sua identidade enquanto essa mudança ocorre. E, todavia, tem de tornar-se em algo diferente: era verde e torna-se castanha; era húmida e torna-se seca; era quente e torna-se fria.

Toda a mudança será, por conseguinte, a transição de uma coisa para outra com qualidades de certo modo opostas (como Anaximandro e Anaxímenes haviam notado). E, no entanto, enquanto a mudança se opera, a coisa que muda tem de permanecer idêntica a si própria.

É este o problema da mudança. Conduziu Heraclito a uma teoria que (antecipando parcialmente Parménides) distingue entre realidade e aparência. «A verdadeira natureza das coisas adora ocultar-se. Uma harmonia inaparente é mais forte do que a aparente.» As coisas são *na aparência* (e para nós) opostas, mas na verdade (e para Deus) são o mesmo.

> Vida e morte, vigília e sono, juventude e velhice, todas estas coisas são o mesmo [...] pois um virado ao contrário é o outro, e o outro virado ao contrário é o primeiro [...] O caminho que sobe e o caminho que desce são o mesmo caminho [...] O bom e o mau são idênticos [...] Para Deus, todas as coisas são belas e boas e justas, mas os homens supõem que algumas são injustas e outras justas [...] Não está na natureza ou carácter de um homem possuir o verdadeiro conhecimento, ainda que esteja na natureza divina.

Por conseguinte, na verdade (e para Deus), os opostos são idênticos; é só ao homem que surgem como não idênticos. E todas as coisas são uma — fazem, todas elas, parte do processo do mundo, o fogo eterno.

Esta teoria da mudança apela à «palavra verdadeira», ao «*logos*», à razão. Nada é mais real para Heraclito do que a mudança. Todavia, a sua doutrina da unicidade do mundo, da identidade dos opostos e da dicotomia entre aparência e realidade ameaça a sua doutrina da realidade da mudança.

A mudança é, de facto, a transição de um oposto para outro. Por conseguinte, se os opostos são, na verdade, idênticos, embora pareçam diferentes, então a mudança em si poderá ser apenas aparente. Se na verdade — e para Deus —, todas as coisas são uma só, poderá não existir, na verdade, qualquer mudança.

Esta consequência foi extraída por Parménides, o discípulo (ressalve-se a opinião discordante de Burnet e outros) do monoteísta Xenófanes, que disse do Deus único: «Ele permanece sempre no mesmo lugar, sem nunca se mover. Não seria próprio para Ele ir a diferentes sítios, em momentos diferentes [...] Ele em nada se assemelha aos homens mortais, nem em corpo nem em pensamento».

O discípulo de Xenófanes, Parménides, ensinou que o mundo real era uno e se mantinha sempre no mesmo lugar, sem nunca se mover. Não seria *próprio* que fosse a diferentes sítios, em diferentes momentos. Esse mundo não era, de modo algum, semelhante ao que parecia ser aos homens mortais: era uno, um todo indiviso, sem partes, homogéneo e imóvel. O movimento era impossível num mundo assim. Não havia, na verdade, qualquer mudança. O mundo da mudança era uma ilusão.

Parménides baseou a sua teoria de uma realidade imutável numa espécie de prova lógica: uma prova que pode ser apresentada como procedendo de uma única premissa, «O que não é não é». Daqui, podemos deduzir que o nada — o que não é — não existe. Uma conclusão que Parménides interpreta no sentido de que o vazio não existe. Por conseguinte, o mundo está cheio: é um bloco indiviso, uma vez que qualquer separação em partes só poderia ser devida a uma separação dessas partes pelo vazio. (Foi esta a «verdade redonda» que a deusa revelou a Parménides.) Neste mundo cheio, não há lugar para o movimento.

Somente a crença ilusória na realidade dos opostos — a crença de que não existe apenas *o que é*, mas também *o que não é* — conduz à ilusão de um mundo em mudança.

A teoria de Parménides pode ser descrita como a primeira teoria hipotético-dedutiva do mundo. Os atomistas — Leucipo e Demócrito — tomaram-na como tal; e declararam-na refutada pela experiência, já que o movimento efetivamente existe. Aceitando a validade formal do argumento de Parménides, inferiram da falsidade da sua conclusão a falsidade da sua premissa. Mas isso significava que o nada — o vácuo ou o espaço vazio — existia. Consequentemente, não havia agora necessidade de considerar que «o que é» — o pleno, o que preenche um dado espaço — não tinha partes, uma vez que as suas partes podiam agora ser separadas pelo vazio. Havia, por conseguinte, muitas partes, cada uma delas «cheia»: havia no mundo partículas inteiras, separadas por espaço vazio e capazes de se movimentar nesse vazio, todas elas «cheias», indivisas, indivisíveis e imutáveis. O que existia eram, pois, *átomos e o vazio*. Desta forma, os atomistas elaboraram uma *teoria da mudança* — uma teoria que iria dominar o pensamento científico até 1900. É a teoria de que *toda a mudança e, em especial, toda a mudança qualitativa, tem de ser explicada pelo movimento espacial de porções imutáveis de matéria — por átomos movendo-se no vazio*.

O grande passo seguinte na nossa cosmologia e na teoria da mudança foi dado quando Maxwell, desenvolvendo certas ideias de Faraday, substituiu esta teoria por uma teoria de intensidades variáveis de campo.

X

Delineei a história, tal como a vejo, da teoria pré-socrática da mudança. Estou, naturalmente, bem consciente do facto de a minha história (que se baseia em Platão, Aristóteles e na tradição doxográfica) colidir em muitos pontos com as ideias de alguns especialistas, tanto ingleses como alemães, e, em particular, com as expressadas por G. S. Kirk e J. E. Raven no seu livro *Os Filósofos Pré-Socráticos*, de 1957. Não posso, como é evidente, examinar aqui em pormenor os seus argumentos e, nomeadamente, a sua minuciosa exegese de diversas passagens, algumas das quais são relevantes para as diferenças entre a sua interpretação e a minha (ver, por exemplo, a discussão de Kirk e Raven do problema de se há ou não referência a Heraclito em Parménides; cf. a sua nota 1 nas pp. 193 ss. e a nota 1 na p. 272 da edição inglesa). Mas desejo dizer que examinei os seus argumentos e que me pareceram pouco convincentes, e, muitas vezes, até totalmente inaceitáveis.

Vou limitar-me a mencionar aqui alguns pontos relativos a Heraclito (embora haja outros de igual importância, como os seus comentários a Parmé-nides).

A perspetiva tradicional, de acordo com a qual a doutrina mais importante de Heraclito era que todas as coisas estão em fluxo contínuo, foi atacada há quarenta anos por Burnet. O seu principal argumento (discutido por mim, em pormenor, na nota 2 do cap. 2 da minha *Sociedade Aberta*) era que a teoria da mudança não era nova e que só uma mensagem nova poderia explicar a urgência com que Heraclito fala. Este argumento é repetido por Kirk e Raven quando escrevem (pp. 186 ss.): «Mas todos os pensadores pré-socráticos tomaram consciência da predominância da mudança no mundo da nossa experiência.» Sobre esta atitude, disse eu na minha *Sociedade Aberta:* «Aqueles que sugerem [...] que a doutrina do fluxo universal não era nova [...] são, segundo me parece, testemunhas inconscientes da originalidade de Heraclito, pois não conseguem agora, dois mil e quatrocentos anos mais tarde, apreender o seu ponto essencial. Em duas palavras, eles não vêem a diferença entre a mensagem dos Milésios «Um fogo arde no interior da casa» e a mensagem, algo mais urgente, de Heraclito «A casa está a arder». Uma réplica implícita a esta crítica pode ser encontrada na p. 197 do livro de Kirk e Raven, onde escrevem: «Poderia Heraclito ter realmente pensado que uma rocha ou um caldeirão de bronze, por exemplo, estavam invariavelmente a passar por invisíveis mudanças de matéria? É possível; todavia, nada nos fragmentos existentes sugere que tenha sido esse o caso». Mas será mesmo assim? Os fragmentos de Heraclito sobre o fogo (Kirk e Raven, fragm. 220–222) são interpretados pelos próprios Kirk e Raven da seguinte maneira (p. 200): «O fogo é a forma arquetípica da matéria». Ora, eu não estou inteiramente seguro do que «arquetípico» aqui significa (atendendo sobretudo ao facto de lermos, umas linhas mais abaixo, «A cosmogonia [...] não se encontra em Heraclito»). Mas, independentemente do que «arquetípico» possa significar, uma vez admitido que Heraclito diz nos fragmentos que toda a matéria é, de alguma forma (quer arquetipicamente, quer de outro modo), fogo, torna-se claro que diz também que toda a matéria é, à semelhança do fogo, um processo — o que constitui precisamente a teoria negada a Heraclito por Kirk e Raven.

Imediatamente após terem dito que «nada nos fragmentos existentes sugere» que Heraclito acreditasse em mudanças invisíveis contínuas, Kirk e Raven fazem a seguinte observação metodológica: «Nunca será demais enfatizar que (em textos) antes de Parménides e da sua aparente prova de que os sentidos eram completamente falaciosos [...] desvios flagrantes do senso comum só devem ser aceites quando as provas nesse sentido forem extremamente fortes.» Este comentário pretende significar que a doutrina de que os corpos (de uma qualquer substância) estão a ser constantemente submetidos a invisíveis mudanças representa um flagrante desvio do senso comum, que não seria certamente de esperar em Heraclito.

Mas, para citar Heraclito: «Aquele que não espera o inesperado não o detetará: para ele, permanecerá indetetável e inacessível» (DK, B18). De facto, o último argumento de Kirk e Raven é inválido por numerosas razões. Muito antes de Parménides, encontramos ideias bem afastadas do senso comum em Anaximandro, Pitágoras, Xenófanes e, especialmente, em Heraclito. De facto, a sugestão de que deveríamos «testar» a historicidade das ideias atribuídas a Heraclito — tal como poderíamos, na verdade, testar a historicidade das atribuídas a Anaxímenes — à luz de critérios de «senso comum» é um pouco surpreendente (independentemente do que «senso comum» aqui possa significar). Essa é, com efeito, uma sugestão que não apenas vai ao arrepio da notória obscuridade e do estilo oracular de Heraclito, confirmados por Kirk e Raven, mas também do seu ferveroso interesse pela antinomia e pelo paradoxo. E, por último, mas não menos importante, vai ao arrepio da (em minha opinião, perfeitamente absurda) doutrina que Kirk e Raven acabam por atribuir a Heraclito (os itálicos são meus): «que as mudanças naturais de todos os géneros [e, nessa medida, presume-se, também os terramotos e grandes incêndios] são regulares e *equilibradas, e que a causa deste equilíbrio é o fogo, esse constituinte comum das coisas a que se chamou também o seu Logos*». Mas por que razão, pergunto eu, haveria o fogo de ser «a causa» de algum equilíbrio — quer «deste equilíbrio» quer doutro qualquer? E onde é que Heraclito diz tais coisas? Na verdade, se tivesse sido essa a filosofia de Heraclito, eu não descortinaria nela qualquer motivo de interesse. Estaria, em todo o caso, muito mais divorciada do senso comum (tal como o vejo) do que a inspirada filosofia que a tradição atribui a Heraclito e que, em nome desse mesmo senso comum, é rejeitada por Kirk e Raven.

Mas o ponto decisivo é, claro está, que esta inspirada filosofia é, tanto quanto sabemos[5], *verdadeira*. Graças à sua misteriosa intuição, Heraclito viu que as coisas são processos fenoménicos, que os nossos corpos são chamas, que «uma rocha ou um caldeirão de

---

[5] O meu texto deverá demonstrar que faz, em todo o caso, sentido. Espero ter tornado claro que apelo aqui para a verdade no sentido de (*a*) evidenciar que a minha interpretação, pelo menos, faz sentido, e (*b*) refutar os argumentos de Kirk e Raven (discutidos mais à frente, neste parágrafo) de que a teoria é absurda. Uma resposta a G. S. Kirk, demasiado longa para ser aqui acrescentada (ainda que se refira à presente passagem e ao presente parágrafo), pode ser encontrada no Apêndice, no final deste ensaio.

bronze [...] estavam invariavelmente a passar por invisíveis mudanças». Kirk e Raven dizem (p. 197, nota 1; o argumento parece ser uma resposta a Melisso): «De cada vez que o dedo roça pelo ferro, leva consigo uma invisível porção dele. Quando, porém, não roça, que razão existe para pensar que o ferro está ainda em mudança?» A razão é que o vento também desgasta, e há sempre vento; ou que o ferro se transforma invisivelmente em ferrugem — pela oxidação, o que significa uma combustão lenta; ou que o ferro velho tem um aspeto diferente do ferro novo, da mesma forma que um homem velho tem um aspeto diferente de uma criança (cp. DK, B88). Era esta a doutrina de Heraclito, tal como o demonstram os fragmentos existentes.

Sou de opinião de que o princípio metodológico de Kirk e Raven, de «que desvios flagrantes do senso comum só devem ser aceites quando as provas nesse sentido forem extremamente fortes», poderia bem ser substituído pelo princípio, mais claro e mais importante, de que *grandes desvios da tradição histórica só devem ser aceites quando as provas nesse sentido forem extremamente fortes*. Este é de facto um princípio universal da historiografia. Sem ele, a História seria impossível. No entanto, é constantemente violado por Kirk e Raven — por exemplo, quando tentam pôr em dúvida os testemunhos de Platão e Aristóteles com argumentos que são parcialmente circulares e parcialmente contraditórios (como o do senso comum) com a sua própria versão. E quando dizem que «muito reduzidos parecem ter sido os verdadeiros esforços de Platão e Aristóteles para penetrar no seu [isto é, de Heraclito] real significado», eu só posso então dizer que a filosofia delineada por Platão e Aristóteles se me afigura ser uma filosofia com um real significado e uma real profundidade. É uma filosofia digna de um grande filósofo. Quem, senão Heraclito, foi o grande pensador que pela primeira vez compreendeu que os homens são chamas e as coisas são processos? Deveremos realmente acreditar que esta grande filosofia foi um «exagero pós-heracliteano» (p. 197), que poderá ter sido sugerido a Platão, «em particular, talvez, por Crátilo?» Quem, pergunto eu, foi esse filósofo desconhecido — possivelmente o maior e o mais ousado pensador entre os Pré-Socráticos? Quem foi ele, se não Heraclito?

XI

A história dos primórdios da filosofia grega, especialmente a que vai de Tales a Platão, é uma história magnífica. É quase demasiado boa para ser verdadeira. Em cada geração, encontramos pelo menos uma nova filosofia, uma nova cosmologia surpreendentemente original e profunda. Como foi isto possível? É evidente que não se pode explicar a originalidade e o génio. Mas podemos tentar lançar alguma luz sobre eles. Qual era o segredo dos antigos? Sugiro que era uma *tradição — a tradição da discussão crítica*.

Vou tentar pôr o problema em termos mais esclarecedores. Em todas ou quase todas as civilizações encontramos algo como um ensino religioso e cosmológico, e em muitas sociedades encontramos escolas. Ora, as escolas, e sobretudo as primitivas, têm todas, segundo parece, uma estrutura e função características. Longe de serem centros de discussão crítica, assumem como tarefa transmitir uma doutrina definida e preservá-la pura e inalterada. É missão da escola fazer passar a tradição, a doutrina do seu fundador, do seu primeiro mestre, para a geração seguinte e, em ordem a esse objetivo, o mais importante é conservar a doutrina inviolada. Uma escola deste género não admite nunca uma ideia nova. As ideias novas são heresias e conduzem a cismas. Se um membro da escola tenta modificar a doutrina, é expulso como herético. Mas o herético alega, regra geral, que a sua é que é a verdadeira doutrina do fundador. Desse modo, nem o próprio inventor admite que introduziu uma invenção; crê, antes, estar a regressar à verdadeira ortodoxia, que terá sido, de alguma forma, adulterada.

Desta forma, todas as mudanças numa doutrina — a existirem — serão mudanças sub-reptícias. Serão todas apresentadas como reformulações dos verdadeiros ensinamentos do mestre, das suas próprias palavras, do seu verdadeiro significado, das suas verdadeiras intenções.

É claro que, numa escola desta natureza, não podemos esperar encontrar uma história das ideias, nem sequer o material para uma tal história. As novas ideias não são, na verdade, admitidas como novas. Tudo é atribuído ao mestre. O máximo que se pode reconstituir é uma história de cismas e, talvez, uma história da defesa de certas doutrinas contra os heréticos.

Numa escola assim não pode, obviamente, haver qualquer discussão racional. Podem esgrimir-se argumentos contra dissidentes e heréticos, ou contra algumas escolas rivais. Mas, de um modo geral, muito mais do que pela discussão argumentativa, é com afirmações perentórias, dogmas e condenações que a doutrina é defendida.

Entre as escolas filosóficas gregas, o grande exemplo do modelo que acabo de descrever é a Escola Itálica, fundada por Pitágoras. Comparada com a Escola Jónica ou com a de Eleia, tinha o carácter de uma ordem religiosa, dotada de um modo de vida característico e de uma doutrina secreta. A história de que um dos seus membros, Hípaso de Metaponto, teria sido lançado ao mar por haver revelado o segredo da irracionalidade de certas raízes quadradas é característica da atmosfera que envolve a Escola Pitagórica, independentemente da veracidade dos factos relatados.

Mas, entre as escolas filosóficas gregas, os antigos pitagóricos constituíam uma exceção. Deixando-os de lado, poderíamos dizer que o carácter da filosofia grega e das suas escolas é notavelmente diferente do tipo dogmático de escola aqui descrito. Demonstrei isto mediante um exemplo: *a história do problema da mudança que vos contei é a história de um debate crítico, de uma discussão racional.* Novas ideias são propostas enquanto tais e surgem em consequência da liberdade de crítica. Verificam-se poucas, se é que algumas, mudanças sub-reptícias. Em vez do anonimato, encontramos uma história de ideias e dos seus originadores.

Estamos perante um fenómeno único, intimamente ligado à assombrosa liberdade e criatividade da filosofia grega. Como é possível explicar este fenómeno? *O que temos de explicar é o surgir de uma tradição.* De uma tradição que permite ou incentiva discussões críticas entre diferentes escolas e, mais surpreendentemente ainda, dentro de uma mesma escola. De facto, e à exceção da ESCOLA Pitagórica, em lado algum vemos uma escola consagrada à preservação de uma doutrina. O que em vez disso encontramos são mudanças, novas ideias, modificações e críticas frontais do mestre.

(Em Parménides encontramos inclusivamente, numa fase inicial, um fenómeno deveras notável — o de um filósofo que apresenta *duas* doutrinas, uma que diz ser verdadeira e outra que ele próprio classifica como falsa. Todavia, não faz dessa falsa doutrina um simples objeto de condenação ou crítica; expõe-na antes como a melhor descrição possível das opiniões ilusórias dos mortais e do mundo da mera aparência — a melhor descrição que um mortal poderia fazer.)

Como e onde foi esta tradição crítica instaurada? Este é um problema que merece uma séria reflexão. De uma coisa, porém, podemos estar certos: Xenófanes, que trouxe a tradição jónica para a Eleia, estava inteiramente consciente do facto de a sua própria doutrina ser inteiramente conjectural, e de poderem aparecer outros mais sábios do que ele. Voltarei de novo a este ponto na minha próxima e última secção.

Se procurarmos os primeiros sinais desta nova atitude crítica, desta nova liberdade de pensamento, seremos conduzidos de volta à crítica de Tales por Anaximandro. Encontramos aqui um facto deveras surpreendente: Anaximandro critica o seu mestre e parente, um dos Sete Sábios e o fundador da Escola Jónica. Ele era, segundo a tradição, apenas cerca de catorze anos mais novo do que Tales, e deve ter desenvolvido a sua crítica e as suas novas ideias enquanto o mestre estava ainda vivo. (Terão, segundo parece, morrido com poucos anos de intervalo.) Mas não há indício nas fontes de qualquer história de divergência, desavença ou separação.

Este facto sugere, penso eu, que foi Tales quem fundou a nova tradição de liberdade — baseada numa nova relação entre mestre e discípulo — e que dessa forma criou um novo tipo de escola, totalmente diferente da Pitagórica. Tales parece ter sido capaz de tolerar a crítica. E, mais ainda, parece ter dado origem à tradição de que se deve tolerar a crítica.

Gosto, contudo, de pensar que ele fez ainda mais do que isso. É-me difícil imaginar uma relação entre mestre e discípulo em que o primeiro se limite a tolerar a crítica sem a encorajar ativamente. Não me parece possível que um aluno formado no molde da atitude dogmática se atrevesse alguma vez a criticar o dogma (muito menos o de um famoso sábio) e a proclamar essa crítica. E parece-me ser uma explicação mais fácil e mais simples supor que o mestre tenha incentivado uma atitude crítica — possivelmente não desde o início, mas apenas após ter sido atingido pela pertinência de algumas questões colocadas, talvez pelos alunos, sem qualquer intenção crítica.

Fosse como fosse, a conjetura de que Tales terá encorajado ativamente a crítica dos seus alunos explicaria o facto de a atitude crítica para com a doutrina do mestre se haver tornado parte da tradição da Escola Jónica. Gosto de pensar que Tales foi o primeiro professor que disse aos seus alunos: «É este o modo como vejo as coisas — como acredito que elas são. Tentem progredir a partir do que vos ensinei.» (Aqueles que crêem que é «anti-histórico» atribuir a Tales esta atitude antidogmática podem ser de novo recordados do facto de que, apenas duas gerações mais tarde, encontramos uma atitude similar clara e conscientemente formulada nos fragmentos de Xenófanes.) Permanece, em todo o caso, o facto histórico de que a Escola Jónica foi a primeira em que os discípulos criticaram os mestres ao longo de sucessivas gerações. Não pode haver grandes dúvidas de que a tradição grega da filosofia crítica teve a sua principal fonte na Jónia.

Esta foi uma inovação marcante. Significou um corte com a tradição dogmática que permitia apenas *uma* doutrina de escola e a sua substituição por uma tradição que admite uma pluralidade de doutrinas que tentam, todas elas, aproximar-se da verdade por meio da discussão crítica.

A tradição crítica conduz assim, quase necessariamente, à perceção de que as nossas tentativas de ver e encontrar a verdade não são definitivas, mas abertas a melhoramentos; que o nosso conhecimento, as nossas doutrinas, têm carácter conjetural, consistindo em suposições, em hipóteses, e não em verdades certas e definitivas; e que a crítica e a discussão que por ela é animada são os nossos únicos meios de aproximação à verdade. Conduz, por conseguinte, à tradição das conjeturas arrojadas e da liberdade de crítica, a tradição que deu origem à atitude racional ou científica e, com ela, à nossa civilização ocidental — que é a única civilização baseada na Ciência (embora, como é óbvio, não unicamente nela).

Nesta tradição racionalista, não são proibidas as mudanças audaciosas de doutrina. Pelo contrário, a inovação é encorajada e encarada como um sucesso ou um aperfeiçoamento, caso se baseie no resultado de uma discussão crítica dos seus predecessores. A própria audácia de uma inovação é admirada, pois é possível verificá-la pelo rigor do seu exame crítico. É por isso que as mudanças de doutrina, longe de serem feitas sub-repticiamente, são tradicionalmente transmitidas em conjunto com as doutrinas mais antigas e os nomes dos seus inovadores. E o material para uma história das ideias torna-se parte da tradição da escola.

Que eu saiba, a tradição crítica ou racionalista foi inventada uma vez apenas. Perdeu-se dois ou três séculos depois, devido, talvez, à ascensão da doutrina aristotélica da *episteme*, do conhecimento certo e demonstrável (um desenvolvimento da distinção eleática e heraclitiana entre verdade certa e mera suposição).

E foi redescoberta e conscientemente revivida no Renascimento, em especial por Galileu Galilei.

XII

E eis-me agora chegado ao meu último e mais fundamental argumento. É o seguinte: a tradição racionalista, a tradição da discussão crítica, representa o único processo viável de expandir o nosso conhecimento — conhecimento conjetural ou hipotético, como é evidente. Não há outro caminho. Mais especificamente, não existe nenhum processo que parta da observação ou experiência. No desenvolvimento da Ciência, as observações e experiências desempenham apenas o papel de argumentos críticos. E desempenham-no ao lado de outros argumentos de carácter não observacional. Embora este seja um papel importante, o significado de observações e experiências depende *inteiramente* da questão de poderem ou não ser utilizadas para *criticar teorias*.

De acordo com a teoria do conhecimento aqui delineada, existem, de um modo geral, duas únicas formas pelas quais determinadas teorias podem ser superiores a outras: serem mais explicativas; e serem mais suscetíveis de ser testadas — ou seja, poderem ser mais completa e criticamente discutidas à luz de tudo o que sabemos, de todas as objeções em que podemos pensar e, em especial, também à luz dos testes observacionais ou experimentais que forem concebidos com o objetivo de as criticar.

Existe um único elemento de racionalidade nas nossas tentativas de conhecer o mundo: o exame crítico das nossas teorias. As teorias em si são meras suposições. Nós não sabemos, apenas supomos. Se me perguntarem «Como é que sabe?», a minha resposta será, «Não sei; limito-me a fazer uma suposição. Se estão interessados no meu problema, terei o maior prazer em que critiquem esta minha suposição e, se tiverem contrapropostas a fazer, tentarei por meu turno criticá-las.»

É esta, acredito, a verdadeira teoria do conhecimento (que desejo submeter à vossa crítica); a verdadeira descrição de uma prática que surgiu na Jónia e que está incorporada na ciência moderna (embora muitos cientistas acreditem ainda no mito baconiano da indução): a teoria de que o conhecimento avança por meio de *conjeturas e refutações*.

Dois dos homens mais notáveis de entre aqueles que nitidamente se aperceberam da inexistência do processo indutivo, e que compreenderam de forma clara o que considero ser a verdadeira teoria do conhecimento, foram Galileu e Einstein. Todavia, os antigos também o sabiam. Por incrível que pareça, encontramos um claro reconhecimento e formulação desta teoria do conhecimento racional quase imediatamente a seguir ao início da prática da discussão crítica. Talvez os mais antigos fragmentos que neste domínio nos restam sejam os de Xenófanes. Vou apresentar aqui cinco deles, numa ordem que sugere que terá sido a ousadia do seu ataque e a gravidade dos seus problemas que o tornaram consciente do facto de que todo o nosso conhecimento é conjectural; mas que, não obstante isso, se procurarmos esse conhecimento, «que é o melhor», poderemos encontrá-lo no decurso do tempo. Aqui estão os cinco fragmentos (DK, B16 e 15; 18; 35; e 34) dos escritos de Xenófanes:

> Os Etíopes dizem que os seus deuses são negros e de nariz achatado
> Enquanto os Trácios dizem que os seus têm olhos azuis e cabelo
> [vermelho.

> No entanto, se os bois, os cavalos ou os leões tivessem mãos e pudessem
> [desenhar
> E fossem capazes de esculpir como os homens, então os cavalos
> [desenhariam os seus deuses
> Como cavalos, e os bois como bois, e cada um figuraria
> Corpos de deuses à semelhança da sua própria espécie.

> Os deuses não nos revelaram desde o início
> Todas as coisas; mas, no decurso do tempo,
> Procurando, podemos aprender e conhecê-las melhor...
> Essas coisas, conjecturamos nós, são, de alguma forma, semelhantes
> [à verdade.

> Mas quanto à verdade certa, homem algum a conheceu,
> Ou jamais conhecerá; nem acerca dos deuses,
> Nem ainda de todas as coisas de que falo
> E mesmo que, por sorte, lhe acontecesse pronunciar
> A verdade perfeita, ele próprio não o saberia
> Pois tudo nada mais é que uma teia de suposições.

Para demonstrar que Xenófanes não estava sozinho, posso também repetir aqui dois dos ditos de Heraclito (DK, B78 e 18), que anteriormente citei num contexto diferente. Ambos exprimem o carácter conjectural do conhecimento humano, e o segundo refere a sua ousadia, a sua necessidade de temerariamente antecipar o que ainda não conhecemos.

> Não está na natureza ou no carácter do homem possuir o verdadeiro conhecimento, ainda que esteja na natureza divina [...] Aquele que não espera o inesperado não o detetará: para ele, permanecerá indetetável e inacessível.

A minha última citação é uma muito famosa de Demócrito (DK, B117):

> Mas, de facto, nada sabemos por o haver visto; pois a verdade está oculta nas profundezas.

E é assim que a atitude crítica dos Pré-Socráticos prenuncia e prepara o racionalismo ético de Sócrates, ou seja, a sua convicção de que a busca da verdade por meio da discussão crítica era uma forma de vida — a melhor que conhecia.

APÊNDICE: CONJETURAS HISTÓRICAS E HERACLITO — ACERCA DA MUDANÇA

Num artigo intitulado «Popper on Science and the Presocratics» (Mind, NS. 69, julho de 1960, p. 318 a 339), G. S. Kirk respondeu a um desafio e a uma crítica que haviam constado de «Regresso aos Pré-Socráticos», uma palestra por mim proferida na qualidade de presidente da Sociedade Aristotélica. O artigo de Kirk não tem, todavia, por principal objetivo responder à minha crítica. Está,

---

Este Apêndice, uma resposta ao artigo de G. S. Kirk em Mind, *foi parcialmente publicado sob o título «Kirk on Heraclitus, and on Fire as the Cause of Balance», in* Mind, *NS. 72, julho de 1963, pp. 386–92. Quero agradecer ao editor de* Mind *pela sua permissão de publicar aqui o artigo inteiro tal como lhe foi originalmente apresentado. (Na segunda edição, bem como nalgumas edições posteriores deste livro, fiz alguns aditamentos a este Apêndice.)*

em larga medida, consagrado a outra tarefa: tentar explicar de que modo e por que motivo sou eu vítima de uma «atitude para com a meto-dologia científica» fundamentalmente errada, que me terá levado a fazer asserções erradas acerca dos Pré-Socráticos e a princípios igualmente errados de historiografia.

Um contra-ataque desta natureza poderia, seguramente, ter o seu interesse e méritos intrínsecos. E o facto de Kirk ter adotado esta atitude demonstra, em todo o caso, que eu e ele estamos de acordo em pelo menos dois pontos: que a questão fundamental que nos divide é de natureza filosófica; e que a atitude filosófica por nós adotada pode ter uma influência decisiva na nossa interpretação dos testemunhos históricos — como, por exemplo, dos que dizem respeito aos Pré-Socráticos.

Ora, G. S. Kirk não aceita a minha atitude filosófica em termos genéricos, do mesmo modo que eu não aceito a dele. E sente, justificadamente, que deve explicar as razões da sua rejeição.

Só que eu não creio que ele tenha apresentado nenhuma razão para rejeitar as minhas ideias; e isso pelo simples motivo de que as ideias de Kirk acerca do que ele acredita serem as minhas ideias, bem como as arrasadoras conclusões que delas extrai, nada têm que ver com aquilo que eu efetivamente penso, como em breve irei demonstrar.

Há uma outra dificuldade. O método de contra-ataque por ele adotado tem um inconveniente particular: não parece prestar-se facilmente ao aprofundamento da discussão dos pontos concretos de crítica da minha palestra. Kirk não enuncia claramente, por exemplo, quais dos meus argumentos aceita (visto aceitar alguns) e quais recusa. Em vez disso, a aceitação e a recusa surgem envoltas numa rejeição generalizada do que ele acredita ser a minha «atitude para com a metodologia científica» e de algumas das consequências dessa atitude imaginária.

I

A minha primeira tarefa consistirá, por conseguinte, em apresentar algumas provas da minha alegação de que a forma como Kirk considera a minha «atitude para com a metodologia científica» se baseia largamente em mal-entendidos e interpretações distorcidas do que escrevi, bem como nos correntes equívocos acerca do papel da indução nas Ciências da Natureza — equívocos esses que por mim foram pormenorizadamente discutidos e refutados em *The Logic of Scientific Discovery* (*L. Sc. D.*).

Kirk apresenta-me, e com razão, como um adversário do amplamente aceite *dogma do indutivismo* — ou seja, da ideia de que a Ciência começa pela observação e daí avança, por indução, para generalizações e, finalmente, para teorias. Mas engana-se ao acreditar que, por eu ser um detrator da indução, tenho de ser também um partidário da *intuição*, e que a minha forma de analisar o problema representa uma tentativa de defender uma filosofia intuicionista — a que ele chama «filosofia tradicional» — contra o empirismo moderno. Pois a verdade é que, embora não acredite na indução, também não acredito na intuição. Os indutivistas têm tendência para pensar que a intuição é a única alternativa à indução. Mas estão redondamente enganados. Há outras perspetivas possíveis, além destas duas. E a minha própria perspetiva pode ser razoavelmente descrita como um *empirismo* crítico.

Mas Kirk atribui-me um intuicionismo quase cartesiano ao apresentar a situação da seguinte maneira (p. 319): «A filosofia de tipo tradicional partira do princípio de que as verdades filosóficas eram de conteúdo metafísico e podiam ser apreendidas pela intuição. Os positivistas do Círculo de Viena negaram-no. Ao discordar deles, Popper estava a afirmar a sua crença em algo não muito distante da conceção clássica do papel da Filosofia.» No que quer que possamos dizer acerca disto, existe, seguramente, uma «filosofia tradicional» — como a de Descartes ou Espinosa, por exemplo — que trata a *intuição* como uma fonte de conhecimento. Mas eu sempre me opus a essa filosofia.([6]) A partir desta passagem, Kirk escreve «intuição», no sentido em que aqui aplica o termo, por diversas vezes entre aspas (pp. 320, 321, 322, 327) e outras vezes sem aspas (pp. 318, 319, 320, 324, 327, 332, 337); mas sempre, aparentemente, sob a impressão — e criando, certamente, a impressão — de que está a citar-me quando me atribui ideias

---

([6]) Kirk cita na p. 322 a minha *L. Sc. D.*, p. 32, mas uma leitura do que aí precede a minha referência a Bergson comprovará que a minha admissão de que toda a descoberta contém (entre outros elementos) «um elemento irracional» ou uma «intuição criativa» não é nem irracional nem intuicionista no sentido de uma qualquer «filosofia tradicional». Ver também a minha Introdução ao presente volume, «Acerca das Fontes do Conhecimento e da Ignorância», em especial pp. 49 ss.

intuicionistas — ideias que nunca na vida subscrevi. Na verdade, na única vez em que a palavra «*intuição*» ocorre na minha palestra([7]), surge utilizada num contexto que é simultaneamente anti-indutivista *e* anti-intuicionista. O que eu aí escrevo (p. 7, neste volume p. 248) acerca do problema do carácter científico de uma teoria (os itálicos não constam do original) é o seguinte: «O importante numa teoria é o seu poder explicativo e a sua capacidade de resistência à crítica e aos testes a que é submetida. A questão da sua origem, de como se chegou a ela — *se por um "processo indutivo", como dizem alguns, ou por um ato de intuição* — [...] tem pouco a ver com o seu [estatuto ou] carácter científico.»([8])

Ora, Kirk cita e discute esta passagem. Todavia, o facto inegável de ela indicar que eu não acredito *nem* na indução, *nem* na intuição, não o impede de constantemente me atribuir ideias intuicionistas. Fá-lo, por exemplo, na passagem da p. 319 acima citada; ou na p. 324, quando discute a questão de aceitar ou não a minha alegada «premissa de que a Ciência parte de intuições» (enquanto eu digo que parte de problemas; ver adiante); ou na pp. 326 ss. quando escreve: «Deveremos, por conseguinte, inferir com Popper que a teoria de Tales se deve ter baseado numa intuição não empírica?»

Acontece que a minha própria perspetiva é muito diferente de tudo isto. No que se refere ao ponto de partida da Ciência, eu não digo que a Ciência parte de intuições, mas sim que *parte de problemas*. Afirmo que chegamos, de um modo geral, a uma nova teoria ao tentar resolver problemas; e que esses problemas surgem das nossas tentativas de compreender o mundo tal como o conhecemos — o mundo da nossa «experiência» (onde a «experiência» consiste, em larga medida, em expectativas ou teorias e, parcialmente, também em conhecimento de carácter observacional — embora eu esteja, por acaso, convencido de que não existe nada a que se possa chamar conhecimento observacional *puro*, não contaminado por expectativas ou teorias). Um certo número destes problemas — e alguns dos mais interessantes — decorre da crítica consciente de teorias até então acriticamente aceites, ou

---

([7]) Verificam-se de igual modo ocorrências casuais como «intuição misteriosa», «razões menos formais e mais intuitivas» e «Por aqui vemos intuitivamente», nas pp. 17 e 5. Em todos os casos, a palavra é usada num sentido não técnico e *quase* depreciativo.

([8]) As duas palavras entre parêntesis retos foram agora acrescentadas por mim, para tornar ainda mais óbvio o que pretendo significar.

da crítica consciente da teoria de um predecessor. Uma das principais coisas que me propus fazer no meu ensaio sobre os Pré-Socráticos foi sugerir que a teoria de Anaximandro podia bem ter tido origem numa tentativa de criticar Tales; e que essa pode bem ter sido a origem da tradição racionalista, que eu identifico com a tradição da discussão crítica.

Não creio que uma perspetiva desta natureza tenha grande semelhança com a filosofia intuicionista tradicional. E fiquei surpreendido ao descobrir que Kirk sugere que o meu ponto de vista erróneo poderia ser explicado como provindo de um filósofo especulativo insuficientemente familiarizado com a prática científica. Ele sugere, por exemplo, na p. 320: «Parece possível que a sua (de Popper) ideia de Ciência não tenha sido o resultado de uma observação objetiva inicial do modo de proceder dos cientistas, mas tenha sido, ela própria, numa aplicação precoce da teoria desenvolvida por Popper, uma "intuição" estreitamente relacionada com dificuldades filosóficas correntes e subsequentemente comparada com o verdadeiro método científico.»([9]) (Eu teria pensado que até mesmo um leitor bastante ignorante em matéria de Ciência poderia ter-se apercebido de que pelo menos alguns dos meus problemas tiveram origem no interior das próprias Ciências Físicas, e de que o meu próprio conhecimento da prática e investigação científica não era inteiramente indireto.)

O tipo de discussão crítica que tenho em mente é, naturalmente, uma discussão em que a experiência desempenha um papel central: a observação e a experiência são constantemente objeto de apelo enquanto *testes* das nossas teorias. Contudo, Kirk vai surpreendentemente ao ponto (p. 332; itálicos meus) de falar da «*tese de Popper de que todas as teorias científicas são inteiramente baseadas em intuições*».

À semelhança de muitos outros filósofos, estou muito habituado a ver as minhas ideias distorcidas e caricaturadas. Mas isto dificilmente será uma caricatura (que tem sempre de assentar numa semelhança reconhecível com o original). Posso referir que nunca nenhum dos meus amigos, adversários e críticos empiristas e positivistas alguma vez me criticou por defender ou ressuscitar uma epistemologia intuicionista, e que, pelo contrário, habitualmente

---

([9]) É Kirk quem põe a palavra «intuição» entre aspas, sugerindo com isso que sou eu quem emprega «intuição» neste sentido.

me dizem que a minha epistemologia não se desvia significativamente da deles.

Pode ver-se pelo que antecede que Kirk tece diversas conjeturas, não apenas acerca do conteúdo da minha filosofia, mas também acerca da sua origem. Mas não parece ter consciência do carácter conjetural dessas interpretações. Acredita, pelo contrário, ter algumas provas textuais do que afirma. Diz assim que a minha «própria atitude em termos de metodologia científica [...] se formou, tal como ele [Popper] escreve no prefácio de 1958 a *The Logic of Scientific Discovery*, em reação contra as tentativas do Círculo de Viena de basear toda a verdade filosófica [sic] e científica na verificação pela experiência» (Kirk, p. 319). Não preciso de comentar aqui esta descrição deturpada da filosofia *wittgensteiniana* do Círculo de Viena. Mas, uma vez que se trata de um historiador da Filosofia a escrever sobre aquilo que eu próprio escrevi, sinto dever cortar pela raiz este mito histórico acerca do meu pensamento. Na verdade, no prefácio a que Kirk se refere, eu não digo uma palavra quanto à génese das minhas ideias ou atitude; tal como não digo uma palavra acerca do Círculo de Viena. Na realidade, nunca poderia ter escrito nada que se assemelhasse à descrição de Kirk, porque não são esses os factos. (Parte da história, publicada pela primeira vez em 1957, Kirk pode ter encontrado numa conferência que fiz em Cambridge, e agora publicada neste volume sob o título «Ciência: Conjeturas e Refutações», na qual relato de que forma desenvolvi a minha «atitude [...] em reação contra os esforços de Marx, Freud e Adler», nenhum dos quais era positivista, nem membro do Círculo de Viena.) Parece improvável que haja sido a obscuridade heraclitiana do meu estilo a provocar esta totalmente inexplicável deturpação de Kirk, uma vez que, comparando o mesmo prefácio de 1958, a que a passagem atrás citada pertence, com «Regresso aos Pré-Socráticos», ele o descreve como «um juízo mais lúcido».

Um outro exemplo da leitura errada de *The Logic of Scientific Discovery* é igualmente inexplicável — pelo menos para alguém que tenha lido o livro até à p. 61 (para já não falar nas p. 274 ou 276), onde me refiro ao problema da verdade e à teoria da verdade de Alfred Tarski. Kirk diz que «Popper abandona o conceito de verdade científica absoluta» (p. 320). Não parece ver que, quando eu digo que não podemos saber, mesmo em relação a uma teoria científica bem corroborada, se ela é ou não verdadeira, estou na realidade a pressupor um «conceito de verdade científica absoluta», da mesma forma que alguém que diga «Eu não consegui chegar à meta» está a operar com um «conceito absoluto de meta» — ou seja, uma meta cuja existência se presume *independentemente do facto de ser ou não alcançada*.

É surpreendente encontrar estas óbvias incompreensões e estas ocasionais citações incorretas num ensaio escrito por um eminente académico e historiador da Filosofia. São erros que tornam desnecessária a defesa filosófica das minhas verdadeiras ideias acerca da Ciência.

II

Posso, por conseguinte, debruçar-me agora em algo mais especificamente relacionado com o nosso tema — a história dos Pré-Socráticos. Nesta secção, vou limitar-me a retificar dois dos erros de Kirk a respeito do meu método histórico e a esclarecer as minhas ideias sobre este assunto. Na secção III tratarei dos nossos verdadeiros desentendimentos.

(1) Kirk analisa, na p. 325, uma observação por mim feita no sentido de declinar qualquer competência em matérias como a emenda de textos. A passagem por ele citada diz: «Sinto-me completamente fora do meu elemento quando um especialista começa a discutir as palavras ou frases que Heraclito poderia ou não poderia de forma alguma ter usado.»

Comentando esta declaração de incompetência, Kirk exclama: «Como se, por exemplo, "as palavras ou frases que Heraclito poderia ou não poderia, de forma alguma ter usado" fossem irrelevantes para a avaliação do que ele pensou!»

Mas eu nunca disse, ou sugeri, que essas questões fossem «irrelevantes». Limitei-me a confessar que não tinha estudado os usos linguísticos de Heraclito (e de outros) com profundidade suficiente para me sentir habilitado a discutir o trabalho que nesse campo foi desenvolvido por eruditos como Burnet, Diels, Reinhardt ou, mais recentemente, Vlastos e o próprio Kirk.

No entanto, Kirk prossegue da seguinte forma:

> São essas "palavras e frases" e os outros fragmentos *textuais* dos próprios Pré-Socráticos — e não os relatos de Platão, de Aristóteles

e dos doxógrafos, como Popper parece pensar — que são "os mais antigos textos que possuímos" [...] Deveria ser, na verdade, óbvio, mesmo para um "amador", que a reconstrução do pensamento pré-socrático tem de se basear não só na tradição mais tardia como nos fragmentos ainda existentes.

Não consigo imaginar como é que a minha rejeição de competência no domínio da crítica linguística pode ter induzido Kirk a sugerir que tais coisas não são «óbvias», nem mesmo para este amador particular em questão. Além do mais, podia ter reparado que eu, com razoável frequência, cito, traduzo e discuto os fragmentos em si (muito mais do que os relatos de Platão e Aristóteles, embora pareçamos estar agora de acordo relativamente à grande importância de que também estes se revestem), tanto no meu ensaio «Regresso aos Pré-Socráticos» como na minha obra *A Sociedade Aberta e os seus Inimigos*, onde analisei, por exemplo, um considerável número dos fragmentos sobreviventes de Heraclito. Kirk refere-se a este livro na p. 324. Por que é que então, na p. 325, interpreta a minha negação de competência no sentido de uma negação de interesse pelos fragmentos subsistentes ou pelo problema do seu estatuto histórico?

(2) Como exemplo do modo, insatisfatório a meu ver, como Kirk responde às críticas por mim feitas em «Regresso aos Pré-Socráticos», cito agora o final da sua réplica (p. 339). Diz ele:

> Mais espantoso ainda, ele [Popper] aplica o critério da *verdade* possível como teste da historicidade de uma teoria. Na página 16 [Popper] considera que "a sugestão de que deveríamos testar a historicidade das ideias de Heraclito [...] à luz de critérios de 'senso comum' é um pouco surpreendente." Não deveríamos nós [Kirk] considerar que o seu (de Popper) próprio "teste" é muito mais surpreendente — "Mas o ponto decisivo é, claro está, que esta inspirada filosofia [isto é, que o homem é uma chama, etc.] é *verdadeira*, tanto quanto sabemos" (p. 17 [neste volume, p. 273])?

A simples resposta a isto é que eu não disse, nem sugeri, que a verdade, ou a possível verdade, de uma teoria fosse um «teste» da sua historicidade. (Como se pode verificar nas páginas 16 e 17 da minha palestra — neste volume, nas pp. 272 e ss. — e no segundo parágrafo da secção VII. A propósito, terá Kirk esquecido a sua tese de que eu abandonei a ideia de verdade?) E quando Kirk põe aqui «teste» entre aspas — indicando com isso que eu utilizei o termo «teste» neste contexto, ou neste sentido — está claramente a deturpar-me. Na realidade, tudo o que eu disse ou dei a entender foi que a *verdade* daquela teoria da mudança que tem sido tradicionalmente, e penso que corretamente, atribuída a Heraclito, demonstra que *essa atribuição, quando mais não seja, confere sentido* à sua filosofia — ao passo que eu, pelo menos, não consegui encontrar sentido na filosofia atribuída por Kirk a Heraclito. Diga-se, de passagem, que estou convencido de que um importante, e mesmo óbvio, princípio da historiografia e interpretação das ideias é que deveríamos sempre tentar atribuir a um pensador uma teoria interessante e verdadeira, em vez de uma desinteressante ou falsa — *desde que, como é evidente, os testemunhos históricos transmitidos nos permitam fazê-lo*. Não se trata, seguramente, de um critério ou de um «teste»; mas é improvável que aquele que não tenta aplicar este princípio de historiografia seja capaz de compreender um pensador da envergadura de Heraclito.

III

O mais importante desacordo entre Kirk e mim, no que aos Pré-Socráticos diz respeito, incidiu na interpretação de Heraclito. E aqui afirmo que Kirk, talvez inconscientemente, quase que admitiu os meus dois principais argumentos, que vou discutir mais à frente em (1) e (2).

A minha abordagem geral de Heraclito pode ser posta nas palavras de Karl Reinhardt: «A história da Filosofia é a história dos seus problemas. Se quereis explicar Heraclito, dizei-nos primeiro que problema era o seu».[10]

---

[10] K. Reinhardt, *Parmenides*, 2.ª ed., p. 220. Não posso mencionar este livro sem exprimir a imensa admiração que por ele tenho, embora sinta que devo, relutantemente, discordar da sua doutrina fundamental: a de que Parménides não só teria concebido o seu problema independentemente de Heraclito, como teria precedido Heraclito e, nessa medida, teria sido ele a transmitir-lhe esse problema. Creio, porém, que Reinhardt apresentou razões indiscutíveis para a ideia de que um destes dois filósofos depende do outro. Posso, talvez, dizer que a minha tentativa de «situar», por assim dizer, o problema de Heraclito pode ser encarada como uma tentativa de responder ao desafio de Reinhardt, citado no texto. (Ver também secção VI do cap. 2, atrás.)

A minha resposta a este desafio foi que o problema de Heraclito é o *problema da mudança* — o problema *genérico* de *Como é possível a mudança?* Como pode uma *coisa* mudar sem perder a sua identidade – caso em que deixaria de ser *aquela coisa* que mudou? (Ver «Regresso aos Pré-Socráticos», secções VIII e IX.)

Acredito que a grande mensagem de Heraclito estava ligada à descoberta deste apaixonante problema; e acredito que a sua descoberta levou à solução de Parménides de que a mudança é, na realidade, logicamente impossível para qualquer coisa — para qualquer ser — e, mais tarde, à teoria com ela estreitamente relacionada de Leucipo e Demócrito, segundo a qual as coisas, na verdade, não mudam intrinsecamente, ainda que mudem de posição no vazio.

A solução para este problema que, de acordo com Platão, Aristóteles *e* os fragmentos, atribuo a Heraclito é a seguinte: não há coisas (imutáveis); o que nos surge como uma coisa é um processo. Na realidade, uma coisa material é como uma chama, pois uma chama *parece* ser uma coisa material, mas não é: é um processo; está em fluxo; a matéria passa através dela; é como um rio.

Por conseguinte, todas as coisas que são, na aparência, relativamente estáveis estão, na realidade, em fluxo; e algumas delas — aquelas que parecem, na verdade, estáveis — estão em fluxo *invisível*. (Deste modo, a filosofia de Heraclito prepara o caminho para a distinção parmenideana entre aparência e realidade.)

Para aparecer como uma coisa estável, o processo (que é a realidade por detrás da coisa) tem de ser regular, regrado, *«por medida»*. A candeia que mantém uma chama estável tem de a alimentar com uma determinada medida de azeite. Parece provável que a ideia de um processo medido ou regrado tenha sido desenvolvida por Heraclito a partir de ideias dos Milésios, especialmente de Anaximandro, acerca do significado das mudanças cósmicas periódicas (como o dia e a noite e, talvez também, as marés, o crescer e o minguar da Lua e, em especial, as estações do ano). Estas regularidades podem bem ter contribuído para a ideia de que a aparente estabilidade das coisas, e até mesmo do cosmos, pode ser explicada como um processo *«por medida»* — um processo regido por leis.

(1) O primeiro dos dois principais pontos em que critiquei as ideias de Kirk acerca de Heraclito é este: Kirk sugeriu que Heraclito não acreditava, e que era contra o senso comum acreditar, «que

uma rocha ou um caldeirão de bronze [...] estavam invariavelmente a passar por mudanças invisíveis». A sua pormenorizada discussão (pp. 334 ss.) da minha crítica acaba por chegar a um ponto acerca do qual ele diz:

> Neste ponto, a discussão torna-se algo etérea. Concordo, contudo, que permanece teoricamente possível que certas mudanças *invisíveis* de que temos experiência, como, por exemplo, o gradual enferrujamento do ferro, citado por Popper, tenham impressionado tão fortemente Heraclito que o terão persuadido a afirmar que todas as coisas que não estavam em mudança visível estavam em mudança invisível. Não penso, todavia, que os fragmentos existentes sugiram que tenha sido esse o caso (p. 336).

Não penso que a discussão tenha, em algum sentido, de se tornar etérea; e há muitos fragmentos subsistentes que apontam para a teoria que atribuo a Heraclito. Antes, porém, de me referir a eles, tenho de repetir uma questão que formulei na minha palestra: se, como Kirk e Raven concordam, o fogo é, por assim dizer, o modelo estrutural ou o protótipo (ou a «forma arquetípica», como eles dizem) da matéria, que outra coisa pode isso significar se não que as coisas materiais são como chamas e, nessa medida, processos?

Eu não afirmo, obviamente, que Heraclito tenha usado um termo abstrato como «processo». Mas conjecturo que ele tenha, de facto, aplicado a sua teoria *não apenas* à matéria em abstrato, ou «à ordem do mundo *como um todo*» (como diz Kirk na p. 335), mas também às *coisas* concretas e singulares; e essas coisas, por conseguinte, devem ser comparadas a chamas concretas e singulares.

No que se refere aos fragmentos existentes que apoiam esta ideia e a minha interpretação em geral, temos em primeiro lugar os fragmentos sobre o Sol. Parece-me bastante claro que Heraclito olhava para o Sol como uma *coisa* ou, talvez até, como uma coisa nova todos os dias; ver DK, B6 que diz:([11]) «O Sol é novo em cada dia», embora isto pudesse significar apenas que o Sol era, à semelhança de uma candeia, diariamente reacendido. «Se o Sol não existisse, seria noite, apesar das outras estrelas», diz B99. (Ver também B26 e o meu comentário, mais atrás, a respeito de candeias e medidas, e comparar com B94.) Ou vejamos B125: «Se não for

---

([11]) Cp. Diels-Kranz. Para B51, ver G. Vlastos, *A. J. P.* 76, 1955, pp. 348 ss.

mexida, a cerveja de malte decompõe-se.» O movimento, o processo (por que as coisas vão passando) é, por conseguinte, essencial para a existência continuada da coisa, que, de outra forma, deixaria de existir. Tomemos também como exemplo B51: «O que luta consigo próprio, em si próprio fica recluso: há um elo, ou uma harmonia, que se deve à distensão [ou: ao reverter das cordas] e à tensão, como no arco e na lira.» É a tensão, a força ativa, o conflito inerente (um processo) que faz do arco e da lira o que eles são, e só enquanto essa tensão se mantiver, só enquanto o conflito entre as suas partes durar, continuarão eles a ser o que são.

Heraclito gosta notoriamente de generalizações e de abstrações; e daí que proceda de imediato a uma generalização que poderia bem ter como horizonte uma escala cósmica, como se pode verificar em B8: «Os opostos concordam entre si, e da discórdia resulta a maior harmonia.» (Ver também B10.) Mas isto não significa que ele perca de vista as coisas singulares, como o arco, a lira, a candeia, a chama, o rio (B12, 49a). «Por aqueles que entram nos mesmos rios, águas sucessivamente diferentes vão passando [...] Nós entramos nos mesmos rios e não entramos [nos mesmos rios]. Nós somos e não somos.»

Todavia, antes de se tornarem símbolos dos processos cósmicos, os rios são rios concretos e, além disso, símbolos de outras coisas concretas, incluindo nós próprios. E apesar de «Nós somos e não somos» (que, diga-se de passagem, Kirk e Raven preferem não atribuir a Heraclito) ser, num certo sentido, uma generalização e abstração de alcance geral e possivelmente cósmico, constitui, sem dúvida, também um apelo muito concreto a cada homem: é um *memento mori* heracliteano, à semelhança de tantos outros fragmentos que nos recordam que a vida se transforma em morte e a morte se transforma em vida. (Comparar, por exemplo, B88, 20, 21, 26, 27, 62, 77.)

Se B49a se aproxima de uma generalização, B90 move-se da ideia geral e cósmica de um fogo devorador (e que se vai extinguindo) para o plano do particular: «Tudo é uma troca pelo fogo e do fogo por tudo, tal como de mercadorias por ouro e de ouro por mercadorias.»

Por conseguinte, quando Kirk agora pergunta (p. 336) «Poderemos então dizer que a conclusão de que todas as coisas, separadamente, estão em permanente fluxo é uma consequência necessária de uma determinada linha de raciocínio seguida por

Heraclito?», a resposta será um enfático «sim», até ao ponto em que nos é possível falar de alguma coisa como sendo «consequência necessária» de uma «linha de raciocínio» num contexto em que tudo tem de permanecer, em certa medida, no campo da conjetura e da interpretação.

Tomemos assim por exemplo B126: «O que é frio torna-se quente e o que é quente torna-se frio; o que é húmido torna-se seco e o que é seco torna-se húmido.» É muito possível que isto tenha um significado cósmico: pode referir-se às estações e à mudança cósmica. Mas como poderemos duvidar (especialmente se atribuirmos a Heraclito «senso comum», o que quer que isso signifique[12]) de que se aplica às coisas individuais e concretas e às suas mudanças — e, já agora, a nós próprios e às nossas almas? (Cp. B36, 77, 117, 118.)

Mas as coisas não estão apenas em fluxo — estão *invisivelmente* em fluxo. Lemos assim em B88: «É sempre um e o mesmo: o vivo e o morto; o desperto e o adormecido; o jovem e o velho. Pois o primeiro transforma-se no segundo e o segundo volta a transformar-se no primeiro.» E assim os nossos filhos envelhecem — como sabemos, invisivelmente. Todavia, os pais transformam-se também — de alguma forma — em filhos dos seus filhos (ver igualmente B20, 21, 26, 62 e 90). Ou vejamos B103: «Num círculo, o começo e o fim são o mesmo.» (A identidade dos opostos; opostos que invisivelmente se fundem um no outro — ver também B54, 65, 67, 126)

O facto de Heraclito se ter apercebido de que estes processos podem, na verdade, ser invisíveis e de ter, nessa medida, sentido que a vista e a observação eram enganadoras pode ser verificado em B46: «a vista é enganadora.» B54: «A harmonia invisível é mais

---

(12) Kirk, segundo parece, não compreendeu a minha crítica ao seu apelo ao «senso comum». Eu critiquei a ideia de que existisse nestas matérias um critério claro de senso comum a que o historiador pudesse recorrer, e sugeri (mas apenas sugeri) que era possível que a minha interpretação de Heraclito lhe atribuísse tanto ou mais senso comum do que a interpretação de Kirk. (Acrescentei, além disso, que Heraclito era o último homem no mundo cujas palavras devessem ser avaliadas por critérios alheios de senso comum.) E não será a mudança invisível no *«gutta cavat»* de Ovídio senso comum? Alan Musgrave chamou-me a atenção para um elaborado argumento a favor da mudança invisível em *De rer. nat.*, de Lucrécio, I, 265–321, que pode ter constituído a fonte de Ovídio.

forte do que a visível» (ver igualmente B8 e B51) B123: «A natureza adora ocultar-se.» (Ver também B56 e 113.)

Não tenho a mínima dúvida de que qualquer um, ou a totalidade, destes fragmentos pode ser objeto de uma explicação satisfatória. Mas parecem-me confirmar, de facto, o que será em todo o caso razoável supor, e que é, além do mais, confirmado por Platão e Aristóteles. (E ainda que o testemunho deste último se tenha tornado suspeito, sobretudo se considerarmos a grande obra de Harold Cherniss, ninguém pensa — e muito menos Harold Cherniss — que o testemunho de Aristóteles tenha sido completamente desacreditado, nomeadamente naquilo em que é corroborado por Platão ou pelos «fragmentos».)

(2) O último ponto da minha resposta, e que é também a minha segunda e principal ideia acerca de Heraclito, diz respeito ao resumo geral da sua filosofia que podemos encontrar em Kirk e Raven, na p. 214, sob o título «*Conclusão*».

Citei parte dessa conclusão na minha palestra e disse que considerava a doutrina atribuída por Kirk e Raven a Heraclito «absurda»; e, para tornar bem claro *aquilo* que achava absurdo, usei itálicos. Repito aqui a minha citação de Kirk e Raven, com os mesmos itálicos que anteriormente empreguei. O que considerei «absurdo» foi a alegada doutrina heraclitiana de «que mudanças naturais de todo o género [e, nessa medida, presumivelmente, também terramotos e grandes incêndios] são regulares *e equilibradas, e que a causa desse equilíbrio é o fogo, esse constituinte comum de todas as coisas a que se chamou também o seu Logos*.» (Ver atrás, p. 272.)

Não coloquei objeções ao facto de alguém atribuir a Heraclito a doutrina de que a mudança se rege por leis, ou talvez a mais duvidosa doutrina de que a regra ou regularidade era o seu «Logos»; ou a doutrina de que «o constituinte comum das coisas era o fogo». O que achei absurdo foram as doutrinas (*a*) de que *todas* as mudanças (ou «*mudanças de todo o género*») são equilibradas no sentido em que um grande número de mudanças e processos importantes, como o fogo numa candeia ou as estações cósmicas, se podem classificar como «equilibradas»; (*b*) de que o fogo é «*a causa deste equilíbrio*»; e (*c*) que ao constituinte comum das coisas — isto é, ao fogo — «se chamou também o seu Logos».

Não consegui, aliás, encontrar vestígios de tais doutrinas nos fragmentos de Heraclito, nem em nenhuma das fontes antigas, como Platão e Aristóteles.

Onde estará então a fonte deste resumo ou «conclusão» — ou seja, a fonte dos três pontos (*a*), (*b*) e (*c*) que expressam a perspetiva geral de Kirk sobre a filosofia de Heraclito, e que em tão larga medida impregnam a sua interpretação dos fragmentos?

Lendo uma vez mais o capítulo consagrado a Heraclito em Kirk e Raven, consegui encontrar apenas *uma* indicação: as doutrinas de que discordo são pela primeira vez formuladas na p. 200, em referência ao fragmento a que eles deram o número 223. (Ver igualmente p. 434.) Ora, o fragmento 223 de Kirk e Raven é o mesmo de DK, B64: «É o raio que dirige todas as coisas.»

Por que motivo terá este fragmento levado Kirk a atribuir a Heraclito as doutrinas (*a*), (*b*) e (*c*)? Não ficará satisfatoriamente explicado se nos lembrarmos de que o raio é o instrumento de Zeus? Pois de acordo com Heraclito, DK, B32 = KR231, «Uma coisa — a única que é sábia — quer, e não quer, ser chamada pelo nome de Zeus.» (Isto parece perfeitamente suficiente para explicar DK, B64. Não há necessidade de o relacionar com DK, B41 = KR230, embora isso só pudesse reforçar a minha interpretação.)

Mas Kirk e Raven interpretam, nas páginas 200 e 434, o fragmento «É o raio que dirige todas as coisas» de uma forma mais elaborada: em primeiro lugar, identificando o raio com o fogo; em segundo, atribuindo ao fogo uma «capacidade diretiva»; em terceiro, sugerindo que o fogo «reflete a divindade»; e em quarto, propondo a sua identificação com o Logos.

Qual a base desta interpretação, um pouco elaborada demais, de um curto e simples fragmento? Não consegui encontrar rasto dela em nenhuma das fontes antigas — ou seja, nem nos próprios fragmentos, nem em Platão ou Aristóteles. O único vestígio que consegui descobrir foi uma interpretação de Hipólito, que Kirk e Raven descrevem na p. 2 do seu livro como «um teológo de Roma do século III d. C.» (quase seis séculos depois de Platão), que «atacou as heresias cristãs, considerando-as ressurgimentos da filosofia pagã». Segundo parece, Hipólito, ele próprio um bispo cismático, teria não só afirmado que a heresia noeciana era «um ressurgimento da teoria de Heraclito», como contribuído também, com os seus ataques, para a exterminação dessa heresia.

Hipólito é igualmente a fonte de B64, o belo fragmento acerca do raio. Ele cita-o, segundo parece, porque pretende interpretá-lo como estando inteiramente relacionado com a heresia noeciana. Na sua tentativa, começa por identificar o raio com o fogo; a seguir, com o fogo eterno ou divino, dotado de uma providencial «capacidade diretiva» (como dizem Kirk e Raven); em terceiro, com a prudência ou razão (Kirk e Raven optam por «Logos»); e, finalmente, Hipólito interpreta o fogo heraclitiano como «*a causa do governo da casa cósmica*», ou da «direção» ou «governo económico» que mantém o equilíbrio do mundo. (Kirk e Raven afirmam que o fogo é «a causa deste equilíbrio».)

(A terceira destas identificações de Hipólito poderia, na verdade, ter-se baseado no texto: Karl Reinhardt, num artigo em *Hermes*, 77, 1942, conjetura a existência de um fragmento perdido, referido por Hipólito, onde se leria «*pur phronimon*» ou «*pur Phronoun*». Não estou em posição de avaliar a força dos argumentos de Reinhardt, embora não se me afigurem particularmente convincentes. Mas o suposto fragmento perdido, em si, adequar-se-ia perfeitamente à minha interpretação: uma vez que interpreto Heraclito como tendo querido dizer que nós — em termos da nossa alma — somos chamas, «fogo pensante» ou «fogo como um processo de pensamento», ajustar-se-ia, obviamente, muito bem. Mas só uma interpretação cristã — ou de uma heresia cristã — poderia traduzi-lo por «o fogo é a Providência». E, no que se refere à «causa» de Hipólito, Reinhardt diz explicitamente que não é heraclitiana. O fogo enquanto causa do equilíbrio do mundo, a ter algum cabimento, só poderia surgir através de uma conflagração no Dia do Juízo Final, como o equilíbrio da justiça. Kirk não aceita, contudo, que esta conflagração faça parte da doutrina de Heraclito.)

Deste modo, a doutrina cuja atribuição a Heraclito considerei tão inaceitável parece ser a interpretação que Kirk dá dessa outra interpretação mediante a qual Hipólito terá tentado determinar o carácter semicristão do pensamento heraclitiano — talvez, como sugere Karl Reinhardt, numa tentativa de imputar aos Noecianos doutrinas heréticas de origem pagã, como a doutrina de que o fogo é dotado de poderes providenciais ou divinos.

Ainda que Hipólito possa constituir uma boa fonte quando cita Heraclito, não pode, manifestamente, ser tomado muito a sério quando o interpreta.

Considerando a sua duvidosa fonte, não é de admirar que eu não tenha encontrado nenhum sentido no citado resumo ou «conclusão» final de Kirk e Raven. Continuo persuadido de que a doutrina por eles atribuída a Heraclito é absurda — em especial as palavras que assinalei a itálico. E estou seguro de não estar sozinho nesta minha convicção. No entanto, Kirk escreve agora (na p. 338) referindo-se à passagem da minha palestra em que discuto a sua «conclusão» e digo que é «absurda»: «Popper está, na verdade, isolado quando afirma que uma tal interpretação de Heraclito é "absurda".» Mas, quando examinamos mais atentamente a presente interpretação de Kirk, descobrimos que ele quase admitiu a minha opinião: omite agora quase todas as palavras que pus em itálico por me parecerem absurdas (e, além disso, as palavras «mudanças *de todo o género*»); e omite, mais especificamente, a afirmação de que *a causa do equilíbrio é o fogo* (e «*que foi igualmente chamado o seu Logos*»).

De facto, Kirk escreve agora na p. 338, sugerindo ser *esta* a «interpretação de Heraclito» que descrevi como absurda: «Heraclito aceitou a mudança em toda a sua manifesta presença e inevitabilidade, mas declarou que a unidade da ordem do mundo não era prejudicada por ela: era preservada pelo logos que atua em todas as mudanças naturais, assegurando o seu equilíbrio último.»

Penso que mesmo esta interpretação poderia, talvez, ser formulada de um modo mais feliz – mas já não é absurda. Parece, pelo contrário, concordar, por exemplo, com a interpretação que eu próprio dei na minha *Sociedade Aberta*, onde sugeri que o «logos» podia ser a lei da mudança. Além disso, apesar de colocar fortes objeções à descrição do fogo (feita por Kirk e Raven ou Hipólito) como a *causa* do equilíbrio, não me oponho a uma interpretação que coloque alguma ênfase no equilíbrio ou na mudança equilibrada. Na verdade, se as coisas materiais, aparentemente estáveis, são na realidade processos (fenoménicos) análogos a chamas, devem então arder devagar, de um modo comedido. À semelhança da chama de uma candeia ou do Sol, «não excederão a sua medida»; não arderão descontroladamente, como poderia acontecer numa conflagração. Podemos recordar aqui que é o *movimento*, é um *processo*, que impede a cerveja de malte de se decompor, separar, desintegrar; e que não é toda a espécie de movimento que tem este efeito, mas, por exemplo, um movimento circular e, consequentemente, *medido*. É, por conseguinte, a *medida* que pode ser designada como causa do equilíbrio do fogo, das chamas e das coisas — desses processos e mudanças que nos surgem como estáveis e como coisas em repouso, e que são responsáveis pela preservação das coisas. A medida, a regra, a mudança regida por leis, o logos (mas não o fogo) é a causa do equilíbrio — incluindo, nomeadamente, o equilíbrio de um fogo quando está sob controlo, como é o caso de uma chama equilibrada, do Sol ou da Lua (ou da alma).

É evidente que, de acordo com esta perspetiva, a maior parte da mudança equilibrada tem necessariamente de ser invisível: este tipo de mudança equilibrada ou regrada tem de ser inferido pelo raciocínio, pela reconstrução da narrativa, da história de como as coisas efetivamente acontecem (será, talvez, por isso que se lhe dá o nome de logos).

Pode bem ter sido este o caminho que conduziu Heraclito à sua nova epistemologia, com a sua implícita distinção entre realidade e aparência e a sua desconfiança da experiência dos sentidos. Essa desconfiança, juntamente com as dúvidas de Xenófanes, pode mais tarde ter ajudado Parménides a chegar ao seu contraste entre a «verdade bem redonda» (o logos invariante) por um lado, e a opinião enganadora, o pensamento errante dos mortais, por outro. E assim surgiu o primeiro contraste nítido entre um intelectualismo ou racionalismo, que Parménides defendia, e um empirismo ou sensualismo, que ele não só atacava como foi o primeiro a formular. Pois Parménides ensinou (B6: 5) que a horda confusa dos mortais errantes, eternamente divididos entre opiniões contraditórias acerca das coisas e com pensamentos errôneos (B6: 6) nos seus corações, confunde as sensações com o conhecimento, tomando o ser e o não-ser pelo mesmo e, todavia, pelo não-mesmo. E contra esses mortais declarou (B7):

> Jamais acontecerá que coisas que não são existam
> Afasta o teu pensamento desta via de investigação; não deixes a
> [experiência,
> O hábito muito experimentado, constranger-te; e não deixes
> [transviarem-se
> Os teus olhos cegos, ou os teus ouvidos ensurdecidos, ou mesmo a tua
> [língua, ao longo desse caminho!
> Mas pela razão, somente, decide acerca do muitas vezes contestado
> Argumento que aqui te expus como refutação.

É este o intelectualismo ou racionalismo de Parménides, por ele contraposto ao sensualismo desses mortais errantes que sustentam a opinião convencional e errónea de que existe luz e noite, som e silêncio, quente e frio; de que os seus olhos se confundem com a luz e com a noite, e os seus membros com o quente e com o frio, tornando-se assim, eles mesmos, quentes e frios; de que esta mistura determina o *estado físico ou «natureza»* dos seus membros ou órgãos dos sentidos; e de que essa mistura ou natureza se converte em pensamento. Esta doutrina, de acordo com a qual *não existe nada no intelecto errante* (o «pensamento errante» ou o «conhecimento errante» de B6: 6) *que não tenha previamente estado nos errantes órgãos dos sentidos,* é formulada por Parménides da forma que se segue (B16):([13])

> Pois conforme seja, num dado momento, a mistura dos muito errantes
> [órgãos dos sentidos
> Assim surgirá o conhecimento nos homens — porquanto estes dois
> [são a mesma coisa:
> Aquilo que pensa, e a mistura que constitui a natureza dos órgãos dos
> [sentidos.
> O que nessa mistura prevalece transforma-se em pensamento, em
> [cada um e em todos os homens.

Pouco tempo depois, esta teoria antissensualista do conhecimento iria converter-se, praticamente inalterada, numa teoria pró-sensualista que exaltava os órgãos dos sentidos (desacreditados por Parménides) como *fontes* mais ou menos autorizadas *de conhecimento.*

Esta história é, na sua globalidade, algo idealizada e, evidentemente, conjectural. Tentei simplesmente demonstrar de que forma os problemas e teorias lógicos e epistemológicos podem ter surgido no decurso de um debate crítico de *problemas e teorias de ordem cosmológica.*

Quase parece mais do que uma conjetura que algo deste género tenha acontecido.

([13]) O significado desta passagem e a tradução que dela faço (que deverá também ser comparada com Empédocles B108) são mais pormenorizadamente discutidas na Adenda 8, no final deste livro. Ver em especial as secções 6–10.

6

Uma nota acerca de Berkeley enquanto precursor de Mach e Einstein

> Eu tinha apenas uma ideia muito vaga de quem fora o Bispo Berkeley, mas estava-lhe grato por nos haver defendido de uma primeira premissa incontestável.
>
> SAMUEL BUTLER

I

Neste breve contributo para o duocentésimo aniversário da morte de Berkeley, desejo oferecer-vos uma lista das ideias deste pensador, no domínio da filosofia da Física, que mantêm um aspeto surpreendentemente fresco. Trata-se fundamentalmente de ideias que foram redescobertas e reintroduzidas na discussão da Física moderna por Ernst Mach e Heinrich Hertz, bem como por uma série de filósofos e físicos, alguns deles influenciados por Mach, entre os quais se incluem Bertrand Russell, Philip Frank, Richard von Mises, Moritz Schlick([1]), Werner Heisenberg e outros.

([1]) Schlick, sob a influência de Wittgenstein, propôs uma interpretação instrumentalista das leis universais que era praticamente equivalente às «hipóteses matemáticas» de Berkeley; ver Naturwissenchaften, 19, 1931, pp. 151 e 156. Para referências adicionais, ver, atrás, nota 23 da secção IV do cap. 3.

Publicado pela primeira vez no British Journal for the Philosophy of Science, *4, 1953.*

Posso dizer desde já que não concordo com a maior parte destas posições empiristas. Admiro Berkeley, sem estar de acordo com ele. Mas o objetivo desta nota não é a crítica de Berkeley, que ficará limitada a algumas observações, muito breves e incompletas, na secção v.([2])

Berkeley só escreveu um livro, *De Motu*, exclusivamente dedicado à filosofia da Ciência Física. Mas há passagens, em muitas das suas outras obras, onde ideias semelhantes e complementares se encontram representadas([3]).

O núcleo das ideias de Berkeley sobre a Filosofia da Ciência reside na sua *crítica da dinâmica de Newton*. (A matemática de Newton foi por ele criticada em *The Analyst* e nas suas duas obras subsequentes.) Berkeley transbordava de admiração por Newton e apercebeu-se, sem dúvida, de que não poderia haver objeto mais digno da sua crítica.

II

As vinte e uma teses que se seguem nem sempre são enunciadas na terminologia de Berkeley. A sua ordem não está ligada àquela em que surgem nos seus escritos, ou à ordem em que poderiam ser apresentadas numa abordagem sistemática do seu pensamento.

Como mote, inauguro a minha lista com uma citação de Berkeley *(DM,* 29):

(1) «*Proferir uma palavra e não exprimir nada com ela é indigno de um filósofo.*»

(2) O significado de uma palavra é a ideia ou a qualidade sensorial a que está associada (como seu nome). Deste modo, as palavras «espaço absoluto» e «tempo absoluto» serão desprovidas de qualquer significado empírico (ou operacional). A doutrina

---

([2]) Desenvolvi desde então mais pormenorizadamente estas ideias no cap. 3, em particular na secção 4.

([3]) Além de *DM* (= *De Motu*, 1721), citarei *TV* (= *Essay towards a New Theory of Vision*, 1709); *Pr* (= *Treatise concerning the Principles of Human Knowledge*, 1710); *MP* (= *Three Dialogues between Hylas and Philonous*, 1713); *Alc* (= Alciphron, 1732); *An* (= *The Analyst*, 1734); *S* (= *Siris*, 1744). Tanto quanto sei, não existe uma tradução inglesa de *DM* que consiga tornar claro o que Berkeley queria dizer. E o editor da mais recente edição de *Works* faz mesmo um esforço deliberado para minimizar a importância deste ensaio originalíssimo e, sob muitos aspetos, único.

de Newton do espaço absoluto e do tempo absoluto deverá ser, por conseguinte, rejeitada enquanto teoria física (Cf. *Pr.* 97, 99, 116; *DM*, 53, 55, 62; *An.*, 50, Qu. 8; S, 271: «No que concerne ao espaço absoluto, esse fantasma dos filósofos mecanicistas e geómetras, pode ser suficiente observar que não é nem percebido pelos nossos sentidos, nem comprovado pela nossa razão...»; *DM*, 64: «para... o objetivo dos filósofos da mecânica... basta substituir o seu "espaço absoluto" por um espaço relativo, determinado pelo céu das estrelas fixas... O movimento e o repouso definidos por este espaço relativo podem ser convenientemente usados em vez dos absolutos...»).

(3) O mesmo se aplica à expressão «movimento absoluto». O princípio de que todo o movimento é relativo pode ser demonstrado mediante o apelo ao significado de «movimento» ou a argumentos operacionalistas. (Cf. *Pr.*, tal como atrás, 58, 112, 115. «Para referir um corpo como "movido" é necessário... que ele modifique a sua distância ou situação relativamente a qualquer outro corpo...»; *DM*, 63: «Nenhum movimento pode ser discernido ou medido sem ser com a ajuda das coisas sensíveis»; *DM*, 62: «o movimento de uma pedra numa funda, ou da água num balde em rodopio, não pode ser verdadeiramente classificado como movimento circular... por aqueles que definem [movimento] com recurso ao espaço absoluto...»).

(4) Na Física, as palavras «gravidade» e «força» são incorretamente usadas. Apresentar a força como a causa ou «princípio» do movimento (ou de uma aceleração) é introduzir «uma realidade oculta» (*DM*, 1-4 e, em especial, 5, 10, 11, 17, 22, 28; *Alc.* VII, 9). Mais precisamente, nós deveríamos dizer «uma substância metafísica oculta». «Qualidade oculta» é uma designação imprópria, uma vez que o termo «qualidade» deveria ser, mais apropriadamente, reservado para qualidades observáveis ou observadas — qualidades que se oferecem aos nossos sentidos e que, como é óbvio, nunca estão «ocultas». (*An*, 50, Qu. 9; e, em particular, *DM*, 6: «É evidente, então, que de nada serve supor que o princípio do movimento é a gravidade ou a força; pois como poderia esse princípio ser conhecido com maior clareza mediante [a sua identificação com] aquilo a que comummente se chama uma *qualidade oculta?* O que em si mesmo é oculto não explica nada — para já não dizer que uma causa atuante desconhecida poderia ser mais adequadamente denominada como *substância* [metafísica] do que como *qualidade.*»)

(5) Tendo em vista estas considerações, a teoria de Newton não pode ser aceite como uma explicação verdadeiramente *causal*, isto é, baseada em verdadeiras causas naturais. A ideia de que a gravidade constitui uma explicação causal do movimento dos corpos (do movimento dos planetas, dos corpos em queda livre, etc.) tem de ser abandonada, diz Berkeley, assim como a ideia de que Newton descobriu que a gravidade ou atração é uma «qualidade essencial» (Pr, 106) cuja inerência à essência ou natureza dos corpos explica as leis do seu movimento (*S*, 234; ver também *S*, 246, última frase). *Mas tem de se admitir,* continua Berkeley, *que a teoria de Newton conduz a resultados corretos (DM, 39, 41).* Para compreender isto, «é da máxima importância... distinguir entre *hipóteses matemáticas* e as *naturezas* [ou *essências*] *das coisas*...([4]) Se observarmos esta distinção, todos os famosos teoremas da filosofia mecanicista que... tornam possível submeter o sistema do mundo [isto é, o sistema solar] aos cálculos humanos poderão, então, ser preservados. E, ao mesmo tempo, o estudo do movimento ficará livre de mil e uma trivialidades e subtilezas inúteis e das [insignificativas] ideias abstratas» (*DM*, 66).

(6) Na Física (filosofia mecanicista) não existe explicação causal (cf. *S*. 231), isto é, uma explicação baseada na descoberta da natureza ou essência oculta das coisas (*Pr*, 25). «[As] verdadeiras causas eficientes do movimento... dos corpos não pertencem, de modo nenhum, ao domínio da mecânica ou da ciência experimental. Nem podem lançar qualquer luz sobre elas...» (*DM*, 41).

(7) A razão é, simplesmente, que as coisas físicas não têm nenhuma «natureza verdadeira ou real» secreta ou escondida, não têm nenhuma «essência real», «nenhumas qualidades internas» *(Pr,* 101).

(8) Não existe nada de físico *por detrás* dos corpos físicos, nenhuma realidade física oculta. *Tudo está à superfície,* por assim dizer. Os corpos físicos não são mais do que as suas qualidades. *A sua aparência é a sua realidade* (Pr. 87, 88).

(9) O domínio do cientista (ou do «filósofo mecanicista») é a descoberta, «pela experiência e raciocínio» (*S*, 234) das *Leis da Natureza,* ou seja, das regularidades e uniformidades dos fenómenos naturais.

([4]) A respeito da equivalência de «naturezas» e «essências», ver a minha *Sociedade Aberta,* cap. 5, Secção VI.

(10) As Leis da Natureza são, de facto, regularidades, similaridades ou analogias (*Pr*, 105) nos movimentos percecionados dos corpos físicos (*S*, 234), «essas, aprendemo-las pela experiência» (*Pr*, 30); são observadas, ou inferidas das observações (*Pr*, 30, 62; *S*, 228, 264).

(11) «Uma vez estabelecidas as Leis da Natureza, torna-se tarefa do filósofo demonstrar que cada fenómeno está em conformidade com elas, ou seja, que decorre necessariamente desses princípios.» (*DM*, 37; cf. *Pr.*, 107; e *S*, 231: «sendo da sua [isto é, dos "filósofos mecanicistas"] competência... explicar os fenómenos particulares, subsumindo-os nessas regras gerais e demonstrando a sua conformidade com elas».)

(12) Este processo *pode* ser chamado, se quisermos, «explicação» (até mesmo «explicação causal»), desde que o distingamos claramente da explicação verdadeiramente causal (isto é, metafísica) baseada na verdadeira natureza ou essência das coisas. *S*, 231; *DM*, 37: «Uma coisa pode ser considerada mecanicamente explicada se for reduzida àqueles princípios mais simples e universais» (isto é, «às leis primárias do movimento que foram comprovadas pela experimentação...» *DM*. 36) «e se demonstrarmos, por um cuidadoso raciocínio, que está de acordo e em relação com eles... Isso significa *explicar* e elucidar os fenómenos, e atribuir-lhes a sua *causa*...» Esta terminologia é admissível (cf. *DM*, 71), mas não nos deve induzir em erro. Temos sempre de distinguir claramente (cf. *DM*, 72) entre uma explicação «essencialista» ([5]), que apela para a natureza das coisas, e uma explicação «descritiva», que faz apelo a uma lei da Natureza, isto é, à descrição de uma regularidade observada. Destes dois tipos de explicação, só o último é admissível na Ciência Física.

(13) Em relação a estes dois, temos agora de distinguir um terceiro tipo de «explicação» — uma explicação que recorre a *hipóteses matemáticas*. Uma hipótese matemática pode ser descrita como um processo para calcular determinados resultados. É um mero formalismo, um utensílio ou instrumento matemático — comparável a uma máquina de calcular — avaliado unicamente pela sua eficiência. Pode ser não apenas admissível, mas útil e

---

([5]) O termo «essencialista» (e «essencialismo») não é de Berkeley, tendo sido introduzido por mim n'*A Pobreza do Historicismo* e *A Sociedade Aberta e os seus Inimigos*.

até admirável; *não é*, no entanto, *ciência*. Mesmo que produza os resultados corretos, não passa de um truque, de uma «habilidade» (*An.*, 50, Qu. 35). E, contrariamente à explicação pelas essências (que, na mecânica, são absolutamente falsas) e à explicação pelas leis da Natureza (que, «caso tenham sido comprovadas pela experimentação», são absolutamente verdadeiras), a questão da *verdade* de uma hipótese matemática não se coloca — põe-se apenas a questão da sua *utilidade enquanto instrumento de cálculo*.

(14) Ora, esses princípios da teoria *newtoniana* que foram «comprovados pela experimentação» — os princípios das leis do movimento que descrevem simplesmente as regularidades observáveis do movimento dos corpos — são verdadeiros. Mas a parte da teoria que envolve os conceitos que foram criticados mais atrás — espaço absoluto, movimento absoluto, força, atração, gravidade — não é verdadeira, uma vez que estes são «hipóteses matemáticas». Nessa qualidade, não deveriam, contudo, ser rejeitados se funcionarem bem (como é o caso da força, da atração, da gravidade). O espaço absoluto e o movimento absoluto têm de ser rejeitados porque não funcionam (tendo de ser substituídos pelo sistema das estrelas fixas e do movimento que lhes é relativo).

«"Força", "gravidade", "atração"([6]) e palavras do género destas, são úteis em termos de raciocínio e para cálculos de movimentos e corpos que se deslocam; mas não nos ajudam a compreender a simples natureza do movimento em si, nem servem para designar tantas qualidades distintas... No que à atração se refere, é manifesto que não foi apresentada por Newton como uma verdadeira qualidade física, mas tão-só como uma hipótese matemática» (*DM*, 17).([7])

(15) Corretamente entendida, uma hipótese matemática não declara que exista algo na Natureza que lhe seja correspondente — nem às palavras ou termos com que opera, nem às dependências funcionais que parece afirmar. Erige, por assim dizer, um mundo matemático fictício por detrás do mundo da aparência, mas sem a pretensão de que esse mundo exista. «Mas aquilo que é dito das forças inerentes aos corpos, sejam elas atrativas ou repulsivas,

---

([6]) Os itálicos do original latino são aqui assinalados por aspas.

([7]) Era mais ou menos esta a opinião do próprio Newton; cf. as cartas de Newton a Berkeley de 17 de janeiro e, especialmente, de 25 de fevereiro de 1692–1693, bem como a secção 3 do cap. 3, atrás.

deve ser encarado apenas como uma hipótese matemática, e não como algo realmente existente na Natureza» (*S*, 234; cf. *DM*, 18, 39 e, em especial, *Alc.* VII, 9, *An.*, 50, Qu. 35). Esta hipótese limita-se a afirmar que das suas suposições se podem extrair as devidas consequências. Mas pode ser facilmente mal interpretada como reclamando mais, como pretendendo descrever um mundo real por detrás do mundo da aparência. Nenhum mundo assim *poderia*, no entanto, ser descrito, uma vez que essa descrição seria necessariamente sem sentido.

(16) Por aqui, pode ver-se que as mesmas aparências *podem* ser calculadas com sucesso a partir de mais do que uma hipótese matemática, e que duas hipóteses matemáticas que produzam os mesmos resultados relativamente ao cálculo dessas aparências podem não só diferir entre si como contradizer-se mutuamente (sobretudo se forem incorretamente interpretadas como descrevendo um mundo de essências por detrás do mundo das aparências). Em todo o caso, pode não haver nada para escolher entre elas. «Os homens mais proeminentes... oferecem muitas doutrinas diferentes e até opostas e, no entanto, as suas conclusões [isto é, os seus resultados calculados) atingem a verdade... Newton e Torricelli parecem discordar um do outro, mas a questão é suficientemente bem explicada por ambos. E isso porque todas as forças atribuídas aos corpos são meras hipóteses matemáticas...; deste modo, a mesma coisa pode ser explicada de diferentes formas» (*DM*, 67).

(17) A análise de Berkeley da teoria de Newton produz assim as conclusões que se seguem.

Temos de distinguir:

a) Observações de coisas concretas e particulares.
b) Leis da Natureza, que ou são observações de regularidades, ou estão comprovadas («*comprobatae*», *DM*, 36; o que pode, talvez, significar aqui «confirmadas» ou «corroboradas»; ver *DM*, 31) pela experimentação, ou descobertas «por uma diligente observação dos fenómenos» (*Pr*, 107).
c) Hipóteses matemáticas, que não estão baseadas na observação, mas cujas consequências concordam com os fenómenos (ou «salvaguardam os fenómenos», como diziam os platónicos).
d) Explicações causais essencialistas ou metafísicas, que não têm lugar na Ciência Física.

Destes quatro pontos, *a)* e *b)* baseiam-se na observação e podem, a partir da experiência, ser conhecidos como verdadeiros; *c)* não se baseia na observação e tem apenas um significado instrumental — o que quer dizer que, mais do que um instrumento, pode cumprir a tarefa (cf. (16), mais atrás); e *d)* é consabidamente falso sempre que constrói um mundo de essências por detrás do mundo de aparências. Em consequência, *c)* é também reconhecidamente falso quando interpretado no sentido de *d)*.

(18) Estas conclusões aplicam-se, claramente, a casos diferentes da teoria de Newton, como, por exemplo, ao atomismo (teoria corpuscular). Uma vez que esta teoria tenta explicar o mundo das aparências mediante a construção de um mundo invisível de «essências interiores» (*Pr*, 102) por detrás dele, deve ser rejeitada. (Cf. *Pr*, 50; *An*, 50, Qu. 56; S, 232, 235)

(19) O trabalho do cientista conduz a algo a que se pode chamar «explicação», mas que dificilmente terá grande valor para a *compreensão* da coisa explicada, visto que a explicação alcançável não se baseia num discernimento imediato da natureza das coisas. Mas tem uma importância prática. Permite-nos fazer tanto *aplicações* como *previsões*. «[As] leis da Natureza ou os movimentos indicam-nos como agir, e ensinam-nos o que esperar» (*S*, 234; cf. *Pr*, 62). A previsão baseia-se apenas na sequência regular (e não na sequência causal — pelo menos, não no sentido essencialista). Uma súbita escuridão a meio do dia pode ser um indicador «prognóstico», um «sinal» de alerta, um «sintoma» de aguaceiro iminente. Ninguém a interpreta como a sua causa. Acontece que todas as regularidades observadas são desta natureza, apesar de os «prognósticos» ou «sinais» serem habitualmente confundidos com as verdadeiras causas (*TV*, 147; *Pr*, 44, 65, 108; S, 252-4; *Alc*, iv, 14, 15).

(20) Uma conclusão prática geral — a que proponho chamar «a navalha de Berkeley» — desta análise da Física permite-nos, *a priori*, eliminar desta ciência todas as explicações essencialistas. Se tiverem um conteúdo matemático e preditivo, podem ser admitidas enquanto hipóteses matemáticas (ao passo que a sua interpretação essencialista será eliminada). Caso contrário, poderão ser integralmente excluídas. Esta navalha é mais afiada do que a de Ockham: todas as entidades são excluídas, à exceção daquelas que são percecionadas.

(21) O argumento definitivo para estas ideias, a razão pela qual substâncias e qualidades ocultas, forças físicas, estruturas de

corpúsculos, espaço absoluto e movimento absoluto, etc., são eliminados é a seguinte: nós sabemos que não existem entidades destas, porque sabemos que as palavras que alegadamente as designam são, seguramente, destituídas de sentido. *Para ter um significado, uma palavra tem de representar uma «ideia»*, ou seja, uma perceção, ou a memória de uma perceção; ou, na terminologia de Hume, uma impressão, ou o seu reflexo na nossa memória. (Pode igualmente representar uma «noção» como Deus; mas as palavras do âmbito da Ciência Física não podem representar «noções».) Ora, as palavras aqui em questão não representam ideias. «Aqueles que afirmam que a força ativa, a ação e os princípios do movimento são, na realidade, inerentes aos corpos, sustentam uma doutrina que não se baseia em qualquer experiência, e apoiam-na em termos obscuros e gerais, não compreendendo, eles próprios, o que com isso querem dizer» (*DM*, 31).

III

Qualquer pessoa que leia esta lista de vinte e uma teses tem de ficar impressionada pela sua modernidade. Elas são surpreendentemente semelhantes, em especial na crítica de Newton, à filosofia da Física que Ernst Mach durante muitos anos ensinou, na convicção de que era nova e revolucionária — no que foi seguido, por exemplo, por Joseph Petzold — e que viria a ter uma imensa influência na Física moderna, particularmente na Teoria da Relatividade. Existe apenas uma diferença: o «princípio da economia do pensamento» *(Denköekonomie)* de Mach ultrapassa aquilo a que chamei «a navalha de Berkeley», uma vez que nos permite não apenas rejeitar certos «elementos metafísicos», mas também distinguir, nalguns casos, entre várias hipóteses concorrentes (do género a que Berkeley chama «matemáticas»), no que se refere à sua *simplicidade* (cf. (16) mais atrás). Verifica-se igualmente uma semelhança flagrante com a obra de Hertz, *Principles of Mechanics* (1894), na qual este tentou banir o conceito de «força», e com o *Tractatus* de Wittgenstein.

Mas talvez o mais surpreendente seja o facto de Berkeley e Mach, ambos grandes admiradores de Newton, criticarem as ideias de tempo absoluto, de espaço absoluto e de movimento absoluto em termos muito idênticos. A crítica de Mach, tal como a de

Berkeley, culmina na sugestão de que todos os argumentos a favor do espaço absoluto de Newton (como o pêndulo de Foucault, o balde de água em rotação, o efeito das forças centrífugas sobre a forma da Terra) claudicam por estes movimentos serem relativos ao sistema das estrelas fixas.

Para demonstrar o significado desta antecipação da crítica de Mach, posso citar duas passagens, uma é dele e a outra é de Einstein. Mach escreveu (na 7.ª edição de *Mechanics,* 1912, cap II, secção 6, § 11) a propósito da receção da sua crítica do *movimento absoluto,* apresentada em edições anteriores de *Mechanics:* «Há trinta anos, a ideia de que a noção de "movimento absoluto" é uma noção sem sentido, totalmente desprovida de conteúdo empírico e cientificamente inútil, era geralmente tida por muito estranha. Hoje em dia, esta ideia é subscrita por muitos investigadores de nomeada». E Einstein disse na sua nota necrológica sobre Mach («Nachruf auf Mach», *Physikalische Zeitschr,* 1916), referindo-se a esta ideia do autor de *Mechanics:* «Não seria improvável que Mach tivesse descoberto a Teoria da Relatividade se, numa altura em que o seu espírito era ainda jovem, o problema da constância da velocidade da luz tivesse inquietado os físicos». Este comentário de Einstein é, sem dúvida, mais do que generoso.([8]) E, da luz brilhante que lança sobre Mach, algum reflexo deve recair sobre Berkeley.([9])

IV

Podemos dizer algumas palavras acerca da relação entre a filosofia da Ciência de Berkeley e a sua metafísica, que é, na verdade, muito diferente da de Mach.

Enquanto o positivista Mach era um inimigo de toda a metafísica tradicional, isto é, não positivista, e, em especial, de toda a

---

([8]) Mach sobreviveu mais de onze anos à Teoria Restrita da Relatividade de Einstein, oito dos quais, pelo menos, terão sido de grande atividade. Manteve-se, porém, um forte adversário desta teoria; e embora lhe tenha feito alusão no prefácio da última (sétima) edição alemã (1912) da sua obra *Mechanik,* publicada ainda durante a sua vida, essa alusão surge sob a forma de um cumprimento ao oponente de Einstein, Hugo Dingler. Nem o nome de Einstein nem o da teoria são mencionados.

([9]) Não é este o lugar indicado para discutir outros predecessores de Mach, como Leibniz.

teologia, Berkeley era um teólogo cristão, fortemente interessado na apologética cristã. E ainda que Mach e Berkeley estivessem de acordo em que expressões como «tempo absoluto», «espaço absoluto» e «movimento absoluto» não tinham qualquer sentido e deviam, nessa medida, ser banidas da Ciência, Mach não teria, seguramente, concordado com Berkeley no que toca à razão de a Física não poder tratar de causas reais. Berkeley acreditava em causas, e até mesmo em causas «verdadeiras» ou «reais»; mas todas essas causas «verdadeiras» ou «reais» eram para ele «causas eficientes ou finais» (5, 231) e, nessa medida, *espirituais e* absolutamente para lá da Física (cf. *HP,* II). Acreditava também numa *explicação causal real ou verdadeira* (*S,* 231) ou, como lhe posso talvez chamar, numa «explicação última» — que, para ele, era Deus.

Para Berkeley, todas as aparências eram verdadeiramente causadas por Deus e explicadas através da Sua intervenção. E, para ele, era por esta simples razão que a Física apenas podia descrever regularidades, sendo incapaz de encontrar as causas verdadeiras.

No entanto, seria um erro pensar que a semelhança entre Berkeley e Mach se revela, por estas diferenças, apenas superficial. Pelo contrário: Berkeley e Mach estavam ambos convencidos de que não existe nenhum mundo físico (de qualidades primárias, ou de átomos; cf. *Pr*50; S, 232, 235) por detrás do mundo das aparências físicas *(Pr,* 87, 88). Ambos acreditavam numa variante da doutrina atualmente designada por fenomenalismo — a ideia de que as coisas físicas são feixes, complexos ou constructos de *qualidades* fenoménicas, de determinadas cores, ruídos, etc., por nós experienciados. Mach chamava-lhes «complexos de elementos». A diferença é que, para Berkeley, eles eram diretamente causados por Deus; para Mach, estavam simplesmente aí. Enquanto Berkeley disse que não podia haver nada de físico por detrás dos fenómenos físicos, Mach sugeriu que não existe absolutamente nada por detrás deles.

A grande importância histórica de Berkeley reside, segundo creio, no seu protesto contra as explicações essencialistas na Ciência. O próprio Newton não interpretou a sua teoria num sentido essencialista; ele mesmo não acreditava ter descoberto o facto de os corpos físicos serem, pela sua natureza, não apenas extensos, mas dotados de uma força de atração (que irradia deles e é proporcional à sua quantidade de matéria). Mas, pouco tempo depois de

Newton, a interpretação essencialista da sua teoria viria a tornar-se dominante, e assim permaneceria até à época de Mach.

Nos nossos dias, o essencialismo foi destronado. Um positivismo ou instrumentalismo de feição «berkeleana» ou «machiana» entrou, após todos estes anos, na moda.

Existe, porém, manifestamente, uma terceira possibilidade — uma «terceira perspetiva» (como eu lhe chamo).

O essencialismo é, segundo creio, insustentável. Implica a ideia de uma explicação *última*, visto que uma explicação essencialista não carece, nem é capaz, de explicações adicionais. (Se está na natureza de um corpo atrair outros, não haverá, então, necessidade de pedir uma explicação desse facto, nem qualquer possibilidade de a encontrar.) Sabemos, todavia, pelo menos desde Einstein, que as explicações podem ir sempre mais longe do que aquilo que se esperava.

Mas, ainda que devamos rejeitar o essencialismo, isso não significa que tenhamos de aceitar o positivismo. Podemos adotar a «terceira perspetiva».

Não vou discutir aqui o dogma positivista da significação, uma vez que já o fiz noutro ponto. Vou limitar-me a fazer seis observações. (i) É possível trabalhar com a ideia de algo como um mundo «por detrás» das aparências, sem com isso nos vincularmos ao essencialismo (sobretudo se partirmos do princípio de que não podemos nunca saber se não existirá ainda, eventualmente, um outro mundo por detrás desse). Para pôr a questão em termos mais concretos, é possível trabalhar com a ideia de níveis hierárquicos de hipóteses explicativas. Há hipóteses de nível relativamente baixo (algo como o que Berkeley teria em mente quando falou de «Leis da Natureza»); hipóteses de nível mais elevado, como as Leis de Kepler; outras de nível mais elevado ainda, como a teoria de Newton; e, a seguir, a Relatividade. (ii) Estas teorias não são hipóteses matemáticas que não passam de instrumentos para a previsão de aparências. A sua função vai muito para lá dessa, pois (iii) não existe aparência pura, ou observação pura. Aquilo que Berkeley tinha em mente quando se referia a este assunto era sempre fruto de uma interpretação, e (iv) possuía, por conseguinte, uma mistura de teoria ou hipótese. (v) As teorias novas podem, além do mais, conduzir à reinterpretação das velhas aparências e, desse modo, modificar o mundo das aparências. (vi) A multiplicidade de teorias explicativas, de que Berkeley se apercebeu (ver secção II (16), mais atrás), é usada, sempre que tal seja possível, para criar, relativamente a quaisquer duas teorias adversárias, condições em que elas produzam resultados observáveis diferentes, de modo que possamos fazer um teste crucial para decidir entre ambas e alargar, por essa via, a nossa experiência.

Um ponto fundamental desta terceira perspetiva é que a Ciência tem por alvo teorias *verdadeiras*, embora não possamos nunca ter a certeza de que uma determinada teoria é verdadeira; e também que a Ciência pode progredir (e saber que progride) pela invenção de teorias que, comparadas com outras anteriores, podem ser descritas como melhores aproximações à verdade.

Podemos, por conseguinte, admitir agora, sem nos tornarmos essencialistas, que em Ciência tentamos sempre *explicar o conhecido pelo desconhecido;* o observado (e observável) pelo inobservado (e, talvez, inobservável). Ao mesmo tempo, podemos agora admitir, sem nos tornarmos instrumentalistas, aquilo que Berkeley disse acerca da natureza das hipóteses nesta passagem (*S*, 228) que demonstra tanto a sua fraqueza — isto é, a sua incapacidade em se aperceber do carácter conjetural de toda a Ciência, incluindo daquilo a que ele chama as «Leis da Natureza» — como a sua força — ou seja, a sua admirável compreensão da estrutura lógica da explicação hipotética. «Uma coisa é», escreve Berkeley, «chegar a leis gerais da Natureza a partir da contemplação dos fenómenos; outra coisa será forjar uma hipótese e, a partir dela, deduzir os fenómenos. Aqueles que supõem a existência de epiciclos, e com eles explicam os movimentos e aparecimentos dos planetas, não podem ser por isso considerados como tendo descoberto princípios verdadeiros na realidade e na Natureza. E, ainda que das premissas possamos inferir uma conclusão, daí não se segue que possamos argumentar em sentido inverso, e da conclusão inferir as premissas. Supondo, por exemplo, um fluido elástico, cujas minúsculas partículas constitutivas, equidistantes umas das outras e com idênticas densidades e diâmetros, se repelem entre si com uma força centrífuga proporcionalmente inversa à distância dos centros; e admitindo que de uma tal suposição se tenha de concluir que a densidade e a força elástica de um tal fluido estão na proporção inversa do espaço por ele ocupado quando comprimido por uma qualquer força: nós não podemos, nesse caso, inferir a ideia recíproca, ou seja, que um fluido dotado desta propriedade tenha, nessa medida, de ser constituído por estas partículas supostamente iguais».

7

A crítica e a cosmologia de Kant

Há cento e cinquenta anos, Immanuel Kant morreu, após ter passado as oito décadas da sua vida na cidade provincial prussiana de Königsberg. Durante anos, o seu isolamento fora total(¹), e os seus amigos pretendiam fazer-lhe um enterro discreto. Mas este filho de um artesão teve um funeral de rei. Assim que o rumor da sua morte se espalhou pela cidade, as pessoas acorreram em bandos a sua casa, exigindo vê-lo. No dia do funeral, a vida da cidade parou. O cortejo foi seguido por milhares e os sinos dobraram em todas as igrejas. Dizem-nos os cronistas(²) que nunca nada de semelhante acontecera em Königsberg.

É difícil explicar esta assombrosa vaga da emoção popular. Ter-se-á ela unicamente devido à reputação de Kant como grande filósofo e bom homem? Quer-me parecer que haveria algo mais além disso; e sugiro-vos a ideia de que nesse ano de 1804, sob a

---

(¹) Seis anos antes da morte de Kant, Pörschke relata (ver a sua carta a Fichte de 2 de julho de 1789) que, em virtude do seu estilo de vida isolado, Kant estava a ser esquecido, até mesmo em Königsberg.

(²) C. E. A. Ch. Wasianski, *Immanuel Kant in seinen letzten Lebensjahren* (de *Über Immanuel Kant. Dritter Band,* Königsberg, bei Nicolovius, 1804). «Os jornais públicos e uma publicação especial tornaram o funeral de Kant conhecido em todos os seus pormenores».

Emissão radiofónica transmitida na véspera do centésimo quinquagésimo aniversário da morte de Kant. Publicada pela primeira vez (sem as notas de rodapé) sob o título «Immanuel Kant: Philosopher of the Enlightenment» em The Listener, *51, 1954.*

monarquia absolutista de Frederico Guilherme, aqueles sinos que dobravam por Kant traziam um eco da revolução americana e da revolução francesa — das ideias de 1776 e 1789. Sou de opinião que, para os seus conterrâneos, Kant se havia transformado numa personificação dessas ideias.([3]) Eles foram demonstrar a sua gratidão com um mestre dos Direitos Humanos, da igualdade perante a lei, da cidadania universal, da paz no mundo e, talvez mais importante ainda, da emancipação pelo conhecimento.([4])

1. Kant e o Iluminismo

Muitas destas ideias haviam chegado ao Continente a partir de Inglaterra, através de um livro publicado em 1733: *Letters Concerning the English Nation,* de Voltaire. Nesse livro, Voltaire compara o governo constitucional inglês com a monarquia absolutista continental; a tolerância religiosa inglesa com a atitude da Igreja Romana; e o poder explicativo da cosmologia de Newton e do empirismo analítico de Locke com o dogmatismo de Descartes. O livro de Voltaire foi queimado, mas a sua publicação marca o início de um movimento filosófico — um movimento cujo característico espírito de agressividade intelectual foi mal compreendido em Inglaterra, onde não existia conjuntura que o justificasse.

Seis décadas após a morte de Kant, estas mesmas ideias inglesas estavam a ser apresentadas aos ingleses como um «intelectualismo frívolo e pretensioso»; e, por irónico que pareça, a palavra inglesa «Iluminismo», que foi então usada para denominar o movimento

---

([3]) As simpatias de Kant pelas ideias de 1776 e 1789 eram bem conhecidas, pois ele costumava exprimi-las em público. (Cf. o testemunho ocular de Motherby acerca do primeiro encontro de Kant com Green em R. B. Jachmann, *Immanuel Kant geschildert in Briefen — Über Immanuel Kant, Zweiter Band,* Königsberg bei Nicolovius, 1804; oitava carta; pp. 54 ss. da edição de 1902).

([4]) Digo «mais importante» uma vez que a bem merecida ascensão de Kant, de uma quase pobreza à fama e a uma condição comparativamente desafogada, contribuiu para o aparecimento, no Continente, da ideia de emancipação pelo autodidatismo — ideia quase estranha em Inglaterra, onde o *«self-made man»* era o inculto novo-rico. No Continente, os instruídos haviam sido durante muito tempo as classes médias, ao passo que em Inglaterra eram as classes mais altas.

iniciado por Voltaire, está ainda impregnada dessa conotação de frivolidade e pretensiosismo. É isso, pelo menos, o que o *Oxford English Dictionary* nos diz.([5]) Quase nem preciso de acrescentar que não é, de forma alguma, essa a conotação que tenho em mente quando emprego a palavra «Iluminismo».

Kant acreditava no Iluminismo. Foi o seu último grande defensor. Eu tenho consciência de que não é esta a perspetiva habitual. Enquanto eu vejo Kant como o defensor do Iluminismo, ele é mais frequentemente considerado como o fundador da escola que o destruiu — da Escola Romântica de Fichte, Schelling e Hegel. Eu afirmo que estas duas interpretações são incompatíveis.

Fichte, e mais tarde Hegel, tentaram apropriar-se de Kant como fundador da sua escola. Mas Kant viveu o suficiente para repelir os persistentes avanços de Fichte, que se autoproclamou seu sucessor e herdeiro. Na sua *Declaração Pública a Respeito de Fichte*([6]), que é insuficientemente conhecida, Kant escreveu: «Que Deus nos proteja dos nossos amigos [...] pois há pretensos amigos, fraudulentos e pérfidos, que maquinam a nossa ruína, enquanto falam a linguagem da boa vontade». Foi só depois da morte de Kant, quando ele já não podia protestar, que este cidadão do mundo foi vantajosamente posto ao serviço da Escola Romântica nacionalista, a despeito de todas as suas advertências contra o Romantismo, o entusiasmo sentimental e a *Schwärmerei*. Mas vejamos como é que o próprio Kant descreve a ideia de Iluminismo([7]):

([5]) O *O.E.D.* diz (alguns dos itálicos são meus): «Iluminismo [...] 2. Usado por vezes [de acordo com a *Aufklärung, Auflärerei* alemã] para designar o espírito e os objetivos dos filósofos franceses do século XVIII, ou de *outros que a eles se pretende associar na acusação implícita de um intelectualismo frívolo e pretensioso, de* um desarrazoado desprezo pela tradição e autoridade, etc.». O *O.E.D.* não menciona que «Aufklärung» é uma tradução do francês «*éclaírcissement*», e que não tem essas conotações em Alemão, ao passo que «*Aufklàrerei*» (ou «*Aufkläricht*») são neologismos depreciativos, inventados e usados exclusivamente pelos Românticos, os inimigos do Iluminismo. O *O.E.D.* cita J. H. Stirling em *The Secret of Hegel*, 1865, e Caird em *The Philosophy of Kant*, 1889, como utilizadores da palavra no sentido 2.

([6]) A data desta Declaração é 1799. Cf. WWC (isto é, *Immanuel Kant's Werke*, ed. Ernst Cassirer *et. al.*), vol. VIII, pp. 515 ss., e a minha *Sociedade Aberta*, nota 58 do cap. 12 (4.ª ed., 1962, vol. II, p. 313).

([7]) *O que é o Iluminismo?* (1785); WWC, IV, p. 169.

Iluminismo é a emancipação do homem de um estado de tutela autoimposta [...] de incapacidade de usar a sua própria inteligência sem orientação exterior. Eu chamo "autoimposto" a esse estado de tutela se ele é devido não a uma falta de inteligência, mas à falta de coragem ou determinação para usar a sua própria inteligência sem a ajuda de um dirigente. *Sapere aude!* Atreve-te a usar a tua própria inteligência! É este o grito de guerra do Iluminismo.

Kant diz-nos aqui algo de muito pessoal, que faz parte da sua própria história. Criado numa quase pobreza, dentro da visão estreita do Pietismo — uma severa versão alemã do Puritanismo —, a sua própria vida foi uma história de emancipação pelo conhecimento. Anos mais tarde, costumava olhar retrospetivamente com horror para aquilo que chamava[8] «a escravatura da infância», o seu período sob tutela. Poderíamos bem dizer que o tema dominante de toda a sua vida foi a luta pela liberdade de espírito.

2. A Cosmologia *newtoniana* de Kant

Um papel decisivo nesta luta foi desempenhado pela teoria de Newton, que fora divulgada no Continente por Voltaire. A cosmologia de Copérnico e Newton converteu-se na poderosa e estimulante inspiração da vida intelectual de Kant. O seu primeiro livro importante[9], *A Teoria dos Céus,* tem o interessante subtítulo de: *Um Ensaio sobre a Constituição e a Origem Mecânica do Universo, Tratadas de Acordo com os Princípios de Newton.* Esta obra, que constitui um dos maiores contributos de sempre para a Cosmologia e a Cosmogonia, contém não apenas a primeira formulação daquilo a que agora se chama a «hipótese de Kant-Laplace» acerca da origem do sistema solar, mas também, e antecipando Jeans, uma

---

[8] Ver a Biografia de T. G. Von Hippel (Gotha, 1801, pp. 78 ss.). Ver também a carta a Kant de D. Ruhnken (um dos condiscípulos de Kant no Colégio Pietista Fredericano), em latim, de 10 de março de 1771, em que ele fala da severa, mas nem por isso lamentável, disciplina *dos fanáticos* que os haviam educado.

[9] Publicado em 1755. O título principal completo poderia ser assim traduzido: *História Natural Geral [dos Céus] e Teoria dos Céus.* As palavras *«História Natural Geral»* são usadas para indicar que a obra constitui um contributo para a teoria da *evolução* dos sistemas estelares.

aplicação desta ideia à «Via Láctea» (que Thomas Wright havia interpretado, cinco anos antes, como um sistema estelar). Mas tudo isso foi ultrapassado pela identificação *kantiana* das nebulosas como outras «Vias Lácteas» — sistemas estelares distantes, semelhantes ao nosso.

Foi o problema cosmológico, tal como ele explica numa das suas cartas([10]), que conduziu Kant à sua teoria do conhecimento e à sua *Crítica da Razão Pura*. Kant estava preocupado com o intrincado problema (com que todos os cosmólogos têm de se confrontar) da finitude ou infinitude do Universo em termos de espaço e tempo. No que toca ao espaço, uma fascinante solução foi desde então proposta por Einstein, sob a forma de um mundo que é simultaneamente finito e ilimitado. Esta solução corta pelo meio o nó *kantiano*, mas utiliza recursos mais poderosos do que aqueles de que dispunham Kant *e* os seus contemporâneos. No que se refere ao tempo, nenhuma solução igualmente promissora das dificuldades de Kant foi até agora oferecida.

3. A crítica e o problema cosmológico

Kant diz-nos([11]) que o problema central da sua *Crítica* lhe surgiu quando considerava a questão de o Universo ter tido ou não um princípio no Tempo. Descobriu, para sua consternação, que era capaz de produzir provas aparentemente válidas para ambas as possibilidades. As duas provas([12]) são interessantes. É necessária concentração para as seguir, mas não são longas nem difíceis de compreender.

([10]) Carta a C. Grave, 21 de setembro de 1798. «O meu ponto de partida não foi uma indagação acerca da existência de Deus, mas a antinomia da razão pura: "O mundo tem um começo: não tem começo nenhum", etc., até à quarta». (Há aqui um ponto em que Kant aparentemente confunde a terceira e a quarta antinomias.) «Foram estas [antinomias] que primeiro me despertaram do meu sono dogmático e me conduziram à crítica da razão [...] de modo a resolver o escândalo da aparente contradição da razão consigo própria».

([11]) Ver a nota precedente. Cf. também a correspondência de Leibniz com Clarke *(Philos. Bibl.,* editado por Kirchmann, 107, pp. 134 ss., 147 ss., 188 ss.) e *Reflexionen zur kritischen Philosophie* de Kant, editado por B. Erdmann; esp. n.° 4.

([12]) Ver *Crítica da Razão Pura* (2.ª ed.), pp. 454 ss.

Para a primeira prova, começamos por analisar a ideia de uma sequência infinita de anos (ou de dias, ou de quaisquer outros intervalos de tempo iguais e finitos). Uma tal sequência infinita de anos tem de ser uma sequência que se vá indefinidamente prolongando, sem nunca chegar a um fim. Não pode ser nunca completada, visto que uma infinidade de anos completa ou decorrida seria uma contradição de termos. Ora, na sua primeira prova, Kant limita-se a argumentar que o mundo tem de ter tido um início no tempo, pois, se assim não fosse, neste momento presente, um número infinito de anos teria de ter transcorrido — o que é impossível. Isto conclui a primeira prova.

Para a segunda prova, começamos por analisar a ideia de um tempo completamente vazio — o tempo antes de haver um mundo. Um tempo assim vazio, em que não existe absolutamente nada, tem de ser um tempo em que nenhum intervalo temporal se diferencie de qualquer outro pela sua relação temporal com coisas e acontecimentos, uma vez que estes, pura e simplesmente, não existem. Consideremos agora o último intervalo do tempo vazio — o intervalo imediatamente anterior ao começo do mundo. Esse intervalo diferencia-se claramente de todos os anteriores, dado que se caracteriza pela sua relação temporal próxima com um acontecimento — o princípio do mundo. Todavia, esse mesmo intervalo é supostamente vazio, o que é uma contradição de termos. Ora, na sua segunda prova, Kant limita-se a argumentar que o mundo não pode ter tido um começo no tempo, porque, se assim fosse, haveria um intervalo de tempo — o momento imediatamente anterior ao início do mundo — que seria vazio e, não obstante, caracterizado pela sua relação temporal imediata com um acontecimento do mundo — o que é impossível.

Encontramos aqui uma colisão entre duas provas. A essa colisão chamou Kant «antinomia». Não vou incomodar-vos com as outras antinomias em que Kant se viu enredado, como é o caso daquelas que dizem respeito aos limites do Universo no espaço.

4. Espaço e tempo

Que lição extraiu Kant destas desconcertantes antinomias? Ele concluiu ([13]) que as nossas ideias de espaço e tempo são inaplicáveis

---

([13]) *Op. cit.*, 518 ss. «A Doutrina do Idealismo Transcendental como Chave para a Solução da Dialética Cosmológica».

ao Universo como um todo. Nós podemos, obviamente, aplicar as ideias de espaço e tempo aos acontecimentos físicos e às coisas quotidianas. Mas o tempo e o espaço em si não são coisas nem acontecimentos. Não podem, sequer, ser observados: são mais elusivos. Constituem uma espécie de suporte estruturante para as coisas e acontecimentos — algo como um sistema de compartimentos, ou um sistema arquivístico, para as observações. O espaço e o tempo não fazem parte do mundo empírico real das coisas e acontecimentos, mas, sim, do nosso aparelho mental, do nosso dispositivo para a apreensão deste mundo. O seu uso próprio é enquanto instrumento de observação: ao observar um qualquer acontecimento, nós localizamo-lo, por via de regra, imediata e intuitivamente, numa ordem de espaço e tempo. Deste modo, o espaço e o tempo podem ser descritos como um quadro de referências que não se baseia na experiência, mas que é intuitivamente utilizado nela, e propriamente aplicável a ela. E é por isso que nos metemos em embaraços se aplicarmos incorrectamente as ideias de espaço e tempo, empregando-as num domínio que transcende toda a experiência possível — tal como nas nossas duas provas acerca do Universo como um todo.

A esta perspetiva que acabo de delinear, Kant decidiu atribuir a feia — e duplamente enganadora — designação de «Idealismo Transcendental». Depressa se arrependeu dessa escolha([14]), visto que ela levava as pessoas a crer que ele era um idealista no sentido de negar a realidade das coisas físicas: de afirmar que as coisas físicas eram meras ideias. Kant apressou-se a explicar que se limitara a negar que o espaço e o tempo fossem empíricos e reais — empíricos e reais no sentido em que as coisas e os acontecimentos físicos são empíricos e reais. Mas de nada lhe serviu protestar. O seu estilo difícil selou-lhe o destino: Kant iria ser venerado como pai do Idealismo Alemão. Eu sugiro que já é altura de corrigir esta ideia. Kant sempre insistiu([15]) em que as coisas físicas no espaço e no tempo são reais. E, no que toca às arrevesadas e obscuras especulações metafísicas dos Idealistas Alemães, o próprio título

---

([14]) *Prolegomena* (1783), *Apêndice:* Exemplo de um Juízo sobre a *Crítica*, Antecipando a sua Investigação. Ver igualmente a *Crítica*, 2.ª ed. (1787; a primeira edição havia sido publicada em 1781), pp. 274–279, «A Refutação do Idealismo», e a última nota de rodapé do Prefácio da *Crítica da Razão Prática*.

([15]) Ver as passagens mencionadas na nota anterior.

da *Crítica* de Kant foi escolhido para anunciar um ataque crítico a todos esses raciocínios especulativos. Com efeito, aquilo que a *Crítica* critica é a razão pura — critica e ataca todo o raciocínio acerca do mundo que seja «puro» no sentido de intocado pela experiência sensorial. Kant atacou a razão pura, demonstrando que o raciocínio puro acerca do mundo tem sempre de nos enredar em antinomias. Estimulado por Hume, Kant escreveu a sua *Crítica*[16] com o objetivo de demonstrar que os limites da experiência sensorial são os limites de todo o raciocínio seguro acerca do mundo.

5. A Revolução Copernicana de Kant

A fé de Kant na sua teoria do espaço e do tempo como um quadro de referência intuitivo foi confirmada quando encontrou nela a chave para a solução de um segundo problema: o problema da validade da teoria *newtoniana*, em cuja absoluta e inquestionável verdade Kant acreditava[17], à semelhança, aliás, de todos os físicos seus contemporâneos. Era inconcebível, terá ele pensado, que esta teoria matemática exata mais não fosse do que o resultado de

---

[16] Ver a carta de Kant a M. Herz, de 21 de fevereiro de 1772, na qual ele indica, como título provisório do que se viria a tornar a primeira *Crítica*, «Os Limites da Experiência dos Sentidos e da Razão». Ver também a *Crítica da Razão Pura* (2.ª ed.), pp. 738 ss. (itálicos meus): *«Não há necessidade de uma crítica da razão no seu uso empírico, dado que os seus princípios são continuamente submetidos a exame, sendo testados pela pedra de toque da experiência. De modo análogo, não há necessidade dessa crítica no domínio da matemática, onde as ideias têm de ser apresentadas de forma imediata numa pura intuição [do espaço e do tempo] [...] Mas, num domínio em que a razão não é constrangida, nem pela experiência dos sentidos nem pela pura intuição, a seguir um percurso visível — a saber, no domínio do seu uso transcendental [...] há grande necessidade de disciplinar a razão, de modo que a sua tendência para ultrapassar os estreitos limites da experiência possível possa ser subjugada.*

[17] Ver, por exemplo, *Primeiros Princípios Metafísicos da Ciência da Natureza* (1786) de Kant, que contém a demonstração *a priori* da mecânica de Newton. Ver também o final do penúltimo parágrafo da *Crítica da Razão Prática*. Tentei explicar num outro ponto (capítulo 2 deste volume) que algumas das maiores dificuldades de Kant se devem à admissão tácita de que a ciência *newtoniana* é demonstravelmente verdadeira (que é *episteme*), e que a descoberta de que assim não é resulta na dissolução de um dos problemas mais fundamentais da *Crítica*. Ver igualmente o cap. 8, adiante.

uma acumulação de observações. Mas que outra poderia ser a sua base? Kant abordou este problema, começando por considerar o estatuto da Geometria. A geometria de Euclides não se baseava na observação, disse ele, mas na nossa intuição de relações espaciais. A ciência *newtoniana* estava numa situação análoga. Ainda que confirmada pelas observações, não era resultado delas, mas, antes, do nosso próprio modo de pensar, das nossas tentativas de ordenar os nossos dados dos sentidos, de os compreender e digerir intelectualmente. Não seria, pois, a esses dados dos sentidos, mas, sim, ao nosso próprio intelecto, à organização do sistema digestivo da nossa mente, que caberia a responsabilidade pelas nossas teorias. A Natureza, tal como a conhecemos, com a sua ordem e as suas leis, seria assim, em larga medida, um produto da atividade assimiladora e ordenadora das nossas mentes. Nas próprias e impressivas palavras com que Kant formulou este ponto de vista([18]), «O nosso intelecto não extrai as suas leis da Natureza, antes impõe à Natureza as suas leis».

Esta fórmula sintetiza uma ideia a que o próprio Kant orgulhosamente chamou a sua «Revolução Copernicana». Tal como ele disse, Copérnico([19]), considerando que nenhum progresso estava a ser feito com a teoria dos céus revolutivos, quebrou o impasse, invertendo, por assim dizer, os dados do problema: partiu do princípio de que não é o céu que gira enquanto nós, os observadores, estamos parados, mas, sim, que somos nós, os observadores, que giramos enquanto o céu está parado. De um modo análogo, declarou Kant, se deve resolver o problema do conhecimento científico — o problema de como é possível uma ciência exata como a teoria *newtoniana* e de como foi Newton capaz de a alcançar. Temos de abandonar a ideia de que somos observadores passivos, à espera de que a Natureza imprima em nós a sua regularidade. Temos de adotar em vez disso a ideia de que, ao digerir os dados dos nossos sentidos, nós imprimimos ativamente neles a ordem e as leis do nosso intelecto. O nosso cosmos ostenta o cunho das nossas mentes.

([18]) Ver *Prolegomena*, final da secção 37. A nota de Kant referente a Crusius é interessante: sugere que Kant teria uma vaga ideia da analogia entre aquilo a que chamou a sua «Revolução Copernicana» e o seu princípio de autonomia na ética.

([19]) O meu texto neste ponto é uma tradução livre da *Crítica da Razão Pura*, 2.ª ed., pp. 16 ss.

Ao enfatizar o papel desempenhado pelo observador, pelo investigador, pelo teórico, Kant imprimiu uma marca indelével não só na Filosofia como também na Física e na Cosmologia. Há um clima *kantiano* de pensamento, sem o qual as teorias de Einstein ou Bohr dificilmente seriam concebíveis; e Eddington poderia ser considerado, sob certos aspetos, mais *kantiano* do que o próprio Kant. Mesmo aqueles que, como eu, não podem seguir inteiramente Kant, podem aceitar a sua ideia de que o experimentador não deve esperar até que apeteça à Natureza revelar-lhe os seus segredos, mas antes questioná-la.[20] Cabe-lhe, pois, interrogá-la à luz das suas dúvidas, das suas conjeturas, das suas teorias e das suas ideias e inspirações. Temos aqui, creio eu, um maravilhoso achado filosófico. Torna-nos possível olhar para a Ciência, quer teórica, quer experimental, como uma criação humana, e encarar a sua história como parte da História das Ideias, ao mesmo nível que a história da Arte e da Literatura.

Há um segundo e ainda mais interessante significado inerente à versão de Kant da Revolução Copernicana; um significado que pode, talvez, denotar uma ambivalência na sua atitude em relação a ela. Com efeito, a Revolução Copernicana de Kant resolve um problema humano a que a própria revolução de Copérnico dera origem. Copérnico despojara o homem da sua posição central no universo físico. A Revolução Copernicana de Kant arranca o espinho dessa ferida. Ele mostra-nos não só que o lugar que ocupamos no universo físico é irrelevante mas também que, num certo sentido, se pode bem dizer que o nosso universo gira à nossa volta — pois somos nós que produzimos, pelo menos em parte, a ordem que nele encontramos; somos nós que criamos o nosso conhecimento dele. Nós somos descobridores. E a descoberta é uma arte criativa.

6. A doutrina da autonomia

De Kant, o cosmólogo, Kant, o filósofo do conhecimento e da Ciência, viro-me agora para Kant, o moralista. Não sei se já se terá reparado que a ideia fundamental da ética de Kant equivale

---

[20] *Op. cit.*, pp. 12 ss.; cf. especialmente a passagem: «Os físicos [...] compreenderam que tinham de compelir a Natureza a responder às suas perguntas, em vez de se deixarem andar, por assim dizer, agarrados às suas saias.»

a uma outra Revolução Copernicana, em tudo análoga àquela que descrevi. Pois Kant fez do homem o legislador da moralidade, tal como o fizera legislador da Natureza. E, ao fazê-lo, devolveu ao homem o seu lugar central, tanto no seu universo físico como moral. Kant humanizou a ética, tal como tinha humanizado a Ciência.

A Revolução Copernicana de Kant no domínio da ética ([21]) está contida na sua doutrina da autonomia — a doutrina de que não podemos aceitar o comando de uma autoridade, por muito elevada que esta seja, como base última da ética. Com efeito, sempre que nos confrontamos com a ordem de uma autoridade, é nossa responsabilidade ajuizar se essa ordem é moral ou imoral. A autoridade pode ter poder para impor as suas ordens, e nós podemos ser impotentes para lhe resistir. Mas, a menos que estejamos fisicamente impedidos de escolher, a responsabilidade permanece nossa. Cabe-nos a nós a decisão de obedecer ou não a uma ordem, de aceitar ou não uma autoridade.

Kant transpôs ousadamente esta revolução para o domínio religioso. Aqui temos uma notável passagem ([22]):

> Por muito que as minhas palavras vos possam sobressaltar, não deveis condenar-me por dizer: cada homem cria o seu Deus. Do ponto de vista moral [...] *tendes* mesmo de criar o vosso Deus, para poderdes adorar Nele o vosso criador.
>
> Pois, independentemente do modo [...] por que te for dado conhecer a Divindade, e mesmo [...] que Ele se revele perante ti: és tu [...] que tens de julgar se te é ou não permitido [pela tua consciência] acreditar Nele e adorá-Lo.

([21]) Ver *Grundlegung zur Met. d. Sitten*, 2.ª secção (WWC, pp. 291 ss., em especial 299 ss.): «A Autonomia da Vontade como o Mais Elevado Princípio da Moralidade»; e a 3.ª secção (WWC, pp. 305 ss.).

([22]) Esta é uma tradução livre (embora, segundo creio, tão literal quanto a inteligibilidade nos permite) de uma passagem contida na nota de rodapé do Quarto Capítulo, Parte II, § 1, de *A Religião dentro dos limites da Pura Razão* (2.ª ed., 1794 = WWC, vi, p. 318; a passagem não consta da 1.ª ed. de 1793. Ver também a Introdução do presente volume, nota 9.) A passagem é anunciada pelo que se segue: «Nós próprios julgamos a revelação pela lei moral» *(Lectures on Ethics by Immanuel Kant,* traduzido por L. Infield, 1930. A tradução da passagem foi corrigida por P. A. Schilpp, em *Kant's Pre-Critical Ethics,* 1938, p. 166, nota 63). Mesmo antes, Kant dissera da lei moral que «a nossa própria razão é capaz de no-la revelar».

A teoria ética de Kant não se resume à declaração de que a consciência de um homem é a sua autoridade moral. Ele tenta igualmente dizer-nos o que é que a nossa consciência pode exigir de nós. Em relação a isso, ou seja, à lei moral, dá-nos diversas formulações. Uma delas é:([23]) «Considera sempre cada homem como um fim em si mesmo, e não o uses nunca como um simples meio para atingir os teus fins.» O espírito da ética de Kant pode bem ser sintetizado nestas palavras: ousa ser livre; e respeita a liberdade dos outros.

Sobre a base desta ética, Kant erigiu a sua importantíssima teoria do Estado([24]) e a sua teoria da lei internacional. Reivindicou([25]) uma liga de nações, ou uma união federal de Estados, a quem caberia, finalmente, proclamar e manter a paz perpétua na Terra.

Tentei esboçar em linhas gerais a filosofia *kantiana* do homem e do seu mundo, bem como as suas duas principais fontes de inspiração: a cosmologia de Newton e a ética da liberdade — a dupla inspiração a que Kant se referia quando falava([26]) do céu estrelado sobre nós e da lei moral dentro de nós.

Recuando mais no tempo, de modo que se obtenha uma visão ainda mais distanciada do papel histórico de Kant, podemos compará-lo com Sócrates. Ambos foram acusados de perverter a religião do Estado e de corromper os espíritos dos jovens; ambos negaram a acusação; e ambos defenderam a liberdade de pensamento. Para eles, a liberdade significava mais do que a ausência de coação: era, para ambos, uma forma de vida.

Da apologia e da morte de Sócrates, nasceu uma nova ideia de um homem livre: a ideia de um homem cujo espírito não pode ser subjugado; de um homem que é livre porque é autossuficiente, e que não precisa de ser constrangido porque é capaz de se governar a si próprio e de aceitar livremente o governo das leis.

([23]) Ver *Grundlegung*, 2.ª secção (*WWC*, IV, p. 287). A minha tradução é, uma vez mais, livre.

([24]) Ver em especial as várias formulações sob as quais Kant apresenta a sua ideia de que o princípio do Estado justo consiste em estabelecer a igualdade dentro daquelas limitações da liberdade dos seus cidadãos que são inevitáveis para que *a liberdade de cada um possa coexistir com a liberdade de todos* (por exemplo, *Crítica da Razão Pura*, 2.ª ed., p. 373).

([25]) *A Paz Perpétua* (1795).

([26]) Na «Conclusão» da *Crítica da Razão Prática;* ver especialmente o final do penúltimo parágrafo, referido atrás, na nota 17.

Kant conferiu um novo significado a esta ideia socrática da autossuficiência — que faz parte da nossa herança ocidental —, tanto no domínio do conhecimento como no da ética. E acrescentou-lhe ainda a ideia de uma comunidade de homens livres: uma comunidade de todos os homens. Kant demonstrou, na verdade, que todos os homens são livres — não porque nasçam livres, mas porque nascem com o fardo da responsabilidade de decidir livremente.

8

Acerca do estatuto da ciência e da metafísica

1. Kant e a lógica da experiência

Nesta palestra, não me proponho falar da experiência comum quotidiana. Pretendo, em vez disso, empregar a palavra «experiência» no sentido em que a usamos quando dizemos que a Ciência se baseia na experiência. Atendendo, no entanto, a que a experiência na Ciência não passa, no fim de contas, de uma extensão da experiência comum quotidiana, o que tenho a dizer aplicar-se-á também, de uma maneira geral, a essa experiência de todos os dias.

Para não me perder em abstrações, pretendo discutir o estatuto lógico de uma ciência empírica específica — a dinâmica *newtoniana*. Não pressuponho, porém, que a minha audiência tenha quaisquer conhecimentos de Física.

Uma das coisas que um filósofo pode fazer, e que pode figurar entre as suas maiores conquistas, é ver um *enigma*, um *problema*, ou um *paradoxo*, que ninguém tenha ainda visto. Esta é uma proeza ainda maior do que resolver o enigma. O filósofo que pela primeira vez descobre e compreende um novo problema desinquieta a nossa preguiça, a nossa complacência. Ele faz-nos o que Hume fez a Kant: desperta-nos do nosso «sono dogmático». Rasga um novo horizonte perante nós.

Duas Palestras Radiofónicas escritas para a Rádio Universidade Livre de Berlim e publicadas pela primeira vez em Ratio, *1, 1958, pp. 97–115.*

O primeiro filósofo a apreender claramente o *enigma da Ciência da Natureza* foi Kant. Não sei de nenhum outro filósofo que até aí, ou desde então, tenha sido tão profundamente estimulado por esse enigma.

Quando Kant falava de «ciência natural» estava quase invariavelmente a pensar na mecânica celeste de Isaac Newton. Ele próprio prestou significativos contributos à física *newtoniana* e foi um dos maiores cosmólogos de todos os tempos. As suas duas principais obras neste domínio da cosmologia são a *História Natural e Teoria dos Céus* (1755) e os *Primeiros Princípios Metafísicos da Ciência da Natureza* (1786). Ambos os temas foram (nas palavras do próprio Kant) «tratados de acordo com os Princípios *Newtonianos*»([1]).

À semelhança de quase todos os seus contemporâneos que estavam ao corrente destas matérias, Kant acreditava na *verdade* da mecânica celeste de Newton. A crença quase geral de que a teoria de Newton *tinha de ser* verdadeira não só era compreensível como parecia bem fundamentada. Nunca até então houvera teoria melhor, ou mais rigorosamente testada. A teoria de Newton previa com exatidão não apenas as órbitas de todos os planetas, incluindo os seus desvios das elipses de Kepler, mas também as órbitas de todos os seus satélites. Além disso, os seus poucos e simples princípios propunham, em simultâneo, uma mecânica celeste e uma mecânica terrestre.

Aqui estava um sistema do mundo, universalmente válido, que descrevia as leis do movimento cósmico da forma mais clara e mais simples possível — e com uma exatidão absoluta. Os seus princípios eram tão simples e precisos quanto a própria geometria — a suprema realização de Euclides, esse inultrapassado modelo de toda a Ciência. Newton tinha, na verdade, apresentado uma espécie de geometria cósmica, que era a geometria euclideana suplementada por uma teoria (que podia, também ela, ser geometricamente representada) do movimento de pontos de massa sob a influência de forças. Além do conceito de tempo, esta teoria acrescentava apenas dois conceitos essencialmente novos à geometria euclideana: o conceito de massa, ou de *ponto de massa* material, e o ainda mais

---

([1]) Também de grande importância é *Monadologia* Física de 1756, escrito em Latim, onde Kant antecipa a ideia fundamental de Boscovic. Mas, na sua obra de 1786, Kant repudiou a teoria da matéria proposta na sua *Monadologia*.

importante conceito *de força* dirigida (vis em latim e *dynamis* em Grego, de onde deriva o termo «dinâmica» da teoria de Newton). Aqui estava, então, uma ciência do cosmos, da natureza; e, segundo se alegava, uma ciência baseada na experiência. Era uma ciência dedutiva, exatamente como a geometria. No entanto, o próprio Newton afirmara ter extraído os seus princípios funcionais da experiência, *por indução*. Por outras palavras, Newton declarara que a verdade da sua *teoria* podia ser logicamente derivada da verdade de determinados *enunciados de observação*. Embora não tivesse descrito esses enunciados de observação em termos precisos, é, todavia, manifesto que devia estar a referir-se às leis de Kepler, as leis dos movimentos elípticos dos planetas. E nós podemos encontrar ainda eminentes físicos que mantêm a opinião de que as leis de Kepler podem ser derivadas indutivamente de enunciados de observação, e de que os princípios de Newton podem ser, por seu turno, inteiramente, ou quase inteiramente, derivados das leis de Kepler.

Um dos maiores feitos de Kant foi, uma vez despertado por Hume, ter reconhecido que esta argumentação era paradoxal. Kant viu, mais claramente do que ninguém antes ou depois dele, o absurdo que era supor que a teoria de Newton podia ser derivada de observações. E uma vez que esta importante perceção de Kant está a cair no esquecimento — devido, em parte, ao seu próprio contributo para a solução do problema por si descoberto —, eu vou agora apresentá-la e discuti-la em pormenor.

A asserção de que a teoria de Newton foi derivada da observação será aqui criticada em três pontos:

Primeiro, a asserção é *intuitivamente incredível*, sobretudo quando comparamos o carácter da teoria com o carácter dos enunciados de observação.

Segundo, a asserção é *historicamente falsa*.

Terceiro, a asserção é *logicamente falsa*: é uma asserção logicamente impossível.

Examinemos o primeiro ponto — que é intuitivamente incredível que as *observações* possam demonstrar que a mecânica de Newton é verdadeira.

Para ver isto, basta-nos lembrar de como a teoria de Newton é totalmente diferente de qualquer enunciado de observação. Em primeiro lugar, as observações são *sempre* inexatas, ao passo que a teoria faz asserções absolutamente exatas. Além disso, um dos triunfos da teoria de Newton foi o facto de ter enfrentado observações subsequentes que, no tocante à precisão, ultrapassavam em muito o que podia ser atingido na época em que este viveu. Ora, não é de crer que enunciados mais precisos, para já não falar nos enunciados absolutamente precisos da própria teoria em si, pudessem ser logicamente derivados de enunciados menos exatos ou inexatos.([2]) Mas, mesmo que esqueçamos tudo o que se refere à questão da precisão, devemos compreender que uma observação é sempre feita em condições muito especiais e que cada situação observada é sempre uma situação muito específica. A teoria, por outro lado, pretende ser aplicável em todas as circunstâncias possíveis — não apenas ao planeta Marte ou Júpiter, ou até aos satélites do sistema solar, mas a *todo* o movimento planetário e a *todos* os sistemas solares. Na verdade, a teoria pretende ir muito para lá disto. Faz, por exemplo, asserções acerca da pressão gravitacional no interior das estrelas — asserções que, mesmo hoje, não foram nunca testadas pela observação. Além disso, as observações são sempre *concretas,* ao passo que a teoria é *abstrata.* Por exemplo, nós nunca observamos pontos de massa, mas, sim, extensos planetas. Talvez isto não seja assim tão importante. Mas o que já é de uma extrema importância é que nós não podemos nunca — eu repito, nunca — *observar* nada que se pareça com as *forças newtonianas*. Como é manifesto, atendendo a que as forças são definidas de um modo que torna possível medi-las pela medição de acelerações, nós podemos, de facto, *medir* forças; e podemos, por vezes, medir uma força não pela medida de uma aceleração, mas recorrendo, por exemplo, a uma balança de mola. *Todavia, em todas estas medições, sem exceção, nós pressupomos sempre a verdade da dinâmica newtoniana.* Sem a pressuposição de uma teoria dinâmica, é simplesmente impossível medir forças. Mas as forças e as mudanças de forças incluem-se entre as coisas mais importantes de que a teoria trata. Podemos, por conseguinte, afirmar que pelo menos alguns dos objetos sobre os quais a teoria incide são abstratos e inobserváveis. Por todos estes motivos, é intuitivamente incrível que a teoria seja logicamente derivável de observações.

([2]) Uma consideração semelhante pode ser encontrada em *The Analysis of Mind*, de Bertrand Russell, 1922, pp. 95 ss.

Esta conclusão não seria afetada mesmo que fosse possível reformular a teoria de Newton no sentido de evitar qualquer referência a forças. Nem tão-pouco seria afetada por uma rejeição da força como mera ficção ou, talvez, como uma construção puramente teórica, que serve apenas de ferramenta ou instrumento para a previsão. Com efeito, a tese que estamos a questionar diz-nos que a veracidade da teoria de Newton pode ser comprovada pela observação; e a nossa objeção foi que nós só podemos observar *coisas concretas*, e que a teoria e, em particular, as forças *newtonianas* são *abstratas*. Estas dificuldades não ficarão de forma alguma mitigadas se tornarmos a teoria ainda em mais abstrata, eliminando a noção de força, ou se a desmascararmos como uma mera construção auxiliar. E é quanto basta para o meu primeiro ponto.

O meu segundo ponto era o de que é historicamente falso acreditar que a dinâmica de Newton foi derivada da observação. Apesar de esta ser uma crença generalizada, não deixa de ser uma crença num mito histórico — ou, se preferirem, uma nítida distorção da História. Para o demonstrar, vou referir-me brevemente ao papel desempenhado pelos três mais importantes precursores de Newton neste domínio: Nicolau Copérnico, Tycho Brahe e Johannes Kepler.

Copérnico estudou em Bolonha, sob a orientação do platónico Novara; e a sua ideia de colocar o Sol, em vez da Terra, no centro do Universo não foi o resultado de novas observações, mas, sim, de uma *nova interpretação* de factos antigos e bem conhecidos à luz de ideias platónicas e neoplatónicas semirreligiosas. A sua ideia crucial pode ser reportada ao Livro Sexto da *República* de Platão, onde podemos ler que o Sol desempenha no reino das coisas visíveis um papel idêntico ao da ideia de Bem no reino das Ideias. Ora, a ideia de Bem é a mais elevada na hierarquia das ideias platónicas. Por consequência, o Sol, que confere às coisas visíveis a sua visibilidade, vitalidade, crescimento e progresso, ocupará também a posição mais elevada na hierarquia das coisas visíveis da Natureza.

Esta passagem da *República* assume uma importância primordial entre as passagens que estão na base da filosofia neoplatónica — e, particularmente, da filosofia neoplatónica cristã.

Ora, se o Sol devia ocupar uma posição de honra, se o Sol merecia um estatuto divino na hierarquia das coisas visíveis, dificilmente poderia girar à volta da Terra. O único lugar adequado para uma estrela tão grandiosa era o centro do Universo.(³) Deste modo, a Terra estava obrigada a girar à volta do Sol.

Esta ideia platónica constitui, por conseguinte, o pano de fundo histórico da revolução copernicana — que não partiu, pois, de observações, mas, sim, de uma ideia histórica ou mitológica. Ideias destas, belas mas extravagantes, foram muitas vezes avançadas por grandes pensadores, e outras tantas por excêntricos. Mas Copérnico não era um excêntrico. Era até extremamente crítico em relação às suas próprias intuições místicas, que analisava rigorosamente à luz das observações astronómicas, reinterpretadas com a ajuda da sua nova ideia. Considerava, corretamente, que essas observações eram da maior importância. Encaradas, no entanto, de um ponto de vista histórico ou genético, as observações não constituíram a fonte da sua ideia. A ideia surgiu primeiro e foi indispensável para a interpretação das observações: elas tiveram de ser interpretadas à sua luz.

Johannes Kepler — o discípulo e assistente de Tycho Brahe, a quem esse grande mestre deixou as suas observações não publicadas — era um copernicano. À semelhança do próprio Platão, Kepler, mantendo-se embora um pensador sempre crítico, estava mergulhado na ciência astrológica; e, tal como Platão, estava também profundamente influenciado pelo misticismo dos números dos pitagóricos. Aquilo que ele esperava descobrir, aquilo que procurou durante toda a sua vida, era a lei aritmética subjacente à estrutura do mundo, a lei na qual assentava a construção dos círculos do sistema solar copernicano e na qual se baseavam, em particular, as suas distâncias relativas do Sol. Kepler não encontrou nunca o que procurava; não encontrou, nas observações de Tycho, a ansiada confirmação da sua crença de que Marte girava à volta do Sol numa órbita perfeitamente circular, com velocidade uniforme. Descobriu, pelo contrário, nessas observações uma *refutação* da hipótese do círculo. Renunciou, pois, a ela; e tendo tentado em vão diversas outras soluções, deparou com a sua segunda melhor ideia: a hipótese da elipse. E descobriu que as observações podiam ser levadas a concordar com a nova hipótese — ainda que somente

---

(³) Cf. Aristóteles, *De Caelo*, 293, bi-5, onde a doutrina de que o centro do Universo é «precioso», devendo, nessa medida, ser ocupado por um fogo central, é criticada e atribuída aos «Pitagóricos» (o que significa, talvez, os seus rivais, os sucessores de Platão que permaneceram na Academia).

no pressuposto, a princípio relutantemente aceite, de que Marte não se deslocava com velocidade uniforme.

Historicamente, por conseguinte, as leis de Kepler não foram fruto de observações. O que aconteceu foi que Kepler tentou em vão interpretar as observações de Tycho por meio da sua hipótese original do círculo. As observações *refutaram* essa hipótese e ele tentou, então, as melhores soluções que se lhe seguiam: a oval e a elipse. As observações continuavam a não comprovar que a hipótese de uma elipse estivesse correta, mas podiam agora ser *explicadas* por meio dessa hipótese: podiam harmonizar-se com ela.

Além disso, as leis de Kepler apoiam em parte — e têm em parte como inspiração — a sua crença numa causa, num poder que emana como raios de luz do Sol, influenciando, dirigindo ou originando o movimento dos planetas, incluindo a Terra. Mas a ideia de que existe um influxo ou *«Influência»* das estrelas que alcança a Terra era considerada, na época, o princípio fundamental da astrologia, que se contrapunha ao racionalismo aristotélico. Temos aqui uma importante linha divisória entre duas escolas de pensamento. Galileu, por exemplo (que era, ele mesmo, um grande crítico de Aristóteles), Descartes, Boyle e Newton pertenciam, todos eles, à tradição racionalista (aristotélica). Daí o ceticismo que Galileu manteve em relação às ideias de Kepler, e daí também a sua impossibilidade de admitir qualquer teoria das marés que as explicasse pela «influência» da Lua — e que o obrigou a desenvolver uma teoria não-lunar que as explicava unicamente pelo movimento da Terra. Era também esse o motivo por que Newton tinha tanta relutância em aceitar a sua própria teoria da atração (ou a de Robert Hooke) e nunca se chegou a conciliar inteiramente com ela. E foi igualmente por isso que os cartesianos franceses se recusaram durante tanto tempo a aceitar a teoria de Newton. Mas, por fim, esta ideia originalmente astrológica viria a revelar-se tão bem-sucedida que acabou por ser aceite por todos os racionalistas e a sua desonrosa origem caiu no esquecimento.([4])

([4]) Penso que a crítica de Arthur Koestler a Galileu, no seu notável livro *The Sleepwalkers,* enferma do facto de ele não levar em conta a cisão aqui descrita. Galileu tinha tanta justificação para tentar resolver os problemas dentro do quadro racionalista quanto Kepler nos seus esforços por os solucionar dentro do quadro astrológico. Relativamente à influência das ideias astrológicas, ver também a nota 4 do cap. 1 do presente volume.

E foram estes, de um ponto de vista histórico e genético, os antecedentes fundamentais da teoria de Newton. A nossa história demonstra que, enquanto facto histórico, esta teoria não foi derivada de observações.

Kant compreendeu grande parte desta questão; e discerniu igualmente o facto de que *mesmo as experimentações da Física não são, do ponto de vista da sua génese* — e à semelhança das observações astronómicas —, anteriores às teorias. Também elas representam, simplesmente, questões cruciais que o homem coloca à Natureza com o auxílio de teorias — tal como Kepler perguntara à Natureza se a sua hipótese do círculo era verdadeira. Kant escreveu, pois, no prefácio da 2.ª edição da *Crítica da Razão Pura*:

> Quando Galileu deixou as suas esferas rolar por um plano inclinado, com uma gravidade que ele próprio tinha escolhido; quando Torriceli fez o ar sustentar um peso que havia antecipadamente calculado ser idêntico ao de uma coluna de água de altura conhecida [...] uma luz amanheceu, então, em todos os filósofos da Natureza. Eles ficaram a saber que a nossa razão só pode compreender o que *ela mesma cria de acordo com os seus próprios desígnios: que temos de compelir a Natureza a responder às nossas perguntas,* em vez de andarmos agarrados às suas saias, permitindo que ela nos guie. *Pois observações puramente acidentais, feitas sem qualquer plano antecipadamente ponderado, não podem ser concatenadas por uma... lei — que é aquilo de que a razão anda em busca.*([5])

Esta citação de Kant demonstra quão bem ele compreendeu que nós próprios temos de confrontar a Natureza com hipóteses e exigir-lhe uma resposta às nossas perguntas; e que, faltando-nos essas hipóteses, não podemos fazer mais do que observações ao acaso, que não seguem qualquer plano e não podem, por conseguinte, conduzir-nos nunca a uma lei natural. Por outras palavras, Kant viu com perfeita clareza que a história da Ciência tinha refutado o mito de Bacon, ou seja, a ideia de que devemos começar com observações, para delas derivarmos as nossas teorias. E Kant também compreendeu, muito claramente, que por detrás desse facto histórico se encontrava um facto lógico; que havia razões lógicas para que um processo deste género não se tivesse verificado

---

([5]) O original não tem itálicos.

nunca na história da Ciência: que era logicamente impossível derivar teorias de observações.

O meu terceiro ponto — a afirmação de que é logicamente impossível derivar a teoria de Newton de observações — é a consequência imediata da crítica de Hume relativamente à validade das inferências indutivas, tal como foi apresentada por Kant. O argumento decisivo de Hume pode ser exposto da seguinte maneira:

Suponhamos uma classe constituída por um qualquer número de enunciados de observação verdadeiros e designemo-la pela letra K. Os enunciados da classe K descreverão observações efectivas, isto é, observações *passadas:* deste modo, K será uma qualquer classe de enunciados verdadeiros acerca de observações efectivamente feitas no passado. Uma vez que partimos do princípio de que K consiste unicamente em enunciados verdadeiros, todos os enunciados da classe K têm de ser também enunciados consistentes em si mesmos e, além disso, *compatíveis uns com os outros*. Consideremos agora um outro enunciado de observação, que vamos designar pela letra B. Suponhamos que B descreve uma *observação futura, logicamente possível;* B pode, por exemplo, dizer que se vai observar amanhã um eclipse do Sol. Uma vez que já têm sido observados eclipses do Sol, nós podemos estar certos de que um enunciado B que afirme que haverá um eclipse do Sol amanhã será, em termos puramente lógicos, um enunciado *possível;* ou seja, o nosso B será consistente em si mesmo. Ora, Hume demonstra o seguinte: se B é um enunciado autoconsistente acerca de uma possível observação futura, e K uma qualquer classe de enunciados verdadeiros acerca de determinadas observações passadas, então B poderá ser *sempre* conjugado com K sem contradição. Ou, por outras palavras, se juntarmos um enunciado B, relativo a uma possível observação futura, a enunciados em K, não poderemos *nunca* chegar a uma contradição lógica. A descoberta de Hume pode também ser formulada do seguinte modo: *nenhuma observação futura logicamente possível pode alguma vez contradizer a classe de observações passadas.*

Acrescentemos agora a esta conclusão simples de Hume este teorema de lógica pura: sempre que um enunciado B puder ser conjugado, sem contradição, com uma qualquer classe de enunciados K, poderá também ser conjugado, sem contradição, com uma qualquer classe de enunciados que seja conjuntamente constituída por enunciados de K e por qualquer enunciado que possa ser *derivado de K*.

E assim comprovámos o nosso argumento: se a teoria de Newton pudesse ser derivada de uma classe K de enunciados de observação verdadeiros, nenhuma observação futura *B* poderia contradizer a teoria de Newton e as observações *K*.

É sabido, no entanto, por outro lado, que, a partir da teoria de Newton e de observações passadas, nós podemos derivar logicamente um enunciado que nos diga se vai ou não haver um eclipse do Sol amanhã. Ora, se este enunciado nos disser que amanhã não haverá nenhum eclipse do Sol, o nosso *B* será então claramente *incompatível* com a teoria de Newton e a classe *K*. Daqui, e das nossas conclusões anteriores, segue-se logicamente a impossibilidade de presumir que a teoria de Newton tenha sido derivada de observações.

Provámos, por conseguinte, o nosso terceiro ponto. E podemos agora ver todo o enigma da experiência — o paradoxo das ciências empíricas, tal como foi descoberto por Kant:

A dinâmica de Newton vai necessariamente para lá de todas as observações. É universal, exata e abstrata. Surgiu, historicamente, de mitos; e podemos demonstrar, por meios puramente lógicos, que não é derivável de enunciados de observação.

Kant demonstrou também que o que se aplica à teoria de Newton deve aplicar-se igualmente à *experiência quotidiana*, embora não, talvez, na mesma medida — ou seja, que também a experiência quotidiana vai muito para lá de toda a observação. Também a experiência quotidiana tem de *interpretar* a observação, pois, sem uma interpretação teórica, essa observação permanece cega — não informativa. A experiência quotidiana opera constantemente com ideias abstratas como as de causa e efeito e não pode, por conseguinte, ser derivada de observações.

Para *resolver* o enigma da experiência, e para explicar como é que a Ciência da Natureza e a experiência são, de todo, possíveis, Kant elaborou a sua *teoria da experiência e da Ciência da Natureza*. Eu admiro esta teoria enquanto tentativa verdadeiramente heróica de resolver o paradoxo da experiência; estou, no entanto, convencido de que responde a uma falsa questão e que é, nessa medida, *parcialmente* irrelevante. Kant, o grande descobridor do enigma da experiência, estava enganado num ponto importante. Mas o seu erro, apresso-me a acrescentar, era absolutamente inevitável e de forma alguma desvaloriza o seu magnífico empreendimento.

Que erro foi esse? Tal como eu disse, Kant, à semelhança de quase todos os filósofos e epistemólogos, até já em pleno século XX, estava convencido de que a teoria de Newton era *verdadeira*. Esta convicção era inescapável. A teoria de Newton havia feito as mais espantosas e exatas previsões, todas elas impressionantemente corretas. Só os ignorantes podiam duvidar da sua verdade. Que Kant não merece grande censura pela sua crença é o que fica perfeitamente demonstrado pelo facto de até Henri Poincaré, o maior matemático, físico e filósofo da sua geração, falecido pouco antes da Primeira Guerra Mundial, ter acreditado, tal como Kant, que a teoria de Newton era verdadeira e irrefutável. Poincaré foi um dos poucos cientistas para quem o paradoxo *kantiano* era quase tão importante quanto o fora para o próprio Kant; e ainda que a solução por si proposta fosse algo diferente da deste último, era apenas uma variação dela. O que interessa, no entanto, é que Poincaré compartilhou plenamente do erro de Kant, como lhe chamei. Era um erro inevitável — isto é, inevitável antes de Einstein.

Mesmo aqueles que não aceitam a teoria da gravitação de Einstein deviam admitir que ela constituiu um feito que marca verdadeiramente uma época. Quando mais não fosse, esta teoria demonstrou que a teoria de Newton, independentemente de ser verdadeira ou falsa, *não era,* seguramente, o *único sistema possível* da mecânica celeste capaz de explicar os fenómenos de um modo simples e convincente. Pela primeira vez em mais de duzentos anos, a teoria de Newton tornou-se *problemática.* Ao longo desses dois séculos havia-se convertido num *dogma* perigoso — um dogma de poder quase estupefaciente. Eu não tenho qualquer objeção contra aqueles que se opõem à teoria de Einstein por razões de natureza científica. Mas mesmo os oponentes de Einstein, tal como os seus maiores admiradores, deviam estar-lhe gratos por ele ter libertado a Física da crença paralisante na verdade incontestável da teoria de Newton. Graças a Einstein, nós olhamos agora para essa teoria como uma hipótese (ou um sistema de hipóteses) — talvez a mais grandiosa e mais importante hipótese da história da Ciência e uma indubitavelmente assombrosa aproximação da verdade.([6])

([6]) Ver a própria formulação de Einstein na sua conferência sobre Herbert Spencer, «On the Method of Theoretical Physics», 1933, p. 11, onde escreve: «Foi a Teoria Geral da Relatividade que demonstrou [...] que nos era possível, usando princípios básicos muito afastados dos de Newton, demonstrar o verdadeiro valor de toda a gama de dados da experiência».

Ora, se nós, contrariamente a Kant, considerarmos a teoria de Newton como uma hipótese cuja verdade é problemática, teremos então de alterar radicalmente o problema *kantiano*. Não será, pois, de admirar que a sua solução não se ajuste já à nova formulação pós-einsteiniana do problema e tenha de ser corrigida em conformidade.

A solução de Kant para o problema é bem conhecida. Ele partiu do princípio — segundo creio, correto — de que *o mundo, tal como o conhecemos, é a nossa interpretação dos factos observáveis à luz de teorias que nós próprios inventamos.* Tal como o próprio Kant diz: «O nosso intelecto não extrai da Natureza as suas leis [...] mas impõe as suas leis à Natureza». Embora eu considere esta formulação de Kant essencialmente correta, sinto que é um pouco radical demais, e daí que prefira apresentá-la com a seguinte modificação: «O nosso intelecto não extrai as suas leis da Natureza, mas tenta — com graus variáveis de sucesso — impor à Natureza leis que livremente inventa». A diferença é esta. A formulação de Kant não só implica que a nossa razão tenta impor leis à Natureza, mas também que ela é invariavelmente bem-sucedida nessa tarefa. Kant acreditava, de facto, que as leis de Newton eram por nós impostas com êxito à Natureza e que nós estávamos destinados a interpretá-la por meio delas — e daí concluiu que elas tinham de ser verdadeiras *a priori*. Era assim que Kant via esta questão. E Poincaré via-a de modo idêntico.

Nós sabemos, no entanto, desde Einstein, que teorias muito diferentes e interpretações muito diferentes são igualmente possíveis e podem até ser superiores às de Newton. A razão é, pois, capaz de mais do que uma interpretação, e não pode impor a sua interpretação à Natureza de uma vez para sempre. A razão funciona por ensaio e erro. Nós inventamos os nossos mitos e teorias e pômo-los à prova: tentamos ver até onde é que eles nos levam. E, se o conseguirmos, aperfeiçoamos as nossas teorias. A melhor teoria é aquela que tem um maior poder explicativo; que explica mais; que explica com maior precisão; e que nos permite fazer melhores previsões.

Uma vez que Kant acreditava caber-lhe a tarefa de explicar a singularidade e a verdade da teoria de Newton, persuadiu-se de que essa teoria decorria inevitavelmente, e de um modo logicamente necessário, das leis do nosso entendimento. A modificação da solução *kantiana* por mim proposta, em consonância com a revolução de Einstein, liberta-nos dessa compulsão. Desta maneira, as teorias são vistas como *livres* criações das nossas mentes, fruto de uma intuição quase poética, de uma tentativa de compreender intuitivamente as leis da Natureza. Mas nós já não tentamos impor as nossas criações à Natureza: questionamo-la, tal como Kant nos ensinou a fazer. E tentamos obter dela respostas *negativas* acerca da verdade das nossas teorias. Não tentamos prová-las ou *verificá--las,* mas testamo-las, tentando *contestá-las,* falsificá-las ou *refutá-las.*

Deste modo, a liberdade e a ousadia das nossas criações teóricas podem ser controladas e temperadas pela autocrítica e pelos testes mais rigorosos que formos capazes de conceber. É neste ponto, através dos nossos métodos críticos de experimentação, que a lógica e o rigor científico entram na ciência empírica.

Vimos que as teorias não podem ser logicamente derivadas de observações. Podem, no entanto, colidir com elas: podem contradizer as observações. Este facto torna possível inferir de observações que uma teoria *é falsa.* A possibilidade de refutar teorias por meio de observações constitui a base de toda a experimentação empírica. Com efeito, o teste de uma teoria é sempre, e à semelhança de qualquer exame rigoroso, uma tentativa de demonstrar que o candidato está enganado — ou seja, que a teoria implica uma asserção falsa. De um ponto de vista lógico, todos os testes empíricos serão, nessa medida, *tentativas de refutação.*

Gostaria de dizer, em conclusão, que desde Laplace têm sido feitas tentativas no sentido de atribuir às nossas teorias — em vez de *verdade* — pelo menos um *elevado grau de probabilidade.* Eu considero essas tentativas mal concebidas. Tudo o que podemos esperar dizer de uma teoria é que ela explica isto ou aquilo; que foi rigorosamente testada e que resistiu a todos os nossos testes. Podemos também, por exemplo, comparar duas teorias para ver qual delas enfrentou melhor os nossos mais rigorosos testes — ou, por outras palavras, qual delas está mais *bem corroborada* pelos resultados dos nossos testes. Mas é possível demonstrar, por meios puramente matemáticos, que o *grau de corroboração não pode ser nunca equiparado à probabilidade matemática.* Pode-se demonstrar que todas as teorias, incluindo as melhores, têm a mesma probabilidade, ou seja, zero. Mas o grau em que são corroboradas (e que, pelo menos teoricamente, pode ser descoberto com a ajuda do cálculo de probabilidades) pode aproximar-se muito da unidade, isto é, do seu máximo, ainda que a probabilidade da teoria seja zero. Que o apelo à probabilidade é incapaz de resolver o enigma da experiência é uma conclusão que, há muito tempo já, David Hume foi o primeiro a tirar.

Deste modo, a análise lógica demonstra-nos que a experiência não consiste numa acumulação mecânica de observações. A experiência é criativa. É fruto de interpretações livres, audaciosas e criativas, controladas por rigorosa crítica e rigorosos testes.

2. O problema da irrefutabilidade das teorias filosóficas

Para evitar, desde o início, o perigo de nos perdermos em generalidades, talvez seja bom explicar desde já, com o auxílio de cinco exemplos, o que significa para mim *teoria filosófica*.

Um exemplo típico de uma teoria filosófica é a doutrina *kantiana* do *determinismo* em relação ao mundo da experiência. Embora fosse, no fundo, um indeterminista, Kant disse, na sua *Crítica da Razão Prática*([7]), que o pleno conhecimento das nossas condições psico-fisiológicas e do nosso meio circundante tornaria possível prever o nosso comportamento futuro com a mesma certeza com que podemos prever um eclipse do Sol ou da Lua.

Em termos mais gerais, poderíamos formular a doutrina determinista da seguinte maneira:

O futuro do mundo empírico (ou do mundo fenoménico) é inteiramente pré-determinado pelo seu estado actual, até ao mais ínfimo detalhe.

Uma outra teoria filosófica é o *idealismo* de, por exemplo, Berkeley ou Schopenhauer. Poderíamos, talvez, expressá-lo aqui pela seguinte tese: «O mundo empírico é a minha ideia», ou *«O mundo é o meu sonho»*.

Uma terceira teoria filosófica — e uma que tem grande importância hoje em dia — é o *irracionalismo* epistemológico, que pode ser explicado do modo que se segue.

Uma vez que sabemos, desde Kant, que a razão humana é incapaz de apreender ou conhecer o mundo das coisas-em-si, nós temos ou de renunciar à esperança de algum dia o conhecer, ou então de tentar conhecê-lo por outros meios que não os da nossa razão; e, uma vez que não podemos — nem queremos — renunciar a essa

---

([7]) *Kritik der Praktischen Vernunft*, 4.ª a 6.ª ed., p. 172; *Works,* ed. Cassirer, vol. v, p. 108.

esperança, só nos resta recorrer a meios irracionais ou suprarracionais como o instinto, a inspiração poética, as disposições ou as emoções.

E é possível fazê-lo, alegam os irracionalistas, porque, em última análise, nós próprios somos coisas-em-si. Assim, se conseguirmos de alguma forma obter um conhecimento íntimo e imediato de nós mesmos, poderemos, por essa via, descobrir como as coisas--em-si-mesmas são.

Este argumento simples do irracionalismo é muito típico de grande parte dos filósofos pós-*kantianos* do século dezanove — como foi, por exemplo, o caso do engenhoso Schopenhauer, que desta forma descobriu que, sendo nós, enquanto coisas-em-si, *vontade*, a vontade tem de ser, ela própria, a coisa-em-si. O mundo enquanto coisa-em-si é *vontade*, ao passo que o mundo como fenómeno é uma *ideia*. Por estranho que pareça, esta filosofia obsoleta, ataviada com novas roupas, converteu-se uma vez mais no último grito da moda, apesar — ou justamente em virtude — de a sua flagrante semelhança com velhas ideias pós-*kantianas* ter permanecido oculta (até ao ponto em que algo pode permanecer oculto sob as roupas novas do imperador). A filosofia de Schopenhauer é atualmente apresentada numa linguagem obscura e impressiva, e a sua intuição autorreveladora de que o homem enquanto coisa-em-si é, em última análise, *vontade* deu agora lugar à intuição autorreveladora de que o homem se pode entediar tão mortalmente que o seu próprio tédio comprova que a coisa-em-si é Nada — é Não-Ser, é o Vazio-em-si. Eu não pretendo negar uma certa dose de originalidade a esta variante existencialista da filosofia de Schopenhauer: a sua originalidade é comprovada pelo facto de que Schopenhauer nunca poderia ter tido uma opinião tão negativa acerca da sua capacidade de autoentretenimento. O que ele descobriu em si mesmo foi vontade, atividade, tensão, entusiasmo — aproximadamente o oposto do que alguns existencialistas descobriram: o mais absoluto tédio do entediante-em-si, por si mesmo entediado. Mas Schopenhauer já não está na moda. A grande moda da nossa era pós-*kantiana* e pós-racionalista é aquilo a que Nietzsche («perseguido por premonições e desconfiado da sua própria progenitura») acertadamente chamou «niilismo europeu».[8]

---

[8] Cf. Julius Kraft, *Von Husserl zu Heidegger*, 2.ª ed., 1957, pp. 103 ss., 136 s., e, particularmente, p. 130, onde Kraft escreve: «É, pois, difícil de

Todavia, tudo isto veio apenas a propósito. Temos agora perante nós uma lista de cinco teorias filosóficas.

Primeiro, determinismo: o futuro está contido no presente, uma vez que está inteiramente determinado por ele.

Segundo, idealismo: o mundo é o meu sonho.

Terceiro, irracionalismo: nós temos experiências irracionais ou suprarracionais em que nos experienciamos a nós mesmos como coisas-em-si; e obtemos, dessa forma, algum tipo de conhecimento das coisas-em-si.

Quarto, voluntarismo: nas nossas próprias volições, conhecemo-nos a nós mesmos como vontades. A coisa-em-si é a vontade.

Quinto, niilismo: no nosso tédio, conhecemo-nos a nós mesmos como nadas. A coisa-em-si é Não-Ser.

E é quanto basta para a nossa lista. Escolhi os meus exemplos de um modo que me permite dizer relativamente a cada uma destas cinco teorias, e após cuidadosa ponderação, que estou convencido da sua falsidade. Ou, para pôr a questão em termos mais precisos: eu sou, *primeiro* do que tudo, um indeterminista; em *segundo* lugar, um realista; em *terceiro,* um racionalista. No que toca ao meu quarto e quinto exemplos, admito de bom grado — tal como Kant e outros críticos racionalistas — que nós não podemos possuir nada que se pareça com um conhecimento pleno do mundo real, na sua infinita diversidade e beleza. Nem a Física nem nenhuma outra ciência nos pode auxiliar nesse objetivo. Estou, contudo, seguro de que a fórmula voluntarista «O mundo é vontade» tão-pouco nos pode ajudar. E quanto aos nossos niilistas e existencialistas que se entediam (e entediam talvez os outros), só posso ter pena deles. Devem ser cegos e surdos, coitados pobres, pois falam do mundo como um invisual falaria das cores de Perugino, ou um surdo da música de Mozart.

Por que motivo fiz então questão de selecionar para meus exemplos uma série de teorias filosóficas que acredito serem falsas? Porque espero, dessa forma, colocar mais claramente o problema contido no importante enunciado que se segue.

---

entender como é que o existencialismo pôde alguma vez ser considerado como algo de novo em Filosofia, de um ponto de vista epistemológico.» Cf. também o estimulante ensaio de H. Tint in *Proc. Arist. Society,* 1956–1957, pp. 253 ss.

Ainda que eu considere que cada uma destas cinco teorias *é falsa*, estou, não obstante, convencido de que são, todas elas, *irrefutáveis*. Escutando esta afirmação, podeis bem interrogar-vos como é que é possível que eu considere uma teoria simultaneamente *falsa e irrefutável* — eu, que afirmo ser um racionalista. Pois como pode um racionalista dizer que uma teoria é falsa e irrefutável? Não é ele obrigado, como racionalista, a refutar uma teoria antes de a classificar como falsa? E, inversamente, não é ele obrigado a admitir que se uma teoria é irrefutável, é porque é verdadeira? Com estas perguntas, cheguei finalmente ao nosso problema. A última pergunta pode ser respondida de uma forma bastante simples. Houve pensadores que acreditaram que a verdade de uma teoria podia ser inferida da sua irrefutabilidade. Este é, no entanto, um erro óbvio, atendendo a que pode haver duas teorias incompatíveis igualmente irrefutáveis — por exemplo, o determinismo e o seu oposto, o indeterminismo. Ora, uma vez que duas teorias incompatíveis não podem ser ambas verdadeiras, nós vemos pelo facto de elas serem ambas irrefutáveis que a irrefutabilidade não pode implicar a verdade.

Inferir a verdade de uma teoria da sua irrefutabilidade será, por conseguinte, inadmissível, como quer que interpretemos este conceito —, pois normalmente a «irrefutabilidade» seria usada num destes dois sentidos:

Primeiro, num sentido puramente lógico: podemos usar «irrefutável» para significar o mesmo que «irrefutável por meios puramente lógicos». Mas isto significaria o mesmo que «coerente». Ora, é bastante óbvio que a verdade de uma teoria não pode ser, de modo algum, inferida da sua coerência.

No segundo sentido, «irrefutável» refere-se a refutações que fazem uso de suposições não apenas lógicas (ou analíticas), mas também empíricas (ou sintéticas). Por outras palavras, admite refutações empíricas. Neste segundo sentido, «irrefutável» significa o mesmo que «não refutável empiricamente» ou, mais precisamente, «compatível com qualquer possível enunciado empírico», ou «compatível com toda a experiência possível».

Ora, tanto a irrefutabilidade lógica como a irrefutabilidade empírica de um enunciado ou teoria podem ser facilmente conciliadas com a sua falsidade. No caso da irrefutabilidade lógica, isso é claro pelo facto de todo o enunciado empírico e a sua negação deverem ser ambos *logicamente* irrefutáveis. Por exemplo, os enunciados «Hoje é segunda-feira» e «Hoje não é segunda-feira» são ambos logicamente irrefutáveis; mas, daqui, imediatamente se conclui que existem enunciados falsos que são logicamente irrefutáveis.

No que se refere à irrefutabilidade empírica, a situação é um pouco diferente. Os exemplos mais simples de enunciados empiricamente irrefutáveis são os chamados enunciados existenciais estritos ou puros. Aqui temos um exemplo de um enunciado existencial estrito ou puro: «Existe uma pérola que é dez vezes maior do que a pérola que se lhe segue em tamanho». Se, neste enunciado, restringirmos a palavra «Existe» a uma região finita no espaço e no tempo, ele poderá, evidentemente, tornar-se um enunciado refutável. O enunciado que se segue, por exemplo, é obviamente refutável de um ponto de vista empírico: «Neste momento, e nesta caixa aqui, existem pelo menos duas pérolas, uma das quais é dez vezes maior do que a segunda maior pérola nesta caixa». Neste caso, este enunciado já não é um enunciado existencial estrito ou puro, mas, antes, um enunciado existencial *restrito*. Um enunciado existencial estrito ou puro aplica-se a todo o universo e é irrefutável pela simples razão de não poder existir nenhum método pelo qual ele pudesse ser refutado. Na verdade, ainda que tivéssemos a possibilidade de esquadrinhar o nosso universo inteiro, o enunciado existencial estrito ou puro não seria refutado pelo nosso fracasso em descobrir a desejada pérola, visto que ela poderia sempre estar escondida num sítio em que não estivéssemos à procura.

Exemplos de enunciados existenciais empiricamente refutáveis com maior interesse são os que se seguem:

«Existe uma cura totalmente eficaz para o cancro, ou, mais precisamente, existe um composto químico que pode ser tomado sem efeitos adversos e que cura o cancro». Desnecessário será dizer que este enunciado não deve ser interpretado como significando que um tal composto químico seja efetivamente *conhecido*, ou que vai ser descoberto dentro de um dado prazo. Exemplos semelhantes são: «Existe uma cura para qualquer doença infecciosa» e «Existe uma fórmula em Latim que, se pronunciada de um modo ritual apropriado, cura todas as doenças».

Temos aqui um enunciado empiricamente irrefutável que poucos de nós considerariam verdadeiro. O enunciado é irrefutável porque é obviamente impossível experimentar todas as fórmulas concebíveis em Latim, combinadas com todos os modos imagináveis de as pronunciar. Assim sendo, permanece sempre a possibilidade lógica de que exista, no fim de contas, uma fórmula mágica em Latim com o poder de curar todas as doenças.

Apesar disso, nós temos justificação para acreditar que este enunciado existencial irrefutável é falso. Não podemos certamente *provar* a sua falsidade; mas tudo o que sabemos sobre doenças contraria a possibilidade de que seja verdadeiro. Por outras palavras, ainda que não possamos demonstrar a sua falsidade, a conjetura de que não há nenhuma fórmula mágica em Latim dessa natureza é muito mais razoável do que a conjetura irrefutável de que tal fórmula efetivamente exista.

Quase nem preciso de acrescentar que, ao longo de quase dois mil anos, homens cultos têm acreditado na verdade de um enunciado existencial muito semelhante a este. Foi esse o motivo por que persistiram na sua busca da pedra filosofal. O seu fracasso em encontrá-la não prova nada — precisamente porque as proposições existenciais são irrefutáveis.

Deste modo, a irrefutabilidade empírica ou lógica de uma teoria não constitui, seguramente, uma razão suficiente para que ela seja considerada verdadeira. E com isso justifico o meu direito a acreditar, em simultâneo, na irrefutabilidade e na falsidade destas cinco teorias filosóficas.

Há cerca de vinte e cinco anos, propus-me distinguir teorias empíricas ou científicas de teorias não-empíricas ou não-científicas, definindo precisamente as empíricas como refutáveis e as não-empíricas como irrefutáveis. As minhas razões para esta proposta foram as que passo a explicar. Qualquer teste sério de uma teoria representa uma tentativa de a refutar. Testabilidade equivale, por conseguinte, a refutabilidade ou falsificabilidade. E uma vez que apenas deveríamos chamar «empíricas» ou «científicas» àquelas teorias que possam ser empiricamente testadas, podemos concluir que é a possibilidade de uma refutação empírica que distingue as teorias empíricas ou científicas.

Se aceitarmos este «critério de refutabilidade», veremos de imediato que as *teorias filosóficas,* ou as teorias metafísicas, serão *irrefutáveis por definição.*

A minha asserção de que as nossas cinco teorias filosóficas são irrefutáveis pode soar agora quase trivial. Ao mesmo tempo, ter-se-á tornado óbvio que, embora eu seja um racionalista, não sou de modo nenhum obrigado a refutar estas teorias antes de ter o direito de lhes chamar «falsas». E isto traz-nos para o cerne do nosso problema:

Se as teorias filosóficas são todas irrefutáveis, como podemos nós distinguir entre as verdadeiras e as falsas?

É este o sério problema que emerge da *irrefutabilidade das teorias filosóficas*.

No sentido de enunciar o problema mais claramente, gostaria de reformulá-lo nos termos que se seguem.

Podemos distinguir aqui três tipos de teoria:

Primeiro, teorias lógicas e matemáticas.

Segundo, teorias empíricas e científicas.

Terceiro, teorias filosóficas ou metafísicas.

Como podemos nós, em cada um destes grupos, distinguir entre teorias verdadeiras e falsas?

No que respeita ao primeiro grupo, a resposta é óbvia. Sempre que deparamos com uma teoria matemática, relativamente à qual não sabemos se ela é verdadeira ou falsa, nós testamo-la, ao princípio superficialmente e depois com maior rigor, tentando refutá-la. Se não conseguirmos, tentaremos então comprová-la ou refutar a sua negação. Se falharmos uma vez mais, poderão levantar-se novas dúvidas acerca da verdade da teoria, e nós iremos tentar de novo refutá-la, e assim sucessivamente, até chegarmos a uma decisão ou, em alternativa, arquivarmos o problema como demasiado difícil para nós.

A situação poderia também ser descrita de outra forma. A nossa tarefa consiste em testar, em examinar criticamente, duas (ou mais) teorias rivais. Resolvemo-la, tentando refutá-las — a uma ou a outra — até chegarmos a uma decisão. Na matemática (mas apenas na matemática), essas decisões são geralmente *finais:* é raro haver provas inválidas não detetadas.

Se olharmos agora para as ciências empíricas, veremos que, regra geral, seguimos fundamentalmente o mesmo procedimento. Uma vez mais, testamos as nossas teorias: examinamo-las criticamente, tentamos refutá-las. A única diferença importante é que agora podemos utilizar também argumentos empíricos nas nossas análises críticas. Mas esses argumentos empíricos só se apresentam acompanhados por outras considerações críticas. O pensamento crítico enquanto tal continua a ser o nosso principal instrumento. As observações só são usadas se se adequarem à nossa discussão crítica.

Ora, se nós aplicarmos estas considerações às teorias filosóficas, o nosso problema pode ser reformulado do seguinte modo:

Será possível analisar *criticamente* teorias filosóficas irrefutáveis? Em caso afirmativo, em que pode a discussão crítica de uma teoria consistir, senão em *tentativas de a refutar*?

Por outras palavras, será que é possível avaliar racionalmente — ou seja, criticamente — uma teoria irrefutável? E que argumentação razoável poderemos nós aduzir contra e a favor de uma teoria que sabemos não ser demonstrável nem refutável?

No sentido de ilustrar com exemplos estas diversas formulações do nosso problema, podemos começar por referir de novo o problema do determinismo. Kant sabia perfeitamente que nós somos incapazes de prever as ações futuras de um ser humano com a mesma precisão com que podemos prever um eclipse. Mas ele explicava esta diferença mediante a suposição de que sabemos muito menos acerca das presentes condições de uma pessoa — dos seus desejos e medos, dos seus sentimentos e motivações — do que acerca do estado atual do sistema solar. Ora, esta suposição contém, implicitamente, a seguinte hipótese:

«*Existe* uma descrição verdadeira do estado atual desta pessoa que seria suficiente (em conjunção com leis naturais verdadeiras) para a previsão das suas ações futuras».

Este é, evidentemente, e uma vez mais, um enunciado puramente existencial e, nessa medida, irrefutável. Poderemos nós, a despeito desse facto, discutir racional e criticamente o argumento de Kant?

Como segundo exemplo, podemos considerar a tese: «O mundo é o meu sonho». Ainda que esta tese seja claramente irrefutável, poucos acreditarão na sua verdade. Mas será que é possível discuti-la racional e criticamente? Não constituirá a sua irrefutabilidade um intransponível obstáculo a qualquer discussão crítica?

No que se refere à doutrina *kantiana* do determinismo, poderíamos talvez pensar que uma forma possível de iniciar a sua discussão crítica seria dizer: «Meu caro Kant, não basta simplesmente afirmar que *existe* uma descrição verdadeira que é suficientemente pormenorizada para nos permitir prever o futuro. O que tem de fazer é dizer-nos exatamente em que é que consistiria essa descrição, de modo que possamos testar empiricamente a sua teoria». Este discurso, porém, seria equivalente a supor que as teorias filosóficas — isto é, irrefutáveis — não podem ser nunca discutidas, e que um pensador responsável é *obrigado* a substituí-las por teorias empiricamente testáveis, de modo que torne possível uma discussão racional.

Espero que, nesta altura, o nosso *problema* se tenha tornado já suficientemente claro; por isso, vou passar agora à *proposta de uma solução* para ele. A minha solução é esta: se uma teoria filosófica não passasse de uma asserção isolada acerca do mundo, que nos fosse lançada com um implícito «é pegar ou largar», e sem sombra de conexão com qualquer outra coisa, então estaria, na verdade, fora de discussão. Mas o mesmo poderia ser dito de uma teoria empírica. Se alguém nos apresentasse as equações de Newton, ou até mesmo os seus argumentos, sem nos explicar primeiro quais eram os problemas que a sua teoria se destinava a resolver, nós não estaríamos habilitados a discutir racionalmente a sua verdade — não mais do que a discutir a verdade do *Livro da Revelação*. Sem qualquer conhecimento das conclusões de Galileu e Kepler, dos problemas que por eles foram resolvidos e do problema *newtoniano* de explicar as soluções de ambos por meio de uma teoria unificada, nós consideraríamos a teoria de Newton tão impossível de discutir quanto qualquer teoria metafísica. Por outras palavras, qualquer teoria *racional,* seja científica, seja filosófica, só será *racional* uma vez que tentar *resolver determinados problemas.* Uma teoria só é compreensível e razoável na sua relação com uma determinada *situação problemática, e* só pode ser racionalmente discutida se discutirmos essa relação.

Ora, se nós encararmos uma teoria como uma proposta de solução para um conjunto de problemas, ela prestar-se-á de imediato a uma discussão crítica — mesmo que seja não-empírica e irrefutável. E isso uma vez que podemos agora fazer perguntas como: «Será que resolve o problema? Resolve-o melhor do que outras teorias? Não se limitará, talvez, a alterar o problema? A solução é simples? É fecunda? Será que contradiz outras teorias filosóficas, necessárias para resolver outros problemas?»

Questões deste género demonstram que é bem possível discutir criticamente até mesmo teorias irrefutáveis.

Permitam-me, uma vez mais, referir um exemplo específico: o idealismo de Berkeley ou Hume (que eu substituí pela fórmula simplificada «O mundo é o meu sonho»). Convém notar que estes autores estavam longe de nos querer dar uma teoria extravagante, incrível. Podemos ver isso pela insistência com que Berkeley repetia que as suas teorias estavam realmente de acordo com *o* prudente senso comum.(⁹) Ora, se nós tentarmos compreender a *situação problemática* que os induziu a propor esta teoria, descobriremos que Berkeley e Hume acreditavam que todo o nosso conhecimento era redutível a *impressões dos sentidos e* a associações entre *imagens da memória.* Esta suposição levou estes dois filósofos a adotar o idealismo; e, no caso de Hume em particular, com grande relutância. Hume só foi um idealista porque falhou na sua tentativa de reduzir o realismo às *impressões dos sentidos.*

É, por conseguinte, perfeitamente *razoável* criticar o idealismo de Hume, apontando o facto de que a sua teoria sensualista do conhecimento e da aprendizagem era, em todo o caso, inadequada, e de que existem outras teorias da aprendizagem mais adequadas, sem consequências idealistas indesejáveis.

De um modo semelhante, podíamos agora avançar para uma discussão racional e crítica do determinismo *kantiano.* No que toca à sua intenção fundamental, Kant era um indeterminista: ainda que acreditasse no determinismo em relação ao mundo fenoménico, como consequência inevitável da teoria de Newton, nunca duvidou de que o homem, enquanto ser moral, não estava determinado. Kant nunca conseguiu resolver o consequente conflito entre a sua filosofia teórica e prática de uma forma totalmente satisfatória, e desesperou de alguma vez encontrar uma verdadeira solução.

No quadro desta *situação problemática,* torna-se possível criticar o determinismo de Kant. Podemos perguntar, por exemplo, se ele é realmente dedutível da teoria de Newton. Conjecturemos por um momento que não. Eu não duvido de que uma prova clara da verdade desta conjetura teria persuadido Kant a renunciar à sua doutrina do determinismo — embora esta doutrina seja, de facto, irrefutável, e Kant, por essa mesma razão, não fosse logicamente obrigado a renunciar a ela.

A situação é idêntica no caso do irracionalismo. O irracionalismo começou por entrar na filosofia racional com Hume — e aqueles que leram Hume, esse calmo analista, não podem duvidar

---

(⁹) Pode ser igualmente visto na franca admissão de Hume de que «seja qual for a opinião do leitor neste momento presente [...] daqui a uma hora ele estará persuadido de que existe tanto um mundo externo como um mundo interno» *(Treatise,* l, IV, final da secção II; Selby Bigge, p. 218).

de que não era isso que ele pretendia. O irracionalismo terá sido a involuntária consequência da convicção de Hume de que nós *aprendemos, de facto,* por indução baconiana, conjugada com a sua prova lógica de que é *impossível justificar racionalmente a indução.* «Tanto pior para a justificação racional» foi uma conclusão que Hume se viu necessariamente compelido a tirar desta situação. Ele aceitou esta conclusão irracional com a integridade característica do verdadeiro racionalista, que não se esquiva a uma conclusão desagradável se esta lhe parecer inevitável.

Neste caso, todavia, não era inevitável, ainda que assim se afigurasse a Hume. Nós não somos, de facto, as máquinas de indução baconiana que Hume nos considerava. O hábito ou costume não desempenha, no processo de aprendizagem, o papel que ele lhe atribuiu.

E assim se dissolve o problema de Hume e, com ele, as suas conclusões irracionalistas.

A situação do irracionalismo pós-*kantiano* é algo semelhante. Schopenhauer, em particular, era um genuíno adversário do irracionalismo. Escrevia com um único desejo: ser compreendido. E escrevia com maior lucidez do que qualquer outro filósofo alemão. O seu empenho em ser compreendido converteu-o num dos poucos grandes mestres da língua alemã.

Todavia, os problemas de Schopenhauer eram os da metafísica de Kant — o problema do determinismo no mundo fenoménico, o problema da coisa-em-si e o problema da nossa própria participação num mundo de coisas-em-si. Schopenhauer resolveu estes problemas — *problemas que transcendiam toda a experiência possível* — à sua maneira tipicamente racional. Mas a solução estava *condenada* a ser irracional, pois Schopenhauer era um *kantiano* e, como tal, acreditava nos limites *kantianos* da razão: acreditava que os limites da razão humana coincidiam com os *limites da experiência possível.*

Mas aqui, uma vez mais, há outras soluções possíveis. Os problemas de Kant podem, e devem, ser revistos; e a direção que essa revisão deveria tomar é indicada pela sua ideia fundamental de racionalismo crítico, ou autocrítico. A descoberta de um problema filosófico pode ser algo definitivo — é feita de uma vez por todas. Mas a solução de um problema filosófico não é nunca definitiva. Não pode ser baseada numa prova final ou numa refutação definitiva — essa é uma consequência da irrefutabilidade das teorias filosóficas. Nem pode estar baseada em fórmulas mágicas de inspirados (ou entediados) profetas-filósofos. A solução de um problema filosófico pode, no entanto, basear-se na análise conscienciosa e crítica de uma situação problemática e dos seus pressupostos subjacentes, bem como das diversas maneiras possíveis de a resolver.

9

Porque são os cálculos da lógica e da aritmética aplicáveis à realidade?

O professor Ryle circunscreveu o seu contributo([1]) à aplicabilidade das regras da lógica ou, mais precisamente, às regras lógicas de inferência. Eu tenciono segui-lo, e só mais tarde alargar a discussão à aplicabilidade dos cálculos lógicos e aritméticos. A distinção que acabo de estabelecer entre as *regras lógicas de inferência* e os chamados *cálculos lógicos* (como o cálculo proposicional, o cálculo de classes ou o cálculo de relações) requer, todavia, algum esclarecimento, e eu vou discutir essa distinção, bem como a relação entre as regras de inferência e os cálculos, na secção I, antes de me debruçar nos dois principais problemas que se nos colocam: o problema da aplicabilidade das regras de inferência (na secção II) e o problema da aplicabilidade dos cálculos lógicos (na secção VIII).

([1]) O contributo do professor Ryle para este debate está sintetizado na minha dissertação, até ao ponto em que tal se afigura necessário à compreensão do meu texto.

Esta foi a terceira conferência de um Simpósio que teve lugar na Sessão Conjunta da Mind Association e da Aristotelian Society, em Manchester, em 1946. Foi publicada pela primeira vez em Proceedings of the Aristotelian Society, *Volume Suplementar 20. O primeiro interveniente foi o professor Gilbert Ryle. O dr. C. Lewy foi o segundo, mas o seu contributo veio demasiado tarde para ser discutido na minha conferência, cujo primeiro parágrafo é aqui omitido.*

Vou aludir e recorrer a algumas ideias da conferência do professor Ryle e também da sua Alocução Presidencial à Aristotelian Society, *Knowing How and Knowing That* (1945).([2])

I

Consideremos um exemplo simples de um argumento ou raciocínio, formulado numa qualquer linguagem, que poderia ser o Inglês vulgar. O argumento consistirá numa série de enunciados. Podíamos supor, por hipótese, que alguém argumenta: «A Raquel é a mãe do Ricardo. O Ricardo é o pai do Roberto. A mãe do pai é a avó paterna. Logo, a Raquel é a avó paterna do Roberto».

A palavra «logo» na última frase pode ser tomada como uma indicação de que o orador alega que o argumento é conclusivo ou válido; ou, por outras palavras, que a última afirmação (a conclusão) foi validamente extraída das três afirmações precedentes (as premissas). Nesta alegação, ele pode estar certo ou errado. Se ele estiver habitualmente certo em alegações deste género, poderemos então dizer que ele *sabe como* argumentar. E ele pode saber como argumentar sem ser capaz de nos explicar por palavras as regras do procedimento que observa (em comum com outros que sabem como argumentar) —, tal como um pianista pode saber tocar bem sem ser capaz de explicar as regras de procedimento que subjazem a uma boa execução. Se uma pessoa sabe como argumentar sem, no entanto, estar sempre consciente das regras da argumentação, nós dizemos habitualmente que ela argumenta ou raciocina «intuitivamente». E se lermos agora todo o argumento atrás enunciado poderemos ser capazes de dizer intuitivamente que o argumento é válido. Não há grandes dúvidas de que, por via de regra, a maioria de nós raciocina intuitivamente, no sentido indicado. A formulação e discussão das regras que subjazem aos argumentos intuitivos correntes representa um tipo de análise bastante especializado e sofisticado, que constitui uma tarefa típica do lógico. Embora todas as pessoas razoavelmente inteligentes saibam como argumentar — desde que os argumentos não se tornem demasiado complicados —, poucas serão as que conseguem formular as regras que subjazem a essa argumentação, e a que podemos chamar «regras de

---

([2]) Cf. Aristóteles, *An. Post.*, II, 19; 100 a, 8.

inferência»; poucas serão as que *sabem que* (e talvez menos ainda *por que razão*) uma determinada regra de inferência é válida.

A regra de inferência específica que subjaz ao argumento atrás enunciado pode ser formulada, mediante o recurso a variáveis e a alguns outros símbolos artificiais, por um esquema como este: ([3])
De três premissas da forma:

$$\begin{array}{c} \text{'}x\,R\,y\text{'} \\ \text{'}y\,S\,z\text{'} \\ \text{'}R\,\text{'}S\text{'} = T\text{'} \\ \hline \text{'}x\,T\,z\text{'}. \end{array}$$

pode ser tirada uma conclusão da forma:

Aqui, «x», «y» e «z» podem substituir quaisquer nomes próprios de indivíduos, e 'R', 'S' e 'T' quaisquer nomes de relações entre indivíduos; 'xRy', etc., pode substituir qualquer enunciado que afirme que R é válido entre x e y, etc.; 'R'S', qualquer nome de uma relação existente entre x e z se, e apenas se, existir um y, de tal modo que $x\,R\,y$ e $y\,S\,z$; e '=' expressa aqui igualdade de extensão entre relações.

Convém notar que esta regra de inferência faz asserções sobre *enunciados de um determinado tipo ou forma*. Este facto distingue-a claramente de uma fórmula de um cálculo (neste caso, o cálculo de relações) como, por exemplo:

«Para todo o R, S e T; e para todo o x, y e z:
se $x\,R\,y$ e $y\,S\,z$ e $R'S =$, então xTz.»

Esta fórmula apresenta, sem dúvida, alguma semelhança com a nossa regra de inferência; é, de facto, aquele enunciado (no cálculo das relações) que corresponde à nossa regra de inferência. Mas não é o mesmo: *afirma, condicionalmente, algo acerca de todas as relações e indivíduos de um determinado tipo*, ao passo que a regra de inferência *afirma, incondicionalmente, algo acerca de todos os enunciados de um determinado tipo* — a saber, que todo o enunciado de uma determinada forma é dedutível, incondicionalmente, de um conjunto de enunciados de uma outra forma.

([3]) O melhor método, segundo creio, de formular este tipo de esquemas é aquele que recorre à «quase-citação» de Quine. Mas não vou introduzir aqui a notação deste autor.

De modo semelhante, deveríamos distinguir, por exemplo, entre a regra de inferência (chamada «Barbara») da lógica tradicional:

$$\frac{\begin{array}{c}\text{'}M\ a\ P\text{'}\\ \text{'}S\ a\ M\text{'}\end{array}}{S\ a\ P\text{'}}$$

e a fórmula do cálculo de classes: «Se $M\ a\ P$ e $S\ a\ M$, então $S\ a\ P$» (ou, numa escrita um pouco mais moderna: «Se c , b e a , c, então a , b»); ou entre a regra de inferência — que é chamada o «princípio de inferência da lógica proposicional», ou o *modus ponendo ponens*:

$$\frac{\begin{array}{c}p\\ \text{se } p \text{ então } q\end{array}}{q}$$

e a fórmula do cálculo de proposições: «Se p, e se p então q, então q.»

O facto de a cada uma das nossas bem conhecidas regras de inferência corresponder uma fórmula hipotética ou condicional, logicamente verdadeira, de um cálculo bem conhecido — um «hipotético de lógico», como o professor Ryle designa estas fórmulas — conduziu a uma confusão entre *regras de inferência* e as correspondentes fórmulas condicionais. Mas há diferenças importantes. (1) As regras de inferência são sempre *enunciados acerca de enunciados*, ou acerca de classes de enunciados (são «metalinguísticas»); mas as fórmulas dos cálculos não são. (2) As regras de inferência são enunciados incondicionais acerca da dedutibilidade; mas as fórmulas correspondentes dos cálculos são enunciados do tipo «Se... então», condicionais ou hipotéticos, que não indicam dedutibilidade ou inferência, premissas ou conclusões. (3) Uma regra de inferência, após a substituição das variáveis por constantes, afirma algo *acerca* de um determinado argumento — uma «observância» da regra —, a saber, que esse argumento é válido; mas a fórmula correspondente, após substituição, produz um *truísmo lógico*, isto é, um enunciado como «Todas as mesas são mesas», ainda que sob uma forma hipotética como, por exemplo, «Se é uma mesa, então é uma mesa», ou «Se todos os homens são mortais, e todos os Gregos são homens, então todos os Gregos são mortais». (4) As regras de inferência *nunca* são usadas como premissas naqueles argumentos que são formulados de acordo com elas; mas as fórmulas correspondentes *são* usadas deste modo. Na verdade, um dos principais motivos para a construção de um cálculo lógico é o seguinte: usando os «hipotéticos do lógico» (isto é, aqueles truísmos hipotéticos que correspondem a uma certa regra de inferência) *como premissa*, nós podemos dispensar a correspondente regra de inferência. Por este método, podemos eliminar todas as diferentes regras de inferência — à exceção de *uma*, o supracitado «princípio de inferência» (ou de *duas*, se fizermos uso do «princípio de substituição», que pode, no entanto, ser evitado). Por outras palavras, o método de construção de um cálculo lógico é um método de redução sistemática de um vasto número de regras de inferência a uma (ou duas). O lugar de todas as outras será tomado por fórmulas do cálculo, o que tem a vantagem de todas essas fórmulas — um número infinito, de facto — poderem ser, por sua vez, sistematicamente inferidas (usando o «princípio da inferência») de um número muito reduzido de fórmulas.

Referimos que para cada uma das bem conhecidas regras de inferência existe uma fórmula declarada (ou demonstrável) num cálculo lógico bem conhecido. O inverso não é, geralmente, verdadeiro (embora o seja para as fórmulas hipotéticas). Por exemplo, para a fórmula «p ou não-p», ou para «não-(p e não-p)», e para muitas outras que não são hipotéticas, não existe nenhuma regra de inferência correspondente.

Deste modo, as regras de inferência e as fórmulas dos cálculos lógicos têm de ser cuidadosamente distinguidas. Mas isso não deve, contudo, impedir-nos de *interpretar* um determinado subconjunto destas fórmulas — os «hipotéticos do lógico» — como regras de inferência. Na verdade, a nossa asserção de que a cada uma dessas fórmulas hipotéticas corresponde uma regra de inferência justifica essa interpretação.

II

Após estes preliminares algo técnicos, viremo-nos agora para a abordagem que o professor Ryle faz da questão «Porque é que as regras de inferência são aplicáveis à realidade?». Esta questão constitui uma parte importante do nosso problema original, pois nós ainda agora vimos que um certo subconjunto de fórmulas dos cálculos lógicos (isto é, aquelas a que o professor Ryle chama «os hipotéticos do lógico») podem ser interpretadas como regras de inferência.

A tese central do professor Ryle, se bem o entendo, é esta: as regras da lógica ou, mais precisamente, as regras de inferência, são regras de procedimento. Isto significa que se aplicam a determinadas formas de proceder, e não a coisas ou factos. Não se aplicam à realidade, se por «realidade» nos referirmos às coisas e factos descritos, por exemplo, pelos cientistas e historiadores. Não se «aplicam» no sentido em que uma descrição, digamos, de um homem, se pode aplicar — ou *adequar* – quer ao homem descrito, quer a qualquer outro homem; ou no sentido em que uma teoria descritiva, por exemplo, da absorção da ressonância nuclear se pode aplicar — ou *adequar*— aos átomos de urânio. As regras lógicas aplicam-se antes ao procedimento de fazer inferências, comparável ao modo como as regras do Código da Estrada se aplicam ao procedimento de andar de bicicleta ou conduzir um automóvel. As regras lógicas podem ser observadas ou transgredidas, e aplicá-las não significa torná-las *adequadas*, mas, sim, *observá-las*, agir de acordo com elas. Se a pergunta «Porque é que as regras da lógica são aplicáveis à realidade?» pretende erradamente significar «Porque é que as regras da lógica se adequam às coisas e aos factos do nosso mundo?», então a resposta será que a pergunta parte do falso princípio de que elas se podem adequar, e se adequam efetivamente, a esses factos, quando não é, na verdade, possível predicar das regras da lógica que elas são «adequadas aos factos do mundo», ou «inadequadas aos factos do mundo». Não é possível fazer essa predicação, do mesmo modo que não seria possível fazê-la em relação ao Código da Estrada ou às regras do xadrez.

O nosso problema parece, pois, desaparecer. Aqueles que se interrogam porque é que as regras de inferência se aplicam ao mundo, tentando em vão imaginar como seria um mundo ilógico, são vítimas de uma ambiguidade. As regras de inferência são regras processuais ou de atuação, o que significa que não se podem aplicar no sentido de serem «adequadas», mas apenas no sentido de serem observadas. Deste modo, um mundo a que elas não se aplicassem não seria um mundo ilógico, mas um mundo povoado por pessoas ilógicas.

Esta análise (que é do professor Ryle) afigura-se-me verdadeira e importante, e é bem possível que nos indique a direção em que uma solução para o nosso problema pode ser encontrada. Mas não creio que nos ofereça, ela mesma, essa solução.

A situação parece-me ser a seguinte: a análise do professor Ryle demonstra que uma das formas de interpretar o problema o reduz ao absurdo, ou a um pseudoproblema. Ora, eu há já muitos anos adotei, como regra pessoal de procedimento, não me dar facilmente por satisfeito com a redução de um problema a um pseudoproblema. Sempre que alguém consegue reduzir um problema a um pseudoproblema, não deixo de perguntar a mim próprio se não se poderia encontrar uma outra interpretação do problema original — uma interpretação que demonstrasse, se possível, que, independentemente do pseudoproblema, existe também um problema verdadeiro por detrás do problema original. Descobri, em muitos casos, que esta regra de procedimento era fecunda e eficaz. Eu admito plenamente que uma análise que tente reduzir um problema a um pseudoproblema pode muitas vezes ser extremamente valiosa; pode demonstrar que existia um perigo de confusão de raciocínio, e pode frequentemente ajudar-nos a encontrar o verdadeiro problema. Mas não o resolve. E é justamente este, segundo creio, o caso que aqui se verifica.

III

Eu aceito o ponto de vista do professor Ryle de que as regras da lógica (ou de inferência) são regras de procedimento e que, como ele próprio refere, podem ser consideradas regras boas, úteis ou proveitosas. E sugiro agora que o problema «Porque é que as regras da lógica são aplicáveis à realidade?» poderia ser interpretado no sentido de «Porque é que as regras da lógica são regras de procedimento boas, úteis ou proveitosas?».

Dificilmente se pode negar que esta interpretação é justificável. O homem que aplica as regras da lógica, no sentido de agir de acordo com elas ou, como diz o professor Ryle, de as observar, fá-lo, provavelmente, porque as considera úteis na prática. Mas isto significa, em última análise, que ele as considera úteis para lidar com situações reais, isto é, com a realidade. Se nós perguntarmos «Porque é que estas regras são úteis?», estaremos a perguntar algo muito semelhante a «Porque é que elas são aplicáveis?», e a semelhança será suficiente, segundo creio, para afirmar que podia muito bem ser isto o que o interrogante original tinha em mente. Por outro lado, já não há dúvidas de que a nossa pergunta deixa de ser um pseudoproblema.

IV

Estou convencido de que a nossa questão pode ter uma resposta relativamente fácil. O homem que encontra utilidade na observância das leis da lógica é, tal como vimos, um homem que faz inferências — ou seja, que obtém de determinados enunciados ou descrições de factos, a que chamamos «premissas», outros enunciados ou descrições de factos, a que chamamos «conclusões». E ele considera este procedimento útil uma vez que verifica, sempre que observa as leis da lógica, consciente ou intuitivamente, que a conclusão é *verdadeira*, contanto que as premissas tenham sido igualmente *verdadeiras*. Por outras palavras, ele terá a possibilidade de obter informação indireta fidedigna (e possivelmente valiosa), desde que a sua informação original tenha sido, também ela, fidedigna e valiosa.

Se isto está correto, nós devemos então substituir a nossa pergunta «Porque é que as regras da lógica são boas regras de procedimento?» por uma outra pergunta, que será «Como é que se explica o facto de as regras de inferência conduzirem sempre a conclusões verdadeiras, desde que as premissas sejam verdadeiras?».

V

Creio que também esta pergunta pode ter uma resposta relativamente fácil. Tendo aprendido a falar e a usar a nossa linguagem com o objetivo de descrever factos, depressa nos encontramos mais ou menos familiarizados com esse procedimento a que se chama «raciocinar» ou «argumentar», ou seja, com o processo intuitivo de obter algum tipo de informação secundária que não estava explicitamente declarada na nossa informação original. Parte deste processo intuitivo pode ser analisada em termos de regras de inferência. A formulação dessas regras é a principal tarefa da lógica.

Podemos, em consequência, estabelecer que uma regra de inferência lógica será, por definição, uma regra boa ou «válida» se, e apenas se, a sua observância assegurar que obteremos conclusões verdadeiras, caso as nossas premissas sejam igualmente verdadeiras. E se conseguirmos encontrar um exemplo de observância de uma determinada regra que nos permita obter uma conclusão falsa de premissas verdadeiras — a que chamo um «contraexemplo» — ficaremos, nesse caso, convencidos de que essa regra era inválida. Por outras palavras, nós consideramos «válida» uma *regra de inferência* se, e apenas se, não existir qualquer contraexemplo dessa regra. E podermos ser capazes de demonstrar que não existe nenhum. De modo semelhante, classificamos como «válida» a *observância* de uma regra de inferência — o mesmo é dizer, uma inferência — se, e apenas se, não existir qualquer contraexemplo da regra observada.

Deste modo, uma regra de inferência «boa» ou «válida» será útil porque nenhum contraexemplo pôde ser encontrado, isto é, porque podemos confiar nela como regra de procedimento que nos conduz de descrições verdadeiras de factos a descrições verdadeiras de factos. Mas, uma vez que podemos dizer em relação a uma descrição verdadeira que ela se *adequa* aos factos, o conceito de «aplicar» no sentido de «adequar» acaba, no fim de contas, por entrar indiretamente na nossa análise. Pois nós podemos dizer que as regras de inferência se aplicam aos factos uma vez que podermos confiar em que toda a observância destas regras que parta de uma descrição adequada dos factos nos conduzirá a uma descrição que, de igual modo, se adequa aos factos.

Não deixa, talvez, de ter interesse observar que a importância fundamental do princípio de que a inferência de premissas verdadeiras conduz invariavelmente a conclusões verdadeiras foi discutida, em algum pormenor, por Aristóteles (*Anal. Prior.* II, 1-4).

VI

No sentido de ver se esta conclusão nos é ou não de alguma utilidade, vou tentar aplicá-la à crítica das três principais perspetivas sobre a natureza da lógica. As perspetivas que tenho em mente são:

(A) As regras da lógica são leis do pensamento.

(A1) Elas são leis naturais do pensamento — descrevem como é que nós efetivamente pensamos e não podemos pensar de outra forma.

(A2) Elas são leis normativas — dizem-nos como devemos pensar.

(B) As regras da lógica são as leis mais gerais da Natureza — são leis descritivas aplicáveis a todo e qualquer objeto.

(C) As regras da lógica são leis de certas linguagens descritivas — do uso de palavras e, em especial, de proposições.

A razão pela qual (A1) foi tão generalizadamente adotado é, segundo creio, o facto de existir algo de obrigatório e inelutável nas regras lógicas — pelo menos nas mais simples. Diz-se que são regras válidas porque nós somos compelidos a pensar de acordo com elas — porque uma situação em que elas não fossem válidas é inconcebível. Mas um argumento que se baseia na inconcebibilidade é sempre, e à semelhança de outros apelos à autoevidência, um argumento suspeito. O facto de uma regra ou proposição nos parecer verdadeira, convincente, obrigatória, autoevidente, e outras coisas que tais, não constitui, obviamente, uma razão suficiente para que seja verdadeira, ainda que o contrário já seja perfeitamente admissível — a sua verdade pode ser a razão de ela nos parecer verdadeira ou convincente. Por outras palavras, se as regras da lógica se aplicarem a todos os objetos, isto é, se (B) for correto, o seu carácter obrigatório será então claro e razoável. Se assim não for, é possível que nos sintamos compelidos a pensar desta forma unicamente por sofrermos de uma compulsão neurótica. Deste modo, a nossa crítica de (A1) conduz a (B).

Mas uma outra crítica de (A1) conduz a (A2), a saber, a observação de que nós nem sempre raciocinamos de acordo com as leis da lógica e cometemos, por vezes, aquilo a que habitualmente se chama uma «falácia». (A2) afirma que devemos evitar essas violações das leis da lógica. Mas porquê? Serão imorais? Seguramente que não. A «Alice no País das Maravilhas» não é imoral. Serão estúpidas? Dificilmente. É óbvio que nós devemos evitar violações das regras da lógica se, e somente se, estivermos interessados em formular ou obter enunciados que sejam verdadeiros, isto é, que sejam descrições verdadeiras de factos. Esta consideração conduz-nos, uma vez mais, a (B).

Mas (B) — uma posição que tem sido sustentada por homens como Bertrand Russell, Morris Cohen e Ferdinand Gonseth — não me parece inteiramente satisfatório. Em primeiro lugar, porque as regras de inferência são, e tal como salientámos com o professor Ryle, regras de procedimento e não enunciados descritivos; em segundo, porque uma importante classe de fórmulas logicamente verdadeiras (isto é, precisamente aquelas a que o professor Ryle chamaria «os hipotéticos do lógico») podem ser interpretadas como — ou correspondendo a — regras de inferência, e porque estas, tal como demonstrámos em conformidade com o professor Ryle, não se *aplicam* a factos no sentido em que uma descrição adequada se aplica. Em terceiro lugar, porque qualquer teoria que não tome em consideração a diferença radical que existe entre o estatuto de um truísmo físico (como, por exemplo, «Todas as rochas são pesadas») e o de um truísmo lógico (como «Todas as rochas são rochas», ou talvez, «Ou todas as rochas são pesadas, ou algumas não são pesadas») tem de ser insatisfatória. Nós sentimos que uma proposição logicamente verdadeira deste tipo não é verdadeira por descrever o comportamento de todos os factos possíveis, mas pelo simples motivo de que não corre o risco de ser falsificada por qualquer facto; não exclui nenhum facto possível e não afirma, por conseguinte, o que quer que seja acerca de facto algum. Mas não precisamos de entrar aqui no problema do estatuto destes truísmos lógicos. Pois, independentemente de qual possa ser esse estatuto, a lógica não é primeiramente a doutrina dos truísmos lógicos; é, antes de mais, a doutrina da inferência válida.

A posição (C) foi criticada — justificadamente, creio eu — como insatisfatória uma vez que estava ligada à ideia de que por *linguagem* nós podemos entender — e tendo por horizonte a lógica — um «mero simbolismo», isto é, um simbolismo independente de qualquer «significado» (o que quer que isto signifique). Eu não penso que esta opinião seja sustentável. E a nossa definição de uma inferência válida não seria, com toda a certeza, aplicável a um mero simbolismo desta natureza, visto que essa definição faz uso do termo «verdade» — e nós não poderíamos dizer de um «mero simbolismo» (que é desprovido de significado) que ele contém enunciados verdadeiros ou falsos. Não teríamos, por conseguinte, nenhuma inferência no sentido que lhe demos, nem quaisquer regras de inferência. E, consequentemente, não teríamos qualquer resposta à nossa pergunta de por que é que as regras da lógica são válidas, boas ou úteis.

Mas, se por «linguagem» entendermos um simbolismo que nos permite produzir enunciados *verdadeiros* (e a respeito dos quais nós podemos explicar, como pela primeira vez foi feito por Tarski, o que pretendemos significar quando dizemos que um determinado enunciado é verdadeiro), então, segundo me parece, as objeções que até aqui têm sido levantadas contra (C) perdem a maior parte da sua força. Uma regra válida de inferência no contexto de um sistema semântico de linguagem desse tipo seria uma regra em relação à qual nenhum contraexemplo poderia ser encontrado na linguagem em questão, visto não existir qualquer contraexemplo.

Diga-se, de passagem, que estas regras de inferência não têm necessariamente de ter aquele carácter «formal» que conhecemos dos nossos estudos de lógica. O seu carácter dependerá antes do sistema semântico de linguagem em investigação. (Exemplos de sistemas semânticos de linguagem foram analisados por Tarski e Carnap.) Todavia, para linguagens semelhantes àquelas habitualmente consideradas pelos lógicos, as regras de inferência terão aquele carácter «formal» a que estamos acostumados.

VII

Tal como o indicam as minhas últimas observações, as regras de procedimento que estamos a discutir, isto é, as regras de inferência, são sempre, *até certo ponto*, relativas a um sistema de linguagem. Mas têm todas um ponto em comum: a sua observância conduz de premissas verdadeiras a conclusões verdadeiras. Não podem, por conseguinte, existir lógicas alternativas, no sentido de as suas regras de inferência conduzirem de premissas verdadeiras a conclusões que o não sejam, e isso pelo simples motivo de que o modo como definimos «regra de inferência» o torna impossível (o que não exclui a possibilidade de se considerar as regras de inferência como casos particulares de regras mais gerais, por exemplo, de regras que nos permitam atribuir uma certa «probabilidade» a determinadas semiconclusões, na condição de que determinadas semipremissas sejam verdadeiras). Podem, contudo, existir lógicas alternativas, no sentido de formularem sistemas alternativos de regras de inferência em relação a linguagens mais ou menos amplamente diferentes — linguagens que difiram daquilo a que chamamos a sua «estrutura lógica».

Podemos tomar como exemplo a linguagem das proposições categóricas (enunciados de sujeito-predicado), em relação à qual o sistema tradicional de silogismos categóricos formula as regras de inferência. A estrutura lógica desta linguagem caracteriza-se pelo facto de conter apenas um pequeno número de símbolos lógicos — símbolos para a cópula e a sua negação, para a universalidade e a particularidade e, talvez, para a complementação (ou negação) dos seus chamados «termos». Se considerarmos agora o argumento formulado na secção I, terceiro parágrafo, veremos, por conseguinte, que todas as três premissas, bem como a conclusão, podem ser formuladas na linguagem das proposições categóricas. No entanto, se forem assim formuladas, será impossível formular uma regra válida de inferência que apresente a forma geral deste argumento; e, por consequência, não será já possível defender a validade do argumento, tendo este sido enunciado na linguagem das proposições categóricas. Uma vez que tenhamos fundido as palavras «mãe do Ricardo» num único termo — o predicado da nossa primeira premissa —, já não podemos voltar a separá-las. A estrutura lógica desta linguagem é demasiado pobre para demonstrar o facto de este predicado conter, de uma forma ou doutra, o sujeito da segunda premissa e parte do sujeito da terceira. Observações semelhantes aplicam-se às duas outras premissas e à conclusão. Se tentarmos, por conseguinte, formular a regra da inferência, obteremos algo como:

$$\frac{\text{``}A\ é\ b\text{''}}{\text{``}C\ é\ d\text{''}}$$
$$\frac{\text{``Todos os }e\text{ são }f\text{''}}{\text{``}A\ é\ g\text{''}}$$

(«A» e «C» representam aqui «Raquel» e «Ricardo», «b» representa «a mãe do Ricardo», «d» «o pai do Roberto», «e» «as mães dos pais», «f» «as avós paternas» e «g» «a avó paterna do Roberto»). Esta regra é obviamente inválida, dado que, na linguagem das proposições categóricas, nós podemos apresentar quantos contraexemplos quisermos. Deste modo, uma linguagem, podendo embora ser suficientemente rica para descrever todos os factos que desejemos descrever, pode não permitir a formulação das regras de inferência necessárias para abranger todos os casos em que possamos passar com segurança de premissas verdadeiras a conclusões igualmente verdadeiras.

VIII

Estas últimas considerações podem ser usadas para estender a nossa análise ao problema da aplicabilidade dos cálculos da lógica e da aritmética; pois convém não esquecer que até agora (e seguindo o professor Ryle) nos limitámos a discutir a aplicabilidade das regras de inferência.

Creio que podemos dizer que a construção dos chamados «cálculos lógicos» se deve, fundamentalmente, ao desejo de construir linguagens em relação às quais *todas* aquelas inferências que nós intuitivamente *sabemos como* extrair possam ser «formalizadas», ou seja, apresentadas como extraídas de acordo com um muito reduzido número de regras de inferência explícitas e válidas. (Essas regras de inferência, enquanto regras de procedimento, falam *sobre* a linguagem ou cálculo que estamos a investigar. Não devem, por conseguinte, ser enunciadas *no* cálculo sob investigação, mas na chamada «metalinguagem» deste cálculo, isto é, na linguagem que usamos quando o discutimos.) Podemos dizer, por exemplo, que a lógica silogística terá representado uma tentativa de construir uma tal linguagem, e muitos dos seus adeptos acreditam ainda que foi uma tentativa conseguida, e que *todas* as inferências realmente válidas são formalizadas nas suas figuras e modos. (Vimos que não é esse o caso.) Outros sistemas foram construídos com objectivos similares (por exemplo, os *Principia Mathematica*) e conseguiram formalizar praticamente todas as regras válidas de inferência tal como são observadas não só no discurso corrente como nos argumentos matemáticos. Somos assim tentados a descrever a tarefa de construir uma linguagem ou cálculo que nos permita formalizar todas as regras válidas de inferência (em parte, com a ajuda das fórmulas lógicas do próprio cálculo, e, em parte, com a ajuda de algumas regras de inferência pertencentes a este mesmo cálculo) como o problema *prima facie* fundamental da lógica. Ora, existe uma boa razão para acreditar que este problema é insolúvel, pelo menos se não admitirmos — e tendo em vista a formalização de inferências intuitivas relativamente simples — procedimentos de uma natureza inteiramente diferente (tais como inferências extraídas de uma classe infinita de premissas). A situação parece ser esta: ainda que seja possível, no que diz respeito a uma *qualquer* inferência intuitiva válida, construir uma linguagem que permita a sua formalização, não é possível construir uma linguagem que permita a formalização de *todas* as inferências intuitivas válidas. Esta interessante situação (que foi pela primeira vez discutida, tanto quanto sei, por Tarski, a propósito de investigações de Gödel) prende-se com o nosso problema, uma vez que demonstra que a aplicabilidade de qualquer cálculo (no sentido da sua adequação enquanto linguagem em relação à qual todas as inferências intuitivas válidas podem ser formuladas) acaba por falhar em algum momento.

Vou debruçar-me agora no nosso problema da aplicabilidade, desta vez, porém, limitado aos cálculos lógicos ou, mais precisamente, às fórmulas estabelecidas (axiomas e teoremas) dos cálculos lógicos, e não às regras de inferência. Porque é que estes cálculos — que podem conter aritmética — são aplicáveis à realidade?

Vou tentar responder a esta questão sob a forma de três enunciados.

a) Estes cálculos são, por via de regra, sistemas semânticos ([4]), ou seja, linguagens concebidas com a intenção de serem usadas para a descrição de determinados factos. Se se descobrir que servem esse objetivo, não temos de nos surpreender.

b) Eles *podem* estar concebidos de um modo que os impeça de servir esse objetivo. Podemos ver isso pelo facto de determinados cálculos — como por exemplo, a aritmética dos números naturais, ou a dos números reais — nos ajudarem a descrever certos tipos de factos, mas não outros.

c) Uma vez que um cálculo é aplicado à realidade, perde o carácter de cálculo *lógico* e torna-se uma teoria descritiva *que pode ser empiricamente refutável;* e dado ser tratado como irrefutável, isto é, como um sistema de fórmulas *logicamente verdadeiras*, e não como uma teoria científica descritiva, não se aplica à realidade.

Um comentário que se relaciona com *a)* pode ser encontrado na secção IX. Na presente secção, apenas *b)* e *c)* serão brevemente discutidos.

No que se refere a *b)*, podemos observar que o cálculo dos números naturais é usado para contar bolas de bilhar, cêntimos, ou crocodilos, ao passo que o cálculo dos números reais fornece um quadro para a medição ou cálculo de grandezas contínuas,

---

([4]) Estou a empregar este termo num sentido um pouco mais lato do que Carnap, uma vez que não vejo por que razão um cálculo concebido para ter uma interpretação (L-verdadeira) *num* determinado sistema semântico não possa, ele mesmo, ser simplesmente descrito ou interpretado como um sistema semântico formalizado.

como as distâncias geométricas ou velocidades. (Isto é especialmente claro na teoria dos números reais de Brouwer.) Não devemos dizer, por exemplo, que temos 3.6, ou talvez π, crocodilos no nosso zoo. Para contar crocodilos, utilizamos o cálculo dos números naturais. Mas, para determinar a latitude do nosso zoo, ou a sua distância de Greenwich, podemos ter de recorrer a π. A crença de que qualquer um dos cálculos da aritmética é aplicável a qualquer realidade (uma crença que parece estar subjacente ao problema escolhido para o nosso simpósio) será, por conseguinte, dificilmente sustentável.

No que se refere a *c)*, se considerarmos uma proposição como «2 + 2 = 4», poderemos aplicá-lo — a maçãs, por exemplo — em diferentes sentidos, de que vou discutir apenas dois. No primeiro destes sentidos, o enunciado «2 maçãs + 2 maçãs = 4 maçãs» é tido como irrefutável e logicamente verdadeiro. Mas não descreve qualquer facto que envolva maçãs — não mais do que o enunciado «Todas as maçãs são maçãs», que nada descreve também. À semelhança deste último enunciado, é um truísmo lógico; e a única diferença é que não se baseia na definição dos signos «Todas» e «são», mas em certas definições dos signos «2», «4», «+» e «=». (Estas definições podem ser explícitas ou implícitas.) Poderíamos dizer, neste caso, que a aplicação não é real, mas apenas aparente; que nós não descrevemos aqui nenhuma realidade, mas que nos limitamos a afirmar que um determinado modo de descrever a realidade é equivalente a um outro modo.

Mais importante é a aplicação no segundo sentido. Neste caso, «2 + 2 = 4» pode ser tomado como significado de que se alguém tiver posto duas maçãs num determinado cesto, e a seguir outras duas, e não tiver tirado de lá nenhuma delas, o cesto terá quatro maçãs. Nesta interpretação, o enunciado «2 + 2 = 4» ajuda-nos a calcular, isto é, a descrever determinados factos físicos, e o símbolo «+» representa uma manipulação física — a adição física de certas coisas a outras coisas. (Vemos aqui que é, por vezes, possível interpretar descritivamente um símbolo aparentemente lógico.[5]) Mas, nesta interpretação, o enunciado «2 + 2 = 4» converte-se numa teoria física, em vez de lógica; e, em consequência, não podemos

---

[5] Este ponto prende-se com alguns problemas fundamentais discutidos por Tarski na sua obra *Logic, Semantics, Metamathematics* (cap. 16), e por Carnap na sua *Introduction to Semantics*.

ter a certeza de que se mantenha universalmente verdadeiro. E, de facto, não se mantém. Pode aplicar-se a maçãs, mas dificilmente se aplicará a coelhos. Se puserdes 2 + 2 coelhos num cesto, rapidamente lá *poderereis* encontrar 7 ou 8. E tão-pouco será aplicável a coisas como gotas. Se puserdes 2 + 2 gotas num frasco seco, nunca de lá tirareis quatro. Por outras palavras, se vos interrogais como seria um mundo em que «2 + 2 = 4» não fosse aplicável, é fácil satisfazer a vossa curiosidade. Um casal de coelhos de sexo diferente, ou algumas gotas de água, podem servir de modelo para um tal mundo. Se me disserdes que estes exemplos não são justos porque aconteceu algo aos coelhos e às gotas, e porque a equação «2 + 2 = 4» só se aplica a objetos a que nada acontece, a minha resposta será então que, se a interpretardes desse modo, essa equação não será válida na «realidade» (pois na «realidade» há sempre algo a acontecer), mas apenas num mundo abstrato de objetos distintos em que nada acontece. Até ao ponto, é claro, em que o nosso mundo se assemelhe a esse mundo abstrato, até ao ponto, por exemplo, em que as nossas maçãs não apodrecem, ou apodrecem apenas muito lentamente, ou que os nossos coelhos ou crocodilos não se lembram de procriar; até ao ponto, por outras palavras, em que as condições físicas se assemelhem à operação puramente lógica ou aritmética da adição; até esse ponto, obviamente, a aritmética continuará aplicável. Mas esta afirmação é banal.

Uma afirmação análoga pode ser feita acerca da adição de medidas. Não é, de modo algum, logicamente necessário que quaisquer duas varas retas, que, colocadas lado a lado, têm cada uma o comprimento *a*, tenham, se colocadas ponta com ponta, o comprimento conjunto de 2*a*. Nós podemos facilmente imaginar um mundo em que as varas se comportem, de facto, de acordo com as leis da perspetiva, isto é, exatamente como parecem comportar-se no campo visual e nas chapas fotográficas — um mundo em que elas encolham, se afastadas de um determinado centro (por exemplo, do centro da lente). Na verdade, quando se trata da adição de determinadas quantidades mensuráveis — velocidades —, nós parecemos viver, realmente, num mundo assim. De acordo com a relatividade restrita, o cálculo ordinário da adição é inaplicável à medição de velocidades[6] (isto é, conduz a resultados falsos) e

---

[6] Observação acerca do Problema da Adição de Velocidades. Se um comboio se mover com a velocidade V_1 (relativa à superfície da Terra), e se

tem de ser substituído por outro. É claro que é possível rejeitar a afirmação de que o vulgar cálculo da adição de velocidades é inaplicável e resistir, *por princípio*, a qualquer exigência para que seja alterado. Esse princípio equivaleria a dizer que as velocidades têm necessariamente de ser adicionadas do modo ordinário, ou, por outras palavras, a afirmar, implicitamente, que devem ser definidas como obedecendo às leis ordinárias da adição. Mas neste caso, como é óbvio, as velocidades já não podem ser *definidas* por medições empíricas (pois nós não podemos definir o mesmo conceito de dois modos diferentes), e o nosso cálculo já não se aplicará à realidade empírica.

O professor Ryle ajudou-nos a abordar o problema pelo ângulo de uma análise da palavra «aplicável». As minhas últimas observações podem ser tomadas como uma tentativa complementar de resolver o problema mediante a análise da palavra «realidade» (e também do problema da distinção entre o uso lógico e o uso descritivo de símbolos). Acredito, na verdade, que sempre que tenhamos dúvidas quanto à questão de os nossos enunciados lidarem ou não com o mundo real, poderemos decidi-la perguntando a nós próprios se estamos ou não preparados para aceitar uma refutação empírica. Se estivermos determinados, por princípio, a defender os nossos enunciados face às refutações (como as decorrentes dos coelhos, das gotas, ou das velocidades), não estaremos a falar da realidade. Só se estivermos prontos a aceitar refutações é que estaremos a falar sobre a realidade. Na linguagem do professor Ryle, teríamos de dizer: Só *saberemos como* falar da realidade se *soubermos como* tolerar uma refutação. Se quisermos formular esta disposição, ou «saber como», teremos de fazê-lo, de novo, com a ajuda de uma regra de procedimento. É manifesto que só uma regra de ação nos pode aqui ajudar, pois *falar sobre a realidade* é uma ação.([7])

---

o revisor de bilhetes se movimentar dentro do comboio (em direção à parte da frente deste) com a velocidade V_2, então, de acordo com Einstein, a sua velocidade em relação à superfície da Terra será, de facto, um pouco inferior a $V_1 + V_2$.

([7]) Relativamente a estas questões, cf. a minha *L.Sc.D.*

IX

As minhas últimas observações — sobre (c) — indicam a direção em que talvez possamos encontrar uma resposta para o que considero ser o aspeto mais importante do nosso multifacetado problema. Não quero, porém, concluir esta conferência sem deixar bem claro que acredito que o problema pode ser levado mais longe. Por que motivo, poderíamos perguntar, conseguimos nós, efetivamente, falar sobre a realidade? Não é verdade que a realidade tem de ter uma estrutura definida para que possamos falar acerca dela? Não poderíamos imaginar uma realidade que fosse como um espesso nevoeiro — e nada mais, nada de sólido, nenhum movimento? Ou talvez um nevoeiro que sofresse certas transformações — mudanças de luz muito subtis, por exemplo? É evidente que a minha própria tentativa de descrever esse mundo demonstra que ele *pode* ser descrito na nossa linguagem, mas isso não significa que *qualquer* mundo semelhante pudesse ser assim descrito.

Não creio que esta seja uma forma muito séria de colocar a questão, mas também não creio que devamos descartá-la demasiado depressa. Estou, na verdade, convencido de que todos nós estamos intimamente familiarizados com um mundo que não pode ser adequadamente descrito pela nossa linguagem, linguagem essa que se desenvolveu fundamentalmente como instrumento para descrever e lidar com o nosso meio físico — mais precisamente, com corpos físicos de tamanho médio em movimento moderadamente lento. O mundo indescritível que eu tenho em mente é, como é óbvio, o mundo que tenho «na minha mente» — o mundo que muitos psicólogos (à exceção dos behaviouristas) tentam, sem grande sucesso, descrever com a ajuda do que não passa de uma caterva de metáforas extraídas das linguagens da Física, da Biologia e da vida social.

Mas seja de que maneira for o mundo a ser descrito, e sejam quais forem as linguagens por nós utilizadas e a sua estrutura lógica, de uma coisa podemos estar certos: enquanto o nosso interesse em descrever o mundo se mantiver, interessar-nos-emos por *descrições verdadeiras* e por *inferências* — ou seja, por operações que nos conduzam de premissas verdadeiras a conclusões verdadeiras: isto é, pela aplicação da lógica à realidade. Por outro lado, não há certamente razão para acreditar que as nossas linguagens vulgares sejam o melhor meio para a descrição de qualquer mundo. Pelo contrário, elas não são, provavelmente, sequer o melhor meio possível para uma descrição mais precisa do nosso próprio mundo físico. O desenvolvimento da matemática, que é um desenvolvimento algo artificial de determinadas partes das nossas linguagens vulgares, demonstra que, com novos meios linguísticos, novas espécies de factos podem ser descritas. Numa linguagem que só disponha, por exemplo, de cinco numerais e da palavra «muitos», nem mesmo o simples facto de no campo *A* haver mais seis carneiros do que no campo *B* pode ser enunciado. O uso de um cálculo aritmético permite-nos descrever relações que sem ele não poderiam simplesmente ser descritas.

Existem, contudo, outros, e possivelmente mais complexos, problemas respeitantes às relações entre os meios de descrição e os factos descritos. Estas relações raramente são vistas da forma correta. Os mesmos filósofos que se opõem a um realismo ingénuo relativamente às coisas são frequentes vezes realistas ingénuos relativamente aos factos. Embora acreditem, talvez, que as coisas são constructos lógicos (uma perspetiva errada, em minha opinião), eles acreditam que os factos fazem parte do mundo num sentido análogo àquele em que se pode dizer que os processos ou coisas fazem parte do mundo; acreditam que o mundo consiste em factos no sentido em que se pode dizer que consiste em processos (tetradimensionais) ou em coisas (tridimensionais). Acreditam que, tal como certos substantivos são nomes de coisas, as proposições são nomes de factos. E, por vezes, acreditam até que as proposições são uma espécie de imagens de factos, ou que são projeções de factos.[8] Mas tudo isto é um erro. O facto de não haver nenhum elefante nesta sala não é um dos processos ou partes do mundo; nem o facto de uma tempestade de granizo na Terra Nova ter ocorrido exatamente cento e onze anos depois da queda de uma árvore num bosque da Nova Zelândia. Os factos são uma espécie de produto comum da linguagem e da realidade; são a realidade afixada por enunciados descritivos. São como resumos de um livro, feitos numa linguagem diferente da do original e determinados não apenas pelo livro original mas também, em quase idêntica medida, pelos princípios de seleção e outros métodos de resumo e pelos recursos de que a nova linguagem dispõe. Esses novos recursos

---

[8] Eu estava a pensar em Wittgenstein, no *Tractatus*. Note-se que este ensaio foi escrito em 1946.

linguísticos não nos ajudam somente a descrever novas espécies de factos: de certo modo, ajudam-nos mesmo a criar essas novas espécies de factos (perfeitamente objetivos), que constituem novas espécies de situações. Num certo sentido, esses factos já existiam, obviamente, antes de terem sido criados os novos meios indispensáveis à sua descrição. Eu digo «obviamente» uma vez que um cálculo, por exemplo, dos movimentos de há cem anos do planeta Mercúrio, levado a cabo hoje em dia com a ajuda do cálculo da teoria da relatividade, poderá certamente constituir uma descrição verdadeira dos factos em questão apesar de a teoria não ter sido ainda inventada aquando da sua ocorrência. Mas, num outro sentido, nós poderíamos dizer que esses factos não existem *enquanto factos* antes de serem destacados do contínuo de acontecimentos e fixados por enunciados — as teorias que os descrevem. Estas questões, no entanto, ainda que estreitamente relacionadas com o nosso problema, têm de ser deixadas para outra discussão. Só as mencionei para tornar claro que, mesmo que as soluções por mim propostas estivessem mais ou menos corretas, haveria ainda outros problemas em aberto neste domínio.

10

Verdade, racionalidade e o desenvolvimento do conhecimento científico

1. O desenvolvimento do conhecimento: teorias e problemas

I

O meu propósito nesta conferência consiste em acentuar a importância de um aspeto particular da Ciência — a sua necessidade de se desenvolver ou, se preferirem, a sua necessidade de progredir. Não tenho aqui em mente a importância prática ou social desta necessidade. O que desejo discutir é antes a sua importância intelectual. Eu afirmo que o desenvolvimento continuado é essencial para o carácter racional e empírico do conhecimento científico e que, se a Ciência parar de se desenvolver, perderá forçosamente esse carácter. É o modo como se desenvolve que torna a Ciência racional e empírica; isto é, o modo como os cientistas distinguem entre as teorias disponíveis e escolhem a melhor, ou (na ausência de uma teoria satisfatória) o modo como justificam a rejeição de todas as teorias disponíveis, sugerindo com

---

Esta conferência não chegou a ser feita, nem foi anteriormente publicada. Foi preparada para o Congresso Internacional de Filosofia da Ciência, em Stanford, agosto de 1960, mas, em virtude da sua extensão, apenas uma pequena parte pôde ser aí apresentada. Uma outra parte constituiu a minha Alocução Presidencial à British Society for the Philosophy of Science, proferida em janeiro de 1961. Eu creio que este texto contém (em especial nas partes 3 a 5) alguns desenvolvimentos suplementares essenciais das ideias da minha obra The Logic of Scientific Discovery.

isso algumas das condições a que uma teoria satisfatória deveria obedecer.

Devem ter-se apercebido pela minha forma de pôr a questão que, quando falo em desenvolvimento do conhecimento científico, não estou a pensar numa acumulação de observações, mas, sim, no repetido derrubamento das teorias científicas e sua substituição por outras melhores ou mais satisfatórias. Este é, diga-se a propósito, um procedimento que deveria ser considerado digno de atenção, até mesmo por aqueles para quem o aspeto mais importante do desenvolvimento do conhecimento científico reside em novas experiências e novas observações. E isso uma vez que a análise crítica das nossas teorias nos leva a tentar testá-las e deitá-las abaixo, e por aí somos conduzidos a outras experiências e observações de um género que ninguém teria jamais sonhado se não fosse o estímulo e a orientação tanto das nossas teorias como da crítica que lhes fizemos. Pois, na verdade, as experiências e observações mais interessantes foram cuidadosamente concebidas por nós com o objetivo de *testar* as nossas teorias, particularmente as novas.

Nesta conferência, desejo, pois, sublinhar a importância deste aspeto da Ciência e resolver alguns problemas, tanto velhos como novos, que estão relacionados com as noções de progresso científico e de discriminação entre teorias rivais. Os novos problemas que pretendo discutir são sobretudo aqueles que se relacionam com as noções de verdade objetiva e de aproximação à verdade — noções que me parecem muito úteis para a análise do desenvolvimento do conhecimento.

Ainda que eu vá circunscrever a minha discussão ao desenvolvimento do conhecimento na Ciência, as minhas observações também se aplicam, sem grandes alterações, segundo creio, ao desenvolvimento do conhecimento pré-científico — ou seja, ao modo geral como os homens, e até mesmo os animais, adquirem novo conhecimento factual acerca do mundo. O método de aprendizagem por ensaio e erro — de aprendizagem com os nossos erros — parece ser fundamentalmente o mesmo, quer seja praticado por animais inferiores ou superiores, por chimpanzés ou homens da Ciência. O meu interesse não reside unicamente na teoria do conhecimento científico, mas, antes, na teoria do conhecimento em geral. Todavia, o estudo do desenvolvimento do conhecimento científico é, segundo creio, o modo mais proveitoso de estudar o desenvolvimento do conhecimento em geral — na visto que podemos dizer que o desenvolvimento do conhecimento científico é o desenvolvimento do conhecimento humano vulgar em *letras maiúsculas* (tal como fiz notar no Prefácio de 1958 da minha *Logic of Scientific Discovery*).

Mas existirá algum perigo de que a nossa necessidade de progresso fique por satisfazer e de que o desenvolvimento do conhecimento científico chegue a um termo? Mais concretamente, existirá algum perigo de que o avanço da Ciência chegue ao fim por ela haver completado a sua tarefa? Eu não acredito que tal possa acontecer, graças à infinitude da nossa ignorância. Entre as ameaças reais ao progresso da Ciência não se inclui a probabilidade de que esta chegue a um termo, mas, sim, aspetos como a falta de imaginação (consequência, por vezes, da falta de verdadeiro interesse), uma fé indevida na formalização e na precisão (que será discutida mais à frente na secção v), ou o autoritarismo, numa ou noutra das suas múltiplas formas.

Uma vez que usei a palavra «progresso» diversas vezes, é melhor assegurar-me bem, neste ponto, de que não sou confundido com um crente numa lei histórica do progresso. Já desferi, na verdade, em outras ocasiões, vários golpes contra a crença numa lei do progresso[1], e sou de opinião de que nem mesmo a Ciência está sujeita à ação de algo que se assemelhe a uma tal lei. A história da Ciência, tal como a história de todas as ideias humanas, é uma história de sonhos irresponsáveis, de obstinação e de erro. Mas a Ciência é uma das muito poucas atividades humanas — talvez a única — em que os erros são sistematicamente criticados e frequentes vezes corrigidos com o tempo. É por isso que podemos dizer que, em Ciência, aprendemos frequentemente com os nossos erros, e é por isso que podemos falar, clara e judiciosamente, em fazer progressos nela. Na maioria dos outros âmbitos do esforço humano, existe mudança, mas raramente progresso (a menos que adotemos uma visão muito estreita dos nossos possíveis objetivos na vida), na uma vez que quase todos os ganhos são contrabalançados, ou mais do que contrabalançados, por perdas. E, na maioria das áreas, nós nem sequer sabemos como avaliar a mudança.

No domínio da Ciência temos, contudo, um *critério de progresso*: mesmo antes de uma teoria ter sido submetida a um teste empírico,

---

[1] Ver em especial a minha obra *A Pobreza do Historicismo* (2.ª ed., 1960) e o cap. 16 do presente volume.

nós podemos ser capazes de dizer se ela, no caso de conseguir ultrapassar determinados testes específicos, representará ou não um avanço em relação a outras teorias que conhecemos. É esta a minha primeira tese.

Para pôr a questão em termos um pouco diferentes, eu *afirmo* que nós sabemos como é que uma boa teoria científica deveria ser e — mesmo antes de ela ter sido testada — que espécie de teoria seria melhor ainda, na condição de que ultrapassasse determinados testes cruciais. E é este conhecimento (metacientífico) que torna possível falar de progresso em Ciência e de uma escolha racional entre teorias.

II

A minha primeira tese é, por conseguinte, de que nós podemos saber, relativamente a uma teoria — e antes mesmo de ter sido testada — que *se* ela ultrapassar determinados testes será melhor do que uma outra teoria.

Esta tese implica que tenhamos um critério de satisfatoriedade *potencial* relativa, ou de progressividade *potencial*, que pode ser aplicado a uma teoria mesmo antes de sabermos se ela se irá ou não revelar — pela ultrapassagem de alguns testes cruciais — *de facto* satisfatória.

Este critério de satisfatoriedade potencial relativa (que eu formulei há algum tempo [2]) e que, diga-se a propósito, nos permite classificar as teorias de acordo com o seu grau de satisfatoriedade potencial relativa) é extremamente simples e intuitivo. Caracteriza como preferível a teoria que nos diz mais, ou seja, a teoria que apresenta um índice mais elevado de informação ou *conteúdo* empírico, que é logicamente mais forte, que tem o maior poder explicativo e preditivo, e que pode, por conseguinte, ser *mais rigorosamente testada*, mediante a comparação de factos previstos com

---

[2] Ver a discussão dos graus de testabilidade, conteúdo empírico, corroborabilidade e corroboração na minha *L. Sc. D.*, especialmente nas secções 31 a 46; 82 a 85; e o novo apêndice * IX. Ver também a discussão dos graus de poder explicativo nesse apêndice e, em particular, a comparação das teorias de Einstein e Newton (na nota 7 da p. 401). No que se segue, referir-me-ei por vezes à testabilidade, etc., como o «critério de progresso», sem entrar nas distinções mais pormenorizadas que são discutidas no meu livro.

observações. Resumindo, nós preferimos uma teoria interessante, ousada e altamente informativa a uma teoria banal.

Todas estas características que, segundo parece, nós desejamos numa teoria podem ser demonstravelmente reduzidas a uma única e mesma coisa: um grau mais elevado de conteúdo empírico ou testabilidade.

III

O meu estudo do *conteúdo* de uma teoria (ou de qualquer enunciado que seja) baseou-se na simples e óbvia ideia de que o conteúdo informativo da *conjunção ab* de quaisquer dois enunciados *a* e *b* será sempre maior, ou pelo menos igual, ao de qualquer um dos seus componentes.

Consideremos que *a* é o enunciado «Vai chover na sexta-feira»; *b* o enunciado «Vai estar bom tempo no sábado»; e *ab* o enunciado «Vai chover na sexta-feira e vai estar bom tempo no sábado»: é assim óbvio que o conteúdo informativo deste último enunciado, a conjunção *ab*, excederá o do seu componente *a* e também o do seu componente *b*. E será igualmente óbvio que a probabilidade de *ab* (ou, o mesmo é dizer, a probabilidade de que *ab* seja verdadeiro) será menor do que a de qualquer um dos seus componentes.

Escrevendo *ct (a)* para «o conteúdo do enunciado *a*» e *ct (ab)* para «o conteúdo da conjunção *a* e *b*», temos

(1) $$ct(a) \leq ct(ab) \geq ct(b).$$

Isto contrasta com a correspondente lei do cálculo de probabilidades,

(2) $$p(a) \geq p(ab) \leq p(b),$$

onde os sinais de desigualdade de (1) são invertidos. Conjuntamente, estas duas leis (1) e (2) afirmam que, à medida que o conteúdo aumenta, a probabilidade decresce, e vice-versa; ou, por outras palavras, que o conteúdo aumenta com o aumento da *improbabilidade* (Esta análise está, obviamente, de total acordo com a ideia geral do *conteúdo* lógico de um enunciado como equivalente à classe de *todos aqueles enunciados que são logicamente implicados* por ele. Podemos igualmente dizer que um enunciado *a* será logicamente mais forte do que um enunciado *b* se o seu conteúdo for maior do que o de *b* — ou seja, se implicar mais do que *b*.)

Este facto trivial tem estas incontornáveis consequências: se o desenvolvimento significa que nós trabalhamos com teorias de crescente conteúdo, tem de significar igualmente que trabalhamos com teorias de decrescente probabilidade (no sentido do cálculo de probabilidades). Se, por conseguinte, o nosso objetivo é o avanço ou desenvolvimento do conhecimento, então não podemos ter também como objetivo uma probabilidade elevada (no sentido do cálculo de probabilidades): *estes dois objetivos são incompatíveis.*

Eu cheguei a esta banal, mas fundamental, conclusão há cerca de trinta anos, e tenho vindo a pregá-la desde então. Todavia, o preconceito de que uma probabilidade elevada deve ser algo altamente desejável está tão profundamente arreigado que a minha banal conclusão ainda é tida por muitos como «paradoxal».[3] Apesar desta conclusão simples, a ideia de que um elevado grau de probabilidade (no sentido do cálculo de probabilidades) tem de ser algo imensamente desejável afigura-se tão óbvia à maioria das pessoas que elas não estão preparadas para a considerar criticamente. O dr. Bruce Brooke Wavell sugeriu-me, por conseguinte, que eu parasse de falar, neste contexto, em «probabilidade» e baseasse os meus argumentos num «cálculo de conteúdo» ou «conteúdo relativo»; ou, por outras palavras, que eu não dissesse que a Ciência visa a improbabilidade, mas me limitasse a dizer que ela visa o máximo de conteúdo. Refleti muito nesta sugestão, mas não creio que tivesse constituído grande ajuda. Um choque frontal com o amplamente aceite — e profundamente enraizado — preconceito probabilístico parece inevitável, se queremos realmente ver este assunto esclarecido. Ainda que, como não seria difícil, eu baseasse a minha própria teoria no cálculo do conteúdo ou da força lógica, continuaria a ser necessário explicar que o cálculo de probabilidades, na sua aplicação («lógica») a proposições ou enunciados, não é mais do que um *cálculo da fraqueza lógica ou da falta de conteúdo desses enunciados* (seja de fraqueza lógica absoluta ou de fraqueza lógica

---

[3] Ver, por exemplo, o artigo de J. C. Harsanyi, «Poper's Improbability Criterion for the Choice of Scientific Hypotheses», *Philosophy*, 35, 1960, pp. 332 ss. Diga-se a propósito que eu não proponho qualquer «critério» para a escolha de hipóteses científicas: toda a escolha permanece uma suposição arriscada. Além do mais, a escolha do teórico será a hipótese mais digna de *discussão crítica continuada* (e não de *aceitação*).

relativa). Talvez um choque frontal fosse evitável se a generalidade das pessoas não estivesse tão inclinada a supor acriticamente que uma probabilidade elevada tem de ser um objetivo da Ciência, e que a teoria da indução tem consequentemente de nos explicar como é que podemos alcançar um elevado grau de probabilidade para as nossas teorias. (E torna-se, então, necessário observar que existe algo mais — uma «verosimilhança» ou «verosimilitude» — que implica um cálculo totalmente diferente do cálculo de probabilidades, com o qual parece ter sido confundida.)

Para evitar estas conclusões simples, têm-se concebido toda a espécie de teorias mais ou menos sofisticadas. Eu creio ter demonstrado que nenhuma delas tem êxito. Mas o que é mais importante é que elas são perfeitamente desnecessárias. Basta-nos simplesmente reconhecer que a qualidade que prezamos nas teorias, e a que podemos talvez chamar «verosimilitude» ou «verosimilhança» (ver secção XI, mais à frente), *não* é uma probabilidade *no sentido do cálculo de probabilidades*, de que (2) constitui um teorema incontornável.

Convém notar que o problema com que nos confrontamos não é um problema de palavras. Não me importa que nome dão à «probabilidade» e não me importa se atribuem qualquer outra designação àqueles graus a que o chamado «cálculo de probabilidades» se aplica. Pessoalmente, penso que é mais conveniente reservar o termo «probabilidade» para o que quer que possa satisfazer as bem conhecidas regras deste cálculo (que Laplace, Keynes, Jeffreys e muitos outros formularam, e para as quais eu propus diversos sistemas axiomáticos formais). Se (e apenas se) aceitarmos esta terminologia, não pode haver dúvidas de que a probabilidade absoluta de um enunciado a será simplesmente o *grau da sua fraqueza lógica* ou *falta de conteúdo informativo*, e que a probabilidade relativa de um enunciado a, dado um enunciado b, será simplesmente o grau de fraqueza relativa, ou de *falta* relativa de *novo* conteúdo informativo desse enunciado a, supondo que estamos já na posse da informação b.

Se na Ciência visamos, por conseguinte, obter um elevado conteúdo informativo — se o desenvolvimento do conhecimento significa que conhecemos mais, que conhecemos a e b em vez de apenas a, e que desse modo o conteúdo das nossas teorias aumenta —, temos então de admitir que visamos também uma baixa probabilidade, no sentido do cálculo de probabilidades.

E, uma vez que uma baixa probabilidade significa uma elevada probabilidade de falsificação, segue-se que um elevado grau de falsificabilidade, ou refutabilidade, ou testabilidade, é um dos objetivos da Ciência — de facto, precisamente o mesmo objetivo que o de um elevado conteúdo informativo.

O critério de satisfatoriedade potencial equivale, por conseguinte, a testabilidade ou improbabilidade: só uma teoria altamente testável ou improvável é digna de ser testada, e será efetivamente (e não apenas potencialmente) satisfatória se resistir a rigorosos testes — particularmente àqueles testes que poderíamos apontar como cruciais para a teoria ainda antes de terem sido levados a cabo.

É possível, em muitos casos, comparar objetivamente o rigor dos testes. É inclusivamente possível, se acharmos que merece a pena, definir uma medida para o rigor dos testes (ver a Adenda deste volume). Pelo mesmo método, podemos definir o poder explicativo e o grau de corroboração de uma teoria.([4])

IV

A tese de que o critério aqui proposto domina efetivamente o progresso da Ciência pode ser facilmente ilustrada com exemplos históricos. As teorias de Kepler e Galileu foram unificadas e substituídas pela teoria de Newton, logicamente mais forte e mais passível de ser testada, e o mesmo sucedeu com as teorias de Fresnel e Faraday, suplantadas pela de Maxwell. As teorias de Newton e de Maxwell foram, por seu turno, unificadas e substituídas pela de Einstein. Em cada um destes casos, o progresso foi no sentido de uma teoria mais informativa e, nessa medida, logicamente menos provável, ou seja, no sentido de uma teoria que era mais suscetível de ser rigorosamente testada porque fazia previsões que, em termos puramente lógicos, eram mais fáceis de refutar.

Podemos dizer que uma teoria que não seja, de facto, refutada pelos testes a que são submetidas aquelas novas, audaciosas e improváveis previsões a que dá origem será uma teoria corroborada por esses mesmos testes. Posso recordar-vos, a este propósito, a descoberta de Neptuno por Galle, a descoberta das

---

([4]) Ver em especial o apêndice * ix da minha *L. Sc. D.*

ondas eletromagnéticas por Hertz, as observações de eclipses de Eddington, a interpretação de Elsasser dos máximos de Davisson como bandas de interferência de ondas de Broglie e as observações de Powell dos primeiros mesões de Yukawa.

Todas estas descobertas representam corroborações por rigorosos testes — por previsões altamente improváveis à luz do nosso conhecimento anterior (anterior à teoria que foi testada e corroborada). Outras descobertas importantes foram também feitas no decurso do teste de uma teoria, ainda que não tenham levado à sua corroboração, mas, sim, à sua refutação. Um caso recente e importante é a chamada refutação da paridade. E as experiências clássicas de Lavoisier, que demonstram que o volume de ar diminui quando uma vela arde num espaço fechado, ou que o peso de limalhas de ferro incandescentes aumenta, não comprovam a teoria da combustão do oxigénio. Tendem, no entanto, a refutar a teoria do flogisto.

As experiências de Lavoisier foram cuidadosamente planeadas; mas mesmo muitas das chamadas «descobertas acidentais» têm basicamente a mesma estrutura lógica. Com efeito, estas «descobertas acidentais» são, regra geral, refutações de teorias consciente ou inconscientemente adotadas: são feitas quando algumas das nossas expectativas (baseadas nessas teorias) se vêem inesperadamente defraudadas. Deste modo, a propriedade catalisadora do mercúrio foi descoberta quando acidentalmente se observou que, na presença deste elemento, uma reação química que não se previra influenciável pelo mercúrio havia sido acelerada. Mas nem as descobertas de Gersted, nem as de Röntgen, Becquerel ou Fleming foram realmente acidentais, ainda que algumas das suas componentes o fossem. Qualquer um destes homens procurava um efeito do tipo que encontrou.

Nós podemos inclusivamente dizer que algumas descobertas, como a descoberta da América por Colombo, corroboram uma teoria (neste caso, a teoria da esfericidade da Terra) ao mesmo tempo que refutam outra (a teoria acerca do tamanho da Terra e, com ela, a teoria acerca do caminho mais curto para a Índia); e que essas foram descobertas casuais uma vez que contrariaram todas as expectativas e não foram conscientemente empreendidas com o objetivo de pôr à prova as teorias que refutaram.

V

A ênfase que estou a colocar sobre o papel da mudança no conhecimento científico, o seu crescimento ou a sua progressividade, pode ser, até certo ponto, contrastada com o corrente ideal de Ciência como um sistema dedutivo axiomatizado. Este ideal tem dominado a epistemologia europeia, desde a cosmologia platonizante de Euclides (pois era isso, creio eu, o que os *Elementos* de Euclides verdadeiramente pretendiam ser) até à cosmologia de Newton e, mais ainda, até aos sistemas de Boscovic, Maxwell, Einstein, Bohr, Schrödinger e Dirac. Esta é uma epistemologia que vê como tarefa última e finalidade da atividade científica a construção de um sistema dedutivo axiomatizado.

Em contraste com esta ideia, eu acredito agora que estes admiráveis sistemas dedutivos deveriam ser encarados como pontos de apoio e não como fins em si mesmos([5]), ou seja, como etapas importantes no nosso caminho para um conhecimento científico mais rico e mais suscetível de ser testado.

Encarados assim como meios ou pontos de apoio, estes sistemas são seguramente indispensáveis, uma vez que nós estamos obrigados a desenvolver as nossas teorias sob a forma de sistemas dedutivos. Essa é uma inevitabilidade decorrente da força lógica e do elevado conteúdo informativo que temos de exigir das nossas teorias para que elas se tornem melhores e mais suscetíveis de serem testadas. A profusão das suas consequências tem de ser dedutivamente desdobrada; pois, regra geral, só é possível testar uma teoria, testando, uma por uma, algumas das suas mais remotas consequências — isto é, consequências que não podem ser imediatamente discernidas por uma inspeção intuitiva.

Não é, todavia, o maravilhoso desdobramento dedutivo de um sistema que torna uma teoria racional ou empírica, mas, antes, o facto de nós podermos examiná-la criticamente, ou seja, submetê-la a tentativas de refutação, nomeadamente a testes observacionais;

([5]) Fui influenciado na adoção desta perspetiva pelo dr. J. Agassi que, numa discussão em 1956, me convenceu de que a atitude de encarar os sistemas dedutivos acabados como fins em si mesmos é um resquício da longa dominação das ideias *newtonianas* (e nessa medida, posso eu acrescentar, da tradição platónica e euclideana). Relativamente a uma perspetiva ainda mais radical do dr. Agassi, ver a penúltima nota de rodapé deste capítulo.

e também o facto de, em determinados casos, uma teoria poder ser capaz de resistir a essas críticas e a esses testes — entre eles, testes perante os quais as suas predecessoras soçobraram e, por vezes, ainda outros e mais rigorosos testes. Muito mais do que no desenvolvimento dedutivo de uma teoria, será na repetida e flexível escolha de novas teorias que reside a racionalidade da Ciência.

Não haverá, por consequência, grande mérito em formalizar e elaborar um sistema dedutivo (planeado para ser utilizado como ciência empírica) além das exigências da tarefa de o criticar e testar, comparando-o criticamente com sistemas adversários. Esta comparação crítica, tendo embora, manifestamente, alguns aspetos secundários convencionais e arbitrários, será, em larga medida, não-convencional, graças ao nosso critério de progresso. É este método crítico que contém tanto os elementos racionais como os elementos empíricos da Ciência. Contém aquelas escolhas, aquelas rejeições e aquelas decisões que demonstram que nós aprendemos com os nossos erros e aumentámos por essa via o nosso conhecimento científico.

VI

Todavia, talvez nem mesmo esta imagem da Ciência — como uma forma de ação cuja racionalidade reside no facto de aprendermos com os nossos erros — seja suficientemente boa. Pode ainda sugerir que a Ciência progride de teoria para teoria e que consiste numa sequência de sistemas dedutivos cada vez mais aperfeiçoados. No entanto, o que eu realmente desejo sugerir é que a Ciência deveria ser perspetivada como *progredindo de problemas para problemas* — problemas de uma complexidade sempre crescente.

Uma teoria científica — uma teoria explicativa —, a ser alguma coisa, constitui, sem dúvida, uma tentativa de resolver um problema científico, ou seja, um problema referente ou ligado à descoberta de uma explicação.([6])

Como é manifesto, as nossas expectativas e, nessa medida, as nossas teorias, podem até preceder historicamente os nossos problemas. Todavia, *a Ciência só começa com problemas*. Os problemas

---

([6]) Comparar este parágrafo e os dois que se seguem com a minha *Pobreza do Historicismo*, secção 28, pp. 121 ss., e os caps. 1 e 16 deste volume.

surgem sobretudo quando somos defraudados nas nossas expectativas, ou quando as nossas teorias nos envolvem em dificuldades, em contradições; e estas podem surgir tanto no interior de uma teoria como entre duas teorias diferentes, ou em consequência de uma colisão entre as nossas teorias e as nossas observações. Além do mais, é só através de um problema que nos tornamos conscientes de possuir uma teoria. É o problema que nos desafia a aprender; a expandir o nosso conhecimento; a experimentar; e a observar.

A Ciência parte, pois, de problemas, e não de observações — ainda que estas últimas possam dar origem a um problema, especialmente se forem *inesperadas*, ou seja, se colidirem com as nossas expectativas ou teorias. A tarefa consciente que se coloca ao cientista é sempre a da solução de um problema mediante a elaboração de uma teoria que o resolva, esclarecendo, por exemplo, observações inesperadas e inexplicáveis. Todavia, qualquer nova teoria que valha efetivamente a pena levanta novos problemas: problemas de conciliação, problemas de como conduzir novos, e nunca anteriormente pensados, testes observacionais. E é sobretudo graças aos novos problemas que levanta que a teoria se revela fecunda.

Podemos, por conseguinte, dizer que o contributo mais perdurável que uma teoria pode prestar para o desenvolvimento do conhecimento científico são os novos problemas que origina — o que nos conduz de regresso à ideia de que a Ciência e o conhecimento científico começam sempre, e acabam sempre, com problemas: problemas cada vez mais complexos e cada vez mais férteis na sugestão de novos problemas.

2. A teoria da verdade objetiva: correspondência com os factos

VII

Até aqui, falei da Ciência, do seu progresso e do seu critério de progresso, sem mencionar sequer a *verdade*. Talvez surpreendentemente, isto possa ser feito sem cairmos no pragmatismo ou no instrumentalismo: é perfeitamente possível argumentar a favor da satisfatoriedade intuitiva do critério de progresso em Ciência sem falar nunca da verdade das suas teorias. De facto, antes de ter travado conhecimento com a teoria da verdade de Tarski[7], parecia-me mais seguro discutir o critério de progresso sem me envolver demasiado no problema, extremamente controverso, relacionado com o uso da palavra «verdadeiro».

A minha atitude, na altura, era esta: aceitando, embora à semelhança de quase toda a gente, a teoria objetiva, absoluta, ou de correspondência da verdade — verdade como correspondência com os factos —, eu preferia evitar o tópico. E isso porque me parecia inútil tentar compreender claramente esta ideia, estranhamente elusiva, de uma correspondência entre um enunciado (ou uma proposição) e um facto.

Para recordar por que é que a situação parecia tão insolúvel, basta-nos lembrar, como um exemplo entre muitos, o *Tractatus* de Wittgenstein, com a sua teoria, surpreendentemente ingénua, da imagem ou da projeção da verdade. Nesse livro, uma proposição era concebida como uma imagem ou uma projeção (ou uma fotografia) do facto que pretendia descrever, e como tendo a mesma estrutura (ou «forma») desse facto — do mesmo modo que um registo fonográfico é, na verdade, uma imagem ou uma projeção de uma sequência de sons, e compartilha de algumas das suas propriedades estruturais.[8]

Uma outra destas vãs tentativas de explicar esta correspondência foi a de Schlick, que nos ofereceu uma crítica[9] agradavelmente clara e verdadeiramente demolidora de diversas teorias da correspondência — incluindo a teoria da imagem ou projeção —, mas que, infelizmente, produziu, por seu turno, uma outra que também não era melhor. Schlick interpretou a correspondência em questão como uma correspondência simétrica, de um para um, entre as nossas designações e os objetos por elas designados — embora não faltem contraexemplos (designações que se aplicam a muitos objetos e objetos referidos por muitas designações) que refutam essa interpretação.

Tudo isto seria alterado por Tarski, com a sua teoria da verdade e da correspondência de um enunciado com os factos.

---

[7] Ver as minhas obras: *L. Sc. D.*, em especial a secção 84; e *A Sociedade Aberta*, particularmente as pp. 369–374.

[8] Cf. o *Tractatus* de Wittgenstein, especialmente 4.0141; e também 2.161; 2.17; 2.223; 3.11.

[9] Ver sobretudo as pp. 56–57 da notável obra de Schlick, *Allgemeine Erkenntnislehre*, 2.ª ed., 1925.

O grande feito de Tarski — e o verdadeiro significado da sua teoria para a filosofia das ciências empíricas — consistiu no facto de ter reabilitado a teoria da correspondência da verdade absoluta ou objetiva, que se havia tornado suspeita. Tarski reivindicou o livre uso da ideia intuitiva de verdade como correspondência com os factos. (A ideia de que a sua teoria se aplica apenas a linguagens formalizadas é, segundo creio, errada. Ela é aplicável a qualquer linguagem coerente, e até mesmo a uma linguagem «natural», desde que aprendamos, com a análise de Tarski, a evitar as suas incoerências; o que implica, manifestamente, a introdução de alguma «artificialidade» — ou cautela — no seu uso. Ver também *Adenda* 5, mais à frente.)

Embora pressuponha nesta assembleia alguma familiaridade com a teoria da verdade de Tarski, convirá talvez explicar o modo como ela pode ser encarada, de um ponto de vista intuitivo, como uma simples elucidação da ideia de *correspondência com os factos*. Vou ter de enfatizar este ponto quase banal porque, a despeito da sua banalidade, ele vai ser crucial para a minha argumentação.

O carácter altamente intuitivo das ideias de Tarski parece tornar-se mais evidente (tal como descobri no ensino) se primeiro decidirmos explicitamente tomar «verdade» como sinónimo de «correspondência com os factos» e, em seguida (esquecendo tudo acerca da «verdade»), *procedermos à explicação da ideia de «correspondência com os factos»*.

Vamos, pois, considerar em primeiro lugar as duas formulações que se seguem e que enunciam, cada uma delas de uma forma muito simples (numa metalinguagem), sob que condições é que uma determinada asserção (de uma linguagem objcto) corresponde aos factos.

(1) O enunciado ou a asserção «*A neve é branca*» corresponderá aos factos se, e apenas se, a neve for, de facto, branca.

(2) O enunciado ou a asserção «*A erva é vermelha*» corresponderá aos factos se, e apenas se, a erva for, de facto, vermelha.

Estas formulações (em que a expressão «de facto» apenas é introduzida por uma questão de facilidade, podendo ser omitida) soam-nos, como é óbvio, perfeitamente banais. Mas caberia a Tarski descobrir que, a despeito da sua aparente banalidade, elas continham a solução do problema de explicar a correspondência com os factos.

O ponto decisivo é a descoberta de Tarski de que, para falar de correspondência com os factos, como acontece em (1) e (2), nós temos de usar uma metalinguagem em que possamos *falar de duas coisas: enunciados; e os factos a que esses enunciados se referem.* (Tarski chama «semântica» a essa metalinguagem. Uma metalinguagem em que podemos falar de uma linguagem-objeto, mas não dos factos a que ela se refere, é denominada «sintática».) Uma vez compreendida a necessidade de uma metalinguagem (semântica), tudo se torna claro. (Note-te que enquanto (3) «"O João telefonou" *é verdade*» for basicamente um enunciado pertencente a uma metalinguagem dessa natureza, (4) «*É verdade que* o João telefonou» pode pertencer à mesma linguagem de «O João telefonou». Deste modo, a oração «*É verdade que*» —, tal como a dupla negação, é logicamente redundante — difere amplamente do predicado metalinguístico «*é verdade*». Este último é necessário para observações gerais do género: «Se a conclusão não é verdade, as premissas não podem ser todas verdade», ou «O João proferiu uma vez um enunciado com verdade»).

Eu disse que a teoria de Schlick estava errada, mas penso, no entanto, que determinados comentários por ele feitos *(loc. cit.)* acerca da sua própria teoria lançam alguma luz sobre a de Tarski. Schlick afirmou, com efeito, que o problema da verdade comungou do mesmo destino de alguns problemas cujas soluções não foram facilmente discernidas por terem sido erradamente consideradas muito complexas — quando eram, na realidade, bastante simples e, à primeira vista, pouco notáveis. É muito possível que a teoria de Tarski também não pareça muito notável à primeira vista. Todavia, a sua fecundidade e o seu poder são, na verdade, admiráveis.

VIII

Graças à obra de Tarski, a ideia de verdade objetiva ou absoluta — ou seja, verdade como correspondência com os factos — parece ser hoje aceite com confiança por todos aqueles que a compreendem. As dificuldades em compreendê-la parecem ter duas fontes: primeiro, a combinação de uma ideia intuitiva extremamente simples com uma certa dose de complexidade na execução do programa técnico a que dá origem; em segundo lugar, o difundido, mas erróneo, dogma de que uma teoria satisfatória da verdade deveria produzir um critério de *crença verdadeira* — de uma crença bem fundamentada ou racional. Este dogma está, de facto, subjacente às três rivais da teoria da correspondência com a verdade: a teoria da coerência, que confunde consistência com verdade; a teoria da evidência, que confunde «conhecido como verdadeiro» com «verdadeiro»; e a teoria pragmática ou instrumentalista, que confunde utilidade com verdade. Todas estas teorias da verdade são subjetivas (ou «epistémicas»), em contraste com a teoria objetiva (ou «metalógica») de Tarski. São subjetivas no sentido em que *provêm, todas elas, da posição subjetivista fundamental que só consegue conceber o conhecimento como um tipo particular de estado mental, ou uma disposição, ou uma espécie particular de crença*, caracterizada, por exemplo, pela sua história ou pela sua relação com outras *crenças*.

Se partirmos da nossa experiência subjetiva de acreditar e olharmos, por conseguinte, para o conhecimento como uma espécie particular de crença, então poderemos realmente ter de encarar a verdade — isto é, o conhecimento verdadeiro — como uma espécie ainda mais particular de crença: como uma crença bem fundamentada ou justificada. Isso significaria que deverá existir um critério mais ou menos eficaz, mesmo que apenas parcial, de boa fundamentação: um sinal que nos permita diferenciar a experiência de uma crença bem fundamentada de outras experiências de crença. Podemos demonstrar que todas as teorias subjetivas da verdade visam um tal critério: elas tentam definir a verdade em termos das fontes ou origens das nossas crenças[10], ou em termos das nossas operações de verificação ou de algum conjunto de regras de aprovação, ou, simplesmente, em termos da qualidade das nossas convicções subjetivas. Todas elas dizem, aproximadamente, que a verdade é o que nós temos razões para acreditar ou aceitar, de acordo com certas regras ou critérios, relativamente às origens ou fontes do nosso conhecimento, à fiabilidade, à estabilidade, ao sucesso, à força de convicção, ou à incapacidade para pensar de outro modo.

A teoria da verdade objetiva conduz a uma atitude muito diferente, como podemos ver pelo facto de ela nos permitir fazer asserções como esta: uma teoria pode ser verdadeira ainda que ninguém acredite nela, e ainda que não tenhamos qualquer razão

---

[10] Ver a minha Introdução a este livro, «Acerca das Fontes do Conhecimento e da Ignorância».

para pensar que ela é verdadeira; e uma outra teoria pode ser falsa, apesar de termos razões relativamente boas para a aceitar.

É claro que estas asserções pareceriam autocontraditórias do ponto de vista de uma qualquer teoria subjetiva ou epistémica da verdade. Mas, dentro da teoria objetiva, elas são não só coerentes como obviamente verdadeiras.

Uma asserção semelhante, que a teoria objetiva da correspondência tornaria perfeitamente natural, é esta: mesmo que deparemos com uma teoria verdadeira, estaremos, por via de regra, meramente a conjeturar, e pode bem ser-nos impossível saber que ela *é* verdadeira.

Uma asserção como esta foi feita, aparentemente pela primeira vez, por Xenófanes([11]), que viveu há dois mil e quinhentos anos, o que demonstra que a teoria objetiva da verdade é, de facto, muito antiga — anterior a Aristóteles, que também a adotou. Mas só com a obra de Tarski é que se afastou a suspeita de que a teoria objetiva da verdade como correspondência com os factos pode ser ou autocontraditória (por causa do paradoxo do mentiroso), ou vazia e redundante (como Ramsey sugeriu), ou estéril, ou — no mínimo — redundante, no sentido de que podemos passar sem ela.

Na minha teoria do progresso científico, eu poderia talvez passar sem ela, até um certo ponto. Desde Tarski, porém, já não vejo qualquer razão para tentar evitá-la. E, caso queiramos esclarecer a diferença entre ciência pura e aplicada, entre a busca de conhecimento e a busca de poder ou de instrumentos poderosos, não poderemos dispensá-la. Pois a diferença é que, na busca de conhecimento, nós tentamos encontrar teorias verdadeiras ou, pelo menos, teorias que estejam mais próximas da verdade do que outras — que correspondam melhor aos factos; ao passo que, na busca de instrumentos poderosos, nós estamos, em muitos casos, perfeitamente bem servidos por teorias que são reconhecidamente falsas.([12])

Por conseguinte, uma das grandes vantagens da teoria da verdade objetiva ou absoluta é que ela nos permite dizer — tal como Xenófanes — que nós procuramos a verdade, mas podemos não

---

([11]) Ver a minha Introdução, p. 52, e o cap. 5, pp. 210 ss., mais atrás.

([12]) Ver a análise da «segunda perspetiva» (designada por «instrumentalismo») no cap. 3, mais atrás.

saber quando é que a encontrámos; que não temos nenhum critério de verdade, mas somos, não obstante, guiados pela ideia de verdade como princípio regulador (como Kant ou Pierce poderiam ter dito); e que, apesar de não existirem quaisquer critérios gerais pelos quais possamos reconhecer a verdade — exceto, talvez, a verdade tautológica —, existem critérios de progresso em direção à verdade (como dentro em pouco explicarei).

A posição da verdade no sentido objetivo — de correspondência com os factos — e o seu papel como princípio regulador podem ser comparados aos do cimo de uma montanha habitualmente envolto em nuvens. Um alpinista pode não ter simplesmente dificuldade em lá chegar — ele pode não saber se lá chegou, por ser incapaz de distinguir, no meio das nuvens, entre o cume principal e um pico secundário. No entanto, isso não afeta a existência objetiva do cume. E se o alpinista nos disser: «Estou em dúvida se atingi ou não, efetivamente, o cume», estará, por conseguinte, a reconhecer implicitamente a existência objetiva desse cume. Vemos assim que a própria ideia de erro ou de dúvida (no seu sentido normal e imediato) implica a ideia de uma verdade objetiva que podemos não conseguir alcançar.

Ainda que possa ser impossível para o alpinista ter alguma vez a certeza de haver atingido o cume, ser-lhe-á frequentemente fácil aperceber-se de que não o alcançou (ou de que ainda não o alcançou) — por exemplo, quando se vê obrigado a retroceder perante uma escarpa pendente. De modo análogo, casos haverá em que estaremos inteiramente seguros de não haver atingido a verdade. Por aqui se conclui que, embora a coerência ou consistência não constitua um critério de verdade — pela simples razão de que mesmo sistemas demonstravelmente consistentes podem ser, de facto, falsos —, a incoerência ou inconsistência já comprova a falsidade. Assim sendo, se tivermos sorte, poderemos descobrir a falsidade de algumas das nossas teorias.[13]

Em 1944, quando Tarski publicou o primeiro esboço, em Inglês, das suas investigações sobre a teoria da verdade (que tinha publicado na Polónia, em 1933), poucos filósofos teriam ousado fazer asserções como as de Xenófones. E é interessante verificar que o

---

[13] Ver o ensaio, algo vulgarizado, de Alfred Tarski, «The Semantic Conception of Truth», in *Philosophy and Phenom. Research*, 4, 1943–1944, pp. 341 ss. (Cf. em especial a secção 21.)

volume em que o ensaio de Tarski foi publicado continha também dois ensaios subjetivistas acerca da verdade.([14])

Embora as coisas tenham melhorado desde então, o subjetivismo continua prolífero na Filosofia da Ciência e, em especial, no domínio da teoria da probabilidade. A teoria subjetivista da probabilidade, que interpreta os graus de probabilidade como graus de crença racional, provém diretamente da abordagem subjetivista da verdade — em particular, da teoria da coerência. É, todavia, adotada ainda por filósofos que aceitaram a teoria da verdade de Tarski. Eu desconfio de que pelo menos alguns deles se terão virado para a teoria da probabilidade na esperança de encontrar nela aquilo que haviam originalmente esperado de uma teoria subjetivista ou epistemológica da obtenção da verdade *por meio da verificação* — ou seja, uma teoria da crença racional e justificável, baseada em casos observados.([15])

Um ponto incómodo em todas estas teorias subjetivistas é que são irrefutáveis (no sentido de que se podem furtar à crítica com a máxima facilidade); com efeito, é sempre possível defender a ideia de que tudo o que dizemos acerca do mundo, ou tudo o que publicamos sobre logaritmos, deveria ser substituído por um enunciado de crença. Poderíamos assim substituir o enunciado «A neve é branca» por «Eu creio que a neve é branca», ou talvez até por «À luz de todas as provas disponíveis, eu creio que é racional acreditar que a neve é branca». O facto de podermos (de certo modo) «substituir» asserções acerca do mundo objetivo por um destes circunlóquios subjetivistas é um facto banal, ainda que, no caso das asserções encontradas em tábuas de logaritmos — que poderiam perfeitamente ser produzidas por máquinas —, seja algo inconvincente. (Diga-se, de passagem, que a interpretação subjetiva da probabilidade lógica liga estas substituições subjetivistas — exatamente como no caso da teoria da verdade como coerência — a uma abordagem que, analisada em maior detalhe, se revela fundamentalmente «sintática» e não «semântica» — embora possa ser apresentada no quadro de um «sistema semântico».)

([14]) Ver o volume referido na nota anterior, especialmente as pp. 279 e 336.

([15]) Cf. a obra de Carnap, *Logical Foundations of Probability*, 1950, p. 177, e a minha *L. Sc. D.*, em particular a secção 84.

Pode ser útil sumarizar as relações entre as teorias objetivas e subjetivas do conhecimento científico com a ajuda de um pequeno quadro:

TEORIAS OBJETIVAS LÓGICAS OU ONTOLÓGICAS	TEORIAS SUBJETIVAS PSICOLÓGICAS OU EPISTEMOLÓGICAS
verdade como correspondência com os factos	*verdade como propriedade do nosso estado mental — ou conhecimento ou crença*
probabilidade objetiva (inerente à situação e testável mediante testes estatísticos)	*probabilidade subjetiva (grau de crença racional baseada em todo o nosso conhecimento)*
aleatoriedade objetiva (estatisticamente testável)	*falta de conhecimento*
equiprobabilidade (simetria física ou situacional)	*falta de conhecimento*

Em todos estes casos, sinto-me inclinado a dizer não só que estas duas abordagens deveriam ser distinguidas, mas também que a abordagem subjetivista deveria ser rejeitada como um equívoco, como estando baseada num erro — ainda que, possivelmente, um erro tentador. Existe, contudo, um quadro semelhante em que o lado epistemológico (à direita) não está baseado num erro.

verdade	*conjetura*
testabilidade	*teste empírico*
poder explicativo ou preditivo	*grau de corroboração (ou seja, relatório dos resultados dos testes)*
«verosimilhança»	

3. Verdade e conteúdo: verosimilhança *versus* probabilidade

IX

À semelhança de muitos outros filósofos, sinto-me, por vezes, inclinado a dividir os filósofos em dois grupos fundamentais: aqueles de quem discordo e os que estão de acordo comigo. Poderia designar os primeiros como os filósofos verificacionistas ou justificacionistas do conhecimento ou da crença; e os segundos como os filósofos falsificacionistas, falibilistas, ou críticos do conhecimento conjetural. Posso referir, de passagem, um terceiro grupo com que também estou em desacordo. Podemos designá-los como os justificacionistas desiludidos — os irracionalistas e os céticos.

Os membros do primeiro grupo — os verificacionistas ou justificacionistas — defendem, em termos gerais, que tudo o que não possa ser sustentado por razões positivas será indigno de crédito ou de ser, sequer, tomado em séria consideração.

Por outro lado, os membros do segundo grupo — os falsificacionistas ou falibilistas — dizem, falando também em termos gerais, que tudo o que (presentemente) não seja, em princípio, passível de ser derrubado pela crítica será (presentemente) indigno de ser seriamente considerado; ao passo que tudo o que possa, em princípio, ser derrubado e, não obstante, resista a todos os nossos esforços críticos para o conseguir poderá muito provavelmente ser falso, mas não será, em todo o caso, indigno de ser seriamente considerado e talvez mesmo acreditado — ainda que apenas a título experimental.

Os verificacionistas, admito, estão ansiosos por fortalecer a mais importante tradição do racionalismo — a luta da razão contra a superstição e a autoridade arbitrária. Eles exigem, de facto, que nós só aceitemos uma crença *se ela puder ser justificada por provas categóricas;* ou seja, *demonstrada* como verdadeira ou, pelo menos, altamente provável. Por outras palavras, eles exigem que nós só aceitemos uma crença se ela puder ser *verificada,* ou probabilisticamente *confirmada.*

Os falsificacionistas (o grupo dos falibilistas em que me incluo) acreditam — à semelhança de muitos irracionalistas — ter descoberto argumentos lógicos que demonstram que o programa do primeiro grupo não é exequível: que nós não podemos nunca oferecer razões positivas que justifiquem a crença de que uma teoria é verdadeira. Mas, contrariamente aos irracionalistas, nós, os falsificacionistas, acreditamos ter igualmente descoberto uma forma de concretizar o velho ideal de distinguir entre a ciência racional e as várias formas de superstição — a despeito do falhanço do primitivo programa indutivista ou justificacionista. Nós defendemos que este ideal pode ser concretizado, muito simplesmente, mediante o reconhecimento de que a racionalidade da Ciência não reside no seu hábito de apelar para provas empíricas em apoio dos seus dogmas — os astrólogos também o fazem —, mas, sim, unicamente, na *abordagem crítica:* numa atitude que, como é óbvio, envolve o uso crítico, entre outros argumentos, de provas empíricas (sobretudo em refutações). Para nós, por conseguinte, a Ciência não tem nada que ver com a procura de certeza, probabilidade ou fiabilidade. Nós não estamos interessados em estabelecer as teorias científicas como seguras, certas ou prováveis. Conscientes da nossa falibilidade, estamos apenas interessados em criticá-las e testá-las, na esperança de descobrir onde é que nos enganámos; de aprender com os nossos erros; e, se tivermos sorte, de avançar para teorias melhores.

Considerando as suas ideias acerca da função positiva ou negativa da discussão na Ciência, o primeiro grupo — os justificacionistas — pode também ser apelidado de «os positivistas»; e o segundo — o grupo a que pertenço — de os críticos ou «negativistas». Estes nomes são, como é óbvio, meras alcunhas. Podem, todavia, sugerir algumas das razões por que algumas pessoas estão convencidas de que apenas os positivistas ou verificacionistas estarão seriamente interessados na verdade e na busca da verdade, ao passo que nós, os críticos ou negativistas, assumiríamos uma atitude irreverente em relação à busca da verdade e seríamos totalmente dados à crítica estéril e destrutiva e à proposta de ideias claramente paradoxais.

Esta imagem distorcida das nossas opiniões parece resultar, em larga medida, da adoção de um programa justificacionista e da incorreta aproximação subjetivista à verdade que atrás descrevi.

O facto é que também nós vemos a Ciência como a busca da verdade e, pelo menos desde Tarski, já não temos receio de o dizer. Com efeito, é unicamente em função desse objetivo, a descoberta da verdade, que nós podemos dizer que, apesar de sermos falíveis, temos esperança de aprender com os nossos erros. Só a ideia de verdade nos permite falar judiciosamente de erros e de crítica racional, e é ela que torna possível a discussão — ou seja, a discussão crítica em busca de erros, com o sério propósito de eliminar tantos quantos pudermos, em ordem a aproximarmo-nos da verdade. Deste modo, a própria ideia de erro — e de falibilidade — implica a ideia de uma verdade objetiva como padrão que podemos não atingir. (É neste sentido que a ideia de verdade é uma ideia *reguladora*.)

Aceitamos, assim, a ideia de que a tarefa da Ciência é a busca da verdade, ou seja, de teorias verdadeiras (ainda que, como Xenófanes sublinhou, possamos nunca as alcançar ou, na eventualidade de o conseguirmos, não as reconhecer como *verdadeiras*). Contudo, acentuamos também que *a verdade não é o único objetivo da Ciência*. Nós queremos mais do que a mera verdade: aquilo que procuramos é uma *verdade interessante* — uma verdade que é difícil de encontrar. E, nas Ciências da Natureza (diferentemente da Matemática), aquilo que procuramos é uma verdade que tenha um elevado grau de poder explicativo, num sentido que implique que se trata de uma verdade logicamente improvável.

Pois é claro, antes do mais, que nós não queremos meramente a verdade — queremos mais verdade, e uma verdade nova. Não nos contentamos com «dois vezes dois são quatro», ainda que seja verdadeiro; não recorremos à recitação da tabuada de multiplicar quando nos confrontamos com um problema difícil na Topologia ou na Física. A mera verdade não é suficiente: o que procuramos são *respostas para os nossos problemas*. A questão foi bem posta pelo humorista e poeta alemão Busch, famoso por Max e Moritz, numa pequena poesia infantil — quero dizer, numa poesia para o infantário epistemológico [16]:

> Dois vezes dois são quatro: lá isso é verdade
> Mas demasiado vazia e demasiado banal
> Aquilo que eu procuro é uma pista
> Para um problema não tão trivial

---

[16] Extraído da obra de W. Busch, *Schein und Sein* (publicada pela primeira vez, a título póstumo, em 1909; p. 28 da edição de *Insel*, 1952). A minha atenção foi atraída para estes versos por um ensaio sobre Busch enquanto filósofo com que o meu falecido amigo Julius Kraft contribuiu para o volume *Erziehung und Politik* (Ensaios para Minna Specht, 1960). Ver p. 262. A minha tradução assemelha-os, talvez, mais a uma poesia infantil do que Busch teria em mente.

Só no caso de constituir uma resposta a um problema — uma dificuldade, um problema fecundo, um problema de alguma complexidade — é que uma verdade, ou uma conjetura acerca da verdade, se torna relevante para a Ciência. É o que acontece na Matemática pura e nas Ciências da Natureza. E, nestas últimas, nós encontramos uma espécie de medida lógica da profundidade ou significância do problema no aumento da improbabilidade lógica ou do poder explicativo da nova resposta avançada, por comparação com a melhor teoria ou conjetura anteriormente proposta no domínio em causa. Esta medida lógica é basicamente análoga àquilo que eu, mais atrás, descrevi como o critério lógico de satisfatoriedade potencial e de progresso.

A descrição que faço desta situação poderia levar algumas pessoas a dizer que connosco, negativistas, a verdade não desempenha, no fim de contas, grande papel, nem mesmo como princípio regulador. Não há dúvida, dirão eles, que os negativistas (como eu) preferem mil vezes uma tentativa de resolver um problema através de uma audaciosa conjetura — *mesmo que ela dentro em breve se revele falsa* — a qualquer recitação de uma sequência de asserções verdadeiras, mas desinteressantes. Assim sendo, não parece que nós, negativistas, vejamos, ao fim e ao cabo, grande proveito na ideia de verdade. As nossas ideias acerca do progresso científico e das tentativas de solução dos problemas não parecem relacionar-se muito com ela.

Esta perspetiva daria, segundo creio, uma impressão totalmente errada da atitude do nosso grupo. Chamem-nos negativistas ou o que quiserem; mas compreendam que nós estamos tão interessados na verdade quanto qualquer outra pessoa — quanto, por exemplo, os membros de um tribunal de justiça. Quando o juiz avisa uma testemunha de que ela tem de dizer «A verdade, *toda a verdade*, e nada mais do que a verdade», aquilo que ele procura é a obtenção do máximo de *verdade relevante* que a testemunha seja capaz de oferecer. Uma testemunha que goste de divagar acerca de insignificâncias será uma testemunha insatisfatória, ainda que essas insignificâncias possam ser truísmos e, nessa medida, parte de «toda a verdade». É perfeitamente óbvio que aquilo que o juiz — ou qualquer outra pessoa — pretende, quando exige «*toda a verdade*», é o máximo de informação verdadeira, *interessante* e *relevante* que seja possível obter. E muitas terão sido as testemunhas que, de perfeita boa-fé, não revelaram uma informação importante pelo simples motivo de não estarem conscientes da sua relevância para o caso.

Deste modo, quando nós sublinhamos, tal como Busch, que não estamos interessados na mera verdade, mas numa verdade interessante e relevante, limitamo-nos então, afirmo eu, a enfatizar um ponto que toda a gente aceita. E se estamos interessados em conjeturas ousadas — ainda que estas dentro em breve se possam revelar falsas — é porque o nosso instinto metodológico nos diz que só com a ajuda delas nos podemos permitir a esperança de descobrir uma verdade interessante e relevante.

Há aqui um ponto que, segundo creio, caberá especificamente ao lógico analisar. A «relevância» ou «interesse», no sentido aqui visado, pode ser *objetivamente* analisada; é relativa aos nossos problemas e depende do poder explicativo, e, nessa medida, do conteúdo, ou improbabilidade, da informação. As medidas anteriormente mencionadas (e desenvolvidas na Adenda deste volume) são precisamente medidas que levam em linha de conta um dado *conteúdo relativo* da informação — o seu conteúdo relativamente a uma hipótese ou a um problema.

Posso, por conseguinte, admitir de bom grado que os falsificacionistas como eu próprio preferem, de longe, uma tentativa de resolver um problema interessante por meio de uma conjetura ousada, *mesmo* (e sobretudo no caso de) que ela, *em breve, se venha a revelar falsa*, a qualquer recitação de uma sequência de truísmos irrelevantes. Nós preferimos a conjetura porque acreditamos que é deste modo que podemos aprender com os nossos erros; e acreditamos que, ao descobrir que ela era falsa, teremos aprendido muito sobre a verdade e ficado um pouco mais próximos dela.

Eu defendo, por conseguinte, que ambas as ideias — a ideia de verdade no sentido de correspondência com os factos e a ideia de conteúdo (que pode ser mensurado da mesma forma que a testabilidade) — desempenham papéis de idêntica importância nas nossas considerações, e que ambas podem lançar forte luz sobre a ideia de progresso em Ciência.

X

Olhando para o progresso do conhecimento científico, muitas pessoas foram levadas a dizer que, apesar de não sabermos quão perto, ou quão longe, estamos da verdade, nós podemos — e frequentemente conseguimos — *aproximar-nos cada vez mais da verdade*. Eu próprio disse, por vezes, coisas semelhantes no passado, mas sempre com a consciência algo intranquila. Não que eu considere que devamos ser demasiado picuinhas com o que dizemos: desde que falemos tão claramente quanto possível — sem, no entanto, fingirmos que o que estamos a dizer é mais claro do que efetivamente é — e desde que não tentemos derivar consequências aparentemente exatas de premissas dúbias ou vagas, não virá qualquer mal ao mundo se cometermos uma ou outra imprecisão ocasional, ou se verbalizarmos de vez em quando os nossos sentimentos e impressões intuitivas gerais acerca das coisas. Todavia, sempre que eu escrevia ou dizia algo sobre a Ciência como meio de aproximação ou abordagem da verdade, sentia que essa palavra «Verdade» deveria ser realmente escrita com um «V» maiúsculo, de modo que ficasse bem claro que estava ali implícita uma noção vaga e altamente metafísica, em contraste com a «verdade» de Tarski, que nós podemos, de consciência tranquila, escrever da forma usual, em letras minúsculas.([17])

Foi só muito recentemente que me pûs a refletir se a ideia de verdade aqui envolvida seria, de facto, assim tão perigosamente vaga e metafísica. Concluí quase imediatamente que não, e que não existia nenhuma dificuldade particular em aplicar-lhe a ideia fundamental de Tarski.

Não há, efetivamente, qualquer razão que nos impeça de dizer que uma dada teoria corresponde melhor aos factos do que uma outra. Este simples passo inicial torna tudo claro: não existe realmente aqui nenhuma barreira entre o que, à primeira vista, parecia ser a Verdade com um «V» maiúsculo e a verdade num sentido *tarskiano*.

Mas será que podemos mesmo falar de uma *melhor* correspondência? Existirá algo a que se possa chamar *graus* de verdade? Não será perigosamente enganador falar como se a verdade de Tarski estivesse localizada algures, numa espécie de espaço métrico ou, pelo menos, topológico, de tal modo que poderíamos judiciosamente afirmar a respeito de duas teorias — digamos, uma teoria anterior t_1 e uma teoria posterior t_2 — que t_2 suplantou ou

---

([17]) Reservas semelhantes são manifestadas por Quine quando critica Peirce por este operar com a ideia de aproximação à verdade. Ver W. V. Quine, *Word and Object*, New York, 1960, p. 23.

progrediu para lá de t_1, aproximando-se mais da verdade do que esta última?

Não creio que esta maneira de falar seja, de forma alguma, enganadora. Acredito, pelo contrário, que nós não podemos, em absoluto, passar sem uma ideia como esta, de uma maior ou menor aproximação à verdade — pois não há qualquer dúvida de que nós frequentes vezes podemos, e queremos, dizer que uma teoria t_2 corresponde melhor aos factos, ou que, até ao ponto em que a conhecemos, parece corresponder melhor aos factos do que uma outra teoria t_1.

Vou apresentar aqui uma lista algo assistemática de seis tipos de casos em que nos sentiríamos inclinados a dizer que uma teoria t_1 foi suplantada por t_2, no sentido em que t_2 parece — de uma forma ou doutra, e tanto quanto sabemos — corresponder melhor aos factos do que t_1.

(1) t_2 faz asserções mais precisas do que t_1, e essas asserções mais precisas resistem a testes mais rigorosos.

(2) t_2 tem em conta e explica um maior número de factos do que t_1 (o que incluirá, por exemplo, o caso acima citado de que, sendo os outros fatores idênticos, as asserções de t_2 são mais precisas).

(3) t_2 descreve ou explica os factos em maior detalhe do que t_1.

(4) t_2 passou em testes que t_1 não conseguiu ultrapassar.

(5) t_2 sugeriu novos testes experimentais, não considerados antes de t_2 ter sido concebida (e não sugeridos por t_1, nem mesmo, talvez, aplicáveis a ela); e t_2 ultrapassou esses testes.

(6) t_2 unificou ou relacionou diversos problemas até aqui não relacionados.

Se refletirmos nesta lista, veremos, por conseguinte, que os *conteúdos* das teorias t_1 e t_2 desempenham nela um importante papel. (Lembrar-se-ão de que o *conteúdo lógico* de um enunciado ou de uma teoria *a* é a classe de todos os enunciados que decorrem logicamente de *a*, ao passo que eu defini o conteúdo empírico de *a* como a classe de todos os enunciados básicos que contradizem *a*.)[18]

---

[18] Esta definição é logicamente justificada pelo teorema segundo o qual, se nos ativermos à «parte empírica» do conteúdo lógico, a comparação de conteúdos empíricos e de conteúdos lógicos produzirá sempre os mesmos resultados; e é intuitivamente justificada pela consideração de que um enunciado *a* dirá tanto mais acerca do nosso mundo da experiência quanto mais experiências (isto é, experiências possíveis) excluir (ou interditar). No que respeita aos enunciados básicos, ver também a Adenda 1 desta obra.

Com efeito, na nossa lista de seis casos, o conteúdo empírico da teoria t_2 excede o da teoria t_1.

Esta reflexão sugere-nos que combinemos aqui as ideias de verdade e de conteúdo numa única — a ideia de um grau de melhor (ou pior) correspondência com a verdade, ou de uma maior (ou menor) semelhança ou similaridade com a verdade; ou, para usar um termo já atrás mencionado (em contraste com a probabilidade), a ideia de (graus de) *verosimilhança*.

Convém notar que a ideia de que todos os enunciados ou teorias não são apenas verdadeiros ou falsos, mas têm, independentemente do seu valor de verdade, um certo grau de verosimilhança, não dá origem a nenhuma lógica polivalente — ou seja, a um sistema lógico com mais do que dois valores de verdade, verdadeiro e falso —, e ainda que algumas das coisas por que os defensores da lógica polivalente anseiam pareçam ser concretizadas pela teoria da verosimilhança (e teorias conexas, referidas na secção 3 da Adenda deste volume).

XI

Uma vez visto o problema, depressa cheguei a este ponto. Mas, por estranho que pareça, levei muito tempo a somar dois e dois e a avançar daqui para algo como uma *definição* simples de *verosimilhança* em termos de verdade e de conteúdo. (Nós podemos usar tanto o conteúdo lógico como o empírico e obter desse modo duas ideias de verosimilhança estreitamente relacionadas, que se fundirão, todavia, numa só, se considerarmos aqui apenas teorias empíricas, ou aspectos empíricos de teorias.)

Consideremos o *conteúdo* de um enunciado *a*, ou seja, a classe de todas as consequências lógicas de *a*. Se *a* for verdadeiro, então esta classe só poderá consistir em enunciados verdadeiros, porque a verdade é sempre transmitida de uma premissa para todas as suas conclusões. Mas se *a* for falso, então o seu conteúdo consistirá sempre em consequências tanto verdadeiras como falsas. (Exemplo: «Chove sempre ao domingo» é falso, mas a sua consequência de que terá chovido no último domingo é, por acaso, verdadeira.) Deste modo, quer um enunciado seja verdadeiro, quer seja falso, *poderá haver mais ou menos verdade naquilo que nele é dito*, consoante o seu conteúdo consista num maior ou menor número de enunciados verdadeiros.

Vamos chamar à classe das consequências lógicas verdadeiras de *a* o «conteúdo de verdade» de *a* («*Wahrheitsgehalt*», um termo alemão evocativo da frase «há verdade no que dizes» — e de que «conteúdo de verdade pode ser considerado uma tradução —, foi intuitivamente usado durante muito tempo); e vamos chamar à classe das consequências falsas de *a* — mas apenas a essas — o «conteúdo de falsidade» de *a*. (O «conteúdo de falsidade» não é, rigorosamente falando, um «conteúdo», dado que não contém nenhuma das conclusões verdadeiras dos enunciados falsos que constituem os seus elementos. É, no entanto, possível — ver a Adenda — definir a sua medida com a ajuda de dois conteúdos.) Estes termos são exatamente tão objetivos quanto os próprios termos «verdadeiro», «falso» e «conteúdo». Podemos agora dizer:

Partindo do princípio de que o conteúdo de verdade e o conteúdo de falsidade de duas teorias, t_1 e t_2, são comparáveis, nós podemos dizer que t_2 terá uma maior semelhança com a verdade, ou corresponderá melhor aos factos, do que t_1, se, e apenas se,

a) o conteúdo de verdade, mas não o conteúdo de falsidade, de t_2 exceder o de t_1, ou

b) o conteúdo de falsidade de t_1, mas não o seu conteúdo de verdade, exceder o de t_2.

Se trabalharmos agora com a (talvez fictícia) suposição de que o conteúdo e o conteúdo de verdade de uma teoria *a* são, em princípio, *mensuráveis*, poderemos, nesse caso, ir um pouco além desta definição e definir *Vs (a)*, ou seja, uma medida da *verosimilitude* ou *verosimilhança* de *a*. A definição mais simples será:

$$Vs(a) = Ct_V(a) - Ct_F(a)$$

em que $Ct_V(a)$ será uma medida do conteúdo de verdade de *a* e $Ct_F(a)$ uma medida do conteúdo de falsidade de *a*. Uma definição um pouco mais complicada, mas nalguns aspetos preferível, pode ser encontrada na secção 3 da Adenda do presente volume.

É evidente que *Vs (a)* satisfaz as nossas duas exigências, de acordo com as quais *Vs (a)* deveria aumentar

a) se $Ct_V(a)$ aumentar, enquanto $Ct_F(a)$ não aumenta, e

b) se $Ct_F(a)$ diminuir, enquanto Ct_F não diminui.

Algumas considerações adicionais de natureza um pouco mais técnica e as definições de $Ct_V(a)$ e, sobretudo, $Ct_F(a)$ e *Vs (a)* podem ser encontradas na *Adenda*. Aqui, desejo apenas discutir três pontos não técnicos.

XII

O primeiro ponto é o que passo a expor. A nossa ideia de aproximação à verdade, ou de verosimilhança, tem o mesmo carácter objetivo e o mesmo carácter ideal ou regulador que a ideia de *verdade* objetiva ou absoluta. *Não é uma ideia epistemológica ou epistémica* — tal como a verdade ou o conteúdo tão-pouco o são. (Na terminologia de Tarski, trata-se, obviamente, de uma ideia «semântica» como a de verdade ou a de consequência lógica e, nessa medida, a de conteúdo.) Em consequência, temos de distinguir aqui de novo entre a pergunta «Que é que pretende significar quando diz que a teoria $t2$ tem um grau de verosimilhança mais elevado do que a teoria t_1?» e a pergunta «Como é que sabe que a teoria t_2 tem um grau de verosimilhança mais elevado do que a teoria t_1?»

Até aqui, respondemos apenas à primeira questão. A resposta à segunda está dependente dela, e é exatamente análoga à resposta à — de igual modo análoga — pergunta (absoluta, e não comparativa) sobre a verdade: «Eu *não* sei — limito-me a supor. Mas posso examinar criticamente a minha suposição e, caso ela resista a uma crítica rigorosa, esse facto poderá ser tomado como uma boa razão crítica a seu favor.»

O meu segundo ponto é o que se segue. A definição de verosimilhança implica que o seu máximo só seria atingido por uma teoria que fosse não apenas verdadeira, mas de uma verdade totalmente abrangente: que correspondesse a *todos* os factos, por assim dizer, e — escusado será dizer — unicamente a factos *reais*. Este é, obviamente, um ideal muito mais remoto e inatingível do que uma mera correspondência com *alguns* factos (como, por exemplo, em «A neve é habitualmente branca»).

Mas tudo isto se aplica somente ao grau máximo de verosimilhança, e não à *comparação de teorias no que toca ao seu grau de verosimilhança*. Este uso comparativo da ideia é o seu objetivo principal; e a ideia de um grau mais elevado ou mais reduzido de verosimilhança parece menos remota e mais aplicável — e, nessa medida, talvez mais importante para a análise dos métodos científicos — do que a própria ideia, em si mesma muito mais fundamental, de verdade absoluta.

E isto conduz-me ao meu terceiro ponto. Deixem-me começar por dizer que não sugiro que a introdução explícita da ideia de verosimilhança vá dar origem a quaisquer mudanças na teoria do método. Penso, pelo contrário, que a minha teoria da testabilidade ou corroboração por meio de testes empíricos é o equivalente metodológico adequado desta nova ideia metalógica. O único aperfeiçoamento é em termos de clarificação. Assim, eu tenho frequentemente dito que nós preferimos a teoria t_2, que ultrapassou determinados testes rigorosos, à teoria t_1, que sucumbiu perante eles, pois uma teoria falsa é certamente pior do que uma outra que, tanto quanto sabemos, pode ser verdadeira.

A isto podemos agora acrescentar que, mesmo após t_2 ter sido, por sua vez, refutada, nós ainda podemos dizer que ela é melhor do que t_1 — pois, embora se tenha demonstrado que ambas eram falsas, o facto de t_2 ter resistido a testes que t_1 não conseguiu ultrapassar pode constituir uma boa indicação de que o conteúdo de falsidade de t_1 excede o de t_2, o que já não acontece com o seu conteúdo de verdade. Deste modo, nós podemos continuar a preferir t_2, mesmo depois da sua falsificação, porque temos razões para pensar que ela concorda melhor com os factos do que t_1.

Todos os casos em que aceitamos t_2, em consequência de experiências que foram cruciais para a escolha entre t_2 e t_1, parecem ser deste tipo — e, em especial, todos os casos em que as experiências foram concebidas tentando imaginar, com a ajuda de t_2, situações em que esta última conduzisse a resultados diferentes de t_1. Desta forma, a teoria de Newton permitiu-nos prever alguns desvios das leis de Kepler. O seu sucesso neste domínio demonstrou que não falhava em casos que refutavam a teoria de Kepler. Pelo menos, o agora conhecido conteúdo de falsidade da teoria de Kepler não fazia parte da teoria de Newton, ao passo que era bem claro que o conteúdo de verdade não podia ter diminuído, uma vez que a teoria de Kepler constituía, relativamente à de Newton, uma «primeira aproximação».

De modo semelhante, é agora possível demonstrar que uma teoria t_2 que seja mais precisa do que t_1 terá — e sempre sob condição de o seu conteúdo de falsidade não exceder o de t_1 — um grau de verosimilhança mais elevado do que esta última. O mesmo se aplicará a t_2 cujas asserções numéricas, embora falsas, se aproximem mais dos valores numéricos verdadeiros do que as de t_1.

Em última análise, a ideia de verosimilhança será mais importante nos casos em que saibamos que temos de trabalhar com teorias que são, *quando muito*, aproximações — ou seja, teorias que efetivamente sabemos não poderem ser verdadeiras. (É o que frequentemente acontece nas Ciências Sociais.) Nestes casos, podemos ainda falar de melhores ou piores aproximações à verdade (e não precisamos, por conseguinte, de os interpretar num sentido instrumentalista).

XIII

Permanece sempre, como é óbvio, a possibilidade de cometermos erros na nossa apreciação relativa de duas teorias, e essa apreciação será, frequentes vezes, um assunto controverso. Nunca será demais insistir neste ponto. Todavia, é também importante que, em princípio — e desde que não se verifiquem mudanças revolucionárias no nosso conhecimento geral —, a apreciação relativa das nossas duas teorias, t_1 e t_2, se mantenha estável. Mais especificamente, as nossas preferências não têm de se alterar, tal como vimos, se acabarmos por refutar a melhor de duas teorias. A dinâmica de Newton, por exemplo, não obstante podermos considerá-la refutada, conservou, evidentemente, a sua superioridade em relação às teorias de Kepler e Galileu. A razão é o seu maior conteúdo ou poder explicativo. A teoria de Newton continua a explicar mais factos do que as anteriores; a explicá-los com maior precisão; e a unificar os problemas, anteriormente desligados, da mecânica celeste e terrestre. A razão para a estabilidade de apreciações relativas como estas é muito simples: a natureza da relação lógica entre estas teorias prende-se, antes de mais, com a realização de experiências decisivas que refutaram os predecessores de Newton; e, em segundo lugar, com o facto de as ulteriores refutações da teoria *newtoniana* não terem podido confirmar as teorias mais antigas: ou não as afetavam, ou (como no caso do movimento no periélio de Mercúrio) podiam ser consideradas infirmações extensivas às teorias precedentes.

Espero ter explicado a ideia de maior concordância com os factos, ou de graus de verosimilhança, com clareza suficiente para o objetivo desta breve análise.

XIV

Talvez seja apropriado fazer aqui um breve comentário sobre os primórdios da confusão entre verosimilhança e probabilidade. Tal como vimos, progresso em Ciência significa progresso em direção a teorias mais interessantes, menos banais e, nessa medida, menos «prováveis» (sendo «provável» tomado num qualquer sentido — como o de *falta* de conteúdo, ou o de maior frequência estatística — que satisfaça o cálculo de probabilidades), e isso significa, regra geral, progresso em direção a teorias menos familiares e menos cómodas ou plausíveis. Todavia, a ideia de uma maior verosimilhança, de uma melhor aproximação à verdade, é habitualmente confundida, de modo intuitivo, com a ideia — totalmente diferente — de uma maior probabilidade (nos seus diversos sentidos de «mais provável do que o contrário», «mais frequente do que o contrário», «parece provável que seja verdade», «afigura-se plausível», «soa convincente»). A confusão é muito antiga. Basta-nos recordar algumas das outras palavras para «provável», tais como «verosimilhante», que provém originalmente de «semelhante à verdade», ou «verosímil» (*«eoikotos»*, *«eikotos»*, *«eikos»*, etc., em Grego; *«verisimilis»* em Latim; *«wahrscheinlich»* em Alemão), para descobrir alguns dos indícios, e talvez algumas das fontes, desta confusão.

Pelo menos dois dos primeiros filósofos pré-socráticos usaram *«eoikota»* no sentido de «semelhante à verdade» ou «similar à verdade». Lemos assim em Xenófanes: «Estas coisas, vamos supor, são semelhantes à verdade».

É bastante claro que o que aqui se pretende significar é «verosimilitude» ou «verosimilhança», e não «probabilidade» ou «grau de certeza incompleta». (De outro modo, as palavras «vamos supor», «conjeture-se» ou «imagine-se» seriam redundantes, e Xenófanes teria escrito algo como «Estas coisas, *diga-se*, são prováveis».)

Usando a mesma palavra *(«eoikota»)*, Parménides escreveu (DK, B8, 60)([19]): «Agora deste mundo arranjado para se assemelhar inteiramente à verdade vos direi eu...».

([19]) Neste fragmento, *«eoikota»* tem sido, na maioria das vezes, traduzido por «provável» ou «plausível». W. Kranz, por exemplo, em Diels-Kranz, *Fragmente der Vorsokratiker*, 6.ª edição, tradu-lo por *«wahrscheinlich-einleuchtend»*, ou seja, «provável e plausível». Ele lê a passagem da seguinte maneira: «Este arranjo do mundo (ou ordem do mundo), expô-lo-ei perante vós, em todas as

Todavia, já na mesma geração ou na seguinte, Epicarmo, numa crítica a Xenófanes, parece ter usado a palavra *«eikotos»* no sentido de «plausível» ou algo semelhante (DK 21 a 15); ainda que não seja de excluir a possibilidade de ele a ter usado no sentido de «semelhante à verdade» e de que tenha sido Aristóteles (a nossa fonte é *Met*. 1010 a 4) que a leu no sentido de «plausível» ou «provável». Seja como for, cerca de três gerações mais tarde, *«eikos»* é inequivocamente usada no sentido de «possível» ou «provável» (ou talvez até de «mais frequentemente que o contrário») pelo sofista Antífon, quando ele escreve (DK, B60): «Se se começa uma coisa bem, é provável que acabe bem».

Tudo isto indica que a confusão entre verosimilhança e probabilidade remonta quase ao início da filosofia ocidental — o que é compreensível se considerarmos que Xenófanes enfatizou a falibilidade do nosso conhecimento, que descreveu como suposição incerta e, na melhor das hipóteses, «semelhante à verdade». Esta frase, segundo parece, ter-se-á prestado a ser mal interpretada no sentido de «incerto e, quando muito, com um razoável grau de certeza» — ou seja, «provável».

O próprio Xenófanes parece ter distinguido claramente entre graus de certeza e graus de verosimilhança. É o que ressalta de um outro fragmento (citado mais atrás, perto do final do capítulo 5 segundo o qual, mesmo que, por sorte, nos acontecesse encontrar e pronunciar a verdade derradeira (ou seja, podemos nós acrescentar, a perfeita verosimilhança), nós não o saberíamos. Deste modo, a grande incerteza será compatível com a maior verosimilhança.

Sugiro que regressemos a Xenófanes e reintroduzamos uma clara distinção entre *verosimilhança* e *probabilidade* (usando este último termo num sentido determinado pelo cálculo de probabilidades).

A diferenciação entre estas duas ideias é tanto mais importante quanto elas se tornaram confusas — porquanto ambas estão

---

suas partes, como algo de provável e plausível.» Ao traduzir «(inteiramente) como verdade» ou «(inteiramente) como a verdade», fui, até certo ponto, influenciado pelo verso (Dk, B 35), atrás citado, de Xenófanes (e também pela obra de K. Reinhardt, *Parmenides*, pp. 5 ss, onde Wilamowitz é referido). Ver igualmente a secção VII da Introdução ao presente volume; a citação de Osiander na secção 1 do cap. 3; a secção XII do cap. 5, mais atrás; e a Adenda 6, mais adiante.

intimamente relacionadas com a ideia de verdade, e ambas introduzem a ideia de uma aproximação gradual à verdade. A probabilidade lógica (não discutimos aqui a probabilidade física) representa a ideia de aproximação à certeza lógica, ou à verdade tautológica, através de uma diminuição gradual do conteúdo informativo. A verosimilhança, por outro lado, representa a ideia de aproximação a uma verdade abrangente. Combina, por conseguinte, verdade e conteúdo, ao passo que a probabilidade combina verdade com falta de conteúdo.[20]

O sentimento de que é absurdo da minha parte negar que a Ciência visa a probabilidade provém, sugiro eu, de uma «intuição» equivocada — da confusão intuitiva entre as duas noções de verosimilhança e de probabilidade que, como agora se verifica, são totalmente diferentes.

4. Conhecimento geral e desenvolvimento científico

XV

As pessoas envolvidas numa fecunda discussão crítica de um problema contam frequentes vezes, mesmo que apenas inconscientemente, com duas coisas: a aceitação, por todos os participantes, do objetivo comum de alcançar a verdade ou, pelo menos, de ficar mais perto dela; e um grau considerável de conhecimento geral comum. Isto não significa que cada um destes dois fatores constitua uma base indispensável para qualquer discussão, ou que estas duas coisas sejam ambas «*a priori*» e não possam ser, por seu turno, criticamente discutidas. Significa tão-só que a crítica nunca parte do nada, embora todos os seus pontos de partida *possam* ser, um por um, postos em causa no decurso de um debate crítico.

Todavia, ainda que todas as nossas suposições possam ser desafiadas, é completamente inviável desafiá-las a todas em simultâneo. Deste modo, toda a crítica deve ser feita por partes (contrariamente à visão holística de Duhem e Quine) — o que constitui uma outra

---

[20] Esta consideração aplica-se, diga-se de passagem, a ambas: a probabilidade absoluta, *p (a)*, e a probabilidade relativa ou condicional, *p (a,b)*; e nós podemos elaborar conceitos absolutos e relativos de verosimilhança correspondentes (embora opostos).

forma de dizer que a máxima fundamental de toda a discussão crítica é que nos devemos cingir ao nosso problema, subdividi-lo, se possível, e não tentar resolver mais do que um problema de cada vez — ainda que possamos sempre, como é óbvio, avançar para um problema secundário, ou substituir o nosso problema por um outro melhor.

Ao discutir um problema, nós aceitamos sempre (mesmo que apenas temporariamente) toda a espécie de coisas como *aproblemáticas*: coisas que constituem inicialmente, e para a discussão de um problema em particular, aquilo a que eu chamo o nosso conhecimento geral. Poucas partes deste *conhecimento geral* nos surgirão em todos os contextos como absolutamente aproblemáticas, e qualquer um dos seus aspectos em concreto *pode* ser posto em causa a qualquer momento, sobretudo se suspeitarmos que a sua aceitação acrítica possa ser responsável por algumas das nossas dificuldades. Mas quase toda a vasta quantidade de conhecimento geral de que constantemente nos socorremos em qualquer discussão informal permanecerá, por razões de ordem prática, necessariamente inquestionada; e a desacertada tentativa de o questionar por inteiro — ou seja, *de partir da estaca zero* — pode facilmente conduzir ao colapso de um debate crítico. (Se fôssemos a iniciar a corrida no ponto de que Adão partiu, não vejo por que motivo haveríamos de chegar mais longe do que ele.)

XVI

O facto de nós, geralmente, tomarmos, num qualquer momento, uma vasta quantidade de conhecimento tradicional (pois quase todo o nosso conhecimento é tradicional) como um dado adquirido não cria nenhuma dificuldade ao falsificacionista ou falibilista. Com efeito, ele não *aceita* este conhecimento geral — nem como comprovado, nem como razoavelmente certo, nem sequer como provável. Ele sabe que mesmo a aceitação experimental desse conhecimento é arriscada e sublinha que nenhuma fração dele é imune à crítica, ainda que feita separadamente, por partes. Nós nunca podemos ter a certeza de estar a questionar a parte indicada; mas, atendendo a que não é certeza que procuramos, isso não tem importância. Notar-se-á que esta observação contém a minha resposta à perspetiva holística de Quine relativamente aos testes empíricos; uma perspetiva que Quine formula (em relação a Duhem) afirmando que os nossos enunciados acerca do mundo exterior não enfrentam o tribunal da experiência dos sentidos individualmente, mas apenas como corpo coletivo.([21]) Ora, tem de se admitir que nós podemos, com frequência, testar só uma grande fração de um sistema teórico, e por vezes, talvez, somente o sistema na sua totalidade; e que, nesses casos, será pura conjetura indicar qual dos seus ingredientes deve ser responsabilizado por qualquer falsificação — um ponto que eu venho tentando enfatizar (referindo-me igualmente a Duhem) de há muito tempo a esta parte.([22]) Embora este argumento possa converter um verificacionista num cético, não afeta aqueles que defendem que todas as nossas teorias não passam, em todo o caso, de suposições.

Por aqui, fica demonstrado que mesmo que a perspetiva holística dos testes fosse verdadeira, o falibilista e falsificacionista não encontraria nisso nenhuma séria dificuldade. Dever-se-á, por outro lado, dizer que o argumento holístico vai demasiado longe. É possível, num bom número de casos, descobrir qual das hipóteses é responsável pela refutação; ou, por outras palavras, que parte, ou grupo de hipóteses, foi necessário para a derivação da hipótese refutada. O facto de essas dependências lógicas poderem ser descobertas é atestado pela prática de *provas de independência* dos sistemas axiomatizados: provas que demonstram que certos axiomas de um sistema axiomático não podem ser derivados do resto. A mais simples destas provas consiste na construção, ou antes, na descoberta de um *modelo* — um conjunto de coisas, relações, operações ou funções — que satisfaz todos os axiomas, à exceção *daquele* cuja independência deve ser demonstrada. Para este único axioma — e, nessa medida, para a teoria como um todo —, o modelo constitui um contraexemplo.

Ora, digamos que temos um sistema teórico axiomatizado, por exemplo, de Física, que nos permite prever que determinadas coisas não aconteçam, e que descobrimos um contraexemplo. Não existe qualquer razão por que não se possa considerar que esse contraexemplo satisfaz a maioria, ou mesmo a totalidade, dos nossos axiomas, à exceção daquele cuja independência ficaria assim

---

([21]) Vd. W. V. Quine, *From a Logical Point of View*, 1953, p. 41.

([22]) Ver a minha *L. Sc. D.*, em especial secções 19 a 22; e, neste livro, o cap. 3, texto da nota 26.

demonstrada. Por aqui, vê-se que o dogma holístico do carácter «global» de todos os testes ou contraexemplos é insustentável. E deste modo, explica-se porque é que, mesmo sem axiomatizar a nossa teoria física, nós podemos bem ter um indício do que havia de errado no nosso sistema.

Diga-se, a propósito, que isto favorece a ideia de que em Física se deve operar com sistemas teóricos altamente analisados — ou seja, com sistemas que, podendo embora fundir todas as hipóteses numa única, nos permitem separar vários grupos de hipóteses, cada um dos quais se poderá tornar objeto de refutação por contraexemplos. (Um excelente e recente exemplo é a rejeição, na teoria atómica, da lei da paridade. Um outro será a rejeição da lei da comutação para as variáveis conjugadas, anterior à sua interpretação como matrizes e à interpretação estatística dessas matrizes.)

XVII

Uma das características da situação do cientista é o facto de nós estarmos constantemente a aumentar o nosso conhecimento geral. Se rejeitarmos algumas partes dele, outras haverá, estreitamente relacionadas com essas, que permanecerão. Por exemplo, apesar de podermos considerar refutada a teoria de Newton — ou seja, o seu sistema de ideias e o sistema dedutivo formal que dele deriva —, nós podemos ainda assumir, como parte do nosso conhecimento geral, a verdade aproximada das suas fórmulas quantitativas.

A existência deste conhecimento geral desempenha um importante papel num dos argumentos que corroboram (segundo creio) a minha tese de que o carácter racional e empírico da Ciência desapareceria se esta deixasse de progredir. Só posso esboçar esse argumento aqui nas suas linhas mais elementares.

Um teste empírico sério constitui sempre uma tentativa de encontrar uma refutação, um contraexemplo. Na busca de um contraexemplo, nós temos de usar o nosso conhecimento geral, dado que tentamos sempre refutar primeiro as previsões *mais arriscadas*, as consequências... *mais improváveis* (como Peirce concluiu já[23]),

---

[23] Vd. *Collected Papers of C. S. Peirce*, vol. VII, 7.182 e 7.206. Devo esta referência a W. B. Gallie (cp. *Philosophy*, 35, 1960, p. 67), e uma referência similar a David Rynin.

o que significa que nós procuramos sempre, nos *tipos* de lugar *mais prováveis*, contraexemplos do género que se afigura *mais provável* — mais provável no sentido de esperarmos encontrá-los à luz do nosso conhecimento geral. Ora, se uma teoria resistir a muitos testes deste género, poderá acontecer que, ao fim de um certo tempo, e em virtude da incorporação dos resultados desses testes no nosso conhecimento geral, não sobre já qualquer espaço onde seja previsível (à luz do nosso novo conhecimento geral) a ocorrência — com elevada probabilidade — de contraexemplos. Mas isto significa uma diminuição do grau de rigor dos nossos testes. E é também essa a razão por que um teste várias vezes repetido deixa de ser considerado significativo ou rigoroso: existe algo como uma lei de proveito decrescente na repetição de testes (em contraste com os testes que, à luz do nosso conhecimento geral, são de um *novo tipo* e podem, nessa medida, ser ainda considerados importantes). Estes factos são inerentes à situação do conhecimento; e foram frequentemente descritos — em especial por John Maynard Keynes e por Ernest Nagel — como difíceis de explicar por uma teoria indutivista da Ciência. Mas para nós a questão é muito simples. E podemos até explicar, mediante uma análise análoga da situação do conhecimento, por que motivo é que o carácter empírico de uma teoria muito bem-sucedida perde a vitalidade ao fim de um certo tempo. Sentiremos então, possivelmente (como Poincaré sentiu a respeito da teoria de Newton), que a teoria não passa de um conjunto de definições ou convenções implícitas — até progredirmos de novo e, pela sua refutação, restabelecermos, acidentalmente, o seu carácter empírico perdido. (De *mortuis nil nisi bene*: uma vez refutada uma teoria, o seu carácter empírico fica assegurado e brilha sem mácula.)

5. Três requisitos para o desenvolvimento do conhecimento

XVIII

Mas regressemos uma vez mais à ideia de aproximação à verdade — à busca de teorias que concordem melhor com os factos (tal como foi indicado pela lista de seis comparações na secção x, mais atrás).

Qual é a situação problemática geral em que o cientista se encontra? Ele tem perante si um problema científico: quer encontrar uma nova teoria, capaz de explicar determinados factos experimentais — factos que as teorias anteriores lograram explicar e factos para que não encontraram explicação satisfatória; e alguns factos pelos quais elas foram efetivamente falsificadas. A nova teoria deverá também resolver, se possível, algumas dificuldades teóricas (como dispensar determinadas hipóteses *ad hoc*, por exemplo, ou como unificar duas teorias). Se o cientista conseguir produzir uma teoria que constitua uma solução para todos estes problemas, realizará um feito notável.

Todavia, isto não é suficiente. Têm-me perguntado: «Que mais quer?» A minha resposta é que há muito mais coisas que eu quero; ou antes, que eu penso serem requeridas pela lógica da situação problemática geral em que o cientista se encontra — pela tarefa de aproximação à verdade. Vou circunscrever-me aqui à discussão de três desses requisitos.

O primeiro requisito é este: a nova teoria deve provir de uma *ideia unificadora simples, nova e poderosa* acerca de alguma conexão ou relação (tal como a atração gravitacional) entre coisas (como planetas e maçãs), factos (como a massa inercial e a massa gravitacional) ou novas «entidades teoréticas» (como campos e partículas) até aí inconexas. Este *requisito de simplicidade* é um pouco vago e parece difícil formulá-lo com grande clareza. Parece estar intimamente ligado à ideia de que as nossas teorias deveriam descrever as propriedades estruturais do mundo — uma ideia que é difícil considerar plenamente sem nos envolvermos numa regressão infinita. (E isto é assim uma vez que qualquer ideia de uma estrutura particular do mundo — a menos que pensemos, de facto, numa estrutura puramente *matemática*— pressupõe já uma teoria universal. Explicar, por exemplo, as leis da química mediante a interpretação das moléculas como estruturas de átomos ou de partículas subatómicas pressupõe a ideia de leis universais que regulem as propriedades e o comportamento dos átomos ou das partículas.) Há, contudo, um ingrediente importante na ideia de simplicidade que pode ser logicamente analisado. É a ideia de testabilidade.[24]

---

[24] Ver as secções 31–46 da minha *L. Sc. D*. Mais recentemente, enfatizei (em conferências) a necessidade de *relativizar* comparações de simplicidade no que concerne àquelas hipóteses que competem entre si *enquanto* soluções

E por aqui somos imediatamente conduzidos ao nosso segundo requisito.

Com efeito, nós precisamos que a nova teoria seja *independentemente testável*.([25]) Ou seja, além de explicar todos os *explicanda* para cuja explicação foi concebida, deverá ter consequências novas e testáveis (de preferência, consequências de um *novo tipo*[26]): deverá conduzir à previsão de fenómenos até aqui não observados.

Este requisito afigura-se-me indispensável, uma vez que sem ele a nossa nova teoria poderia ser *ad hoc* — dado que é sempre possível produzir uma teoria que se adapte a qualquer conjunto de *explicanda*. Deste modo, os nossos dois primeiros requisitos são necessários para restringir o âmbito da nossa escolha entre as possíveis soluções (muitas delas desinteressantes) do problema em questão.

Se o nosso segundo requisito for satisfeito, a nossa nova tentativa representará então, e independentemente de qual possa ser o resultado dos novos testes, um potencial passo em frente. Será, na verdade, mais testável do que a teoria anterior — o facto de explicar todos os *explicanda* da teoria precedente e, em acréscimo, dar origem a novos testes, é suficiente para o assegurar.

Além disso, o segundo requisito assegura também que a nossa nova teoria será, até certo ponto, proveitosa enquanto instrumento de exploração. Ou seja, sugerir-nos-á novas experiências e, ainda que estas conduzam de imediato à refutação da teoria, o nosso conhecimento factual terá aumentado em consequência dos inesperados resultados dessas novas experiências. Ademais, eles confrontar-nos-ão com novos problemas, a ser resolvidos por novas teorias explicativas.

---

de um determinado problema ou conjunto de problemas. A ideia de simplicidade, ainda que intuitivamente ligada à ideia de uma teoria unificada que emerge de *uma* imagem intuitiva dos factos, não pode ser analisada em termos de escassez numérica de hipóteses, uma vez que toda a teoria (finitamente axiomatizável) pode ser formulada num enunciado. E para cada teoria e cada *n* parece existir um conjunto de *n* axiomas independentes (embora não necessariamente «orgânicos» no sentido de Warsaw).

([25]) Acerca da ideia de um *teste independente*, ver o meu ensaio «The Aim of Science», *Ratio*, 1, 1957.

([26]) Ver atrás, cap. 3, secção 6, p. 213.

Acredito, porém, que tem de existir um terceiro requisito para uma boa teoria: o de que ela ultrapasse alguns novos e rigorosos testes.

XIX

Como é óbvio, este requisito tem um carácter totalmente diferente dos dois anteriores. A satisfação ou insatisfação dos dois primeiros podia ser avaliada, em larga medida, por uma análise lógica das antigas e novas teorias (são «requisitos formais»). Em relação ao terceiro, por outro lado, só testando empiricamente a nova teoria será possível descobrir se ele foi ou não preenchido (pois é um «requisito material», um requisito de *sucesso empírico*).

Além do mais, o terceiro requisito não pode, manifestamente, ser indispensável no mesmo sentido que os dois anteriores. Esses dois são indispensáveis para decidir se a teoria em questão deverá, de todo, ser aceite como séria candidata a exame por testes empíricos. Ou, por outras palavras, se é ou não uma teoria interessante e prometedora. Por outro lado, contudo, algumas das mais interessantes e admiráveis teorias até hoje concebidas foram refutadas logo no primeiro teste. E porque não haveriam de o ser? A teoria mais promissora pode falhar se fizer previsões de um novo tipo. Um exemplo disso é a fantástica teoria de Bohr, Kramers e Slater([27]), de 1924, que, na qualidade de feito intelectual, poderia talvez ser equiparada à teoria do átomo de hidrogénio de Bohr, de 1913. Infelizmente, porém, foi quase de imediato refutada pelos factos — pelas experiências coincidentes de Bothe e Geiger.([28]) Por aqui se vê que nem mesmo o maior físico pode adivinhar os segredos da Natureza: as suas inspirações não podem ser mais do que conjeturas e não será culpa sua, ou da sua teoria, se esta for refutada. Mesmo a teoria de Newton acabou por o ser. E nós esperamos, na verdade, continuar deste modo a refutar e a aperfeiçoar cada nova teoria. E se no fim acabam todas refutadas, porque não refutá-las logo de início? Poderíamos perfeitamente dizer que o facto de uma teoria ser refutada após seis meses, em vez de seis anos ou seis séculos, não passa de um mero acidente histórico.

([27]) *Phil. Mag.*, 47, 1924, pp. 785 ss.
([28]) *Zeitschr. F. Phys.*, 32, 1925, pp. 63 ss.

As refutações têm sido frequentemente encaradas como determinantes do fracasso do cientista ou, pelo menos, da sua teoria. Devemos salientar que isto é um erro indutivista. Toda a refutação deve ser considerada um grande sucesso: não somente um sucesso do cientista que refutou a teoria, mas também do cientista que criou a teoria refutada e que foi, dessa forma, o primeiro a sugerir, ainda que indiretamente, a experiência refutadora.

Mesmo que uma teoria tenha uma morte prematura (como a de Bohr, Kramers e Slater), não deveria ser esquecida; pelo contrário, a sua beleza deveria ser recordada e a história deveria registar a nossa gratidão com ela — por nos ter legado novos, e talvez ainda inexplicados, factos experimentais e, com eles, novos problemas; e pelos serviços que desse modo prestou ao progresso científico no decurso da sua curta mas bem-sucedida existência.

Tudo isto indica claramente que o nosso terceiro requisito não é indispensável: mesmo uma teoria que não consiga satisfazê-lo pode prestar um importante contributo à Ciência. Todavia, num sentido diferente, eu considero que é, não obstante, indispensável (Bohr, Kramers e Slater tinham justificadamente em vista mais do prestar um importante contributo à Ciência).

Em primeiro lugar, eu defendo que a continuação do progresso em Ciência se tornaria impossível se nós não conseguíssemos, com razoável frequência, satisfazer o terceiro requisito. Assim, para que o progresso em Ciência continue e a sua racionalidade não enfraqueça, nós precisamos não só de refutações bem-sucedidas como de sucessos inegáveis. Ou seja, temos de conseguir produzir, um razoável número de vezes, teorias que comportem novas previsões, particularmente previsões de novos efeitos, novas consequências testáveis, sugeridas pela nova teoria e nunca anteriormente pensadas.[29] Uma dessas novas previsões era de que os planetas, sob determinadas circunstâncias, se desviariam das leis de Kepler; ou que a luz, a despeito da sua massa zero, se provaria sujeita à atração gravitacional (isto é, ao efeito-eclipse de Einstein). Outro exemplo é a previsão de Dirac de que haverá uma antipartícula para cada partícula elementar. Novas previsões deste género não só têm de ser produzidas como também corroboradas, com razoável

---

[29] Chamei a atenção para «novas» previsões deste género e para o seu significado filosófico no cap. 3.

frequência, por provas experimentais — afirmo eu — para que o progresso científico possa continuar.

Nós precisamos efetivamente deste tipo de sucesso. Não terá sido por acaso que as grandes teorias da Ciência significaram, todas elas, uma nova conquista do desconhecido, um novo êxito na previsão de algo que nunca fora anteriormente pensado. Nós precisamos de sucessos como o de Dirac (cujas antipartículas sobreviveram ao abandono de algumas outras partes das suas teorias), ou o da teoria dos mesões de Yukawa. Nós necessitamos do sucesso, da corroboração empírica de algumas das nossas teorias, quando mais não seja para avaliar a importância de bem conseguidas e estimulantes refutações (tal como a da paridade). Parece-me bastante óbvio que é apenas graças ao êxito temporário das nossas teorias que nós podemos ser razoavelmente bem-sucedidos na atribuição das nossas refutações a parcelas concretas do labirinto teórico. (Pois nós *somos* razoavelmente bem-sucedidos nessa tarefa — um facto que tem de permanecer inexplicado para quem adote as ideias de Duhem e Quine sobre este assunto.) Uma sequência ininterrupta de teorias refutadas depressa nos deixaria desorientados e sem apoio: não teríamos qualquer pista de que partes dessas teorias — ou do nosso conhecimento geral — poderíamos tentativamente atribuir o fracasso de uma dada teoria.

XX

Considerei há pouco que a Ciência estagnaria e perderia o seu carácter empírico se não fossemos capazes de obter refutações. Podemos agora ver que, por razões muito semelhantes, a Ciência estagnaria e perderia o seu carácter empírico se não conseguíssemos obter verificações de novas previsões, ou seja, se apenas conseguíssemos produzir teorias que satisfizessem os nossos dois primeiros requisitos, mas não o terceiro. Pois suponhamos que produzíamos uma sequência ininterrupta de teorias explicativas que explicariam, cada uma delas, todos os *explicanda* do seu âmbito, incluindo as experiências que haviam refutado as suas predecessoras. Cada uma seria também independentemente testável pela previsão de novos resultados, e seria de imediato refutada quando essas previsões fossem postas à prova. Assim sendo, cada uma destas teorias satisfaria os nossos dois primeiros requisitos, mas todas falhariam em satisfazer o terceiro.

Eu afirmo que nós sentiríamos, nesse caso, que estávamos a produzir uma sequência de teorias que, a despeito do seu crescente grau de testabilidade, eram *ad hoc*, e que não estávamos, por conseguinte, nem um pouco mais próximos da verdade. E, de facto, essa sensação poderia bem ser justificada: toda essa sequência de teorias poderia facilmente ser *ad hoc*. Com efeito, se se admite que uma teoria pode ser *ad hoc* se não for independentemente testável por experiências de um novo género, limitando-se a esclarecer todos os *explicanda* — incluindo as experiências que refutaram as suas antecessoras —, então é claro que o mero facto de uma teoria ser também independentemente testável não pode, por si mesmo, assegurar que ela não seja *ad hoc*. Isto torna-se em óbvio se nós considerarmos que será sempre possível, por meio de um vulgar estratagema, tornar uma teoria *ad hoc* independentemente testável *se não exigirmos também que ela ultrapasse os testes independentes em questão:* basta-nos apenas associá-la (conjuntivamente), de uma forma ou doutra, a uma qualquer fantástica previsão *ad hoc*, testável, mas ainda por testar, que nos possa ocorrer (ou a algum escritor de ficção científica).

Deste modo, o nosso terceiro requisito é, à semelhança do segundo, necessário para eliminar teorias banais e outras teorias *ad hoc*.[30] Mas é igualmente necessário pelo que se me afigura serem razões ainda mais sérias.

Eu penso que temos todos os motivos para esperar, e até mesmo para ter esperança, que as nossas melhores teorias sejam suplantadas

---

[30] O dr. Jerzy Gredymin (num ensaio intitulado «A Generalization of the Refutability Postulate», *Studia Logica*, 10, 1960, em especial pp. 103 ss.) formulou um princípio metodológico geral do empirismo, segundo o qual as nossas diversas regras do método científico não devem permitir aquilo a que ele chama uma «estratégia ditatorial»; ou seja, devem excluir a possibilidade de ganharmos sempre o jogo jogado de acordo com essas regras: a Natureza deverá ter a possibilidade de nos derrotar, pelo menos algumas vezes. Se renunciarmos ao nosso terceiro requisito, poderemos então ganhar sempre, sem precisarmos de considerar minimamente a Natureza no que diz respeito à elaboração de «boas» teorias. As especulações acerca das respostas que a Natureza pode dar às nossas perguntas não desempenharão qualquer papel na nossa situação problemática, que será sempre inteira e exclusivamente determinada pelos nossos fracassos anteriores.

e substituídas por outras ainda melhores (embora possamos simultaneamente sentir necessidade de encorajamento na nossa crença de que estamos a fazer progressos). Todavia, isto não deverá, seguramente, induzir-nos a produzir teorias para as ver simplesmente ultrapassadas por outras.

Com efeito, o nosso objetivo enquanto cientistas é descobrir a verdade acerca dos nossos problemas; e devemos olhar para as nossas teorias como sérias tentativas de encontrar a verdade. Mesmo não sendo verdadeiras, essas teorias podem, manifestamente, constituir importantes pontos de apoio no nosso caminho para a verdade, instrumentos para futuras descobertas. Mas isto não significa que nos possamos alguma vez contentar em olhar para elas como *meros* pontos de apoio, *meros* instrumentos — visto que isso implicaria renunciar até à ideia de que elas são instrumentos de *descobertas* teóricas e obrigar-nos-ia a encará-las como simples instrumentos ao serviço de qualquer finalidade observacional ou programática. E eu desconfio que esta perspetiva não seria muito vantajosa, nem mesmo de um ponto de vista pragmático. Se nos contentarmos com olhar para as nossas teorias como meros pontos de apoio, a maioria delas nem essa função desempenhará adequadamente. Não devemos, pois, ter por objetivo teorias que sejam meros instrumentos para a exploração de factos, mas, antes, tentar encontrar teorias genuinamente explicativas: devemos fazer suposições genuínas acerca da estrutura do mundo. Resumindo, não nos devemos dar por satisfeitos com os dois primeiros requisitos.

Como é evidente, o preenchimento do nosso terceiro requisito não está nas nossas mãos. Dose alguma de engenho pode assegurar a criação de uma teoria de sucesso. Precisamos igualmente de sorte; e precisamos também de um mundo cuja estrutura matemática não seja tão intricada que torne o progresso impossível. Pois, na verdade, se nós deixássemos de progredir no sentido do nosso terceiro requisito — se lográssemos apenas refutar as nossas teorias e não conseguíssemos obter verificações de previsões de um novo tipo —, poderíamos perfeitamente decidir que os nossos problemas científicos se haviam tornado demasiado difíceis para nós, porque a estrutura (a existir uma) do mundo estava para lá da nossa capacidade de compreensão. Mesmo nesse caso, poderíamos prosseguir, durante algum tempo, com a elaboração, crítica e falsificação de teorias: o lado *racional* do método científico poderia, durante algum tempo, continuar a funcionar. Estou, porém, convencido de que sentiríamos que, sobretudo no que toca ao funcionamento do seu lado *empírico*, ambos os tipos de sucesso são essenciais: sucesso na refutação das nossas teorias e sucesso de parte delas em resistir a pelo menos algumas das nossas mais determinadas tentativas de as refutar.

XXI

Poder-se-á objetar que isto não passa de um bom conselho psicológico acerca da atitude que os cientistas devem adotar — uma questão que será, no fim de comtas, do seu foro privado — e que uma teoria do método científico digna desse nome deveria ser capaz de produzir argumentos lógicos ou metodológicos em apoio do nosso terceiro requisito. Em vez de apelar para a atitude ou psicologia do cientista, a nossa teoria da Ciência deveria até ser capaz de explicar a sua atitude e a sua psicologia mediante uma análise da lógica da situação em que ele se encontra. Existe aqui um problema para a nossa teoria do método.

Eu aceito este desafio e vou apresentar três razões objetivas: a primeira prende-se com a ideia de verdade; a segunda com a ideia de aproximação à verdade (verosimilhança); e a terceira com a nossa velha ideia de testes independentes e testes cruciais.

(1) A primeira razão por que o nosso terceiro requisito é tão importante é a seguinte: *nós sabemos que se tivéssemos uma teoria independentemente testável que fosse, além do mais, verdadeira, ela oferecer-nos-ia previsões acertadas* (e *apenas* acertadas). As previsões bem-sucedidas — embora não constituam, como é óbvio, condições *suficientes* para a verdade de uma teoria — serão assim, pelo menos, condições necessárias para a verdade de uma teoria independentemente testável. Neste sentido — e somente neste —, o nosso terceiro requisito pode mesmo ser considerado «necessário», caso aceitemos seriamente a verdade como ideia reguladora.

(2) A segunda razão é esta: se é nosso objetivo fortalecer a verosimilhança das nossas teorias, ou aproximarmo-nos da verdade, deveríamos então estar ansiosos não apenas por reduzir o conteúdo de falsidade dessas teorias, mas também por reforçar o seu conteúdo de verdade.

Reconhecidamente, isto pode ser feito, em certos casos, elaborando simplesmente a nova teoria de modo que as refutações da antiga sejam explicadas («salvaguardando os fenómenos», neste caso, as refutações). Mas há outros casos de progresso científico — casos cuja existência demonstra que esta forma de aumentar o conteúdo de verdade não é a única possível.

Os casos em que estou a pensar são casos em que não houve refutação. Nem a teoria de Galileu nem a de Kepler foram refutadas antes de Newton: o que Newton tentou fazer foi explicá-las a partir de suposições mais gerais e, dessa forma, unificar dois campos de investigação até aí desligados. O mesmo poderia ser dito de muitas outras teorias: o sistema ptolemaico não foi refutado quando Copérnico produziu o seu. E embora tenha existido, antes de Einstein, a intrigante experiência de Michelson e Morley, ela havia sido satisfatoriamente explicada por Lorentz e Fitzgerald.

É em casos como estes que as *experiências cruciais* assumem a sua importância decisiva. Nós não temos nenhuma razão para considerar a nova teoria melhor do que a antiga — para acreditar que ela está mais próxima da verdade — até termos derivado dela *novas previsões* impossíveis de obter da teoria anterior (como as fases de Vénus, as perturbações, a equação energia-massa) e até termos concluído que essas novas previsões tiveram êxito — pois só esse êxito demonstra que a nova teoria tem consequências verdadeiras (ou seja, um conteúdo de verdade) onde as antigas tinham consequências falsas (ou seja, um conteúdo de falsidade).

Caso a nova teoria tivesse sido refutada em alguma destas experiências cruciais, nós não teríamos qualquer motivo para abandonar a antiga a seu favor — mesmo que esta última não fosse inteiramente satisfatória. (Foi esse o destino da teoria de Bohr, Kramers e Slater.)

Em todos estes importantes casos, nós precisamos da nova teoria para descobrir onde residiam as deficiências da anterior. A situação será manifestamente diferente se as deficiências da teoria antiga já forem conhecidas antes de a nova ser inventada; mas o caso tem, logicamente, suficiente semelhança com os outros para que consideremos uma nova teoria que conduza a experiências cruciais *novas* (de que é exemplo a equação energia-massa de Einstein) como superior a outra que consiga apenas salvaguardar os fenómenos conhecidos (Lorentz-Fitzgerald).

(3) O mesmo ponto — a importância dos testes cruciais — pode ser demonstrado sem apelar para o objetivo de aumentar a verosimilhança de uma teoria, recorrendo a um velho argumento meu

— a necessidade de tornar independentes os testes das nossas explicações.([31]) Esta necessidade é consequência do desenvolvimento do conhecimento — da incorporação do que era conhecimento novo e problemático no nosso conhecimento geral, com uma consequente perda de poder explicativo por parte das nossas teorias. E são os estes os meus argumentos fundamentais.

XXII

O nosso terceiro requisito pode ser dividido em duas partes: em primeiro lugar, nós exigimos a uma boa teoria que ela seja bem-sucedida nalgumas das suas novas previsões; em segundo, exigimos que ela não seja refutada demasiado depressa — ou seja, antes de ter conhecido um assinalável sucesso. Ambas as exigências se afiguram estranhas. A primeira, porque a relação *lógica* entre uma teoria e qualquer prova corroborante não pode, aparentemente, ser afetada pela questão de a teoria ser ou não anterior à prova; a segunda, visto que, se a teoria está condenada a ser refutada, o seu valor intrínseco dificilmente dependerá da demora dessa refutação.

A nossa explicação desta dificuldade algo intrigante é muito simples: as novas previsões bem-sucedidas que exigimos da nova teoria coincidem com os testes cruciais que ela tem de ultrapassar, em ordem a tornar-se suficientemente interessante para ser aceite como um avanço sobre a sua predecessora e, nessa medida, considerada digna de outras investigações experimentais que possam, finalmente, conduzir à sua refutação.

Todavia, a questão dificilmente poderá ser resolvida por uma metodologia indutivista. Não será, por conseguinte, de admirar que indutivistas como John Maynard Keynes tenham afirmado que o valor das previsões (no sentido de factos derivados da teoria, mas não anteriormente conhecidos) era imaginário. E, na verdade, se o valor de uma teoria residisse meramente na relação entre ela e a sua base comprovativa, seria então logicamente irrelevante que os dados que a corroboram fossem anteriores ou posteriores à sua invenção. De modo semelhante, os grandes fundadores do método hipotético costumavam enfatizar a «salvaguarda dos fenómenos», ou seja, a exigência de que a teoria explicasse a experiência *conhecida*.

([31]) Ver em particular o meu ensaio «The Aim of Science», *Ratio*, 1, 1957.

A busca de previsões *novas* e bem-sucedidas — previsões de novos efeitos — parece ser uma ideia recente, por razões óbvias. Não sei quando, nem com quem, terá ela tido origem. No entanto, a distinção entre a previsão de efeitos conhecidos e a previsão de novos efeitos não terá sido quase nunca explicitamente estabelecida. Mas, a mim, afigura-se-me indispensável enquanto parte de uma epistemologia que encara a Ciência como um progresso em direção a teorias explicativas cada vez mais aperfeiçoadas — ou seja, não meros instrumentos de exploração, mas explicações genuínas.

A objeção de Keynes (segundo o qual, o facto de os dados que corroboram uma teoria já serem conhecidos antes de esta ser proposta — ou, pelo contrário, só o serem posteriormente, conferindo-lhe o estatuto de previsão — constituirá um simples acidente histórico) esquece o facto, sumamente importante, de que é através das nossas teorias que nós aprendemos a observar, ou seja, a *fazer perguntas* que conduzem a novas observações e a novas interpretações. É deste modo que o nosso conhecimento observacional se expande. E as questões colocadas são, regra geral, questões cruciais, suscetíveis de conduzir a respostas decisivas para a escolha entre teorias rivais. A minha tese é que é o *desenvolvimento* do nosso conhecimento, a nossa forma de escolher entre diferentes teorias numa dada situação problemática, que confere racionalidade à Ciência. Ora, tanto a ideia de desenvolvimento do conhecimento como a ideia de situação problemática são, pelo menos em parte, ideias históricas. Assim se explica porque é que uma outra ideia *parcialmente histórica* — a ideia de uma verdadeira previsão de provas (que podem ser relativas a factos passados) ainda não conhecidas quando a teoria foi inicialmente apresentada — pode desempenhar aqui um importante papel, e porque é que o aparentemente irrelevante elemento temporal se pode vir a tornar relevante.([32])

([32]) Os verificacionistas podem pensar que a discussão precedente do que aqui chamei o terceiro requisito constitui uma elaboração perfeitamente desnecessária de algo que ninguém contesta. Os falsificacionistas podem pensar de outro modo. E eu sinto-me pessoalmente muito endividado com o dr. Agassi por me haver chamado a atenção para o facto de eu nunca ter anteriormente explicado com clareza a distinção entre o que aqui designámos por segundo e terceiro requisitos. Ele convenceu-me, pois, a expô-la agora com algum pormenor. Devo, contudo, mencionar que ele discorda de mim no que se refere ao terceiro requisito, que me explicou não poder aceitar, uma vez que para ele não passa de um resquício de modos de pensamento

Vou agora proceder a um breve resumo das nossas conclusões a respeito das epistemologias dos dois grupos de filósofos de que me ocupei, os verificacionistas e os falsificacionistas.

Enquanto os verificacionistas ou indutivistas tentam em vão demonstrar que as crenças científicas podem ser justificadas ou, pelo menos, estabelecidas como prováveis (e deste modo incentivam, pelo seu fracasso, o recuo para o irracionalismo), nós, os do outro grupo, concluímos que não queremos, sequer, uma teoria altamente provável. Assimilando a racionalidade à atitude crítica, nós procuramos teorias que, por muito falíveis que sejam, progridem para lá das suas predecessoras — o que significa que podem ser mais rigorosamente testadas e resistir a alguns dos novos testes. E enquanto os verificacionistas se afadigaram em vão para descobrir argumentos categóricos válidos que apoiassem as suas crenças, nós, pelo nosso lado, estamos convencidos de que a racionalidade de uma teoria reside no facto de a escolhermos por ela ser melhor do que as suas predecessoras; de poder ser submetida a testes mais exigentes e, caso tenhamos sorte, ser até capaz de ultrapassá-los; e de conseguir, em consequência, aproximar-se mais da verdade.

APÊNDICE: UM ENUNCIADO NÃO-EMPÍRICO PRESUMIVELMENTE FALSO, MAS FORMALMENTE MUITO PROVÁVEL

No texto deste capítulo, chamei a atenção para o critério de progresso e de racionalidade baseado na comparação de *graus de testabilidade ou graus de conteúdo empírico ou poder explicativo das teorias*. E fi-lo porque estes graus têm sido, até agora, muito pouco discutidos.

Sempre considerei que a comparação destes graus conduz a um critério mais importante e mais realista do que o *critério*, mais simples, *de falsificabilidade* que em simultâneo propus, e que tem sido amplamente discutido. Mas este critério mais simples

---

verificacionistas. (Ver igualmente o seu ensaio no *Australasian Journal of Philosophy*, 39, 1961, onde ele exprime o seu desacordo na p. 90.) Eu admito que se possa sentir aqui um sopro de verificacionismo; mas este parece-me ser um caso em que temos de o tolerar, se não quisermos, em sua vez, um sopro de uma qualquer forma de instrumentalismo, que encara as teorias como meros instrumentos de exploração.

é igualmente necessário. Para demonstrar a necessidade do critério de falsificabilidade ou testabilidade enquanto critério de determinação do carácter empírico das teorias científicas, vou analisar, como exemplo, um enunciado simples e puramente existencial, formulado em termos puramente empíricos. Espero que este exemplo nos forneça igualmente uma resposta para a crítica, frequentes vezes repetida, de que é injusto excluir da ciência empírica os enunciados puramente existenciais, classificando-os como metafísicos.

O meu exemplo consiste nesta teoria puramente existencial:

«Existe uma sequência finita de coplas elegíacas em Latim que, se forem pronunciadas de uma forma adequada num determinado momento e num determinado lugar, terão por consequência imediata a aparição do Demónio — isto é, de uma criatura de aspeto humano, com dois pequenos chifres e um casco fendido».

Manifestamente, esta teoria impossível de testar será, em princípio, verificável. Ainda que, de acordo com o meu critério de demarcação, esteja excluída como não-empírica e não-científica — ou, se preferirem, metafísica —, já não será objeto dessa exclusão por parte daqueles positivistas que consideram que todos os enunciados bem construídos e, em particular, todos os enunciados verificáveis são empíricos e científicos.

Alguns dos meus amigos positivistas garantiram-me, na verdade, que consideram este meu enunciado existencial sobre o Demónio empírico. Empírico, embora falso, disseram eles. E comentaram que eu estava a confundir enunciados empíricos falsos com enunciados não-empíricos.

Penso, porém, que a confusão, a existir, não é minha. Eu também acredito que este enunciado existencial é falso; mas estou convencido de que é um enunciado falso *metafísico*. E por que motivo, pergunto eu, haveria alguém que o toma por *empírico* por considerar que ele é *falso*? Empiricamente, é irrefutável. Nenhuma observação no mundo poderia comprovar a sua falsidade. Não pode haver qualquer fundamento empírico que a garanta.

E, mais ainda, nós podemos facilmente demonstrar que é um enunciado muito provável. À semelhança de todos os enunciados existenciais, situa-se num universo infinito (ou suficientemente grande), que é *quase logicamente verdadeiro*, para usar uma expressão de Carnap. Deste modo, se o considerarmos empírico, não teremos nenhum motivo para o rejeitar, mas todos os motivos para o aceitar e acreditar nele — especialmente no quadro de uma teoria subjetiva da crença provável.

A teoria da probabilidade diz-nos ainda mais: pode ser facilmente provado que os testemunhos empíricos não só não podem *nunca refutar* um enunciado existencial quase logicamente verdadeiro, como não podem *nunca reduzir a sua probabilidade*.([33]) (Essa probabilidade apenas poderia ser reduzida por uma informação que fosse, pelo menos, «quase logicamente falsa» e não, consequentemente, por um enunciado baseado em dados observáveis.) Assim sendo, a probabilidade empírica, ou o grau de confirmação empírica (no sentido de Carnap), do nosso enunciado acerca da fórmula mágica para invocar o Demónio deverá permanecer sempre, e independentemente dos factos, idêntica à unidade.

Ser-me-ia, evidentemente, fácil corrigir o meu critério de demarcação de modo a incluir este tipo de enunciados puramente existenciais entre os enunciados empíricos. Bastar-me-ia admitir, entre esses enunciados empíricos, não só enunciados testáveis ou falsificáveis, mas também enunciados que pudessem ser, em princípio, empiricamente «verificados».

Acredito, porém, que será melhor não corrigir o meu critério original de falsificabilidade. Com efeito, o nosso exemplo demonstra que, se não quisermos aceitar o meu enunciado existencial acerca da fórmula mágica que invoca o Demónio, teremos então de negar o seu carácter empírico (não obstante o facto de ele poder ser facilmente formalizado em qualquer linguagem-padrão que seja suficiente até para a expressão das asserções científicas mais simples). Ao negar o carácter empírico do meu enunciado existencial, torno possível a sua rejeição por outras razões que não os dados observacionais. (Relativamente a uma análise dessas razões, ver capítulo 8, secção 2; para uma formalização de um argumento análogo, cap. 11, sobretudo pp. 451 ss.)

Por aqui se vê que é preferível, tal como desde há bastante tempo tenho tentado demonstrar, não presumir acriticamente que os termos «empírico» e «bem construído» (ou «significativo») têm de coincidir — e que a situação dificilmente melhorará se

---

([33]) Esta é uma consequência do «princípio da estabilidade» do cálculo de probabilidades. Ver o teorema (26), secção v, do meu ensaio «Creative and Non-Creative Definitions in the Calculus of Probability», *Synthese*, 15, 1963, n.º 2, pp. 167–186.

supusermos, acriticamente, que a probabilidade ou a «confirmabilidade» probabilística pode ser usada como critério do carácter empírico de enunciados ou teorias. Com efeito, um enunciado não-empírico e presumivelmente falso pode ter um elevado grau de probabilidade, tal como aqui ficou demonstrado.

REFUTAÇÕES

REFLECTIONS

Eu penso, Sócrates, como provavelmente tu próprio pensas, que esta vida está totalmente para lá da nossa capacidade ou é, pelo menos, muito difícil alcançar um conhecimento seguro acerca de questões como estas. E, no entanto, um homem seria cobarde se não tentasse com todas as suas forças refutar todos os argumentos acerca delas, recusando-se a desistir antes de se ter extenuado a examiná-las de todos os ângulos. Pois a ele só lhe resta uma de duas coisas: ou tem de aprender, ou descobrir, a verdade sobre estas questões; ou então, caso isso ultrapasse as suas capacidades, tem de lançar mão de uma qualquer teoria humana que se lhe afigure ser a melhor e oferecer maior resistência à refutação. E, firmando-se nela como numa jangada, deve aventurar-se pelo meio dos perigos e navegar com ela pela vida fora a menos que consiga agarrar-se a algo mais forte, menos arriscado, e mais digno de confiança...

PLATÃO

11

A demarcação entre ciência e metafísica

Sumário
Posta em breves palavras, a minha tese resume-se ao seguinte: as reiteradas tentativas de Rudolf Carnap para demonstrar que a demarcação entre ciência e metafísica coincide com a demarcação entre sentido e sem-sentido falharam. A razão é que o conceito positivista de «significado» ou «sentido» (ou de verificabilidade, ou de confirmabilidade indutiva, etc.) é inadequado para efetuar esta demarcação — pelo simples motivo de que a metafísica, apesar de não ser ciência, não tem, por isso, de ser desprovida de sentido. Em todas as suas variantes, a demarcação por falta de sentido tendeu a ser *simultaneamente demasiado restrita e demasiado lata:* contra todas as intenções e pretensões, revelou tendência para excluir teorias científicas como desprovidas de significado, ao mesmo tempo que se mostrava incapaz de excluir até mesmo aquela parte da metafísica que é conhecida como «teologia racional».

Ensaio com que contribuí, em janeiro de 1955, para o volume The Philosophy of Rudolf Carnap, *publicado em 1964, em Library of Living Philosophers, ed. P. A. Schilpp. Desde junho de 1956, e com a permissão do professor Schilpp, tem sido distribuído numa versão em* stencil. *À exceção de algumas pequenas correções estilísticas, não introduzi alterações no texto, ainda que, nos anos que transcorreram desde a sua redação, tenha desenvolvido uma série de pontos em diversas publicações. Vd. em particular a minha* Logic of Scientific Discovery, *apêndice *ix, sobretudo pp. 390 ss.; o apêndice do capítulo 10 do presente volume; um artigo em* Dialética, *11, 1957, pp. 354–374; duas Notas em* Mind, *71, 1962, pp. 69–73, e 76, 1967, pp. 103–110; e I. Lakatos (editor),* The Problem of Inductive Logic, *396, 8. Ver igualmente os contributos de Lakatos e Watkins para este volume.*

1. Introdução

Escrever acerca de Carnap — e como crítica a Carnap — traz-me à memória a altura em que pela primeira vez o encontrei, no seu seminário, em 1928 ou 1929. Faz-me lembrar ainda mais vividamente uma ocasião posterior, em 1932, nas belas montanhas tirolesas, quando tive oportunidade de passar parte das minhas férias em prolongadas discussões críticas com ele e com Herbert Feigl, em companhia das nossas mulheres. Passámos uns dias felizes, inundados de sol, e creio que todos apreciámos imensamente aquelas longas e fascinantes conversas, intercaladas, mas nunca interrompidas, por um pouco de alpinismo. Nenhum de nós jamais esquecerá, estou certo, como Carnap uma vez nos conduziu numa escalada íngreme por uma colina sem caminhos, através de um belo e quase impenetrável matagal de rododendros alpinos; nem como ele nos conduziu, ao mesmo tempo, através de um belo e quase impenetrável matagal de argumentos, cujo tópico induziu Feigl a batizar a nossa colina como «*Semantische Schnuppe*» (algo como «Estrela Cadente Semântica») — ainda que vários anos tivessem de decorrer até Carnap, estimulado pela crítica de Tarski, descobrir o caminho que o levaria da Sintaxe Lógica à Semântica[1].

Encontrei em Carnap não só uma das pessoas mais cativantes que me foi dado conhecer, mas também um pensador totalmente absorvido e consagrado aos seus problemas, e sempre ansioso por escutar uma crítica. E, na verdade, entre outras características que Carnap partilha com Bertrand Russell — cuja influência nele e em todos nós foi maior do que a de qualquer outra pessoa — avulta a sua coragem intelectual em modificar as suas ideias, por influência da crítica, mesmo em pontos de importância fundamental para a sua filosofia.

Eu tinha chegado ao Tirol com o manuscrito de um volumoso livro, intitulado *Die beiden Grundprobleme der Erkenntnistheorie* («Os Dois Problemas Fundamentais da Epistemologia»). Está ainda por publicar[2], mas talvez apareça, um dia, numa tradução inglesa. Partes dele foram posteriormente incorporadas, de uma forma muito abreviada, na minha *Logik der Forschung*. Os «dois

---

[1] Em 1932, Carnap empregou o termo «Semântica» como sinónimo de «sintaxe lógica». Vd. *Erkenntnis*, 3, 1932, p. 177.

[2] Publicado em 1979 por J. C. B. Mohr (Paul Siebeck), Tübingen.

problemas» eram os problemas da indução e da demarcação — a *demarcação entre ciência e metafísica*. O livro continha, entre muitas outras coisas, uma crítica bastante detalhada da doutrina de Wittgenstein e Carnap relativamente à «eliminação» ou «superação» (Uberwindung[3]) da metafísica através da análise do sentido. Eu critiquei essa doutrina, não de um ponto de vista metafísico, mas do ponto de vista de alguém que, estando interessado na ciência, receava que essa doutrina, longe de derrotar a suposta inimiga metafísica, estivesse na realidade a presenteá-la com as chaves da cidade sitiada.

A minha crítica era dirigida, em larga medida, contra dois livros de Carnap, *Der logische Aufbau der Welt* («*Aufbau*», para abreviar) e *Scheinprobleme in der Philosophie,* e alguns dos seus artigos em *Erkenntnis.* Carnap aceitou parte dela([4]), embora sentisse, como se veio a demonstrar([5]), que eu havia exagerado as diferenças entre as minhas ideias e as do Círculo de Viena, do qual ele era um dos mais destacados membros.

Esta réplica silenciou-me durante muitos anos([6]), especialmente porque Carnap tinha prestado uma tão grande atenção à

([3]) Vd. a obra de Carnap, «Oberwindung der Metaphysik durch logische Analyse der Sprache» («The Overthrow of Metaphysics through Logical Analysis of Language»), *Erkenntnis,* 2, 1932, pp. 219 ss.

([4]) Ver a exposição generosamente apreciativa que Carnap faz de algumas das minhas ideias, na altura ainda por publicar, em *Erkenntnis,* 3, 1932, pp. 223 a 228, bem como a discussão de que ela é objeto em *The Logic of Scientific Discovery (L. Sc. D.),* 1959, 1960 (Originalmente publicada em Alemão, em 1934, como *Logik der Forschung,* mas aqui referida sempre por *L. Sc. D.),* nota 1 da secção 29.

([5]) Ver a análise crítica de Carnap da minha *L. Sc. D. in Erkenntnis,* 5, 1935, pp. 290–294, em especial na 293: «Nos seus esforços por caracterizar claramente a sua posição, [Popper] é levado a sobre-enfatizar as diferenças entre as suas ideias e aquelas [...] que com elas têm maiores afinidades [...] [Popper] está, na verdade, muito próximo do ponto de vista do Círculo de Viena. Na sua apresentação, as diferenças parecem muito maiores do que são na realidade.»

([6]) Não publiquei nada que aludisse sequer a estas diferenças de opinião durante os primeiros dez anos após a publicação da minha *L. Sc. D.* (embora lhes tenha feito referência em algumas conferências); e quase nada nos dez anos que se seguiram, isto é, até ter dado início ao presente ensaio — não mais, em todo o caso, do que alguns comentários críticos a Wittgenstein e Schlick (na minha *Sociedade Aberta,* publicada pela primeira vez em 1945; ver notas 51 s., 46, 26 e 48 do cap. 11; ver também os caps. 2, 12 e 14 do presente volume).

minha crítica na sua obra *Testability and Meaning*. Mas nunca deixei de sentir que as diferenças entre as nossas ideias estavam longe de ser imaginárias. E o meu sentimento da sua importância foi muito acentuado pelos mais recentes ensaios e livros de Carnap acerca da probabilidade e da indução.

O objetivo deste ensaio é discutir essas diferenças, até ao ponto em que elas dizem respeito ao problema da demarcação. É com relutância que me exponho, uma vez mais, à acusação de exacerbar as diferenças. (Mas espero que o professor Carnap não se sinta inibido de manifestar a sua opinião pelo receio de me silenciar para o resto dos meus dias. Eu prometo ser mais razoável desta vez.) Aceitei, contudo, o convite para escrever este ensaio; e isso não me deixa outra alternativa que não seja tentar caracterizar as nossas diferenças o mais clara e incisivamente possível. Por outras palavras, tenho de tentar defender a tese de que estas diferenças são reais — tão reais quanto senti que eram ao longo destes últimos vinte e cinco anos.

Na secção 2 deste ensaio, tentarei traçar um breve esboço de algumas das minhas próprias ideias, que constituem a base da minha crítica. Nas últimas secções, tentarei traçar o desenvolvimento — tal como o vejo — das ideias de Carnap sobre o problema da demarcação entre ciência e metafísica. Toda a minha abordagem é mais crítica do que histórica. Mas, se não pretendi ser exaustivo, procurei ser rigoroso na análise dos aspetos históricos.

2. A minha própria visão do problema

Foi em 1919 que, pela primeira vez, me confrontei com o problema de *traçar uma linha de demarcação* entre aqueles enunciados e sistemas de enunciados que podiam ser propriamente descritos como pertencentes à ciência empírica e outros que se poderia, talvez, descrever como «pseudocientíficos» ou (em determinados contextos) «metafísicos», ou que entravam, possivelmente, no âmbito da lógica pura ou da matemática pura.

Este é um problema que tem inquietado muitos filósofos desde o tempo de Bacon, embora eu nunca o tenha visto explicitamente formulado. A ideia mais amplamente aceite era de que a ciência se caracterizava pela sua *base observacional* ou pelo seu *método indutivo*, ao passo que as pseudociências e a metafísica se caracterizariam pelo seu *método especulativo* ou, como Bacon dizia, pelo facto de operarem com «*antecipações mentais*» — algo muito semelhante a hipóteses.

Esta ideia nunca pude eu aceitar. As modernas teorias da Física, sobretudo a de Einstein (amplamente discutida no ano de 1919), eram altamente especulativas e abstratas, e muito afastadas daquilo que se poderia chamar a sua «base observacional». Todas as tentativas de demonstrar que estas teorias estavam mais ou menos diretamente «baseadas em observações» se revelaram inconvincentes. O mesmo se aplicava, até, à teoria de Newton. Bacon havia levantado objeções contra o sistema copernicano, alegando que ele «violentava desnecessariamente os nossos sentidos». E, em geral, as melhores teorias físicas assemelhavam-se sempre ao que Bacon havia rejeitado como «antecipações mentais».

Por outro lado, muitas crenças supersticiosas e muitos métodos da sabedoria popular (para plantar, etc.), que podem ser encontrados em almanaques e manuais de interpretação dos sonhos, tinham muito mais a ver com observações e baseavam-se, sem dúvida, frequentes vezes, em algo como a indução. Os astrólogos, mais particularmente, alegaram sempre que a sua ciência se baseava numa grande abundância de material indutivo. Esta alegação é possivelmente infundada. Mas eu nunca ouvi falar de nenhuma tentativa para desacreditar a astrologia mediante uma investigação crítica do seu pretenso material indutivo. De qualquer das formas, a astrologia foi rejeitada pela ciência moderna por não se coadunar com as teorias e métodos aceites.

Havia, por conseguinte, uma clara necessidade de um critério diferente de demarcação. E eu propus (embora se tenham passado anos até ter publicado esta proposta) que a *refutabilidade ou falsificabilidade* de um sistema teórico fosse tomada como o critério de demarcação. De acordo com esta ideia, que continuo a defender, um sistema só deverá ser considerado científico se fizer asserções que possam colidir com as observações. E um sistema é, de facto, testado por tentativas de produzir essas colisões — ou seja, por tentativas de o refutar. Deste modo, testabilidade será o mesmo que refutabilidade e poderá, por consequência, ser igualmente tomada como critério de demarcação.

Esta é uma perspetiva da ciência que encara a *abordagem crítica* como a sua mais importante característica. Assim sendo, um cientista deve olhar para uma teoria do ponto de vista da sua possibilidade de ser criticamente discutida, ou seja, da sua disposição para se expor ou não a todos os tipos de crítica; e, em caso afirmativo, da sua capacidade de resistência a essas críticas. A teoria de Newton, por exemplo, previu desvios das leis de Kepler (devidos às interações dos planetas) que não tinham sido observados na época. Expôs-se, nessa medida, a tentativas de refutação empírica cujo fracasso significou o sucesso da teoria. A teoria de Einstein foi testada de um modo semelhante. E, na verdade, todos os testes autênticos são tentativas de refutação. Só quando uma teoria consegue resistir à pressão dessas tentativas é que nós podemos declarar que ela foi confirmada ou corroborada pela experiência.

Existem, além disso (como mais tarde descobri[7]) *graus de testabilidade:* algumas teorias expõem-se mais ousadamente do que outras a possíveis refutações. Por exemplo, uma teoria da qual possamos deduzir previsões numéricas precisas acerca da decomposição das linhas espectrais de luz emitidas pelos átomos em campos magnéticos de força variável estará mais exposta à refutação experimental do que uma outra que se limite a prever que um campo magnético influencia a emissão de luz. Uma teoria que seja mais precisa e mais facilmente refutável do que outra será também a mais interessante. Uma vez que é a mais audiciosa, será a *menos provável.* Mas será a mais suscetível de ser bem testada, dado que nós *podemos tornar os nossos testes mais precisos e mais rigorosos.* E, caso ela consiga enfrentar o rigor desses testes, será mais bem confirmada, ou atestada, por eles. *Deste modo, a confirmabilidade (ou atestabilidade ou corroborabilidade) tem de aumentar com a testabilidade.*

Por aqui se vê que o critério de demarcação não pode ser um critério absolutamente nítido, mas terá, ele mesmo, graus. Haverá teorias bem testáveis, teorias dificilmente testáveis e teorias não testáveis. As que não são testáveis não têm qualquer interesse para os cientistas empíricos. Podem ser descritas como metafísicas.

Devo aqui sublinhar de novo um ponto que tem sido frequentes vezes incompreendido. Talvez eu possa evitar essas incompreensões se expuser agora o meu argumento da seguinte maneira:

Imaginemos um quadrado que represente a classe de todos os enunciados de uma linguagem em que pretendamos formular

---

(7) Vd. *L. Sc. D.,* seções 31 a 46.

uma ciência; tracemos uma extensa linha horizontal que o divida em duas metades, superior e inferior; escrevamos «ciência» e «testável» na metade superior, e «metafísica» e «não-testável» na inferior. Compreendereis então, espero eu, que *não* proponho que tracemos a linha de demarcação de modo a fazê-la coincidir com os limites de uma linguagem que inclua a ciência e expulse a metafísica, excluindo-a da classe dos enunciados com sentido. Pelo contrário: logo aquando da minha primeira publicação sobre esta matéria([8]), enfatizei o facto de que seria *inadequado* traçar uma linha de demarcação entre ciência *e* metafísica que excluísse esta última — como desprovida de significado — de uma linguagem com sentido.

Indiquei uma das razões para isto ao dizer que não devemos tentar traçar a linha demasiado vincada. A questão torna-se clara se nos lembrarmos de que muitas das nossas teorias científicas têm origem em mitos. O sistema copernicano, por exemplo, foi inspirado por um culto neoplatónico da luz do Sol, que tinha de ocupar o «centro» em virtude da sua nobreza. Este facto demonstra como é que os mitos podem desenvolver componentes testáveis. No decurso da sua discussão, podem tornar-se proveitosos e importantes para a ciência. Na minha *Logic of Scientific Discovery* ([9]), apresentei diversos exemplos de mitos que adquiriram enorme importância para a ciência, entre eles o atomismo e a teoria corpuscular da luz. Dificilmente clarificaríamos a questão se disséssemos que estas teorias são uma lengalenga sem sentido numa das fases do seu desenvolvimento e que depois adquirem, subitamente, senso e sentido numa outra.

Um outro argumento é o que se segue. Pode acontecer — e surge-nos como um caso importante — que um determinado enunciado pertença à ciência uma vez que é testável, ao passo que a sua *negação* se vem a revelar não testável, tendo, por isso, de ser colocada abaixo da linha de demarcação. É este, na verdade, o caso dos enunciados mais importantes e mais rigorosamente testáveis — as *leis universais da ciência*. Na minha *Logic of Scientific Discovery*, eu recomendei que eles fossem expressos, para determinados fins,

---

([8]) Vd. «Ein Kriterium dês empirischen charakters theoretischer Systeme», *Erkenntnis*, 3, 1933, pp. 426 ss., agora em *L. Sc. D.*, pp. 312–314; ver também a citada *L. Sc. D.*, em especial secções 4 e 10.

([9]) *L. Sc. D.*, secção 85, p. 278.

numa forma como «Não existe nenhuma máquina de movimento perpétuo» (a que por vezes se chama «A formulação de Planck da primeira Lei da Termodinâmica») — ou seja, na forma de uma *negação de um enunciado existencial*. O enunciado existencial correspondente — «Existe uma máquina de movimento perpétuo» — pertenceria, sugeri eu, juntamente com «Existe uma serpente do mar», aos enunciados abaixo da linha de demarcação — ao contrário de «Há uma serpente do mar agora em exibição no Museu Britânico», que está bem acima da linha, uma vez que pode ser facilmente testado. Mas nós não sabemos como testar uma asserção puramente existencial isolada.

Não posso defender aqui a justeza da ideia de que os enunciados puramente existenciais isolados deveriam ser classificados como impossíveis de testar e situados fora do âmbito de interesse do cientista.([10]) Desejo apenas deixar claro que, *se* aceitássemos essa ideia, seria estranho que classificássemos os enunciados metafísicos como sem sentido([11]), ou que os excluíssemos da nossa linguagem. Com efeito, se admitirmos que a *negação* de um enunciado existencial tem sentido, teremos então de admitir que o enunciado existencial em si é igualmente dotado de sentido.

Fui forçado a enfatizar este ponto porque a minha posição tem sido repetidamente descrita como uma proposta para tomar a falsificabilidade ou refutabilidade como critério de *sentido* (em vez de demarcação), ou como uma proposta para excluir os enunciados existenciais da nossa linguagem, ou talvez da linguagem da ciência. Mesmo Carnap, que discute a minha posição em considerável pormenor e a expõe corretamente, sente-se compelido a

---

([10]) *L. Sc. D.*, secção 15. Eu suponho que algumas pessoas consideraram difícil aceitar a ideia de que um enunciado existencial puro ou isolado («Existe uma serpente do mar») fosse classificado como metafísico, ainda que pudesse ser dedutível de um enunciado de carácter empírico («Há agora uma serpente do mar em exibição, à entrada do Museu Britânico»). Mas essas pessoas ignoraram o facto de que: (a) dado que era dessa forma dedutível, o enunciado já não era isolado, pertencendo antes a uma teoria suscetível de ser testada; e (b) se um enunciado é dedutível de um outro enunciado empírico ou científico, não tem, por esse facto, de ser, também ele, empírico ou científico. (Qualquer tautologia pode ser assim deduzida.)

([11]) Mas talvez se possa encontrar nas teorias de Brower uma sugestão de que um enunciado universal poderia ter sentido, ao passo que a sua negação existencial seria desprovida de sentido.

interpretá-la como uma proposta para excluir enunciados metafísicos de uma ou doutra linguagem.([12])

Mas é um facto que, desde a minha primeira publicação sobre esta matéria (ver nota 8, mais atrás), eu sempre rejeitei o problema da falta de sentido como um pseudoproblema; e sempre me opus à ideia de que ele pudesse ser identificado com o problema da demarcação. E é isto ainda o que penso.

3. A primeira teoria de Carnap acerca da falta de sentido

Uma das teorias que eu criticara no meu manuscrito (e posteriormente, de modo mais resumido, na minha *Logic of Scientific Discovery*) era a asserção de que a *metafísica era desprovida de significado e consistia em pseudoproposições sem sentido*. Esta teoria([13]) deveria supostamente ocasionar a «superação» da metafísica, destruindo-a mais radical e efetivamente do que qualquer filosofia antimetafísica anterior. Mas, tal como fiz notar na minha crítica, esta teoria baseava-se numa visão ingénua e «naturalista»([14]) do problema

---

([12]) Ver *Testability and Meaning*, secção 25, p. 26: «Podemos tomar o princípio da falsificabilidade de Popper como um exemplo da escolha desta linguagem» (isto é, de uma linguagem que exclui as proposições existenciais como desprovidas de sentido). E Carnap continua: «Popper é, porém, muito cauteloso na formulação do seu [...] princípio [de demarcação]; não classifica as proposições [existenciais] como desprovidas de sentido, mas apenas como não empíricas ou metafísicas.» Esta segunda parte da citação está perfeitamente correta e parece-me bastante clara. Mas Carnap prossegue: «Talvez ele (Popper) deseje excluir as proposições existenciais e outras proposições metafísicas, não da linguagem em geral, mas apenas da linguagem da ciência empírica». Mas por que motivo supõe Carnap que eu desejo excluí-las de *alguma* linguagem, quando eu repetidamente disse o contrário?

([13]) Carnap e o Círculo de Viena atribuíram-na a Wittgenstein, mas é muito mais antiga. Esta teoria remonta, pelo menos, a Hobbes; e na forma mais à frente descrita como «condição (a)» — que afirma que palavras que simulam denotar entidades inobserváveis não podem ter qualquer significado — foi clara e energicamente usada por Berkeley (e outros nominalistas). Ver cap. 6, e também a minha referência a Hume na secção 4 de *L. Sc. D.*

([14]) Ainda que eu tenha classificado a teoria como «naturalista» (atualmente também lhe chamo «absolutista» e «essencialista»; cf. a nota 19 mais à frente) por razões que podem, talvez, ser visíveis, não me proponho discuti-las aqui; pois a minha crítica da teoria não era, nem é, que ela seja «naturalista», mas sim insustentável. Ver também as passagens referidas na nota 8, mais atrás.

do sentido. Além do mais, os seus divulgadores, na sua ânsia de expulsar a metafísica, não se aperceberam de que estavam a atirar todas as *teorias científicas* para o mesmo monte de sucata das teorias metafísicas (todas elas) sem sentido. Tudo isto, considerei eu, era consequência da tentativa de destruir a metafísica em vez de procurar um critério de demarcação.

A «teoria naturalista» (como lhe chamei) do sentido e da falta de sentido, exposta na obra *Aufbau* de Carnap — que neste aspeto seguiu o *Tractatus* de Wittgenstein —, já foi há muito abandonada por ele. E foi substituída pela doutrina, mais sofisticada, de que uma dada expressão será uma proposição com sentido numa determinada linguagem (artificial) se, e apenas se, obedecer às regras para a construção de fórmulas ou proposições bem construídas nessa linguagem.

Em minha opinião, o desenvolvimento da teoria ingénua ou naturalista para esta doutrina mais sofisticada foi um desenvolvimento extremamente importante e desejável. Mas, pelo que me é dado ver, a sua plena significação não terá sido ainda avaliada; aparentemente, não se terá reparado que ela simplesmente destrói a doutrina da falta de sentido da metafísica.

É por esta razão que vou agora discutir este desenvolvimento em algum pormenor.

Com «teoria naturalista da falta de sentido», refiro-me à doutrina de que toda a expressão linguística que passe por ser uma asserção será ou dotada ou desprovida de sentido — não por convenção, ou em consequência de regras convencionalmente estabelecidas, mas como um facto efetivamente real, ou devido à sua natureza (da mesma forma que uma planta é ou não verde de facto — ou por natureza e não por regras convencionais).

De acordo com o famoso critério da verificabilidade da significação de Wittgenstein, que Carnap aceitou, uma expressão frásica, ou um encadeado de palavras, será uma frase (ou proposição) com sentido se, e apenas se, satisfizer as condições *(a)* e *(b)* — ou uma condição *(c)* que será enunciada mais tarde:

(a) Todas as palavras que nela ocorrem têm sentido, *e*
(b) Todas as palavras que nela ocorrem combinam-se adequadamente entre si.

De acordo com a condição *(a)* da teoria (que remonta a Hobbes e Berkeley), um encadeado de palavras será desprovido de sentido se alguma das suas palavras igualmente o for. Wittgenstein formulou-a no seu *Tractatus* (6.53; itálicos meus): «O método correto da Filosofia é este: quando alguém [...] deseja dizer algo *metafísico*, demonstrar-lhe que *não conferiu significado a determinados signos das suas proposições*». De acordo com Hobbes e Berkeley, a única forma de conferir significado a uma palavra seria ligando-a (associando-a) a determinadas experiências ou fenómenos observáveis. O próprio Wittgenstein não foi explícito neste ponto, contrariamente a Carnap. Este, no seu *Aufbau*, tentou demonstrar que todos os *conceitos usados nas ciências poderiam ser definidos com base na («minha própria») experiência observacional ou percetual*. Chamou a essa definição de um conceito a sua «constituição» e ao sistema de conceitos daí decorrentes um *«sistema constitutivo»*. E afirmou que os *conceitos metafísicos não podiam ser constituídos*.

A condição *(b)* da teoria deve-se a Bertrand Russell, que sugeriu([15]) que certas «combinações de símbolos», que parecem proposições, «têm de ser absolutamente destituídas de sentido, e não simplesmente falsas» se queremos evitar determinados paradoxos. Russell não pretendia fazer uma *proposta* — a proposta de que deveríamos *considerar* estas combinações como contrárias a algumas regras (parcialmente convencionais) de construção de proposições, no sentido de evitar os paradoxos. Russell *pensou antes ter descoberto o facto* de que estas fórmulas aparentemente significativas não exprimiam nada, sendo, pois, por natureza ou essência, pseudoproposições sem sentido. Uma fórmula como «a é um elemento de a» ou «a não é um elemento de *a*» parecia uma proposição (uma vez que continha dois sujeitos e um predicado de dois termos); mas não era uma proposição (ou frase) genuína porque uma fórmula como «*x é* um elemento de *y*» só poderia ser uma proposição se *x* pertencesse a um tipo de nível inferior ao de *y* — uma condição que não poderia, obviamente, ser satisfeita se «*x*» e «*y*» fossem ambos substituídos pelo mesmo símbolo «*a*».

Deste modo, demonstrava-se que a inobservância do nível de tipo das palavras (ou das entidades por elas designadas) podia converter expressões aparentemente preposicionais em expressões sem sentido. E, de acordo com o *Tractatus* de Wittgenstein

---

([15]) Ver, por exemplo, *Principia Mathematica*, 2.ª ed., p. 77.

e, mais explicitamente, com *Aufbau* de Carnap, esta confusão foi uma das mais importantes fontes da falta de sentido da metafísica, isto é, da apresentação de pseudoproposições como proposições. Em *Aufbau*([16]), é designada como «confusão de esferas»; e é o mesmo tipo de confusão a que hoje frequentemente se chama um «erro de categoria»([17]). Segundo o *Aufbau,* por exemplo, «as minhas próprias "experiências" ("das *Eigenpsychische"*), os corpos físicos e as experiências dos outros ("das *Fremdpsychische*") pertencem todos a diferentes esferas, tipos ou categorias, e uma confusão entre eles conduz inevitavelmente a pseudoproposições e pseudoproblemas». (Carnap descreve a diferença entre entidades físicas e psicológicas como uma diferença entre «*dois tipos de ordem*»([18]) existentes no interior de *uma* espécie ou ordem de *entidades últimas,* o que o conduz a uma solução do problema corpo-mente na linha de um «monismo neutral».) O perfil que acabo de traçar da teoria «ingénua» ou «naturalista»([19]) das expressões linguísticas dotadas e desprovidas de sentido retrata apenas um lado desta teoria. Existe um outro: o chamado «critério de verificabilidade» que pode ser formulado como a condição *(c):*

(c) Uma suposta proposição (ou frase) será genuína se, e apenas se, for uma função de verdade de — ou for redutível a — proposições elementares (ou atómicas) que expressem observações ou perceções.

Por outras palavras, uma suposta proposição terá sentido se, e apenas se, estiver relacionada com outras proposições baseadas na observação, de modo que a sua verdade decorra da verdade

---

([16]) «*"Sphaerenvermengung";* ver *Aufbau,* secção 305; a «*Sphaere*» é identificada com o *tipo lógico* na secção 180, p. 254.

([17]) Vd. G. Ryle, *The Concept of Mind,* 1949. O uso da expressão «categoria» pode ser reportado à expressão «categoria semântica» *(Bedeutungskategorie)* de Husserl; ver as suas *Logische Untersuchungen,* 2, Parte I (2.ª ed.), 1913, p. 13, 318. Exemplos de erros de categoria apresentados por Husserl são: *«verde é ou»* (p. 54); *«um redondo ou»; «um homem e é»* (p. 334). Compare o exemplo de Wittgenstein: *«Sócrates é idêntico».* Para uma crítica da teoria dos erros de categoria, ver caps. 12 s., mais à frente; e também o muito notável ensaio de J. J. Smart, «A Note on Categories», *B. J. P. S.,* 4, 1953, pp. 227 ss.

([18]) «*Ordnungsformen*»; ver *Aufbau,* secção 162, p. 224; ver igualmente a bibliografia, p. 225.

([19]) Presentemente, inclinar me-ia a chamar-lhe teoria «essencialista», de acordo com os meus livros *A Pobreza do Historicismo,* secção 10, e *A Sociedade Aberta,* em especial o cap. 11.

dessas mesmas proposições. «É certo», escreve Carnap([20]), «que um encadeado de palavras só terá sentido se nos forem dadas as suas relações de derivabilidade de proposições protocolares [proposições observacionais]»; ou seja, se «o modo da [sua] verificação [...] for conhecido».([21])

As condições *(a)* e *(b)*, por um lado, e *(c)*, por outro, foram declaradas como equivalentes por Carnap.([22])

Uma das conclusões desta teoria foi, nas palavras de Carnap([23]), «que as alegadas proposições da metafísica se revelam, pela análise lógica, pseudoproposições».

A teoria de Carnap acerca do sentido, ou da falta de sentido, intrínseco dos encadeados de palavras em breve seria modificada. Mas, com vista a preparar a base para ajuizar dessas modificações, tenho de introduzir aqui algumas palavras de crítica.([24])

Em primeiro lugar, uma palavra sobre *(c)*, o critério de verificabilidade da significação. Este critério exclui do domínio do sentido todas as teorias científicas (ou «leis da natureza»), uma vez que estas não serão mais redutíveis a enunciados de observação do que as chamadas pseudoproposições metafísicas. *Deste modo, o critério da significação conduz a uma demarcação errada entre ciência e metafísica.* Esta crítica foi aceite por Carnap nas suas obras *Logical*

([20]) Ver o seu ensaio sobre a superação da metafísica — *Overthrow of Metaphysics, Erkenntnis*, 2, 1932, pp. 222–223. Este ensaio já não pertence, rigorosamente falando, ao período da *primeira* teoria da falta de sentido, em virtude do seu reconhecimento do facto de que essa falta de sentido *depende da linguagem em questão*. Com efeito, Carnap escreve (p. 220): «O *sem sentido*, em termos precisos, é uma série de palavras que, dentro de uma determinada linguagem, não constituem uma proposição». Todavia, as consequências óbvias desta observação não são ainda extraídas, e a teoria continua a ser afirmada em sentido absoluto: as nossas condições (a) e (b) são formuladas no final da pág. 220, e (c) nas pp. 222–223 (tal como foi citado).

([21]) *Ibid.*, p. 224.

([22]) *Aufbau*, secção 161, p. 222; e secção 179 (cimo da p. 253). Ver também a importante secção 2 do ensaio de Carnap, *Overthrow...*, Erkenntnis, 2, 1932, pp. 221–224. (Pelo seu método geral, esta passagem antecipa de muitas formas a doutrina da redução, que surge na obra de Carnap *«Testability and Meaning»*, exceto que, nesta última, a exigência de verificação é abrandada.)

([23]) *Erkenntnis, 2*, p. 220. Cf. a nota anterior.

([24]) Vd. *L. Sc. D.*, em particular secções 4, 10, 14, 20, 25 e 26.

Syntax of Language(²⁵) e *Testability and Meaning*(²⁶), mas mesmo as suas mais recentes teorias continuam sujeitas a essa crítica, como vou tentar demonstrar na secção 6, mais à frente.

Consideremos, em seguida, a condição (a) da doutrina, a ideia (nominalista) de que só as palavras ou signos empiricamente definíveis têm sentido.

Neste caso, a situação é ainda pior, embora seja muito interessante.

Por uma questão de simplicidade, eu começo a minha crítica com uma forma muito simples de *nominalismo*. É a doutrina de que todas as palavras não-lógicas (ou, como eu prefiro dizer, não-formativas) são nomes — ou de um objeto físico singular, como «Fido», ou nomes partilhados por uma pluralidade de objetos da mesma natureza, como «cão». Deste modo, «cão» pode ser o nome partilhado pelos objetos Fido, Candy e Tiffin. E o mesmo se passa com todas as outras palavras.

Podemos dizer que esta perspetiva interpreta as diferentes palavras *extensionalmente* ou *enumerativamente*. O seu «significado» é dado por *uma lista ou enumeração das coisas que nomeiam:* «esta coisa aqui e aquela coisa ali». Podemos chamar a essa enumeração uma «definição enumerativa» do significado de um nome; e uma linguagem em que todas as palavras (não-lógicas e não-formativas) devam ser enumerativamente definidas pode ser classificada como uma «linguagem enumerativa» ou uma «linguagem puramente nominalista».

Ora, nós podemos facilmente demonstrar que uma tal linguagem puramente nominalista é completamente inadequada a qualquer fim científico. Podemos exprimi-lo dizendo que todas as suas proposições são analíticas — ou analiticamente verdadeiras

---

(²⁵) Ver o final do primeiro parágrafo e também o segundo da p. 321, secção 82; e, especialmente, as seguintes observações de Carnap acerca do Círculo de Viena: «Foi inicialmente sustentado que toda a proposição, para ser significante, tem de ser *completamente verificável* [...] Nesta perspetiva, não havia lugar para as *leis da natureza* entre as proposições da linguagem [...] Popper fez uma crítica pormenorizada da perspetiva segundo a qual as leis não são proposições.» A continuação desta passagem é citada mais à frente, no texto da nota 48. Ver igualmente a nota 71, mais adiante.

(²⁶) Cf. em especial as notas 20 e 25 (e o texto que se segue à nota 25) da secção 23 de *Testability and Meaning* com a nota 7 da secção 4 (e texto) e a nota 1 da secção 78 de *L. Sc. D.*

ou contraditórias — e que nenhuma proposição sintética pode ser nela expressa. Ou, se preferirmos uma formulação que evite os termos «analítico» e «sintético» (que estão atualmente sob fogo cerrado do professor Quine), podemos então pô-la deste modo: numa linguagem puramente nominalista, não é possível formular nenhuma proposição cuja verdade ou falsidade não possa ser decidida mediante uma simples comparação das listas ou enumerações definidoras das coisas que são mencionadas nessa proposição. Deste modo, a verdade ou falsidade de qualquer proposição será decidida assim que se atribuir significado às palavras que nela ocorrem.

E que é isto o que se passa, podemos verificá-lo pelo nosso exemplo: «Fido é um cão» é um enunciado verdadeiro, uma vez que Fido foi uma das coisas por nós enumeradas ao definir «cão». Pelo contrário, «Chunky é um cão» tem de ser falso, pelo simples motivo de que Chunky não foi uma das coisas que apontámos ao elaborar a nossa lista que definia «cão». De modo análogo, se eu apresentar o significado de «branco» por meio de uma lista de que conste: (1) o papel em que estou agora a «escrever», (2) o meu lenço, (3) aquela nuvem ali, e (4) o nosso boneco de neve, então o enunciado «Eu tenho o cabelo branco» será falso, seja qual for a cor do meu cabelo.

É evidente que numa linguagem assim não se podem formular hipóteses. Esta não pode ser uma linguagem da ciência. E, inversamente, toda a linguagem adequada à ciência tem de conter palavras cujo significado não seja dado de um modo enumerativo. Ou, como poderíamos dizer, todas as linguagens científicas têm de fazer uso de *verdadeiros universais*, isto é, de palavras, quer definidas, quer indefinidas, com uma extensão indeterminada, ainda que talvez com um «sentido» intencional razoavelmente definido. (No que se refere à análise intensional do sentido, ver a excelente obra de Carnap, *Meaning and Necessity*.)

A mesma crítica aplica-se precisamente a linguagens mais complicadas, particularmente a linguagens que introduzem os seus conceitos pelo método da abstração extensional (primeiramente usado por Frege e Russell), desde que a classe dos elementos fundamentais em que este método se baseia e as relações fundamentais entre esses elementos sejam, em princípio, extensionalmente dadas por listas. Era este o caso em *Aufbau*, de Carnap. Nessa obra, Carnap opera com uma relação primitiva, «Er» («Experiência de recordação»), que se supõe dada sob a forma de uma *lista de pares*.([27])

Todos os conceitos pertencentes ao seu «sistema constitutivo» seriam, em princípio, extensionalmente definíveis com base nesta relação primitiva «Er», isto é, na lista de pares que conferiam um sentido a esta relação. Em consequência, todos os enunciados que podiam ser exprimidos na sua linguagem seriam verdadeiros ou falsos simplesmente de acordo com o sentido (extensional) das palavras que neles ocorriam: eram todos ou analiticamente verdadeiros ou contraditórios([28]), devido à ausência de verdadeiras palavras universais.([29])

Para concluir esta secção, vou debruçar-me na condição *(b)* da teoria e na doutrina da falta de sentido decorrente dos «erros de tipo» ou «erros de categoria». Esta doutrina foi derivada, tal como vimos, da teoria de Russell, segundo a qual uma expressão como «a é um elemento da classe a» tem de ser — absolutamente, intrinsecamente ou essencialmente, por assim dizer — destituída de sentido.

Ora, esta doutrina desde há muito que se revelou equivocada. É, evidentemente, verdade que nós podemos, tal como Russell, construir uma linguagem (incorporando uma teoria dos tipos) em que a expressão em causa não seja uma fórmula bem constituída. Mas podemos também, de acordo com Zermelo e os seus sucessores (Fraenkel, Behmann, von Neumann, Bernays, Lesniewki, Quine, Ackermann), construir linguagens em que a referida expressão seja bem constituída e, nessa medida, dotada de sentido; e, em

---

([27]) Ver em particular *Aufbau*, secção 108. Carnap diz aí que o seu *Teorema 1*, que afirma a assimetria da primitiva relação «Er», é um *teorema empírico*, uma vez que a sua assimetria pode ser entendida a partir da lista de pares (empiricamente dados). Mas não devemos esquecer que esta é a mesma lista de pares que «constituiu», ou definiu, «Er». Além do mais, uma lista de pares que conduziria à negação do teorema 1, isto é, ao teorema segundo o qual «Er» seria simétrico, não poderia ter sido interpretada como uma lista adequada para «Er», o que é particularmente claro pelas secções 153 a 155.

([28]) Foi esta a crítica a *Aufbau* que apresentei a Feigl quando nos encontrámos pela primeira vez. Foi um encontro que para mim se viria a revelar importantíssimo, dado que foi Feigl quem, um ano ou dois mais tarde, organizou a reunião de férias no Tirol.

([29]) «A Diferença Entre Conceitos Individuais e Conceitos Universais» foi discutida em *Aufbau*, secção 158; e foi objeto de uma breve crítica em *L. Sc. D.*, secções 14 e 25.

algumas delas, seja mesmo um enunciado verdadeiro (relativamente a certos valores de *a*).

Estes são, sem dúvida, factos bem conhecidos. Mas destroem por completo a ideia de uma expressão «inerentemente», «naturalmente» ou «essencialmente» desprovida de sentido. Com efeito, a expressão «*a* é um elemento da classe a» revela-se sem sentido numa linguagem e com sentido noutra — o que demonstra que uma prova de que uma dada expressão é desprovida de sentido nalgumas linguagens não deve ser tomada por prova de uma intrínseca falta de sentido.

Para comprovar uma falta de sentido intrínseca, nós teríamos de comprovar uma série de coisas. Não só teríamos de provar que um pretenso enunciado, afirmado ou apresentado por um qualquer escritor ou falante, era destituído de sentido em todas as linguagens (coerentes), mas também que não podia existir nenhuma proposição com sentido (em qualquer linguagem coerente) que fosse reconhecida pelo escritor ou falante em questão como uma formulação alternativa do que ele pretendia dizer. E nunca ninguém alguma vez sugeriu como é que uma tal prova poderia ser apresentada.

É importante compreender que uma prova de uma intrínseca falta de sentido teria de ser válida para *qualquer linguagem coerente*, e não apenas para *qualquer linguagem suficiente para a ciência empírica*. Poucos metafísicos afirmam que os enunciados metafísicos pertencem ao domínio das ciências empíricas; e ninguém renunciaria à metafísica por lhe dizerem que os seus enunciados não podem ser formulados no âmbito destas ciências (ou no âmbito de uma linguagem adequada a estas ciências). Por fim, a tese original de Wittgenstein e de Carnap era a de que a metafísica é absolutamente desprovida de sentido — que é uma pura algaraviada e nada mais; que tem um carácter possivelmente idêntico ao dos suspiros, gemidos ou lágrimas (ou da poesia surrealista), e não o de um discurso articulado. Para demonstrar a verdade desta tese, seria preciso bem mais do que apresentar uma prova de que a metafísica não pode ser exprimida em linguagens que bastam para as necessidades da ciência.

Mas mesmo essa prova insuficiente não foi nunca apresentada por ninguém, a despeito das muitas tentativas de construir, para a ciência, linguagens isentas de metafísica. Algumas dessas tentativas vão ser analisadas nas duas secções que se seguem.

4. Carnap e a linguagem da ciência

A primeira tentativa de Carnap para «superar» a metafísica saldou-se por um fracasso. A teoria naturalista da falta de sentido revelou-se infundada e o seu único resultado foi uma doutrina tão destrutiva para a ciência como para a metafísica. Em minha opinião, isto terá sido mera consequência de uma imprudente tentativa de destruir a metafísica por inteiro, em vez de tentar eliminar, pouco *a* pouco, os elementos metafísicos das diversas ciências — sempre que fosse possível fazê-lo sem colocar o progresso científico em risco com uma crítica injustificada (como a que foi dirigida por Bacon contra Copérnico, ou por Duhem e Mach contra o atomismo).

Mas, tal como eu disse, a teoria naturalista do sentido já há muito foi abandonada por Carnap. E foi substituída pela teoria de que o facto de uma expressão linguística ser ou não bem constituída dependerá das regras da linguagem a que supostamente pertence — em conjunto com a teoria de que as regras da linguagem não são, com frequência, suficientemente precisas para decidir a questão, o que significa que será necessário introduzir regras mais precisas e, com elas, um *sistema de linguagem artificial*.

Eu quero repetir que considero este um desenvolvimento muito importante, que nos fornece a chave de um considerável número de problemas interessantes. *Mas deixa o problema da demarcação entre ciência e metafísica exatamente no ponto em que estava.* É esta a minha tese.

Pondo a questão de outro modo, a teoria ingénua, naturalista ou essencialista do sentido, que analisei na secção anterior, estava errada e teve de ser substituída por uma teoria de fórmulas bem construídas e, nessa medida, de linguagens que são artificiais por estarem sujeitas a regras definidas. Esta importante tarefa foi, desde então, levada a cabo por Carnap com grande sucesso. Todavia, *esta reformulação do conceito de sentido destrói por completo a doutrina da falta de sentido da metafísica*. E deixa-nos sem esperança de alguma vez reconstruir essa doutrina com base no conceito reformulado de falta de sentido.

Infelizmente, este aspeto parece ter sido ignorado. Com efeito, Carnap e o seu círculo (Neurath foi especialmente influente) tentaram resolver o problema mediante a construção de uma *«linguagem da ciência»* — uma linguagem em que todos os enunciados legítimos da ciência seriam fórmulas bem constituídas, ao passo que nenhuma das teorias metafísicas seria exprimível nela —, fosse por não se dispor da necessária terminologia, fosse por não haver fórmulas bem construídas que as exprimissem.

Eu considero que a tarefa de construir modelos de linguagem artificiais para uma linguagem da ciência é uma tarefa interessante; mas vou tentar demonstrar que a tentativa de combinar esta tarefa com a de destruir a metafísica (tornando-a desprovida de sentido) redundou repetidamente em desastre. A predisposição antimetafísica é uma espécie de preconceito filosófico (ou metafísico) que impediu os construtores de sistemas de levarem convenientemente a cabo a sua obra.

Vou tentar demonstrar isto de forma breve, nesta secção, relativamente *(a)* à *Linguagem Fisicalista*, *(b)* à *Linguagem da Ciência Unificada*, *(c)* às *Linguagens de «Logical Syntax»* e, posteriormente, na secção 5, de forma mais desenvolvida, em relação às linguagens propostas em *«Testability and Meaning»*.

(a) A *Linguagem Fisicalista*. A obra *Aufbau* de Carnap havia advogado aquilo a que ele chamou um *solipsismo metodológico* — e que consistia em tomarmos as nossas próprias experiências como a base sobre a qual os conceitos da ciência (e, consequentemente, a linguagem da ciência) tinham de ser construídos.

Por volta de 1931, Carnap tinha já renunciado a esta tese, sob a influência de Neurath, e adotara a *tese do fisicalismo,* de acordo com a qual havia *uma* linguagem unificada que falava das coisas físicas e dos seus movimentos no espaço e no tempo. Tudo deveria ser exprimível nesta linguagem, ou traduzível para ela, e especialmente a Psicologia, uma vez que era científica. A Psicologia iria tornar-se radicalmente behaviourista. Todos os enunciados com sentido da Psicologia, quer humana, quer animal, deveriam ser traduzíveis num enunciado acerca dos movimentos espacio-temporais dos corpos físicos.

A tendência subjacente a este programa é clara: um enunciado acerca da alma humana iria tornar-se tão falho de sentido quanto um enunciado acerca de Deus. Ora, será talvez justo pôr ao mesmo nível os enunciados acerca da alma e de Deus. Mas já parece questionável que as tendências antimetafísicas e antiteológicas tenham sido muito favorecidas pela colocação de todas as nossas experiências subjetivas, ou antes, de todos os nossos enunciados acerca delas, no mesmo nível de falta de sentido que os enunciados da metafísica. (Os teólogos ou metafísicos ficariam possivelmente muito satisfeitos por saber que enunciados como «Deus existe» ou «A Alma existe» estão *precisamente ao mesmo nível de* «Eu tenho experiências conscientes» ou «Existem sentimentos — como o amor ou o ódio — distinguíveis dos movimentos corporais que frequentemente, mas nem sempre, os acompanham».)

Não há, por conseguinte, necessidade de entrar na questão dos méritos ou deméritos da filosofia behaviourista, ou da tese da tradutibilidade (que não passa, em minha opinião, de uma metafísica materialista envolta em adornos linguísticos — e eu, por mim, prefiro encontrá-la sem adornos): nós vemos que, enquanto tentativa de matar a metafísica, esta filosofia não foi muito eficaz. Como de costume, a vassoura do antimetafísico varreu simultaneamente de mais e de menos. E deixou-nos, em consequência, com uma demarcação desleixada e totalmente insustentável.

Como exemplo ilustrativo do «de mais e de menos», posso talvez citar a seguinte passagem de «Psychology Within the Physical Language»([30]), de Carnap: «A Física está, na sua totalidade, praticamente livre da metafísica, graças aos esforços de Mach, Poincaré e Einstein. Na Psicologia, os esforços para a converter numa ciência livre da metafísica ainda mal começaram.» Ora, «livre da metafísica» significa aqui, para Carnap, redutível a enunciados protocolares. Mas nem mesmo os enunciados físicos mais simples acerca do funcionamento de um potenciómetro — o exemplo é de Carnap([31]) — são redutíveis deste modo. Nem eu vejo qualquer razão por que não devêssemos introduzir estados mentais nas nossas teorias psicológicas explicativas, se na Física (antiga ou nova) nos é permitido explicar as propriedades de um condutor pela hipótese de um «fluido elétrico» ou de um gás eletrónico.

A questão é que todas as teorias físicas dizem muito mais do que aquilo que podemos testar. Se esse «mais» pertence legitimamente à Física, ou se deveria ser eliminado da teoria como «elemento metafísico», é uma dúvida a que nem sempre é fácil responder. A referência de Carnap a Mach, Poincaré e Einstein foi infeliz, uma vez que Mach, mais particularmente, estava ansioso pela eliminação definitiva do atomismo, que — à semelhança de muitos outros positivistas — considerava ser um elemento metafísico da Física.

([30]) Vd. *Erkenntnis*, 3, 1932, p. 117.
([31]) *Op. cit.*, p. 140.

(Ele eliminava demasiado.) Poincaré tentou interpretar as teorias físicas como definições implícitas, uma ideia que Carnap dificilmente poderia considerar mais aceitável. E Einstein foi, durante muito tempo, um crente na metafísica, operando livremente com o conceito de «fisicamente real» — ainda que a pretensiosa verbosidade da metafísica lhe desagrade, sem dúvida, tanto quanto a qualquer um de nós.([32]) Muitos dos conceitos com que a Física trabalha, como os de forças, campos, e mesmo eletrões e outras partículas, são aquilo a que Berkeley (por exemplo) chamava «*qualitates occultae*». Carnap demonstrou([33]) que a suposição de estados conscientes nas nossas explicações psicológicas era exatamente análoga à suposição de uma força — uma *qualitas occulta* — na explicação da «resistência» de um poste de madeira. E acreditava que «uma tal ideia incorre na falácia da hipostasiação»([34]), da qual, considerou, nenhum físico é culpado, embora seja frequentemente cometida pelos psicólogos.([35]) Mas o facto é que nós não podemos explicar a resistência do poste unicamente pela sua estrutura (como foi sugerido por Carnap[[36]]), mas apenas pela sua estrutura em conjunto com leis que fazem amplo uso de «forças escondidas», que Carnap, à semelhança de Berkeley, condenava como ocultas.

Antes de concluir o ponto *(a)* quero apenas mencionar brevemente que este fisicalismo, sendo embora, na minha perspetiva, demasiado fisicalista em muitos aspetos, não era suficientemente fisicalista noutros. Eu acredito, na verdade, que sempre que desejemos submeter um enunciado científico a um teste observacional, *esse teste deverá, num certo sentido, ser fisicalista* — o que significa testarmos as nossas teorias mais abstratas, tanto físicas como psicológicas, derivando delas enunciados acerca do comportamento([37]) dos corpos físicos.

([32]) (Acrescentado na prova.) Quando escrevi isto, Albert Einstein ainda era vivo.

([33]) *Op. cit.*, p. 115.

([34]) *Op. cit.*, p. 116.

([35]) *Op. cit.*, p. 115.

([36]) *Op. cit.*, p. 114.

([37]) Este comportamento, porém, é sempre *interpretado à luz de certas teorias* (o que cria um perigo de circularidade). Não posso fazer aqui uma análise completa do problema, mas posso referir que o comportamento humano, previsto pelas teorias psicológicas, consiste quase sempre não em movimentos puramente físicos, mas, sim, em movimentos físicos que, se interpretados

Eu chamei a estes simples enunciados descritivos, que descrevem estados facilmente observáveis de corpos físicos, «*enunciados básicos*». E afirmei que, em casos em que sejam necessários testes, são esses enunciados básicos([38]) que nós tentamos comparar com os «factos»; e que escolhemos esses enunciados e esses factos por eles serem muito fáceis de comparar e, intersubjetivamente, muito fáceis de testar.

Assim, de acordo com a minha perspetiva, nós não escolhemos — tendo em vista a realização desses testes básicos — relatos acerca das nossas próprias experiências de observação (que são difíceis de testar intersubjetivamente), mas, antes, relatos (facilmente verificáveis) acerca de corpos físicos — incluindo potenciómetros — que tenhamos observado.

Este ponto é importante uma vez que esta minha teoria a respeito do carácter «fisicalista» dos enunciados testáveis se opõe radicalmente a todas aquelas teorias, amplamente aceites, que defendem a ideia de que nós estamos a construir o «mundo externo da ciência» com base nas «nossas próprias experiências». Eu sempre acreditei que isto é um preconceito (ainda bastante generalizado) e que, muito acertadamente, nós nunca confiamos nas «nossas próprias experiências», a menos que estejamos seguros de que elas estão em consonância com ideias intersubjetivamente testáveis.

Ora, neste ponto, as opiniões de Carnap e Neurath eram, na altura, muito menos «fisicalistas». De facto, conservavam ainda uma forma do primitivo «solipsismo metodológico» de Carnap — dado que ambos defendiam que as proposições que constituem a «base empírica» (na minha terminologia) de todos os testes, e que eles designavam por «proposições protocolares», deveriam

---

à luz das teorias, são «significativos». (Assim, se um psicólogo prever que um paciente vai ter pesadelos, sentirá que tinha razão, quer o paciente lhe relate «Tive sonhos maus esta noite», quer ele lhe diga «Quero contar lhe que tive um sonho chocante» — apesar de os dois «comportamentos», isto é, os «movimentos dos lábios», poderem diferir fisicamente mais do que os movimentos correspondentes a uma negação podem diferir dos correspondentes a uma afirmação.)

([38]) Os termos «enunciado básico» («proposição básica» ou «oração básica»: «*Basissatz*») e «base empírica» foram introduzidos em *L. Sc. D.*, secções 7 e 25 a 30. Têm sido desde então frequentemente utilizados por outros autores, em sentidos análogos e diferentes. (Ver agora também a secção I da Adenda do presente volume.)

ser relatos acerca das «nossas *próprias* experiências de observação, ainda que expressados numa linguagem física, isto é, como relatos acerca dos nossos próprios corpos. Na formulação de Otto Neurath, uma proposição protocolar deste tipo deveria ter, por consequência, uma forma muito peculiar. Ele escreveu:([39]) «Uma proposição protocolar completa poderia ser, por exemplo, assim: "O protocolo de Otto às 3.17: [o pensamento verbalizado de Otto foi às 3.16: (No seu quarto, às 3.15, havia uma mesa, observada por Otto)]".» Vê-se que há aqui uma tentativa de incorporação do antigo ponto de partida — as experiências subjetivas do próprio observador, isto é, o «solipsismo metodológico».

Carnap aceitou, mais tarde, a minha ideia. Mas no artigo («On Protocol-Sentences»[40]) em que ele, muito amavelmente, classificou esta minha ideia como «a mais adequada das formas de linguagem científica presentemente advogadas [...] na [...] teoria do conhecimento»([41]), não avaliou ainda bem o facto (claramente avaliado em *Testability and Meaning*, como veremos) de que a diferença entre o meu ponto de vista e o de Neurath envolvia um ponto fundamental: saber se, nos nossos testes, devemos ou não fazer apelo a *factos físicos* simples e observáveis, ou às «nossas *próprias experiências dos sentidos*» (solipsismo metodológico). Carnap disse, por conseguinte, na sua — tirando isso — admirável exposição das minhas ideias, que o sujeito *S* dos testes, «na prática, cessará frequentemente os seus testes» assim que tiver chegado aos «enunciados de observação do sujeito S dos protocolos», isto é, aos enunciados da sua *própria experiência dos sentidos* — ao passo que eu considerara que ele só se deteria quando chegasse a um enunciado relativo a algum *comportamento de um corpo* físico que fosse fácil e intersubjetivamente observável (e que, no momento, não se afigurasse problemático).([42])

O ponto aqui mencionado está, como é óbvio, estreitamente relacionado com o facto de eu nunca ter acreditado na indução (para a qual parece natural partir «das nossas próprias experiências»),

---

([39]) *Erkenntnis*, 3, 1932, p. 207.

([40]) «Uber Protokollsätze», *Erkenntnis*, 3, 1932, pp. 215–228.

([41]) *Op. cit.*, p. 228; cf. *Testability and Meaning* (ver, mais à frente, nota 63 e também a nota que se segue a esta).

([42]) Para uma breve crítica da exposição de Carnap, ver igualmente as notas 1 e 2 da secção 29 de *L. Sc. D.* (A citação no texto que se segue à nota 2 da secção 29 foi extraída da exposição de Carnap.)

mas, sim, num *método de testar previsões* dedutíveis das nossas teorias, ao passo que Neurath acreditava na indução. Nessa altura, eu pensava que, ao expor as minhas ideias, Carnap havia renunciado à sua crença na indução. Se assim era, já a retomou desde então.

(b) A Linguagem da Ciência Unificada. Estreitamente ligada ao fisicalismo estava a ideia de que a linguagem fisicalista era uma linguagem universal, em que tudo quanto tivesse sentido poderia ser exprimido. «*A linguagem física é universal*», escreveu Carnap.[43] «Se, em virtude do seu carácter de linguagem universal, nós adotarmos a linguagem da Física como [...] linguagem da Ciência, toda a Ciência se converterá, então, em Física. *A Metafísica ficará excluída como desprovida de sentido.*[44] As diversas ciências tornar-se-ão partes da Ciência unificada».

É evidente que esta *tese da linguagem universal única da ciência única unificada* está intimamente relacionada com a tese da eliminação da metafísica: se fosse possível expressar tudo aquilo que um cientista não-metafísico poderia desejar dizer numa linguagem que, pelas suas regras, tornasse impossível a expressão de ideias metafísicas, ter-se-ia então demonstrado algo como a razão *prima fade* dos argumentos a favor da conjetura de que a metafísica não pode ser exprimida em nenhuma linguagem «razoável». (Como é óbvio, a conjetura estaria ainda muito longe de comprovada.) Ora, o estranho desta tese da linguagem universal *única* é que, antes de ter sido alguma vez publicada (em 30 de dezembro de 1932), já havia sido refutada por um dos colegas de Carnap no Círculo de Viena. Com efeito, Gödel, através dos seus dois famosos teoremas da incompletude, tinha provado que uma linguagem unificada não seria suficientemente universal, nem mesmo para os propósitos da teoria elementar dos números: ainda que nós pudéssemos construir uma linguagem em que fosse possível *expressar* todas as asserções desta teoria, nenhuma linguagem como essa seria suficiente para formalizar todas as provas daquelas asserções que (numa outra linguagem) podem ser *comprovadas.*

Teria sido, por conseguinte, melhor enjeitar de imediato esta doutrina da linguagem universal única da ciência universal única (atendendo principalmente ao segundo teorema de Gödel, que demonstrou a inutilidade de se tentar discutir a coerência de uma

---

[43] *Erkenntnis*, 3, 1932, p. 108.
[44] *Loc. cit.*, itálicos meus.

linguagem dentro dessa mesma linguagem). Mas mais se passou, desde então, no sentido de demonstrar a impossibilidade da tese da linguagem universal. Estou a pensar sobretudo na prova de Tarski de que toda a linguagem universalista é paradoxal (publicada pela primeira vez em 1933, em Polaco, e em 1935, em Alemão). Mas, a despeito de tudo isto, a doutrina sobreviveu — eu, pelo menos, nunca a vi renegada em lado algum.([45]) E a chamada «Enciclopédia Internacional da Ciência Unificada», que foi fundada sobre esta doutrina (não obstante a minha oposição([46]) no «Primeiro Congresso de Filosofia Científica» em Paris, em 1935) está ainda em continuação. Ficará como monumento a uma doutrina metafísica, outrora apaixonadamente defendida por Neurath e por ele brilhantemente esgrimida como uma arma de peso na cruzada antimetafísica.

([45]) A doutrina é ainda sustentada, no seu essencial (se bem que de um modo mais cauteloso), em *Testability and Meaning* e não sofre modificação nas correções e aditamentos acrescentados a diversas passagens em 1950; ver, mais à frente, nota 52 e texto. Num excelente e agora famoso parágrafo da sua obra *Introduction to Semantics* (secção 39), Carnap refere «como é que as ideias expostas no (seu) livro anterior, *The Logical Syntax of Language*, têm de ser modificadas em consequência, principalmente, do novo ponto de vista da semântica». Mas a *Syntax*, apesar de ter continuado a subscrever a doutrina da ciência unificada numa linguagem unificada (ver em especial a secção 74, o final da p. 286 e pp. 280 ss.), não a analisou em maior profundidade — o que poderá ter sido a razão por que Carnap não considerou a necessidade de modificar esta doutrina.

([46]) Em Paris, opús-me à criação da *Enciclopédia* (Neurath costumava chamar-me «a oposição oficial» do Círculo, embora eu nunca tenha tido a sorte de lhe pertencer). Fiz notar, entre outras coisas, que não teria qualquer semelhança com uma enciclopédia nos termos em que Neurath a concebia, e que iria acabar por ser outra série de artigos de *Erkenntnis*. (No que se refere ao ideal de enciclopédia de Neurath, ver, por exemplo, o seu artigo crítico sobre *L. Sc. D.*, *Erkenntnis*, 5, pp. 353 a 365, em especial a secção 2.) No congresso de Copenhaga, em 1936, a que Carnap não assistiu, eu tentei demonstrar que a doutrina da unidade da ciência e da linguagem universal única era incompatível com a teoria da verdade de Tarski — após o que Neurath opinou, na discussão que se seguiu à minha conferência, que as teorias de Tarski acerca do conceito de verdade deviam ser insustentáveis. E (se a memória não me engana) inspirou Arne Naess, que estava também presente, a levar a cabo um estudo empírico dos usos da palavra «verdade», na esperança de assim refutar Tarski. Ver igualmente o pertinente comentário de Carnap sobre Naess em *Introduction of Semantics*, p. 29.

Não há, na verdade, dúvida de que a forte crença filosófica que inspirou este homem enérgico e amável foi, segundo os seus próprios critérios, puramente «metafísica». Uma ciência unificada numa linguagem unificada é realmente um disparate, lamento dizê-lo. E demonstrável como tal, uma vez que foi provado por Tarski que não pode existir nenhuma linguagem coerente desta natureza. A sua lógica é-lhe exterior. Porque não haveria a sua metafísica de lhe ser igualmente exterior?

Eu não sugiro, evidentemente, que Carnap não soubesse tudo isto; mas sugiro que ele não viu o seu efeito devastador sobre a doutrina da ciência unificada na linguagem unificada.

Poder-se-á objetar, talvez, que eu estou a tomar a doutrina da linguagem unificada demasiado a sério e que não se pretendia uma ciência rigorosamente *formalizada*. (Neurath, por exemplo, costumava falar, sobretudo nas suas últimas publicações, de um «jargão universal», o que indica que não pensava numa linguagem universal *formalizada*.) Eu acredito que isso seja verdade. Mas esta ideia destrói, uma vez mais, a *doutrina da falta de sentido da metafísica*. Com efeito, se não existem *regras* rigorosas *para a formação* desse jargão universal, a asserção de que não podemos nele expressar enunciados metafísicos será, naturalmente, gratuita; e só poderá conduzir-nos de volta à ideia naturalista ingénua da falta de sentido, criticada atrás, na secção 3.

Podemos mencionar, neste contexto, que as descobertas de Gödel (e Church) também ditaram a sorte de outra das doutrinas mais prezadas pelo positivismo (e que é um dos meus ódios de estimação).[47] Estou a pensar na afirmação de Wittgenstein «O *enigma* não existe. Se uma questão pode, de facto, ser formulada, também *pode* ser respondida»[48].

---

[47] Um outro exemplo é o passo 6. 1251 do *Tractatus* (ver também 6. 1261): «Por conseguinte, não pode haver nunca surpresas na Lógica», que é ou banal (a saber, se a «Lógica» estiver confinada ao cálculo proposicional bivalente), ou obviamente errado e extremamente enganador, se atendermos ao passo 6. 234: «A Matemática é um método da Lógica». Eu penso que quase todas as provas matemáticas são surpreendentes. «Meu Deus, isto é impossível!», exclamou Hobbes quando pela primeira vez deparou com a derivação euclideana do teorema de Pitágoras.

[48] *Tractatus*, 6.5. Lemos aí também: «Relativamente a uma resposta que não pode ser expressa, a pergunta tão-pouco poderá ser feita.» Mas a pergunta poderia ser esta: «Esta asserção (por exemplo, a conjetura de

Esta doutrina de Wittgenstein, a que Carnap se refere em «*Aufbau*» ([49]) como «a orgulhosa tese da omnipotência da ciência racional», já era dificilmente sustentável mesmo aquando do seu aparecimento, se nos lembrarmos das ideias de Brouwer, publicadas muito antes de o *Tractatus* ter sido escrito. Com Gödel (especialmente com o seu segundo teorema da indecidibilidade) e Church, a sua situação tornou-se ainda pior — pois com eles aprendemos que não poderemos nunca completar, sequer, os nossos *métodos* de resolver problemas. Deste modo, uma questão matemática bem formulada pode tornar-se «sem sentido» se adotarmos um critério de significação de acordo com o qual o sentido de um enunciado resida no método por que ele pode ser verificado (em matemática: provado ou refutado). Por aqui se vê que podemos ser capazes de formular uma questão (e, de modo idêntico, as possíveis respostas para ela) sem termos a mais vaga ideia de como descobrir qual das possíveis respostas é verdadeira — o que demonstra a superficialidade da «orgulhosa tese» de Wittgenstein.

Carnap foi o primeiro filósofo a reconhecer a imensa importância das descobertas de Gödel, e fez o seu melhor para dá-las a conhecer ao mundo filosófico. E daí que o facto de a conclusão de Gödel não ter produzido a mudança que seria de esperar nos dogmas do Círculo de Viena (dogmas esses, em minha opinião, indubitável e obviamente metafísicos, e todos eles defendidos com demasiada obstinação) relativos à linguagem e ao alcance da ciência seja ainda mais surpreendente.

(c) *Logical Syntax* de Carnap é uma das poucas obras filosóficas a que se pode atribuir uma importância de primeira ordem. É verdade que alguns dos seus argumentos e doutrinas estão ultrapassados, devido sobretudo às descobertas *de* Tarski — como, aliás, o próprio Carnap francamente explica nesse famoso último parágrafo da sua *Introduction to Semantics*. É verdade também que o livro não é fácil de ler (e mais difícil ainda em Inglês do que em Alemão). Mas eu estou firmemente convencido de que, caso se venha alguma vez a escrever uma história da filosofia racional da primeira metade do século xx, este livro deverá ocupar nela um lugar não ultrapassado por nenhum outro. Eu aqui (entalado

---

Goldbach) é demonstrável?» E a resposta verdadeira poderia ser: «Não sabemos; talvez nunca venhamos a saber, e talvez não o possamos saber nunca.»

([49]) Vd. *Aufbau*, secção 183, p. 261, sob «*Literatura*».

entre análises críticas) não posso, sequer, tentar fazer-lhe justiça. Mas um ponto, pelo menos, tenho de mencionar. Foi através deste livro que o mundo filosófico a oeste da Polónia travou, pela primeira vez, conhecimento com o método de analisar linguagens numa «metalinguagem» e de construir «linguagens-objeto» — um método cujo significado para a Lógica e para a fundamentação da Matemática nunca será de mais enfatizar. E foi neste livro que pela primeira vez se reivindicou, e, creio eu, em absoluto se justificou, a suprema importância deste método para a filosofia da ciência. Se me é permitido falar a título pessoal, esta obra (que foi publicada alguns anos antes da minha *Logic of Scientific Discovery*, e que li enquanto o meu livro estava a ser impresso) assinala o início de uma revolução no meu próprio pensamento filosófico, apesar de eu não a ter compreendido inteiramente (em virtude das suas efetivas dificuldades internas, segundo creio) antes de ler o grande ensaio de Tarski sobre o conceito de Verdade (na tradução alemã de 1935). Apercebi-me, então, como é óbvio, de que uma análise metalinguística sintática era inadequada e devia ser substituída por aquilo a que Tarski chamava «semântica».

É claro que acredito que, do ponto de vista do problema da demarcação, a *Sintax* representa um grande passo em frente. Eu digo «é claro» porque estou a aludir ao facto de alguma da minha crítica ter sido aceite neste livro. Parte da passagem relevante é citada mais atrás (na nota 25). Mas o mais interessante do nosso presente ponto de vista é a passagem imediatamente a seguir à citação. Ela demonstra, segundo creio, que Carnap não aceitou o suficiente da minha crítica. «A perspetiva aqui representada», escreve ele[50], «permite uma grande liberdade na introdução de novos conceitos básicos e novas proposições básicas na linguagem da Física ou da ciência em geral; todavia, mantém simultaneamente a *possibilidade de diferenciar pseudoconceitos e pseudoproposições de conceitos e proposições científicos autênticos e, nessa medida, de eliminar os primeiros*». Encontramos aqui de novo a velha tese da falta de sentido da metafísica. Mas é mitigada, ainda que ligeiramente, pela imediata continuação desta passagem (que Carnap coloca entre parêntesis retos e que demonstra a influência da minha crítica, referida por ele na página precedente). Esta eliminação, no entanto, não é tão simples quanto parecia na base da anterior posição do Círculo de

---

[50] *Syntax*, secção 82, p. 332, no cimo. (Os itálicos são de Carnap.)

Viena, que era, no essencial, a posição de Wittgenstein. Segundo essa perspetiva, tratava-se de uma questão «*da* linguagem» em sentido absoluto. Considerava-se possível rejeitar os conceitos e as proposições caso estes não se ajustassem «à linguagem».

A posição indicada por estas passagens (incluindo a brevemente citada mais atrás, na nota 25) pode ser descrita como se segue:

(1) São reconhecidas algumas dificuldades, particularmente as que se prendem ao critério da verificabilidade da significação de Wittgenstein, bem como a inadequação daquilo a que chamei a teoria «naturalista» da falta de sentido (e que corresponde à crença «*na* linguagem» em que as coisas simplesmente são ou não são, por natureza, essencialmente dotadas de sentido).

(2) Mas mantém-se a crença de podermos, por um qualquer golpe de engenho, estabelecer *uma* linguagem que consiga a proeza de tornar sem sentido precisamente os conceitos e proposições da metafísica, e nenhuns outros.

(3) Mesmo a crença de podermos construir uma linguagem universal da ciência unificada continua a ser defendida, em consequência de (2); mas não é salientada, nem examinada em pormenor (ver ponto *(b)* desta secção, mais atrás, e em especial a passagem de *Syntax,* secção 74, p. 286, atrás mencionada na nota 45).

A situação não requer mais críticas da minha parte: já disse praticamente tudo o que precisava de ser dito, nomeadamente que esta abordagem torna a Semântica de Tarski desprovida de sentido e, com ela, a maior parte da teoria da inferência lógica, isto é, da lógica. Apenas mais um — e creio que relevante — comentário se impõe. Uma das dificuldades deste grande e importante livro de Carnap reside na sua ênfase no facto de a sintaxe de uma linguagem *poder* ser formulada dentro dessa mesma linguagem. A dificuldade é maior porque o leitor ainda mal aprendeu a distinguir entre uma linguagem-objeto e uma metalinguagem quando lhe dizem que essa distinção não é, no fim de contas, tão radical quanto ele supusera, dado que a metalinguagem, é agora enfatizado, pode fazer parte da linguagem-objeto.

A ênfase de Carnap está, indubitavelmente, mal colocada. É um facto que parte da metalinguagem (isto é, a sua «sintaxe») pode pertencer à linguagem-objeto. Mas, ainda que esse facto seja muito importante, como sabemos a partir da obra de Gödel, a sua principal utilidade reside na construção de proposições autorreferentes, que constitui um problema altamente especializado.

Do ponto de vista de um melhor entendimento da relação entre linguagem-objeto e metalinguagem, teria sido, sem dúvida, mais sensato tratar a metalinguagem como distinta da linguagem-objeto. Poder-se-ia, naturalmente, ter ainda demonstrado que, pelo menos, uma parte da metalinguagem — e suficiente para os propósitos de Gödel — pode ser expressada na linguagem-objeto sem acentuar a tese errada de que toda a metalinguagem pode ser expressa desta forma.

Ora, não há grandes dúvidas de que foi a doutrina da linguagem universal única, em que a ciência unificada única deveria ser formulada, que conduziu Carnap a esta ênfase que tanto contribui para as dificuldades do seu livro — pois ele esperava construir uma linguagem unificada que eliminasse automaticamente a metafísica. É uma grande pena ver este excelente livro estragado por um dogma antmetafísico — e por uma demarcação incorrecta que elimina, juntamente com a metafísica, as partes mais importantes da Lógica.

A *Syntax* prossegue a doutrina da falta de sentido da metafísica da seguinte forma: todas as proposições com sentido ou pertencem à *linguagem da ciência,* ou (caso sejam filosóficas) podem ser expressas dentro da *sintaxe* dessa linguagem. Esta sintaxe compreende a totalidade da filosofia e da lógica da ciência até ao ponto em que estas são traduzíveis no «modo formal do discurso». Além disso, esta sintaxe pode, se o desejarmos, ser formulada na mesma linguagem («objeto») universal em que todas as ciências podem ser formuladas.

Neste ponto, não é apenas a doutrina da linguagem universal única que eu não posso aceitar: também não posso aceitar o decreto de que aquilo que digo tem de ser traduzível no «modo formal do discurso» para ter sentido (ou ser compreendido por Carnap). Não há dúvida de que nos deveríamos expressar tão claramente quanto possível; e não há dúvida de que aquilo que Carnap chama «o modo formal do discurso» é muitas vezes preferível àquilo que ele designa como «o modo material» (e eu utilizei-o com frequência na minha *Logic of Scientific Discovery*, e, antes disso, sem que me tivessem dito que o fizesse). Mas não é necessariamente preferível. E porque é que haveria de o ser? Talvez porque a *essência* da Filosofia é a análise da linguagem? Mas eu não acredito em essências (nem em Wittgenstein). A forma de nos fazermos compreender melhor só pode ser uma questão de pensamento e experiência.

E por que haveria *toda* a Filosofia de ser análise linguística? Sem dúvida que pode ser frequentemente útil pôr uma questão em termos de construção de linguagem. Mas por que haveriam todas as questões filosóficas de ser deste tipo? Ou será que esta é a única e exclusiva tese não-linguística da Filosofia?

O ataque positivista pôs, por assim dizer, o temor de Deus em todos nós, que queremos falar com sentido. Tornámo-nos mais cuidadosos naquilo que dizemos e no modo como o dizemos, e tudo isso é benéfico. Mas deixemos bem claro que a *tese filosófica de que a análise da linguagem é tudo em Filosofia é paradoxal.* (Eu admito que esta minha crítica já não se aplique, sob esta forma, a *Testability and Meaning*, que substitui a *tese* por uma *proposta* que já não é paradoxal. Não se oferecem, contudo, razões a favor dessa proposta, a não ser a de que é uma versão melhorada da tese; e isso não constitui, a meu ver, razão para a aceitar.)

5. Testabilidade e sentido

A obra *Testability and Meaning* de Carnap é, talvez, o mais interessante e importante de todos os trabalhos na área da filosofia das ciências empíricas que foram escritos no período entre o *Tractatus* de Wittgenstein e a publicação alemã do ensaio de Tarski sobre o conceito de verdade. Foi redigida num período de crise e assinala grandes mudanças nas ideias do seu autor. Ao mesmo tempo, as suas pretensões são muito modestas. «O objetivo deste ensaio não é oferecer [...] soluções [...] Tem antes em vista estimular novas investigações». Este objetivo foi amplamente conseguido: as investigações a que deu origem devem contar-se por centenas.

Substituindo «verificabilidade» por «testabilidade» (ou por «confirmabilidade»), *Testability and Meaning* é, em larga medida — e tal como o título indica —, um tratado acerca do nosso problema central. Tenta ainda excluir a metafísica da linguagem da ciência: «será feita uma tentativa para formular o princípio do empirismo de um modo mais exato, enunciando um requisito de confirmabilidade ou testabilidade como critério de sentido», lê-se na secção 1. E na secção 27 (p. 33) esta indicação surge mais desenvolvida: «Como empiristas, nós exigimos que a linguagem da ciência seja restrita de uma certa forma; exigimos que os predicados descritivos e, nessa medida, as proposições sintéticas, não sejam admitidos, a menos que tenham alguma relação com possíveis observações». O que não deve ser «admitido» é, obviamente, a metafísica: «mesmo que L fosse uma linguagem adequada para toda a ciência [...] não desejaríamos, por exemplo, ter [em L] proposições [correspondentes] para muitas, ou talvez a maioria, das proposições que surgem nos livros dos metafísicos».[51]

Deste modo, a ideia fundamental — excluir a metafísica das fórmulas bem construídas de L, a linguagem da ciência — mantém-se inalterada. E inalterada mantém-se também a ideia da linguagem *única* da ciência. Embora Carnap agora diga, muito claramente, que nós podemos *escolher* a nossa linguagem, e que diferentes cientistas podem *escolhê-la* de modo diverso, ele propõe que aceitemos uma linguagem universal e defende, até, a *tese do fisicalismo* numa forma modificada. Fala com frequência (como nas passagens citadas) *da* linguagem da ciência, ou da possibilidade de se ter uma linguagem para *toda* a ciência, ou ainda da linguagem *integral* ou *total* da ciência.[52] Não se apercebe ainda da impossibilidade de uma tal linguagem.

Carnap é, no entanto, muito cuidadoso na formulação das suas novas ideias. Afirma que podemos escolher entre muitas linguagens da ciência e diz que o «princípio do empirismo» — que surge como um outro nome para o princípio da falta de sentido da metafísica — deveria, de preferência, ser formulado não como uma asserção, mas como «uma proposta ou requisito»[53] para a escolha de uma linguagem da ciência.

Poder-se-ia pensar que, com esta formulação, a ideia de excluir a metafísica como desprovida de sentido foi, de facto, abandonada. O metafísico não teria necessidade nem, evidentemente, vontade de aceitar uma tal proposta; faria, simplesmente, uma outra proposta em seu lugar, de acordo com a qual a metafísica adquiriria sentido (numa linguagem apropriada). Mas não é assim que Carnap vê a situação. Vê-a antes como a tarefa ou dever, imposto ao antimetafísico, de *justificar a sua ideia da falta de sentido da metafísica pela construção de uma linguagem da ciência isenta de metafísica*. E é desta forma, receio bem, que o problema continua a ser visto por muitos.

---

[51] *Testability,* secção 18 (p. 5).

[52] Vd. *Testability,* secções 15 (pp. 46–75) e 27 (p. 33), 18 (p. 5), tal como foi citado, e 16 (pp. 469, 470).

[53] Secção 27 (p. 33).

É fácil demonstrar, recorrendo aos meus velhos argumentos, que é impossível criar uma linguagem dessa natureza.

Tenho por tese que uma linguagem satisfatória para a ciência teria de conter, a par de todas as fórmulas bem construídas, a sua negação; e, uma vez que teria de conter proposições universais, teria igualmente de incluir proposições existenciais.

Mas isto significa que teria de conter proposições que Carnap, Neurath e todos os outros antimetafísicos sempre consideraram metafísicas. Para tornar este ponto bem claro, escolho — como exemplo extremo — aquilo que se pode chamar «*a asserção arquimetafísica*» ([54]): «Existe um espírito pessoal omnipotente, omnipresente e omnisciente». Vou demonstrar, resumidamente, de que modo é que esta proposição pode ser formulada como uma proposição bem construída ou dotada de sentido numa linguagem fisicalista muito semelhante às que foram propostas em *Testability and Meaning*:

Podemos tomar como básicos os quatro predicados fisicalistas que se seguem:

(1) «A coisa a ocupa uma posição b» ou, mais precisamente, «a ocupa uma posição da qual faz parte a região (ou o ponto) b»; em símbolos: «*Pos (a,b)*». ([55])

(2) «A coisa (máquina, corpo ou pessoa) a pode pôr a coisa b na posição c; em símbolos: «*Pôr (a, b, c)*». ([56])

(3) «a faz a declaração b»; em símbolos: «*Dec (a, b)*».

(4) «a é interrogado (isto é, adequadamente estimulado por um ato de fala combinado, por exemplo, com um soro da verdade) se, ou não, b; em símbolos: «*Int (a, b)*».

([54]) Não é preciso acreditar no carácter «científico» da psicanálise (que está, segundo penso, numa fase metafísica) para diagnosticar o fervor antimetafísico do positivismo como uma forma de matar o Pai.

([55]) «*Pos (a,b)*» é usado por uma questão de simplicidade. Nós deveríamos, na realidade, operar com posição *e* movimento, ou com o «estado» de a. As correções necessárias são insignificantes. Posso comentar que não pressuponho que as variáveis «*a*», «*b*», etc., pertençam todas ao mesmo tipo ou categoria semântica.

([56]) Ou, como Carnap o formularia, «a é capaz de tornar a proposição completa "Pos (b, c)" verdadeira». Ver a explicação de Carnap do seu primitivo «*realizável*» (que é, todavia, um termo da metalinguagem, contrariamente ao meu «Pôr») em *Testability*, secção 11, p. 455, Explicação 2.

Partimos do princípio de que, na nossa linguagem, temos à disposição *nomes* de todas as expressões da forma «Pos (a, b)», «Pôr (a, b, c)», etc., incluindo algumas daquelas abaixo apresentadas com a sua ajuda. Usarei, por uma questão de simplicidade, *nomes entre aspas* (estou, todavia, consciente de que este método não é exato, sobretudo onde as variáveis entre aspas são obrigatórias, como em (14); mas esta dificuldade pode ser ultrapassada).

Podemos agora, facilmente, introduzir, com a ajuda de definições explícitas, usando (1) e (2)([57]):

(5) «*a* é omnipresente» ou «*Opos(a)*».

(6) «*a* é omnipotente», ou «*Opôr(a)*».

Além disto, com recurso a (3) e (4), podemos introduzir, pelo método de redução de Carnap,

(7) «*a* pensa *b*» ou «*Pe(a,b)*».

Carnap recomenda([58]) que um predicado deste género seja admitido. Com a ajuda de (7), podemos agora definir explicitamente:

(8) «*a* é uma pessoa pensante», ou «*Ppe(a)*».

(9) «*a* é um espírito (pessoal)», ou «*Es(a)*».

([57]) As definições são: (5) $Opos(a) \equiv (b) Pos(a,b)$. — (6) $Op\hat{o}r(a) \equiv (b)(c) P\hat{o}r(a,b,c)$. — Temos em seguida a «proposição *de redução bilateral*»: (7) $Int(a,b) \supset (Pe(a,b) \equiv Dec(a,b))$. As restantes definições são: (8) $Ppe(a) \equiv (Eb) Pe(a,b)$. — (9) $Es(a) \equiv (Ppe(a) \,\&\, ((b) \sim Pos(a,b)) \vee Opos(a))$. Uma alternativa (ou uma adição ao definiens) poderia ser "$Es(a) \equiv (Ppe(a) \,\&\, (b) \sim Dec(a,b)$". — (10) $Sapos(a,b,c) \equiv (Pos(b,c) \,\&\, Pe(a, "Pos(b,c)"))$. — (11) $Sap\hat{o}r(a,b,c,d) \equiv (P\hat{o}r(b,c,d) \,\&\, Pe(a, "P\hat{o}r(b,c,d)"))$. — (12) $Sape(a,b,c) \equiv (Pe(b,c) \,\&\, Pe(a,"Pe(b,c)"))$. — (13) $Desc(a) \equiv ((Eb) (c) (Pe(a,b) \,\&\, (a \neq c \supset \sim Sape(c,a,b)))$. — (14) $Sa(a,b) \equiv ((c)(d)(e)((b = "Pos(c,d)" \,\&\, Sapos(a,c,d)) \vee (b = "P\hat{o}r(c(c,d,e)" \,\&\, Sap\hat{o}r(a,c,d,e)) \vee = (b = "Pe(c,d)" \,\&\, Sape(a,c,d)))$. — (15) $Verax(a) \equiv (b) (Pe(a,b) \equiv (Sa(a,b))$. — (16) $Osafal \equiv (b) (c) (d) (e) (f) (g) (h) (((a \neq b) \supset (Sap\hat{o}r(a,b,c,d) \equiv P\hat{o}r(b,c,d))) \,\&\, ((a \neq e) \supset Sapos(a,e,f) \equiv Pos(e,f)) \,\&\, (a \neq g) \supset Sape(a,g,h) \equiv (Pe(g,h)))) \,\&\, Verax(a))$. — Podemos facilmente provar que $Desc(a) \,\&\, Osa(a)$ implica a singularidade de a; em alternativa, podemos provar a singularidade, seguindo uma linha possivelmente inspirada em Espinosa, a partir de "$Opos(a)$, se adotarmos o axioma cartesiano: $a \neq b \supset (Ec) ((Pos(a,c) \,\&\, \sim Pos(b,c)) \vee (\sim Pos(a,c) \,\&\, Pos(b,c)))$.

(Acrescentado nas provas.) As nossas definições podem ser simplificadas se empregarmos o predicado semântico de Tarski "$V(a)$", significando «a é um enunciado verdadeiro». (14) pode então ser substituído por $Sa(a,b) \equiv Pe(a,b) \,\&\, V(b)$; (15) por $Verax (a) \equiv (b) Pe(a,b) \supset V(b)$; e (16) por $Osa(a) \equiv (b) V(b) \supset Sa(a,b)$.

([58]) *Testability*, secção 18, p. 5, s 1.

(10) «*a* sabe que *b* está na posição *c*», ou «*sapos(a,b,c)*».
(11) «*a* sabe que *b* pode pôr c na posição *d*», ou «*Sapôr(a,b,c,d)*».
(12) «*a* sabe que *b* pensa *c*», ou «*Sape(a,b,c)*».
(13) «*a* é insondável», ou «*Desc(a)*».
(14) «*a* sabe o facto *b*», ou «*Sa(a,b)*».
(15) «*a* é verdadeiro», ou «*Verax(a)*».
(16) «*a* é omnisciente» ou «*Osa(a)*».

Nada mais fácil agora do que apresentar uma fórmula existencial que expresse a *asserção arquimetafísica:* que existe uma pessoa pensante *a*, posicionada em toda a parte; capaz de pôr qualquer coisa em qualquer lugar; pensando em tudo e unicamente naquilo que é, de facto, verdadeiro; e sem que mais ninguém saiba inteiramente o que *a* pensa. (A singularidade de um *a* deste tipo é demonstrável a partir das propriedades de *a*. Não podemos, porém, identificar *a* com o Deus do Cristianismo. É difícil definir «moralmente bom» numa base fisicalista. Mas, a meu ver, as questões de definibilidade são, em todo o caso, sumamente desinteressantes — salvo na matemática — exceto para os essencialistas. (Ver mais à frente.)

É manifesto que a nossa fórmula arquimetafísica puramente existencial não pode ser submetida a qualquer teste científico. Não há esperança nenhuma de a falsificar — de descobrir, caso ela seja falsa, que efetivamente o é. Por esta razão, descrevo-a como metafísica — como caindo fora do âmbito da ciência.

Mas eu não penso que Carnap esteja autorizado a dizer que esta asserção cai fora do domínio da ciência ou da linguagem da ciência, ou que é desprovida de sentido. (O seu sentido parece-me perfeitamente claro; e também é claro que alguns analistas lógicos devem ter confundido a sua incredibilidade empírica com falta de sentido. Mas seria até possível imaginar experiências que pudessem «confirmá-la» no sentido de Carnap, ou seja, «verificá-la brandamente». Ver texto da nota 70.) Ajuda-nos muito pouco ler em *Testability*([59]) que «o sentido de uma proposição é, de uma certa forma, idêntico ao modo como determinamos a sua verdade e falsidade; e uma proposição só terá sentido se essa determinação for possível». Uma coisa emerge claramente desta passagem: era intenção de Carnap não conceder sentido a uma fórmula como a

---

([59]) *Testability*, secção 1, final do primeiro parágrafo.

arquimetafísica. Mas a intenção não se concretizou; não se concretizou, penso eu, porque não era concretizável.

Quase nem preciso de dizer que o meu único interesse em construir a nossa fórmula existencial arquimetafísica consiste em demonstrar que não existe nenhuma relação entre construção correta e carácter científico. *O problema de como construir uma linguagem da ciência que inclua tudo o que queiramos dizer em ciência, mas exclua aquelas proposições que sempre foram consideradas metafísicas, não tem solução. É um típico pseudoproblema.* E nunca ninguém explicou *por que seria interessante solucioná-lo (caso seja solucionável).* Talvez para poder dizer, como anteriormente, que a metafísica é destituída de sentido? Mas isso não significaria nada de semelhante ao que anteriormente significou. ([60])

([60]) (Acrescentado nas provas:)

A reação dos meus amigos positivistas à minha «fórmula arquimetafísica» (ainda não vi a reação de Carnap, mas recebi um relato de Bar-Hillel) foi a seguinte: uma vez que esta fórmula está bem enunciada, é uma fórmula «com sentido» e também «científica». Não, como é óbvio, científica ou empiricamente *verdadeira* — mas, sim, científica ou empiricamente *falsa*. Ou, mais precisamente, infirmada pela experiência. (Alguns dos meus amigos positivistas negaram também que a minha designação de «arquimetafísica» tivesse alguma justificação histórica, e asseveraram que as tendências antimetafísicas do Círculo de Viena nunca tiveram nada que ver com tendências antiteológicas. E isso a despeito do fisicalismo de Neurath, que se pretendia uma versão moderna do materialismo clássico ou dialético.)

Ora, se alguém for ao ponto de se comprometer na admissão de que a minha fórmula arquimetafísica está bem enunciada e é, nessa medida, empiricamente verdadeira ou falsa, penso que vai ter dificuldades em libertar-se dessa situação. Pois como poderia alguém defender a ideia de que a minha fórmula arquimetafísica é falsa ou infirmada? Ela é, seguramente, infalsificável e não infirmável. De facto, é exprimível na forma

$$(Ex)\,D(x)$$

— em palavras: «Existe algo que tem as propriedades de Deus». E, supondo que «$D(x)$ é um predicado empírico, nós podemos *provar* que a sua probabilidade tem de ser igual a 1. (Ver a obra de Carnap, *Logical Foundations of Probability*, p. 571.) Eu posso, além do mais, provar que isto significa que a sua probabilidade não pode ser diminuída por nenhuma informação empírica (ou seja, por nenhuma informação cuja probabilidade lógica difira de zero). Mas isto quer dizer, de acordo com *Logical Foundations* de Carnap, que o seu grau de confirmação é igual a 1, e que *não pode* ser infirmado — tal como aqui afirmei. (Ver igualmente, atrás, pp. 249 ss.)

Mas, poderíamos dizer, talvez seja ainda possível realizar pelo menos parte do velho sonho de Wittgenstein e tornar a metafísica desprovida de sentido; pois talvez Carnap tenha sido, simplesmente, demasiado generoso ao permitir-nos usar predicados disposicionais, como «*a é* capaz de pôr *b* em *c*» e «*a* pensa *b*» (sendo este último caracterizado como uma disposição para exprimir *b*). *Eu* não posso oferecer nenhuma esperança àqueles que prosseguem esta linha de pensamento. Tal como tentei demonstrar quando analisei o *Aufbau* na secção 3, nós, em ciência, necessitamos de *verdadeiros universais não-extensionais.* Mas, na minha *Logic of Scientific Discovery,* eu referi de modo breve — demasiado breve, pois julguei que as ideias «reducionistas» ([61]) de *Aufbau* haviam sido abandonadas pelo seu autor — que todos os *universais são disposicionais:* não apenas um predicado como «solúvel», mas também «dissolvente» ou «dissolvido».

Se me é permitido citar a minha *Logic of Scientific Discovery (L. Sc. D.,* para abreviar): «Todo o enunciado descritivo usa [...] universais; todo o enunciado tem o carácter de uma teoria, de uma hipótese. O enunciado "Aqui está um copo de água" não pode ser verificado por nenhuma experiência de observação. A razão é que os *universais* que nele ocorrem não podem ser correlacionados com nenhuma experiência de observação em particular [...] pela palavra "copo", por exemplo, nós denotamos corpos físicos que apresentam um determinado *comportamento regrado;* e o mesmo se aplica à palavra "água". Os universais [...] não podem

---

Como podem, então, os meus amigos positivistas declarar que o enunciado empírico *(Ex)D(x)* é falso? Está, em todo o caso, mais bem confirmado do que qualquer teoria científica.

A minha própria opinião é que se trata de um enunciado não-testável e, nessa medida, não-empírico e não-científico.

([61]) O termo *«reducionismo»* pertence, segundo parece, a Quine (e corresponde muito aproximadamente ao meu termo «indutivismo». Ver, por exemplo, o artigo de Carnap em *Erkenntnis,* 3, 1932, pp. 223-224). Ver também as minhas observações em *L. Sc. D.,* secção 4, p. 34, onde, criticando aquilo a que Quine chama «reducionismo», eu escrevi: «Os positivistas mais antigos aceitavam como científicos apenas aqueles conceitos (ou termos) [...] que pudessem ser reduzidos a experiências elementares (dados dos sentidos, impressões, percepções, experiências de recordação [o termo de Carnap no seu livro, *Aufbau*...], etc.)». Ver igualmente *L. Sc. D.,* secção 14, em especial notas 4 e 6, e texto.

ser "constituídos". (Isto é, não podem ser definidos da maneira proposta em *Aufbau*.)»([62])

Qual será, então, a resposta para o problema de definir, ou apresentar, um termo disposicional como solúvel? A resposta é, simplesmente, que o problema é irresolúvel. E não há qualquer necessidade de lamentar este facto.

O problema é irresolúvel. Pois suponhamos que conseguimos «reduzir» «*x* é solúvel em água» mediante aquilo a que Carnap chama uma «proposição de redução», descrevendo um teste operacional como: «se *x* for posto na água, *x* será solúvel em água se, e apenas se, se dissolver». Que é que ganhámos? Temos ainda de reduzir «água» e «dissolver»; e é evidente que, entre os testes operacionais que caracterizam água, teríamos de incluir: «Caso uma coisa solúvel em água seja posta em *x*, se *x* for água, essa coisa dissolver-se-á». Por outras palavras, ao introduzir «solúvel», não só somos obrigados a recorrer a «água», que é disposicional num grau talvez ainda mais elevado, como caímos, além disso, numa circularidade — uma vez que introduzimos «solúvel» com a ajuda de um termo («água») que não pode, por sua vez, ser operacionalmente introduzido sem «solúvel»; e assim sucessivamente, *ad infinitum*.

A situação com «*x* está a dissolver-se» ou «*x* dissolveu-se» é muito semelhante. Nós só diremos que *x se* dissolveu (em vez de dizer que desapareceu) se esperarmos ser capazes de demonstrar (por exemplo, pela evaporação da água) que é possível encontrar determinados vestígios deste processo e que podemos até, se necessário, *identificar* partes da substância dissolvida, e posteriormente reconstruída, com partes de *x,* por meio de testes que terão de comprovar, entre outras coisas, o facto de a substância reconstituída ser de novo *solúvel*.

Existe uma boa razão para que este círculo não possa ser quebrado estabelecendo uma ordem definida de redução ou introdução. É a seguinte: os nossos testes reais não são nunca conclusivos, mas, sim, provisórios. Nunca devemos aceitar uma regra que imponha a

---

([62]) Esta passagem é de *L. Sc. D.* (final da secção 25; ver também secções 14 e 20). Ainda que ela possa, talvez, juntamente com a citada passagem de Carnap acerca do termo «solúvel» (*Testability,* secção 7, p. 440), ter contribuído para originar *o chamado «problema das condicionantes contrafactuais»,* eu nunca consegui, e não obstante os meus árduos esforços, compreender esse problema — ou, mais precisamente, o que dele resta quando não se subscreve nem o essencialismo, nem o fenomenalismo, nem a análise do sentido.

interrupção dos nossos testes num qualquer ponto em particular — quando chegarmos, por exemplo, a predicados simples. Para o cientista, todos os predicados são igualmente disposicionais, isto é, sujeitos à dúvida e a testes. Esta é uma das ideias fundamentais da teoria da *base empírica* na minha *L. Sc. D.*([63])

E é quanto basta relativamente ao facto de «solúvel» não poder ser «reduzido» a algo menos disposicional. Quanto à minha observação de que não há motivo para o lamentar, quero apenas dizer (uma vez mais) que, fora do âmbito da Matemática e da Lógica, os problemas de definibilidade não têm, na maioria das vezes, razão de ser. Nós temos necessidade de muitos termos indefinidos([64]) cujo significado é apenas precariamente fixado pelo uso — pela forma como são usados no contexto das teorias e pelos métodos e práticas de laboratório. Deste modo, o significado desses concei-

---

([63]) Em *Testability,* Carnap aceita a maior parte da minha teoria da base empírica *(L. Sc. D.*, secções 25 a 30), incluindo a maior parte da minha terminologia («base empírica», «proposições básicas», etc. Cf. também a sua introdução e uso do termo «observável» com *L. Sc. D.*, secção 28, p. 59). Até mesmo a leve, mas significativa, discrepância (que aqui interpretei — ver texto nas notas 40 a 42, mais atrás — como uma sobrevivência dos seus dias de «solipsismo metodológico», e que critiquei em *L. Sc. D.*, nota 1, e texto da nota 2 da secção 29) é agora retificada *(Testability,* secção 20; ver especialmente «Decision 2» e texto da nota 7, p. 13). Alguns outros pontos de acordo (além daqueles que o próprio Carnap refere) são: a tese de que existe uma *«componente convencional»* na aceitação ou rejeição de uma qualquer proposição (sintética) — cf. *Testability,* secção 3, p. 426, com a minha *L. Sc. D.*, secção 30, p. 108 — e a rejeição da doutrina das proposições atómicas que enunciam factos elementares — cf. *Testability,* secção 9, p. 448, com a minha *L. Sc. D.*, secção 38, p. 127. Todavia, e apesar deste acordo de longo alcance, uma diferença decisiva permanece: eu acentuo uma *ideia negativa* de testabilidade que, para mim, é o mesmo que refutabilidade; e só aceito confirmações se elas forem o resultado de infrutíferas, mas genuínas, tentativas de refutação. Para Carnap, testabilidade e refutabilidade continuam a *ser formas abrandadas de verificação.* As consequências desta diferença tornar-se-ão claras na minha discussão da probabilidade e da indução na secção 6, mais à frente.

([64]) Em *Testability,* secção 16, p. 470, Carnap manifesta a esperança de podermos introduzir todos os termos com base num *único* predicado indefinido de um só termo («brilhante» ou, em alternativa, «sólido»). Mas não é possível introduzir qualquer outro termo nesta base com recurso a um par de redução: são precisos, pelo menos, *dois* predicados «determinados» diferentes até mesmo para uma proposição de redução bilateral. Além do mais, precisamos, no mínimo, de uma *relação de dois termos.*

tos será variável. Mas isto é o que se passa com todos os conceitos, incluindo os definidos, dado que uma definição só pode reduzir o significado do termo definido ao de termos indefinidos.

Que estará, então, por detrás da exigência de definições? Uma velha tradição, que remonta muito para lá de Locke, até ao essencialismo aristotélico; e, em consequência dela, uma crença de que, se uma pessoa fosse incapaz de explicar o significado de uma palavra que usara é porque não lhe havia atribuído qualquer «significado» (Wittgenstein) e estivera, por conseguinte, a dizer coisas sem sentido. Mas esta crença *wittgensteiniana* é que não tem sentido, visto que todas as definições têm de se reportar, em última análise, a termos indefinidos. Todavia, uma vez que já discuti tudo isto noutro ponto[65], não vou aqui dizer mais nada acerca do assunto.

Concluindo esta secção, desejo salientar, uma vez mais, o argumento de que a testabilidade e a confirmabilidade, mesmo que satisfatoriamente analisadas, não constituem, de forma alguma, *critérios de significação* mais adequados do que o anterior critério da verificabilidade. Mas devo acrescentar que me é impossível aceitar a análise que Carnap faz tanto de «teste», «testável», etc., como de «confirmação». A razão é, uma vez mais, a de os seus termos serem substitutos de «verificação», «verificável», etc., ligeiramente mais brandos, de modo que escapem à objeção de que as leis não são verificáveis. Mas este compromisso é inadequado, como veremos na próxima e derradeira secção deste ensaio. *A aceitabilidade em ciência não depende de algo como um substituto da verdade, mas, sim, do rigor dos testes.*[66]

---

[65] Ver, por exemplo, a minha *Sociedade Aberta*, secção II.

[66] Como consequência, a «condição de conteúdo» ou «condição de implicação» que se segue é inválida: «se x implica y (isto é, se o conteúdo de y faz parte do de x), então y tem de estar pelo menos tão bem confirmado quanto x». A invalidade da condição de conteúdo foi apontada na minha *L. Sc. D.*, secções 82 e 83 (cf. secções 33 ss.), onde conteúdo é identificado com grau de testabilidade e improbabilidade lógica *(absoluta)*, e onde fica demonstrado que a invalidade da condição de conteúdo destrói a identificação de grau de confirmação com probabilidade lógica. Em *Testability*, contudo, toda a teoria da redução de Carnap assenta nesta condição. (Cf. parágrafo 1 da secção 6, p. 434, e Definition I, a. na p. 435.) Em *Probability*, p. 474 (cf. p. 397), Carnap regista a invalidade da condição de implicação (ou «condição de consequência»); mas não extrai dela a (segundo creio, necessária)

6. Probabilidade e indução

As plenas consequências de se abordar a confirmação como se esta fosse uma espécie de verificação abrandada só se tornam manifestas nos dois livros que Carnap dedica à probabilidade — o espesso volume intitulado *Logical Foundations of Probability* (aqui referido como *Probability*) e o relatório, mais reduzido, do andamento do seu trabalho, a que deu o nome de *The Continuam of Inductive Methods* (aqui referido como *Methods*).([67])

Os temas destes dois livros têm uma relação muito próxima com o nosso problema. Tratam da teoria da indução, e o método da indução foi sempre um dos mais vulgarizados critérios de demarcação para a ciência. Com efeito, considera-se geralmente que as

---

conclusão de que o grau de confirmação não pode coincidir com a probabilidade. (Reiterei esta conclusão no apêndice * ix de *L. Sc. D.,* Cf. notas 74 e 77 s., mais à frente, e texto.)

([67]) Encontra-se muito pouco de relevante para o problema particular da demarcação em dois dos três livros publicados entre *Syntax and Probability – Introduction to Semantics* e *Meaning and Necessity* (e nada, pelo que me é dado ver, em *Formalization of Logic,* que se situa entre ambos). Em *Introduction,* encontro apenas (a) o que suponho ser uma referência à oposição de Neurath ao conceito de verdade de Tarski (Carnap dá-lhe uma excelente e tolerante resposta (pp. 7 ss.)); e (b) uma justa rejeição da relevância do método do questionário de Arne Naess (p. 29). (Ver igualmente a minha nota 46 e o texto, mais atrás.) Em *Meaning and Necessity,* que eu, por mim, acredito ser o melhor livro de Carnap (e que também tem sido, talvez, o mais ferozmente atacado), encontram-se algumas observações acerca da ontologia e da metafísica (p. 43) que, em conjunto com uma referência a Wittgenstein (p. 9 s), parecem indicar que Carnap ainda acredita na falta de sentido da metafísica. Pois a referência é a seguinte: «saber o sentido de uma proposição é saber em quais dos possíveis casos ela seria verdadeira e em quais o não seria, tal como Wittgenstein salientou». Esta passagem parece-me, no entanto, estar em conflito com as conclusões fundamentais de Carnap, que eu considero convincentes. E isso uma vez que delineia claramente aquilo a que Carnap chama uma abordagem *extensional,* em contraste com uma abordagem *intencional,* do sentido. Por outro lado, «as conclusões fundamentais [...] são» que nós temos de *distinguir* entre «compreender o *sentido* de uma dada expressão e investigar *se e como ele se aplica»* (p. 202, itálicos meus). Enquanto o sentido é explicado com a ajuda da *intenção,* a aplicação sê-lo á com recurso à *extensão.* Igualmente relevante para o nosso problema é também a «explicação» que Carnap dá do seu conceito «explicação», ver adiante.

ciências empíricas se caracterizam pelos seus métodos; e estes, por seu turno, são habitualmente caracterizados como *indutivos*.([68])

É também esta a perspetiva de Carnap: o seu novo critério de demarcação é, tal como vimos, a *confirmabilidade*. E, nestes dois livros, Carnap explica que os métodos de confirmar uma proposição são idênticos ao *método indutivo*. Temos, assim, de concluir que o critério de demarcação se torna agora, mais precisamente, *confirmabilidade por métodos indutivos*. Por outras palavras, uma expressão linguística pertencerá às ciências empíricas se, e apenas se, for logicamente possível confirmá-la por métodos indutivos, ou por provas indutivas.

Tal como referi na secção 2, este critério de demarcação não satisfaz os meus requisitos: pseudociências de todo o género (como a astrologia) não são, manifestamente, excluídas. A resposta a isto seria, sem dúvida, que este critério não tem por fim excluir aquilo a que eu chamo «pseudociências», e que estas consistem, simplesmente, em falsas proposições ou, talvez, proposições *infirmadas*, e não em proposições metafísicas não-confirmáveis. Esta resposta não me convence (acreditando, como acredito, que possuo um critério que exclui, por exemplo, a astrologia, e que se revelou extremamente fecundo relativamente a uma série de problemas), mas estou disposto a aceitá-lo, em nome da discussão, e a limitar-me a demonstrar, tal como fiz anteriormente, que *este critério produz uma demarcação errada*.

A minha crítica do critério de verificabilidade foi sempre esta: contrariamente à intenção dos seus defensores, *este critério não exclui enunciados metafísicos óbvios; exclui, no entanto, os mais importantes e interessantes de todos os enunciados científicos*, ou seja, as teorias científicas, as *leis universais da natureza*. Vamos ver agora como é que estes dois grupos de enunciados se comportam sob o novo critério.

No que se refere ao primeiro, verifica-se que a minha fórmula existencial arquimetafísica obtém, no sistema de Carnap, um elevado grau de confirmação — uma vez que pertence às proposições quase tautológicas («quase L-verdadeiras»), proposições cujo valor

---

([68]) O nosso problema da demarcação não é explicitamente discutido nestes dois livros, exceptuando uma observação em *Probability*, p. 31, sobre o «*princípio do empirismo*» (igualmente mencionado nas pp. 30 e 71) e uma discussão do *carácter empírico do «princípio da uniformidade»* da natureza, pp. 179 ss. Ambas as passagens serão referidas mais à frente.

de confirmação é 1 ou, num mundo finito suficientemente grande, indistinguível de 1. Além disso, é um tipo de enunciado para o qual se pode até conceber uma confirmação experimental([69]), embora não sejam possíveis *testes no meu sentido:* não há forma concebível de o refutar. A sua falta de refutabilidade coloca-o — segundo o meu critério de demarcação — na classe das proposições metafísicas. Por outro lado, o seu elevado grau de confirmação no sentido de Carnap deveria torná-lo imensamente superior a — e mais científico do que — *qualquer lei científica.*

Com efeito, e de acordo com a teoria de Carnap, *todas as leis universais terão um grau de confirmação zero* num mundo que seja, num qualquer sentido, infinito (basta a infinidade temporal), tal como o próprio Carnap demonstrou([70]); e mesmo num mundo finito, o seu valor seria indistinguível de zero se o número de acontecimentos ou coisas nele verificados ou existentes fosse suficientemente vasto. Tudo isto é uma consequência óbvia do facto de a confirmabilidade e a confirmação, no sentido de Carnap, serem apenas versões um pouco mais brandas da verificabilidade e da verificação. A razão de as leis universais não serem verificáveis será, por conseguinte, idêntica à razão de não serem confirmáveis: afirmam muito acerca do mundo — mais do que aquilo que alguma vez podemos ter esperança de «verificar» ou de «confirmar».

Perante o facto de as leis naturais se revelarem não-confirmáveis segundo a sua definição de grau de confirmação», Carnap adota duas vias: *(a)* introduz *ad hoc* um novo conceito, a que chama

---

([69]) É concebível que existam videntes como Swedenborg, que façam previsões exatas de acontecimentos futuros sempre que nos digam (sob a influência de drogas da verdade) que estão nesse momento inspirados por aquele *a* em relação ao qual a nossa fórmula existencial (cf. p. 370) é verdadeira; e é concebível que consigamos fabricar recetores de rádio para tomar o lugar deles — recetores de influências *a* — que (em determinadas circunstâncias) se revelem sempre capazes de dizer e prever a verdade.

([70]) Vd. *Probability,* secção 110 ss., p. 571. Para uma conclusão semelhante, ver a minha *L. Sc. D.,* secção 80, p. 257 ss.: «Poderíamos atribuir a uma hipótese [as hipóteses discutidas são leis universais] uma probabilidade calculada, por exemplo, mediante uma estimativa da proporção de todos os testes por ela ultrapassados relativamente a todos aqueles (concebíveis) testes a que não foi [ainda] submetida. Mas também isto a nada nos conduziria, pois esta estimativa pode ser feita com precisão e o resultado será sempre que a probabilidade *é* zero». (Outra passagem desta página é citada na nota 73, mais à frente.)

«confirmação (qualificada[71]) por exemplos da lei *l*», que é definido de tal modo que, em lugar de zero, nós obtemos, por vezes, um valor de confirmação próximo de 1; *(b)* explica que as leis naturais não são realmente necessárias em ciência e que nós podemos, portanto, dispensá-las. (O verificacionismo desprovera-as de sentido; o confirmacionismo limita-se a torná-las desnecessárias. É este o ganho obtido pelo abrandamento do critério de verificabilidade.)

Vou agora analisar *(a)* e *(b)* um pouco mais desenvolvidamente.

(a) Carnap compreende, evidentemente, que a sua confirmação-zero de todas as leis é contra-intuitiva. Sugere, por conseguinte, que a «fiabilidade» intuitiva de uma lei seja aferida pelo grau de confirmação de um caso exemplificativo dessa lei (ver nota 71, em baixo). Mas em ponto algum menciona que esta nova aferição, apresentada na p. 572 de *Probability*, não satisfaz praticamente nenhum dos critérios de adequação, nem nenhum dos teoremas que haviam sido elaborados nas quinhentas e setenta e uma páginas precedentes. É, no entanto, isto o que se passa, e a razão é a de que a «confirmação por exemplos» de uma lei *l* com base na evidência *e não é*, em absoluto, *uma função de probabilidade* de *l* e *e* (não é uma «função-*c* regular» de *l* e *e*). E dificilmente poderia ser de outro modo. Até à p. 570, é-nos oferecida uma pormenorizada teoria da confirmação (no sentido de probabilidade). Na p. 571, descobrimos que, para uma lei, esta confirmação é zero. Vemo-nos agora confrontados com as seguintes alternativas: ou (i) aceitamos a conclusão como correta e dizemos, consequentemente, que o grau de crença racional numa lei bem corroborada

---

(71) Eu circunscrevo a minha discussão àquilo a que Carnap chama *(Probability*, p. 572 ss.) a confirmação por exemplos «qualificada», *(a)* Porque Carnap a prefere, dado representar «ainda mais exatamente» as nossas intuições; e *(b)* Porque num mundo suficientemente complexo (com uma abundância suficiente de predicados), a confirmação por exemplos não-qualificada conduz, em todos os casos com interesse, a valores de confirmação extremamente baixos. Por outro lado, a «confirmação por exemplos qualificada» (menciono isto apenas de passagem) é atingida em cheio pelo chamado «paradoxo da confirmação» (ver *Probability*, p. 469). Mas esse é um defeito que (considerei eu) pode sempre ser corrigido — neste caso, tornando os dois argumentos do *definiens* em (15), p. 573, simétricos em relação às duas formulações implicativas, logicamente equivalentes, de *L*. Eles tornam-se respetivamente (após simplificação), «$j \supset h$» e «$e.(h' \supset j)$». E assim se evita o paradoxo.

não pode diferir consideravelmente de zero — ou do grau de crença numa lei refutada, ou até numa proposição autocontraditória; ou (ii) tomamos a conclusão como refutando a afirmação de que a nossa teoria nos teria proporcionado uma definição adequada de «grau de confirmação». A introdução *ad hoc* de uma nova forma de aferição, com vista a escapar a um resultado indesejado, dificilmente será uma terceira possibilidade aceitável. Mas o mais insatisfatório é que este importantíssimo passo — uma rutura com o método da «explicação» (ver nota 72) até então usado — é dado sem qualquer aviso ao leitor — o que pode resultar no grave equívoco de se pensar que apenas foi feito um pequeno ajustamento.

Com efeito, se nós tomarmos a probabilidade, ou a confirmação, realmente a sério, o ajustamento não poderia ter sido mais radical: substitui uma função de confirmação cujo valor é 0 por uma outra cujo valor será, frequentes vezes, próximo de 1. Se nos permitirmos, assim, a liberdade de introduzir uma nova medida, sem justificação melhor do que a de a probabilidade zero ser contraintuitiva — ao passo que a probabilidade próxima de 1 «parece representar [...] com ainda maior precisão, o que vagamente se pretende dizer com fiabilidade de uma lei»([72]) —, poderemos então obter, para qualquer proposição, uma qualquer probabilidade (ou grau de confirmação) que queiramos.

Além do mais, Carnap não tenta, em ponto algum, demonstrar que a recém-introduzida confirmação por exemplos é adequada ou, pelo menos, consistente (o que não é; ver atrás, nota 71). Não é feita nenhuma tentativa de demonstrar, por exemplo, que toda

---

([72]) *Probability*, p. 572. Cf. *Meaning and Necessity*, secção 2, pp. 7 ss.: «A tarefa de tornar mais exato um conceito vago ou não muito preciso [...] é uma das mais importantes tarefas da análise lógica [...] Designamo-la como a tarefa de [...] dar uma *explicação* para o conceito primitivo» (ver também *Probability*, secção 2, p. 3). Devo aqui dizer (mais uma vez, só de passagem) que discordo das ideias de Carnap acerca da explicação. O meu ponto principal é que não acredito que se possa falar em exatidão sem ser no sentido relativo de *exatidão suficiente para um determinado objetivo em particular* — o objetivo de resolver um dado problema. Em consequência, os conceitos não poderão ser «explicados» enquanto tais, mas apenas no interior do quadro de uma situação problemática definida. Ou, por outras palavras, a adequação só pode ser avaliada se tivermos um *problema genuíno* (que não deve ser, por seu turno, um problema de explicação), para a solução do qual a «explicação» ou análise seja levada a efeito.

a lei *refutada* obtém uma confirmação por exemplos inferior à de qualquer outra lei que tenha conseguido enfrentar os testes.

É possível demonstrar que este requisito mínimo não pode ser satisfeito (mesmo depois de corrigida a inconsistência) com recurso ao exemplo de Carnap, a lei «todos os cisnes são brancos». Esta lei deve ser considerada *falsificada* se a evidência dos dados consistir num bando de um *cisne preto e*, digamos, mil cisnes brancos. Mas, com base nesta evidência, a confirmação por exemplos será, em vez de zero, muito próxima de 1. (A diferença precisa de 1 dependerá da escolha do parâmetro λ, discutida mais à frente). De um modo mais geral, se uma teoria for repetidamente falsificada de cada vez que se atingem, em média, *n* casos exemplificativos, a sua «confirmação por exemplos» (qualificada) aproximar-se-á então de $1 - 1/n$, em vez de 0, como deveria acontecer — de forma que a lei «Em todas as moedas lançadas ao ar saem sempre caras» terá uma confirmação por exemplos de *1/2* em vez de 0.

Ao analisar na minha *L. Sc. D.* uma teoria de Reichenbach que conduz a resultados matematicamente equivalentes([73]) eu descrevi essa consequência involuntária da sua teoria como «devastadora». Vinte anos depois, ainda penso o mesmo.

(b) Com a sua doutrina de que a ciência pode dispensar as leis, Carnap retoma, com efeito, uma posição muito semelhante à que adotara no apogeu do verificacionismo (isto é, que a linguagem da ciência é «molecular») e que havia abandonado em *Syntax* e *Testability*. Wittgenstein e Schlick, ao descobrirem que as leis naturais são inverificáveis, concluíram daí que elas não são proposições

---

([73]) Os índices de confirmação serão idênticos se o λ de Carnap (ver mais à frente) for zero. E, para qualquer λ, finito, o valor da confirmação por exemplos de Carnap aproxima-se indefinidamente, com a acumulação de provas, do valor por mim criticado na minha velha discussão da teoria de Reichenbach. Passo a citar a minha *L. Sc. D.*, até ao ponto em que se adequa ao presente caso: «A probabilidade desta hipótese [estou a falar, de um modo geral, em leis universais] seria então determinada pela frequência de verdade dos enunciados [singulares] que lhe correspondem [isto é, que são exemplos dela]. Uma hipótese teria assim uma probabilidade de 1/2 se, em média, fosse contradita por um em cada dois enunciados desta sequência [isto é, por um em cada dois dos seus casos exemplificativos]! Para escapar a esta devastadora conclusão, poderíamos tentar ainda dois outros expedientes.» (Um dos quais conduz à probabilidade zero de todas as leis universais. A passagem é citada atrás, na nota 70.)

genuínas (ignorando que ficavam assim obrigados a chamar-lhes «pseudoproposições sem sentido»). À semelhança de Mill, descreveram-nas como regras para a derivação de proposições (singulares) genuínas — os *exemplos* da lei — de outras proposições genuínas (as condições iniciais). Eu critiquei esta doutrina na minha *L. Sc. D.;* e, quando Carnap aceitou a minha crítica em *Syntax* e *Testability*([74]), pensei que ela estava morta. Mas, com o regresso de Carnap ao verificacionismo (numa forma enfraquecida), a doutrina ressuscitou (numa forma igualmente enfraquecida — não creio que as suas probabilidades de sobrevivência sejam muito auspiciosas).

Num aspeto, Carnap vai ainda mais longe do que Schlick. Este último estava convencido de que, sem leis, nós não poderíamos fazer previsões. Carnap, todavia, afirma que «o uso de leis não é indispensável para fazer previsões.»([75]) E continua: «Não obstante, é evidentemente conveniente enunciar leis universais em livros de Física, Biologia, Psicologia, etc. Ainda que estas leis, formuladas por cientistas, não tenham um elevado grau de confirmação», escreve ele (mas isto é dizer muito pouco, uma vez que o seu grau de confirmação não poderia ser mais baixo), «têm uma elevada e qualificada confirmação por exemplos».

Enquanto lia esta secção do meu ensaio, o dr. J. Agassi descobriu um *paradoxo* — simples (e creio que novo) — da *confirmação indutiva,* que me autorizou a expor aqui.([76]) Faz uso daquilo a que me proponho chamar um «predicado de Agassi» — um predicado factual «$A(x)$», escolhido de modo que seja válido para todas as singularidades (acontecimentos ou, talvez, coisas) presentes nos dados de que dispomos; mas não para a maioria das outras. Podemos, por exemplo, escolher (presentemente) definir «$A(x)$» como «x ocorreu (ou foi observado) antes do 1.º de janeiro de 1965». (Uma outra opção — «a opção de Berkeley», por assim dizer — seria «x foi percebido».) Segue-se então da teoria de Carnap que, com o

---

([74]) Vd. *L.Sc. D.*, notas 7 e 8 da secção 4, e 1 da secção 78; e *Testability*, nota 20 da secção 23, p. 19. Ver também notas 25 ss.

([75]) *Probability*, p. 575.

([76]) (Acrescentado nas provas) O professor Nelson Goodman, a quem enviei uma cópia em *stencil* deste ensaio, informou-me amavelmente de que precedeu o dr. Agassi na descoberta deste paradoxo e daquilo a que aqui chamei um «predicado de Agassi». Vd. a obra de Goodman, *Fact, Fiction & Forecast,* 1955, pp. 74 ss. (em tradução portuguesa: *Facto, Ficção e Previsão,* Lisboa, Presença, 1991).

aumento de dados, e relativamente a qualquer singularidade *a* no mundo (presente, passado ou futuro), o grau de confirmação de «*A (a)*» deve tornar-se indistinguível de 1. E o mesmo é válido para a confirmação (qualificada ou não qualificada) por exemplos da lei universal «*(x) A (x)*» — uma lei que declara que todos os acontecimentos no mundo (presente, passado ou futuro) ocorreram antes de 1965 —, o que faz de 1965 uma data-limite para a duração do mundo. Como é evidente, o célebre problema cosmológico do período aproximado da criação pode ser tratado com idêntica facilidade. Todavia, dificilmente seria considerado conveniente enunciar leis universais como as de Agassi em livros de cosmologia — a despeito do seu elevado índice de confirmação por exemplos. Nas últimas páginas de *Testability,* Carnap analisa esta proposição «Se todas as mentes [...] desaparecessem do Universo, as estrelas prosseguiriam o seu rumo.» Lewis e Schlick afirmaram, acertadamente, que esta proposição não era verificável; e Carnap respondeu, com igual acerto (em minha opinião), que se tratava de uma asserção científica perfeitamente legítima, baseada como estava em *leis universais* bem confirmadas. Mas, nesta altura, as *leis universais tornaram-se dispensáveis.* E, sem elas, a proposição em questão não pode, de forma alguma, ser sustentada. Além disso, vemos facilmente pelo argumento de Agassi que uma proposição que a contradiga pode ser maximamente confirmada.

Mas eu não pretendo usar este caso em concreto — o estatuto das leis naturais — como principal argumento em apoio da minha afirmação de que a análise da confirmação feita por Carnap *e, com ela, o seu critério de demarcação são inadequados.* Vou, pois, proceder agora à apresentação de argumentos a favor desta afirmação que são totalmente independentes do caso das leis naturais, embora nos possam permitir ver mais claramente porque é que esta inadequação tinha obrigatoriamente de surgir na teoria de Carnap. Como mote para a minha crítica, escolho esta estimulante passagem de Carnap:[77]

> se se pudesse demonstrar que outro método — por exemplo, uma nova definição para grau de confirmação — conduz, em certos casos, a valores numéricos mais adequados do que os fornecidos por C*, isso constituiria uma importante crítica. Ou se alguém [...] demonstrasse

---

[77] *Probability,* secção 110, p. 563.

que qualquer *explicatum* adequado deve satisfazer um determinado requisito, e que C* não o satisfaz, isso poderia representar um valioso primeiro passo na busca de uma melhor solução.

Vou aceitar ambas as alternativas deste desafio, mas inverter a sua ordem: (1) Vou demonstrar que um conceito adequado de confirmação não pode satisfazer as regras tradicionais do cálculo de probabilidades. (2) Vou oferecer uma definição alternativa de grau de confirmação.

Por último, mostrarei (3) que a teoria da confirmação de Carnap parece implicar *(a)* uma regressão infinita, e *(b)* uma teoria *a priori* da dependência mútua de todas as proposições atómicas com predicados semelhantes.

(1) Para começar, proponho que distingamos não apenas entre *probabilidade lógica* (probabilidade 1) *e frequência relativa* (probabilidade 2), como Carnap faz, mas também entre (pelo menos) *três* conceitos diferentes — sendo o terceiro o de *grau de confirmação*.

Como primeira proposta, o que acabo de sugerir não levanta, certamente, objeções. Poderíamos ainda decidir, após a devida investigação, que a *probabilidade lógica* pode ser usada como *explicandum* de *grau de confirmação*. Carnap, infelizmente, faz um juízo preconcebido da questão. Parte do princípio, sem mais discussões, de que a sua distinção entre dois conceitos de probabilidade é suficiente, ignorando as advertências do meu velho livro.([78])

É possível demonstrar que a confirmação, tal como Carnap entende este conceito, não pode ser probabilidade lógica. Vou apresentar três argumentos.

(a) Facilmente nos poremos de acordo relativamente àquilo a que ambos podemos, provisoriamente, chamar «probabilidade»,

---

([78]) *L. Sc. D.*, antes da secção 79; «Em vez de discutir a "probabilidade" de uma hipótese, deveríamos tentar avaliar [...] até que ponto ela foi corroborada [ou confirmada].» Ou da secção 82: «Isto demonstra que não é tanto o número de casos corroborantes [confirmativos] que determina o seu grau de corroboração, mas, antes, *o rigor dos diversos testes* a que a hipótese em questão [...] foi submetida. [Isto] depende, por seu turno, do grau de testabilidade [...] da hipótese». E secção 83: «Uma teoria poderá ser tanto mais corroborada (confirmada), quanto maior for a sua testabilidade. A testabilidade é, porém, proporcionalmente inversa à probabilidade lógica».

visto que ambos chamamos «probabilidade» a *algo que satisfaça as leis do cálculo de probabilidades*.(⁷⁹)

Mais especificamente, Carnap diz que o conceito de probabilidade lógica satisfaz certos sistemas axiomáticos e, em qualquer caso, o princípio (especial) da adição e o princípio (geral) da multiplicação.(⁸⁰) Ora, constitui uma consequência elementar deste último que *quanto mais um enunciado afirmar, menos provável será*. Podemos expressar isto dizendo que a probabilidade lógica de uma proposição x, relativa a um determinado dado y, diminui quando o conteúdo informativo de x aumenta.(⁸¹)

Mas isto é o suficiente para demonstrar que a elevada probabilidade não pode ser um dos objetivos da ciência. O cientista está, de facto, predominantemente interessado em teorias de elevado conteúdo. Não se interessa por trivialidades altamente prováveis, mas, sim, por hipóteses audaciosas e rigorosamente testáveis (e testadas). Se (como nos diz Carnap), um elevado grau de confirmação é um dos objetivos visados pela ciência, não podemos, então, identificá-lo com probabilidade.

É possível que isto se afigure paradoxal a algumas pessoas. No entanto, se a elevada probabilidade fosse uma finalidade da ciência, os cientistas deveriam dizer o mínimo possível e, de preferência,

---

(⁷⁹) Numa nota em *Mind*, 47, 1938, pp. 275 ss., eu disse que era «desejável construir um sistema de axiomas» para a probabilidade, «de um modo que lhe permita ser [...] explicada por qualquer uma das diferentes interpretações», de entre as quais «as três mais discutidas são: (1) a definição clássica de probabilidade como relação proporcional entre os casos favoráveis e os igualmente possíveis. (2) a teoria da frequência [...] (3) a teoria lógica, definindo probabilidade como o grau de uma relação lógica entre proposições». (Tirei esta classificação de *L. Sc. D.*, secção 48, invertendo a ordem de (2) e (3). Uma classificação similar pode ser encontrada em *Probability*, p. 24. Confronte também a discussão dos *argumentos* da função de probabilidade na minha nota em *Mind* com *Probability*, secção 10, A&B, e secção 52. Apresentei nessa nota um sistema axiomático formal independente que, todavia, já simplifiquei muito desde então. Foi publicado no *B. J. P. S.*, 6, 1955, p. 53. A minha nota em *Mind* foi agora reimprimida em *L. Sc. D.*, pp. 320–322).

(⁸⁰) *Probability*, secção 53, p. 285; ver também secção 62, pp. 337 ss.

(⁸¹) Esta regra é equivalente à «condição de conteúdo» (ver atrás, nota 66). Uma vez que Carnap considera esta condição inválida (Probability, secção 87, p. 474, «condição de consequência»), fica, segundo creio, obrigado a concordar que o «grau de confirmação» não pode ser uma «função regular de confirmação», isto é, uma probabilidade.

apenas tautologias. Mas o seu objetivo é fazer «avançar» a ciência, ou seja, aumentar o seu conteúdo. Isso significa, porém, diminuir a sua probabilidade. E, considerando o elevado conteúdo das leis universais, não surpreende descobrir que a sua probabilidade é zero, nem que aqueles filósofos que crêem que a ciência deve visar elevadas probabilidades não podem fazer justiça ao facto de muitos cientistas terem como seu mais importante objetivo a formulação (e teste) de *leis* universais, nem ao facto de a testabilidade intersubjetiva da ciência depender dessas leis (tal como fiz notar na secção 8 da minha *L. Sc. D.*).

Por aquilo que foi dito, deverá ter ficado claro que um «grau de confirmação» adequadamente definido não pode satisfazer o princípio geral da multiplicação relativamente às probabilidades.([82])

Resumindo o ponto *(a)*: *Uma vez que, em ciência, visamos um elevado conteúdo, não visamos uma elevada probabilidade.*

(b) O rigor dos possíveis testes de um enunciado ou teoria depende (entre outros fatores) da precisão das suas asserções e do seu poder de previsão. Por outras palavras, depende do seu conteúdo informativo (que aumenta com estes dois fatores). Podemos expressar esta ideia dizendo que o *grau de testabilidade de um enunciado aumenta com o seu conteúdo*. Mas quanto melhor um enunciado puder ser testado, melhor poderá ser confirmado, isto é, atestado pelos seus testes. Concluímos assim que as oportunidades de confirmar um enunciado e, consequentemente, o seu grau de confirmabilidade, corroborabilidade ou atestabilidade aumentam com a sua testabilidade e o seu conteúdo.([83])

Resumindo o ponto *(b)*: *Uma vez que queremos um elevado grau de confirmação (ou corroboração), precisamos de um elevado conteúdo (e, nessa medida, de uma baixa probabilidade absoluta).*

(c) Aqueles que identificam confirmação com probabilidade devem estar convencidos de que é desejável um elevado grau de

---

([82]) Ver secções 4-5 da minha nota «Degree of Confirmation», *L. Sc. D.*, pp. 396-398. O dr. J. Bar-Hillel chamou-me a atenção para o facto de alguns dos meus exemplos terem sido antecipados por Carnap em *Probability*, secção 71, pp. 394 ss., caso 3b. Carnap infere a partir deles que a condição de conteúdo (ver atrás, notas 66 e 81) é «inválida», mas esquece-se de inferir que todas as «funções regulares de confirmação» são inadequadas.

([83]) Para um argumento mais desenvolvido, ver *L. Sc. D.*, secções 82 s.

probabilidade. Eles aceitam implicitamente a regra: «Escolha sempre a hipótese mais provável!»

Ora, nós podemos facilmente demonstrar que esta regra é equivalente à seguinte: «Escolha sempre a hipótese que se afaste o menos possível dos dados de que dispõe!» E podemos demonstrar que isto é, por seu turno, equivalente não apenas a «Aceite sempre a hipótese de mais baixo conteúdo (dentro dos limites da sua tarefa, por exemplo, uma tarefa de previsão)!», mas também a «Escolha sempre a hipótese que tenha o mais elevado grau de carácter *ad hoc* (dentro dos limites da sua tarefa)!» Esta é uma consequência involuntária do facto de uma hipótese altamente provável ser uma hipótese que se ajusta aos factos conhecidos, afastando-se deles o mínimo possível.

Mas é bem-sabido que os cientistas não gostam de hipóteses *ad hoc*. Elas serão, quando muito, «expedientes de recurso», não verdadeiros objetivos. (Os cientistas preferem uma hipótese audaciosa porque esta pode ser mais rigorosamente — e *independentemente* — testada.)

Resumindo o ponto *(c)*: *Visar uma elevada probabilidade implica uma regra contraintuitiva que favorece as hipóteses ad hoc.*

Estes três argumentos exemplificam o meu próprio ponto de vista, na uma vez que vejo num caso *confirmativo* o resultado de um rigoroso teste ou de uma tentativa (malograda) de refutar a teoria. Aqueles que, por outro lado, não procuram testes rigorosos, mas, antes, uma «confirmação» no sentido da velha ideia de «verificação» (ou de uma versão mais branda dela), chegam a uma ideia diferente de confirmabilidade: uma proposição será tanto mais suscetível de ser bem confirmada quanto mais aproximadamente verificável, ou mais aproximadamente dedutível de enunciados de observação, for. É claro, neste caso, que as leis universais não são (como na nossa análise) altamente confirmáveis, mas que, em virtude do seu elevado conteúdo, a sua confirmabilidade será zero.

(2) Ao assumir o desafio de construir uma definição melhor de confirmação, desejo dizer, em primeiro lugar, que não acredito que seja possível oferecer uma definição inteiramente satisfatória. A razão por que o digo é que uma teoria que tenha sido testada com grande engenho e com um sincero esforço para a refutar terá um grau de confirmação mais elevado do que uma outra que tenha sido testada sem grande rigor. E eu não penso que possamos

formalizar inteiramente aquilo que entendemos por um teste engenhoso e sincero.([84]) Nem penso que seja importante dar uma definição adequada de grau de confirmação. (A meu ver, a importância — se é que tem alguma — de se dar a melhor definição possível residirá no facto de uma tal definição demonstrar claramente a inadequação de todas as teorias da probabilidade que se fazem passar por teorias da indução.) Dei, num outro ponto ([85]), o que considerei ser uma definição razoavelmente adequada. Posso dar aqui uma definição ligeiramente mais simples (que satisfaz os mesmos *desiderato* ou condições de adequação):

$$C(x,y) = \frac{p(y,x) - p(y)}{p(y,x) - p(x,y) + p(y)}$$

Aqui «$C(x,y)$» significa «o grau de confirmação de x por y», ao passo que «$p(x,y)$» e «$p(x)$» são, respetivamente, probabilidades relativas e absolutas. A definição pode ser relativizada:

$$C(x,y,z) = \frac{p(y,x,z) - p(y,z)}{p(y,x,z) - p(x,y,z) + p(y,z)}$$

Aqui, z deve ser tomado como o «conhecimento básico geral» (os dados antigos e as antigas e novas condições iniciais), incluindo, se o desejarmos, teorias aceites; enquanto y deverá ser tomado como representando aqueles (novos) resultados da observação (excluídos de z) que podem ser declarados confirmativos da (nova) hipótese explicativa, x.([86])

([84]) Ver o final da minha nota «Degree of Confirmation», referida na nota 82 (*L. Sc. D.*, p. 402).

([85]) «Degree of Confirmation», *L. Sc. D.*, pp. 395 ss. Cf. a minha observação, p. 402, «O modo particular como $C(x,y)$ aqui é definido, não o considero importante. O que pode importar são os *desiderato e o facto de não poderem ser conjuntamente satisfeitos*».

([86]) O que significa que a totalidade das provas *e* deve ser repartida entre y e z; e y e z deveriam ser escolhidos de modo a dar a $C(x,y,z)$ o valor mais elevado possível para x, com base na totalidade das provas disponíveis.

A minha definição satisfaz, entre outras condições de adequação ([87]), a condição de a *confirmabilidade* de um enunciado — o seu maior grau possível de confirmação — igualar o seu conteúdo (isto é, o grau da sua testabilidade).

Outra importante qualidade deste conceito é que satisfaz a condição de o rigor de um teste (medido pela improbabilidade do caso testado) ter uma influência quase aditiva sobre o decorrente grau de confirmação da teoria. Por aqui se vê que, pelo menos, algumas das exigências intuitivas são satisfeitas.

A minha definição não exclui automaticamente as hipóteses *ad hoc*, mas podemos demonstrar que produz resultados muito razoáveis se for combinada com uma regra que exclua essas hipóteses ad *hoc*.([88])

E é quanto basta relativamente à minha própria e verdadeira teoria atual (que ultrapassa muito consideravelmente a *L. Sc. D.*). Mas tenho de regressar à minha tarefa crítica. Estou convencido de que a minha teoria sugere vivamente a ideia de que o erro reside na abordagem verificacionista e indutivista, abordagem essa que — e apesar da atenção por ele prestada à minha crítica — não foi nunca completamente abandonada por Carnap. Mas *a lógica indutiva é impossível*. Vou tentar demonstrá-lo (seguindo a minha velha *L. Sc. D.*) como meu último ponto crítico.

(3) Afirmei na minha *L. Sc. D.* que uma lógica indutiva tem de implicar ou *(a)* uma regressão infinita (descoberta por Hume), ou *(b)* a aceitação (à semelhança de Kant) de algum princípio sintético como válido *a priori*. Tenho uma forte suspeita de que a

---

([87]) Designadas por «*desiderato*» na nota em questão. Kemeny enfatizou corretamente que as condições de adequação não deveriam ser introduzidas para servir o *explicatum*. O facto de eu ter agora aperfeiçoado a minha definição (simplificando-a) sem modificar os meus *desiderato* demonstrará, talvez da melhor forma, que não é esse aqui o caso.

([88]) A regra para a exclusão de hipóteses *ad hoc* pode tomar a seguinte forma: a hipótese *não deve repetir* (exceto de uma forma completamente generalizada) a prova ou qualquer componente conjuntiva dela. Isto significa que x = «Este cisne é branco» não será aceitável como hipótese para explicar a evidência y = «Este cisne é branco», embora «Todos os cisnes são brancos» fosse aceitável. E nenhuma explicação x de y deve ser circular, neste sentido, relativamente a qualquer componente conjuntiva (não-redundante) de y. Daqui, resulta uma ênfase sobre a *indispensabilidade das leis universais* — ao passo que Carnap acredita, tal como vimos (ver atrás e em *Probability*, secção 110, H, esp. p. 575), que essas leis universais podem ser dispensadas.

teoria da indução de Carnap podia ser criticada como implicando ambos, *(a)* e *(b)*.

Se, para justificar a indução como provável, precisamos de um (provável) *princípio de indução,* como o *princípio da uniformidade da Natureza,* precisaremos também, então, de um segundo princípio análogo para justificar a indução do primeiro. Carnap, na sua secção sobre as «Pressuposições da Indução»([89]), introduz um princípio de uniformidade. Não menciona a objeção de uma regressão, mas um comentário no seu texto parece indicar que a teria em mente: «Os adversários», escreve ele (p. 181), «diriam talvez que o enunciado da probabilidade da uniformidade deve ser tomado como um enunciado factual [...] A nossa resposta é: [...] este enunciado é, em si mesmo, analítico». Eu fiquei longe de convencido pelos argumentos de Carnap. Mas, uma vez que ele referiu que «todo o problema da justificação e da pressuposição do método indutivo» será tratado num próximo volume, «em termos técnicos e mais exatos», talvez seja melhor refrear, por agora, a minha vontade de oferecer uma prova de que nunca um tal princípio de uniformidade poderia ser analítico (exceto num sentido pickwickiano de «analítico») — e, sobretudo, porque a minha discussão do ponto *(b)* indicará, possivelmente, as linhas que uma prova deste tipo poderia seguir.

(b) As leis naturais ou, mais geralmente, as teorias científicas, tanto de carácter causal como estatístico, são hipóteses acerca de uma *dependência.* Afirmam, de um modo geral, que determinados acontecimentos (ou enunciados que os descrevem) não são, *de facto, independentes* de outros, ainda que sejam independentes no que toca às suas relações puramente lógicas. Consideremos dois factos possíveis que não têm, começamos por supor, qualquer relação entre si (como, por exemplo, «Chunky é esperto» e «Sandy é esperta»), descritos pelos dois enunciados x e y. Alguém poderá, então, conjeturar — talvez erradamente — que eles estão relacionados (que Chunky é um parente de Sandy); e que a informação ou dado y aumenta a probabilidade de x. Se estiver errado, isto é, se x e y forem independentes, teremos então

(1) $$p(x,y) = p(x)$$

([89]) *Probability,* secção 41, F, pp. 177 ss., especialmente pp. 179, 181. No que se refere às passagens de *L. Sc. D.,* ver secção 1, pp. 28 ss., e 81, pp. 263 ss.

que e equivalente a

(2) $$p(x,y) > p(x)p(y)$$

É esta a definição habitual de independência.
Se a conjetura de que os acontecimentos estão relacionados ou são interdependentes estiver correta, teremos então

(3) $$P(x,y) > p(x)$$

isto é, a informação y eleva a probabilidade de x acima do seu valor «absoluto» ou «inicial» $p(x)$.

Acredito — à semelhança, penso eu, de numerosos empiristas — que qualquer conjetura deste tipo acerca da interdependência ou correlação de acontecimentos deveria ser formulada como uma hipótese separada ou como uma lei natural («A esperteza é de família») que terá de ser submetida, em primeiro lugar, a um processo de cuidadosa formulação — com o objetivo de a tornar em tão altamente testável quanto possível — e, depois disso, a rigorosos testes empíricos.

Carnap é de opinião diferente. Propõe que aceitemos (como provável) um princípio em consequência do qual o testemunho «Sandy é esperta» aumente a probabilidade de «A é esperto» relativamente a qualquer singularidade A — quer «A» seja o nome de um gato, de um cão, de uma maçã, de uma bola de ténis ou de uma catedral. Este é um resultado da definição de «grau de confirmação» por ele proposta. De acordo com essa definição, quaisquer duas proposições com o mesmo predicado («esperto» ou «doente») e sujeitos diferentes serão interdependentes, ou positivamente correlacionadas, independentemente de quais possam ser os sujeitos e a sua situação no mundo. É este o verdadeiro conteúdo do seu princípio de uniformidade.

Tenho fortes dúvidas de que Carnap se tenha apercebido destas consequências da sua teoria, pois ele não as menciona explicitamente em lado algum. Mas introduz um parâmetro universal a que chama λ; e $\lambda + 1$ revela-se, num cálculo matemático simples, como o inverso do «coeficiente de correlação lógica» ([90]) relativamente a

---

([90]) O «coeficiente de correlação lógica» de x e y pode ser definido como $(p(xy) - p(x)p(y))(p(x)p(y)p(\bar{x})p(\bar{y}))^{\frac{1}{2}}$. A admissão desta fórmula para todas

quaisquer duas proposições com o mesmo predicado e diferentes sujeitos.([91]) (A suposição de que λ é infinito corresponde à suposição de independência.)

Segundo Carnap, nós somos obrigados a escolher um valor finito de λ, quando queremos escolher a nossa *definição* da função de probabilidade. A escolha de λ e, com ela, o grau de correlação entre quaisquer duas proposições com o mesmo predicado, parece assim fazer parte de uma «decisão» ou «convenção»: a escolha de uma definição de probabilidade. A escolha de λ não parece, por conseguinte, ter implicado nenhum enunciado sobre o mundo. Mas é um facto que a nossa escolha de λ equivale à asserção de dependência mais abrangente do que imaginar se possa. É equivalente à aceitação de tantas leis naturais quantos os predicados existentes, afirmando, cada uma delas, o mesmo grau de dependência de quaisquer dois acontecimentos com predicados semelhantes no mundo. E, uma vez que uma tal suposição acerca do mundo é feita sob a forma de um ato não-testável — a introdução de uma definição —, parece-me haver aqui um elemento de apriorismo envolvido.

Talvez se pudesse, no entanto, dizer que não existe aqui nenhum *apriorismo*, se atendermos a que as referidas dependências são consequência de uma definição (a de probabilidade ou grau de confirmação) que assenta numa convenção ou numa «decisão», sendo, nessa medida, *analítica*. Mas Carnap apresenta duas razões para a escolha da sua função de confirmação que não parecem enquadrar-se neste ponto de vista. A primeira dessas duas razões em que estou a pensar é que a sua função de confirmação, como ele

---

as funções («regulares») de probabilidade significa uma ligeira generalização de uma proposta feita em «Degree of Factual Support», de Kemeny e Oppenheim, em *Philos. of Sci.*, 19, p. 314, fórmula (7), relativamente a uma função de probabilidade especial, na qual todas as proposições atómicas são (absolutamente) independentes. (Acontece que eu penso que esta função especial é a única adequada.)

([91]) Podemos provar isto, por exemplo, tomando *Methods*, p. 30, fórmula (9-8), colocando $S = S_M = 1$; $w/k = c(x) = c(\bar{x}) = c(y)$; e substituindo «$c(h_M, e_M)$» por «$c(x,y)$». Obteremos então $\lambda, = c(\bar{x}y)/c(xy) - (c(x)c(y))$, o que demonstra que λ, é o recíproco de uma medida de dependência, e daí $1/(\lambda+ 1) = (c(xy) - c(x)c(y))/c(\bar{x})c(y)$ que, como $c(x) = c(\bar{x}) = c(y)$, é o coeficiente de correlação lógica. Posso talvez dizer aqui que prefiro o termo «dependência» ao termo «relevância» de Keynes e Carnap. Encarando (à semelhança de Carnap) a probabilidade como uma lógica dedutiva generalizada, eu tomo a dependência probabilística como uma generalização da dependência lógica.

observa, é a única (de entre aquelas que se apresentam) «que não é inteiramente inadequada» ([92]); inadequada, isto é, para explicar (ou «explanar») o indubitável *facto de que nós podemos aprender pela experiência*. Ora, este *facto* é empírico; e uma teoria cuja adequação seja avaliada pela sua capacidade de explicar ou de coerir com este facto não parece propriamente analítica. É interessante verificar que o argumento de Carnap a favor da sua escolha de λ (e que é, para mim, suspeita de *apriorismo*) é o mesmo de Kant, Russell ou Jeffrey. É aquilo a que Kant chamou um argumento «transcendental» («Como é possível o conhecimento?»), o apelo ao facto de nós possuirmos conhecimento empírico, isto é, de podermos aprender com a experiência. A segunda das duas razões é o argumento de Carnap de que a adoção de um λ apropriado (que não seja nem infinito — pois um infinito é equivalente à independência — nem zero) seria mais bem-sucedida em quase todos os universos (exceto nos dois casos extremos de todas as singularidades serem independentes ou terem propriedades idênticas). Todas estas razões parecem-me sugerir que a escolha de λ, isto é, de uma função de confirmação, deve estar dependente do seu sucesso, ou da sua probabilidade de sucesso, no mundo. Mas não seria, então, analítica — a despeito do facto de ser também uma «decisão» relativa à adoção de uma definição. Penso que podemos explicar como é que isto é possível. Podemos, se quisermos, definir a palavra «verdade» de modo que ela abranja alguns daqueles enunciados que habitualmente chamamos «falsos». De modo semelhante, podemos definir «provável» ou «confirmado» de maneira que enunciados absurdos adquiram uma «elevada probabilidade». Tudo isto será puramente convencional ou verbal, desde que não tomemos estas definições como «explicações adequadas». Mas, se o fizermos, a questão deixará de ser convencional ou analítica — pois dizer de um enunciado x contingente ou factual que ele é verdadeiro *num sentido adequado da palavra «verdadeiro»* é formular um enunciado factual; e é isso o que se passa com «x é (agora) altamente provável». O mesmo vale também para «x está fortemente dependente de y» e «x é independente de y» — os enunciados de cujo destino decidimos quando escolhemos λ. A escolha de λ equivalerá, por conseguinte, à adoção de um enunciado abrangente, embora não formulado, acerca da interdependência geral ou da uniformidade do mundo.

([92]) *Probability*, secção 110, p. 565; cf. *Methods*, secção 18, p. 53.

Este enunciado é, no entanto, adotado sem qualquer prova empírica. Carnap demonstra[93], na verdade (e de acordo com a sua teoria do conhecimento), que, se não o adotarmos, não poderemos nunca aprender com os dados empíricos. Deste modo, os dados empíricos não são, nem podem ser, levados em conta *antes* da adoção de um λ finito. É por isso que ele tem de ser adotado *a priori*.

«O princípio do empirismo», escreve Carnap num outro contexto[94], «só pode ser violado pela asserção de uma proposição (sintética) factual sem um fundamento empírico suficiente, ou pela tese do *apriorismo* quando esta declara que o conhecimento relativo a determinadas proposições factuais não requer qualquer fundamento empírico». Eu creio que o que aqui observámos demonstra que existe uma terceira forma de violar o princípio do empirismo. Vimos como é que ele podia ser violado pela elaboração de uma teoria do conhecimento que não pode dispensar um princípio de indução — um princípio que nos diz, com efeito, que o mundo é (ou é muito provavelmente) um lugar em que os homens podem aprender pela experiência e que assim continuará a ser (ou muito provavelmente irá continuar) no futuro. Eu não acredito que um princípio cosmológico deste tipo possa ser um princípio de lógica pura. Mas, pelo modo como é apresentado, vê-se que tão-pouco pode estar baseado na experiência. Parece-me, por conseguinte, que não pode ser outra coisa senão um princípio metafísico *a priori*.

Somente o carácter sintético, factual, de λ se afigura capaz de explicar a sugestão de Carnap de que nós podemos experimentar e ver qual dos valores de λ é mais bem-sucedido num determinado mundo. Mas, uma vez que os dados empíricos não podem ser considerados sem a prévia adoção de um λ finito, não pode haver nenhum processo claro de testar o λ escolhido pelo método de ensaio e erro. O que eu pessoalmente sinto é que prefiro, em todo o caso, aplicar o método de ensaio e erro às *leis universais* que são indispensáveis à ciência intersubjetiva; que são clara e reconhecidamente factuais e que nós podemos conseguir tornar rigorosamente testáveis, a fim de eliminar todas aquelas teorias que se possam revelar erróneas.

---

[93] *Probability*, secção 110, p. 556.
[94] *Probability*, secção 10, p. 31.

Estou satisfeito por me ter sido dada oportunidade de aliviar o espírito — ou o coração, como alguns fisicalistas poderiam dizer — destes assuntos. Não duvido de que com mais umas férias no Tirol e uma outra escalada pela *Semantische Schnuppe*, Carnap e eu poderíamos chegar a acordo relativamente à maior parte destes pontos — visto que ambos pertencemos, estou certo disso, à fraternidade dos racionalistas: a fraternidade daqueles que estão ansiosos por discutir e aprender uns com os outros. Mas, atendendo a que a distância física que nos separa parece ser intransponível, eu lanço-lhe agora, através do oceano — e sabendo que em breve estarei na posição de alvo —, estas minhas melhores setas farpadas, acompanhadas dos meus mais calorosos e fraternais cumprimentos.

12

A linguagem e o problema corpo-mente.
Uma reformulação do interacionismo

1. Introdução

Este é um ensaio sobre a impossibilidade de uma teoria fisicalista causal da linguagem humana.([1])

1.1 *Não* é um ensaio sobre análise linguística (a análise do uso das palavras). Com efeito, eu rejeito liminarmente a afirmação de certos analistas da linguagem de que a fonte das dificuldades filosóficas se encontra no mau uso de que esta é objeto. Sem dúvida que algumas pessoas dizem coisas sem sentido, mas eu declaro que *(a)* não existe nenhum método lógico ou analítico da linguagem para detetar o sem-sentido filosófico (o qual, diga-se a propósito, não deixa de invadir também as fileiras dos lógicos, semantistas e analistas da linguagem); *(b)* a crença na existência de um tal método — a crença, mais especificamente, de que o sem-sentido filosófico pode ser desmascarado como devido àquilo a que Russell poderia ter chamado «erros de tipo», e a que hoje em dia se dá, por vezes, o nome de «erros de categoria» — é consequência de uma filosofia da linguagem que se revelou, desde então, infundada.

([1]) Esta questão foi discutida pela primeira vez por Karl Bühler, na sua obra *Sprachtheorie*, 1934, pp. 25–28.

Publicado pela primeira vez em Proceedings of the 11th International Congress of Philosophy, *7, 1953.*

1.2. É resultado da crença inicial de Russell que uma fórmula como «x é um elemento de x» seja (essencial ou intrinsecamente) desprovida de sentido. Sabemos agora que não é assim. Ainda que possamos, na verdade, elaborar um formalismo F_1 («teoria dos tipos») em que a fórmula em questão seja «mal construída» ou «sem sentido», podemos conceber um outro formalismo (um formalismo isento de tipos) F_2 em que a fórmula seja «bem construída» ou «com sentido». O facto de uma expressão duvidosa não poder ser traduzida numa expressão dotada de sentido de um determinado F_1 não demonstra, por conseguinte, que não exista um F_2 de natureza tal que a fórmula duvidosa em questão possa ser traduzida num enunciado com sentido desse F_2. Por outras palavras, nós não podemos nunca dizer, em casos de dúvida, que uma determinada fórmula, tal como é usada por um falante, é «sem sentido» em qualquer aceção precisa desta expressão — pois alguém poderia inventar um formalismo, no âmbito do qual a fórmula em questão fosse traduzida por uma outra fórmula bem construída, de um modo satisfatório para o falante original. O máximo que uma pessoa pode dizer é: «Não vejo como é que um formalismo desses possa ser construído».

1.3. No que se refere ao problema corpo-mente, desejo rejeitar estas duas diferentes teses do analista da linguagem: (1) O problema pode ser resolvido mostrando que existem duas linguagens, uma linguagem física e uma psicológica, mas não duas espécies de entidades, corpos e mentes. (2) O problema deve-se a um modo incorrecto de falar das mentes, isto é, falar como se os estados mentais existissem *em acréscimo ao* comportamento, quando tudo o que existe é comportamento de carácter variável, por exemplo, comportamento inteligente e comportamento estúpido.

1.3.1. Eu afirmo que (1) a solução das duas linguagens já não é sustentável. Teve origem no «monismo neutral», a ideia de que a Física e a Psicologia são dois modos de construir teorias, ou linguagens, a partir de um «dado» material neutro, e que os enunciados da Física e da Psicologia são enunciados (abreviados) acerca desse material e, nessa medida, *traduzíveis* uns nos outros — ou seja, que são dois modos de falar sobre os mesmos factos. Mas a ideia de uma tradutibilidade mútua há muito que teve de ser abandonada. E com ela desaparece também a solução das duas linguagens. Com efeito, se as duas linguagens não são intertraduzíveis é porque lidam com diferentes espécies de factos. A relação entre essas espécies de factos constitui o nosso problema, que só poderá ser, por conseguinte, formulado mediante a construção de *uma* linguagem em que possamos falar de *ambas* as espécies de factos.

1.3.2. Uma vez que (2) é tão vago, temos de perguntar: Existe ou não uma crença do chefe da estação de que o comboio está a partir, *em acréscimo* ao seu comportamento de crença nessa partida? Existe uma intenção da sua parte de comunicar ao guarda-linha um facto acerca do comboio, *em acréscimo* aos movimentos correspondentes que nesse sentido faz? Existe, por parte do guarda-linha, uma compreensão dessa mensagem, *em acréscimo* ao seu comportamento de compreensão? Será possível que o guarda-linha tenha compreendido perfeitamente a mensagem, mas se tenha comportado (por uma razão ou outra) como se não a tivesse entendido?

1.3.2.1. Se (como penso) a resposta a estas perguntas for «sim», o problema corpo-mente surgir-nos-á, então, numa forma aproximadamente cartesiana. Se for «não», confrontar-nos-emos com uma teoria filosófica a que podemos chamar «fisicalismo» ou «behaviourismo». Se as perguntas não forem respondidas, mas rejeitadas como «sem sentido», se, mais particularmente, nos disserem que não faz sentido perguntar se Pedro tem uma dor de dentes *em acréscimo* ao seu comportamento de quem tem dor de dentes — porque tudo o que se pode saber dessa dor é sabido pela observação do seu comportamento —, estaremos, nesse caso, perante a crença errónea do positivista de que um facto equivale (ou é redutível) à soma total das provas a seu favor — ou seja, perante o dogma da verificabilidade da significação (cf. 4.3., mais à frente, e a minha *Logic of Scientific Discovery*, 1959).

1.4. Uma hipótese importante daqui decorrente é de que a *interpretação determinista da Física, e até mesmo da Física clássica, seja uma interpretação errada*, e que não existam razões «científicas» a favor do determinismo (cf. o meu ensaio «Indeterminism in Quantum Physics and in Classical Physics», *Brit. Journ. Philos. of Science*, 7, 1950).

2. Quatro funções centrais da linguagem

2. Karl Bühler parece ter sido o primeiro a propor, em 1918 ([2]), a doutrina das três funções da linguagem: (1) a função expressiva

---

([2]) Referido na sua *Sprachtheorie, loc. cit.*

ou sintomática; (2) a função estimulante ou sinalizante; (3) a função descritiva. A estas três acrescentei (4) a função argumentativa, que pode ser distinguida([3]) da função (3). Não se afirma que não existam outras funções (como a prescritiva, a consultiva, etc.), mas, sim, que estas quatro mencionadas funções constituem uma hierarquia, no sentido de que *nenhuma* das superiores pode estar presente sem que todas as de nível inferior igualmente o estejam, ao passo que estas últimas *podem* estar presentes sem as primeiras.

2.1. Uma discussão, por exemplo, serve como expressão uma vez que constitui um sintoma exterior de um estado interno (se físico ou psicológico é aqui irrelevante) do organismo. É também um sinal, dado que pode desencadear uma resposta, ou um acordo. Até ao ponto em que incide *sobre* alguma coisa, e demonstra um ponto de vista relativamente a uma *situação ou estado de coisas*, é descritiva. E, por último, temos a sua função argumentativa, a sua apresentação de *razões* para defender uma dada ideia, por exemplo, apontando dificuldades, ou mesmo inconsistências, numa ideia alternativa.

3. Um conjunto de teses

3.1. O interesse primordial da Ciência e da Filosofia reside nas suas funções descritiva e argumentativa. O nosso interesse pelo behaviourismo ou pelo fisicalismo, por exemplo, depende da força persuasora dos seus argumentos críticos.

3.2. A questão de uma pessoa efetivamente descrever ou discutir alguma coisa, ou de se limitar a exprimir ou a assinalar algo, dependerá de se ela fala ou não intencionalmente *sobre* qualquer coisa, ou apoia (ou ataca) intencionalmente uma qualquer ideia.

3.3. O *comportamento* linguístico de duas pessoas (ou de uma mesma pessoa em duas alturas diferentes) pode ser indistinguível. Todavia, uma pode, de facto, descrever ou discutir, enquanto a outra se pode limitar a exprimir (e estimular).

3.4. *Qualquer teoria fisicalista causal do comportamento linguístico só pode ser uma teoria das duas funções inferiores da linguagem.*

3.5. *Qualquer teoria dessa natureza estará, por conseguinte, sujeita ou a ignorar a diferença entre as funções superiores e inferiores, ou a afirmar*

([3]) Cf. cap. 4.

que as duas funções superiores «não são mais do que» casos especiais das duas funções inferiores.

3.6. O que acaba de ser dito aplica-se, mais concretamente, a filosofias como o behaviourismo e a filosofias que tentam salvar a autossuficiência ou integralidade causal do mundo físico, como é o caso do epifenomenalismo, do paralelismo psico-físico, das soluções das duas linguagens, do fisicalismo e do materialismo. (Todas estas filosofias são autodestrutivas, uma vez que os seus argumentos estabelecem — involuntariamente, claro — a inexistência de argumentos.)

4. O argumento da máquina

4.1. Podemos dizer que um termómetro de parede não só expressa o seu estado interno como tem capacidade de sinalizar e mesmo de descrever (um termómetro autorregistador até o faz por escrito). Não é, no entanto, ao termómetro que nós atribuímos a responsabilidade pela descrição, mas, sim, ao seu fabricante. Uma vez compreendido isto, vemos que ele não descreve mais do que a minha caneta: à semelhança dela, é apenas um instrumento para descrever. Mas exprime o seu próprio estado e transmite sinais.

4.2. A situação delineada em 4.2. é fundamentalmente a mesma para todas as máquinas físicas, por muito complicadas que sejam.

4.2.1. Poder-se-ia objetar que o exemplo 4.1. é demasiado simples e que, complexificando a máquina e a situação, podemos obter um comportamento verdadeiramente descritivo. Vamos, pois, considerar máquinas mais complexas. Como concessão aos meus adversários, vou até partir do princípio de que as máquinas podem ser construídas de acordo com *uma qualquer especificação behaviourista*.

4.2.2. Consideremos uma máquina (equipada com uma lente, um analisador e um dispositivo falante) que, sempre que um corpo físico de média dimensão surge diante da sua lente, pronuncia o nome desse corpo («Gato», «Cão», etc.) ou diz, nalguns casos, «Não sei». O seu comportamento pode ser ainda mais humanizado (1) fazendo com que ela não proceda sempre desta forma, mas apenas em resposta ao estímulo de uma pergunta como «Pode dizer-me que coisa é esta?», etc.; (2) fazendo-a responder, num determinado número de casos, «Estou a ficar cansada, deixe-me em paz durante um bocado», etc. Outras respostas poderão ser introduzidas e diversificadas — em função, talvez, de probabilidades que lhe sejam inerentes.

4.2.3. Se o comportamento de uma máquina deste tipo se tornasse muito semelhante ao de uma pessoa, nós poderíamos, erradamente, acreditar que ela era capaz de descrever e discutir — do mesmo modo que um homem que não conheça o funcionamento de um recetor de rádio pode erradamente pensar que ele descreve e discute. Contudo, uma análise do seu mecanismo ensinar-nos-á que não é nada disso que se passa. O rádio não discute, ainda que expresse os seus estados físicos e emita sinais.

4.2.4. Não existe, em princípio, qualquer diferença entre um termómetro de parede e a máquina «observadora» e «descritiva» aqui analisada. Mesmo um homem que esteja condicionado para reagir a estímulos apropriados com os sons «Gato» e «Cão», *sem intenção* de descrever ou nomear, não descreverá nada, ainda que expresse algo e emita sinais.

4.2.5. Mas vamos supor que encontramos uma máquina física cujo mecanismo não compreendemos e que tem um comportamento muito humano. Poderemos, nesse caso, interrogar-nos se ela não agirá, talvez, intencionalmente, em vez de mecanicamente (de modo causal ou probabilístico), isto é, se não terá afinal uma mente; e se não deveríamos ter muito cuidado para não lhe causar sofrimento, etc. Mas, uma vez que tenhamos compreendido inteiramente como é que ela está construída, como é que pode ser replicada, quem foi o responsável pela sua conceção, etc., nenhum grau de complexidade a tornará diferente, em natureza, de um piloto automático, de um relógio, ou de um termómetro de parede.

4.3. As objeções a esta perspetiva e à do ponto 3.3. baseiam-se habitualmente na doutrina positivista da identidade de objetos empiricamente indiscerníveis. Dois relógios, segundo o argumento, podem parecer idênticos, ainda que um seja mecânico e o outro elétrico, mas a sua diferença *pode* ser descoberta pela observação. Se não conseguirmos, por este meio, descobrir qualquer diferença, é porque não há, simplesmente, nenhuma. Resposta: se nós encontrarmos duas notas de libra fisicamente indistinguíveis (mesmo no número), teremos uma boa razão para acreditar que pelo menos *uma* delas é falsa. E uma nota falsa não se torna genuína porque a falsificação está perfeita, ou por todos os vestígios históricos do ato de falsificação terem desaparecido.

4.4. Assim que compreendemos o comportamento causal da máquina, apercebemo-nos de que se trata de um comportamento puramente expressivo ou sintomático. Por uma questão de entretenimento, podemos continuar a fazer perguntas à máquina, mas não argumentaremos a sério com ela — a menos que acreditemos que ela nos transmite os argumentos de uma pessoa e lhe veicula os nossos.

4.5. E com isto, penso eu, se resolve o chamado problema das «outras mentes». Se nós falamos com outras pessoas e, particularmente, se discutimos com elas, é porque *supomos* (por vezes erradamente) que elas também discutem connosco: que falam *intencionalmente* sobre as coisas, desejando a sério resolver um problema, e não que se limitam a comportar-se como se o pretendessem. Tem-se frequentes vezes observado que a linguagem é uma questão social e que o solipsismo e as dúvidas acerca da existência de outras mentes se tornam autocontraditórios quando formulados numa linguagem. Podemos agora explicar isto mais claramente. Ao discutir com outras pessoas (uma coisa que aprendemos a fazer com outras pessoas) sobre outras mentes, por exemplo, nós não podemos deixar de lhes atribuir intenções, o mesmo é dizer, estados mentais. Não discutimos com um termómetro.

5. A teoria causal da denominação

5.1. Mas há razões mais fortes. Imaginemos uma máquina que, de cada vez que vê um gato de pelo ruivo, diz «Mike». Representa, somos tentados a dizê-lo, um *modelo causal* de denominação, ou da relação-nome.

5.2. Mas este modelo causal é deficiente. Exprimi-lo-emos dizendo que ele não é (nem pode ser) uma *compreensão causal* da relação-nome. A nossa tese é que não pode existir essa compreensão causal da relação-nome.

5.2.1. Nós admitimos que a máquina possa ser descrita como percecionando aquilo a que podemos vagamente chamar uma «cadeia causal»[4] de acontecimentos ligando Mike (o gato) com

---

[4] Não importa para os nossos presentes objetivos se a expressão «cadeia causal» é ou não adequada para uma análise mais aprofundada das relações causais.

«Mike» (o seu nome). Mas existem razões para não podermos aceitar esta cadeia casual como uma representação ou entendimento da relação entre uma coisa e o seu nome.

5.3. É uma ingenuidade olhar para esta cadeia de acontecimentos como tendo início com o aparecimento de Mike e terminando com a enunciação «Mike».

Ela «começa» (se é que podemos falar em começo) com um estado da máquina anterior ao aparecimento de Mike, um estado em que a máquina está, por assim dizer, preparada para reagir ao aparecimento de Mike. E não «termina» (se é que podemos falar em término) com a enunciação de uma palavra, uma vez que há um estado que se lhe segue. (Tudo isto é válido para a resposta humana correspondente, se considerada em termos causais.) É a *nossa interpretação* que faz de Mike e «Mike» os extremos (ou termos) da cadeia causal, e não a situação física objetiva. (Além do mais, poderíamos considerar como nome *todo o processo de reação*, ou apenas as últimas letras de «Mike», digamos, «Ike».) Deste modo, embora aqueles que conhecem ou compreendem a relação-nome possam optar por interpretar uma cadeia causal como modelo dela, é evidente que a relação-nome não é uma relação causal, e não pode ser compreendida por meio de qualquer modelo causal. (O mesmo se aplica a todas as relações «abstratas», isto é, lógicas, até mesmo à mais simples relação de um-para-um.)

5.4. A relação-nome não é pois, manifestamente, uma relação que possa ser compreendida segundo um modelo de associação, por exemplo, ou um modelo de reflexo condicionado, independentemente da sua complexidade. É uma relação que envolve um determinado *conhecimento de que* «Mike« é (por uma convenção) o nome do gato Mike e uma determinada intenção de o usar como nome.

5.5. A denominação é, de longe, o caso mais simples do uso descritivo das palavras. Uma vez que não é possível nenhuma compreensão causal da relação-nome, também *não é possível nenhuma teoria física causal das funções descritiva e argumentativa da linguagem.*

6. Interação

6.1. É verdade que a presença de Mike no meu meio-ambiente pode ser uma das «causas» físicas de eu dizer «Cá está o Mike».

Mas, se eu disser «Se é esse o seu argumento, então é contraditório», porque me apercebi ou compreendi que assim era, nesse caso, não terá existido nenhuma «causa» física análoga a Mike. Eu não preciso de ouvir ou ver as vossas palavras para perceber que uma determinada teoria (não importa de quem) é contraditória. A analogia não é com Mike, mas, antes, com a minha *perceção de que* ele aqui está. (Esta minha perceção pode estar causalmente, mas não de um modo puramente físico, relacionada com a presença física de Mike.)

6.2. As relações lógicas como a coerência não pertencem ao mundo físico. São abstrações (talvez «produtos da mente»). Mas a minha perceção de uma incoerência pode levar-me a agir no mundo físico, precisamente do mesmo modo que a minha perceção da presença de Mike. Podemos dizer que a nossa mente é tão passível de ser afetada por relações lógicas (ou matemáticas, ou, por exemplo, musicais) como por uma presença física.

6.3. Não há razão (exceto um falso determinismo físico) para os nossos estados mentais e físicos não interagirem entre si. (O velho argumento de que coisas tão diferentes não poderiam interagir baseava-se numa teoria da causalidade há muito ultrapassada.)

6.4. Se agirmos sob a influência da apreensão de uma relação abstrata, daremos início a cadeias de causalidade física que não têm antecedentes causais *físicos* suficientes. Seremos então «primeiros motores» ou criadores de uma «cadeia causal» física.

7. Conclusão

O receio do obscurantismo (ou de se ser considerado obscurantista) impediu muitos antiobscurantistas de dizer coisas como estas. Mas este receio acabou por produzir apenas um obscurantismo de outro tipo.

13

Uma nota acerca do problema corpo-mente

Estou muito grato ao professor Wilfrid Sellars por ter chamado a atenção dos filósofos[1] para o meu ensaio «A Linguagem e o Problema Corpo-Mente»[2], e mais ainda pela sua amabilidade em descrevê-lo como «estimulante» e «significativo, apesar de desequilibrado». Do seu desequilíbrio ninguém pode estar mais consciente do que eu. Penso que sou mais sensível a ele do que a princesa de Andersen à ervilha. E, embora me sinta inclinado a contar as suas três folhas entre os meus escassos louros, não poderia descansar à sua sombra, nem mesmo que quisesse. Mas as ervilhinhas duras que me incomodam e me fazem passar noites acordado parecem ter sido bem escondidas, e num sítio bem afastado dos dois grandes «masarulhos» de estofo do professor Sellars, que, segundo creio, não são nada difíceis de alisar.

I

No que se refere ao primeiro pedaço de estofo, o professor Sellars, depois de me ter citado corretamente com alguma minúcia,

---

[1] Por meio do seu artigo «A Note on Popper's argument for Dualism», *Analysis*, 15, pp. 23 ss.
[2] E *não* «Problema mente-corpo», como o professor Sellars escreve. O meu ensaio está incluído neste volume como cap. 12.

Publicado pela primeira vez em Analysis, *N. S. 15, 1955, como resposta ao professor Wilfrid Sellars.*

passa a «focar a atenção», como ele diz, «na afirmação [de Popper], atrás citada, de que " [...] se as duas linguagens não são traduzíveis uma na outra é porque lidam com diferentes conjuntos de factos"». E prossegue, dizendo que um «facto» pode ser ou um «*facto descritivo*», ou então algo como «o "facto" de que devemos realizar os nossos empreendimentos» — o que eu me permito chamar um «*semi-facto*». Segundo o professor Sellars, o meu argumento até seria válido, desde que contivesse «a premissa de que ambas as linguagens em questão *têm por tarefa descrever*», isto é, enunciar «*factos descritivos*».

Ora, eu estou plenamente de acordo com isto; mas não consigo, de todo, ver a sua relevância. Ao focar a sua atenção numa *única* frase, o professor Sellars, como se compreende, ficou com o contexto desfocado.

Na verdade, *(a)* a premissa que, segundo o professor Sellars, confere validade ao meu argumento foi por mim indicada, com suficiente clareza, nesse mesmo argumento — facto que o tornará, então, válido por si próprio, de acordo com o professor. Além disso, o meu argumento tem a forma de uma *reductio ad absurdum* da «teoria das duas linguagens», e a premissa corretamente exigida pelo professor Sellars não é minha — faz parte dessa teoria. É, na realidade, referida no meu argumento como parte da «solução das duas linguagens» — da «ideia de que [...] os enunciados da Física e da Psicologia são [...] duas formas de falar sobre os mesmos factos» (o que indica claramente que estes «factos» são «factos descritivos» na terminologia do professor Sellars). *(b)* O meu próprio contributo consistiu simplesmente em fazer notar que, uma vez admitido que as duas linguagens (da Física e da Psicologia) não são traduzíveis uma na outra, não podemos já dizer que elas falam dos mesmos factos, mas, sim, de factos diferentes — significando «factos» o que quer que os teóricos das duas linguagens pretendiam significar quando disseram que a Física e a Psicologia falavam sobre os mesmos factos.

Deste modo, o problema dos «semifactos» simplesmente não se põe.

Tudo isto pode ser verificado lendo mais atentamente a passagem do meu ensaio que o próprio professor Sellars cita no início do seu: é a passagem que fica desfocada assim que ele foca a sua atenção numa parte dela. (Há uma palavra incorrectamente citada, embora sem grande importância, na referida passagem: «conjunto» em vez de «espécie».)

Não existe, por conseguinte, e pelo que me é dado ver, nenhum núcleo duro, nenhuma diferença de opinião, subjacente ao primeiro montículo de estofo do professor Sellars — embora pareçamos divergir consideravelmente no que toca à relevância dos seus comentários.

II

Vamos agora aplanar o segundo montículo. «Nas últimas secções do seu ensaio», escreve o professor Sellars, «o professor Popper faz uma significativa, embora desequilibrada, defesa da tese de que a *incidência* ou *referência* não pode ser definida em linguagem "behaviouresa"». (N. T. «Behaviourese» no original). (O próprio professor Sellars acredita na verdade desta minha alegada tese.) Devo confessar que fiquei surpreendido quando li isto. Não tinha consciência de haver alguma vez tentado defender algo de semelhante. Acontece ser uma das minhas mais antigas convicções a de que uma tese do género da que me foi aqui atribuída — a tese de que tal e tal *não pode ser definido* na linguagem de alguém — é *quase sempre irrelevante*. (Não será irrelevante, como é óbvio, se a tese do oponente for sobre a definibilidade. A definibilidade pode ser interessante em determinados contextos, mas dizer que um termo não é definível não significa nunca que não possa ser legitimamente utilizado — pois pode ter um uso legítimo como termo indefinido.) Não me era necessário ler o meu ensaio de fio a pavio para ter a certeza de que nunca defendi nada como a «tese» que me foi atribuída pelo professor Sellars. Mas, para redobrar a certeza, li-o mesmo de uma ponta à outra e não encontrei vestígios de semelhante tese sobre a definibilidade. E, para triplicar a certeza, quero desta forma renegar publicamente qualquer teoria que possa alguma vez ter avançado com base na tese que me é atribuída pelo professor Sellars. Não porque a tese seja falsa (concordo com o professor Sellars que é verdadeira, e concordo até que os meus argumentos poderiam ser usados em apoio da sua verdade — o que pode, talvez, explicar o mal-entendido), mas porque eu odiaria a ideia de filosofar com a ajuda de argumentos sobre a não-definibilidade.

O professor Sellars prossegue, dizendo: «E ele [Popper] tem seguramente razão [em sustentar a tese que acabo de repudiar.] Todavia, neste ponto, ele [Popper] acrescenta tacitamente a premissa "*E é sobre x*" é uma asserção "descritiva"».

É-me difícil verificar se neste ponto acrescentei ou não, tacitamente, esta premissa, uma vez que «este ponto» não é indicado pelo professor Sellars — ou é apenas indicado por meio de uma referência a essa minha alegada tese que não consigo encontrar em parte alguma do meu ensaio. (Posso avisar aqui os leitores de que sete das passagens entre aspas na segunda parte do trabalho do professor Sellars não são citações do meu ensaio, como alguns poderiam pensar. Duas outras — «relação nome» e «Fisicalista-causal» — apareciam, de facto, no meu ensaio, mas a primeira com hífen e a segunda sem hífen.)

Caso, porém, eu tenha incluído algures, «tácita» e inconscientemente, a premissa que o professor Sellars afirma que incluí (e da qual não vislumbro qualquer vestígio), quero, uma vez mais, renegá-la. Pois eu estou de inteiro acordo com a tese do professor Sellars de que se um enunciado A diz que um outro enunciado E é sobre alguma coisa, então A não desempenha geralmente, e para usar as palavras do professor, «o mesmo tipo de papel de "A Lua é redonda"». A não tem de ser — e não é habitualmente — «descritivo» no mesmo sentido do enunciado sobre a Lua (embora possa ser — «Sobre que é que foi a tua última palestra?» «Foi uma palestra sobre a probabilidade» é um exemplo de uso descritivo).

Também concordo inteiramente com a observação final do professor Sellars de que «do facto, e é um facto, de aquilo a que o professor Popper chama "relação nome" (parágrafo 5 ss) não ser definível em termos "fisicalístico-causais", não podemos concluir pela verdade do Dualismo». Exactamente. Por isso é que eu nunca disse nada acerca da definibilidade. Se eu não tivesse, na verdade, argumentos mais fortes a favor da minha fé dualista de que este facto é totalmente irrelevante (pois eu concordo que é um facto, embora completamente irrelevante), estaria então pronto — ou melhor, terrivelmente ansioso — para deixar o dualismo. Acontece que os meus argumentos eram bem diferentes. Referiam-se[3] ao possível alcance das teorias físicas dedutivas e não à definibilidade.

---

[3] Este é um outro exemplo de um «enunciado-acerca de» A que descreve um argumento E.

E a minha tese era que «*não é possível nenhuma teoria física causal das funções descritiva e argumentativa da linguagem*».

Quero que fique perfeitamente claro que não tenho a mínima objeção contra a tese do professor Sellars — a tese de que um enunciado como «*E é sobre x*» é (habitual ou frequentemente) «um expediente por meio do qual nós *comunicamos* ao ouvinte de que modo se usa uma expressão *mencionada, usando* uma expressão equivalente». Nem nego que esta tese do professor Sellars seja relevante para a minha própria tese. Tudo o que aqui desejo dizer é que a minha tese não se baseia no argumento sobre definibilidade que o professor Sellars me atribuiu. Se assim fosse, eu retratar-me-ia dele.

III

No ensaio do professor Sellars, há uma observação acerca das ideias do professor Ryle que me parece errada. Escreve o professor Sellars: «Estou igualmente de acordo em que "a ideia de uma traduzibilidade mútua" entre [...] linguagem mental e linguagem comportamental "há muito teve de ser abandonada", a despeito dos valorosos esforços em contrário de Ryle».

Em relação a isto, gostaria de dizer que não estou ao corrente do facto de que o professor Ryle tenha alguma vez defendido aquilo que eu chamo «a teoria das duas linguagens». Como poderia ele fazer tal coisa, acreditando, como acredita, que o problema tem origem em erros de categoria no interior da linguagem natural? Não era a ele que eu me referia naquele ponto.

Ao mesmo tempo, é realmente verdade que eu estava a pensar no professor Ryle quando, num outro parágrafo do meu ensaio, tentei abreviadamente demonstrar que a teoria dos «erros de categoria» também é insustentável.

Se me é permitido acrescentar aqui um outro argumento, direi o seguinte: supondo que, pelos usos da nossa linguagem, as expressões que designam «estados físicos» eram postas numa categoria diferente daquela em que são colocadas as expressões que designam estados mentais, eu inclinar-me-ia a ver neste facto uma indicação, ou uma sugestão (e, seguramente, não mais do que isso) de que estas duas categorias de expressões designam entidades *ontologicamente* diferentes — ou, por outras palavras, *entidades de diferentes espécies*. Sentir-me-ia assim inclinado (não mais do que isso) a considerar a conclusão oposta à tirada pelo professor Ryle, ainda que as premissas fossem manifestamente insuficientes para uma derivação formal da conclusão.

Não estou, no entanto, disposto a conceder que esta suposição seja verdadeira, muito independentemente das minhas (e do professor Smart[4]) objeções aos argumentos baseados na ideia de erros de categoria. Considero muitas das análises do professor Ryle deveras esclarecedoras, mas só posso dizer que o Inglês corrente trata, muito frequentemente, os estados mentais e físicos como equiparáveis — não apenas quando se fala de «doença mental», de «hospital para os doentes mentais», ou de um homem «física e mentalmente equilibrado», etc. (estes casos podem ser ignorados como decorrentes de um dualismo filosófico), mas especialmente quando dizemos «Contar carneiros ajuda-me sempre a adormecer», ou «Ler romances do sr. Smith ajuda-me sempre a conciliar o sono» (o que não significa «Exercitar os meus olhos num dos romances do sr. Smith ajuda-me sempre a conciliar o sono» e é, no entanto, inteiramente análogo a «Tomar brometo ajuda-me sempre a conciliar o sono»). Existem inúmeros exemplos semelhantes. Eles não demonstram, seguramente, que as palavras do Inglês corrente que descrevem estados mentais e físicos pertençam *sempre* à mesma «categoria». (O professor Ryle conseguiu demonstrar que não pertencem.) Mas os meus exemplos demonstram, penso eu, que as palavras são muitas vezes usadas de modos manifestamente idênticos. A imprecisão das situações linguísticas pode ser ilustrada por um exemplo do professor Ryle.(5) Diz ele, acertadamente, que uma criança que tenha acabado de assistir à parada de todos os batalhões, baterias e esquadrões que constituem uma divisão comete um erro (no sentido de não ter apreendido bem o significado das palavras) quando a seguir pergunta «E quando é que vem a divisão?» — «Mostrar-lhe-íamos o seu erro», diz o professor

---

(4) Vd. o seu excelente resumo, «*A Note on Categories*» no *British Journal for the Philosophy of Science*, 4, 1953, pp. 227 ss.

(5) *The Concept of Mind*, pp. 16 ss. O exemplo das Faculdades e da Universidade é precisamente análogo: o forasteiro que quer ver a Universidade pergunta, como é óbvio, por um *edifício* (semelhante, talvez, ao edifício do Senado em Londres); e esse *edifício* seria da mesma categoria que os *edifícios* universitários. Não constituirá, por conseguinte, um erro de categoria sugerir que a pessoa em questão cometeu um erro de categoria?

Ryle, «explicando-lhe que, ao assistir à marcha dos batalhões, baterias e esquadrões, ela tinha estado a ver a divisão a marchar. O desfile militar não era uma parada de batalhões [...] *e* de uma divisão; era uma parada dos batalhões [...] *de* uma divisão». Isto é absolutamente verdadeiro. Mas não há contextos, de uso perfeito do Inglês, em que os batalhões são equiparados às divisões? Não poderia haver uma parada de, por exemplo, uma divisão *e* três batalhões *e* duas baterias? Imagino que isto pudesse constituir um ultraje para os costumes militares (embora uma batalha em que uma divisão ataca um batalhão seja, suponho eu, um costume militar perfeitamente aceitável). Mas representará isto um ultraje para o uso corrente do Inglês? E, caso não represente, poderá o erro que a criança indubitavelmente cometeu ser um erro de categoria? E, se não for, não cometeremos nós um erro de categoria (admitindo que uma tal coisa exista) se erradamente diagnosticarmos que o erro da criança foi um erro de categoria?

14

Autorreferência e sentido na linguagem comum

TEETETO. Agora ouve-me com atenção, Sócrates, porque aquilo que te vou expor não é pouco complicado.

SÓCRATES. Prometo fazer o meu melhor, Teeteto, desde que me poupes aos pormenores das tuas proezas na teoria dos números e fales numa linguagem que eu, como homem vulgar, possa entender.

TE. A pergunta que te vou agora mesmo fazer é uma pergunta extraordinária, ainda que formulada numa linguagem perfeitamente comum.

S. Não precisas de me avisar. Sou todo ouvidos.

TE. Que disse eu entre as tuas duas últimas interrupções, Sócrates?

S. Disseste: «A pergunta que te vou agora mesmo fazer é uma pergunta extraordinária, ainda que formulada numa linguagem perfeitamente comum.»

TE. E percebeste o que é que eu estava a dizer?

S. É claro que percebi. A tua advertência referia-se a uma pergunta que pretendias fazer-me.

TE. E que pergunta era essa, a que a minha advertência se referia? Podes repeti-la?

S. A tua pergunta? Deixa cá ver... Ah, sim, a tua pergunta era: «Que disse eu entre as tuas duas últimas interrupções, Sócrates?».

Publicado pela primeira vez em Mind, *N. S. 63, 1954 (ver também a minha* Sociedade Aberta, *vol. II, nota 7 do cap. 24.)*

TE. Vejo que cumpriste a tua promessa, Sócrates. Prestaste mesmo atenção ao que eu estava a dizer. Mas será que percebeste esta minha pergunta que acabas de citar?
S. Penso que posso provar que compreendi de imediato a tua pergunta. Pois não te respondi eu corretamente assim que a fizeste?
TE. É verdade. Mas concordas que era uma pergunta extraordinária?
S. Não. É certo que não a puseste em termos muito delicados, Teeteto, mas isso, receio bem, não é nada fora do comum. Não, não consigo ver nada de extraordinário nela.
TE. Peço-te desculpa se fui indelicado, Sócrates. Acredita que apenas queria ser breve, o que tinha alguma importância nesta fase da nossa discussão. Mas acho interessante que penses que a minha pergunta era vulgar (tirando a sua descortesia); pois alguns filósofos poderiam dizer que se trata de uma pergunta impossível — em todo o caso, de uma pergunta que é impossível compreender corretamente, uma vez que não pode ter qualquer sentido.
S. Porque é que a tua pergunta não havia de ter sentido?
TE. Porque se referia indiretamente a si própria.
S. Não vejo isso. Pelo que posso ver, a tua pergunta referia-se apenas à advertência que me fizeste imediatamente antes de a teres formulado.
TE. E a que é que a minha advertência se referia?
S. Agora vejo onde é que queres chegar. A tua advertência referia-se à tua pergunta, e a tua pergunta à tua advertência.
TE. Mas tu dizes que entendeste ambas, a minha advertência e a minha pergunta?
S. Não tive qualquer dificuldade em entender o que disseste.
TE. Isto parece comprovar que duas coisas que uma pessoa diga podem perfeitamente ter sentido, a despeito do facto de serem indiretamente autorreferentes — de a primeira se referir à segunda e a segunda à primeira.
S. Parece realmente comprová-lo.
TE. E não achas que isto é extraordinário?
S. A mim não me parece extraordinário. Parece óbvio. E não vejo porque é que te dás ao trabalho de me chamar a atenção para um truísmo destes.
TE. Porque ele tem sido negado, pelo menos implicitamente, por muitos filósofos.

S. Ah sim? Surpreendes-me.
TE. Refiro-me aos filósofos que dizem que um paradoxo como o do *Mentiroso* (a versão megárica do *Epiménides*) não pode ocorrer porque um enunciado com sentido e correctamente construído não se pode referir a si próprio.
S. Eu conheço o *Epiménides* e o *Mentiroso* que diz «Aquilo que estou neste momento a dizer é mentira» (e nada mais); e acho a solução que acabas de mencionar atrativa.
TE. Mas não pode resolver o paradoxo se admitires que a autorreferência indireta é admissível; pois, como Russell, Jourdain e Langford demonstraram (e Buridano antes deles), o *Mentiroso* ou o *Epiménides* podem ser formulados usando a autorreferência indireta, em vez da direta.
S. Por favor, dá-me já essa formulação.
TE. A próxima asserção que vou fazer é verdadeira.
S. Não falas sempre verdade?
TE. A minha última asserção era falsa.
S. Queres então retirá-la? Muito bem, podes começar de novo.
TE. *Tu* pareces não compreender a que é que as minhas duas asserções conjuntamente tomadas equivaliam.
S. Ah, agora vejo as implicações do que estavas a dizer. Tens toda a razão. É o velho *Epiménides* de novo.
TE. Eu usei a autorreferência indireta em vez da direta — é a única diferença. E este exemplo demonstra, creio eu, que paradoxos como o *Epiménides* não podem ser resolvidos pela insistência na impossibilidade das asserções autorreferentes — pois ainda que a autorreferência direta fosse impossível, ou desprovida de sentido, a autorreferência indireta é, certamente, uma coisa muito comum. Eu posso, por exemplo, fazer o seguinte comentário: estou confiantemente ansioso por uma observação inteligente e apropriada da tua parte, Sócrates.
S. Essa expressão da tua confiança é muito lisonjeira, Teeteto.
TE. Isto demonstra como facilmente acontece que um comentário seja um comentário sobre outro, que será, por seu turno, um comentário sobre o primeiro. Mas, assim que virmos que não podemos resolver os paradoxos desta forma, veremos também que mesmo a autorreferência direta pode ser perfeitamente aceitável. De facto, há já muito que se conhecem numerosos exemplos de asserções não paradoxais apesar de diretamente autorreferentes — tanto de enunciados autorreferentes de

carácter mais ou menos empírico, como de enunciados autor-referentes cuja verdade ou falsidade pode ser demonstrada por um raciocínio lógico.

S. Será que podes apresentar um exemplo de uma asserção autor-referente que seja empiricamente verdadeira?

Te. ....

S. Não consegui ouvir o que estavas a dizer, Teeteto. Por favor repete, um pouco mais alto. Os meus ouvidos já não são o que eram.

Te. Eu disse: «Estou agora a falar tão baixinho que o meu querido velho Sócrates não consegue perceber o que estou a dizer».

S. Gosto desse exemplo; e não posso negar que quando estavas a falar assim baixo, estavas a falar verdade. E também não posso negar o carácter empírico dessa verdade — pois fossem os meus ouvidos mais jovens e ela ter-se-ia revelado uma falsidade.

Te. A verdade da minha próxima asserção será até logicamente demonstrável, por exemplo, mediante uma *reductio ad absurdum*, um método muito apreciado por Euclides, o Geómetra.

S. Não o conheço. Não te referes ao homem de Mégara, presumo. Mas penso que sei o que queres dizer com *reductio*. Queres agora formular o teu teorema?

Te. O que estou agora a dizer tem sentido.

S. Se não te importas, vou tentar, eu próprio, comprovar o teu teorema. Para operar uma *reductio*, começo por supor que o teu último ato elocutório era destituído de sentido. Esta suposição contradiz, no entanto, esse teu ato elocutório, implicando, por conseguinte, a sua falsidade. Mas, se um ato elocutório é falso, então tem claramente de ter sentido. Assim sendo, a minha suposição é absurda. E isso comprova o teu teorema.

Te. Chegaste lá, Sócrates. Provaste o meu teorema, como insistes em chamar-lhe. Mas alguns filósofos podem não acreditar em ti. Dirão que o meu teorema (ou o antiteorema demonstravelmente falso: «O que estou agora a dizer não tem sentido») era paradoxal e que, por ser paradoxal, tu podes «provar» o que te apetecer relativamente a ele — tanto a sua verdade como a sua falsidade.

S. Tal como demonstrei, a suposição da verdade do teu antiteorema «O que estou agora a dizer não tem sentido» conduz a um absurdo. Deixa que esses filósofos demonstrem, por um argumento semelhante, que a suposição da sua falsidade (ou da verdade do teu teorema) redunda também num absurdo. Quando eles conseguirem fazê-lo, podem então declarar o seu carácter paradoxal ou, se quiseres, a sua falta de sentido, e — de igual modo — a falta de sentido do teu teorema.

TE. Concordo, Sócrates. Além do mais, estou perfeitamente convencido de que eles não o conseguirão — pelo menos, enquanto por «ato elocutório sem sentido» se referirem a algo como uma expressão formulada de uma maneira que viola as regras da gramática, ou, por outras palavras, a uma expressão mal construída.

S. Fico satisfeito por te sentires tão seguro do que dizes, Teeteto. Mas não estarás assim um bocadinho seguro demais desse teu ponto de vista?

TE. Se não te importas, vou adiar a resposta a essa pergunta por um ou dois minutos. O meu motivo é que gostaria primeiro de chamar a tua atenção para o facto de que mesmo se alguém demonstrasse que o meu teorema, ou então o meu antiteorema, era paradoxal, não teria com isso conseguido demonstrar que ele devia ser descrito como «destituído de sentido», no melhor e mais apropriado sentido da expressão. Pois, para o conseguir, ele teria de demonstrar que, se supusermos a verdade do meu teorema (ou a falsidade do meu antiteorema «O que estou agora a dizer não tem sentido»), seremos conduzidos a um absurdo. Mas eu inclinar-me-ia a argumentar que quem não entenda o sentido do meu teorema e do meu antiteorema não deve tentar fazer uma tal derivação. E inclinar-me-ia igualmente a argumentar que se o sentido de um ato elocutório pode ser compreendido, é porque esse ato *tem* um sentido; e, mais uma vez, se ele tem algumas implicações (isto é, se algo se segue dele), tem também de ter um sentido. Esta perspetiva parece, pelo menos, estar de acordo com o uso comum, não achas?

S. Acho.

TE. É claro que não quero dizer que não possam existir outras formas de usar a expressão «com sentido». Um dos meus colegas matemáticos, por exemplo, sugeriu que apenas classifiquemos uma asserção como «com sentido» se possuirmos uma prova válida dela. Mas isto teria por consequência que não poderíamos saber se uma conjetura como a de Goldbach — «Todos os números pares (à exceção do 2) são a soma de dois «primos» — tem efetivamente sentido antes de termos encontrado uma prova válida dela. Além de que mesmo a descoberta de um contraexemplo não refutaria a conjetura — confirmaria apenas a sua falta de sentido.

S. Penso que esse seria um modo simultaneamente estranho e inepto de usar a expressão «com sentido».

Te. Outras pessoas foram um pouco mais liberais. Sugeriram que considerássemos uma asserção «com sentido» se, e apenas se, existisse um método capaz de prová-la ou refutá-la. Isso faria de uma conjetura como a de Goldbach uma conjetura com sentido assim que encontrássemos um contraexemplo (ou um método para criar um). Mas, enquanto não encontrarmos um método para a provar ou refutar, não podemos saber se ela tem ou não sentido.

S. Não me parece certo acusar todas as conjeturas ou hipóteses de serem «sem sentido» ou «absurdas» pelo simples motivo de não sabermos ainda como prová-las ou refutá-las.

Te. Outros houve que sugeriram que só considerássemos uma asserção «com sentido» se soubéssemos como averiguar se ela é verdadeira ou falsa — uma sugestão que equivale mais ou menos ao mesmo.

S. Parece-me realmente muito semelhante à tua sugestão anterior.

Te. Se, todavia, com «asserção ou questão com sentido» nos referirmos a algo como uma expressão que seja compreensível por qualquer pessoa que conheça a linguagem, dado estar formulada de acordo com as regras gramaticais para a constituição de enunciados ou perguntas nessa linguagem, poderemos então, segundo creio, dar uma resposta correta à minha próxima pergunta, que será, uma vez mais, autorreferente.

S. Deixa cá ver se lhe consigo responder.

Te. A pergunta que te estou agora a fazer é uma pergunta com ou sem sentido?

S. Com sentido, como se pode demonstrar. Pois vamos supor que a minha resposta é falsa, e a resposta «Sem sentido» é verdadeira. Deste modo, será possível dar uma resposta verdadeira à tua pergunta. Mas uma pergunta a que se pode dar uma resposta (e, ainda por cima, uma resposta verdadeira) tem de ter sentido. Consequentemente, a tua pergunta tinha sentido, *quod erat demonstrandum*.

Te. Pergunto-me onde terás tu apanhado todo esse Latim, Sócrates. Não consigo, porém, encontrar qualquer falha na

tua demonstração. Trata-se, no fim de contas, de uma mera versão da tua prova daquilo a que chamas o meu «teorema».
S. Penso que já puseste de parte a sugestão de que as asserções autorreferentes são sempre sem sentido. Mas custa-me admiti-lo, pois parecia um modo tão expedito de nos livrarmos dos paradoxos.
Te. Não fiques pesaroso. Não havia simplesmente saída nessa direção.
S. Porquê?
Te. Algumas pessoas parecem pensar que há uma forma de resolver os paradoxos dividindo os nossos atos elocutórios ou expressões em enunciados com sentido — que podem, por sua vez, ser verdadeiros ou falsos — e atos elocutórios desprovidos de sentido, absurdos ou incorretamente construídos («pseudoenunciados» ou «proposições indefinidas», como alguns filósofos preferiram chamar-lhes), que não podem ser nem verdadeiros nem falsos. Se ao menos conseguissem demonstrar que um ato elocutório paradoxal cai na terceira destas três exclusivas e exaustivas classes — verdadeiro, falso e sem sentido —, então, pensam eles, o paradoxo em causa teria encontrado a sua solução.
S. Precisamente. Era essa a forma que eu tinha em mente, ainda que em termos menos claros. E achava-a apelativa.
Te. Mas essas pessoas não se perguntam a si próprias se será de todo possível resolver um paradoxo como o do mentiroso com base numa classificação nestas três classes, mesmo que se conseguisse provar que ele pertence a esta terceira classe de atos elocutórios sem sentido.
S. Não te estou a seguir. Supõe que eles conseguiam encontrar uma prova que demonstrava que um ato elocutório da forma «A é falso» será destituído de sentido, sempre que «A» seja uma designação deste mesmo ato elocutório «A é falso». Porque é que isto não haveria de resolver o paradoxo?
Te. Porque não. Apenas o deslocaria. Porquanto, na suposição de que A seja, ele mesmo, o ato elocutório «A é falso», eu posso refutar a hipótese de que «A» seja destituído de sentido com recurso, precisamente, a esta tripla classificação de atos elocutórios.
S. Se tens razão, então uma prova da hipótese de que A não tem sentido só estabeleceria, na verdade, um novo enunciado que

tanto poderia ser provado como refutado e, nessa medida, um novo paradoxo. Mas como podes tu refutar a hipótese de que «*A*» não tem sentido?

TE. Uma vez mais, por uma *reductio*. De uma maneira muito geral, podemos extrair duas regras da nossa classificação. (i) Da verdade de «*X* é desprovido de sentido», nós podemos derivar a falsidade de «*X* é verdadeiro» e também (o que nos interessa aqui) a falsidade de «*X* é falso». (ii) Da falsidade de um qualquer ato elocutório *y*, podemos concluir que *y* tem sentido. De acordo com estas regras, nós descobrimos que da verdade da nossa hipótese «*A* é destituído de sentido», podemos derivar por (i) a falsidade de «*A* é falso»; e concluir por (ii) que «*A* é falso» tem sentido. Mas, uma vez que «*A* é falso» não é mais do que o próprio *A*, nós demonstrámos (uma vez mais por (ii)) que A tem sentido — o que conclui *a reductio*. (Diga-se, a propósito, que atendendo a que a verdade da nossa hipótese implica a falsidade de «*A* é falso», implica igualmente o nosso paradoxo original.)

S. Esta é uma conclusão surpreendente: um *Mentiroso* que nos reentra pela janela, justamente quando pensávamos havermo-nos livrado dele pela porta. Será que não há mesmo meio de eliminar estes paradoxos?

TE. Há um meio muito simples, Sócrates.

S. Qual?

TE. Limita-te a evitá-los, como quase toda a gente faz, e não te preocupes com eles.

S. Mas isso é suficiente? É seguro?

TE. Para a linguagem comum e para objetivos comuns, afigura-se suficiente e perfeitamente seguro. Em todo o caso, não podes fazer outra coisa na linguagem comum, uma vez que ela se presta a paradoxos que são compreensíveis, tal como vimos.

S. Mas não poderíamos nós legislar, por exemplo, que se deve evitar toda a espécie de autorreferência, quer direta quer indireta, purificando, por esse meio, a nossa linguagem de todos os paradoxos?

TE. Poderíamos tentá-lo (se bem que isso pudesse conduzir a novas dificuldades). Mas uma linguagem em relação à qual legislássemos dessa forma já não seria a nossa linguagem comum: regras artificiais criam uma linguagem artificial. Não demonstrou a

nossa discussão que pelo menos a autorreferência indireta é uma coisa bastante comum?
S. Mas para a matemática, digamos, uma linguagem algo artificial seria apropriada, não?
Te. Seria. E para a construção de uma linguagem com regras artificiais que, se for corretamente feita, se poderia chamar «linguagem formalizada», extrairemos indicações do facto de os paradoxos (que desejamos evitar) poderem ocorrer na linguagem comum.
S. E tu determinarias em relação à tua linguagem formalizada, suponho, que toda a autorreferência tinha de ser rigorosamente excluída, não é verdade?
Te. Não. Podemos evitar os paradoxos sem recorrer a medidas tão drásticas.
S. Chamas-lhes drásticas?
Te. São drásticas visto que excluiriam alguns usos muito interessantes da autorreferência, especialmente o método de Gödel, para construir enunciados autorreferentes, método esse que tem aplicações extremamente importantes no meu próprio âmbito de interesse, a teoria dos números. São drásticas, além do mais, porque nós aprendemos com Tarski que em qualquer linguagem coerente — vamos chamar-lhe «L» — os predicados «verdadeiros em L» e «falsos em L» não podem ocorrer (contrariamente aos predicados «com sentido em L» e «sem sentido em L», que podem) e que, sem predicados como esses, não é possível formular paradoxos do tipo do *Epiménides*, ou do paradoxo dos adjetivos heterológicos de Grelling. Esta indicação revela-se suficiente para a construção de linguagens formalizadas em que estes paradoxos sejam evitados.
S. Quem são todos esses matemáticos? Teodoro nunca mencionou os seus nomes.
Te. Bárbaros, Sócrates. Mas são muito competentes. O «método da aritmetização» de Gödel, como lhe chamam, é de particular interesse no contexto da nossa presente discussão.
S. Outra autorreferência, e perfeitamente comum. Estou a ficar um pouco hipersensível a estas coisas.
Te. O método de Gödel, poderíamos dizer, consiste em traduzir determinadas asserções não-aritméticas em asserções aritméticas; são convertidas num código aritmético, por assim dizer. E, entre as asserções que podem ser codificadas deste modo,

acontece estar também aquela que, por brincadeira, referiste como o meu teorema. Para ser um pouco mais exato, a asserção que pode ser convertida no código aritmético de Gödel é o enunciado autorreferente «Esta expressão é uma fórmula bem construída». Aqui, «fórmula bem construída» substitui, como é óbvio, a expressão «com sentido». Eu senti-me, como te deves lembrar, um pouco seguro de mais para o teu gosto de que o meu teorema não podia ser refutado. A minha razão era simplesmente que, quando convertido no código gödeliano, o meu teorema transforma-se num teorema da aritmética. É demonstrável e a sua negação é refutável. Ora, se alguém conseguisse, por meio de um argumento válido (talvez um semelhante à tua própria prova), refutar o meu teorema — derivando, por exemplo, de um absurdo da suposição de que a negação do meu teorema é falsa —, então esse argumento poderia ser usado para demonstrar o mesmo relativamente ao teorema aritmético correspondente. E, uma vez que isto nos forneceria de imediato um método para provar «0 = 1», eu sinto ter boas razões para acreditar que o meu teorema não pode ser refutado.

S. Será que és capaz de explicar o método de codificação de Gödel sem entrar em pormenores de ordem técnica?

Te. Não há necessidade de o fazer, uma vez que já foi feito anteriormente — não me refiro a antes de agora, a suposta data dramatúrgica deste nosso pequeno diálogo (e que é por volta de 400 a. C.), mas, sim, a antes de o nosso diálogo ser inventado pelo seu autor, o que não acontecerá antes de transcorridos outros 2350 anos.

S. Estou chocado, Teeteto, por estas tuas últimas autorreferências. Falas como se fôssemos atores a recitar o texto de uma peça – esse é um truque que, receio bem, alguns dramaturgos julgam espirituoso —, mas dificilmente as suas vítimas. Eu, pelo menos, não lhe acho graça nenhuma. Mas pior ainda do que uma brincadeira autorreferente desse gênero é esta tua ridícula, ou melhor, absurda cronologia. A sério, Teeteto, eu tenho de marcar um limite nalgum ponto, e marco-o aqui.

Te. Vá lá, Sócrates, quem é que quer saber da cronologia? As ideias são intemporais.

S. Cuidado com a metafísica, Teeteto!

15
Que é a dialética?

1. Explicação da Dialética

> Não existe nada de tão absurdo ou incrível que não tenha sido afirmado ainda por algum filósofo.
>
> DESCARTES

O aforismo que acima cito pode ser generalizado. Não só se aplica aos filósofos e à Filosofia como a toda a esfera do pensamento e empreendimento humano: à ciência, à tecnologia, à engenharia, à política. Na verdade, a tendência para experimentar tudo alguma vez, sugerida por este aforismo, pode ser discernida num âmbito ainda mais vasto — na prodigiosa variedade de formas e aparências produzidas pela vida no nosso planeta.

Deste modo, se quisermos explicar porque é que o pensamento humano tende a experimentar todas as soluções possíveis e imaginárias para qualquer problema com que se confronte, podemos fazer apelo a uma espécie de regularidade de carácter muito geral. O método pelo qual nos aproximamos de uma solução é habitualmente o mesmo: é o *método de ensaio e erro*. É também este,

---

Ensaio lido num seminário de Filosofia no Canterbury University College, Christchurch, Nova Zelândia, em 1937. Publicado pela primeira vez em Mind, *N. S., 49, 1940.*

fundamentalmente, o método usado pelos organismos vivos no seu processo de adaptação. É evidente que o sucesso deste método depende, em larga medida, do número e variedade dos ensaios: quanto mais tentarmos, maior probabilidade teremos de que uma das nossas tentativas seja bem-sucedida.

Podemos descrever o método empregado no desenvolvimento do pensamento humano, e especialmente da Filosofia, como uma variante particular do método de ensaio e erro. Os homens parecem ter tendência para reagir a um problema de duas maneiras: ou propondo uma determinada teoria e mantendo-se fiéis a ela durante o máximo de tempo possível (e, caso seja uma teoria errónea, podem até perecer com ela em vez de a abandonar[1]); ou então lutando contra uma dada teoria, uma vez detetadas as suas fraquezas. Esta luta de ideologias, que é obviamente explicável em termos do método de ensaio e erro, parece ser característica de tudo aquilo a que se pode chamar um desenvolvimento do pensamento humano. Os casos em que ela não se verifica são, de um modo geral, aqueles em que uma determinada teoria, ou sistema, é dogmaticamente mantida durante um longo período. Mas serão poucos, se é que alguns, os exemplos de um desenvolvimento do pensamento que seja lento, firme e contínuo, e avance por sucessivos graus de aperfeiçoamento, em vez de o fazer por ensaio e erro e pela luta de ideologias.

Se o método de ensaio e erro se for desenvolvendo de uma forma progressivamente mais consciente, começará a assumir as feições características do «método científico». Este «método»([2]) pode ser brevemente descrito do modo que se segue. Confrontado com um determinado problema, o cientista propõe, tentativamente,

---

([1]) A atitude dogmática de nos mantermos agarrados a uma teoria durante o máximo tempo possível tem uma importância considerável. Se não fosse essa atitude, não conseguiríamos nunca avaliar devidamente a teoria — desistiríamos dela antes de ter tido uma verdadeira oportunidade de descobrir a sua força. E, em consequência, teoria nenhuma teria alguma vez possibilidade de desempenhar o seu papel de introduzir uma ordem no mundo, de nos preparar para acontecimentos futuros, de chamar a nossa atenção para acontecimentos que, de outra forma, nunca observaríamos.

([2]) Não é um método no sentido de que, se o praticarmos, seremos bem-sucedidos; ou de que se o não formos, é porque não o praticámos. Ou seja, não é uma via garantida para a obtenção de resultados — um método nesse sentido não existe.

algum tipo de solução — uma teoria. Essa teoria, a ser aceite pela Ciência, sê-lo-á apenas a título provisório. E é muito característico do método científico que os cientistas não se poupem a esforços para criticar e testar a teoria em questão. A crítica e os testes andam de mãos dadas. A teoria é criticada de muitos ângulos diferentes, no sentido de descobrir os seus pontos vulneráveis. E o teste da teoria prossegue mediante a submissão desses pontos vulneráveis a um exame tão rigoroso quanto possível. Esta é, obviamente, e uma vez mais, uma variante do método de ensaio e erro. As teorias são avançadas a título experimental e postas à prova. Se o resultado de um teste demonstrar que uma teoria é errónea, ela será eliminada. O método de ensaio e erro é essencialmente um método de eliminação. O seu sucesso depende fundamentalmente de três condições, a saber: que as teorias propostas sejam suficientemente numerosas (e engenhosas); que sejam suficientemente diversificadas; e que sejam submetidas a testes suficientemente rigorosos. Poderemos deste modo, se tivermos sorte, assegurar a sobrevivência da teoria mais apta pela eliminação das menos aptas.

Se esta descrição[3] do desenvolvimento do pensamento humano em geral e do pensamento científico em particular for aceite como mais ou menos correcta, poderá então ajudar-nos a compreender o que pretendem significar aqueles que afirmam que o desenvolvimento do pensamento se processa segundo linhas «*dialéticas*».

A dialética (no sentido moderno[4], isto é, especialmente no sentido em que Hegel usou o termo) é uma teoria que afirma que algo — mais particularmente, o pensamento humano — se desenvolve de uma forma caracterizada por aquilo que se chama tríade dialética: *tese, antítese* e *síntese*. Em primeiro lugar, existe uma ideia, teoria ou movimento que se pode designar por «tese».

---

[3] Uma discussão em maior pormenor pode ser encontrada em *L. Sc. D.*

[4] A expressão grega *He dialektike* (*techne*) pode ser traduzida como «(a arte do) uso argumentativo da linguagem». Este significado do termo remonta a Platão; mas, mesmo na sua obra, ocorre numa variedade de aceções diferentes. Pelo menos, um dos seus antigos significados é muito próximo daquilo que atrás descrevi como «método científico». E isso uma vez que é usado para descrever o método de elaborar teorias explicativas e de as discutir criticamente, o que passa pela questão de saber se elas são ou não capazes de explicar as observações empíricas, ou, usando a terminologia antiga, se são ou não capazes de «*salvar as aparências*».

Essa tese produzirá frequentes vezes uma oposição, uma vez que, à semelhança de muitas coisas neste mundo, será provavelmente de valor limitado e terá os seus pontos fracos. A ideia ou movimento oposto chama-se *«antítese»*, porque é dirigida contra a primeira, a tese. A luta entre a tese e a antítese prosseguirá até se alcançar uma solução que, num certo sentido, ultrapasse as duas, tese e antítese, reconhecendo o seu respetivo valor e tentando preservar os méritos — e evitar as limitações — de ambas. Esta solução, que constitui o terceiro passo, é designada por *síntese*. Uma vez alcançada, essa síntese pode, por seu turno, tornar-se no primeiro passo de uma nova tríade dialética, o que acontecerá se essa síntese em particular se vier a revelar unilateral ou de outro modo insatisfatória — pois nesse caso suscitará de novo oposição, e poderemos descrevê-la como uma nova tese que produziu uma nova antítese. A tríade dialética prosseguirá assim num nível mais elevado, e pode atingir um terceiro nível quando uma segunda síntese tiver sido alcançada.([5])

E é quanto basta relativamente ao que se chama a «tríade dialética». Não pode haver grandes dúvidas de que a tríade dialética descreve razoavelmente bem determinadas fases da história do pensamento, em especial certos desenvolvimentos de ideias e teorias, bem como dos movimentos sociais que nelas se inspiram. Esse desenvolvimento dialético pode ser «explicado» demonstrando que se processa em conformidade com o método de ensaio e erro que atrás analisámos. Mas temos de admitir que não é exatamente o mesmo que o desenvolvimento (atrás descrito) de uma teoria por ensaio e erro. A nossa anterior descrição do método de ensaio e erro envolvia apenas uma ideia e a sua crítica, ou, usando a terminologia dos dialéticos, a luta entre uma tese e a sua antítese. Originalmente, não fizemos quaisquer sugestões acerca de um desenvolvimento ulterior, não indicámos que a luta entre uma tese e uma antítese desembocaria numa síntese. Sugerimos antes que a luta entre uma ideia e a sua crítica, ou entre uma tese e a

---

([5]) Na terminologia de Hegel, tanto a tese como a antítese são, por via da síntese, (1) reduzidas a componentes (dessa síntese), sendo dessa forma *canceladas* (ou *negadas,* ou *anuladas,* ou *postas de parte,* ou *afastadas*) e, ao mesmo tempo, (3) *preservadas* (ou *reservadas,* ou *guardadas,* ou *afastadas*) e (4) *elevadas* (ou erguidas a um nível superior). As expressões em itálico são traduções dos quatro principais significados da palavra única alemã *«aufgehoben»* (literalmente, «levantado»), de cuja ambiguidade Hegel tira grande proveito.

sua antítese, conduziria à eliminação da tese (ou talvez da antítese) se esta não se revelasse satisfatória; e que a competição entre teorias só conduziria à adoção de novas teorias se estas existissem em número suficiente e pudessem ser postas à prova.

Deste modo, a interpretação em termos do método de ensaio e erro pode ser considerada um pouco mais ampla do que em termos da dialética. Não está confinada a uma situação em que se ofereça à partida uma única tese e pode, por isso, aplicar-se facilmente a situações em que, logo desde o início, exista um determinado número de diferentes teses independentes umas das outras e não necessariamente opostas entre si. Mas é manifesto que acontece muito frequentemente, talvez mesmo habitualmente, que o desenvolvimento de um determinado ramo do pensamento humano parta de uma única ideia. Assim sendo, o esquema dialético pode muitas vezes ser aplicável, uma vez que essa tese estará aberta à crítica e «produzirá» deste modo, como os dialéticos têm por hábito dizer, a sua antítese.

A ênfase do dialético incide ainda sobre um outro ponto em que a dialética pode diferir ligeiramente da teoria geral do ensaio e erro. Esta teoria, com efeito, e tal como atrás foi referido, contenta-se em dizer que uma ideia insatisfatória será refutada ou eliminada. O dialético insiste que há mais a dizer além disto. Enfatiza que, embora a ideia ou teoria em consideração possa ter sido refutada, existe muito provavelmente nela um elemento digno de ser preservado, pois, se assim não fosse, não seria de crer que tivesse sequer chegado a ser proposta, e muito menos levada a sério. Esse elemento valioso da tese é suscetível de ser mais claramente evidenciado por aqueles que defendem a tese contra os ataques dos seus oponentes, os partidários da antítese. Deste modo, a única solução satisfatória da luta será uma síntese, isto é, uma teoria em que os melhores pontos de ambas, tese e antítese, sejam preservados.

Temos de reconhecer que essa interpretação dialética da história do pensamento pode ser, por vezes, bastante satisfatória, e pode acrescentar alguns detalhes valiosos a uma interpretação em termos de ensaio e erro.

Tomemos como exemplo o desenvolvimento da Física. Podemos encontrar um grande número de casos que se ajustam ao esquema dialético, como acontece com a teoria corpuscular da luz que, após ter sido inicialmente substituída pela teoria ondulatória, permanece «preservada» na nova teoria que as substitui a ambas. Para pôr a questão em termos mais precisos, as antigas fórmulas podem ser usualmente descritas, do ponto de vista das mais recentes, como aproximações — ou seja, parecem estar muito aproximadamente corretas, de modo que podem ser aplicadas (se não exigirmos um grau de exatidão muito elevado, ou até dentro de certos campos limitados de aplicação) como fórmulas perfeitamente exatas.

Tudo isto pode ser dito em favor do ponto de vista dialético. Mas temos de ser cuidadosos para não admitir demasiado.

Temos de ter cuidado, por exemplo, relativamente a uma série de metáforas usadas pelos dialéticos e muitas vezes levadas, infelizmente, demasiado a sério. Um exemplo é a afirmação do dialético de que a tese «produz» a sua antítese. Na verdade, é apenas a nossa atitude crítica que produz a antítese; e onde uma tal atitude não esteja presente — o que é muitas vezes o caso —, nenhuma antítese se produzirá. Do mesmo modo, temos de ter cuidado para não pensar que é a «luta» entre uma tese e a sua antítese que «produz» uma síntese. A luta trava-se entre mentes; e essas mentes têm de ser produtivas em novas ideias. Não faltam exemplos de lutas fúteis na história do pensamento humano, lutas que acabaram em nada. E, mesmo quando se alcança uma síntese, constituirá geralmente uma descrição bastante imperfeita dizer que ela «preserva» as melhores partes de ambas, tese e antítese. Essa descrição será enganadora mesmo quando for verdadeira, uma vez que, além das antigas ideias que «preserva», a síntese incorporará, em todos os casos, uma ideia nova que não pode ser reduzida a fases anteriores do desenvolvimento. Por outras palavras, a síntese será habitualmente muito mais do que uma construção a partir de material fornecido pela tese e pela antítese. Considerando tudo isto, a interpretação dialética, mesmo quando possa ser aplicável, dificilmente contribuirá para o desenvolvimento do pensamento devido à sua sugestão de que uma síntese deve ser fruto das ideias contidas numa tese e numa antítese. Este é um ponto que alguns dialéticos, eles próprios, sublinharam. Não obstante, partem quase invariavelmente do princípio de que a dialética pode ser usada como uma técnica que os ajudará a promover ou, pelo menos, a prever, o desenvolvimento futuro do pensamento.

Mas os mais importantes mal-entendidos e confusões têm origem no modo vago como os dialéticos falam das contradições.

Os dialéticos observam, corretamente, que as contradições são da maior importância na história do pensamento — são exatamente tão importantes quanto a crítica. Com efeito, a crítica consiste invariavelmente em apontar alguma contradição: ou uma contradição dentro da teoria criticada, ou uma contradição entre essa teoria e uma outra que nós tenhamos algum motivo para aceitar, ou ainda uma contradição entre a teoria e determinados factos — ou, mais precisamente, entre a teoria e certos enunciados de factos. A crítica não pode nunca fazer nada que não seja chamar a atenção para determinadas contradições ou, talvez, contestar simplesmente a teoria (isto é, a crítica pode ser simplesmente o enunciado de uma antítese). Mas a crítica é, num sentido muito importante, a principal força motriz de qualquer desenvolvimento intelectual. Sem contradições, sem crítica, não haveria qualquer motivo racional para modificarmos as nossas teorias: não haveria qualquer progresso intelectual.

Tendo, deste modo, corretamente observado que as contradições — especialmente, como é óbvio, a contradição entre uma tese e uma antítese, que «produz» um progresso sob a forma de síntese — são extremamente fecundas e constituem, na verdade, as forças motrizes de qualquer progresso do pensamento, os dialéticos concluem — erradamente, como veremos — que não há necessidade de evitar essas fecundas contradições. E afirmam mesmo que as contradições não podem ser evitadas, dado que surgem em toda a parte no mundo.

Uma tal afirmação equivale a um ataque à chamada «lei da não-contradição» (ou, mais concretamente, à «lei da exclusão das contradições») da lógica tradicional: uma lei que determina que dois enunciados contraditórios nunca podem ser ambos verdadeiros, ou que um enunciado que consista na conjunção de dois enunciados contraditórios deve ser sempre rejeitado como falso por razões puramente lógicas. Fazendo apelo à fecundidade das contradições, os dialéticos afirmam que esta lei da lógica tradicional deve ser rejeitada. E declaram que a dialética conduz deste modo a uma nova lógica — uma lógica dialética. Assim sendo, a dialética, que eu até aqui apresentei como uma doutrina meramente histórica — uma teoria do desenvolvimento histórico do pensamento —, revelar-se-ia uma doutrina muito diferente: seria em simultâneo uma teoria lógica e (como veremos) uma teoria geral do mundo.

Estas são afirmações portentosas, mas sem o mínimo fundamento. Não se baseiam, na verdade, em nada melhor do que uma maneira de falar vaga e confusa.

Os dialéticos dizem que as contradições são fecundas, férteis ou produtivas em termos de progresso, e nós admitimos que isso não deixa de ser, num certo sentido, verdadeiro. Será verdadeiro, porém, unicamente no sentido de que estejamos determinados a não tolerar contradições e a modificar qualquer teoria que as envolva. Por outras palavras, determinados a não aceitar nunca uma contradição. É somente em virtude dessa nossa determinação que a crítica, isto é, a indicação de contradições, nos induz a modificar as nossas teorias e, nessa medida, a progredir.

Nunca será demais enfatizar que se decidíssemos infletir esta atitude e tolerar as contradições, estas perderiam forçosa e imediatamente toda a espécie de fecundidade e deixariam de produzir qualquer progresso intelectual. Se nós estivéssemos, na verdade, dispostos a pactuar com contradições, não seria pelo facto de nos apontarem as contradições das nossas teorias que seríamos levados a alterá-las. Por outras palavras, toda a crítica (que consiste em apontar contradições) perderia a sua força. A resposta à crítica seria «E por que não?», ou talvez até um entusiástico «Ora cá estão elas!», o que corresponderia a dar as boas-vindas às contradições que nos haviam sido apontadas.

Por aqui se conclui que, se estivéssemos efetivamente na disposição de tolerar contradições, a crítica e, com ela, todo o progresso intelectual chegariam forçosamente ao fim.

Devemos, por conseguinte, dizer ao dialético que ele tem de fazer uma opção. Ou está interessado em contradições por causa da sua fertilidade — e, nesse caso, não deve aceitá-las; ou está disposto a conviver com elas — e elas serão, nesse caso, estéreis, e toda a crítica racional, discussão e progresso intelectual se tornarão impossíveis.

A única força que impulsiona o desenvolvimento dialético é, pois, a nossa determinação em não aceitar ou tolerar a contradição entre tese e antítese. Não é nenhuma força misteriosa no interior destas duas ideias, nenhuma tensão misteriosa entre elas, que promove o desenvolvimento. É unicamente a nossa decisão, a nossa resolução de não admitir contradições, que nos leva a procurar um novo ponto de vista que nos permita evitá-las. E essa resolução é inteiramente justificada, dado que se pode facilmente demonstrar que a aceitação de contradições implicaria a renúncia a qualquer espécie de atividade científica: significaria a completa derrocada da Ciência. Podemos comprová-lo demonstrando que *se dois enunciados contraditórios forem admitidos, todo e qualquer enunciado terá de ser admitido* — visto que de um par de enunciados contraditórios todo e qualquer enunciado pode ser validamente inferido.

Nem sempre se compreende isto([6]), e daí a necessidade de o explicar aqui pormenorizadamente. Este é um dos poucos factos da lógica elementar que não são totalmente banais e merece ser conhecido e compreendido por todo o homem pensante. Pode ser facilmente explicado àqueles leitores que não desgostam do uso de símbolos que parecem matemática. Mas mesmo aqueles que não apreciam esses símbolos compreenderão facilmente a questão se não forem demasiado impacientes e estiverem dispostos a consagrar alguns minutos a este ponto.

A inferência lógica procede de acordo com determinadas *regras de inferência*. Será válida se a regra de inferência a que recorre for igualmente válida; e *uma regra de inferência será válida se, e apenas se, não puder nunca conduzir de premissas verdadeiras a uma conclusão falsa;* ou, por outras palavras, se transmitir infalivelmente a verdade das premissas (na condição de serem todas verdadeiras) para a conclusão.

Vamos precisar de duas destas regras de inferência. Para explicar a primeira e mais difícil, introduzimos a ideia de *enunciado composto*, isto é, de um enunciado como «Sócrates é sábio *e* Pedro é um rei», ou talvez «*Ou* Sócrates é sábio *ou* Pedro é um rei (mas não ambos)», ou talvez ainda «Sócrates é sábio *e/ou* Pedro é um rei». Os dois enunciados («Sócrates é sábio»; e «Pedro é um rei») que constituem um enunciado composto deste género são os chamados enunciados componentes.

Ora, existe um outro tipo de enunciado composto que nos interessa aqui — aquele que está construído de modo a ser *verdadeiro se, e apenas se, pelo menos um dos seus dois componentes for verdadeiro*.

([6]) Ver, por exemplo, H. Jeffreys, «The Nature of Mathematics», *Philosophy of Science*, 5, 1938, 449, que escreve: «É duvidoso que uma contradição implique qualquer proposição». Ver igualmente a resposta que Jeffrey me dá em *Mind*, 51, 1942, p. 90, a minha réplica em *Mind*, 52, 1943, pp. 47 ss., e *L. Sc. D.*, nota * 2 da secção 23. Tudo isto era já, na verdade, do conhecimento de Duns Escoto (ob. 1308), tal como foi demonstrado por Jan Lukasiewicz em *Erkenntnis*, 5, p. 124.

A deselegante expressão «*e/ou*» tem precisamente o efeito de produzir um destes compostos: a asserção «Sócrates é sábio *e/ou* Pedro é um rei» é uma asserção que será verdadeira se, e apenas se, um ou ambos os seus enunciados componentes forem verdadeiros; e será falsa se, e apenas se, ambos os seus enunciados componentes forem falsos.

É costume em Lógica substituir a expressão «*e/ou*» pelo símbolo «v» (que se pronuncia «vel») e usar as letras «*p*» e «*q*» para representar qualquer enunciado que queiramos. Podemos, por conseguinte, dizer que um enunciado da forma «*p*v*q*» será verdadeiro se pelo menos um dos seus componentes, *p* e *q*, for verdadeiro.

Estamos agora em posição de formular a nossa primeira regra de inferência. Podemos fazê-lo do seguinte modo:

(1) De uma premissa *p* (por exemplo, «Sócrates é sábio») pode ser validamente deduzida qualquer conclusão da forma «*p* v *q*» (por exemplo, «Sócrates é sábio v Pedro é um rei»).

Vemos de imediato que esta regra tem de ser válida se nos lembrarmos do significado de «v». Este símbolo faz um composto que será verdadeiro sempre que pelo menos um dos seus componentes igualmente o for. Em consequência, se *p* é verdadeiro, *p* v *q* têm também de ser verdadeiros. Deste modo, a nossa regra não pode nunca conduzir de uma premissa verdadeira a uma conclusão falsa, o que significa que é válida.

Apesar da sua validade, a nossa primeira regra de inferência afigura-se muitas vezes estranha àqueles que não estão familiarizados com este tema. E trata-se, na verdade, de uma regra que raramente é usada na vida quotidiana, uma vez que a conclusão contém muito menos informação do que a premissa. Mas é por vezes usada, por exemplo, em apostas. Eu posso, digamos, atirar uma moeda ao ar duas vezes, apostando que sairá cara *pelo menos uma vez*. Tal equivalerá, obviamente, a apostar na verdade do enunciado composto «Sai cara no primeiro lance v sai cara no segundo lance». A probabilidade deste enunciado equivale a 3/4 (segundo os cálculos habituais); é, pois, diferente, por exemplo, do enunciado «Sai cara no primeiro lance *ou* sai cara no segundo lance (mas não em ambos)», cuja probabilidade é de 1/2. Ora, toda a gente dirá que eu ganhei a minha aposta se tiver saído cara no primeiro lance; ou, por outras palavras, que o enunciado composto em cuja verdade eu apostava tinha de ser verdadeiro se o seu primeiro componente fosse também verdadeiro — o que demonstra que argumentámos de acordo com a nossa primeira regra de inferência.

Podemos também enunciar a nossa primeira regra deste modo

$$\frac{p}{p \vee q}$$

que pode ser lido como «da premissa p obtemos a conclusão $p \vee q$».

A segunda regra de inferência que vou usar é mais conhecida do que a primeira. Se denotarmos a negação de p por «*não-p*», poderemos então formulá-la do seguinte modo:

$$\frac{\textit{não-p} \\ p \vee q}{q}$$

que pode ser posto em palavras:

(2) Das duas premissas *não-p* e $p \vee q$, obtemos a conclusão q.

Podemos demonstrar a validade desta regra se considerarmos que *não-p* é um enunciado que será verdadeiro se, e apenas se, p for falso. Consequentemente, se a primeira premissa, *não-p*, for verdadeira, então o primeiro componente da segunda premissa será falso. Assim sendo, se ambas as premissas forem verdadeiras, o segundo componente da segunda premissa terá de ser também verdadeiro — o que significa que q tem de ser verdadeiro sempre que as duas premissas sejam verdadeiras.

Ao raciocinar que se *não-p* é verdadeiro, p tem de ser falso, nós fizemos uso implícito, pode dizer-se, da «lei da não-contradição», a lei que assegura que *não-p* e p não podem ser conjuntamente verdadeiros. Por conseguinte, se eu tivesse, neste momento, por tarefa argumentar a favor da contradição, teríamos de ser mais cautelosos. Mas, por agora, eu estou apenas a tentar demonstrar que *usando regras válidas de inferência, nós podemos inferir de um par de premissas contraditórias qualquer conclusão que queiramos*.

Usando as nossas duas regras, nós podemos de facto demonstrar isto. Vamos supor que temos duas premissas contraditórias — por exemplo:

(a) O Sol está agora a brilhar;
(b) O Sol não está agora a brilhar.

A partir destas duas premissas, qualquer enunciado — como, por exemplo, «César era um traidor» — pode ser inferido do modo que se segue.

Da primeira premissa *(a)* nós podemos inferir, de acordo com a regra (1), a seguinte conclusão:

(c) O Sol está agora a brilhar v César era um traidor.

Tomando agora *(b)* e *(c)* como premissas, podemos por fim deduzir, de acordo com a regra (2).

(d) César era um traidor.

É claro que, pelo mesmo método, nós poderíamos ter inferido qualquer outro enunciado que quiséssemos — por exemplo, «César não era um traidor». Podemos deste modo inferir «2 + 2 = 5» e «2 + 2 ≠ 5» — ou seja, não apenas todos os enunciados que quisermos, mas também a sua negação, o que podemos não querer.

Por aqui se vê que se uma teoria contiver uma contradição, comportará então tudo e, justamente por essa razão, não comportará, de facto, nada. Uma teoria que acrescente a toda a informação que transmite a negação dessa informação não poderá dar informação alguma. Uma teoria que envolva uma contradição será, por conseguinte, completamente inútil *como teoria*.

Considerando a importância da situação lógica analisada, vou agora apresentar algumas outras regras de inferência que conduzem ao mesmo resultado. Contrariamente à regra (1), as regras que agora vão ser examinadas e utilizadas fazem parte da teoria clássica do silogismo, à excepção da seguinte regra (3) que vamos começar por analisar.

(3) De duas quaisquer premissas, *p* e *q*, podemos derivar uma conclusão que seja idêntica a uma delas — por exemplo, a *p*; ou, esquematicamente,

$$\frac{\begin{array}{c}p\\q\end{array}}{p}$$

A despeito da sua estranheza e do facto de alguns filósofos[7] não a terem aceitado, esta regra é indubitavelmente válida, uma vez que tem de conduzir infalivelmente a uma conclusão verdadeira sempre que as premissas sejam verdadeiras. Esta é uma constatação óbvia e efectivamente banal. E é justamente essa trivialidade

---

[7] Nomeadamente G. E. Moore.

que torna a regra redundante — e, nessa medida, estranha — no discurso quotidiano. Só que redundância não é sinónimo de invalidade.

Além desta regra (3), vamos precisar de uma outra a que chamei «a regra da redução indireta» (porque, na teoria clássica do silogismo, ela é implicitamente usada para a redução indireta das figuras «imperfeitas» à figura «perfeita» ou primeira figura). Suponhamos que temos um silogismo válido como

$$\frac{\begin{array}{l}(a)\text{ Todos os homens são mortais}\\(b)\text{ Todos os atenienses são homens}\end{array}}{(c)\text{ Todos os atenienses são mortais}}$$

Ora, a regra da redução indireta diz:

(4) Se $\dfrac{a}{\dfrac{b}{c}}$ é uma inferência válida, então $\dfrac{a}{\dfrac{não\text{-}c}{não\text{-}b}}$ será uma inferência igualmente válida.

Por exemplo, em virtude da validade da inferência de *(c)* a partir das premissas *(a)* e *(b)*, nós concluimos que

$$\frac{\begin{array}{l}(a)\text{ Todos os homens são mortais}\\(não\text{-}c)\text{ Alguns atenienses são não-mortais}\end{array}}{(não\text{-}b)\text{ Alguns atenienses são não-homens}}$$

tem também de ser válida.

A regra que vamos usar é uma ligeira variante da que acabámos de enunciar. É esta:

(5) Se $\dfrac{a}{\dfrac{não\text{-}b}{c}}$ é uma inferência válida, então $\dfrac{a}{\dfrac{não\text{-}b}{c}}$ será uma inferência igualmente válida.

A regra (5) pode ser obtida, por exemplo, da regra (4) em conjunto com a lei da dupla negação, que nos diz que de *não-não-b* nós podemos deduzir *b*. Ora, se a regra (5) é válida para quaisquer enunciados *a*, *b*, *c* que escolhamos (e só nesse caso é que ela será válida), deverá então ser igualmente válida caso *c* seja idêntico a *a*; o que significa que o que se segue tem de ser válido:

(6) Se $\dfrac{a}{\text{não-}b}$ é uma inferência válida, então $\dfrac{a}{\text{não-}a}$ será uma inferência igualmente válida.

Mas nós sabemos de (3) que $\dfrac{a}{\text{não-}b}$ é, de facto, uma inferência válida. Deste modo, (6) e (3) em conjunto têm por resultado

(7) $\dfrac{a}{\text{não-}a}$ é uma inferência válida, independentemente do que os enunciados a e b possam afirmar.

Mas (7) exprime exatamente o que nós queríamos demonstrar — que de um par de premissas contraditórias se pode deduzir *qualquer* conclusão.

Pode levantar-se a questão de saber se esta situação se mantém válida em qualquer sistema de lógica, ou se poderemos construir um sistema de lógica em que os enunciados contraditórios não impliquem todos os enunciados. Debrucei-me nesta questão e a resposta é que é possível construir um sistema dessa natureza. Seria, porém, um sistema extremamente fraco, em que a esmagadora maioria das habituais regras de inferência perderia a validade — inclusivamente o *modus ponens*, que nos diz que de um enunciado da forma «Se p, então q», conjuntamente com p, nós podemos inferir q. Em minha opinião, um sistema desse tipo[8] será totalmente desprovido de utilidade em matéria de inferências, ainda que possa, eventualmente, exercer alguma atração sobre aqueles que estejam particularmente interessados na construção de sistemas formais em si.

Tem-se por vezes dito que o facto de podermos concluir o que quisermos de um par de enunciados contraditórios não determina

---

[8] O sistema aqui referido é o «cálculo intuicionista dual»; ver o meu ensaio «On the Theory of Deduction I and II», *Proc. of The Royal Dutch Academy*, 51, n.ᵒˢ 2 e 3, 1948, 3.82 na p. 182, e 4.2 na p. 322, e 5.32, 5.42, e ainda nota 15. O dr. Joseph Kalman Cohen desenvolveu o sistema com algum pormenor. Eu tenho uma interpretação simples deste cálculo. Todos os enunciados podem ser considerados como enunciados modais que afirmam uma possibilidade. De «*p* é possível» e «"se *p*, então *q*" é possível», não podemos derivar «*q* é possível» (pois se *p* é falso, *q* pode ser um enunciado impossível). De modo semelhante, se «*p* é possível» e «*não-p* é possível», não podemos, claramente, deduzir a possibilidade de todos os enunciados.

a inutilidade de uma teoria contraditória. Em primeiro lugar, essa teoria pode ser interessante em si mesma, apesar de contraditória; em segundo, pode dar origem a correções que a tornem consistente; e, por último, nós podemos desenvolver um método, mesmo que seja um método *ad hoc* (como é o caso, na Teoria Quântica, dos métodos para evitar as divergências), que nos impeça de tirar as conclusões falsas que, como é manifesto, a teoria logicamente implica. Tudo isto é inteiramente verdade. Mas toda a teoria que se apresente como uma solução de recurso comporta os graves riscos anteriormente analisados. Se estivermos seriamente resolvidos a tolerá-la, nada nos fará procurar uma teoria melhor. E também de modo inverso: se nós procuramos uma teoria melhor, é porque pensamos que a teoria que descrevemos é má, *devido às contradições que envolve*. A aceitação de contradições tem de conduzir aqui, como em toda a parte, ao fim da crítica e, consequentemente, ao colapso da Ciência.

Vemos aqui o perigo dos modos de falar vagos e metafóricos. O carácter vago da asserção do dialético de que as contradições são inevitáveis, e que não é sequer desejável evitá-las, visto serem tão fecundas, é perigosamente enganador. É enganador uma vez que aquilo que podemos chamar a fecundidade das contradições é, tal como vimos, o mero resultado da nossa decisão de não as tolerar (uma atitude que está de acordo com a lei da não-contradição). E é perigoso porque dizer que as contradições não têm de ser — ou, talvez até, que não podem ser — evitadas conduz forçosamente à derrocada da Ciência e da crítica, isto é, da racionalidade. Esta conclusão deveria tornar manifesta a todos os interessados em promover a verdade e o esclarecimento a sua necessidade, e até mesmo o seu dever, de se exercitarem na arte de expressar as coisas com clareza e sem ambiguidade — ainda que isso signifique renunciar a determinadas subtilezas metafóricas e a astuciosos duplos sentidos.

Será, por conseguinte, melhor evitar determinadas formulações. Por exemplo, em vez da terminologia que usámos ao falar de tese, antítese e síntese, os dialéticos descrevem muitas vezes a tríade dialética utilizando o termo «negação (da tese)» em vez de «antítese», e «negação da negação» em vez de «síntese». E gostam de usar o termo «contradição» onde termos como «conflito» ou talvez «tendência oposta» ou «interesse oposto», etc., seriam menos equívocos. A sua terminologia não seria prejudicial se os termos «negação» e «negação da negação» (e, de modo semelhante, o termo «contradição») não tivessem significados lógicos claros e bem definidos, diferentes do uso dialético. De facto, o abuso destes termos contribuiu consideravelmente para a confusão entre lógica e dialética que tão frequentemente ocorre nas discussões dos dialéticos. Estes consideram muitas vezes que a dialética é uma parte — a melhor parte — da lógica, ou que é uma espécie de lógica reformada ou modernizada. A razão mais profunda desta atitude será analisada mais tarde. Por agora, direi apenas que a nossa análise não conduz à conclusão de que a dialética tenha alguma espécie de semelhança com a lógica. Com efeito, a lógica pode ser descrita — de forma tosca, talvez, mas perfeitamente suficiente para os nossos objetivos presentes — como uma teoria da dedução. Nós não temos qualquer motivo para crer que a lógica tenha alguma coisa que ver com a dedução.

Resumindo: a dialética — no sentido em que podemos atribuir um significado claro à tríade dialética — pode ser descrita da forma que se segue. A dialética ou, mais precisamente, a teoria da tríade dialética, afirma que determinados desenvolvimentos, ou determinados processos históricos, ocorrem de um determinado modo característico. A dialética é, por conseguinte, uma teoria descritiva empírica, comparável, por exemplo, à teoria que afirma que grande parte dos organismos vivos aumenta de tamanho durante uma fase do seu desenvolvimento, depois mantem-se constante e finalmente diminiu até à morte; ou à teoria que sustenta que as opiniões começam por ser defendidas dogmaticamente, a seguir ceticamente, e só depois, numa terceira fase, num espírito científico, isto é, crítico. À semelhança destas teorias, a dialética não é aplicável sem exceções — a menos que forcemos interpretações dialéticas — e, também à semelhança destas teorias, a dialética não tem nenhuma afinidade especial com a lógica.

O carácter vago da dialética é outro dos seus perigos. Torna-se demasiado fácil impor uma interpretação dialética a todas as espécies de desenvolvimento, e mesmo a coisas muito diferentes. Encontramos, por exemplo, uma interpretação dialética que identifica uma semente de cereal com a tese, a planta que a partir dela se desenvolve com a antítese e todas as sementes provenientes da planta com a síntese. É óbvio que esta aplicação expande o — já de si demasiado impreciso — significado da tríade dialética de um modo que reforça perigosamente esse seu carácter vago. Chegamos a um ponto em que, ao descrever um desenvolvimento como dialético, não exprimimos mais do que se disséssemos que se trata de um desenvolvimento por fases — o que não é dizer muito. Mas interpretar esse desenvolvimento dizendo que a germinação da planta é a negação da semente porque a semente deixa de existir quando a planta começa a crescer, e que a produção de uma quantidade de novas sementes pela planta é a negação da negação — um novo começo num nível superior — é, evidentemente, um simples jogo de palavras. (Terá sido por essa razão que Engels disse que este exemplo poderia ser compreendido por qualquer criança?)

Os exemplos clássicos apresentados pelos dialéticos da área da matemática são ainda piores. Para citar um célebre exemplo usado por Engels, na forma breve que lhe foi dada por Hecker[9], «A lei da síntese superior [...] é comummente usada na matemática. O negativo (-a) multiplicado por si próprio torna-se a^2, isto é, a negação da negação resulta numa nova síntese». Mas, mesmo supondo que a seja uma tese e $-a$ a sua antítese ou negação, poderíamos esperar que a negação da negação fosse $-(-a)$, isto é, a, que não seria uma síntese «superior», mas, sim, idêntica à própria tese original. Por outras palavras, porque haveria a síntese de ser obtida pela simples multiplicação da antítese por si própria? Porque não, por exemplo, pela adição da tese e da antítese (que daria O?) Ou pela multiplicação da tese e da antítese (que daria $-a^2$ em vez de a^2)? E em que sentido é que a^2 é «superior» a a ou a $-a$? (Não, certamente, no sentido de ser numericamente maior, dado que se $a = ½$ então $a^2 = ¼$.) O exemplo demonstra a extrema arbitrariedade com que as ideias vagas da dialética são aplicadas.

Uma teoria como a lógica pode ser classificada como «fundamental», o que indica que, por ser a teoria de todas as espécies de inferência, é constantemente usada em todas as ciências. Podemos dizer que a dialética, no sentido em que considerámos ser possível uma aplicação sensata dela, não é uma teoria fundamental, mas meramente descritiva. Será, por conseguinte, tão inapropriado olhar para a dialética como parte integrante da lógica, ou então como oposta à lógica, como seria inapropriado encarar desse modo, por exemplo, a teoria da evolução. Só o modo de falar vago, metafórico e ambíguo que atrás criticámos poderia fazer parecer que a dialética pode ser simultaneamente uma teoria que descreve determinados desenvolvimentos típicos e uma teoria fundamental como a lógica.

---

[9] Hecker, *Moscow Dialogues*, 1936, p. 99. O exemplo é de *Anti-Dühring*.

Por tudo isto, penso ser evidente que devemos ter muito cuidado ao usar o termo «dialética». O melhor seria, talvez, não o usar nunca; podemos sempre recorrer à terminologia mais clara do método de ensaio e erro. Só deveríamos abrir exceções quando não haja possibilidade de qualquer mal-entendido, e quando nos vejamos confrontados com um desenvolvimento de teorias que se processe, de facto, segundo as linhas de uma tríade.

2. A dialética hegeliana

Até aqui, tentei delinear a ideia de dialética de um modo que, espero, a torne inteligível, e era minha intenção não ser injusto relativamente aos seus méritos. Neste esboço, a dialética foi apresentada como uma forma de descrever desenvolvimentos — como uma forma de entre outras, não fundamentalmente importante, mas, por vezes, bastante conveniente. Numa perspetiva oposta, há uma teoria da dialética — apresentada, por exemplo, por Hegel e pela sua escola — que exagera a sua importância e se revela perigosamente enganadora.

Para tornar inteligível a dialética de Hegel, será talvez útil fazer uma breve referência a um capítulo da história da Filosofia — um capítulo que não é, em minha opinião, particularmente louvável.

Uma das questões mais importantes da história da filosofia moderna é a luta entre o racionalismo cartesiano (sobretudo continental), por um lado, e o empirismo (principalmente britânico), por outro. A frase de Descartes que usei como mote para este ensaio não foi escrita pelo seu autor, o fundador da escola racionalista, no sentido em que a empreguei. Descartes não teria em mente sugerir que o espírito humano tem de experimentar tudo para chegar a algo — isto é, a uma solução vantajosa —, mas, antes, dirigir uma crítica hostil contra aqueles que se atrevem a experimentar tais absurdos. O que Descartes pretendia dizer, a ideia fundamental subjacente à sua sentença, era que o verdadeiro filósofo deve evitar cuidadosamente as ideias absurdas e disparatadas. Para descobrir a verdade, ele tem apenas de aceitar aquelas raras ideias que atraem a razão pela sua lucidez, pela sua clareza e distinção — que são, em duas palavras, ideias «autoevidentes». Na perspetiva cartesiana, nós podemos elaborar as teorias explicativas da Ciência sem qualquer recurso à experiência, usando apenas a nossa razão, pois todas as proposições racionais (isto é, as que se autorrecomendam pela sua lucidez) têm de ser descrições verdadeiras dos factos. É esta, em breves linhas, a doutrina que a história da Filosofia chamou «*racionalismo*». (Uma designação mais adequada seria «*intelectualismo*».) Podemos resumi-la (recorrendo a uma formulação de um período muito posterior, isto é, à de Hegel) nas palavras «O que é racional tem de ser real».

Contrapondo-se a esta teoria, o empirismo defende que só a experiência nos permite decidir da verdade ou falsidade de uma teoria científica. O raciocínio puro, por si só, não poderá nunca, de acordo com o empirismo, determinar a verdade factual — temos de fazer uso da observação e da experiência. Podemos, seguramente, dizer que o empirismo, de uma forma ou de outra — ainda que, talvez, de uma forma modesta e modificada —, é a única interpretação do método científico que pode ser hoje em dia levada a sério. A luta entre os primeiros racionalistas e empiristas foi exaustivamente discutida por Kant, que tentou oferecer aquilo que um dialético (mas não Kant) poderia descrever como uma *síntese* das duas perspetivas contrárias, mas que era, mais precisamente, uma forma modificada de empirismo. O principal interesse de Kant era rejeitar o racionalismo puro. Na sua *Crítica da Razão Pura*, afirmou que o alcance do nosso conhecimento está limitado ao domínio da experiência possível, e que o raciocínio especulativo que ultrapasse esse domínio — ou seja, a tentativa de construir um sistema metafísico a partir da razão pura —, não terá qualquer justificação. Esta crítica da razão pura foi sentida como um terrível golpe nas esperanças de quase todos os filósofos continentais. Todavia, os filósofos alemães recuperaram e, longe de convencidos pela rejeição *kantiana* da metafísica, apressaram-se a construir novos sistemas metafísicos baseados na «*intuição intelectual*» — e aos quais tentaram aplicar determinadas características do sistema *kantiano*, esperando, com isso, esquivar-se ao impacto maior da sua crítica. A escola que a partir daí se desenvolveu, e a que habitualmente se chama Escola dos Idealistas Alemães, atingiria o seu ponto culminante com Hegel.

Há dois aspetos da filosofia de Hegel que temos de discutir — o seu idealismo e a sua dialética. Em ambos os casos, Hegel foi influenciado por algumas das ideias de Kant, mas tentou ir mais longe. Para poder compreendê-lo temos, por conseguinte, de demonstrar como é que a sua teoria fez uso da de Kant.

Kant partiu do facto de que a ciência existe. Ele queria explicar este facto, ou seja, queria responder à pergunta: «Como é possível a ciência?» ou «Como é que as mentes humanas são capazes de adquirir conhecimento do mundo?» ou «Como podem as nossas mentes apreender o mundo?» (poderíamos chamar a esta pergunta o problema epistemológico).

O raciocínio de Kant era aproximadamente o seguinte: a nossa mente pode apreender o mundo, ou antes, o mundo tal como nos aparece, porque este mundo não é absolutamente diferente dela — porque o mundo é análogo à mente. E isso acontece porque, no processo de aquisição de conhecimento, no processo de apreensão do mundo, a mente digere, por assim dizer, ativamente todo o material que nela entra pelos sentidos. A mente enforma, molda esse material; e imprime nele as suas próprias formas ou leis intrínsecas — as formas ou leis do nosso pensamento. Aquilo que chamamos de «natureza» — o mundo em que vivemos, o mundo tal como nos aparece — é já um mundo digerido, um mundo formatado pelas nossas mentes. E, sendo assim assimilado pela mente, o mundo é análogo a ela.

A resposta «A mente pode apreender o mundo porque o mundo, *tal como nos aparece*, é análogo à mente» é um argumento idealista — pois aquilo que o idealismo afirma é apenas que o mundo tem algo do carácter da mente.

Não pretendo argumentar aqui contra ou a favor desta epistemologia *kantiana*, nem tenho intenção de a discutir em pormenor. Mas quero fazer notar que ela não é, seguramente, cem por cento idealista. É antes, como o próprio Kant acentua, uma mistura ou uma *síntese* de uma espécie de realismo e de uma espécie de idealismo — sendo o seu elemento realista a asserção de que o mundo, tal como nos aparece, é uma espécie de *material* formado pela nossa mente, enquanto o seu elemento idealista será a asserção de que é uma espécie de material *formado pela nossa mente*.

E é quanto basta no que toca à epistemologia bastante abstrata, mas seguramente engenhosa, de Kant. Antes de avançar para Hegel, tenho de pedir àqueles leitores (os meus preferidos) que não são filósofos, e que estão acostumados a confiar no seu senso comum, que mantenham em mente a sentença que escolhi como mote para este ensaio, pois aquilo que agora vão ouvir parecer-lhes-á provavelmente — e, em minha opinião, muito justificadamente — absurdo.

Tal como disse, Hegel, no seu idealismo, foi mais longe do que Kant. Também Hegel estava preocupado com a questão epistemológica de «Como podem as nossas mentes apreender o mundo?». À semelhança dos outros idealistas, respondeu: «Porque o mundo é análogo à mente». Mas a sua teoria era mais radical do que a de Kant. Hegel não disse, como Kant, «Porque a mente *digere* ou *dá forma* ao mundo». O que ele disse foi: «Porque a mente *é* o mundo»; ou, numa outra formulação, «Porque o racional *é* o real; porque a realidade e a razão são idênticas».

É esta a chamada «filosofia da identidade entre razão e realidade» de Hegel ou, para abreviar, a sua «filosofia da identidade». Podemos observar, de passagem, que entre a resposta epistemológica de Kant «Porque a mente dá forma ao mundo» e a filosofia da identidade de Hegel «Porque a mente é o mundo» existiu historicamente uma ponte: a resposta de Fichte «Porque a mente cria o mundo»([10]).

A filosofia da identidade de Hegel — «O que é racional é real e o que é real é racional; por isso, a razão e a realidade são idênticas» — constituiu, sem dúvida, uma tentativa de reinstaurar o racionalismo numa nova base. Tornou possível ao filósofo construir uma teoria do mundo a partir do puro raciocínio e defendê-la como teoria necessariamente verdadeira do mundo real. Permitiu assim exatamente aquilo que Kant dissera ser impossível. Hegel estava, por conseguinte, obrigado a tentar refutar os argumentos de Kant contra a metafísica. E fê-lo com a ajuda da sua dialética.

Para compreender a dialética hegeliana, temos de regressar de novo a Kant. No sentido de evitar demasiadas minúcias, não vou discutir a construção triádica da tábua *kantiana* de categorias, embora ela tenha, sem dúvida, inspirado Hegel.([11]) Mas tenho de referir o método *kantiano* para rejeitar o racionalismo. Mencionei atrás que Kant afirmava que o alcance do nosso conhecimento está limitado ao domínio da experiência possível e que o raciocínio puro que extravase esse domínio carece de fundamento. Numa secção da *Crítica*, que intitulou «Dialética Transcendental», Kant demonstrou-o da seguinte maneira: se nós tentarmos construir

---

([10]) Esta resposta não era sequer original, visto que Kant a havia anteriormente considerado. Mas é óbvio que a rejeitou.

([11]) MacTaggart fez desta questão o centro da sua interessante obra *Studies in Hegelian Dialectic*.

um sistema teorético com base na pura razão — se tentarmos, por exemplo, demonstrar que o mundo em que vivemos é infinito (uma ideia que ultrapassa, obviamente, a experiência possível) —, podemos consegui-lo; mas descobriremos, para nossa consternação, que também podemos sempre demonstrar, com recurso a argumentos análogos, precisamente o contrário. Por outras palavras, dada uma tese metafísica deste tipo, ser-nos-ia sempre possível construir e defender uma antítese exata. E, em relação a qualquer argumento que sustente a tese, nós podemos facilmente conceber um argumento oposto a favor da sua antítese. E ambos os argumentos transportarão consigo uma idêntica força e convicção, ambos os argumentos parecerão igualmente, ou quase igualmente, racionais. Deste modo, disse Kant, a razão ver-se-á obrigada a discutir consigo própria, e a contradizer-se a si própria, se for usada num sentido que ultrapasse a experiência possível.

Se eu tivesse de apresentar uma espécie de reconstrução ou reinterpretação modernizada da filosofia *kantiana* que se desviasse da própria perspetiva de Kant acerca da sua obra, diria que ele demonstrou que o princípio metafísico da razoabilidade ou autoevidência não conduz inequivocamente a uma única conclusão ou teoria. É sempre possível argumentar, com aparentemente idêntica razoabilidade, a favor de uma série de teorias diferentes e até mesmo opostas. Deste modo, se não obtivermos o auxílio da experiência, se não nos for possível efetuar experiências e observações que nos digam, pelo menos, para eliminar determinadas teorias — nomeadamente aquelas que, parecendo embora perfeitamente razoáveis, sejam contrárias aos factos observados —, não teremos, então, qualquer esperança de alguma vez decidir entre as reivindicações de teorias adversárias.

Como é que Hegel superou a refutação *kantiana* do racionalismo? Muito facilmente, afirmando que as contradições não têm importância. Elas têm simplesmente de acontecer no desenvolvimento do pensamento e da razão. E demonstram apenas a insuficiência de uma teoria que não toma em consideração o facto de que o pensamento, ou seja, a razão, e com ele (de acordo com a filosofia da identidade) a realidade, não é algo determinado de uma vez por todas, mas, sim, algo em desenvolvimento — isto é, o facto de que vivemos num mundo em evolução. Kant, diz Hegel, refutou a metafísica, mas não o racionalismo; pois aquilo que Hegel chama de «metafísica» — em contraposição à «dialética» —

será tão-só um sistema racionalista de um género que não tem em conta a evolução, o movimento, o desenvolvimento, e que tenta, nessa medida, conceber a realidade como algo estável, imóvel e isento de contradições. Hegel, com a sua filosofia da identidade, infere que, uma vez que a razão se desenvolve, o mundo tem de desenvolver-se, e, uma vez que o desenvolvimento do pensamento ou da razão é um desenvolviento dialético, o mundo tem igualmente de se desenvolver em tríades dialéticas.

Encontramos assim os três seguintes elementos na dialética de Hegel:

(a) Uma tentativa de se furtar à refutação *kantiana* daquilo que Kant chamou o «dogmatismo» da metafísica. Hegel considera que essa refutação só se aplica a sistemas que sejam metafísicos no seu sentido mais restrito do termo, mas não ao racionalismo dialético, que atende ao desenvolvimento da razão e não tem, por conseguinte, receio das contradições. Ao subtrair-se deste modo à crítica de Kant, Hegel embarca numa aventura extremamente perigosa que tinha de acabar em desastre, dado que argumenta algo como isto: «Kant refutou o racionalismo dizendo que ele conduz inevitavelmente a contradições. Admito que assim seja. Mas é manifesto que este argumento extrai a sua força da lei da não--contradição: refuta apenas os sistemas que aceitam esta lei, isto é, aqueles que tentam livrar-se de contradições. Não constitui perigo para um sistema como o meu, que está disposto a conviver com as contradições — ou seja, para um sistema dialético.» É claro que este argumento estabelece um dogmatismo de um género extremamente perigoso: um dogmatismo que já não tem de recear qualquer espécie de ataque — uma vez que qualquer ataque, qualquer crítica de qualquer teoria, seja ela qual for, tem de basear-se no método de apontar algum tipo de contradição, quer no interior da própria teoria, quer entre a teoria e determinados factos — tal como eu disse mais atrás. O método de Hegel para superar Kant é, por conseguinte, eficaz — mas é, infelizmente, eficaz demais. Coloca o seu sistema ao abrigo de qualquer espécie de crítica ou ataque e é, portanto, dogmático num sentido muito peculiar — de modo que eu gostaria de lhe chamar «dogmatismo reforçado». (Podemos observar que dogmatismos reforçados semelhantes ajudam também a suportar as estruturas de outros sistemas dogmáticos.)

(b) A descrição do desenvolvimento da razão em termos de dialética é um elemento de grande plausibilidade na filosofia

de Hegel. Isso torna-se claro se nos lembrarmos que Hegel usa a palavra «razão» não só no sentido subjetivo, para denotar uma determinada capacidade mental, mas também no sentido objetivo, para denotar toda a espécie de teorias, pensamentos, ideias, etc. Hegel, para quem a Filosofia é a mais elevada expressão do raciocínio, quando fala no desenvolvimento deste último, tem sobretudo em mente o desenvolvimento do pensamento filosófico. E, na verdade, dificilmente haverá algo a que a tríade dialética se possa aplicar com maior sucesso do que ao estudo do desenvolvimento das teorias filosóficas, não sendo por isso de surpreender que a tentativa mais bem-sucedida de Hegel para aplicar o seu método dialético tenha sido a sua História da Filosofia.

Para compreender o perigo associado a um tal sucesso, temos de nos lembrar que no tempo de Hegel — e mesmo muito depois — a lógica era usualmente descrita e definida como a teoria do raciocínio ou do pensamento e, por consequência, as leis fundamentais da lógica eram habitualmente designadas «leis do pensamento». É, nessa medida, muito compreensível que Hegel, acreditando que a dialética é a verdadeira descrição do modo como efetivamente procedemos ao raciocinar e pensar, tenha considerado que tinha de alterar a lógica, no sentido de fazer da dialética uma parte importante, se não mesmo a mais importante, da teoria lógica. Para isso, era necessário abandonar a «lei da não-contradição» que constituía, manifestamente, um sério obstáculo à admissão da dialética. Encontramos aqui a origem da ideia de que a dialética é «fundamental» no sentido de poder competir com a lógica, de ser um aperfeiçoamento dela. Eu já critiquei esta ideia da dialética e quero apenas repetir que qualquer espécie de raciocínio lógico, quer seja anterior quer posterior a Hegel, e quer pertença ao âmbito da ciência, da matemática ou de qualquer filosofia verdadeiramente racional, está sempre baseado na lei da não-contradição.

Mas Hegel escreve (*Lógica*, Secção 81, (1)): «É da maior importância indagar e compreender corretamente a natureza da Dialética. Onde quer que haja movimento, onde quer que exista vida, onde quer que qualquer coisa seja levada a efeito no mundo real, aí temos a Dialética em ação. E ela é também o espírito de todo o conhecimento verdadeiramente científico».

Mas se por «raciocínio dialético» Hegel entendia um raciocínio que rejeita a lei da não-contradição, então ele não seria certamente capaz de dar nenhum exemplo desse raciocínio em ciência. (Os muitos exemplos citados pelos dialéticos estão invariavelmente ao nível dos exemplos de Engels a que me referi mais atrás: a semente; e $(-a)^2 = a^2$ — ou pior ainda.) Não é o raciocínio científico em si que se baseia na dialética; são somente a história e o desenvolvimento das teorias científicas que podem ser descritos, com algum sucesso, em termos do método dialético. Tal como vimos, este facto não pode justificar a aceitação da dialética como algo fundamental, uma vez que é possível explicá-la sem deixar o domínio da lógica vulgar, se nos lembrarmos de como opera o método de ensaio e erro.

O principal perigo de uma tal confusão entre dialética e lógica é, como eu disse, que ajuda as pessoas a argumentar dogmaticamente. Constatamos, de facto, e com demasiada frequência, que os dialéticos, quando se veem em apuros lógicos, dizem — como último recurso — aos seus adversários que a sua crítica está errada porque se baseia na lógica de tipo vulgar e não na dialética; e que se eles se dessem ao trabalho de usar a dialética, compreenderiam que as contradições que tinham descoberto em alguns dos argumentos dos dialéticos eram, afinal, perfeitamente legítimas (isto é, do ponto de vista dialético).

(c) Um terceiro elemento da dialética hegeliana baseia-se na sua filosofia da identidade. Se a razão e a realidade são idênticas e a razão se desenvolve dialeticamente (como tão bem o exemplifica o desenvolvimento do pensamento filosófico), então a realidade também tem de se desenvolver de modo dialético. O mundo tem de ser regido pelas leis da lógica dialética. (Este ponto de vista foi designado como «panlogismo».) Desta forma, nós temos de encontrar no mundo as mesmas contradições que são consentidas pela lógica dialética. E é justamente este facto — o facto de o mundo estar cheio de contradições — que nos demonstra, de um outro ângulo, que devemos renunciar à lei da não-contradição. Esta lei diz, com efeito, que nenhuma proposição autocontraditória nem nenhum par de proposições contraditórias podem ser verdadeiras, ou seja, corresponder aos factos. Por outras palavras, a lei implica que nenhuma contradição possa ocorrer na natureza, isto é, no mundo dos factos, e que esses factos não se possam nunca contradizer uns aos outros. Mas, com base na filosofia da identidade entre razão e realidade, afirma-se que os factos se podem contradizer mutuamente, uma vez que as ideias se podem também contradizer entre si e que os factos se desenvolvem, tal como as ideias, através de contradições — de modo que a lei da contradição tem de ser abandonada.

Mas, independentemente daquilo que se me afigura ser o completo absurdo da filosofia da identidade (e acerca do qual direi algo mais tarde), se olharmos um pouco mais de perto para esses ditos factos contraditórios, concluiremos então que todos os exemplos apresentados pelos dialéticos se limitam a dizer que o mundo em que vivemos revela, por vezes, uma determinada estrutura que poderia, talvez, ser descrita com a ajuda da palavra «polaridade». Um exemplo dessa estrutura seria a existência de eletricidade positiva e negativa. Será apenas uma forma vaga e metafórica de dizer, por exemplo, que a eletricidade positiva e a negativa são mutuamente contraditórias. Um exemplo de uma verdadeira contradição seriam duas frases análogas que dissessem — a primeira delas — que «Este corpo, aqui, estava, entre as 9 h e as 10 h da manhã do 1.º de novembro de 1938, positivamente carregado» e — a segunda — que o mesmo corpo, ao mesmo tempo, *não* estava positivamente carregado.

Teríamos, assim, uma contradição entre duas frases e o correspondente facto contraditório seria o de um corpo ter, no seu todo e ao mesmo tempo, uma carga simultaneamente positiva e não positiva, e desse modo atrair e não atrair, em simultâneo, certos corpos negativamente carregados. Mas será desnecessário dizer que esses factos contraditórios não existem. (Uma análise mais aprofundada poderia demonstrar que a inexistência de tais factos não é uma lei análoga às leis da física, mas, sim, uma lei baseada na lógica, isto é, nas regras que regem o uso da linguagem científica.)

Temos, por conseguinte, três pontos: *(a)* a oposição dialética ao antirracionalismo de Kant e, consequentemente, o restabelecimento do racionalismo, apoiado por um dogmatismo reforçado; *(b)* a incorporação da dialética na lógica, alicerçada na ambiguidade de expressões como «razão», «leis do pensamento», etc; *(c)* a aplicação da dialética ao «mundo todo», baseada no panlogismo de Hegel e na sua filosofia da identidade. Estes três pontos parecem-me ser os elementos fundamentais da dialética hegeliana. Antes de avançar, em linhas gerais, para o destino da dialética depois de Hegel, gostaria de expressar a minha opinião acerca da sua filosofia e, mais concretamente, da sua filosofia da identidade. Penso que ela representa o pior de todas aquelas teorias filosóficas absurdas e incríveis a que Descartes se referia na sentença que escolhi como mote para este ensaio. Não é só a questão de a filosofia da identidade nos ser oferecida sem qualquer espécie de argumento sério. Até mesmo o problema que está na base da sua invenção — a pergunta «Como podem as nossas mentes apreender a mundo?» — não me parece, em absoluto, claramente formulado. E a resposta idealista, que, não obstante as variações com que tem sido apresentada pelos diferentes filósofos idealistas, permanece fundamentalmente a mesma — a saber, «Porque o mundo é análogo à mente» —, tem apenas a aparência de uma resposta. Para ver distintamente que não se trata de uma verdadeira resposta, basta-nos considerar um argumento semelhante: «Como pode este espelho refletir a minha cara?» — «Porque é análogo à cara». Ainda que este tipo de argumento seja, como é óbvio, totalmente inconsistente, tem sido formulado sucessivas vezes. Na nossa própria época, encontramo-lo, por exemplo, em Jeans, enunciado nos seguintes termos: «Como pode a matemática apreender o mundo?» — «Porque o mundo é análogo à matemática». Jeans afirma, por conseguinte, que a realidade é precisamente da mesma natureza que a matemática — que o mundo é um pensamento matemático (e, nessa medida, ideal). Este argumento não é, obviamente, mais sólido do que o seguinte: «Como pode a linguagem descrever o mundo?» — «Porque o mundo é análogo à linguagem, é linguístico»; nem mais sólido do que «Como pode a língua inglesa descrever o mundo?» — «Porque o mundo é intrinsecamente britânico». Será fácil ver que este último argumento é realmente análogo ao avançado por Jeans se reconhecermos que a descrição matemática do mundo é apenas um certo modo de o descrever e nada mais, e que a matemática nos fornece os meios para essa descrição — numa linguagem particularmente rica.

Talvez possamos demonstrar isto muito facilmente com a ajuda de um exemplo trivial. Há línguas primitivas que não empregam números, mas tentam exprimir ideias numéricas por meio de expressões para um, dois e muitos. É evidente que uma língua assim é incapaz de descrever algumas das relações mais complexas entre determinados grupos de objetos, que poderiam ser facilmente descritas com recurso às expressões numéricas «três», «quatro», «cinco», etc. Uma língua deste tipo pode dizer que *A* tem muitas ovelhas e mais do que *B*, mas não consegue dizer que *A* tem nove ovelhas e mais cinco do que *B*. Por outras palavras, os símbolos matemáticos são introduzidos numa linguagem para descrever certas relações mais complicadas que não poderiam ser descritas de outra forma. Uma linguagem que inclua a aritmética dos números naturais será simplesmente mais rica do que uma linguagem que careça dos símbolos apropriados. Tudo o que nós podemos inferir acerca da natureza do mundo, partindo do facto de que temos de utilizar uma linguagem matemática se queremos descrevê-lo, é que o mundo tem um certo grau de complexidade, de modo que existem nele determinadas relações que não podem ser descritas por meio de instrumentos de descrição demasiado primitivos. Jeans sentia-se perturbado pelo facto de o nosso mundo se adequar, na verdade, às fórmulas matemáticas originalmente inventadas por matemáticos puros, que não tinham minimamente em vista aplicar essas suas fórmulas ao mundo. Segundo parece, Jeans terá começado por ser aquilo a que eu chamaria um «indutivista», ou seja, ele pensava que as teorias são obtidas da experiência por um processo de inferência mais ou menos simples. Se se partir de uma posição destas, será obviamente espantoso descobrir que uma teoria formulada por matemáticos puros, de uma maneira puramente especulativa, se revela afinal aplicável ao mundo físico. Mas, para os que não são indutivistas, isto não constitui qualquer motivo de espanto. Esses sabem que muito frequentemente acontece que uma teoria originalmente avançada como pura especulação, como uma mera possibilidade, venha mais tarde a demonstrar ter também aplicações empíricas. Eles sabem que é muitas vezes essa antecipação especulativa que abre caminho às teorias empíricas. (Desta forma, o problema da indução, como lhe chamamos, está relacionado com o problema do idealismo que aqui nos ocupa.)

3. A dialética depois de Hegel

> A ideia de que os factos ou acontecimentos se poderiam contradizer mutuamente afigura-se-me o autêntico paradigma da irreflexão.
>
> DAVID HILBERT

A filosofia hegeliana da identidade entre razão e realidade é por vezes caracterizada como um idealismo (absoluto), uma vez que afirma que a realidade é análoga à mente, ou da mesma natureza que a razão. Mas é manifesto que uma tal filosofia dialética da identidade pode ser facilmente invertida, de modo que se converta numa espécie de materialismo. Os seus partidários argumentariam, nesse caso, que a realidade tem de facto um carácter material ou físico, como pensa o homem comum. E ao dizer que ela é idêntica à razão ou à mente, estariam a implicar que a mente é também um fenómeno material ou físico — ou, caso o não seja, que a diferença entre o mental e o físico não pode ter grande importância.

Este materialismo pode ser encarado como um ressurgimento de determinados aspetos do cartesianismo, modificado por laços com a dialética. Mas, ao abandonar a sua base idealista original, a dialética perde tudo o que a tornava plausível e compreensível — temos de nos lembrar que os melhores argumentos a favor da dialética residiam na sua aplicabilidade ao desenvolvimento do pensamento, em especial do pensamento filosófico. Vemo-nos agora categoricamente confrontados com a declaração de que a realidade física se desenvolve dialeticamente — uma asserção extremamente dogmática, com tão pouco fundamento científico que os materialistas dialéticos se veem forçados a fazer um uso muito amplo desse perigoso método, já por nós descrito, pelo qual a crítica é rejeitada como não-dialética. O materialismo dialético está, por conseguinte, de acordo com os pontos *(a)* e *(b)* atrás analisados, mas altera consideravelmente o ponto *(c)* — ainda que, penso eu, sem qualquer vantagem para a sua fisionomia dialética. Ao exprimir esta opinião, quero deixar bem claro que, embora não me descreva como materialista, a minha crítica não se dirige contra o materialismo — que eu, por mim, se me visse forçado a escolher (o que não é, felizmente, o caso), provavelmente preferiria ao idealismo. É apenas a combinação da dialética e do materialismo que me parece ainda pior do que o idealismo dialético.

Estas observações aplicam-se particularmente ao «Materialismo Dialético» desenvolvido por Marx. O elemento materialista desta teoria poderia ser reformulado, com relativa facilidade, de modo que nenhuma objeção séria lhe pudesse ser colocada. Até ao ponto em que me é dado ver, a questão principal é esta: não há razão para supor que, enquanto as Ciências da Natureza podem progredir com base na perspetiva realista do homem comum, as Ciências Sociais necessitam de um substrato idealista como o que nos é oferecido pelo hegelianismo. Uma tal suposição era frequente no tempo de Marx, devido ao facto de Hegel, com a sua teoria idealista do Estado, parecer influenciar fortemente, e até mesmo favorecer, o desenvolvimento das Ciências Sociais — ao passo que a futilidade das suas ideias no domínio das Ciências da Natureza era (pelo menos para os cientistas desta área), no mínimo, demasiado óbvia([12]). Penso que será uma interpretação justa das ideias de Marx e Engels dizer que um dos seus interesses primordiais ao enfatizar o materialismo era afastar qualquer teoria que, invocando a natureza racional ou espiritual do homem, defendesse que a Sociologia tinha de ser alicerçada numa base idealista ou espiritualista, ou na análise da razão. Contrapondo-se a essa ideia, Marx e Engels realçaram o lado material da natureza humana — como a nossa necessidade de alimentos e de outros bens materiais — e a sua importância para a Sociologia.

Esta perspetiva era indubitavelmente correta; e eu considero que os contributos de Marx neste ponto tiveram uma efetiva importância e uma influência duradoura. Toda a gente aprendeu com Marx que nem mesmo o desenvolvimento das ideias pode ser plenamente compreendido se a história das ideias for abordada (e ainda que uma abordagem desse tipo possa muitas vezes ter grandes méritos) sem referência às condições da sua origem e à situação dos seus autores — e de entre as quais o aspeto económico assume particular relevância. Não obstante, pessoalmente penso que o economismo de Marx — a sua ênfase na infraestrutura económica como base última de qualquer espécie de desenvolvimento — está errado e é, de facto, insustentável. Penso que a experiência social demonstra claramente que, em determinadas circunstâncias, a influência das

---

([12]) Deveria ser óbvia, pelo menos, para todos aqueles que considerem, a título de exemplo, esta surpreendente análise da essência da *eletricidade*, que eu traduzi tão bem quanto pude, tendo inclusivamente tentado torná-la mais compreensível do que o original de Hegel:

«A eletricidade [...] é a finalidade da forma da qual ela se emancipa, é a forma que está mesmo prestes a triunfar da sua própria indiferença; pois a eletricidade é a emergência imediata, ou a atualidade justamente emergente, da proximidade da forma, e ainda determinada por ela — não ainda, contudo, a dissolução da própria forma, mas, antes, o processo mais superficial pelo qual as diferenças abandonam a forma que, no entanto, continuam a manter como sua condição, não tendo ainda alcançado a independência delas e através delas». (Deveria ter sido, sem dúvida, *«dela* e através *dela»;* mas não pretendo sugerir que isso tivesse feito grande diferença às diferenças.) A passagem é extraída da *Filosofia da Natureza* de Hegel. Ver igualmente as passagens sobre o som e o calor, citadas na minha *Sociedade Aberta*, nota 4 do cap. 12.

ideias (apoiada, talvez, pela propaganda) pode ser preponderante e sobrelevar as forças económicas. Além do mais, admitindo que é impossível compreender plenamente os desenvolvimentos mentais sem compreender a infraestrutura económica que lhes está subjacente, será, no mínimo, igualmente impossível compreender os desenvolvimentos económicos sem compreender, por exemplo, o desenvolvimento das ideias científicas ou religiosas.

Para o nosso presente objetivo, mais do que analisar o materialismo e o economismo de Marx, importa ver o que aconteceu à dialética dentro do seu sistema. Há dois pontos que me parecem importantes. Um deles é a ênfase de Marx no método histórico em Sociologia, uma tendência a que chamei «historicismo». O outro é a tendência antidogmática da dialética marxista.

No que se refere ao primeiro ponto, temos de nos lembrar que Hegel foi um dos inventores do método histórico, isto é, um fundador da escola dos pensadores que acreditavam que a descrição histórica de um processo equivalia à sua explicação causal. Esta escola estava convencida de que era, por exemplo, possível explicar determinadas instituições sociais demonstrando como é que a humanidade as foi lentamente desenvolvendo. Hoje em dia, reconhece-se frequentemente que a importância do método histórico para a teoria social foi muito sobrevalorizada; mas a crença nele está bem longe de ter desaparecido. Eu tentei criticar este método em outras obras (ver em especial o meu livro *A Pobreza do Historicismo*). Aqui, desejo apenas salientar que a sociologia de Marx não só adotou de Hegel a ideia de que o seu método tem de ser histórico, e que tanto a Sociologia como a História têm de se tornar teorias do desenvolvimento social, como também a ideia de que este desenvolvimento tem de ser explicado em termos dialéticos. Para Hegel, a História era a História das Ideias. Marx renunciou ao idealismo, mas reteve a doutrina de Hegel de que as forças dinâmicas do desenvolvimento histórico são as «contradições», as «negações» e as «negações das negações» dialéticas. No que a isto diz respeito, Marx e Engels seguiram, de facto, Hegel muito de perto, como se pode verificar pelas citações que se seguem. Hegel, na sua *Enciclopédia* (Parte II, cap. VI, p. 81) descreve a Dialética como «o poder universal e irresistível perante o qual nada se pode manter, por muito seguro e estável que se julgue». De modo semelhante, Engels escreve (*Anti-Dühring*, Parte I, «Dialética: Negação da Negação»): «Que é, por conseguinte, a negação da negação? Uma lei extremamente geral [...] do desenvolvimento da Natureza, da História e do pensamento; uma lei que [...] é válida no reino animal e vegetal, na Geologia, na Matemática, na História e na Filosofia».

Na perspetiva de Marx, a tarefa principal da ciência sociológica consiste em demonstrar como é que estas forças dialéticas atuam na História e, nessa medida, em profetizar o rumo desta última; ou, como ele diz no prefácio do *Capital:* «É objetivo último desta obra pôr a descoberto a lei económica do movimento da sociedade moderna». E esta lei dialética do movimento, a negação da negação, fornece a base da profecia de Marx acerca do fim iminente do capitalismo (*Capital*, I, cap. XXIV, § 7): «O modo capitalista de produção [...] é a primeira negação [...] Mas o capitalismo gera, com a inexorabilidade de uma lei da Natureza, a sua própria negação. É a negação da negação».

As profecias não têm, seguramente, de ser alheias à Ciência, como podemos ver pelas previsões de eclipses e de outros acontecimentos astronómicos. Mas a dialética hegeliana, ou a sua versão materialista, não podem ser aceites como uma base sólida para os prognósticos científicos. («Mas todas as previsões de Marx se tornaram realidade», respondem geralmente os marxistas. Não é verdade. Para citar um exemplo entre muitos: no *Capital*, logo a seguir à última passagem citada, Marx disse que a transição do capitalismo para o socialismo iria, naturalmente, ser um processo incomparavelmente menos «demorado, violento e difícil» do que a revolução industrial, e, numa nota de rodapé, alargou este prognóstico e referiu-se à «burguesia irresoluta e sem capacidade de resistência». Poucos marxistas dirão hoje em dia que estas previsões acertaram no alvo.) Deste modo, se forem feitos prognósticos baseados na dialética, uns realizar-se-ão e outros não. Neste último caso, obviamente, surgirá uma situação que não foi prevista. Mas a dialética é suficientemente vaga e elástica para interpretar e explicar essa situação imprevista com a mesma facilidade com que interpretou e explicou a situação que previra e que, por acaso, se tornou realidade. Não há desenvolvimento que não se ajuste ao esquema dialético. O dialético não terá nunca de temer qualquer refutação pela experiência futura.([13]) Tal como anteriormente referi, não

---

([13]) Em *L.Sc.D.*, tentei demonstrar que o conteúdo científico de uma teoria será tanto maior quanto mais essa teoria transmitir, quanto mais arriscar,

é propriamente a abordagem dialética, mas, sim, a ideia de uma teoria do desenvolvimento histórico — a ideia de que a sociologia científica tem por objetivo previsões históricas em larga escala — que está errada. Mas isso já ultrapassa o nosso tema.

Além do papel desempenhado pela dialética no método histórico de Marx, deveríamos discutir a sua atitude antidogmática. Marx e Engels insistiram veementemente que a Ciência não deveria ser interpretada como um corpo de saber bem estabelecido e definitivo, ou de «verdade eterna», mas, antes, como algo em desenvolvimento, em progresso. O cientista não é aquele que sabe muito, mas, sim, alguém que está determinado a não desistir da busca da verdade. Os sistemas científicos desenvolvem-se; e desenvolvem-se, segundo Marx, dialeticamente.

Não há muito a dizer contra este ponto — embora eu pense que a descrição dialética do desenvolvimento científico nem sempre é aplicável (a menos que seja forçada), e que será melhor descrever esse desenvolvimento de um modo menos ambicioso e ambíguo — como, por exemplo, em termos da teoria do ensaio e erro. Mas estou disposto a admitir que esta crítica não tem grande importância. É, no entanto, extremamente significativo que a visão progressista e antidogmática que Marx tinha da Ciência não tenha sido nunca aplicada pelos marxistas ortodoxos ao âmbito das suas próprias atividades. A Ciência progressista e antidogmática é crítica — a crítica é a sua própria condição de vida. Mas a crítica do marxismo, do materialismo dialético, não foi nunca tolerada pelos marxistas.

Hegel pensava que a Filosofia se desenvolve, mas que o seu próprio sistema iria permanecer como o derradeiro e mais elevado estádio desse desenvolvimento, não podendo ser superado. Os marxistas adotaram a mesma atitude em relação ao sistema marxista. Por isso, a atitude antidogmática de Marx existe apenas na teoria, e não na prática do marxismo ortodoxo, e a dialética é usada pelos marxistas — de acordo com o exemplo de Engels em *Anti-Dühring* — para fins essencialmente apologéticos, ou seja, para defender o sistema marxista contra a crítica. Os críticos são, regra geral, condenados como incapazes de compreender a

---

e quanto mais exposta estiver à refutação pela experiência futura. Se não assumir tais riscos, o seu conteúdo científico será zero — não terá conteúdo científico, será metafísica. Por este critério, podemos dizer que a dialética não é científica, mas, sim, metafísica.

dialética, ou a ciência proletária, ou então como traidores. Graças à dialética, a atitude antidogmática desapareceu e o marxismo estabeleceu-se como um dogmatismo suficientemente elástico para, utilizando o seu método dialético, se furtar a qualquer outro ataque. Converteu-se, deste modo, naquilo a que chamei um dogmatismo reforçado.

Não pode, todavia, existir pior obstáculo ao desenvolvimento da Ciência do que um dogmatismo reforçado. Não pode haver desenvolvimento cientifico sem a livre concorrência do pensamento. É essa a essência da atitude antidogmática, outrora tão convictamente defendida por Marx e Engels. E, em geral, não pode existir livre concorrência no pensamento científico se não houver liberdade para todo o pensamento.

A dialética desempenhou, assim, um papel muito infeliz, não só no desenvolvimento da Filosofia, mas também no da teoria política. Tornar-se-á mais fácil compreender plenamente esse infeliz papel se tentarmos ver como é que o marxismo começou por desenvolver uma tal teoria. Temos de considerar toda a situação. Marx, um jovem de ideias progressistas, evoluídas e mesmo revolucionárias, cai sob a influência de Hegel, o mais célebre filósofo alemão. Hegel havia sido um representante da reação prussiana. Tinha usado o seu princípio da identidade entre a razão e a realidade para apoiar os poderes existentes — uma vez que o que existe é racional — e para defender a ideia de Estado Absoluto (a que hoje se chama «Totalitarismo»). Marx, que o admirava, mas que tinha um temperamento político muito diferente, precisava de uma filosofia em que pudesse basear as suas próprias opiniões políticas. Podemos compreender o seu regozijo quando descobriu que a filosofia dialética de Hegel se podia facilmente virar contra o seu próprio mestre — ou seja, que a dialética estava mais a favor de uma teoria política revolucionária do que de uma teoria conservadora e apologética. Além disso, adaptava-se excelentemente à sua necessidade de uma teoria que fosse não apenas revolucionária, mas também otimista — uma teoria que profetizasse o progresso, sublinhando que cada novo passo é um passo em frente.

Esta descoberta, ainda que inegavelmente fascinante para um discípulo de Hegel, numa era dominada por Hegel, perdeu já nos nossos dias, e juntamente com o hegelinismo, toda a importância que então tinha; e dificilmente poderá ser considerada como algo mais do que o inteligente *tour de force* de um jovem discípulo brilhante que revelou uma fraqueza nas especulações do seu — imerecidamente — famoso mestre. Mas foi esta descoberta que se converteu na base teórica daquilo que se chama «Marxismo Científico» e que contribuiu para transformar o marxismo num sistema dogmático, impedindo o desenvolvimento científico de que este poderia ter sido capaz. Deste modo, o marxismo tem mantido, ao longo de décadas, a sua atitude dogmática, repetindo, contra os seus adversários, precisamente os mesmos argumentos originalmente utilizados pelos seus fundadores. É triste, mas esclarecedor, ver como o marxismo ortodoxo recomenda oficialmente, hoje em dia, como base para o estudo da metodologia científica, a leitura da *Lógica* de Hegel — que é não apenas obsoleta mas típica das formas de pensamento pré-científicas e até pré-lógicas. É pior do que recomendar a mecânica de Arquimedes como base para a engenharia moderna.

Todo o desenvolvimento da dialética deveria constituir um aviso contra os perigos inerentes à construção de sistemas filosóficos. Deveria lembrar-nos de que a Filosofia não deve ser convertida em base de qualquer espécie de sistema científico e que os filósofos devem ser bem mais modestos nas suas pretensões. Uma tarefa que eles podem desempenhar de forma muito útil é o estudo dos métodos críticos da Ciência.

16

Previsão e profecia nas ciências sociais

I

O tema da minha palestra é «Previsão e Profecia nas Ciências Sociais». A minha intenção é criticar a tese de que as ciências sociais têm por tarefa apresentar profecias históricas, e que essas profecias históricas são necessárias se queremos conduzir a política de um modo racional.([1]) Vou chamar a essa doutrina «historicismo». Eu considero o historicismo o resquício de uma antiga superstição, ainda que as pessoas que nele acreditam estejam habitualmente convencidas de que se trata de uma teoria muito recente, progressista, revolucionária e científica.

Os dogmas do historicismo — que as ciências sociais têm por tarefa apresentar profecias históricas, e que essas profecias são necessárias a qualquer teoria racional — são hoje em dia correntes, uma vez que constituem uma parte muito importante daquela filosofia que gosta de se autodesignar como «Socialismo Científico» ou «Marxismo». A minha análise do papel da previsão e da profecia poderia ser, por conseguinte, descrita como uma crítica do método

---

([1]) Para uma discussão mais completa deste problema e de uma série de outros com ele relacionados, consultar o meu livro *A Pobreza do Historicismo*, 1957, 1959, 1961 (etc.).

Palestra proferida na Sessão Plenária do 10.º Congresso Internacional de Filosofia, Amesterdão, 1948, e publicada em Library of the 10th International Congress of Philosophy, *1, Amsterdam, 1948; e em* Theories of History, *ed. P. Gardiner, 1959.*

histórico do marxismo. Mas é uma análise que não se limita, de facto, a essa variante económica do historicismo que é conhecida por marxismo, dado que visa criticar a doutrina historicista em geral. Não obstante, decidi falar como se o marxismo fosse o meu principal ou único objeto de ataque, uma vez que desejo evitar a acusação de estar a atacar sub-repticiamente o marxismo sob a designação de «historicismo». Mas ficaria satisfeito se se lembrassem de que, sempre que menciono o marxismo, tenho também em mente uma série de outras filosofias da História — porquanto estou a tentar criticar um certo método histórico que foi considerado válido por um grande número de filósofos, antigos e modernos, cujas ideias políticas eram muito diferentes das de Marx.

Como crítico do marxismo, vou tentar desempenhar a minha tarefa num espírito liberal. Sentir-me-ei livre não só para criticar o marxismo, mas também para defender alguns dos seus pontos de vista. E sentir-me-ei livre para simplificar radicalmente as suas doutrinas.

Um dos pontos em que sinto empatia com os marxistas é a sua insistência em que os problemas sociais do nosso tempo são prementes, e que os filósofos devem enfrentar as questões; que não nos devemos contentar em interpretar o mundo, mas ajudar a transformá-lo. Eu simpatizo muito com esta atitude, e a escolha, pela presente assembleia, do tema «Homem e Sociedade» demonstra que a necessidade de discutir estes problemas é amplamente reconhecida. O perigo mortal em que o género humano mergulhou — sem dúvida, o mais grave perigo da sua História — não pode ser ignorado pelos filósofos.

Mas que espécie de contributo podem os filósofos prestar — não apenas como homens, não apenas como cidadãos, mas como filósofos? Alguns marxistas insistem em que os problemas são demasiado urgentes para mais contemplações, e que deveríamos tomar partido de imediato. Mas se — enquanto filósofos — nós podemos prestar algum contributo que seja, temos então, seguramente, de nos recusar a ser impelidos à aceitação cega de soluções instantâneas, por muito grande que possa ser a urgência do momento. Enquanto filósofos, não podemos fazer mais do que exercer a nossa crítica racional sobre os problemas com que nos confrontamos e sobre as soluções advogadas pelos diferentes partidos. Para ser mais específico, creio que o melhor que posso fazer enquanto filósofo é abordar os problemas munido das armas de uma *crítica de métodos*. É isso o que me proponho fazer.

II

Posso dizer, à guisa de introdução, por que motivo escolhi este tema em particular. Sou um racionalista, e com isto quero dizer que acredito no debate e na argumentação. Acredito igualmente na possibilidade, bem como na desejabilidade, de aplicar a ciência aos problemas do domínio social. Mas, acreditando como acredito na ciência social, só posso olhar com apreensão para a pseudociência social.

Muitos dos meus colegas racionalistas são marxistas. Em Inglaterra, por exemplo, um considerável número de excelentes físicos e biólogos enfatiza a sua fidelidade à doutrina marxista. São atraídos para o marxismo pelas suas alegações: *(a)* de que é uma ciência; *(b)* de que é progressista; e *(c)* de que adota os métodos de previsão praticados pelas Ciências da Natureza. É evidente que tudo depende desta terceira alegação. Vou tentar, por conseguinte, demonstrar que ela é infundada, e que o género de profecias que o marxismo oferece têm, no que se refere ao seu carácter lógico, mais afinidades com as profecias do Antigo Testamento do que com as da Física moderna.

III

Vou começar por uma breve exposição e crítica do método histórico da alegada ciência do marxismo. Vou ter de simplificar excessivamente a questão — é inevitável. Mas as minhas simplificações excessivas podem servir o objetivo de focar os pontos decisivos.

As ideias centrais do método historicista e, mais particularmente, do marxismo, parecem ser as seguintes:

(a) É um facto que podemos prever eclipses solares a longo prazo e com um elevado grau de precisão. Porque não haveremos, então, de ser capazes de prever revoluções? Se um cientista social, em 1780, soubesse acerca da sociedade metade do que os antigos astrólogos babilónios sabiam acerca da astronomia, teria sido, nesse caso, capaz de prever a Revolução Francesa.

A ideia fundamental de que deveria ser possível prever revoluções, tal como é possível prever eclipses solares, está na origem da seguinte perspetiva da tarefa das ciências sociais:

(b) A tarefa das ciências sociais é fundamentalmente a mesma que a das ciências da natureza — fazer previsões e, mais concretamente, previsões históricas, ou seja, acerca do desenvolvimento social e político da espécie humana.

(c) Uma vez feitas essas previsões, a tarefa da política pode ser determinada — pois ela consistirá em atenuar as «dores de parto» (como Marx lhes chama) inevitavelmente ligadas aos desenvolvimentos políticos previstos como iminentes.

A estas ideias simples, e especialmente àquela que afirma que as ciências sociais têm por tarefa fazer previsões históricas, como previsões de revoluções sociais, vou chamar *doutrina historicista das ciências sociais*. À ideia de que a política tem por tarefa atenuar as dores de parto de desenvolvimentos políticos iminentes chamarei *doutrina historicista da política*. Ambas estas doutrinas podem ser consideradas partes de um esquema filosófico mais vasto que pode ser designado por historicismo — a ideia de que a História da Humanidade tem um enredo e que, se nós formos capazes de o decifrar, teremos nas mãos a chave do futuro.

IV

Acabo de delinear resumidamente duas doutrinas historicistas relativas à tarefa das ciências sociais e da política. Descrevi estas doutrinas como marxistas. Mas elas não são exclusivas do marxismo. São, pelo contrário, das doutrinas mais antigas do mundo. Na própria época de Marx, eram sustentadas, exatamente na forma descrita, não só por ele próprio, que as herdou de Hegel, como por John Stuart Mill, que as herdou de Comte. E na época antiga haviam sido defendidas por Platão e, antes dele, por Heraclito e Hesíodo. A sua origem parece ser oriental; a ideia judaica do povo eleito é, na verdade, uma ideia tipicamente historicista — a ideia de que a História tem uma trama cujo autor é Javé, e que essa trama pode ser parcialmente revelada pelos profetas. Estas ideias expressam um dos mais velhos sonhos da Humanidade: o sonho da profecia, a ideia de que podemos saber o que o futuro nos reserva e tirar partido disso, ajustando a nossa linha de ação a esse conhecimento.

Esta antiquíssima ideia apoiava-se no facto de as profecias relativas aos eclipses e aos movimentos dos planetas se revelarem verdadeiras. A estreita conexão entre a doutrina historicista e o conhecimento astronómico está claramente demonstrada nas ideias e práticas da astrologia.

Estes aspetos históricos não têm, evidentemente, qualquer relação com a sustentabilidade, ou insustentabilidade, da doutrina historicista acerca da tarefa das ciências sociais. Essa questão pertence à metodologia destas ciências.

V

A doutrina historicista que nos diz que as ciências sociais têm por tarefa prever a evolução da História é, em minha opinião, insustentável.

Reconhecidamente, todas as ciências teóricas são ciências de previsão; e, reconhecidamente também, existem ciências sociais que são teóricas. Mas implicará isso — tal como os historiadores acreditam — que a tarefa das ciências sociais seja a profecia histórica? Parece que sim — mas essa impressão desvanece-se assim que estabelecemos uma distinção clara entre aquilo que eu chamo de «*previsão científica*», por um lado, e «*profecias históricas incondicionais*», por outro. O historicismo não consegue fazer esta importante distinção.

As previsões vulgares da ciência são condicionais. Dizem-nos que determinadas mudanças (por exemplo, da temperatura da água numa chaleira) serão acompanhadas por outras mudanças (por exemplo, a fervura da água). Ou, para pegar num exemplo simples de uma ciência social: assim como podemos aprender com um físico que, sob determinadas condições físicas, uma caldeira explodirá, também podemos aprender com um economista que, sob determinadas condições sociais — como a falta de mercadorias, o controlo de preços e, por exemplo, a ausência de um sistema punitivo eficaz —, se desenvolverá um mercado negro.

As previsões científicas incondicionais podem, por vezes, derivar destas previsões científicas condicionais, conjuntamente com enunciados de natureza histórica que garantam o preenchimento das condições em questão. (A partir destas premissas, nós podemos obter a previsão incondicional pelo *modus ponens.*) Se um médico diagnosticar escarlatina, ele pode, com recurso às previsões condicionais da sua ciência, fazer a previsão incondicional de que o seu paciente vai desenvolver um determinado tipo de erupção cutânea. Mas é, evidentemente, possível fazer essas profecias incondicionais sem qualquer justificação semelhante numa ciência teórica, ou, por outras palavras, sem base em previsões científicas condicionais. As profecias incondicionais podem basear-se, por exemplo, num sonho — e, por algum acaso, podem até tornar-se realidade.

Os meus argumentos são dois:

O primeiro é que o historiador não deriva, de facto, as suas profecias históricas de previsões científicas condicionais. O segundo (de onde decorre o primeiro) é que ele não pode, de modo nenhum, fazê-lo, uma vez que as profecias a longo prazo só poderão ser derivadas de previsões científicas condicionais se se aplicarem a sistemas que possam ser descritos como bem isolados, estacionários e recorrentes. Estes sistemas são muito raros na Natureza; e a sociedade moderna não é, seguramente, um deles.

Deixem-me desenvolver um pouco mais este ponto. As profecias de eclipses e, na verdade, as profecias baseadas na regularidade das estações (talvez as mais antigas leis naturais conscientemente compreendidas pelo homem) só são possíveis porque o nosso sistema solar é um sistema estacionário e repetitivo — o que se deve ao facto acidental de estar isolado da influência de outros sistemas mecânicos por extensões imensas de espaço vazio, encontrando-se, assim, relativamente livre de interferências do exterior. Contrariamente à crença popular, a análise deste tipo de sistemas repetitivos não é característica da Ciência da Natureza. Estes sistemas repetitivos são casos especiais em que a previsão científica se torna particularmente impressiva — mas isso é tudo. Salvo este caso muito excecional que é o sistema solar, os sistemas recorrentes ou cíclicos são conhecidos sobretudo no campo da Biologia. Os ciclos de vida dos organismos fazem parte de uma cadeia biológica de acontecimentos semiestacionária ou em mutação muito lenta. As previsões científicas acerca dos ciclos de vida dos organismos são possíveis até ao ponto em que nos abstraímos das lentas mudanças evolutivas, ou seja, até ao ponto em que tratamos o sistema biológico em questão como estacionário.

Não podemos, por conseguinte, encontrar nenhum fundamento em exemplos como estes para a afirmação de que é possível aplicar à História humana o método da profecia incondicional a longo prazo. A sociedade está em mutação, em desenvolvimento. Esse desenvolvimento não é, de um modo geral, repetitivo. É certo que, até ao ponto em que é repetitivo, nós podemos, talvez, fazer certas profecias. Verifica-se, por exemplo, uma indubitável repetitividade na forma como surgem as novas religiões, ou as novas tiranias. E um estudante de História pode considerar que consegue, até certo ponto, prever esses desenvolvimentos mediante a sua comparação com exemplos anteriores, isto é, estudando as condições em que surgem. Mas esta aplicação do método da previsão condicional não nos leva muito longe. Com efeito, os aspetos mais notáveis do desenvolvimento histórico não são repetitivos. As condições estão a mudar e surgem situações (em consequência, por exemplo, de novas descobertas científicas) muito diferentes de tudo o que anteriormente aconteceu. O facto de podermos prever eclipses não nos oferece, pois, uma razão válida para que esperemos conseguir prever revoluções.

Estas considerações aplicam-se não só à evolução do homem como à evolução da vida em geral. Não existe nenhuma lei da evolução, existe apenas o facto histórico de que as plantas e os animais se modificam ou, mais precisamente, se modificaram. A ideia de uma lei que determine a direção e o carácter da evolução é um erro típico do século dezanove, nascido da tendência geral para atribuir à «Lei Natural» as funções tradicionalmente atribuídas a Deus.

VI

A perceção de que as ciências sociais não podem profetizar desenvolvimentos históricos futuros levou alguns escritores modernos a desesperar da razão e a advogar o irracionalismo político. Identificando poder de previsão com utilidade prática, eles acusam as ciências sociais de serem inúteis. Numa tentativa de analisar a possibilidade de prognosticar desenvolvimentos históricos, um destes irracionalistas modernos escreve ([2]): «O mesmo elemento de incerteza de que enfermam as ciências da natureza afeta as ciências sociais, só que em maior grau. Em virtude da sua extensão

---

([2]) H. Morgenthau, *Scientific Man and Power Politics*, Londres, 1947, p. 122, itálicos meus. Tal como é referido no meu parágrafo seguinte, o antirracionalismo de Morgenthau pode ser entendido como consequência da desilusão de um historiador que é incapaz de conceber uma forma de racionalismo que não seja historicista.

quantitativa, ele afeta não apenas a sua estrutura teórica, mas também a sua *utilidade prática».*

Mas não há necessidade ainda de desesperar da razão. Só aqueles que não distinguem entre previsão vulgar e profecia histórica — por outras palavras, só os historicistas (os historicistas desiludidos) — estão sujeitos a tirar conclusões tão desesperadas. A principal utilidade das ciências físicas não reside na previsão de eclipses; e, de modo análogo, a utilidade prática das ciências sociais não depende do seu poder de profetizar desenvolvimentos históricos ou políticos. Só um historicista acrítico, ou seja, alguém que acredite na doutrina historicista da tarefa das ciências sociais como uma coisa evidente, será levado a desesperar da razão pela descoberta de que as ciências sociais não podem fazer profecias. E alguns terão chegado, na verdade, ao ponto de odiar a razão.

VII

Qual será então a tarefa das ciências sociais, e de que forma podem elas ser úteis?

Para responder a esta pergunta, vou começar por referir brevemente duas teorias ingénuas da sociedade que temos de afastar antes de podermos compreender a função das ciências sociais.

A primeira é a teoria de que as ciências sociais estudam o comportamento dos coletivos sociais, tais como grupos, nações, classes, sociedades, civilizações, etc. Estes coletivos sociais são concebidos como os objetos empíricos que as ciências sociais estudam, do mesmo modo que a Biologia estuda animais ou plantas.

Esta ideia tem de ser rejeitada como ingénua. Ela ignora completamente o facto de que estes chamados coletivos sociais são, em larga medida, postulados de teorias sociais populares, e não objetos empíricos; e que, embora existam, manifestamente, objetos empíricos como a multidão de pessoas aqui reunida, é totalmente falso que designações como «classe média» representem algum desses grupos empíricos. Aquilo que elas representam é uma espécie de objeto ideal cuja existência depende de suposições teóricas. Consequentemente, a crença na existência empírica de coletivos ou todos sociais, que pode ser descrita como um *coletivismo ingénuo,* tem de ser substituída pela exigência de que os fenómenos sociais, incluindo os coletivos, sejam analisados em termos dos indivíduos e das suas ações e relações.

Mas esta exigência pode dar facilmente origem a uma outra ideia errada, a segunda e a mais importante das duas ideias que temos de rejeitar. Podemos descrevê-la como a *teoria conspiratória da sociedade*. É a ideia de que tudo quanto aconteça na sociedade — incluindo coisas de que as pessoas geralmente não gostam, como a guerra, o desemprego, a pobreza, a escassez de bens, etc. — será consequência direta dos desígnios de alguns indivíduos ou grupos poderosos. Esta ideia está muito difundida, embora seja, sem dúvida, uma espécie de superstição algo primitiva. É mais antiga do que o historicismo (que pode mesmo ser considerado um derivado da teoria da conspiração). E, na sua forma moderna, é o típico resultado da secularização das superstições religiosas. A crença nos deuses homéricos, cujas conspirações seriam responsáveis pelas vicissitudes da Guerra de Tróia, já desapareceu. Mas o lugar dos deuses do Olimpo de Homero foi agora ocupado pelos Anciãos Sábios de Sião, ou pelos monopolistas, ou capitalistas, ou imperialistas.

Contra a teoria conspiratória da sociedade, eu não afirmo, evidentemente, que as conspirações nunca aconteçam. Mas afirmo duas coisas. Primeiro, que essas conspirações não são muito frequentes e não alteram o carácter da vida social. Mesmo supondo que as conspirações acabavam, os problemas com que nos confrontaríamos continuariam a ser basicamente os mesmos com que sempre nos confrontámos. Em segundo lugar, eu afirmo que as conspirações só muito raramente são bem-sucedidas. Os resultados alcançados são, regra geral, muito diferentes dos resultados almejados. (Considerem a conspiração nazi.)

VIII

Por que motivo é que os resultados obtidos por uma conspiração são geralmente muito diferentes dos visados? Porque é isso o que normalmente acontece na vida social, com conspiração ou sem ela. E esta observação dá-nos ensejo de formular a *tarefa fundamental das ciências sociais teóricas. Essa tarefa consiste em detetar as repercussões sociais involuntárias das ações humanas intencionais.* Posso dar um exemplo simples. Se um homem pretende urgentemente comprar uma casa numa determinada região, nós podemos seguramente considerar que ele não deseja elevar o preço de mercado da habitação nessa zona. Mas o simples facto de ele surgir no mercado como comprador tenderá a fazer subir os preços. Uma observação análoga aplica-se ao vendedor. Ou, para pegar num exemplo de uma área muito diferente, se um homem decidir fazer um seguro de vida, é improvável que tenha intenção de incentivar outras pessoas a investir o seu dinheiro em apólices. Mas, não obstante, fá-lo-á.

Por aqui vemos claramente que nem todas as consequências das nossas ações são voluntárias; e vemos, por conseguinte, que a teoria conspiratória da sociedade não pode ser verdadeira, porquanto equivale à asserção de que todos os acontecimentos, mesmo aqueles que, à primeira vista, não parecem ter sido pretendidos por ninguém, são o resultado intencional das ações de pessoas interessadas na sua ocorrência.

Diga-se, a propósito, que o próprio Karl Marx foi um dos primeiros a frisar a importância destas consequências involuntárias para as ciências sociais. Nos seus textos de maior maturidade, diz que todos estamos presos na rede do sistema social. O capitalista não é um conspirador demoníaco, mas, sim, um homem forçado pelas circunstâncias a agir como age. Não será, pois, mais responsável do que o proletário pela situação geral da sociedade.

Esta perspetiva de Marx foi abandonada — talvez por razões de propaganda, ou talvez porque as pessoas não a compreendessem — e, em larga medida, substituída por uma teoria conspiratória marxista para consumo do vulgo. Essa substituição representa uma decadência — a decadência de Marx para Goebbels. Mas é manifesto que a adoção da teoria da conspiração dificilmente poderá ser evitada por aqueles que se julgam capazes de trazer o Paraíso para a Terra. A única explicação para o seu fracasso em criar esse Paraíso será a malevolência do demónio, que tem direitos adquiridos no Inferno.

IX

A ideia de que as ciências sociais teóricas têm por tarefa descobrir as consequências involuntárias das nossas ações aproxima-as muito das ciências experimentais da natureza. A analogia não pode ser aqui desenvolvida em pormenor, mas podemos observar que tanto umas como outras nos conduzem à formulação de regras tecnológicas práticas que dizem *o que não podemos fazer*.

A segunda lei da termodinâmica pode ser expressa como o aviso tecnológico: «Não é possível fabricar uma máquina que seja cem por cento eficiente». Uma regra semelhante das ciências sociais seria: «Não é possível, sem aumentar a produtividade, elevar o salário real dos trabalhadores» e «Não é possível igualar os salários reais e aumentar simultaneamente a produtividade». Um exemplo de uma hipótese promissora neste domínio que não é, de modo algum, geralmente aceite — ou, por outras palavras, um problema que está ainda em aberto — é o seguinte: «Não é possível ter uma política de pleno emprego sem inflação». Estes exemplos podem demonstrar de que modo é que as ciências sociais têm uma importância prática. Elas não nos permitem fazer profecias históricas, mas podem dar-nos uma ideia daquilo que é ou não possível fazer no domínio político.

Vimos que a doutrina historicista é insustentável, mas este facto não nos leva a perder a fé na ciência ou na razão. Pelo contrário, nós vemos agora que ela nos permite discernir mais claramente o papel da ciência na vida social. O seu papel prático é a modesta tarefa de nos ajudar a compreender até as mais remotas consequências das nossas possíveis ações, ajudando-nos assim a escolhê-las com maior sabedoria.

X

A eliminação da doutrina historicista destrói completamente o marxismo no que toca às suas pretensões científicas. Mas não destrói ainda os seus argumentos mais técnicos ou políticos, nomeadamente o de que só uma revolução social, só uma completa reestruturação do nosso sistema social, pode produzir condições sociais adequadas para a vida dos indivíduos.

Não vou discutir aqui o problema dos fins humanitários do marxismo. Encontro neles muitos aspetos que posso aceitar. A esperança de reduzir a miséria e a violência e de aumentar a liberdade é uma esperança que, segundo creio, inspirou Marx e muitos dos seus seguidores. E é uma esperança que inspira muitos de nós.

Mas eu estou convencido de que esses fins não podem ser alcançados por métodos revolucionários. Pelo contrário, estou convencido de que os métodos revolucionários só podem piorar as coisas — que vão aumentar o sofrimento desnecessário; que vão resultar em mais e mais violência; e que vão necessariamente destruir a liberdade.

Esta conclusão torna-se clara assim que compreendemos que uma revolução destrói sempre a organização institucional e tradicional da sociedade. Tem por isso de colocar em perigo o preciso conjunto de valores para cuja realização foi levada a cabo. Na verdade, um conjunto de valores só pode ter significado social uma vez que exista uma tradição social que os sustente. Isto aplica-se tanto aos objetivos de uma revolução como a quaisquer outros valores.

Mas se começarmos a revolucionar a sociedade e a erradicar as suas tradições, não poderemos travar esse processo se e quando nos apetecer. Numa revolução tudo é questionado, incluindo os objetivos dos revolucionários bem-intencionados — objetivos que se desenvolveram a partir — e que faziam necessariamente parte da sociedade que a revolução destruiu.

Algumas pessoas dizem que não se importam com isso; que o seu maior desejo é limpar completamente a tela — criar uma *tabula rasa* social e recomeçar do zero, pintando nela um sistema social absolutamente novo. Mas não deveriam ficar admirados se descobrissem que, ao destruir a tradição, a civilização desapareceria com ela. Eles iriam verificar que a Humanidade havia regressado à situação em que Adão e Eva começaram — ou, usando uma linguagem menos bíblica, que haviam regressado ao estado animalesco. Tudo o que esses progressistas revolucionários poderiam então fazer seria recomeçar o lento processo da evolução humana (e desse modo chegar, daqui a alguns milhares de anos, talvez, a um novo período de capitalismo que os conduziria a uma outra revolução radical, seguida de mais um regresso à condição animalesca, e assim sucessivamente, para todo o sempre). Por outras palavras, não há qualquer razão concebível para que uma sociedade cujo conjunto tradicional de valores tenha sido destruído se converta, de *motu proprio,* numa sociedade melhor (a menos que acreditemos em milagres políticos([3]), ou esperemos que, uma vez

---

([3]) A frase é de Julius Kraft.

desmantelada a conspiração dos diabólicos capitalistas, a sociedade tenda naturalmente a tornar-se bela e boa).

Os marxistas, claro está, não admitirão isto. Mas a ideia marxista, ou seja, a ideia de que a revolução social nos conduzirá a um mundo melhor, só é compreensível à luz dos *pressupostos historicistas* do marxismo. Se soubermos, com base numa profecia histórica, qual deverá ser o resultado da revolução social, e se soubermos que esse resultado será tudo aquilo por que ansiámos, nesse caso, então — mas nesse caso apenas —, poderemos considerar que a revolução, com todo o seu indizível sofrimento, constitui um meio para alcançar o objetivo de uma indizível felicidade. Mas, com a eliminação da doutrina historicista, a teoria da revolução torna-se totalmente insustentável.

A ideia de que a revolução terá por tarefa livrar-nos da conspiração capitalista e, com ela, da oposição à reforma social, está muito disseminada. Mas é uma ideia insustentável, ainda que supunhamos, por um momento, que tal conspiração exista. Com efeito, uma revolução tem tendência a substituir os velhos senhores por novos senhores, e quem garante que esses novos irão ser melhores? A teoria da revolução ignora o aspeto mais importante da vida social: que aquilo de que necessitamos não é tanto de boas pessoas, mas de boas instituições. Mesmo o melhor dos homens pode ser corrompido pelo poder. Mas as instituições que permitam aos governados exercer algum controlo efetivo sobre os governantes forçarão até os maus de entre estes últimos a agir de acordo com o que os primeiros considerem ser os seus interesses. Ou, para pôr a questão doutro modo: nós gostaríamos de ter bons governantes, mas a experiência histórica demonstra-nos que não é provável que os obtenhamos. E é por isso que é tão importante criar instituições que impeçam mesmo os maus governantes de causar demasiado dano.

Existem apenas duas espécies de instituições governamentais: aquelas que permitem uma mudança de governo sem derramamento de sangue e as que não o permitem. Mas se o governo não puder ser mudado sem derramamento de sangue, não poderá, na maioria dos casos, ser destituído de modo nenhum. Não precisamos de discutir palavras, ou pseudoproblemas como o significado verdadeiro ou essencial da palavra «democracia». Podemos escolher as designações que quisermos para os dois tipos de governo. Eu, pessoalmente, prefiro chamar «democracia» ao tipo de governo que pode ser afastado sem violência, e «tirania» ao outro. Mas, tal como disse, não se trata aqui de uma discussão de palavras, mas, sim, de uma importante distinção entre dois tipos de instituições.

Os marxistas foram ensinados a pensar não em termos de instituições, mas de classes. As classes, todavia, nunca governam, não mais do que as nações. Os governantes são sempre pessoas determinadas. E, seja qual for a classe de que são oriundos, quando chegam ao governo passam a pertencer à classe dirigente.

Os marxistas, hoje em dia, não pensam em termos de instituições. Depositam a sua fé em determinadas personalidades, ou talvez no facto de determinadas pessoas terem pertencido anteriormente ao proletariado — uma consequência da sua fé na importância predominante das classes e das lealdades de classe. Os racionalistas, pelo contrário, mostram-se mais inclinados a confiar nas instituições para controlar as pessoas. É esta a principal diferença.

XI

Mas que deveriam os governantes fazer? Contrariamente à maioria dos historicistas, estou convencido de que esta questão está longe de ser vã. É uma questão que devemos discutir. Com efeito, numa democracia, os governantes são compelidos pela ameaça de destituição a fazer o que a opinião pública pretende que eles façam. E a opinião pública é uma coisa que todos podem influenciar, particularmente os filósofos. Nas democracias, as ideias dos filósofos influenciaram muitas vezes desenvolvimentos futuros — sem dúvida, com um retardamento muito considerável. A política social britânica é agora a de Bentham e de John Stuart Mill, que sintetizou o seu objetivo como o de «assegurar o pleno emprego com salários elevados para todos os trabalhadores»[4].

Estou convencido de que os filósofos deveriam continuar a discutir os objetivos adequados da política social à luz da experiência dos últimos cinquenta anos. Em vez de se circunscreverem à discussão da «natureza» da Ética, ou do supremo bem, etc., deveriam pensar em questões de natureza ética e política tão fundamentais

---

[4] Na sua *Autobiography*, 1873, p. 105. Foi F. A. Hayek quem me chamou a atenção para esta passagem. (Para mais comentários sobre a *opinião pública*, ver também o capítulo 17, mais à frente.)

e difíceis como as que se levantam pelo facto de a liberdade política ser impossível sem um princípio de igualdade perante a lei; ou de, dada a impossibilidade de uma liberdade absoluta, nós devermos exigir em seu lugar, e tal como Kant, uma igualdade em relação àquelas limitações da liberdade que decorrem inevitavelmente da vida social; ou pensar, por outro lado, no facto de a busca da igualdade, sobretudo no seu sentido económico, e por muito desejável que em si mesma seja, poder converter-se numa ameaça à liberdade.

E, de modo semelhante, os filósofos deveriam considerar o facto de que o princípio da felicidade maior dos utilitaristas pode facilmente transformar-se numa desculpa para uma ditadura benevolente, assim como a proposta(⁵) de que deveríamos substituí-lo por um princípio mais modesto e mais realista — o princípio de que a luta contra a miséria evitável deveria constituir um objetivo declarado de interesse público, ao passo que o aumento da felicidade deveria ser deixado, de um modo geral, à iniciativa de cada um.

Este utilitarismo modificado poderia, segundo creio, conduzir muito mais facilmente a um acordo sobre a reforma social. Novas formas de ser feliz são questões teóricas, irreais, acerca das quais pode ser difícil formar uma opinião. Mas a miséria está connosco, aqui e agora, e connosco permanecerá ainda durante muito tempo. Todos o sabemos por experiência. Façamos, pois, tarefa nossa inculcar na opinião pública esta simples ideia de que o sensato é combater os males sociais mais reais e mais urgentes, um por um, aqui e agora, em vez de sacrificar gerações inteiras em nome de um distante — e talvez eternamente irrealizável — supremo bem.

XII

A revolução historicista, à semelhança da maioria das revoluções intelectuais, não parece ter tido grande efeito sobre a estrutura basicamente teísta e autoritária do pensamento europeu.(⁶)

(⁵) Estou aqui a empregar o termo «proposta» no sentido técnico em que é advogado por L. J. Russell. (Cf. o seu ensaio «Propositions and Proposals» em *Proc. Of the Tenth Intern. Congress of Philosophy*, Amesterdão, 1948.)

(⁶) Ver atrás. (A secção XII do presente capítulo nunca tinha sido anteriormente publicada.)

A anterior revolução naturalista contra Deus substituíra a palavra «Deus» pela palavra «Natureza». Quase tudo o mais se manteve inalterado. A Teologia, a Ciência de Deus, foi substituída pela Ciência da Natureza; as leis de Deus pelas leis da Natureza; a vontade e o poder de Deus pela vontade e poder da Natureza (as forças naturais); e, mais tarde, os desígnios e julgamento de Deus foram substituídos pela Selecção Natural. O determinismo teológico foi substituído por um determinismo naturalista, ou seja, a omnipotência e omnisciência de Deus foram substituídas pela omnipotência da Natureza[7] e pela omnisciência da Ciência.

Hegel e Marx, por seu turno, substituíram a deusa Natureza pela deusa História. Temos assim as leis da História: poderes, forças, tendências, desígnios e planos da História; e a omnipotência e omnisciência do determinismo histórico. Os pecadores contra Deus foram substituídos por «criminosos que em vão resistem à marcha da História»; e aprendemos que não Deus, mas a História (a História das «Nações» ou das «Classes») será o nosso juiz.

É esta deificação da História que eu estou a combater.

Mas a sequência Deus-Natureza-História, e a sequência das correspondentes religiões secularizadas, não termina aqui. A descoberta historicista de que todas as normas são, no fim de contas, simples factos históricos (em Deus, as normas e os factos são o mesmo) conduz à deificação dos *Factos* — dos factos existentes, ou reais, da vida e do comportamento humano (incluindo, receio eu, factos meramente supostos) — e, em consequência, às religiões secularizadas das Nações e das Classes e às do existencialismo, positivismo e behaviourismo. E uma vez que o comportamento humano inclui o comportamento verbal, nós somos levados ainda mais longe, à deificação dos Factos da Linguagem.[8] O apelo à lógica e à autoridade moral desses Factos (ou supostos Factos), constituirá, segundo parece, a sabedoria por excelência da Filosofia do nosso tempo.

---

[7] Vd. *Ética* de Espinosa, 1, propos. XXIX, e referências atrás.

[8] Ver, por exemplo, o ponto (13), mais à frente. Relativamente a um positivismo legítimo, ver a minha obra *A Sociedade Aberta e os seus Inimigos*, em particular pp. 71–73 do vol. I, e 392–395 do vol. II (da edição inglesa); e F. A. Hayek, *The Constitution of Liberty*, 1960, pp. 236 ss. Ver igualmente F. A. Hayek, *Studies in Philosophy, Politics and Economics*, 1967.

17

Opinião pública e princípios liberais

Os comentários que se seguem destinavam-se a fornecer matéria para debate numa conferência internacional de liberais (na aceção inglesa deste termo: ver final do Prefácio). O meu objetivo era simplesmente estabelecer a base para uma boa discussão geral. Uma vez que podia pressupor ideias liberais na minha audiência, eu estava predominantemente empenhado em desafiar, mais do que sancionar, suposições correntes favoráveis a essas ideias.

1. O mito da opinião pública

Deveríamos ter cuidado com uma série de mitos acerca da «opinião pública» que são muitas vezes acriticamente aceites.

Existe, em primeiro lugar, o mito clássico da *vox populi vox dei*, que atribui à voz do povo uma espécie de autoridade última e uma ilimitada sabedoria. O seu equivalente moderno é a fé na suprema justeza do senso comum dessa figura mítica que é «o homem da rua», no seu voto e na sua voz. O evitamento do plural em ambos os casos é típico. No entanto, as pessoas, graças a Deus, raramente são unívocas; e os diversos homens nas diversas ruas são tão diferentes

---

Este ensaio foi lido por ocasião do Sexto Encontro da Sociedade Mont Pèlerin, na sua Conferência em Veneza, em setembro de 1954. Foi publicado (em italiano) em Il Politico, 20, 1955, *e (em alemão) em* Ordo, 8, 1956. *Nunca foi anteriormente publicado em inglês.*

quanto qualquer grupo «VIP» numa sala de conferências. E se, ocasionalmente, falam mais ou menos em uníssono, aquilo que dizem não é necessariamente sensato. Podem estar certos, ou podem estar errados. «A voz» pode ser muito firme em questões muito duvidosas (exemplo: a quase unânime e incontestada aceitação da exigência de «rendição incondicional»). E pode hesitar em questões que quase não dão lugar a dúvidas (exemplo: a questão de se dever ou não perdoar a chantagem política e o assassínio em massa). Pode ser bem-intencionada, mas imprudente (exemplo: a reação pública que destruiu o plano Hoare-Laval). E pode não ser nem bem-intencionada nem muito prudente (exemplo: a aprovação da missão Runciman; a aprovação do acordo de Munique de 1938).

Eu acredito, porém, que este mito da *vox populi* tem um núcleo de verdade oculto. Poderíamos pôr a questão nestes termos: apesar da informação limitada de que dispõem, muitos homens simples são frequentemente mais sábios do que os seus governos — ou, se não mais sábios, inspirados por melhores e mais generosas intenções (exemplos: a prontidão do povo da Checoslováquia para lutar na véspera de Munique; e, uma vez mais, a reação a Hoare-Laval).

Uma forma do mito — ou, talvez, da filosofia por detrás do mito — que se me afigura de particular interesse e importância é a doutrina de que *a verdade é manifesta*. Refiro-me com isto à doutrina que nos diz que, embora o erro seja algo que precisa de ser explicado (por falta de boa vontade, por tendenciosidade ou por preconceito), a verdade dar-se-á sempre a conhecer, desde que não seja suprimida. Assim nasceu a crença de que a liberdade, ao eliminar a opressão e outros obstáculos, terá necessariamente de conduzir a um Reino de Verdade e de Bem — a «um Elísio criado pela razão e agraciado pelos prazeres mais puros do amor à Humanidade», segundo as palavras da frase final de Condorcet em *Esquisse d'un tableau historique du progrès de l'esprit humain*.

Reduzi a uma versão intencionalmente simplista este importante mito, que também pode ser formulado nestes termos: «Ninguém que seja confrontado com a verdade pode deixar de reconhecê-la». Proponho que chamemos a isto «a teoria do otimismo racionalista». Trata-se, na verdade, de uma teoria que o Iluminismo partilha com a maior parte da sua descendência política e com os seus antepassados intelectuais. À semelhança do mito da *vox populi*, é um outro mito da voz unívoca. Se a Humanidade é uma Entidade que devemos venerar, a voz unânime da espécie humana deveria ser, então, a nossa autoridade última. Mas nós já aprendemos que isso é um mito, e aprendemos a desconfiar da unanimidade.

Uma reação a este mito racionalista e otimista é a versão romântica da teoria da *vox populi* — a doutrina da autoridade e da unicidade da vontade popular, da «*volonté générale*», do espírito do povo, do Génio da nação, do espírito de grupo ou da voz do sangue. Quase nem preciso de repetir aqui a crítica que Kant e outros — entre eles eu próprio — dirigiram contra estas doutrinas da apreensão irracional da verdade, cujo ponto culminante terá sido a doutrina hegeliana da astúcia da razão, que utiliza as nossas paixões como instrumentos para a apreensão instintiva ou intuitiva da verdade; e que torna impossível que o povo se engane, sobretudo se seguir as suas paixões, em vez da sua razão.

Uma variante importante deste mito, e ainda muito influente, pode ser descrita como o mito do progresso da opinião pública, que é o mito da opinião pública do liberal do século XIX. Podemos ilustrá-lo com a citação de uma passagem da obra de Anthony Trollope, *Phineas Finn*, para a qual o professor E. H. Gombrich me chamou a atenção. Trollope descreve o destino de uma moção parlamentar sobre os direitos dos rendeiros irlandeses. Chega o momento da votação e o Ministério é derrotado por uma maioria de vinte e três. «E agora», diz o sr. Monk, membro do Parlamento, «a pena é que não estejamos nem um pouco mais próximos dos direitos dos rendeiros do que anteriormente estávamos».

— Mas nós estamos mais próximos.
— Num certo sentido, sim. Um debate destes, e uma maioria destas, levará as pessoas a pensar. Mas não [...] pensar é uma palavra demasiado grandiosa. Regra geral, as pessoas não pensam. Fará, porém, com que acreditem que há ali qualquer coisa. Muitos que anteriormente encaravam a legislação sobre esta matéria como uma quimera, julgarão agora que ela é apenas perigosa ou, talvez, não mais do que difícil. E assim, com o tempo, começará a ser considerada entre as coisas possíveis e, mais tarde, entre as coisas prováveis — até que, por fim, será incluída na lista daquele reduzido número de medidas de que o país indispensavelmente carece. É assim que se forma a opinião pública.

— Não foi uma perda de tempo — disse Phineas — ter dado o primeiro grande passo para a sua criação.

— O primeiro grande passo foi dado há muito tempo — disse o sr. Monk —, foi dado por homens que, por essa razão, foram olhados como demagogos revolucionários, quase como traidores. Mas é uma coisa notável dar um qualquer passo que nos faça andar para a frente.

A teoria aqui exposta pelo deputado liberal-radical sr. Monk pode, talvez, ser designada como a *«teoria da vanguarda da opinião pública»*, ou teoria da liderança dos progressistas. É a teoria de que existem alguns líderes ou fazedores de opinião pública que, por meio de livros, panfletos ou cartas para o *Times*, ou através de discursos e moções parlamentares, conseguem que determinadas ideias sejam inicialmente rejeitadas, posteriormente debatidas e finalmente aceites. A opinião pública é aqui concebida como uma espécie de resposta pública às reflexões e esforços desses aristocratas do espírito que produzem novos pensamentos, novas ideias, novos argumentos. É concebida como lenta, algo passiva e conservadora por natureza, mas, todavia, capaz de acabar por discernir intuitivamente a verdade das reivindicações dos reformistas. A opinião pública será assim o árbitro moroso, mas autorizado e definitivo, dos debates da elite. Esta conceção é, sem dúvida, uma outra forma do nosso mito, por muito que a realidade inglesa possa parecer, à primeira vista, estar em conformidade com ela. É verdade que as reivindicações dos reformistas triunfaram muitas vezes exatamente desta maneira. Mas será que só as reivindicações válidas é que triunfaram? Eu inclino-me a crer que, na Grã-Bretanha, não é tanto a verdade de uma asserção, ou a sensatez de uma proposta, que é suscetível de granjear o apoio da opinião pública para uma determinada política, mas mais o sentimento de que está a ser cometida uma injustiça que pode e deve ser reparada. É a *sensibilidade moral* característica da opinião pública e o modo como ela tem sido frequentemente despertada, pelo menos no passado, que Trollope descreve; ou seja, a sua intuição da injustiça, e não propriamente a sua intuição da verdade factual. É discutível até que ponto a descrição de Trollope se aplica a outros países; e seria perigoso presumir que, mesmo na Grã-Bretanha, a opinião pública se manterá tão sensível como no passado.

2. Os perigos da opinião pública

A opinião pública (seja ela qual for) é muito poderosa. Pode mudar governos, até mesmo governos não democráticos. Os liberais deveriam encarar um poder desta natureza com alguma suspeição.

Em virtude do seu anonimato, a opinião pública é uma *forma irresponsável de poder* e, nessa medida, particularmente perigosa do ponto de vista liberal (exemplo: segregação e outras questões raciais). O remédio *num* sentido é óbvio: minimizando o poder do Estado, o perigo da influência da opinião pública, que se exerce através da ação do Estado, será também reduzido. Mas isto não protege a liberdade de comportamento e pensamento individuais da pressão direta da opinião pública. Neste aspeto, o indivíduo precisa da poderosa proteção do Estado. Estas necessidades conflituais podem ser, pelo menos parcialmente, satisfeitas por um determinado tipo de tradição — a que me referirei mais adiante.

A doutrina de que a opinião pública não é irresponsável, mas, de alguma forma, «responsável perante si própria» — no sentido de que os seus erros recairão sobre o público que defendeu a opinião errada — constitui uma outra forma do mito coletivista da opinião pública. A propaganda errónea de um grupo de cidadãos pode facilmente prejudicar um grupo muito diferente.

3. Princípios liberais: um conjunto de teses

(1) O Estado é um mal necessário — e os seus poderes não devem ser multiplicados para lá do necessário. Poderíamos chamar a este princípio a «*Navalha Liberal*» (em analogia com a Navalha de Occam, isto é, o famoso princípio de que as entidades ou essências não devem ser multiplicadas além do necessário).

Para demonstrar a necessidade do Estado, não vou recorrer à perspetiva de Hobbes do *homo-homini-lupus*. Pelo contrário, essa necessidade pode ser demonstrada mesmo supondo que *homo homini felis*, ou até que *homo homini angelus*, ou, por outras palavras, mesmo que partamos do princípio de que, em virtude da gentileza ou angélica bondade humana, ninguém faz nunca mal a outrem. Num mundo assim, haveria ainda homens fracos e homens fortes, e os mais fracos não teriam *nenhum direito legal* a ser tolerados pelos mais fortes, mas, antes, um dever de gratidão pela sua benevolência em tolerá-los. Aqueles (sejam fortes ou fracos) que consideram que esta seria uma situação insatisfatória e que pensam que todas as pessoas devem ter direito a viver e um *direito legal* à proteção contra o poder dos fortes concordarão que precisamos de um Estado que proteja os direitos de todos.

É fácil ver que o Estado constitui, forçosamente, um perigo constante ou (como me arrisquei a chamar-lhe) um mal, ainda que necessário. Com efeito, para cumprir a sua função, o Estado tem de ter, em qualquer circunstância, mais poder do que qualquer cidadão particular ou corporação pública. E embora nós possamos criar instituições que minimizem o perigo de abuso destes poderes, não podemos nunca eliminar completamente o perigo. Parece, pelo contrário, que a maioria das pessoas vai ter sempre de pagar pela proteção do Estado, não só sob a forma de impostos, como até sob a forma de humilhações sofridas, por exemplo, nas mãos de funcionários prepotentes. A questão consistirá em não pagar um preço demasiado alto.

(2) A diferença entre uma democracia e uma tirania reside no facto de que na primeira nos podemos livrar do governo sem derramamento de sangue, e na segunda não.

(3) A democracia enquanto tal não pode conferir quaisquer benefícios ao cidadão, e não devemos esperar que o faça. De facto, a democracia não pode fazer nada — só os cidadãos da democracia podem agir (incluindo, como é óbvio, os que fazem parte do Governo). A democracia não proporciona mais do que um quadro, no interior do qual os cidadãos podem agir de um modo mais ou menos organizado e coerente.

(4) Nós somos democratas, não porque a maioria tenha sempre razão, mas porque as tradições democráticas são as menos más que conhecemos. Se a maioria (ou «opinião pública») decidir a favor da tirania, um democrata não terá, por isso, de supor que uma inconsistência fatal nas suas ideias acaba de ser revelada. Aperceber-se-á antes de que a tradição democrática no seu país não era suficientemente forte.

(5) As instituições por si só nunca são suficientes se não forem fortalecidas por tradições. As instituições são sempre ambivalentes, no sentido em que, na ausência de uma tradição forte, podem também servir um objetivo oposto ao pretendido. Uma oposição parlamentar, por exemplo, e falando em termos gerais, deve supostamente impedir que a maioria roube o dinheiro dos

contribuintes. Mas eu lembro-me bem de um caso, num país do Sudeste Europeu, que ilustra a ambivalência desta instituição. Aí, a oposição partilhou do saque com a maioria.

Resumindo: as tradições são necessárias para formar uma espécie de elo entre as instituições e as intenções e avaliações dos homens individuais.

(6) Uma Utopia Liberal — isto é, um Estado planeado racionalmente numa *tabula rasa* despojada de tradições — é uma impossibilidade. O princípio liberal requer que as limitações da liberdade de cada um, que a vida em sociedade torna necessárias, sejam tão minimizadas e igualadas quanto possível (Kant). Mas como podemos nós aplicar um tal princípio *a priori* na vida real? Deveremos impedir um pianista de praticar, ou impedir o seu vizinho de gozar uma tarde sossegada? Todos os problemas deste género só podem ser resolvidos na prática mediante o apelo a tradições e costumes existentes e a um tradicional sentido de justiça; ou à lei consuetudinária, ou lei comum, como se chama na Grã-Bretanha, e à avaliação equitativa por um juiz imparcial. Todas as leis, sendo princípios universais, têm de ser interpretadas para poderem ser aplicadas; e essa interpretação requer alguns princípios de prática concreta que só uma tradição viva pode fornecer. Esta conclusão aplica-se mais particularmente aos princípios sumamente abstratos e universais do Liberalismo.

(7) Os princípios do Liberalismo podem ser descritos (pelo menos hoje em dia) como princípios que permitem avaliar e, se necessário, modificar ou mudar as instituições existentes, e não tanto substituí-las por outras. Também podemos exprimir esta ideia dizendo que o Liberalismo é um credo evolucionário e não revolucionário (a menos que se veja confrontado com um regime tirânico).

(8) Entre as tradições que devemos considerar mais importantes inclui-se a que podemos designar por «quadro moral» (correspondente ao «quadro legal» institucional) de uma sociedade. Esse quadro incorpora o sentido tradicional de equidade ou justiça da sociedade, ou o grau de sensibilidade moral por ela alcançado. Constitui, pois, a base que torna possível, sempre que necessário, alcançar um compromisso justo ou equitativo entre interesses em conflito. Não é, naturalmente, imutável, mas modifica-se com relativa lentidão. Nada poderia ser mais perigoso do que a destruição deste quadro tradicional, tal como foi conscientemente

intentada pelo nazismo. A sua destruição desembocaria no cinismo e no niilismo, isto é, no menosprezo e dissolução de todos os valores humanos.

4. A teoria liberal da livre discussão

A liberdade de pensamento e a livre discussão são valores supremos do Liberalismo que não requerem, realmente, qualquer justificação adicional. Não obstante, podem também ser justificados pragmaticamente em termos do papel que desempenham na busca da verdade.

A verdade não é manifesta; e não é fácil de encontrar. A procura da verdade exige pelo menos

(a) imaginação;
(b) ensaio e erro;
(c) a descoberta gradual dos nossos preconceitos por meio de (a), de (b) e da discussão crítica.

A tradição racionalista ocidental, que deriva dos Gregos, é a tradição da discussão crítica — a tradição de examinar e testar proposições ou teorias, tentando refutá-las. Este método racional crítico não deve ser confundido com um método de prova, isto é, com um método para estabelecer definitivamente a verdade. E também não é um método que garanta sempre o acordo. O seu valor reside antes no facto de que os participantes numa discussão modificarão, até certo ponto, as suas opiniões, e partirão mais sábios do que chegaram.

Diz-se frequentemente que a discussão só é possível entre pessoas que tenham uma linguagem comum e aceitem pressupostos básicos comuns. Eu penso que isto é um erro. Tudo o que é necessário é disposição para aprender com os nossos interlocutores na discussão, o que passará por uma genuína vontade de compreender o que eles pretendem exprimir. Se esta disposição existir, a discussão será tanto mais fecunda quanto maiores forem as diferenças de formação dos interlocutores. Deste modo, o valor de uma discussão dependerá, em larga medida, da diversidade de ideias em confronto. Se não tivesse existido uma Torre de Babel, nós inventá-la-íamos. O liberal não sonha com um consenso perfeito; tem apenas esperança numa fertilização mútua de opiniões e no consequente desenvolvimento de ideias. Mesmo quando resolvemos um problema a contento geral, nós criamos, com essa resolução, uma série de problemas novos, acerca dos quais estamos sujeitos a discordar — o que está longe de ser lamentável.

Ainda que a busca da verdade por meio da livre discussão racional seja uma questão pública, não é a opinião pública (seja ela qual for) o que daí resulta. E embora a opinião pública possa ser influenciada pela ciência, e possa julgar essa mesma ciência, ela não é fruto da discussão científica.

Todavia, a tradição da discussão racional dá origem, no domínio político, à tradição do governo pela discussão e, com ela, ao hábito de considerar outros pontos de vista, ao desenvolvimento de um sentido de justiça e à abertura ao compromisso.

A nossa esperança é, por conseguinte, que as tradições, modificando-se e desenvolvendo-se sob a influência da discussão crítica e em resposta ao desafio de novos problemas, possam substituir muito daquilo que usualmente se chama de «opinião pública» e assumir as funções que esta deveria supostamente desempenhar.

5. As formas da opinião pública

Existem duas formas essenciais de opinião pública: institucionalizada e não-institucionalizada.

Exemplos de instituições que servem ou influenciam a opinião pública: imprensa (incluindo as cartas ao editor); partidos políticos; sociedades como a Sociedade Mont Pèlerin; universidades; editoras de livros; estações radiofónicas; teatro; cinema; televisão.

Exemplos de opinião pública não-institucionalizada: os comentários das pessoas no metropolitano e noutros sítios públicos acerca das últimas notícias, dos estrangeiros ou dos «homens de cor»; ou aquilo que dizem umas das outras à mesa de jantar (e que pode mesmo tornar-se institucionalizado).

6. Alguns problemas práticos: censura e monopólios de publicidade

Nesta secção, não se apresentam teses — apenas problemas.
Até que ponto depende a luta contra a censura de uma tradição de censura autoimposta?

Até que ponto estabelecem os monopólios editoriais uma espécie de censura? Até que ponto são os pensadores livres de publicar as suas ideias? Poderá existir uma liberdade total para publicar? E será que deve existir liberdade total para publicar seja o que for?

A influência e responsabilidade dos intelectuais: *(a)* relativamente à difusão de ideias (exemplo: socialismo); *(b)* relativamente à aceitação de modas frequentemente tirânicas (exemplo: arte abstrata).

A liberdade das universidades: *(a)* interferência estatal; *(b)* interferência privada; *(c)* interferência em nome da opinião pública.

A gestão (ou planificação) da opinião pública. «Funcionários de relações públicas».

O problema da propaganda da crueldade nos jornais (em especial na banda desenhada), no cinema, etc.

O problema do gosto. Estandardização e nivelamento.

O problema da propaganda e da publicidade *versus* difusão da informação.

7. Uma breve lista de exemplos políticos

Esta é uma lista de casos dignos de análise cuidadosa.

(1) O plano de Hoare-Laval e a sua derrota pelo insensato entusiasmo moral da opinião pública.

(2) A abdicação de Eduardo VIII.

(3) Munique.

(4) Rendição incondicional.

(5) O caso Crichel Down.

(6) O hábito britânico de aceitar as atribulações sem resmungar.

8. Resumo

Essa vaga e intangível entidade denominada opinião pública revela, por vezes, uma argúcia natural ou, mais caracteristicamente, uma sensibilidade moral superior à do Governo em exercício. Constituirá, não obstante, uma ameaça à liberdade se não for moderada por uma forte tradição liberal.

A opinião pública é perigosa como árbitro do gosto e inaceitável como árbitro da verdade. Mas pode, por vezes, assumir o papel de um iluminado árbitro da justiça (exemplo: a libertação dos escravos nas colónias britânicas). Infelizmente, pode ser «orientada». Estes perigos só podem ser neutralizados pelo fortalecimento da tradição liberal.

A opinião pública deve ser distinguida da publicidade da discussão livre e crítica, que é (ou deveria ser) a regra em ciência e que inclui a discussão de questões de justiça e outros problemas morais. A opinião pública sofre a influência, mas não é resultado, nem está sob o controle, de discussões deste tipo. A influência benéfica destas discussões será tanto maior quanto mais honesta, simples e claramente elas forem conduzidas.

18

Utopia e violência

Há muitas pessoas que detestam a violência e que estão convencidas de que uma das suas tarefas prioritárias e, simultaneamente, mais esperançosas, é trabalhar para a sua redução, ou até, se possível, para a sua erradicação da vida humana. Eu incluo-me entre esses esperançosos inimigos da violência. Não só a odeio, como acredito firmemente que a luta contra ela não é, de forma alguma, vã. Compreendo que é uma tarefa difícil. Tenho consciência de que, ao longo da História, aconteceu por demasiadas vezes que o que inicialmente se afigurava como um grande sucesso na luta contra a violência foi seguido por uma derrota. E não ignoro o facto de que a nova era de violência inaugurada com as duas guerras mundiais está ainda muito longe do fim. O nazismo e o fascismo foram totalmente derrotados, mas tenho de reconhecer que essa derrota não significa que a barbárie e a brutalidade tenham sido vencidas. Pelo contrário, de nada nos serve fechar os olhos perante a evidência de que essas ideias odiosas alcançaram uma espécie de vitória na derrota. Tenho de admitir que Hitler conseguiu degradar os padrões morais do nosso mundo ocidental, e que no nosso mundo de hoje existe mais violência e mais força bruta do que teria sido tolerado até mesmo na década que se seguiu à Primeira Guerra Mundial. E temos de enfrentar a possibilidade de a nossa civilização acabar destruída por essas novas armas que

---

Palestra proferida no Instituto das Artes, em Bruxelas, em junho de 1947. Publicada pela primeira vez em The Hibbert Journal, *46, 1948.*

o hitlerianismo nos impôs, talvez ainda nesta primeira década([1]) subsequente à Segunda Guerra Mundial — pois não há dúvida de que o espírito do hitlerianismo alcançou o seu maior triunfo quando nós, após a sua derrota, usámos as armas que a ameaça do nazismo nos induzira a desenvolver. Mas, a despeito de tudo isto, não estou hoje menos esperançoso do que sempre estive na possível vitória sobre a violência. É a nossa única esperança. E há longos períodos na História das Civilizações, não só do Ocidente como do Oriente, que demonstram que esta não é, necessariamente, uma esperança vã — que a violência *pode* ser reduzida e controlada pela razão.

É talvez por isto que eu, à semelhança de muitos outros, acredito na razão e me autodesigno racionalista. Sou racionalista porque vejo na atitude racional a única alternativa à violência.

Quando dois homens entram em desacordo, fazem-no porque têm opiniões diferentes, ou interesses divergentes, ou por ambos os motivos. Há desacordos de muitas espécies na vida social que têm de ser decididos de uma forma ou de outra. A questão pode ser de um género que tenha mesmo de ser resolvido, sob pena de a sua persistência criar novas dificuldades cujos efeitos cumulativos se traduzam numa tensão intolerável, como no caso de um estado de contínua e intensa preparação para decidir um assunto (e de que uma corrida ao armamento constituirá um exemplo). Tomar uma decisão pode ser uma necessidade.

Como é que se consegue chegar a uma decisão? Existem, de um modo geral, duas únicas vias possíveis: a discussão (incluindo discussões submetidas a arbitragem, por exemplo, de um Tribunal Internacional de Justiça) e a violência. Ou, se se tratar de uma colisão de interesses, as duas alternativas serão ou um compromisso razoável, ou uma tentativa de destruir o interesse oposto.

Um racionalista, na minha aceção do termo, é um homem que tenta chegar às decisões pela via da discussão e talvez, em certos casos, pelo compromisso, em vez da violência. É um homem que prefere falhar em convencer outro pela argumentação a subjugá-lo pela força, pela intimidação e ameaças, ou até mesmo por uma propaganda persuasiva.

([1]) Escrevi isto em 1947. Alteraria hoje esta passagem mediante a simples substituição de «primeira» por «segunda».

Compreender-se-á melhor o que eu entendo por razoabilidade se considerarmos a diferença entre tentar convencer um homem pela argumentação e tentar persuadi-lo pela propaganda.

A diferença não residirá tanto no uso da argumentação. A propaganda também recorre frequentemente a ela. Nem tão-pouco residirá na nossa convicção de que os nossos argumentos são conclusivos e têm de ser admitidos como tal por qualquer pessoa razoável. A diferença reside antes numa atitude de dar e receber, numa disposição não só para convencer o outro, como para ser possivelmente convencido por ele. Aquilo que eu designo por atitude de razoabilidade pode caracterizar-se por um comentário como este: «Eu penso que tenho razão, mas posso estar errado e você pode estar certo e, em todo o caso, vamos discutir o assunto, pois dessa forma temos mais probabilidades de nos aproximar de um verdadeiro entendimento do que se nos limitarmos ambos a insistir que temos razão».

Compreende-se que aquilo que eu chamo de atitude de razoabilidade, ou atitude racionalista, pressupõe uma certa dose de humildade intelectual. Talvez apenas aqueles que têm consciência de que por vezes se enganam, e que não têm por hábito esquecer os seus erros, consigam aceitá-la. Esta atitude nasce da compreensão de que não somos omniscientes e de que é aos outros que devemos a maior parte do nosso conhecimento. É uma atitude que tenta, tanto quanto possível, transferir para o domínio das opiniões em geral as duas regras fundamentais de qualquer processo legal: primeiro, que se deve sempre ouvir ambas as partes; e, segundo, que ninguém é bom juiz em causa própria.

Estou convencido de que só podemos evitar a violência uma vez que praticarmos esta atitude de razoabilidade na nossa convivência social; e de que qualquer outra atitude é passível de produzir violência — até mesmo uma tentativa unilateral de lidar com os outros recorrendo a uma suave persuasão, procurando convencê-los por via de argumentos e de exemplos dessas ideias luminosas que nos orgulhamos de possuir e de cuja verdade estamos absolutamente certos. Todos nos lembramos de quantas guerras religiosas foram travadas em nome de uma religião de amor e docilidade. De quantos corpos foram queimados vivos com a intenção genuinamente piedosa de salvar as suas almas do fogo eterno do Inferno. Só renunciando à nossa atitude autoritária no reino da opinião, só assumindo uma atitude de dar e receber — que é a disposição para aprender com os outros — é que podemos ter esperança de controlar os atos de violência inspirados pelo dever e pela piedade.

Há muitas dificuldades que obstam a uma rápida expansão da razoabilidade. Uma das principais é que são sempre precisos dois para uma discussão razoável. Ambas as partes têm de estar dispostas a aprender uma com a outra. Não é possível ter uma discussão racional com um homem que prefere abater-nos a tiro a deixar-se convencer por nós. Por outras palavras, existem limites para a atitude de razoabilidade. E o mesmo se passa com a tolerância. Não devemos aceitar sem reservas o princípio de tolerar todos aqueles que sejam intolerantes. Se o fizermos, não só nos destruiremos a nós próprios, como destruiremos a própria atitude de tolerância. (Tudo isto está compreendido na observação que fiz anteriormente — de que a razoabilidade tem de ser uma atitude de *dar e receber*.)

Uma importante consequência de tudo isto é que não devemos permitir que a distinção entre ataque e defesa se torne turva. Temos de insistir nesta distinção e apoiar e desenvolver as instituições sociais (tanto nacionais como internacionais) que têm por função discriminar entre agressão e resistência à agressão.

Creio ter dito o suficiente para deixar claro o que pretendo significar ao autodesignar-me como racionalista. O meu racionalismo não é dogmático. Admito plenamente que não posso prová-lo racionalmente. Confesso francamente que escolho o racionalismo porque odeio a violência, e não me engano a mim próprio, convencendo-me de que este ódio tem algum fundamento racional. Ou, pondo a questão de outra forma, o meu racionalismo não é autossuficiente, mas, sim, alimentado por uma fé irracional na atitude de razoabilidade. Não vejo que possamos ir além disto. Poderíamos dizer, talvez, que a minha fé irracional em direitos iguais e recíprocos de convencer os outros e ser convencido por eles é uma fé na razão humana. Ou, simplesmente, que acredito no homem.

Se eu digo que acredito no homem, refiro-me ao homem tal como ele é; e eu nunca sonharia dizer que ele é inteiramente racional. Não penso que uma pergunta como a de se o homem é mais racional do que emocional, ou *vice-versa*, deva ser feita: não há meios para avaliar ou comparar estes aspetos. Admito que me sinto tentado a protestar contra certos exageros (decorrentes, em larga medida, de uma vulgarização da psicanálise) a respeito da irracionalidade do homem e da sociedade humana. Mas estou consciente não apenas do poder das emoções na vida humana, mas também do seu valor. Eu nunca exigiria que a aquisição de uma atitude de razoabilidade se tornasse o objetivo dominante das nossas vidas. Tudo o que desejo afirmar é que esta é uma atitude que pode estar sempre, de alguma forma, presente — até mesmo nas relações dominadas por grandes paixões, como o amor([2]).

A minha atitude básica perante o problema da razão e da violência deve estar agora esclarecida. E eu espero que ela seja partilhada por alguns dos meus leitores e por muitas outras pessoas em todo o lado. É nesta base que me proponho agora discutir o problema do utopismo.

Penso que podemos descrever o utopismo como o resultado de uma forma de racionalismo, e vou tentar explicar que essa forma de racionalismo é muito diferente daquela em que eu e muitos outros acreditamos. Vou por isso tentar demonstrar que existem, pelo menos, duas formas de racionalismo, uma das quais acredito ser correta e a outra errada; e que é a espécie errada de racionalismo que conduz ao utopismo.

Segundo o que me é dado ver, o utopismo é consequência de um modo de raciocínio aceite por muitos, que ficariam espantados por ouvir que esse modo aparentemente inelutável, e em si mesmo evidente, de raciocinar conduz a resultados utopistas. Este raciocínio capcioso pode, talvez, ser apresentado da forma que se segue.

Uma ação, podemos dizê-lo, será racional se fizer o melhor uso dos meios disponíveis para atingir um determinado fim. Esse fim, bem entendido, pode ser insuscetível de ser racionalmente determinado. Seja como for, nós só podemos julgar racionalmente uma ação, e descrevê-la como racional ou adequada, em relação a um determinado fim. Só se tivermos um fim em mente e agirmos em função dele é que podemos dizer que estamos a agir racionalmente.

Apliquemos agora este argumento à política. Toda a política consiste em ações; e essas ações só serão racionais se visarem um determinado fim. O fim visado pelas ações políticas de um homem pode ser o aumento do seu poder ou riqueza. Ou talvez a melhoria

---

([2]) O existencialista Jaspers escreve: «É por isso que o amor é cruel, implacável; e é por isso que o verdadeiro amante só acredita nele se ele assim for». Esta atitude, a meu ver, revela mais fraqueza do que a força que pretende demonstrar. Não é tanto uma barbárie pura, mas mais uma tentativa histérica de armar em bárbaro (cf. a minha *Sociedade Aberta*, 4.ª ed. (inglesa), vol. II, p. 317).

de algumas das leis do Estado, conduzindo assim a uma mudança na estrutura do Estado ou da sociedade.

Neste último caso, a ação política apenas será racional se nós começarmos por determinar os fins últimos das mudanças políticas que pretendemos operar. Apenas será racional em relação a determinadas ideias acerca de qual deverá ser a natureza do Estado. Assim sendo, tudo indica que toda a ação política racional deve ser antecedida pela tentativa de determinar, tão claramente quanto possível, os fins políticos últimos que visamos atingir — como, por exemplo, o tipo de Estado que consideramos ser o melhor. É só depois disso que podemos começar a determinar os meios que mais eficazmente nos podem ajudar a concretizar esse Estado, ou a avançar lentamente para a sua concretização, assumindo-o como objetivo de um processo histórico que nos é, até certo ponto, possível influenciar e orientar para a finalidade em vista.

Ora é precisamente esta perspetiva que eu chamo de utopismo. De acordo com ela, qualquer ação política racional e desinteressada tem de ser antecedida de uma determinação dos nossos fins últimos, e não simplesmente de objetivos intermédios ou parciais, que são meros passos para o nosso objetivo final — devendo ser, por isso, considerados como meios e não como fins. Desse modo, a ação racional política tem de basear-se numa descrição ou projeto mais ou menos claro e detalhado do nosso Estado ideal, e também num plano ou projeto do percurso histórico que a ele conduz.

Eu considero aquilo que chamo de utopismo uma teoria atrativa e até mesmo, na verdade, atrativa demais — visto que também a considero perigosa e nociva. Trata-se, segundo creio, de uma teoria autodestrutiva e que conduz à violência.

O seu carácter autodestrutivo está relacionado com o facto de que é impossível determinar cientificamente os fins. Não existe nenhuma forma científica de escolher entre dois fins. Algumas pessoas, por exemplo, adoram e veneram a violência. Para elas, uma vida sem violência seria insípida e banal. Muitos outros, entre os quais me incluo, odeiam-na. Estamos perante uma discórdia acerca de fins que não pode ser decidida pela Ciência. Isto não significa que a tentativa de argumentar contra a violência seja necessariamente uma perda de tempo. Significa tão-só que podemos não ser capazes de argumentar com o admirador da violência. Ele tem maneira de responder a um argumento com uma bala, se não for mantido sob controlo pela ameaça de contraviolência.

Se ele estiver disposto a ouvir os nossos argumentos sem nos dar um tiro, então estará, pelo menos, infetado pelo racionalismo, e talvez consigamos convencê-lo. É por isso que argumentar não é uma perda de tempo — desde que as pessoas nos escutem. Mas não é possível, por meio de argumentos, fazê-las escutar os nossos argumentos; não podemos convencer por argumentos aqueles que suspeitam de toda a argumentação e preferem decisões violentas a decisões racionais. Não podemos provar-lhes que estão errados. E este é apenas um caso particular, que pode ser generalizado. Nenhuma decisão relativa a objetivos pode ser determinada por meios *puramente* racionais ou científicos. Apesar disso, a argumentação pode revelar-se extremamente útil para se chegar a uma decisão sobre objetivos.

Aplicando todas estas considerações ao problema do utopismo, temos de, em primeiro lugar, compreender claramente que o problema de construir um projeto utópico não pode ser resolvido unicamente pela Ciência. Os seus objetivos, pelo menos, têm de estar estabelecidos antes de o cientista social poder começar a esboçar o seu projeto. Encontramos a mesma situação nas Ciências da Natureza. Dose alguma de Física assegurará a um cientista que o mais acertado a fazer é fabricar uma charrua, um aeroplano ou uma bomba atómica. Os fins a alcançar têm de ser determinados por ele ou por outra pessoa que lhos comunique; e o que ele faz *enquanto* cientista é somente construir os meios através dos quais esses fins podem ser realizados.

Ao frisar a dificuldade de decidir, por meio da argumentação racional, entre diferentes ideais utópicos, não pretendo criar a impressão de que existe um domínio — como o domínio dos fins — que ultrapassa completamente o poder da crítica racional (embora eu deseje, seguramente, dizer que o domínio dos fins escapa, em larga medida, ao poder da argumentação *científica*). Com efeito, eu próprio tento discutir este domínio; e, ao apontar a dificuldade de decidir entre projetos utópicos concorrentes, estou a tentar argumentar racionalmente contra a escolha de fins ideais deste género. De modo semelhante, a minha tentativa de sublinhar que esta dificuldade é passível de gerar violência visa representar um argumento racional, embora só vá atrair aqueles que odeiam a violência.

O facto de o método utopista — que elege um estado ideal da sociedade como objetivo último para que todas as nossas ações políticas devem servir — ser suscetível de gerar violência pode ser demonstrado pelo que vou dizer. Uma vez que não é possível determinar cientificamente, ou por métodos puramente racionais, os fins últimos das ações políticas, as diferenças de opinião acerca de como deverá ser o Estado ideal nem sempre podem ser aplanadas pelo método da argumentação. Elas terão, pelo menos parcialmente, o carácter de diferenças religiosas. E dificilmente poderá haver tolerância entre estas diferentes religiões utopistas. Os objetivos utópicos destinam-se a servir de base à discussão e à ação política racional, e essa ação só surgirá como possível se o objetivo estiver definitivamente decidido. Assim sendo, o utopista tem de conquistar, ou então subjugar, os utopistas seus rivais que não comungam dos seus próprios objetivos utópicos e que não professam a mesma religião utopista.

Mas o utopista não pode ficar por aqui. Tem de ser muito rigoroso na eliminação e extermínio de todas as ideias heréticas adversárias. O caminho para a meta utópica é longo — e daí que a racionalidade da sua ação política exija uma firmeza de propósitos a longo prazo. E isso só poderá ser conseguido se o utopista, não contente em esmagar as religiões utopistas adversárias, erradicar, dentro do possível, toda a memória que delas reste.

É então que o recurso a métodos violentos para a supressão de objetivos rivais se torna ainda mais urgente. O período da construção utopista tende inevitavelmente a ser um período de mudança social. Numa época assim, as ideias também estão sujeitas a mudar. Por consequência, aquilo que a muitos se pode ter afigurado como desejável na altura em que o projeto utopista foi decidido, já poderá parecer menos desejável numa fase posterior. Se assim acontecer, toda a orientação até aí seguida corre o risco de se invalidar. Com efeito, se nós modificarmos os nossos objetivos políticos finais enquanto tentamos aproximar-nos deles, rapidamente poderemos descobrir que nos estamos a mover em círculos. Todo o método de começarmos por estabelecer um objetivo político último e de nos prepararmos em seguida para a sua realização se tornará forçosamente inútil se esse objetivo for alterado no decurso do processo. Pode facilmente acontecer que os passos que até aí foram dados se afastem, de facto, do novo objetivo. E se nós mudarmos de direção de acordo com o nosso novo objetivo, expomo-nos ao mesmo risco. Não obstante todos os sacrifícios que possamos ter feito no sentido da certeza de estarmos a agir racionalmente, podemos chegar precisamente a nenhures — embora não exatamente a esse «nenhures» em que se traduz a palavra «Utopia».

Uma vez mais, a única forma de evitar essas mudanças de objetivos parece ser o recurso à violência, que inclui a propaganda, a supressão da crítica e o extermínio de toda a oposição. A acompanhá-la estará a afirmação da sabedoria e antevisão dos planificadores utopistas, dos engenheiros utopistas que conceberam e executaram o projeto utópico. Os engenheiros utopistas têm, deste modo, de se tornar omniscientes, e também omnipotentes. Convertem-se em deuses. Não tereis outros Deuses acima destes.

O racionalismo utopista é um racionalismo autodestrutivo. Por muito benévolos que sejam os seus fins, não traz felicidade, mas tão-só a conhecida miséria de se estar condenado a viver sob o jugo de uma tirania.

É importante compreender plenamente esta crítica. Eu não critico os ideais políticos enquanto tais, nem afirmo que um ideal político não se possa nunca realizar. Essa não seria uma crítica válida. Muitos ideais que outrora foram dogmaticamente declarados como irrealizáveis — por exemplo, a criação de instituições eficientes e não tirânicas para garantir a paz civil, ou seja, a repressão do crime dentro do Estado — acabaram por concretizar-se. Não vejo, uma vez mais, por que razão uma magistratura e uma polícia internacionais haveriam de ter menos sucesso no combate ao crime internacional e, nomeadamente, à agressão nacional e aos maus tratos a minorias ou, talvez, a maiorias. Eu não me oponho à tentativa de realizar esses ideais.

Em que reside então a diferença entre esses benevolentes planos utópicos, a que eu me oponho por conduzirem à violência, e essas outras importantes reformas políticas de longo alcance que me sinto inclinado a recomendar?

Se eu tivesse de dar uma fórmula ou receita simples para distinguir entre aquilo que considero planos admissíveis de reforma social e projetos utópicos inadmissíveis, poderia dizer:

Trabalhai no sentido da eliminação de males concretos em vez da realização de bens abstratos. Não viseis estabelecer a felicidade por meios políticos. Visai antes a eliminação das misérias concretas. Ou, em termos mais práticos: lutai pela erradicação da pobreza por meios diretos — garantindo, por exemplo, que toda a gente tenha um rendimento mínimo. Ou lutai contra as epidemias e a doença, construindo hospitais e escolas de Medicina. Combatei a iliteracia como combateis a criminalidade. Mas fazei tudo isto por meios diretos. Escolhei o que considerais ser o mal mais urgente da vossa sociedade e tentai pacientemente convencer as pessoas de que nos podemos livrar dele.

Mas não tenteis realizar estes objetivos indiretamente, planeando e trabalhando para um ideal longínquo de uma sociedade inteiramente boa. Por muito gratos que vos sintais pela sua visão inspiradora, não penseis que estais obrigados a trabalhar para a sua realização, ou que tendes por missão abrir os olhos dos outros para a sua beleza. Não permitais que os vossos sonhos de um mundo maravilhoso vos alheiem das reivindicações dos homens que vivem aqui e agora. Os nossos semelhantes têm direito à nossa ajuda. Nenhuma geração deve ser sacrificada em nome de gerações futuras, em nome de um ideal de felicidade que pode não se realizar nunca. Em resumo: a minha tese é que a miséria humana é o problema mais urgente de uma política pública racional e que a felicidade não é um problema da mesma natureza. A consecução da felicidade deve ser deixada aos nossos esforços individuais.

É um facto, e que não é de estranhar, que não é assim tão difícil chegar a acordo, pela discussão, acerca dos males mais intoleráveis da nossa sociedade e das reformas sociais mais urgentes a empreender. Esse acordo pode ser alcançado com muito mais facilidade do que um acordo que diga respeito a uma forma ideal da vida em sociedade. E isso porque os males estão connosco, aqui e agora. Podem ser experienciados, e são-no quotidianamente, por muitas pessoas que foram e estão a ser desgraçadas pela pobreza, pelo desemprego, pela opressão nacional, pela guerra e pela doença. Aqueles de nós que não sofrem estes tormentos encontram diariamente outras pessoas que no-los podem descrever. É isso que torna os males concretos. E é por isso que podemos conseguir algo com a sua discussão e que podemos aqui tirar vantagem da atitude de razoabilidade. Podemos aprender escutando reivindicações concretas, tentando pacientemente avaliá-las com a maior imparcialidade possível e considerando formas de as satisfazer sem criar males ainda piores.

No que toca aos bens ideais, a situação é diferente. Esses, conhecêmo-los unicamente dos nossos sonhos e dos sonhos dos nossos poetas e profetas. Não podem ser discutidos, apenas proclamados do alto dos telhados. Não fazem apelo à atitude racional do juíz imparcial, mas, sim, à atitude emotiva do pregador exaltado.

A atitude utopista opõe-se, por conseguinte, à atitude de razoabilidade. O utopismo, surgindo embora, frequentes vezes, sob um disfarce racionalista, não pode ser mais do que um pseudorracionalismo.

O que há, então, de errado com o argumento aparentemente racional que apresentei em linhas gerais ao expor o caso do utopista? Acredito que é totalmente verdadeiro que só podemos ajuizar da racionalidade de uma ação com referência a determinados objetivos ou fins. Mas isso não significa necessariamente que a racionalidade de uma ação política apenas possa ser julgada com referência a um fim *histórico*. E não significa, seguramente, que tenhamos de considerar todas as situações sociais ou políticas apenas do ponto de vista de algum ideal histórico preconcebido, do ponto de vista de um alegado fim último do desenvolvimento da História. Pelo contrário, se entre os nossos objetivos e fins figurar algo concebido em termos de felicidade e miséria humana, seremos então obrigados a julgar as nossas ações não apenas em termos de possíveis contributos para a felicidade do homem num futuro distante, mas também em termos dos seus efeitos mais imediatos. Não devemos argumentar que uma determinada situação social é um simples meio para um fim, com o fundamento de que não passa de uma situação histórica transitória — pois todas as situações são transitórias. De modo análogo, não devemos argumentar que a miséria de uma geração pode ser considerada um simples meio para o fim de assegurar a felicidade duradoura de uma ou mais gerações futuras — e este argumento não se tornará mais convincente por a felicidade prometida ser imensa, ou por o número de gerações que dela iriam gozar ser muito vasto. Todas as gerações são transitórias. Todas têm igual direito a ser consideradas, mas os nossos deveres imediatos são, indubitavelmente, com a presente geração e a próxima. Além disso, nunca deveríamos tentar contrabalançar a desgraça de alguém com a felicidade de outrem.

À luz destas considerações, os argumentos aparentemente racionais do utopismo reduzem-se a nada. O fascínio que o futuro exerce sobre o utopista não tem nada que ver com a previsão racional. Considerada nesta perspetiva, a violência gerada pelo utopismo assemelha-se muito ao desvario de uma metafísica evolucionista, de uma filosofia histérica da História, ávida por sacrificar o presente pelos esplendores do futuro e desconhecedora de que o seu princípio conduziria ao sacrifício de cada período futuro em particular por um outro que se lhe seguiria; e desconhecedora, de igual modo, da verdade trivial de que o futuro último do homem — e independentemente do que o destino lhe possa reservar — não pode ser nada de mais radioso do que a sua extinção final.

A atração do utopismo nasce da incapacidade de compreender que nós não podemos criar um paraíso na Terra. O que eu acredito podermos fazer em vez disso é tornar a vida num pouco menos terrível e um pouco menos injusta em cada geração. Muito se pode conseguir dessa forma. Já muito se conseguiu nos últimos cem anos. E mais ainda poderá ser conseguido pela nossa própria geração. Há muitos problemas prementes que poderíamos resolver, pelo menos parcialmente, se agíssemos no sentido de ajudar os fracos e os doentes e os que são vítimas de opressão e de injustiça; de acabar com o desemprego; de igualizar as oportunidades; de impedir o crime internacional, como a chantagem e a guerra instigada por homens que se comportam como deuses, como líderes omnipotentes e omniscientes. Tudo isto nós poderíamos conseguir se nos deixássemos de sonhos acerca de ideais longínquos e de lutas em prol dos nossos projetos utópicos para um novo mundo e um novo homem. Aqueles de nós que acreditam no homem tal como ele é e que não renunciaram, nessa medida, à esperança de vencer a violência e a desrazão, devem exigir, em vez disso, que a cada homem seja conferido o direito de tratar da sua vida como melhor lhe aprouver, até ao ponto em que tal seja compatível com os idênticos direitos dos outros.

Podemos ver por isto que o problema do verdadeiro e do falso racionalismo faz parte de um problema mais vasto. Trata-se, em última análise, do problema de assumir uma atitude sã com a nossa própria existência e as suas limitações — esse mesmo problema que tão empolado é por aqueles que se autodesignam «existencialistas», os arautos de uma nova teologia sem Deus. Existe, segundo creio, um elemento neurótico, e até histérico, nesta ênfase exagerada na solidão essencial do homem num mundo sem Deus e na tensão daí decorrente entre o ego e o mundo. Não tenho grandes dúvidas de que esta histeria está intimamente relacionada com o romantismo utopista e com a ética do culto dos heróis — uma ética que só consegue compreender a vida em termos de «domina ou prosterna-te». E não duvido de que seja esta histeria o segredo do seu forte poder de atração. Podemos ver que o nosso problema faz parte de outro mais vasto pelo facto de nos ser possível encontrar um claro paralelo da clivagem entre verdadeiro e falso racionalismo até mesmo numa esfera aparentemente tão afastada do racionalismo como é a da religião. Os pensadores cristãos interpretaram a relação entre o homem e Deus de, pelo menos, duas maneiras muito diferentes. A maneira sensata pode ser exprimida por: «Nunca te esqueças de que os homens não são Deuses; mas lembra-te de que há neles uma centelha divina». A outra exacerba a tensão entre Deus e o homem, exagerando não só a baixeza deste último como as alturas a que pode aspirar. Introduz assim a ética do «domina ou prosterna-te» na relação entre Deus e o homem. Se nas raízes desta atitude se encontra, ou não, sempre um sonho consciente ou inconsciente de omnipotência e assemelhação com Deus é uma pergunta a que não sei responder. Mas penso ser difícil negar que a ênfase nesta tensão só pode provir de uma atitude desequilibrada face ao problema do poder.

Esta atitude desequilibrada (e imatura) é uma atitude obcecada com o problema do poder, não apenas sobre os outros homens mas também sobre o nosso ambiente natural — sobre o mundo como um todo. Aquilo que poderíamos chamar, por analogia, de «falsa religião» está não só obcecada com o poder de Deus sobre os homens como com o Seu poder de criar um mundo. De modo semelhante, o falso racionalismo está fascinado pela ideia de criar máquinas gigantescas e mundos sociais utópicos. O «saber é poder» de Bacon e o «Governo dos sábios» de Platão são diferentes expressões desta atitude, que traduz, no fundo, uma reivindicação de poder baseada nos superiores dotes intelectuais dos seus autores. O verdadeiro racionalista, em contraste, saberá sempre quão pouco sabe e estará consciente do simples facto de que toda e qualquer faculdade crítica ou racional que possa possuir será devida ao intercâmbio de ideias com os outros. Inclinar-se-á, por conseguinte, a considerar os homens como fundamentalmente iguais e a razão humana como um laço que os une. Para ele, a razão constituirá, pois, o perfeito oposto de um instrumento de poder e violência: o que o verdadeiro racionalista vê nela é um meio pelo qual estes podem ser subjugados.

19

A história do nosso tempo: visão de um otimista

Nesta série de conferências organizadas para manter viva a memória dessa inspirada e bem-sucedida reformista social que foi Eleanor Rathbone, não será, talvez, despropositado consagrar uma conferência a uma tentativa de avaliação geral do problema da reforma social no nosso tempo. Que conseguimos realizar, se é que realizámos alguma coisa? Que comparação podemos estabelecer entre a nossa sociedade ocidental e outras sociedades? São estas as questões que me proponho discutir.

Escolhi como título da minha conferência: «A História do Nosso Tempo: Visão de um Otimista» e sinto que devo começar por explicar esta escolha.

Quando eu digo «História», pretendo referir-me em particular à nossa história social e política, mas também à nossa história moral e intelectual. Com a palavra «nossa», refiro-me ao mundo livre da Comunidade Atlântica — especialmente Inglaterra, Estados Unidos, países escandinavos e Suíça — e também aos postos avançados deste mundo no Pacífico, Austrália e Nova Zelândia. Com «nosso tempo» aponto particularmente para o período posterior a 1914. Mas também me refiro aos últimos cinquenta ou sessenta anos — ou seja, ao tempo desde a Guerra dos Bôeres, ou à época de Winston Churchill, como lhe poderíamos chamar; refiro-me aos últimos cem anos — isto é, de um modo geral, ao tempo ulterior à abolição da escravatura e a John Stuart Mill; aos últimos duzentos

---

Sexta Conferência evocativa de Eleanor Rathbone, proferida na Universidade de Bristol em 12 de outubro de 1956. (Nunca anteriormente publicada.)

anos — ou seja, em traços largos, ao tempo que se passou desde a Revolução Americana e desde Hume, Voltaire, Kant e Burke; e, em menor grau, aos últimos trezentos anos — ao tempo decorrido desde a Reforma, desde Locke e desde Newton. E é quanto basta para a expressão «A História do Nosso Tempo».

Passemos agora à palavra «Otimista». Deixem-me começar por esclarecer que, se me autoclassifico como otimista, não desejo com isso sugerir que sei alguma coisa acerca do futuro. Não pretendo armar-me em profeta, e muito menos em profeta da História. Pelo contrário, tentei durante muitos anos defender a ideia de que a profecia histórica é uma espécie de charlatanice.([1]) Eu não acredito em leis históricas e descreio especialmente de algo como uma lei do progresso. Verdade seja dita, acredito que é muito mais fácil para nós regredir do que progredir.

Acreditando embora nisto tudo, penso que posso honestamente descrever-me como um otimista — pois o meu otimismo reside inteiramente na minha interpretação do presente e do passado imediato, reside na minha visão fortemente apreciativa do nosso próprio tempo. E, independentemente do que se possa pensar deste otimismo, tendes de lhe reconhecer, quando mais não seja, um valor de raridade. As lamúrias dos pessimistas já se tornaram, de facto, algo monótonas. Não que nos faltem, sem dúvida, bons motivos de queixa neste nosso mundo, se a isso nos quisermos dedicar; e não há dúvida de que é por vezes extremamente importante saber o que há de errado connosco. Mas penso que o outro lado da história também merece ser considerado.

É, por conseguinte, a respeito do passado imediato e do nosso próprio tempo que eu defendo uma visão otimista. E isto traz-me, por fim, à palavra «Visão», que é a última do meu título. O meu objetivo nesta conferência é esboçar em traços largos uma espécie de visão panorâmica do nosso tempo. Será, sem dúvida, uma visão muito pessoal — uma interpretação e não uma descrição. Mas vou tentar apoiá-la em argumentos. E, apesar de os pessimistas irem considerar que a minha visão é superficial, vou tentar, pelo menos, apresentá-la de uma forma que os possa desafiar.

Começo, pois, com um desafio. Vou desafiar uma certa crença que parece amplamente aceite, e aceite em quadrantes muito diversos: não só por muitos clérigos, cuja sinceridade está fora

---

([1]) Ver a minha *Pobreza do Historicismo*, 1957; e cap. 16.

de dúvida, mas também por alguns racionalistas como Bertrand Russell, por quem tenho uma enorme admiração enquanto homem e enquanto filósofo.

Russell expressou mais do que uma vez a crença que desejo desafiar. Ele queixou-se de que o nosso desenvolvimento intelectual tinha ultrapassado o nosso desenvolvimento moral.

De acordo com Russell, nós tornámo-nos muito espertos — demasiado espertos, na verdade. Somos capazes de fabricar uma enorme quantidade de fantásticos engenhos, incluindo a televisão, os foguetões supersónicos e a bomba atómica, ou termonuclear, se preferis. Mas não conseguimos atingir aquele desenvolvimento e maturidade moral e política que constitui a única via pela qual nos seria possível dirigir e controlar com segurança a forma como aplicamos as nossas formidáveis capacidades intelectuais. É por isso que nos encontramos hoje em perigo mortal. O nosso funesto orgulho nacional impediu-nos de realizar o Estado mundial na devida altura.

Resumindo esta perspetiva: nós somos espertos, demasiado espertos, talvez; mas também somos malévolos. E é essa mistura de esperteza e malevolência que está na raiz dos nossos problemas.

Em contraste com esta ideia, eu vou defender justamente a oposta. A minha *primeira tese* é esta:

Nós somos bons, talvez um bocadinho bons demais, mas também somos um pouco estúpidos; e é essa mistura de bondade e estupidez que está na raiz dos nossos problemas.

Para evitar mal-entendidos, devo sublinhar que quando uso a palavra «nós» nesta tese, estou a incluir-me a mim próprio.

Podeis talvez perguntar-me por que motivo é que a minha primeira tese há de fazer parte da visão de um otimista. Há várias razões. Uma delas é que a malevolência ainda é mais difícil de combater do que um grau limitado de estupidez, pois os homens bons que não são muito espertos estão geralmente muito ansiosos por aprender.

Uma outra razão é que eu não creio que sejamos irremediavelmente estúpidos, e esta é, seguramente, a visão de um otimista. O nosso problema é que nos enganamos com muita facilidade, e que muito facilmente nos deixamos «arrastar» pelos outros, como diz Samuel Butler em *Erewhon*. Permitam-me que cite uma das minhas passagens preferidas: «Veremos», escreve Butler, «que os Nenhurianos são um povo dócil e sofrido, fácil de arrastar como gado e pronto a sacrificar o senso comum no altar da Lógica quando entre eles surge um filósofo que os arrebata [...] convencendo-os de que as suas instituições não se baseiam nos mais rigorosos princípios de moralidade.»

Como veem, a minha primeira tese, embora diretamente oposta a uma autoridade como Bertrand Russell, está longe de ser original. Samuel Butler parece ter seguido a mesma linha de pensamento.

Tanto Butler como eu formulámos esta tese em termos algo irreverentes. Mas é possível apresentá-la de um modo mais sério, como se segue.

Os problemas fundamentais da nossa época — e eu não nego que vivemos numa época problemática — não se devem à nossa perversidade moral, mas antes, pelo contrário, ao nosso frequentemente mal orientado entusiasmo moral — à nossa ansiedade por melhorar o mundo em que vivemos. As nossas guerras são essencialmente religiosas: são guerras entre teorias adversárias quanto à forma de criar um mundo melhor. E o nosso entusiasmo moral está frequentemente mal orientado porque não conseguimos compreender que os nossos princípios morais, sem dúvida demasiado simples, são muitas vezes difíceis de aplicar às complexas situações humanas e políticas a que nos sentimos impelidos a aplicá-los.

Não espero, seguramente, que concordeis de imediato com a minha tese ou com a de Butler. E mesmo que simpatizeis com a de Butler, é pouco provável que a minha vos agrade. Butler, poderíamos dizê-lo, foi um vitoriano. Mas como posso eu defender a ideia de que não vivemos num mundo de perversidade? Ter-me-ei esquecido de Hitler e Estaline? Não, não me esqueci. Mas não me deixo impressionar demasiado por eles. A despeito deles, e de olhos abertos, continuo a ser um otimista. Tanto eles como os seus coadjuvantes mais imediatos podem ser postos de parte neste contexto. O que é mais interessante é o facto de os grandes ditadores terem tido tantos partidários. Mas eu defendo que a minha primeira tese ou, se preferis, a tese de Butler, se aplica, de facto, à maior parte deles. A maioria daqueles que seguiram Hitler e Estaline fizeram-no porque, para usar a expressão de Butler, se deixaram facilmente «arrastar como gado». É verdade que os grandes ditadores fizeram apelo a toda a espécie de medos e esperanças, preconceitos, invejas, e até mesmo ódio. Mas o seu principal atrativo foi o apelo que fizeram a uma espécie de moralidade — uma moralidade indubitavelmente duvidosa. Eles tinham uma mensagem; e exigiam sacrifícios. É triste ver quão fácil é fazer mau uso de um apelo à moralidade. Mas é um facto inegável que os grandes ditadores sempre tentaram convencer os seus povos de que conheciam o caminho para uma moralidade superior.

No sentido de ilustrar o meu argumento, posso recordar-vos um notável opúsculo de data tão recente como 1942. Neste opúsculo, o então Bispo de Bradford atacou uma determinada forma de sociedade que descreveu como «imoral» e «anticristã», e da qual disse: «quando algo é tão manifestamente obra do demónio [...] nada pode dispensar um ministro da Igreja de trabalhar para a sua destruição». A sociedade que, na opinião do Bispo, era obra do demónio não era a Alemanha de Hitler ou a Rússia de Estaline. Era a nossa própria sociedade ocidental, o mundo livre da Comunidade Atlântica. E o Bispo disse aquelas coisas num opúsculo escrito em apoio do sistema verdadeiramente satânico de Estaline. Eu estou absolutamente convencido de que a condenação moral do Bispo era sincera. Mas o fervor moral cegou-o, e a muitos como ele, para factos que outros conseguiam facilmente ver — como, por exemplo, para o facto de inúmeras pessoas inocentes estarem a ser torturadas nas prisões de Estaline.([2])

Aqui temos, receio bem, um exemplo de uma típica recusa de encarar os factos, mesmo tratando-se de factos óbvios; de uma típica falta de espírito crítico; de uma típica disposição para se ser «arrastado como gado» (usando de novo a expressão de Butler); para se ser arrastado por quem quer que afirme que as nossas «instituições não se baseiam nos mais rigorosos princípios de moralidade». Temos aqui um exemplo de como a bondade pode ser perigosa quando combinada em dose excessiva com uma dose demasiada diminuta de crítica racional.

Mas o Bispo não está sozinho. Alguns de entre vós lembrar-se-ão possivelmente de uma reportagem — nunca contestada — vinda de Praga e publicada há uns quatro ou cinco anos no *Times*, na qual um famoso físico britânico era referido como autor da afirmação de que Estaline era o maior de todos os cientistas. Gostaria de saber o que é que esse famoso físico dirá agora que a doutrina do satanismo estalinista se converteu, mesmo que temporariamente,

---

([2]) O panfleto é *Christians in the Class Struggle*, de Gilbert Cope, com um prefácio do Bispo de Bradford, 1942. Cp. a minha obra *A Sociedade Aberta e os seus Inimigos* (1950 e edições posteriores), notas 3 do cap. 1 e 12 do cap. 9.

numa componente essencial da própria linha do partido. Tudo isto demonstra como estamos espantosamente sujeitos a ser arrastados por alguém que nos apareça a dizer que conhece o caminho para uma moralidade superior.

Os crentes em Estaline oferecem hoje em dia um triste espetáculo. Mas, se admiramos os mártires do Cristianismo, não podemos reprimir por completo uma relutante admiração por aqueles que mantiveram a sua fé em Estaline enquanto eram torturados nas prisões russas. A sua fé foi consagrada a uma causa que sabemos perversa — atualmente, até os membros do Partido o reconhecem. Mas eles acreditaram nessa causa com toda a sinceridade.

Podemos avaliar a importância deste aspeto dos nossos problemas se nos lembrarmos de que os grandes ditadores se viram todos forçados a prestar homenagem à bondade do homem. Viram-se forçados a adular uma moralidade em que não acreditavam. O comunismo e o nacionalismo são professados como moralidades e religiões. É essa a sua única força. Intelectualmente, tocam as raias do absurdo.

O absurdo da fé comunista é manifesto. Apelando à crença na liberdade humana, produziu um sistema de opressão sem paralelo na História.

Mas a fé nacionalista é igualmente absurda. Não estou aqui a aludir ao mito racial de Hitler. O que tenho em mente é antes um alegado direito natural do homem — *o alegado direito das nações à autodeterminação*. O facto de mesmo um grande humanista e liberal como Masaryk ter defendido este absurdo como um dos direitos naturais do homem dá seriamente que pensar. É quanto basta para abalar a nossa fé na sabedoria dos reis-filósofos, e deveria ser meditado por todos aqueles que pensam que somos inteligentes, mas perversos, em vez de bons, mas estúpidos. Com efeito, o perfeito absurdo do princípio da autodeterminação nacional deve ser óbvio para qualquer pessoa que dedique um momento de esforço a criticá-lo. Este princípio equivale à exigência de que cada Estado seja um Estado-nação — que esteja delimitado por uma fronteira natural, e que essa fronteira coincida com a localização de um grupo étnico — de modo que seja o grupo étnico, a «nação», a determinar e a proteger os limites naturais do Estado.

Mas os Estados-nação com estas características não existem. Mesmo a Islândia — a única exceção de que me consigo lembrar — é apenas uma exceção aparente a esta regra, uma vez que os seus limites não estão determinados pelo seu grupo étnico, mas pelo Atlântico Norte — assim como estão protegidos não pela nação islandesa, mas pelo Tratado do Atlântico Norte. Os Estados-nação não existem, pelo simples motivo de que as chamadas «nações» ou «povos» com que os nacionalistas sonham também não existem. Não existem nenhuns, ou quase nenhuns, grupos étnicos homogéneos que estejam há muito enraizados em países com fronteiras naturais. Os grupos étnicos e linguísticos (os dialetos representam muitas vezes barreiras linguísticas) estão estreitamente miscigenados por toda a parte. A Checoslováquia de Masaryk foi fundada no princípio da autodeterminação nacional. Mas, assim que foi fundada, os eslovacos exigiram, em nome desse princípio, a sua libertação do domínio checo. E, em nome desse mesmo princípio, acabou por ser destruída pela sua minoria alemã. Situações análogas verificaram-se em praticamente todos os casos em que o princípio da autodeterminação nacional foi aplicado à fixação de fronteiras de um novo Estado: na Irlanda, na Índia, em Israel, na Jugoslávia. Existem minorias étnicas em todo o lado. O objetivo apropriado não pode ser «libertá-las» a todas. Tem de ser antes o de *protegê-las* a todas. *A opressão dos grupos nacionais é um grande mal; mas a autodeterminação nacional não é um remédio plausível.* Além do mais, a Grã-Bretanha, os Estados Unidos, o Canadá e a Suíça são quatro exemplos óbvios de Estados que violam de muitas formas o princípio da nacionalidade. Em vez de ter as suas fronteiras determinadas por um grupo enraizado, cada um destes Estados conseguiu unir uma diversidade de grupos étnicos. Deste modo, o problema não parece insolúvel.

Todavia, mesmo perante todos estes factos óbvios, o princípio da autodeterminação nacional continua a ser amplamente aceite como um artigo da nossa fé moral. E raras vezes é abertamente desafiado. Numa carta para o *Times,* um cipriota fez recentemente apelo a este princípio, descrevendo-o como um princípio de moralidade universalmente aceite. Os defensores deste princípio, afirmou ele orgulhosamente, defendem os sagrados valores humanos e os direitos naturais do homem (segundo parece, mesmo quando dominam pelo terror os seus próprios compatriotas dissidentes). O facto de esta carta não ter feito menção à minoria étnica do Chipre, o facto de ter sido publicada, e o facto de as suas doutrinas morais terem permanecido totalmente sem resposta numa longa sequência de cartas sobre esta matéria, comprovam todos eles, em larga medida, a minha primeira tese. Na verdade, parece-me possível que haja mais pessoas a ser mortas por uma questão de estupidez bem-intencionada do que por maldade.

A religião nacionalista é poderosa. Muitos estão prontos a morrer em seu nome, acreditando fervorosamente que ela é moralmente boa e factualmente verdadeira. Mas estão enganados — tão enganados quanto os seus homólogos comunistas. Poucos credos terão originado mais ódio, crueldade e sofrimento sem sentido do que a crença na justiça do princípio nacionalista. E, no entanto, muitos são ainda os que acreditam que este princípio contribuirá para aliviar o tormento da opressão nacional. Eu admito que o meu otimismo fica um pouco abalado quando vejo a quase unanimidade com que este princípio continua ainda hoje a ser aceite, sem qualquer hesitação, sem qualquer dúvida — mesmo por aqueles cujos interesses políticos lhe são claramente adversos. Mas recuso-me a abandonar a esperança de que o absurdo e a crueldade deste alegado princípio moral sejam um dia reconhecidos por todos os homens racionais.

Mas deixemos agora todas estas tristes histórias de entusiasmo moral mal aplicado e viremo-nos para o nosso mundo livre. Resistindo à tentação de apresentar outros argumentos em apoio da minha primeira tese, vou passar agora à exposição da segunda.

Eu disse que sou um otimista. O otimismo enquanto credo filosófico é mais conhecido como a célebre doutrina, elaboradamente defendida por Leibniz, de que este mundo em que vivemos é o melhor de todos os mundos possíveis. Eu não acredito que esta tese de Leibniz seja verdadeira. Mas estou certo de que me outorgareis o feliz título de otimista quando vos comunicar a minha *segunda tese*, que se refere ao nosso mundo livre — a Sociedade da Comunidade Atlântica. Aqui a tendes:

A despeito dos nossos grandes e sérios problemas, e a despeito do facto de a nossa não ser, seguramente, a melhor sociedade possível, eu afirmo que o nosso mundo livre é, de longe, a melhor sociedade que até agora existiu no decurso de toda a história humana.

Eu não digo, pois, como Leibniz, que o nosso seja o melhor de todos os mundos possíveis. Nem digo que o nosso mundo social é o melhor de todos os mundos sociais possíveis. A minha tese é simplesmente que o nosso mundo social é o melhor que jamais existiu — ou, pelo menos, o melhor daqueles de que temos algum conhecimento histórico.

Suponho que me concedereis agora o direito a autoclassificar-me como otimista. Mas podereis talvez suspeitar que sou um materialista — e que chamo à nossa sociedade «a melhor» porque é a mais rica que a História já conheceu.

Mas eu posso garantir-vos que não é essa a razão por que considero a nossa sociedade a melhor. É verdade que acredito que constituiu um feito notável o o facto de termos conseguido — ou quase conseguido — erradicar a fome e a pobreza. Mas não são os nylons ou o terylene, nem a nutrição, nem a televisão, que eu principalmente admiro. Quando digo que o nosso mundo social é «o melhor», estou a pensar precisamente nos mesmos valores que, há apenas catorze anos, levaram o antigo Bispo de Bradford a estigmatizá-lo como obra do demónio; estou a pensar nos modelos e valores que recebemos, por intermédio do Cristianismo, da Grécia e da Terra Santa — de Sócrates e do Antigo e Novo Testamento.

Em nenhuma outra época, e em nenhum outro lugar, foram os homens mais respeitados, enquanto homens, do que na nossa sociedade. Nunca anteriormente foram os seus direitos e a sua dignidade humana tão respeitados, e nunca anteriormente houve tanta gente disposta a fazer grandes sacrifícios pelos outros, em especial pelos menos afortunados.

Creio que estamos perante factos.

Mas, antes de os examinar mais de perto, quero sublinhar que estou igualmente bem desperto para outros factos. O poder ainda corrompe, mesmo no nosso mundo. Os funcionários públicos ainda se comportam por vezes como patrões incivilizados. Os ditadores de pacotilha ainda abundam. E um homem normalmente inteligente que procure conselho médico tem de preparar-se para ser tratado como um imbecil de uma espécie particularmente maçadora, se acaso manifestar um interesse inteligente — isto é, um interesse crítico — pela sua própria condição física.

Mas, mais do que à falta de boas intenções, tudo isto se resumirá a uma questão de inépcia e pura incompetência. E há muito para o contrabalançar. Por exemplo, em alguns países pertencentes ao mundo livre (estou a pensar na Bélgica), os serviços hospitalares estão a ser reorganizados com grande êxito, no óbvio propósito de os transformar em lugares agradáveis, e não deprimentes, onde as pessoas mais sensíveis e todas aquelas cuja dignidade possa ser ferida por práticas atualmente vigentes sejam tidas em devida consideração. Nesses hospitais compreende-se o quão importante é estabelecer uma cooperação verdadeira e inteligente entre médico e paciente, e assegurar que uma pessoa, mesmo doente, não seja nunca incentivada a abdicar da responsabilidade final por si própria.

Mas ocupemo-nos de problemas mais vastos. O nosso mundo livre logrou quase, se não por completo, erradicar os maiores males que até agora atormentaram a vida social do homem.

Permitam-me que vos dê uma lista do que acredito serem alguns dos maiores desses males, suscetíveis de serem remediados ou aliviados pela cooperação social. São eles:

Pobreza;
Desemprego e algumas formas análogas de Insegurança Social;
Doença e Dor;
Crueldade Penal;
Escravatura e outras formas de Servidão;
Discriminação Religiosa e Racial;
Falta de Oportunidades Educacionais;
Estratificação Social Rígida;
Guerra.

Vejamos o que se conseguiu, não só aqui na Grã-Bretanha, através do Estado-Providência, mas, por diferentes métodos, em todo o mundo livre.

A pobreza abjeta foi praticamente erradicada. Em vez de ser um fenómeno de massas, o problema reduziu-se à deteção dos casos isolados que ainda persistem.

Os problemas do desemprego e de algumas outras formas de insegurança transformaram-se por completo. Vemo-nos agora confrontados com novos problemas emergentes do facto de o problema do desemprego em massa ter sido em grande parte resolvido.

O tratamento das doenças e da dor tem conhecido um progresso razoavelmente contínuo.

A reforma penal aboliu, em larga medida, a crueldade neste domínio.

A história da luta vitoriosa contra a escravatura converteu-se num eterno motivo de orgulho para este país e para os Estados Unidos.

A discriminação religiosa praticamente desapareceu. A discriminação racial foi reduzida a um ponto que superou as expectativas dos mais esperançosos. E o que torna estas duas conquistas ainda mais assombrosas é o facto de os preconceitos religiosos e, mais ainda, os preconceitos raciais se encontrarem, provavelmente, tão ou quase tão difundidos como há cinquenta anos.

O problema das oportunidades educacionais continua a ser muito sério, mas está a ser enfrentado com sinceridade e energia.

A estratificação social diminuiu imenso em toda a parte. Na Escandinávia, nos Estados Unidos, no Canadá, na Austrália e na Nova Zelândia encontramos, de facto, algo que se aproxima de sociedades sem classes.

O meu oitavo ponto era a guerra. Este é um ponto que preciso de analisar mais desenvolvidamente. Será, pois, melhor formular o que aqui tenho a dizer como a minha *terceira tese*.

Esta minha terceira tese é que, desde o tempo da Guerra dos Bôeres, nenhum dos governos democráticos do mundo livre se viu em posição de travar uma guerra agressiva. Nenhum governo democrático se uniria perante tal eventualidade, pois não teriam a nação unida em seu apoio. A guerra de agressão converteu-se numa quase impossibilidade moral.([3])

A Guerra dos Bôeres operou uma reviravolta na opinião pública da Grã-Bretanha, que se traduziu numa conversão moral a favor da paz. Foi devido a essa atitude que a Grã-Bretanha hesitou em resistir ao Kaiser e que só entrou na Primeira Guerra Mundial após a violação da fronteira belga. E foi sob a sua influência que o governo britânico se manifestou disposto a fazer concessões a Hitler. Quando o exército hitleriano entrou na Renânia, cometeu um inegável ato de agressão. No entanto, a opinião pública deste país tornou impossível ao Governo enfrentar o desafio — ainda que, naquelas circunstâncias, tivesse sido esse o procedimento mais racional a adotar. Por outro lado, o ataque declarado de Mussolini à Etiópia ultrajou tanto a opinião pública britânica que o plano Hoare-Laval, que tentava prudentemente manter Hitler e Mussolini separados, foi varrido de vez por uma onda de indignação popular.

Mas um exemplo ainda mais representativo é a atitude pública face à questão da guerra preventiva contra a Rússia. Lembrar-vos-eis,

---

([3]) Esta conferência teve lugar antes da aventura do Suez. Parece-me que a triste história dessa aventura corrobora as minhas três primeiras teses.

possivelmente, de que, por volta de 1950, até Bertrand Russell defendia uma guerra preventiva. E temos de admitir que havia fortes razões a favor dela. A Rússia não possuía ainda um arsenal atómico, e aquela era a última oportunidade de a impedir de obter a bomba de hidrogénio.

Eu não invejo ao Presidente norte-americano o seu poder de decidir entre alternativas tão terríveis. Uma das alternativas era começar uma guerra. A outra era permitir que Estaline adquirisse o poder de destruir o mundo — um poder que não deveria, seguramente, ser-lhe confiado. Bertrand Russell tinha, sem dúvida, razão para afirmar que, de um ponto de vista puramente racional, a segunda alternativa era ainda pior do que a primeira. Mas a decisão foi em sentido inverso. Uma guerra agressiva, mesmo naquelas circunstâncias cruciais, e apesar de a vitória estar praticamente assegurada, tornara-se moralmente impossível.

O mundo livre ainda está disposto a ir à guerra. E está disposto a ir à guerra em condições muito adversas, tal como sucedeu mais do que uma vez no passado. Mas só o fará perante uma inequívoca agressão. Deste modo, no que diz respeito ao mundo livre em si, a guerra foi dominada.

E assim analisei sumariamente a minha lista de oito grandes males sociais.

Estou efetivamente convencido de que é da maior importância dizer o que o mundo livre conseguiu realizar. E isso uma vez que nós nos tornámos injustamente céticos acerca de nós próprios. Desconfiamos sempre de estar em presença de algo como o farisaísmo e consideramos o autoelogio intragável. Uma das boas lições que aprendemos foi não só a ser tolerantes para com os outros, como a perguntar seriamente a nós próprios se o outro não terá talvez razão e se não será, bem vistas as coisas, o melhor de nós dois. E descobrimos a verdade moral essencial de que ninguém deve ser juiz em causa própria. Este é, sem dúvida, um sintoma de uma certa maturidade moral. Todavia, uma lição também pode ser demasiado bem aprendida. Tendo descoberto o pecado do farisaísmo, caímos na sua inversão estereotipada — numa pose estereotipada de autodepreciação, de presunção invertida. Cientes de que ninguém deve ser juiz em causa própria, somos tentados a tornar-nos advogados dos nossos adversários. Ficamos assim cegos para as nossas próprias conquistas. Mas temos de resistir a esta tendência.

Quando Khrushchov, no seu périplo pela Índia, condenou o colonialismo britânico, estava, sem dúvida, convencido da verdade de tudo o que declarou. Não sei se ele estaria consciente de que as suas acusações eram, em larga medida, derivadas, *via* Lenine, de fontes britânicas. Se o tivesse sabido, tê-lo-ia provavelmente tomado como uma razão adicional para acreditar no que estava a dizer. Mas estaria enganado, porquanto este género de autoacusação é uma virtude — e de igual modo um vício — de cariz tipicamente britânico. A verdade é que a ideia de libertação da Índia nasceu na Grã-Bretanha, assim como a ideia geral de liberdade política nos tempos modernos. E os britânicos que forneceram as munições morais a Lenine e a Khrushchov estavam estreitamente relacionados — se não eram os mesmos — com os britânicos que deram à Índia a ideia de liberdade.

Vou sempre lamentar que o grande estadista britânico que respondeu a Khrushchov tivesse tão pouco a dizer em sua defesa e em defesa do nosso diferente estilo de vida. Tenho a certeza absoluta de que Khrushchov não ficou minimamente impressionado por ele. Mas penso que poderia ter ficado. Tivesse ele apontado a diferença entre o nosso mundo livre e o mundo comunista por meio do exemplo que se segue, e eu estou certo de que tê-lo-ia Khrushchov compreendido. O nosso estadista poderia ter dito isto:

«A diferença entre o seu país e o meu pode ser explicada da seguinte maneira: imagine que o meu chefe, Sir Anthony, morria subitamente amanhã. Posso assegurar-lhe que, no nosso país, ninguém no seu perfeito juízo consideraria, por um momento que fosse, a possibilidade de eu ter assassinado Sir Anthony. Nem mesmo um comunista britânico o pensaria. Este exemplo ilustra a clara diferença entre os nossos respetivos modos de conduzir estes assuntos. Não se trata seguramente de uma diferença racial, pois podemos ver em Shakespeare que, ainda não há tanto tempo assim, também nós conduzíamos os nossos assuntos dessa outra maneira».

Eu creio que é importante responder a todas essas absurdas, mas terríveis, acusações contra a Grã-Bretanha, muitas vezes provenientes de fontes britânicas, que são moeda corrente no mundo atual. E isto porque acredito no poder das ideias, incluindo o poder das ideias falsas e perniciosas. E acredito naquilo que poderia chamar de guerra de ideias.

A guerra de ideias é uma invenção grega. É uma das invenções mais importantes de sempre. De facto, a possibilidade de lutar com palavras em vez de lutar com espadas constitui a verdadeira base da nossa civilização e, em especial, das nossas instituições legais e parlamentares. E este hábito de lutar com palavras e ideias é uma das poucas coisas que ainda unem os mundos dos dois lados da Cortina de Ferro (apesar de, no outro lado, as palavras só até certo ponto terem substituído as espadas, sendo por vezes usadas para preparar a matança). Para ver como as ideias se tornaram poderosas desde os tempos dos Gregos, basta-nos lembrar que todas as guerras religiosas foram guerras de ideias, e que todas as revoluções foram revoluções de ideias. E embora essas ideias fossem mais frequentemente falsas e perniciosas do que verdadeiras e benéficas, verifica-se talvez uma certa tendência para algumas das melhores sobreviverem, desde que encontrem um apoio suficientemente poderoso e inteligente.

Tudo isto pode ser formulado na minha *quarta tese*. É a seguinte:

O poder das ideias e, em particular, das ideias morais e religiosas é pelo menos tão importante quanto o dos recursos físicos.

Estou bem consciente do facto de que alguns estudantes de política se opõem energicamente a esta tese; e de que existe uma influente escola, a dos chamados realistas políticos, que afirma que as «ideologias», como eles as designam, têm pouca influência na realidade política, e que qualquer influência que tenham será certamente nociva. Mas eu não penso que esta perspetiva seja sustentável. A ser verdadeira, o Cristianismo não teria tido qualquer influência na História; e os Estados Unidos seriam inexplicáveis, ou o mero resultado de um erro pernicioso.

A minha quarta tese, a doutrina do poder das ideias, é característica do pensamento liberal e racionalista dos séculos XVIII e XIX.

Mas o movimento liberal não acreditava apenas no poder das ideias. Também sustentava um ponto de vista que eu considero errado. De acordo com ele, não havia grande necessidade de promover batalhas entre ideias adversárias. Esse ponto de vista baseava-se na suposição de que a verdade, uma vez exposta, seria sempre reconhecida. O movimento liberal acreditava na teoria de que a verdade é manifesta e que não pode passar despercebida, uma vez destruídos os poderes interessados na sua supressão e perversão.

Esta importante e influente ideia — de que a verdade é manifesta — é uma forma de otimismo que eu não posso subscrever. Estou convencido de que se trata de uma ideia falsa e que a verdade é, pelo contrário, difícil e muitas vezes penosa de encontrar. É esta, então, a minha *quinta tese*.

A verdade é difícil de encontrar.

Esta tese explica, até certo ponto, as guerras religiosas. E, apesar de pertencer ao âmbito da Epistemologia, pode lançar muita luz sobre a história da Europa desde o Renascimento, e até desde a Antiguidade Clássica.

Permitam-me agora que tente, no tempo que ainda nos resta, dar-vos um breve vislumbre desta história — da história do nosso tempo, em especial desde o Renascimento e a Reforma.

O Renascimento e a Reforma podem ser considerados como o conflito entre a ideia de que a verdade é manifesta — de que é um livro aberto, que está aí para ser lido por qualquer pessoa de boa vontade — e a ideia de que a verdade está oculta — de que só é discernível pelos eleitos, donde se segue que o Livro só deve ser decifrado pelo ministro da Igreja e interpretado pela sua exclusiva autoridade.

Embora «o Livro» significasse, em primeiro lugar, a Bíblia, passou posteriormente a designar o Livro da Natureza. Esse livro da Natureza era para Bacon um livro aberto. Aqueles que o liam deturpadamente eram induzidos em erro pelo preconceito, pela impaciência e pela «antecipação». Se ele fosse lido sem preconceitos, pacientemente, e sem antecipação do texto, não daria lugar a equívocos. O erro é sempre culpa nossa. É a nossa própria recusa perversa e pecaminosa de ver a verdade manifesta perante nós.

Esta ideia ingénua e, segundo creio, errada de que a verdade é manifesta tornou-se a inspiração para o progresso do conhecimento nos tempos modernos. Converteu-se na base do racionalismo moderno, que contrasta com o racionalismo clássico, mais cético, dos Gregos.

No domínio das ideias sociais, a doutrina de que a verdade é manifesta conduz às doutrinas da responsabilidade moral e intelectual do indivíduo e da sua liberdade. Conduz ao individualismo e a um liberalismo racionalista. Esta doutrina torna a autoridade espiritual da Igreja e a sua interpretação da verdade supérfluas, e até perniciosas.

Uma atitude mais cética com a verdade conduz, por outro lado, a uma ênfase sobre a autoridade da Igreja, bem como a outras formas de autoritarismo. Com efeito, se a verdade não é manifesta, não podemos, então, deixá-la à interpretação de cada um — pois isso levaria necessariamente ao caos, à desintegração social e aos cismas e guerras religiosas. Assim sendo, o Livro tem de ser interpretado por uma autoridade suprema.

O conflito aqui existente pode ser descrito como um conflito entre um racionalismo individualista e um tradicionalismo autoritário.

O conflito entre racionalismo e tradicionalismo autoritário também pode ser descrito como um conflito entre a fé no homem, a fé na bondade e na razão humana, por um lado, e a desconfiança em relação ao homem, à sua bondade e à sua razão, por outro.

Posso confessar que, neste conflito entre a fé e a descrença no homem, os meus sentimentos estão todos do lado dos otimistas liberais ingénuos, apesar de a minha razão me dizer que a sua epistemologia estava totalmente errada e que a verdade é, de facto, difícil de encontrar. Repugna-me a ideia de os homens serem mantidos sob tutela e autoridade. Mas tenho de admitir, em contrapartida, que os pessimistas que temiam o declínio da autoridade e da tradição eram homens sensatos. A terrível experiência das grandes guerras religiosas e da Revolução Francesa e da Revolução Russa confirma a sua sabedoria e previdência.

Mas embora estas guerras e revoluções comprovem a sabedoria dos pessimistas prudentes, não provam que eles tivessem razão. Pelo contrário, o veredicto da História — refiro-me, obviamente, à História do nosso tempo — parece, de um modo geral, favorável àqueles que tiveram fé no homem e na razão humana.

Com efeito, a sociedade do nosso mundo livre tem vindo a assistir, desde a Reforma, a um declínio da autoridade sem paralelo em qualquer outra época. É uma sociedade sem autoridade ou, como lhe poderíamos chamar, uma sociedade órfã de pai.

A Reforma, ao colocar a tónica na consciência do indivíduo, destronou Deus enquanto soberano responsável pelo mundo do homem. Deus apenas pode governar os nossos corações e através deles. O protestante acredita que é através da sua consciência humana que Deus governa o mundo. A responsabilidade pelo mundo é minha e vossa. É esta a fé protestante. E o Bispo de Bradford falou como um bom protestante quando apelou aos seus ministros para que destruíssem um mundo social que era obra do demónio.

Mas os autoritaristas e os tradicionalistas estavam convencidos de que uma sociedade sem autoridade, ou sem pai, tinha de significar a destruição de todos os valores humanos. Eles eram sensatos, disse eu, e, num certo sentido, os melhores epistemólogos. E, todavia, estavam enganados. Houve, na verdade, outras revoluções, a Revolução Gloriosa e a Revolução Americana. E existe o nosso mundo livre atual, a nossa Comunidade Atlântica, que é uma sociedade sem pai, governada pela interação das nossas próprias consciências individuais. E, tal como tentei demonstrar-vos, é a melhor sociedade que alguma vez existiu.

Qual foi o erro dos autoritaristas? Porque é que a sua sabedoria deve ser rejeitada? Eu creio que existem três elementos no nosso mundo livre que substituíram com êxito a autoridade destronada.

O primeiro é o nosso respeito pela autoridade da verdade — de uma verdade objetiva, impessoal e interpessoal que é nossa tarefa descobrir e que não está no nosso poder modificar ou interpretar a nosso bel-prazer.

O segundo é uma lição aprendida nas guerras religiosas — pois eu penso que nessas guerras nós aprendemos, de facto, uma lição. Aprendemos com os nossos erros (embora no campo social e político isso pareça raro e difícil de conseguir). Aprendemos que a fé religiosa e outras convicções só podem ter valor quando são livre e sinceramente abraçadas, e que a tentativa de forçar os homens à submissão não tem sentido — visto que os que resistem é que são os melhores e, na verdade, os únicos cuja adesão vale a pena conquistar. Aprendemos deste modo não só a tolerar crenças diferentes das nossas como a respeitá-las, e a respeitar os homens que sinceramente as professam.

Mas isto significa que começámos lentamente a distinguir entre a sinceridade e a preguiça ou inflexibilidade dogmática, assim como a reconhecer a grande verdade de que a verdade não é manifesta, não é claramente visível para todos aqueles que desejam ardentemente vê-la, sendo, sim, difícil de encontrar. E aprendemos que não devemos tirar conclusões autoritaristas desta grande verdade, mas, antes pelo contrário, devemos suspeitar de todos aqueles que se pretendem autorizados a ensinar a verdade.

O terceiro elemento é o facto de termos também aprendido que, escutando-nos e criticando-nos uns aos outros, nos podemos aproximar da verdade.

Eu acredito que esta forma crítica de racionalismo e, acima de tudo, esta crença na autoridade da verdade objetiva, é indispensável a uma sociedade livre baseada no respeito mútuo. (É por isso que é importante não permitir que os nossos pensamentos sejam seriamente influenciados por mal-entendidos intelectuais como o relativismo e o irracionalismo, que são as compreensíveis consequências da desilusão com o dogmatismo e o autoritarismo.)

Mas esta perspetiva crítica abre simultaneamente espaço para uma reconciliação entre racionalismo e tradicionalismo. O racionalista crítico consegue apreciar as tradições porque, apesar de acreditar na verdade, não se julga, ele mesmo, na posse segura dela. Consegue assim apreciar cada passo, cada aproximação à verdade, como algo de valioso, até mesmo inestimável; e consegue ver que as nossas tradições frequentemente incentivam esses passos, e que, sem uma tradição intelectual, o indivíduo dificilmente poderia avançar um milímetro que fosse no caminho da verdade. É, pois, esta perspetiva crítica do racionalismo, este compromisso entre racionalismo e ceticismo, que desde há muito constitui a base da via intermédia dos britânicos: o respeito pelas tradições e, ao mesmo tempo, o reconhecimento da necessidade de as reformar.

Não sabemos o que o futuro nos reserva. Mas as conquistas do passado e da nossa própria época mostram-nos o que é humanamente possível. E podem ensinar-nos que, não obstante as ideias serem perigosas, nós somos capazes de aprender com os nossos erros a lidar com elas, a abordá-las criticamente, a domesticá-las e a usá-las nas nossas lutas, incluindo a luta para nos aproximarmos um pouco mais da verdade oculta.

20

Humanismo e razão

O primeiro livro de uma nova coleção, *Studia Humanitatis*, publicado na Suíça, foi escrito em Alemão por dois amigos, Ernesto Grassi, um erudito italiano interessado nos escritores «humanistas» do Renascimento, e Thure von Uexküll, filho do biológo alemão Jakob von Uexküll, famoso pela sua *Biologia Teórica*. O livro[1], que trata da *Origem e Limites da Moral e das Ciências da Natureza*, faz parte de um movimento de considerável interesse que visa redespertar o espírito do Humanismo. Este movimento neo-humanista é característico da Europa Central, tendo nascido dos desastres sofridos pelo continente ao longo do século XX. E apesar de o livro em recensão ser não apenas erudito, mas também sereno, é possível que certos aspectos do seu espírito e algumas das conclusões nele extraídas não sejam facilmente apreciadas por aqueles que não têm conhecimento pessoal da devastadora experiência de desintegração social que estes pensadores europeus tiveram a desdita de viver. O movimento neo-humanista é inspirado pela convicção (partilhada por uma série de outros movimentos) de que conhece tanto as causas como a cura da depravação e perversão generalizadas de tudo quanto há de humano a que a Europa Central teve de assistir. A sua mensagem é que só a compreensão do homem e

---

[1] *Von Ursprung und Grenzen der Geisteswissenschaften und Naturwissenschaften*, de E. Grassi e T. von Uexküll, Berne, 1950.

Esta recensão crítica, escrita em 1951, apareceu pela primeira vez (com consideráveis cortes, feitos pelo editor para poupar espaço) em The Philosophical Quaterly, 2, 1952.

da sua «natureza essencial» — a sua criatividade cultural — pode trazer alívio aos nossos males. E tenta, como esclarece Grassi na sua «Nota introdutória», retomar a tarefa de desenvolver uma filosofia do homem e dessa importante atividade humana que é a Ciência. A Ciência deve, de acordo com esta filosofia, ser reinterpretada como parte do «humanismo». Consequentemente, um conceito de «humanismo» e de «humanístico» que circunscreva o humanismo às «Humanidades» — ou seja, aos estudos históricos, filológicos e literários — tem de ser rejeitado como demasiado estreito.

Podemos, por conseguinte, dizer que este livro aponta para uma nova filosofia do homem, que coloca as Humanidades e as Ciências da Natureza nos seus devidos lugares. É composto por duas partes: *Sobre a Origem e os Limites das Humanidades* (*Geisteswissenschaften*[2]) de Grassi; e *Sobre a Origem das Ciências da Natureza*, de Uexküll. Estas duas partes estão frouxamente relacionadas por um vago pragmatismo relativista (rememorativo de F. C. S. Schiller, que também se considerava um humanista), combinado com um repúdio das ideias pragmatistas. Não tenho dúvidas de que os autores discordarão desta opinião, que podem tomar como prova de que o crítico é incapaz de discernir o seu ponto fundamental. Mas as suas diversas tentativas de acentuar a afinidade das suas ideias afiguram-se algo forçadas. Isso não diminui, porém, o valor ou interesse, nem do todo nem das suas duas partes.

No que se refere à primeira delas, o contributo de Grassi, estamos perante um ensaio filosófico sobre a essência do humanismo. O seu tópico principal é indicado pela palavra alemã *Bildung* (muitas vezes traduzida por «cultura»), que é aqui compreendida no sentido de crescimento, de desenvolvimento, ou de autoformação da mente humana. E tenta restabelecer um ideal pedagógico de desenvolvimento mental destinado a enfrentar as críticas levantadas

---

(2) O termo «*die Geisteswissenschaften*» («as Humanidades») tornou-se um termo tipicamente germânico e quase intraduzível, ainda que possa ser literalmente traduzido por «Ciências do Espírito» (ou «Ciências Morais e do Espírito»), e ainda que pareça ter chegado à Alemanha, por ironia do destino, através da tradução de Theodor Gomperz da expressão «Ciências Morais», de J. S. Mill. (Eu digo «por ironia do destino» porque o termo tem, no seu uso atual em Alemão, um tom acentuadamente irracionalista e até mesmo antirracionalista e antiempirista. Mas Gomperz e Mill eram racionalistas e empiristas.)

pelo velho *humanistische Bildungsideal* (o objetivo educacional das Humanidades), ideal esse que, e de acordo com Grassi, se terá tornado inútil em virtude do desaparecimento das tradições sociais e culturais em que se encontrava enraizado. O texto em que o sermão neo-humanista de Grassi se baseia é um debate acerca dos méritos relativos das ciências jurídica e médica — *De nobilitate legum et medicinae*, de C. Salutati. (Escrito em 1390, foi publicado em meados do século XV; e, em 1947, o *Instituto di Studi Filosofici* de Florença publicou uma edição crítica da responsabilidade de E. Garin. Conjuntamente com o célebre ataque de Petrarca aos médicos, trata-se, talvez, do mais longínquo antepassado de *Streit der Fakultäten*, de Kant). Grassi interpreta este texto como uma discussão dos méritos relativos das Humanidades e das Ciências da Natureza e como uma defesa da reivindicação de superioridade das primeiras. Essa superioridade, diz ele, era muito mais bem compreendida na altura em que as Ciências da Natureza foram fundadas do que é hoje em dia.

A superioridade reivindicada envolve três aspectos. Em primeiro lugar, alega-se que as várias Ciências da Natureza têm mais carácter de «artes» (no sentido de *artes* = *technai*) do que de ciência ou conhecimento (*scientia* ou *episteme*) — o que significa, na perspetiva de Salutati, que têm de extrair os seus «princípios» (correspondentes aos «princípios médios» de Bacon) de outro domínio, isto é, do conhecimento filosófico, e que são, por isso, logicamente inferiores àquelas disciplinas que estabelecem os seus próprios princípios. (Este ponto de vista deriva de Aristóteles e foi partilhado por contemporâneos de Salutati e por pensadores posteriores como Leonardo.) Em segundo lugar, afirma-se (à semelhança de Francis Bacon) que as Ciências da Natureza são artes no sentido de técnicas, ou melhor, tecnologias — que nos dão poder. Mas esse poder não é, como Bacon pensava, conhecimento, pois o verdadeiro conhecimento deriva de primeiros princípios, e não de princípios secundários ou médios. Em terceiro, embora estas tecnologias possam estar ao serviço do homem, e ainda que possam prestar-lhe algum auxílio na sua tarefa última e essencial de favorecer o desenvolvimento da sua mente, não podem conduzi-lo até à consecução dessa finalidade — uma vez que apenas investigam a realidade dentro dos estreitos limites dos seus princípios secundários particulares, sem os quais os seus esforços seriam totalmente vãos.

Contrariamente às Ciências da Natureza, a ciência jurídica, que é uma ciência política, é a ciência do justo e do injusto. Enquanto tal, não é apenas útil ao homem («*ius... a iuvando*», diz Salutati), mas é útil num sentido essencial, porquanto «salvaguarda a sua humanidade» e «visa a sua realização». Só quando deixaram a selva ou matagal *(hule)* primitivo e se sedentarizaram em comunidades políticas organizadas é que os homens transcenderam as bestas, como ensinou Protágoras. Foi este o primeiro passo no seu desenvolvimento mental e a base de todos os demais; e «a história humana não passa do sucesso ou do fracasso de normas concebidas pelo homem que permitem a prossecução da vida comunitária na esfera política e social» (p. 106).

Este não é, de forma alguma, um delineamento completo do contributo de Grassi, que analisa em pormenor questões como a doutrina aristotélica de que toda a poesia é *imitação*, problemas da teoria da tragédia como, em particular, o da *Katharsis*, e a filosofia do tempo. Todavia, a análise destes últimos tópicos enferma de uma grave falta de clareza e coerência. Não lança, a meu ver, nenhuma luz nova sobre os problemas abordados, embora contenha alguns aspetos interessantes. De entre esses aspetos, destaca-se a ênfase de Grassi no *poder da imaginação (Phantasie)* como elemento essencial da natureza humana e do desenvolvimento mental. Mas não me parece que a sua sugestão (pp. 102–103) de que o papel por ela desempenhado nas Ciências da Natureza está circunscrito ao traçado do seu enquadramento lhes faça inteira justiça. Uma das observações mais interessantes do ponto de vista educacional ou autodidático encontra-se na análise de Grassi da «conceção humanista do desenvolvimento mental» *(Bildung)*. Ao tentar interpretar uma passagem literária, nós podemos descobrir que, no contexto em questão, as palavras têm um significado inusitado e até novo. «Isso conduz-nos a algo novo e inesperado. Um mundo insuspeitado abre-se perante nós — e deste modo "crescemos" (*und dabei "bilden" wir uns*)».

Grassi admite, com grande imparcialidade, que a mente do cientista da Natureza pode «crescer» precisamente da mesma maneira quando ele se vê compelido a adotar uma nova «interpretação» de um fenómeno natural. Mas esta admissão parece-me destruir a sua tentativa de usar os argumentos de Salutati para demonstrar a prioridade educacional das Humanidades.

Regressando à afirmação central de Grassi — a tríplice superioridade das Humanidades —, reconheço que as Ciências da

Natureza correm o risco de asfixiar o desenvolvimento mental, em vez de o favorecer, se forem ensinadas como tecnologias (e o mesmo se aplica, provavelmente, à pintura e à poesia); e que deveriam, portanto (e à semelhança da pintura e da poesia), ser tratadas como conquistas humanas, como grandes aventuras da mente humana, como capítulos da história das ideias, da criação de mitos (tal como expliquei noutro ponto[3]) e da sua crítica. Nem a possibilidade de semelhante abordagem humanista da Ciência, nem a sua necessidade, são mencionadas por Grassi. Ele parece, pelo contrário, acreditar que a salvação reside na perceção e no reconhecimento explícito da inferioridade do carácter tecnológico das Ciências da Natureza — por outras palavras, consistirá em mantê-las no seu devido lugar. Mas, embora eu esteja disposto a admitir a prioridade educacional de uma abordagem «humanista», não posso admitir a validade da teoria de Salutati–Grassi acerca das Ciências da Natureza — uma teoria que, como é óbvio, deriva diretamente de Aristóteles. A ideia de que as Ciências da Natureza têm de receber cegamente os seus princípios da Filosofia Primeira é para mim totalmente inaceitável. Grassi tenta satisfazer esta crítica (p. 52), concedendo que as Ciências da Natureza *podem* questionar, criticar e substituir os seus «princípios» (uma concessão que me parece equivaler ao abandono de Salutati e Aristóteles), e afirmando que são *(a)* os *objetivos* da Ciência e *(b)* a *conceção* de um «princípio» (e não os seus vários princípios) que as diversas Ciências da Natureza têm de cegamente pressupor. Mas esta posição, embora não incompatível com o ponto de vista aristotélico em que o argumento de Salutati se baseia, é, não obstante, completamente diferente dele.

A verdade dos factos parece ser a seguinte. Apesar de a medicina ser uma «arte», uma tecnologia, será um erro concluir que pode ser tomada como representante das Ciências da Natureza — pois é uma ciência aplicada, não uma ciência pura. No que se refere a esta última, eu concordo que a Ciência da Natureza — contrariamente à matemática pura — não é *scientia* ou *episteme*. Não, todavia, por ser uma *techne*, mas, sim, porque pertence ao domínio da *doxa* — à exata semelhança dos mitos a que Grassi corretamente atribui um tão elevado valor. (A perceção de que a

---

(³) Ver caps. 4 s. deste livro. Cf. também a nota 6 do cap. 11 da minha *Sociedade Aberta* (edições revistas).

Ciência da Natureza pertence ao domínio da *doxa*, mas que costumava ser, até há bem pouco tempo, erradamente tomada por *episteme*, revela-se, segundo creio, fecunda para a compreensão da história das ideias.) Deste modo, a afirmação central de Grassi de que deveríamos regressar à superior compreensão de Salutati acerca do estatuto e importância das Ciências da Natureza parece-me infundada. Além do mais, e pelo menos na Grã-Bretanha, a perspetiva (aristotélica) desta questão, que Grassi tenta restabelecer, não perdeu nunca a predominância, pelo que dificilmente carecerá de reformulação — nem mesmo de uma reformulação que recorra a argumentos válidos.

A segunda parte do livro, escrita por Thure von Uexküll, é uma tentativa estimulantemente original de desenvolver uma nova teoria da Ciência — uma epistemologia biologicamente orientada. Num texto de cristalina beleza, que é talvez o melhor naco de prosa alemã contemporânea que me vem à memória, o autor apresenta-nos uma perspetiva inovadora da Biologia, um desenvolvimento novo de ideias do seu pai, Jakob von Uexküll.

A categoria fundamental (p. 248) desta perspetiva é a ação (*Handlung*) biológica. Para explicá-la, podemos talvez partir do facto óbvio de que as Ciências da Natureza tentam descrever e explicar o comportamento das coisas sob condições diversas e, em particular, qualquer ordem ou regularidade que possa ser descoberta nesse comportamento. É isto o que se passa na Física, na Química e na Biologia. Nas ciências biológicas, estamos interessados no comportamento dos orgãos, dos tecidos, das células e, como é evidente, dos organismos completos. A ideia central da Biologia de Uexküll de que a forma mais conseguida de descrever o comportamento de um organismo completo será em termos de *ações* que sigam determinados padrões esquemáticos ou «esquemas», e que esses «esquemas de ação» e «regras do jogo» podem ser entendidos como elaborações e modificações de um pequeno número de esquemas e regras fundamentais. Esta ideia afigura-se, à primeira vista, atrativa — apesar de não muito surpreendente —, se bem que possamos sentir-nos inclinados a suspender o juízo até ela ter comprovado a sua fecundidade. Mas a fecundidade desta ideia é demonstrada, segundo creio, pelo modo brilhante como Uexküll a aplica ao problema do comportamento das *partes* do organismo (orgãos, tecidos, etc.) e numa análise interessantíssima e verdadeiramente revolucionária da «importância dos métodos físicos e químicos dentro da Biologia» (p. 166).

De acordo com a teoria de Uexküll, para cada espécie de organismo existe um número definido de esquemas de ação, cada um deles espoletado por um determinado «sinal de desencadeamento» *(Auslöser)*, cuja natureza pode ser descoberta pela experimentação, com recurso a um *artefacto imitativo (Attrape,* coisa fictícia). Esses artefactos podem reduzir-se, na maioria dos casos, a uma representação esquemática espantosamente simples. O biólogo vienense Konrad Lorenz descobriu, por exemplo, que (p. 162) determinadas espécies de gansos seguem o primeiro objeto em movimento que encontram ao sair da casca como se fosse a própria mãe, e que continuam a fazê-lo mesmo depois de confrontados com a sua mãe verdadeira.([4]) Para algumas outras jovens aves (p. 169), o artefacto imitativo que pode substituir a progenitora, operando como um sinal de desencadeamento para ações normais (abrindo os seus bicos), consistirá simplesmente em dois bocados redondos de cartão ou de folha metalizada que produzem o efeito da silhueta geral (cabeça e corpo) da ave progenitora. «Com a ajuda destes artefactos imitativos, nós podemos entrar no cenário da vida de alguns animais. A perceção da estranheza desse mundo constitui, para uma mente sensível, uma experiência comovente e até mesmo arrasadora. O carácter mágico e ameaçador desta realidade cria uma impressão perante a qual todas as nossas velhas ideias e conceções da Natureza têm necessariamente de vacilar» (p. 169). A extensão desta perspetiva ao problema das reações dos tecidos e do uso de métodos químicos e físicos, ensaiada por Uexküll nesta sua obra, é — posso apenas repeti-lo — do maior interesse. Uexküll sugere que o que nós efetivamente fazemos em Bioquímica é construir artefactos imitativos (coisas fictícias), utilizáveis como sinais de desencadeamento para as ações de órgãos ou tecidos. Esta é, segundo creio, uma ideia com grande futuro, capaz de lançar forte luz sobre questões controversas. (Estou a pensar, por exemplo, na questão da equivalência funcional de certos estímulos químicos e elétricos em algumas reações neuromusculares, perante testes tão subtis como a medição de «potenciais de chapa final». Outro dos muitos casos que poderia, segundo penso, ilustrar a tese de Uexküll

---

([4]) Vd. K. Lorenz, *King Solomon's Ring* (publicado em Inglês em 1952, depois de a presente análise ter sido pela primeira vez publicada).

é uma hipótese bem conhecida que tem sido usada para explicar a bacteriostase: as bactérias, supõe-se, absorvem um determinado produto químico que não conseguem assimilar, confundindo-o com comida — o que significa que o químico atua, e sofre a ação que sobre ele é exercida, como uma substância fictícia).

Tudo o que Uexküll nos diz acerca da aplicação das suas ideias à Biologia é digno dos maiores elogios. Não sei se as suas teorias são ou não verdadeiras, mas sei que são admiravelmente originais. Não só têm um grande poder explicativo como nos mostram coisas familiares sob uma luz inteiramente nova. E é bem possível que inaugurem, um dia, uma nova era no pensamento biológico, especialmente nos campos da Fisiologia e da Bioquímica — desde que, como é óbvio, os experimentalistas tenham em atenção estas novas ideias e as suas inúmeras aplicações em quase todos os domínios da Biologia.

Todavia, neste livro, Uexküll não fala apenas como biólogo (e metodólogo da Biologia), mas também como filósofo.

Encorajado, talvez, pelas suas aplicações biológicas, Uexküll tenta aplicar as suas categorias fundamentais a toda a problemática da teoria do conhecimento. Partindo da questão *kantiana* de se é ou não possível conhecer as coisas «em si», discute as velhas aspirações da Física de descobrir o segredo mais íntimo da Natureza em si (das Innere der Natur), assim como o fracasso dessas aspirações. E após uma elaborada (mas não creio que conseguida) tentativa de determinar o papel da Física num mundo de ações biológicas, chega por fim a uma ontologia biológica — a doutrina de que a realidade (que só pode ser o *nosso* mundo, a realidade-para-nós[5]) é uma estrutura de ações: de «ações de diferentes tipos e extensão variável» (p. 248). E Uexküll substitui o problema do nosso *conhecimento* do mundo-em-si pelo da nossa *participação* na estrutura de ações que constitui o mundo.

Ainda que muito disto nos traga à memória determinadas formas de pragmatismo, operacionalismo e instrumentalismo, representa, não obstante, uma das mais originais tentativas desde

---

[5] Compare as seguintes observações feitas pelo von Uexküll mais velho, em 1920, na sua obra *Theoretical Biology* (vd. tradução inglesa, 1920, p. 15. O segundo conjunto de itálicos é meu): «*Toda a realidade é uma aparência subjetiva*: esta deve ser a ideia mais fundamental, admitida até mesmo pela Biologia [...] Nós *confrontamo-nos sempre com objetos* que devem a sua construção [e nessa medida, presumivelmente, a sua existência] ao sujeito».

Schopenhauer e Bergson para edificar um novo mundo metafísico harmonizável com a ciência moderna. Esta nova tentativa infunde respeito — mas não convence. Pelo contrário, parece-me claro que a teoria do conhecimento e a ontologia de Uexküll estão baseadas num erro. Ninguém que esteja familiarizado com as armadilhas da epistemologia idealista terá qualquer dificuldade em ver que o erro cometido deve ser análogo ao de identificar o que é com o que é *conhecido;* ou *esse = sciri*. Este erro, que conduziu ao *esse = percipi* de Berkeley, bem como ao *esse = concipi* de Hegel, conduz agora um biólogo, para quem o conhecimento é, e acertadamente, um tipo de ação, ao *esse = agi*, isto é, à doutrina de que a «realidade» é aquilo sobre o qual se age, ou o objeto para que se dirige a ação, ou um fator — o fator situacional — dos esquemas das nossas ações biológicas.

Para ser mais específico, podemos apontar três erros na argumentação de Uexküll. O primeiro pode ser encontrado na sua análise descritiva do fracasso das aspirações da Física. Esta análise parece-me enfermar de alguns mal-entendidos típicos e correntes acerca da teoria da relatividade. (É um erro afirmar que o universo relativista não conhece um tempo contínuo ou um espaço contínuo, mas apenas «conexões espaciotemporais insulares»; e é um erro inferir a relativização da realidade a partir do princípio da equivalência de sistemas referenciais. Pelo contrário, a relatividade afirma tanto a realidade como a invariância dos intervalos espaciotemporais.) A Física moderna (com a devida vénia a Heisenberg) tenta, de facto, dar-nos um retrato do Universo — se está bem ou mal pintado já é, obviamente, uma outra questão. Se compreendermos isto, a sugestão de que devemos substituir uma mundividência da Física em alegada desintegração por uma nova mundividência da Biologia perde muita da sua força.

O segundo erro é extremamente interessante. É cometido num ponto (pp. 201 ss.) em que Uexküll acusa Lorenz de ter um raciocínio circular e de ser incapaz de compreender as plenas consequências da sua (e de Uexküll) nova atitude biológica. Lorenz, diz-nos Uexküll, acredita que os esquemas de ação (incluindo os da «experiência biológica») se desenvolveram adaptando-se ao mundo exterior pelo método de ensaio e erro. Esta perspetiva é rejeitada por Uexküll. Lorenz, declara ele, «não consegue apreender a nova atitude resultante da descoberta» (parcialmente devida ao próprio Lorenz) «de que o mundo à nossa volta, tal como se oferece aos nossos sentidos, é apenas a soma total dos sinais biológicos de desencadeamento, existindo apenas, por conseguinte, como fator dos esquemas das nossas ações biológicas» (p. 202). Uexküll afirma que a argumentação circular de Lorenz é devida à sua incapacidade de «se libertar das suposições objetivistas em que se baseia o quadro do Universo da Física clássica» (p. 203).

Não tenho dúvidas de que a acusação de argumentar em círculo recai sobre Uexküll, e de que o seu raciocínio deficiente se deve, pelo menos em parte, à sua insustentável interpretação subjetivista da Física moderna. Na verdade, Uexküll ignora o facto de que toda a sua análise biológica pressupõe a possibilidade de uma abordagem (mais ou menos) objetivista. Só uma abordagem dessa natureza nos permite falar, por exemplo, de um «artefacto imitativo» que assume as funções de uma mãe-pássaro. É somente porque sabemos — no nosso mundo «objetivo», que ultrapassa o mundo «subjetivo» do pássaro — o que é a sua verdadeira mãe e o que é um artefacto, que nós podemos dizer que se o animal *A* distingue, pelas suas ações, entre a sua mãe verdadeira e um artefacto imitativo de um determinado tipo, ao passo que o animal *B* não consegue fazê-lo, então o animal *A* será, por esse motivo, dotado de uma maior capacidade de discriminação ou diferenciação e estará, nessa medida, mais bem adaptado a determinadas situações ambientais possíveis.

A perspetiva de Lorenz (que eu compartilhei durante muitos anos[6]) é não só defensável, mas necessária à compreensão da peculiar situação humana: o fenómeno, baseado no uso argumentativo da linguagem humana[7], do conhecimento *crítico,* que contrasta com as adaptações acríticas e, por assim dizer, acidentais, do «conhecimento» animal.

E isto traz-me ao terceiro erro na argumentação de Uexküll — um erro muito difícil de compreender em alguém que admira Kant. É o erro mais grave do livro e é partilhado por ambos os autores. Trata-se da sua completa (e, segundo parece, quase hostil) desconsideração da razão humana — da capacidade do homem para crescer e para se transcender, não apenas pela imaginativa invenção de mitos (cuja importância Grassi tão bem enfatiza), mas também pela crítica racional das suas próprias invenções

---

[6] Cf. caps. 1 e 15, mais atrás.
[7] Cf. caps. 4 e 12.

imaginativas. Essas invenções, se *formuladas numa dada linguagem*, são, logo à partida, algo diferentes das outras ações biológicas. Podemos vê-lo pelo facto de ambos os elementos de um par de esquemas de ações biológicas, de outro modo indistinguíveis, poderem conter mitos (relativos, por exemplo, à origem do mundo) mutuamente contraditórios. Com efeito, ainda que algumas das nossas crenças possam ter uma relevância prática imediata, outras há que só muito remotamente a terão, se é que têm alguma. As suas diferenças tornam possível uma eventual colisão entre elas, e o seu carácter relativamente vago permite a sua eventual discussão. É desta maneira que a crítica racional, os critérios de racionalidade — alguns dos primeiros critérios intersubjetivos — e a ideia de uma verdade objetiva têm possibilidade de se desenvolver. E esta crítica pode, com o tempo, assumir a forma de tentativas sistemáticas de descobrir as fraquezas e falsidades das teorias e crenças dos outros, e também das próprias. É graças a esta crítica mútua que o homem pode, ainda que gradualmente, abrir caminho através da subjetividade de um mundo de sinais biológicos de desencadeamento e, além disso, através da subjetividade das suas próprias invenções imaginativas e dos acidentes históricos de que elas podem parcialmente depender. São, de facto, estes critérios de crítica racional e de verdade objetiva que tornam o seu conhecimento estruturalmente diferente dos seus antecedentes evolutivos (ainda que seja sempre possível subsumi-lo num qualquer esquema de ação biológico ou antropológico). É a aceitação destes critérios que está na base da dignidade do homem individual; é ela que o torna responsável, tanto moral como intelectualmente, e que lhe permite não apenas agir racionalmente, mas também ponderar, julgar e discriminar entre teorias adversárias.

Estes critérios de crítica e de verdade objetiva podem ensiná-lo a tentar de novo e a pensar de novo, a desafiar as suas próprias conclusões e a usar a sua imaginação no sentido de descobrir se e onde existirá nelas alguma falha. Podem ensiná-lo a aplicar o método do ensaio e erro em todos os domínios e, em especial, no científico; e podem ensiná-lo, deste modo, a aprender com os seus erros e a saber procurá-los. Estes critérios podem, por conseguinte, ajudá-lo a descobrir quão pouco sabe e o quanto lhe falta aprender. Podem ajudá-lo a crescer em conhecimento e a aperceber-se desse crescimento. Podem ajudá-lo a tomar consciência do facto de que deve o seu desenvolvimento às críticas dos outros e que a razoabilidade é sinónimo de abertura à crítica. E podem, por essa via, ajudá-lo até a transcender o seu passado animal e, no mesmo lance, esse subjetivismo e voluntarismo em que as filosofias românticas e irracionalistas tentam eventualmente mantê-lo cativo.

É desta forma que a nossa mente se desenvolve e autotranscende. Se o humanismo tem por objeto o desenvolvimento da mente humana, o que será afinal a tradição do humanismo se não uma tradição de crítica e razoabilidade?

Adendas([1])

Algumas notas técnicas

1. Conteúdo empírico

Chegamos à ideia de conteúdo empírico do seguinte modo: entendemos por conteúdo lógico (ou classe de consequências) de *a* a classe de todos os enunciados que procedem de *a*. Podemos, por conseguinte, começar por considerar tentativamente a hipótese de designar por conteúdo *empírico* de *a* a classe de todos os enunciados de observação (ou «enunciados básicos»; ver mais à frente) procedentes de *a*.

Mas esta ideia-tentativa não funciona. O que efetivamente nos interessa é o conteúdo empírico de uma teoria explicativa universal. Não é, todavia, possível, partindo unicamente de uma teoria desse tipo, obter qualquer enunciado de observação. (De «Todos os corvos são pretos», nós não podemos derivar um enunciado de observação como «Está agora aqui um corvo preto», embora possamos, na verdade, derivar o enunciado «Não está agora aqui nenhum corvo branco».)

Foi por esta razão que, ao definir conteúdo empírico, recorri à ideia de que *uma teoria dir-nos-á tanto mais acerca de factos observáveis quanto mais factos desses proibir* — ou seja, quanto maior for o

---

([1]) As Adendas de carácter técnico, 1–6, são relevantes para o cap. 10 deste volume. As Adendas 6–9 (especialmente as secções 6–10 da Adenda 8) são importantes para os caps. 3–5. A Adenda 10 é pertinente para a Introdução.

número de factos observáveis incompatíveis com ela.(²) Podemos assim dizer que o conteúdo empírico de uma teoria será determinado pela (e igual à) classe daqueles enunciados de observação, ou enunciados básicos, que *contradizem* essa mesma teoria.

A um enunciado básico que contradiz uma teoria *t* podemos chamar um «falsificador potencial» de *t*. Usando esta terminologia, podemos dizer que o conteúdo empírico de *t* consiste na classe dos seus falsificadores potenciais.

A justeza da aplicação do nome de «conteúdo empírico» a esta classe pode ser comprovada pelo facto de que, sempre que as medidas dos conteúdos empíricos, $ECt(t_1)$ e $ECt(t_2)$, de duas teorias *empíricas* (isto é, não metafísicas), *t1* e *t2*, estão relacionadas de tal modo que

(1) $$ECt(t_1) \leq ECt(t_2)$$

é válido; as medidas dos seus conteúdos lógicos estarão igualmente relacionadas de tal modo que

(2) $$Ct(t_1) \leq Ct(t_2)$$

será válido; e relações similares aplicar-se-ão à igualdade de conteúdos.

Passando agora à noção de «*enunciados básicos*», há um ponto em que desejo aprofundar a minha discussão daquilo a que atribuí esta designação — «*enunciados básicos*» — em The Logic of Scientific Discovery (ver em especial as secções 28 e 29). Introduzi o termo «enunciado básico» para denotar uma classe de enunciados (verdadeiros ou falsos) que, na nossa análise, podemos supor terem um *indiscutido carácter empírico*. «Indiscutido» significa aqui que estamos dispostos a restringir a classe de enunciados básicos de acordo com os requisitos do mais escrupuloso e exigente empirista com que nos possamos confrontar — desde que esses requisitos não sejam menos exigentes do que os nossos próprios (e objetivistas) requisitos mínimos. São eles: (i) os enunciados básicos enunciam (verdadeira ou falsamente) a existência de factos observáveis (ocorrências) no

---

(²) Vd. *L. Sc. D.*, secções 31, 34. Esta ideia foi aceite por Carnap. Ver em especial as suas obras *Logical Foundations of Probability*, 1950, p. 406, e *Symbolische Logik*, 2.ª ed., 1960, p. 21.

interior de uma determinada região espaciotemporal suficientemente limitada. (ii) A negação de um enunciado básico não é, de uma maneira geral, básica. Em alguns casos simples de enunciados básicos (exemplo: «Tenho agora um *Grand Danois* [cão alemão] adulto no meu estúdio»), as suas negações *podem* ser aceitáveis como básicas; mas, na maioria dos casos de enunciados básicos (exemplo: «Tenho agora um mosquito no meu estúdio»), as suas negações não serão, por razões óbvias, aceitáveis como básicas. (iii) A conjunção de dois enunciados básicos será sempre básica se (e apenas se) for logicamente consistente. (Desta forma, sempre que um enunciado e a sua negação sejam ambos básicos, a sua conjunção não será básica.) Nós *podemos* escolher de uma classe de enunciados básicos, de outro modo aceitáveis, aqueles que não são compostos (enunciados «atómicos relativos»; cf. *L. Sc. D.*, secção 38). Ser-nos-á então possível, se assim quisermos, partir desses enunciados não compostos e construir com eles uma nova classe de enunciados básicos da maneira que se segue. *(a)* Não admitimos como básica nenhuma das negações de enunciados básicos atómicos relativos. *(b)* Admitimos como básicas todas as conjunções de enunciados básicos até ao ponto em que se mostrem consistentes (A consistência afigura-se intuitivamente como um requisito necessário e a sua adoção simplifica, em larga medida, diversas formulações da teoria que se segue. Podemos, todavia, prescindir dela, desde que excluamos os enunciados inconsistentes da classe de falsificadores.) *(c) Não* admitimos nenhuma negação de nenhum enunciado básico composto, nem quaisquer compostos que não sejam conjunções de enunciados básicos.

Estas últimas exclusões podem parecer algo severas. Mas não é objetivo nosso admitir *todos* os enunciados empíricos como básicos — nem mesmo todos os enunciados de factos observáveis. Eu não me importo de excluir enunciados de observação compostos, como «Eu tenho ou um Grand Danois adulto ou um pónei Shetland no meu estúdio», da classe dos enunciados básicos, embora não me agradasse excluí-lo da classe dos enunciados empíricos — pois, ainda que seja intenção nossa garantir que todos os enunciados básicos são obviamente empíricos, não pretendemos garantir o inverso, ou seja, que todos os enunciados obviamente empíricos (ou até todos os enunciados de observação) são «básicos».

A razão de excluirmos as negações de enunciados básicos (ou as negações de quase todos os enunciados básicos) da classe desses mesmos enunciados, e de excluirmos também as disjunções e condicionais de enunciados básicos dessa mesma classe, é a seguinte: nós não desejamos admitir enunciados condicionais do género «Se há um corvo neste quarto, então é negro» ou «Se há um mosquito neste quarto, então é um anófele». Estes são, sem dúvida, *enunciados empíricos*. Não têm, todavia, o carácter de *enunciados de teste* de teorias, mas, antes, de *enunciados instanciativos*, sendo, nessa medida, menos interessantes e menos «básicos» do ponto de vista da teoria do conhecimento aqui exposta — uma teoria para a qual a base empírica de todas as teorias são os testes ou, por outras palavras, as tentativas de refutação.

Talvez valha a pena mencionar, neste contexto, que a palavra «básico» na expressão «enunciado básico» parece ter induzido em erro alguns dos meus leitores. O uso que dela faço tem a história que passo a contar.

Antes de utilizar os termos «básico» e «enunciado básico», eu usava o termo «base empírica», significando com isso a classe de todos aqueles enunciados que podem funcionar como testes de teorias empíricas (isto é, como potenciais falsificadores). Ao introduzir a expressão «base empírica», a minha intenção era, em parte, conferir uma ênfase irónica à minha tese de que a base empírica das nossas teorias está longe de ser sólida, sendo, por isso, mais comparável a um pântano do que a terra firme.([3])

Os empiristas acreditavam geralmente que a base empírica consistia em perceções ou observações absolutamente «dadas», em «*dados*», e que a Ciência se poderia edificar sobre esses *dados* como sobre uma rocha. Contrapondo-me a esta ideia, fiz notar que os aparentes «dados» da experiência são sempre interpretações à luz de teorias, sendo, nessa medida, afetados pelo carácter hipotético ou conjetural de todas as teorias.

A conclusão de que essas experiências, a que chamamos «perceções», são interpretações — interpretações, sugiro eu, do todo da situação em que nos encontramos quando «percebemos» algo — é um conhecimento que devemos a Kant. Tem sido frequentemente formulada em termos algo desastrados, dizendo-se que as perceções são interpretações daquilo que nos é dado pelos sentidos. E desta formulação proveio a crença de que têm de estar presentes alguns «dados» últimos, algum material último não

---

([3]) Ver especialmente o último parágrafo da secção 30 da minha *L. Sc. D.*

interpretado (uma vez que a interpretação tem de ser *de* algo e que não pode haver uma regressão infinita). Mas este argumento não tem em conta que (tal como já fora sugerido por Kant) o processo de interpretação é, pelo menos parcialmente, fisiológico, o que significa que nós não experienciamos nunca dados não interpretados. A existência desses «dados» não interpretados será, por conseguinte, uma *teoria*, não um facto da experiência — e muito menos ainda um facto último ou «básico».

Não existirá, deste modo, nenhuma base empírica não interpretada; e os enunciados de teste que constituem a base empírica não podem ser enunciados que expressem «dados» não interpretados (visto que esses dados não existem), mas tão-só enunciados que exprimem factos simples e observáveis do nosso meio físico. Trata-se, evidentemente, de factos interpretados à luz de teorias — de factos que estão impregnados de teoria, por assim dizer.

Tal como fiz notar na minha *Logic of Scientific Discovery* (final da secção 25), o enunciado «Aqui está um copo de água» não pode ser verificado por nenhuma experiência de observação. A razão é que os *termos universais* presentes neste enunciado («copo», «água») são disposicionais — ou seja, «denotam corpos físicos que manifestam um determinado *comportamento regulado por leis*» ([4]).

O que aqui dissemos do «copo» e da «água» aplica-se a todos os universais descritivos. O famoso gato no tapete, tão querido dos empiristas (também eu considero os gatos muito simpáticos), é uma entidade ainda mais teorética do que o copo ou a água. *Todos os termos são teoréticos, embora alguns sejam mais teoréticos do que outros.* («Quebrável» é mais teórico, ou mais disposicional, do que «quebrado», mas este último termo também é teórico ou disposicional, tal como referi, por exemplo, no final do capítulo 3.)

Este modo de perspetivar a questão torna-nos possível incluir na nossa «base empírica» enunciados que contenham termos altamente teoréticos, na condição de serem enunciados singulares acerca de factos observáveis — por exemplo, enunciados do tipo «Está aqui um potenciómetro que marca 145», ou «Este relógio marca 3h30». Que o instrumento em causa seja efetivamente um potenciómetro é um facto que não pode ser terminantemente

---

([4]) *L. Sc. D.*, secção 25, p. 95; novo apêndice *x, (1) a (4), pp. 422–426. Ver também, por exemplo, caps. 1 (secções IV e V) e 3 (secção 6, seis últimos parágrafos) do presente volume.

comprovado ou verificado — não mais do que a afirmação de que o copo diante de nós contém água. É, porém, uma hipótese *testável*, e nós podemos facilmente *testá-la* em qualquer laboratório de Física.

Deste modo, todos os enunciados (ou «enunciados básicos») permanecem essencialmente conjeturais; mas são conjeturas que podem ser facilmente testadas. Esses testes, por seu turno, implicam novos enunciados conjeturais e testáveis, e assim sucessivamente, *ad infinitum*; e se nós tentássemos *determinar* alguma coisa com os nossos testes, ver-nos-íamos envolvidos numa regressão infinita. Mas, tal como expliquei na minha *Logic of Scientific Discovery* (em especial na secção 29), nós não *estabelecemos* nada por este processo: o nosso objetivo não é «justificar» a «aceitação» de algo, mas tão-só testar criticamente as nossas teorias, no propósito de ver se podemos ou não pô-las em causa.

Assim sendo, os nossos «enunciados básicos» serão tudo menos «básicos» no sentido de «definitivos»; são «básicos» unicamente no sentido de pertencerem àquela classe de enunciados que usamos para testar as nossas teorias.

2. Probabilidade e o rigor dos testes

O rigor dos nossos testes pode ser objetivamente comparado; e, caso queiramos, podemos definir uma medida desse rigor.

Nesta definição, e também em análises posteriores nesta adenda, vou usar a ideia de *probabilidade*, no sentido de *cálculo de probabilidades*; ou, mais precisamente, a ideia de probabilidade relativa,

$$p(x,y),$$

que deve ser lida como «a probabilidade de x, dado y». A ideia de probabilidade absoluta

$$p(x),$$

que deve ser lida como «a probabilidade absoluta de x», será aqui tomada como definida em termos de probabilidade relativa pela definição explícita

D(AP) $\quad p(a) = p(a,b) \longleftrightarrow (c)(((d)(p(c,d) \geq p(d,c))) \to p(a,b) = p(a,c)).$

Aqui «(a)» funciona como abreviatura de «para todo o a»; «(Ea)» como abreviatura de «existe um a»; «⟷» como abreviatura de «se e apenas se»; e «... → ...» como abreviatura de «se...». Vou também usar «&» em substituição de «e». D(AP) estipula que $p(a)$ = $p(a,b)$, desde que b tenha uma probabilidade (relativa) máxima.

A ideia de probabilidade relativa, $p(x,y)$, será usada aqui sobretudo como *definiens*, tal como em D(AP). E pode ser, por sua vez, definida implicitamente através de um *sistema de axiomas*, como demonstrei na minha *L. Sc. D.* (novos apêndices *IV e *V). Os seis axiomas aí apresentados podem ser reduzidos a três, sendo um deles, A, um axioma existencial, e dois, B e C, axiomas sob a forma de definições («criativas»[5]):

A *(Ea) (Eb)p(a,b) ≠ p(b,b)*

ou seja, há pelo menos duas probabilidades diferentes.

B $((d)p(ab,d) = p(c,d))$ ⟷ (e) (f) $(p(a,b) \leq p(c,b)$ & $p(a,e) \geq p(c,e) \leq p(b,c)$ & $((p(b,e) \leq p(f,e)$ & $p(b,f) \geq p(f,f) \leq p(e,f)) \to p(a,f) p(b,e) = p(c,e)))$

O axioma B define o produto ab (que se lê «*a-e-b*») em termos de $p(x,y)$

C $p(-a,b) = p(b,b) - p(a,b)$ ⟷ *(Ec)p(b,b) ≠ p(c,b)*

O axioma C define o complemento $-a$ (que se lê «*não $-a$*») em termos de $p(x,y)$.

A estes três axiomas podemos acrescentar três definições (não-criativas ou ordinárias): de probabilidade absoluta, $p(a)$, definida mais atrás por D(AP); da identidade de Boole, $a = b$; e da independência de n termos em relação a b.

A identidade é definida do seguinte modo:

D(=) $a = b$ ⟷ $(c)p(a,c) = p(b,c)$

([5]) Para uma discussão de definições «criativas» e «não-criativas», ver, por exemplo, P. Suppes, *Introduction to Logic*, 1957, pp. 153 ss., e também o meu ensaio «Creative and Non-Creative Definitions in the Calculus of Probability», *Synthese*, 15, 1963, n.º 2, pp. 167–186.

Nós dizemos que um conjunto de n elementos ou uma sequência de n termos, $A_n = a_1,...,a_n$, é «independente em n termos (relativamente a b)» se o chamado «teorema especial da multiplicação» (relativo a b) se aplicar a cada um dos $2^n - 1$ subconjuntos *não vazios* do conjunto A_n. Suponhamos que $a_i,..., a_m$ são os elementos de *qualquer* subconjunto (ou subsequência) deste tipo; se A_n for n – independente, teremos então

(m) $$p(a_i...a_m,b) = p(a_i,b).p\,(a_{i+1},b)...p(a_m,b)$$

onde o lado direito é um produto de m-i probabilidades. Entre estas $2^n - 1$ equações, correspondentes aos $2^n - 1$ subconjuntos não vazios de A_n, haverá n equações triviais (para os subconjuntos da unidade), dado que, para $m = i$, a nossa equação (m) degenera em

(i) $$p(a_i,\, b) = p(a_i, b);$$

isto é, todos os elementos têm habitualmente um termo independente em relação a todo o b. Deste modo, a independência em n termos de A_n será definida por $2^n - n - 1$ equações *não-triviais*[6].

Esta definição algo tosca que utiliza $2^n - n - 1$ equações pode ser simplificada mediante a introdução de uma definição recursiva de «$Ind_n(\{a_1,..., a_n\};b)$», que se lê «$a_1,..., a_n$ são n-independentes em relação a b».

Vou, nesse sentido, considerar um conjunto S de elementos, $a_1 \in S$, $b \in S$, etc; e vou utilizar a seguinte notação: escrevo «$\{a_1,...,a_n\}$» para denotar o subconjunto de S cujos elementos são $a_1,...\,a_n$; e escrevo «$\{a_1,...,a_n\} - \{a_j\}$» para denotar o mesmo subconjunto com *exclusão* do elemento a_j. Defino agora a n-independência relativamente a b do seguinte modo:

D(Ind) (1) $Ind_1(\{a_1\};b)$ para todo o a_1 e b em S.
(2) $Ind_{n+1}(\{a_1..., a_{n+1}\};\, b)$ se e apenas se

---

[6] Cf., por exemplo, W. Feller, *An Introduction to Probability Theory and its Applications*, vol. I, 2.ª ed., 1957, p. 117. Diga-se, a propósito, que podemos identificar o subconjunto vazio com aquele conjunto de unidade cujo único elemento é $-(a.-a)$, uma vez que este elemento é (em relação a qualquer b) *absolutamente independente*, isto é, independente relativamente a qualquer conjunto A_n. Obtemos desta forma 2^n equações, das quais $n + 1$ se referem a classes de unidade e não têm grande importância.

(a) $Ind_n(\{a_1,..., a_{n+1}\} - \{a_i\}; b)$ para todo o i, $1 \leq i \leq n+1$
(b) $p(a_1...a_{n+1},b) = p(a_1...a_n,b)\ p(a_{n+1},b)$.

Há diversos conceitos relacionados. Um conceito mais fraco é o de independência serial, $Sind_n(a_1,..., a_n; b)$. A definição é semelhante à de Ind_n, excetuando o facto de que podemos omitir as chavetas {} e substituir (2) (a) pela fórmula

$$Sind_n(a_1,..., a_n; b).$$

Podemos passar agora à definição do rigor dos testes.

Consideremos h como a hipótese a ser testada; e como o enunciado-teste (a prova); e b como o «conhecimento básico», isto é, tudo aquilo que aceitamos (tentativamente) como não problemático enquanto testamos a teoria. (b pode igualmente conter enunciados com o carácter de condições iniciais). Vamos supor, para começar, que e é uma consequência lógica de h e b (esta suposição será posteriormente flexibilizada), de modo que $p(e, hb) = 1$. Por exemplo, e pode ser um enunciado de uma posição prevista do planeta Marte, derivada da teoria de Newton, h, e do nosso conhecimento de posições passadas, que faz parte de b.

Podemos então dizer que, se tomarmos e como um teste de h, o rigor desse teste interpretado como prova corroborante será tanto maior quanto menos provável for e, dado somente b (sem h); ou seja, quanto menor for $p(e,b)$, a probabilidade de e, dado b.

Existem basicamente dois métodos[7] para definir o rigor

$$S(e,b)$$

do teste e, dado b. Ambos partem da *medida de conteúdo*, Ct. O primeiro toma o complemento de probabilidade como uma medida do conteúdo Ct:

(1) $$Ct(a) = 1 - p(a);$$

o segundo toma o inverso da probabilidade como uma medida de conteúdo:

(2) $$Ct'(a) = 1/p(a)$$

---

[7] Vd. *L. Sc. D.*, nota *2 da secção 83 (p. 270).

O primeiro sugere uma definição como $S(e,b)$ $1-p(e,b)$, ou melhor,

(3) $$S(e,b) = (1 - p(e,b)) / (1 + p(e,b))$$

ou seja, sugere que meçamos o rigor do teste por Ct ou, melhor ainda, por algo como um Ct «normalizado» (usando $1 / (1 + p(e,b))$ como um fator normalizante). O segundo sugere que meçamos o rigor do teste simplesmente pelo seu conteúdo Ct':

(4) $$S'(e,b) = Ct'(e,b) = 1/p(e,b).$$

Podemos agora generalizar estas definições, abrandando a exigência de que e proceda logicamente de h e b, ou mesmo a exigência, mais fraca, de que

$$p(e,hb) = 1.$$

Em vez disso, partimos agora do princípio de que existe alguma probabilidade, $p(e,hb)$, que pode ou não ser igual a 1.

Isto sugere que, para obter uma generalização de (3) e (4), nós substituamos, em ambas estas fórmulas, «1» pelo termo mais geral «$p(e,hb)$». Chegaremos assim às seguintes definições generalizadas do rigor do teste e, interpretado como *prova corroborante* da teoria h, dado o conhecimento básico b:

(5) $$S(e,h,b) = (p(e,hb) - p(e,b)) / p(e,hb) + p(e,b))$$
(6) $$S'(e,h,b) = p(e,hb) / p(e,b)$$

São estas as nossas medidas do rigor dos testes, como provas corroborantes. Não há grande escolha entre elas, dado que a transição de uma para a outra não altera a ordem[8] — ou seja, são ambas topologicamente invariantes. (E o mesmo se aplica se substituirmos as medidas Ct' e S' pelos seus logaritmos[9] — por exemplo, pelo $log_2 Ct'$ e pelo $log_2 S'$ — no sentido de tornar estas medidas em aditivas.)

Tendo definido uma medida do rigor dos nossos testes, podemos agora utilizar o mesmo método para definir o poder explicativo

---

[8] Vd. *L. Sc. D.*, p. 404.
[9] *Ibid.*, pp. 402-406.

da teoria h, $E\,(h,e,b)$ (e, se quisermos, de modo algo semelhante, o grau de corroboração([10]) de h) com respeito a e, na presença de b:

(7) $\qquad E\,(h,e,b) = S(e,h,b)$

(8) $\qquad E'\,(h,e,b) = S'(e,h,b)$

Estas definições indicam que o poder explicativo de uma teoria h (relativamente a um *explicandum* e) será tanto maior quanto mais rigoroso for e, se tomado como teste da teoria h.

Podemos agora muito facilmente demonstrar que o grau máximo do poder explicativo de uma teoria, ou do rigor dos seus testes, dependerá do conteúdo (informativo ou empírico) dessa mesma teoria.

Deste modo, o nosso critério de progresso ou de desenvolvimento potencial do conhecimento será o aumento do conteúdo informativo, ou conteúdo empírico, das nossas teorias — que será acompanhado pelo aumento da sua testabilidade —, bem como do seu poder explicativo no que concerne aos dados testemunhais ou provas (conhecidos e ainda por conhecer).

3. Verosimilhança

Nesta secção, é aprofundada e desenvolvida a discussão das ideias das secções x e xi do capítulo 10 (que se pressupõe aqui como lido).

Na teoria da verdade de Tarski, a «verdade» é uma propriedade dos enunciados. Vamos supor que «V» denota a classe de todos os enunciados verdadeiros de uma linguagem mais ou menos artificial (linguagem-objeto. Ver atrás, secção 5). E vamos expressar por

$$a \,\varepsilon\, V$$

a asserção (de uma qualquer metalinguagem) de que o enunciado a é um membro da classe de enunciados verdadeiros; ou, por outras palavras, que a é verdadeiro.

A nossa primeira tarefa aqui é definir a ideia de *conteúdo de verdade* de um enunciado a, que vamos denotar por «$Ct_V(a)$». Temos

---

([10]) *Ibid.*, pp. 400–402.

de defini-lo de maneira que tanto um enunciado falso como um verdadeiro tenham um conteúdo de verdade.

Se *a* for verdadeiro, então $Ct_V(a)$, o conteúdo de verdade de *a* (ou melhor, a sua *medida*) será simplesmente a medida do conteúdo de *a*. Ou seja:

(1) $\qquad a \varepsilon V \rightarrow Ct_V(a)\ Ct(a)$

onde podemos, tal como na secção 2, (1), escrever

(2) $\qquad Ct(a) = 1 - p(a).$

Se *a* for falso, poderá ainda, e tal como referimos, ter um conteúdo de verdade. Pois suponhamos que hoje é segunda-feira. O enunciado «Hoje é terça-feira» será, nesse caso, falso. Mas este enunciado falso implicará uma série de enunciados verdadeiros, tais como «Hoje não é quarta-feira» ou «Hoje é segunda ou terça-feira»; e a classe de todos esses enunciados verdadeiros por ele implicados será o seu conteúdo de verdade (lógico). Por outras palavras, o facto de todo o enunciado falso implicar uma classe de enunciados verdadeiros constitui o fundamento da atribuição de um conteúdo de verdade a todos os enunciados falsos.

Vamos, por conseguinte, definir o *conteúdo de verdade* (lógico) *do enunciado a* como a classe dos enunciados que pertencem a ambos, ao conteúdo (lógico) de *a* e a *V*; e vamos interpretar a *medida do seu conteúdo de verdade*, $Ct_V(a)$, de acordo com essa definição.

Para dar uma definição da ideia de $Ct_V(a)$ dentro da teoria de *Ct* ou de *p* (em que $Ct(a) = 1 - p(a)$), temos diversos métodos à escolha.

O método mais simples será, talvez, o de acordar que, em expressões como $p(a)$ ou $p(a,b)$, as letras «*a*», «*b*», etc., podem ser não apenas designações de enunciados (e desse modo, por exemplo, de conjunções de um número finito de enunciados), mas também designações de classes de enunciados (ou das conjunções finitas ou infinitas de todos os enunciados que sejam membros dessas classes). Acordamos então em usar, no lugar de «*V*», o símbolo «*t*»[11]

---

[11] Note-se que «*t*» *não* é empregado para «tautologia», relativamente à qual introduziremos, mais tarde, o símbolo «*tautol*». (Uma vez que *V* pode bem ser não-axiomatizável, este método de empregar «*t*» poderia ser considerado

em contextos como $p(t)$ ou $p(a,t)$ ou $p(t,b)$, e a operar com t exatamente como se este fosse a conjunção (finita ou infinita) de todos os enunciados verdadeiros do sistema linguístico (ou sistema de enunciados) em consideração. Por outras palavras, nós usamos o símbolo t como um dos valores constantes que podem ser assumidos pelas nossas variáveis «*a*», «*b*», etc., e acordamos em usá-lo de tal modo que

(3)   A classe de consequências ou conteúdo lógico de t é V.

Definimos, em seguida, um novo símbolo, "a_V", pela fórmula

(4) $$a_V = a \vee t$$

Em resultado desta definição (e usando «⊢» para «implica» ou «daqui... se segue...»),

(5) $$a \vdash a_V$$

e, por conseguinte, também

(6) $$p(a, a_V) = p(a),$$

(7) $$p(a, a_V) p(a_V) = p(a a_V) = p(a).$$

Temos igualmente

(8) $$a_V \vdash x \text{ se, e apenas se, } a \vdash x \mathrel{\&} x \, \varepsilon \, V,$$

em que «a ⊢ b» se lê de novo como «*b* é dedutível de (ou implicado por) *a*». Deste modo, (8) significa que a_V é o enunciado (ou sistema dedutivo) *verdadeiro* logicamente mais forte implicado por *a*. Assim sendo, *nós podemos agora definir o conteúdo de verdade de a como o conteúdo de a_V*; e a sua medida, $Ct_V(a)$ pode ser agora definida da seguinte maneira:

(9) $$Ct_V(a) = Ct(a_V) = 1 - p(a_V)$$

---

equivalente a interpretar $a, b, \ldots t, \ldots$, como *sistemas dedutivos* (em vez de enunciados). Ver Tarski, *Logic, Semantics, Metamathematics*, pp. 342 ss., e a referência a S. Mazurkiewicz na p. 383).

Segue-se de (9) e (5) que

(10) $$Ct_V(a) \leq Ct(a)$$

e

(11) Se $a \in V$, então $a_V = a$, e $Ct_V(a) = Ct(a)$

Para definir «$Vs(a)$» — isto é, (a medida d') a verosimilhança de a —, nós precisamos não apenas do conteúdo de verdade de a, mas também do seu conteúdo de falsidade — ou de uma medida dele — uma vez que queremos definir $Vs(a)$ como algo semelhante à diferença entre o conteúdo de verdade e o conteúdo de falsidade de a. Mas a definição de um conteúdo de falsidade de a — ou de algo que desempenhe idêntico papel — não é assim tão simples, pela razão fundamental de que, enquanto V pode ser considerado como uma classe de consequências ou um conteúdo (o conteúdo de t, ver (3), mais atrás), a classe F de *todos os enunciados falsos do nosso sistema* não é uma classe de consequências. Com efeito, enquanto V contém todas as consequências lógicas de V — dado que as consequências lógicas de algo verdadeiro têm de ser igualmente verdadeiras —, F não contém todas as suas consequências lógicas. Ou seja: enquanto de um enunciado verdadeiro se seguem somente enunciados verdadeiros, de um enunciado falso podem sempre derivar-se não apenas enunciados falsos, mas também enunciados verdadeiros.

Em consequência disto, uma definição de «conteúdo de falsidade» em linhas análogas ao «conteúdo de verdade» afigura-se inexequível.

No sentido de chegar a uma definição satisfatória de $Ct_F(a)$, a medida do conteúdo de falsidade de a, ser-nos-á útil determinar um dado número de *desiderata*:

(i) $a \in V \rightarrow Ct_F(a) = 0$
(ii) $a \in F \rightarrow Ct_F(a) \leq Ct(a)$
(iii) $0 \leq Ct_F(a) \leq Ct(a) \leq 1$
(iv) $Ct_F(contrad) = Ct(contrad) = 1$

em que «*contrad*» é a designação de um enunciado autocontraditório. O *desideratum* (iv) deverá ser comparado e contrastado com o teorema

ADENDAS

$$Ct_V(tautol) = Ct(tautol) = 0$$

em que «*tautol*» é a designação de um enunciado tautológico

(v) $\quad Ct_V(a) = 0 \rightarrow Ct_F(a) = Ct(a)$
(vi) $\quad Ct_F(a) = 0 \rightarrow Ct_V(a) = Ct(a)$
(vii) $\quad Ct_V(a) + Ct_F(a) \geq Ct(a)$

(e compreender-se-á a razão de se utilizar aqui «$\geq$» em vez de «=» se considerarmos que «*a*» representa, por exemplo, «*contrad*»; pois nesse caso obtemos

$$Ct_F(a) = Ct(a) = 1, \qquad \text{por (iv)}$$

e

$$Ct_V(a) = Ct(t);$$

mas $Ct(t)$ é o *conteúdo máximo de verdade*, que será geralmente diferente de zero. Num universo infinito, $Ct(t) = 1 - p(t)$ será, por via de regra, igual a 1).

(viii) Ct_F e Ct_V são simétricos em relação a Ct no seguinte sentido: existem duas funções, f_1 e f_2, tais que

(a) $\quad Ct_V(a) + Ct_F(a) = Ct(a) + f_1(Ct_V(a), Ct_F(a))$
$\qquad\qquad\qquad\quad = Ct(a) + f_1(Ct_F(a), Ct_V(a))$

ou seja, f_1 é simétrica em relação a Ct_V e Ct_F, de forma que obtemos em consequência

(b) $\quad Ct_V(a) = f_2(Ct(a), Ct_F(a))$

(c) $\quad Ct_F(a) = f_2(Ct(a), Ct_V(a))$

Entre as diversas possibilidades de definir «$Ct_F(a)$» nestes moldes, aconselho e adoto a definição que se segue:

(12) $\quad Ct_F(a) = 1 - p(a, a_V) = Ct(a, a_V)$

Esta definição satisfaz os nossos *desiderata*, como é óbvio no caso dos *desiderata* (i) e (ii) e se torna claro em relação aos restantes, se considerarmos os seguintes teoremas:

(13) $$\begin{aligned} Ct_F(a)p(a_V) &= p(a_V) - (p(a,a_V)p(a_V)) \\ &= p(a_V) - p(a) \qquad \text{ver (7)} \\ &= Ct(a) - Ct_V(a) \end{aligned}$$

de modo que

(14) $$Ct_V(a) = Ct(a) - (Ct_F(a)\, p(a_V)) \leq Ct(a)$$

(15) $$\begin{aligned} Ct_F(a) &= (Ct(a) - Ct_V(a))\, /\, p(a_V) \\ &= Ct(a) - Ct_V(a)\, /\, (1 - Ct_V(a)) \end{aligned}$$

(16) $$\begin{aligned} Ct_V(a)p(a,a_V) &= p(a,a_V) - (p(a_V)\, p(a,a_V)) \\ &= p(a,a_V) - p(a) \\ &= Ct(a) - Ct_F(a) \end{aligned}$$

Obtemos assim

(17) $$Ct_F(a) = Ct(a) - (Ct_V(a)p(a,a_V)) \leq Ct(a)$$

(18) $$\begin{aligned} Ct_V(a) &= Ct(a) - Ct_F(a))\, /\, p(a,a_V) & \text{ver (iii)} \\ &= (Ct(a) - Ct_F(a))\, /\, (1 - Ct_F(a)) & \text{ver (15)} \end{aligned}$$

De (15) obtemos também

(19) $$Ct_F(a) - Ct_V(a)\, Ct_F(a) = Ct(a) - Ct_V(a)$$

e assim

(20) $$Ct_V(a) + Ct_F(a) = Ct(a) + Ct_V(a)Ct_F(a)$$

Deste modo, (17) demonstra que (iii) é satisfeito, e (20) que (v), (vi), (vii) e (viii) são igualmente satisfeitos. A satisfação de (iv) decorre de $p(contrad,t) = 0$.

Por aqui se vê que a definição proposta, (12), de $Ct_F(a)$ satisfaz todos os nossos *desiderata*. Todavia, um dos nossos *desiderata*, (vii), pode, talvez, parecer insatisfatório. Poderia, pois, pensar-se — a despeito do nosso comentário acerca de (vii) — que deveríamos ter postulado que

(–) $$Ct_V(a) + Ct_F(a) = Ct(a)$$

Pode demonstrar-se que a equação (–) determinaria efetivamente Ct_F, conduzindo à definição (que não vamos adotar)

$$Ct_F(a) = Ct(a_V \to a) = 1 - p(a_V \to a),$$

em que «$a_V \to a$» (ou, tal como podemos igualmente escrever, «$a \neg a_V$») será o enunciado condicional «se a_V, então a», ou «a se a_V». Tem interesse comparar esta definição com o nosso (12) ou, por outras palavras, comparar $Ct(a \leftarrow a_V)$ com $Ct(a, a_V)$ (sendo este último o nosso $Ct_F(a)$), ou comparar $p(a \leftarrow a_V)$ com $p(a, a_V)$.

Temos seguramente

$$Ct_V(a) + Ct(a \leftarrow a_V) = Ct(a)$$

e isto parece, à primeira vista, satisfatório.

Mas vamos substituir a por «*contrad*»

$$Ct_V(contrad) = Ct(t) = 1 - p(t)$$

que é, tal como vimos, o conteúdo máximo de verdade obtenível no nosso sistema. E, uma vez que $Ct(contrad) = 1$, nós obtemos por $Ct(a \leftarrow a_V) = Ct(contrad \leftarrow t) = 1 - p(contrad \; v \; -t) = p(t)$. Ora, enquanto $Ct_V(contrad) = Ct(t)$ seria perfeitamente indiscutível — visto ser uma nítida consequência de uma definição satisfatória de $Ct_V(a)$, bem como do facto de tudo e, nessa medida, t, ser derivável de um enunciado autocontraditório —, o mesmo já não acontece com $Ct_F(contrad) = p(t)$, uma vez que isso permitiria, na maior parte dos casos, que o conteúdo de falsidade de uma contradição fosse menor do que o seu conteúdo de verdade — quando nós deveríamos esperar que o conteúdo de falsidade de uma contradição fosse, *pelo menos*, idêntico ao seu conteúdo de verdade.

Para pegar num exemplo, vamos supor que o nosso universo discursivo é o lançamento de um dado. Suponhamos que t equivale a «saiu um três», e $p(t)$ a 1/6. A definição proposta (mas aqui rejeitada) de $Ct_F(a) = Ct(a \leftarrow a_V)$ teria como resultado, neste universo, que o conteúdo de falsidade de um enunciado contraditório (tal como «o seis vai e não vai sair»), $Ct_F(contrad)$, seria igual a 1/6, ao passo que o seu conteúdo de verdade, $Ct_V(contrad)$, seria igual a 5/6. Assim sendo, o conteúdo de verdade de um enunciado contraditório excederia, em larga medida, o seu conteúdo de falsidade, o que é claramente contraintuitivo. É esta a razão para adotarmos o nosso *desideratum* (iv); e este *desideratum* conduz a casos em que $Ct_V(a) + Ct_F(a) > Ct(a)$.

De tudo isto se concluirá que o nosso *desideratum* (iv) poderia ser substituído por estes dois *desiderata* altamente intuitivos:

(iv,a) $\qquad\qquad Ct_F(contrad) = $ constante

(iv,b) $\qquad\qquad Ct_F(contrad) \geq Ct_V(contrad)$

Diga-se, a propósito, que o facto de termos, de um modo muito geral,

(21) $\qquad Ct_F(a) - Ct(a \leftarrow a_V) = Ct_F(a)Ct_V(a)$

pode parecer algo surpreendente. Trata-se, no entanto, de uma consequência imediata da fórmula mais geral que se segue

(22) $\qquad p(a \leftarrow b) - p(a,b) = Ct(a,b)\,Ct(b)$,

uma fórmula que deduzi há muitos anos para demonstrar que a «probabilidade condicional» $p(a \leftarrow b)$, isto é, a probabilidade absoluta de *um* enunciado condicional «*a* se *b*» (ou do enunciado «se *b*, então *a*»), excede, em geral, a probabilidade relativa do enunciado *a*, dado o enunciado *b*.

(A fórmula (22) compara, por assim dizer, a seta para a esquerda «←» com a vírgula «,» e calcula o *excesso*, nunca negativo

$$Exc(a,b) = p(a \leftarrow b) - p(a,b),$$

da probabilidade condicional sobre a probabilidade relativa.)

Tendo definido as medidas de conteúdo de verdade e de conteúdo de falsidade, podemos agora passar à definição de $Vs(a)$, a verosimilhança de *a*. Caso estejamos meramente interessados em valores comparativos, poderemos usar

$$Ct_V(a) - Ct_F(a) = p(a, a_V) - p(a_V)$$

como *definiens*. Se estivermos interessados em valores numéricos, torna-se preferível multiplicar a fórmula anterior por um fator normalizante e usar $(p(a,a_V) - p(a_V)) / (p(a,a_V) + p(a_V))$ como *definiens* — porquanto pretendemos satisfazer os seguintes *desiderata*

(i) $Vs(a) \gtreqless Vs(b) \longleftrightarrow Ct_V(a) - Ct_F(a) \gtreqless Ct_V(b) - Ct_F(b)$
(ii) $-1 \leq Vs(a) \leq Vs(t) \leq 1$
(iii) $Vs(tautol) = 0$
(iv) $Vs(contrad) = -1$

de modo que obtemos

(v) $-1 = Vs(contrad) \leq Vs(a) \leq +1$
(vi) Num universo infinito em que $Ct(t)$ pode chegar a 1, $Vs(t)$ deveria ser igualmente capaz de atingir 1.

Convém aqui notar que $Ct(t) = 1 - p(t)$ dependerá da escolha do nosso universo de discurso. Mesmo num universo potencialmente infinito, o seu valor pode ser inferior a 1, tal como demonstra o exemplo que se segue: suponhamos que o nosso universo contém um conjunto enumeravelmente infinito de possibilidades exclusivas, $a_1, a_2...$ e suponhamos que $p(a_1) = 1/2$, $p(a_2) = 1/4$, $p(a_3) = 1/8$, $p(a_n) = 1/2^n$; suponhamos, além disso, que apenas uma destas possibilidades se realiza: $t = a_j$; então $Ct(t) = 1/2$.

Será assim preferível, para fins de cálculo numérico, substituir $p(a,a_V) - p(a_V)$ por uma forma normalizada. Vamos escolher o fator normalizante $1/p(a,a_V) + p(a_V)$; ou seja, vamos definir, tal como indicado:

(23) $\qquad Vs(a) = (p(a,a_V) - p(a_V)) / (p(a,a_V) + p(a_V)).$

E obtemos:

(24) Se $a \varepsilon V$, então $Vs(a) = Ct_V(a) / (1 + p(a_V)) = Ct(a) / (1 + p(a))$

(25) $\qquad\qquad Vs(tautol) = 0$

e

(26) $\qquad\qquad Vs(contrad) = -1$

Existem várias outras definições possíveis. Poderíamos, por exemplo, introduzir outros fatores de normalização como $Ct_V(a)$,

$Ct(a)$, ou $Ct_V(a) + Ct_F(a)$. Não creio, porém, que esses fatores nos conduzissem a definições adequadas de $Vs(a)$, mas, sim, a definições de ideias como, por exemplo, a de «grau de valor de verdade».

4. Exemplos numéricos

Antes de analisar alguns exemplos numéricos — que têm de ser extraídos de teorias que aplicam a probabilidade em jogos de azar, ou de teorias estatísticas — quero fazer algumas observações gerais acerca de *valores numéricos em teorias puras sobre o conteúdo e a probabilidade.*

Além dessas aplicações da teoria da probabilidade em que podemos medir as probabilidades da forma usual (mediante a suposição de probabilidades idênticas, como no jogo dos dados, ou mediante o recurso a hipóteses estatísticas), não vejo possibilidade de atribuir valores numéricos (que não sejam 0 e 1) às nossas medidas da probabilidade ou conteúdo. A teoria da pura probabilidade e a teoria do puro conteúdo são, no que a isto concerne, como a geometria euclideana — em que não existe qualquer unidade real definida. (A definição do metro-padrão de Paris é decididamente extrageométrica.) Não precisamos de nos preocupar se a teoria da pura probabilidade ou a teoria do conteúdo não nos fornecem valores numéricos reais (exceto 0 e 1). O seu estatuto será, pois, em muitos aspetos, mais semelhante à topologia do que à geometria métrica.[12]

Passando agora aos *exemplos numéricos*, vou distinguir dois tipos:

(i) Exemplos do tipo do vulgar jogo de dados. Se neste jogo nos sair, por exemplo, um 4, quando a nossa aposta era no 5, podemos considerar que a nossa suposição não terá sido melhor nem pior do que se tivéssemos, por exemplo, apostado no 6. («Melhor» e «pior» são aqui usados no sentido de mais próximos ou mais distantes da verdade.)

(ii) Exemplos em que temos uma espécie de medida da *distância* entre as nossas suposições e a verdade. Podemos representá-la pela hipótese de que *se sair efetivamente o 4*, a suposição ou a proposição

---

[12] A teoria da probabilidade aqui pressuposta é desenvolvida em *L. Sc. D.*, apêndices *IV e *V; ver também a segunda secção da presente adenda, mais atrás.

de que ia sair um 6 (ou um 2) terá ficado separada da verdade pela proposição de que ia sair um 5 (ou um 3); e que, por essa razão, se $a = 6$, a_V será $6_V 5_V 4$, em vez de $6_V 4$ (ou, em alternativa, $a_V = 2_V 3_V 4$)[13].

Neste ponto e no que se segue, «$a = 6$» ou «$a = 6_V 4$» é usado para exprimir «$a =$ sairá 6» ou «$a =$ sairá 6 ou 4», etc.

Partimos do princípio de que os dados são homogéneos.

Vou começar por calcular três exemplos do tipo (i).

(1) $\qquad a = 6; b = 4; b = t$

Obtemos: $\qquad a_V = 6_V 4; p(a, a_V) = 1/2; p(a_V) = 1/3$
$\qquad\qquad Vs(a) = 1/5$

(2) $\qquad a = 5; b = 4; b = t$

Obtemos: $a_V = 5_V 4$. O cálculo e o resultado são os mesmos do que no caso (1).

(3) $\qquad a = 6_V 5; b = 4; b = t$

Obtemos $\qquad a_V = 6_V 5_V 4; p(a, a_V) = 2/3; p(a_V) = 1/2$
$\qquad\qquad Vs(a) = 1/7$

Podemos agora comparar estes com três exemplos correspondentes do tipo (ii). A diferença reside no cálculo de a_V.

(1') $\qquad a = 6; b = 4; b = t$

Obtemos: $\qquad a_V = 6_V 5_V 4; p(a, a_V) = 1/3; p(a_V) = 1/2$
$\qquad\qquad Vs(a) = 1/5$

(2') $\qquad a = 5; b = 4; b = t$

Obtemos: $\qquad a_V = 5_V 4; p(a, a_V) = 1/2; p(a_V) = 1/3$
$\qquad\qquad Vs(a) = 1/5$

(3') $\qquad a = 6_V 5; b = 4; b = t$

Obtemos: $\qquad a_V = 6_V 5_V 4; p(a, a_V) = 2/3; p(a_V) = 1/2$
$\qquad\qquad Vs(a) = 1/7$

---

[13] «$6_V 5_V 4$» e «$6_V 4$» representam aqui uma abreviatura de «sairá ou um 6, ou um 5, ou um 4» e «sairá ou um 6 ou um 4».

Acrescento dois exemplos de suposições verdadeiras:

(1") $\quad\quad\quad\quad a = 6; b = 6; b = t$
$\quad\quad\quad\quad\quad\quad Vs(a) = 5/7$

(2") $\quad\quad\quad\quad a = 6_\sqrt{}5; b = 6; b = t$
$\quad\quad\quad\quad\quad\quad Vs(a) = 1/2$

Vemos deste modo que a verosimilhança pode aumentar com o conteúdo de *a* e diminuir com a probabilidade de *a*.

5. Linguagens artificiais *versus* linguagens formalizadas

Tem-se frequentemente dito que a teoria da verdade de Tarski só é aplicável a sistemas de linguagem formalizados. Não creio que isto seja correto. É verdade que esta teoria requer uma linguagem — uma linguagem-objeto — com um determinado grau de artificialidade; e requer uma distinção entre uma linguagem-objeto e uma metalinguagem — uma distinção que é algo artificial. Mas ainda que ao introduzir determinadas precauções na linguagem vulgar, nós a despojemos do seu carácter «natural», tornando-a artificial, não estaremos necessariamente a formalizá-la — ou seja, ainda que toda a linguagem formalizada seja artificial, nem toda a linguagem que está sujeita a determinadas regras, ou baseada em regras formuladas com maior ou menor clareza (e que é, nessa medida, «artificial»), tem necessariamente de ser uma linguagem inteiramente formalizada. O reconhecimento da existência de toda uma gama de linguagens mais ou menos artificiais, embora não formalizadas, afigura-se-me como um ponto de considerável importância, e particularmente relevante para a avaliação filosófica da teoria da verdade.

6. Uma nota de carácter histórico acerca da verosimilhança (1964)

Vou aqui apresentar algumas observações suplementares acerca dos primórdios da confusão entre verosimilhança e probabilidade (em acréscimo às constantes do capítulo 10, secção XIV).

ADENDAS

1. Exposta em breves palavras, a minha tese é a seguinte:
Nos mais antigos textos de que dispomos, a ideia de semelhança com a verdade, ou verosimilhança, é usada sem ambiguidade. Com o tempo, a expressão «semelhante à verdade» foi-se tornando ambígua e adquirindo significados adicionais como «provável», «provavelmente verdadeiro» ou «possível», de forma que nem sempre é claro qual desses significados é o visado.

Esta ambiguidade torna-se significativa em Platão, em virtude da sua teoria, crucialmente importante, da imitação ou *mimésis* — assim como o mundo empírico *imita* o mundo (verdadeiro) das ideias, do mesmo modo as narrativas, teorias, ou mitos do mundo empírico (das aparências) «imitam» a verdade, sendo, nessa medida, meramente «semelhantes à verdade». Ou, traduzindo estas mesmas expressões pelos seus outros significados, essas teorias não são comprováveis, necessárias ou verdadeiras, mas simplesmente prováveis, possíveis, ou (mais ou menos) aparentemente verdadeiras.

Deste modo, a teoria platónica da *mimésis* fornece algo como uma base filosófica para a (já então corrente) identificação — equivocada e equívoca — entre «*verosimilhante*» e «*provável*».

Com Aristóteles, um significado adicional adquire considerável relevância: «provável» = «frequentemente ocorrente».

2. Para pormenorizar mais esta questão, vejamos, em primeiro lugar, uma passagem da *Odisseia*, 19, 203: o astuto Ulisses conta a Penépole (que não o reconhece) uma história que, apesar de falsa, contém uma série de elementos verdadeiros. Ou, como diz Homero, «ele tornou as muitas mentiras semelhantes à verdade» («*etymoisin homoia*»). A frase é repetida na *Teogoni* — as Musas do Olimpo, filhas de Zeus, dizem a Hesíodo: «nós sabemos como contar muitas mentiras semelhantes à verdade; mas também sabemos, se quisermos, dizer a verdade (*aletheia*)».

Esta passagem também é interessante porque nela *etymos* e *alethes* surgem como sinónimos de «verdadeiro».

Uma terceira passagem em que aparece a expressão «*etymoisin homoia*» é a que encontramos na *Teogonia*, 713, onde a astúcia é exaltada (tal como na *Odisseia*) e o poder de fazer com que as mentiras soem a verdade é descrito como divino (uma possível alusão às Musas na *Teogonia*): «Tu tornarias as mentiras semelhantes à verdade com a bela língua do divino Nestor».

Ora, uma das características destas passagens é que todas elas se relacionam com aquilo a que hoje chamamos «crítica literária».

Aquilo de que aqui se trata é o *relato de histórias* que são (e soam) *como a verdade*.

Uma passagem muito semelhante é a que encontramos em Xenófanes, ele próprio um poeta e talvez o primeiro crítico literário. Xenófanes introduz (DK B35) o termo «*eoikota*» no lugar de «*homoia*». Referindo-se, possivelmente, às suas próprias teorias teológicas, diz: «estas coisas, podemos nós conjeturar, são semelhantes à verdade» (*eoikota tois etymoisi*; ver também atrás, e o *Fedro* de Platão, 272 D/E, 273 B e D).

Encontramos aqui, de novo, uma frase que exprime inequivocamente a ideia de *verosimilhança* (e *não* de probabilidade) conjuntamente com uma expressão (que traduzi por «podemos nós conjeturar») derivada de *doxa* («opinião»), termo que viria a desempenhar um papel tão importante em — e após — Parménides. (O mesmo termo ocorre também na última linha de Xenófanes, B34, atrás citado, sendo aí usado em contraposição a «*saphes*», isto é, «*verdade segura*».)

O passo que se segue é importante. Parménides, B8: 60 emprega *eoikota* («similar» ou «semelhante») sem mencionar explicitamente a «verdade». Eu sou de opinião que esse termo significa, não obstante — e tal como em Xenófanes —, «semelhante à verdade», e traduzi a passagem em conformidade com essa ideia («inteiramente como a verdade»; ver p. 52). O meu principal argumento é a similaridade entre esta passagem e Xenófanes B35. Ambas as passagens falam das conjeturas *(doxa)* dos homens mortais, e ambas dizem algo relativamente favorável acerca delas; e ambas deixam claramente implícito que uma conjetura relativamente «boa» não é, de facto, uma história verdadeira. A despeito destas similaridades, a expressão de Parménides tem sido frequentemente traduzida por «provável e plausível» (ver nota 19 na p. 393).

Esta passagem é interessante em virtude da sua relação próxima com uma importante passagem do *Timeu* (27e-30c) de Platão. Nesta passagem, Platão parte (27e–28a) da distinção parmenideana entre «Aquilo que É sempre e não tem Devir», por um lado, e «Aquilo que está sempre em Devir e nunca É», por outro. E diz, tal como Parménides, que o primeiro pode ser conhecido pela razão, ao passo que o segundo «é um objeto de opinião e de sensação irracional» (comparar também p. 284).

A partir daqui, Platão passa à explicação de que o mundo mutável e em devir (*ouranos* ou *kosmos:* 28b) foi feito pelo Criador como uma cópia ou imagem *(eikon)* que tem por original, ou paradigma, o Ser eternamente imutável que É.

A transição do paradigma para a cópia *(eikon)* corresponde à transição, em Parménides, da Via da Verdade para a Via da Aparência. Esta transição, que atrás (p. 52) citei, contém o termo *«eoikota»*, que está relacionado com o *«eikon»* de Platão, isto é, a *semelhança com a Verdade ou com Aquilo que É* — de onde podemos talvez concluir que Platão interpretava *«eoikota»* no sentido de «semelhante (à verdade)» e não de «provável» ou «possível».

Todavia, Platão diz também que a cópia, sendo semelhante à verdade, não pode ser conhecida com certeza, o que significa que apenas podemos ter *opiniões incertas*, *«possíveis»* ou *«prováveis»* a seu respeito. E daí que afirme que as descrições do paradigma são «perduráveis, inabaláveis, irrefutáveis e invencíveis» (29 b-c), ao passo que as descrições daquilo que é (meramente) a semelhança de uma cópia do paradigma possuirão (mera) probabilidade; pois tal como o Ser está para o Devir, assim está a Verdade está para a (mera) Crença (Ver também *Fedro*, 259E a 260 B-E e 266E a 267A).

É esta a passagem que introduz a possibilidade ou probabilidade *(eikota)* no sentido de crença imperfeitamente certa, ou crença parcial, relacionando-a, ao mesmo tempo, com a verosimilhança.

A passagem termina com um novo eco da transição para a Via da Aparência: assim como a deusa prometera a Parménides um relato de tão «completa semelhança com a verdade» que nenhum melhor poderia ser oferecido (p. 52), assim lemos nós no *Timeu* (29d): «deveríamos dar-nos por satisfeitos se conseguíssemos oferecer um relato que não seja inferior a nenhum outro em probabilidade *(eikota)*, lembrando-nos de que [...] somos criaturas humanas, e que é conveniente para nós aceitar uma história provável *(eikota muthon)*». (A isto replica «Sócrates»: «Excelente, Timeu!»)

É muito interessante notar que esta introdução de uma ambiguidade sistemática no uso de «verosimilhança» e «possibilidade» (isto é, «probabilidade») não impede Platão de, mais tarde, no *Crítias* (107d/e), utilizar o termo *«eikota»* no sentido de «relato verosímil»; pois, considerando o que a antecede, essa passagem deverá ser lida do seguinte modo: «No que respeita aos assuntos celestiais e divinos, deveríamos contentar-nos com uma narrativa que contenha um pequeno grau de verosimilhança, ao passo que deveríamos verificar cuidadosamente a precisão das narrativas dos homens mortais».

3. Além desta ambiguidade sistemática e, sem dúvida, consciente no emprego de «*eikota*» (e termos afins) por Platão, e além de uma vasta gama de diferentes usos em que o seu significado é definido, existe igualmente um amplo leque de usos em que o seu significado é simplesmente vago. Exemplos de diferentes usos em Platão (e Aristóteles) incluem: o seu emprego em oposição a «demonstrável» e a «necessário»; o seu emprego para exprimir «o mais próximo da certeza»; é também frequentemente usado como sinónimo de «seguramente» ou «certamente», ou «parece-me bem», sobretudo na qualidade de interjeições surgidas nos diálogos; é de igual modo usado no sentido de «talvez», e até mesmo no sentido de «ocorrendo com frequência» — por exemplo, na *Retórica* (1402b22) de Aristóteles: «o provável *(eikos)* é aquilo que ocorre não invariavelmente, mas apenas na maioria dos casos».

4. Gostaria de terminar com uma outra passagem de crítica literária, passagem essa que surge duas vezes na *Poética* de Aristóteles (1456 a 22-25 e 1461 b 12-15) e que, na sua primeira ocorrência, ele atribui ao poeta Ágaton: «É provável que o improvável aconteça». Ou, de uma forma menos vaga, embora menos elegante: «*É semelhante à verdade que coisas improváveis aconteçam*».

7. Algumas referências adicionais acerca da verosimilhança (1968)

1. Dado que o meu interesse pela distinção entre verosimilhança, por um lado, e probabilidade (nas suas múltiplas aceções), por outro, parece estar sujeito a interpretações erróneas, quero começar por deixar bem claro que não estou, de todo, interessado em palavras e seus significados, mas apenas em *problemas*. E a última coisa que me interessa é tornar os significados das palavras «precisos», ou «defini-las», ou «explicá-las».

Existe uma analogia entre as palavras ou conceitos e a questão do seu significado, por um lado, e os enunciados ou teorias e a questão da sua verdade, por outro (tal como atrás fiz notar, no quadro da p. 62).

Todavia, eu só considero importantes os enunciados ou teorias e a questão da sua verdade ou falsidade.

A doutrina («essencialista») errónea de que podemos «definir» (ou «explicar») uma palavra, termo ou conceito, e de que podemos tornar o seu significado «definido» ou «preciso», é em tudo análoga à doutrina, igualmente errónea, de que podemos provar, demonstrar ou justificar a verdade de uma teoria — fazendo, de facto, parte desta última doutrina («justificacionista»).

Embora as palavras e os seus significados precisos nunca sejam importantes, o esclarecimento de confusões pode ser pertinente para a resolução de problemas — problemas relativos a teorias, como é evidente. *Nós não podemos definir, mas temos muitas vezes de distinguir,* pois as confusões ou a mera falta de distinções podem impedir-nos de resolver os nossos problemas.

2. No que respeita à verosimilhança, o principal problema em jogo é o *problema da verdade do realista* — a correspondência de uma teoria com os factos, ou com a realidade. (Ver pp. 372 ss. e 212.)

A perigosa confusão ou embrulhada que tem de ser esclarecida é a que se verifica entre a verdade em sentido realista — a verdade «objetiva» ou «absoluta» — e a verdade em sentido subjetivista — como aquilo em que eu (ou nós) «acredito» (ou «acreditamos»).

Esta distinção é de fundamental importância, especialmente para a teoria do conhecimento. O único problema importante do conhecimento é que diz respeito ao problema da verdade no sentido objetivo. A minha tese é, simplesmente, que a teoria da crença subjetiva é totalmente irrelevante para a teoria filosófica do conhecimento. A confusão entre ambas (que ainda se verifica, de acordo com a tradição) revela-se, na verdade, destrutiva para esta última.

3. É de decisiva importância que a necessidade de distinguir nitidamente entre verdade objetiva e crença subjetiva se mantenha tão premente como sempre foi, se a *aproximação à verdade* (ou verosimilhança, ou verosimilitude) entrar no quadro da nossa análise: a verosimilhança, enquanto ideia objetiva, tem de ser claramente distinguida de todas as ideias subjetivas como a de graus de crença, de convicção, ou de persuasão; ou de verdade aparente, de plausibilidade, ou de probabilidade, em qualquer um dos seus sentidos subjetivos. (Diga-se, a propósito, que, mesmo que consideremos a probabilidade em algum dos seus sentidos objetivos, como o de propensão ou, talvez, de frequência, deveremos ainda distingui-la de verosimilhança. E o grau de verosimilhança objetiva deveria ser também claramente distinguido do grau de corroboração, embora esta seja uma noção objetiva. E isso visto que o grau de verosimilhança de uma teoria é tão intemporal quanto a própria ideia de verdade — embora difira desta última por ser um conceito

relativo —, ao passo que o grau de corroboração de uma teoria é um conceito essencialmente dependente do tempo — tal como fiz notar na secção 84 da minha *Logic of Scientific Discovery* — e, nessa medida, um conceito essencialmente histórico).

A confusão entre verosimilhança e noções subjetivas como graus de crença, ou de plausibilidade, ou de aparência de verdade, ou de probabilidade subjetiva, é uma confusão tradicional. A história desta tradição deveria ser escrita. E revelar-se-ia mais ou menos idêntica à história da teoria do conhecimento.

Na Adenda anterior, esbocei muito superficialmente esta história, até ao ponto em que se prendia ao primitivo uso filosófico das palavras «semelhante à verdade» (palavras relacionadas com a raíz grega *eiko*, tal como *eikon* — uma parecença, uma imagem — *eoika* — ser semelhante a, ser parecido com, etc.). Ou seja, com palavras que foram usadas, pelo menos ocasionalmente (em todo o caso, por Xenófanes ou Parménides), em conexão com uma ideia de verdade *realista* ou *objetivista* (quer como «aproximações à verdade», tal como em Xenófanes, B35; quer no sentido de uma ilusória parecença com a verdade, como em Parménides, B8:60).

4. Na presente Adenda, vou apenas acrescentar algumas breves observações acerca do uso de determinadas palavras que tiveram, desde o princípio, um sentido *subjetivo*. Vou reportar-me a duas raízes gregas fundamentais. Uma delas é *dokeo* (*doke*, etc.): pensar, esperar, acreditar, ter em mente, sustentar uma opinião, relacionado com *doxa*, opinião. (Conceitos igualmente relacionados são *dekomai* — aceitar, esperar; *dokimos* — aceite, aprovado; e *dokeuo* — esperar, ver atentamente, estar de emboscada.) A segunda raiz é *peitho*, persuadir (e também a força ou a deusa Persuasão), com o significado de conquistar, de fazer as coisas parecerem plausíveis ou prováveis — *subjetivamente* prováveis, como é óbvio; e nas formas de *pithanoo* — tornar provável; *pithanos* — persuasivo, plausível, provável, e até especioso; *pistis* — fé, crença (assim como *kata pistin*, de acordo com a crença, de acordo com a probabilidade); *pistos* — fiel, crido, digno de ser acreditado, provável; *pisteuo* — confiar, acreditar; *pistoo* — tornar fidedigno, confirmar, tornar provável, etc.

Não existem quaisquer dúvidas acerca do significado fundamentalmente subjetivo destas palavras, que desempenham um importante papel na Filosofia desde os tempos mais recuados. *Dokos*, por exemplo, surge em Xenófanes, Dk B34, no belo fragmento citado nas páginas 46 e 211, onde traduzi este termo, *dokos*, por suposição («suposições»), dado que ele claramente significa «*mera* opinião» ou «*mera* conjetura». (Cf. Xenófanes B35; e B14, onde *dokeousi* significa «acreditar erradamente», ou «imaginar erradamente».) Poderíamos dizer que este uso depreciativo de *dokein* foi o berço do ceticismo. É talvez possível compará-lo com o uso mais neutro que encontramos em Heraclito B5 («pensar-se--ia que...») ou B27: «Quando os homens morrem, aguarda-os algo que não esperam nem *imaginam (dokousin)*». Mas Heraclito parece usar o termo também no sentido de «mera opinião», como em B17 ou B28: «[Porquanto] constitui mera opinião aquilo que mesmo os [homens] mais dignos de confiança defendem [ou preservam, ou abraçam] como conhecimento».

Em Parménides, *doxa*, opinião, é usada em direta oposição a verdade *(aletheia);* e surge mais do que uma vez (B1: 30; B8:51) associada a uma referência depreciativa «aos mortais». (Cf. Xenófanes, B14, e Heraclito, B27.)

Em todo o caso, *dokei moi* significa «parece-me», «afigura-se-me», aproximando-se assim muito de «parece-me plausível ou aceitável» (*dokimos einai*, «aceitável como real»; Cf. p. 28, Parménides, E1: 32).

5. O termo «provável» propriamente dito *(probabilis)* parece ter sido inventado por Cícero como tradução dos termos de origem estóica e cética *pithanos, pithané, pistin*, etc. (*kata pistin kai apistian* — no que se refere à probabilidade e à improbabilidade, *Sextus, Outline of Pyrrhonism* i, 10, e i, 232). Duzentos e cinquenta anos depois de Cícero, Sexto Empírico, *Against the Logicians* i, 174, distingue três sentidos «académicos» do termo «probabilidade» (to *pithanon*, o provável): (1) o que parece verdadeiro e é de facto verdadeiro; (2) o que parece verdadeiro e é de facto falso; (3) o que é simultaneamente verdadeiro e falso.

No caso (3), a aparência não é especialmente mencionada — o sentido visado parece ser a nossa aceção de aproximação à verdade ou verosimilhança. Noutros pontos, a aparência é claramente distinguida da verdade objetiva; mas a aparência é tudo o que podemos alcançar. O «provável» é, no uso de Sexto, aquilo que induz a crença. Sexto diz, incidentalmente (*Pyrrhonism* i, 231), referindo-se a Carnéades e Cleitomaco, que «os homens que [...] usam a *probabilidade como guia de vida* são dogmáticos»»; em contraste, «nós [os novos céticos] vivemos de um modo não dogmático, seguindo as leis, os costumes e as nossas afecções naturais». Sexto emprega, por vezes, «probabilidade» (ou «probabilidades aparentes», que parece quase um pleonasmo. Cf. *Pyrrhonism* II, 229) no sentido de «especioso». Cícero usa o termo num sentido diferente.

6. «Tais são as coisas», diz Cícero, «a que senti dever chamar prováveis (*probabilia*) ou semelhantes à verdade *(veri similia)*. Não me importo se preferis outra designação». (*Academica*, Fragm. 19).

Noutro ponto, escreve acerca dos céticos: «Para eles, uma coisa é provável (*probabile*) ou parecida com a verdade *(verisimile)*, e esta [característica] faculta-lhes uma regra de conduta na vida e nas suas investigações filosóficas» (*Academica* II, 32; em 33, Cícero alude a Carnéades, tal como Sexto em contexto idêntico. Cf. *Academica* II, 104: «guiado pela probabilidade»). Em *De Natura Deorum*, as probabilidades surgem *porque* a falsidade pode ser enganosamente semelhante à verdade. Todavia, em *Tusc*, I, 17, e II, 5, os dois termos são sinónimos.

7. Não há, por conseguinte, dúvida de que os termos «probabilidade» e «verosimilhança» foram introduzidos por Cícero como sinónimos, e num sentido subjetivista. E também não há dúvida de que Sexto, que usa «provável» num sentido subjetivista, pensava na verdade e na falsidade num sentido objetivista e distinguia claramente, de facto, entre a aparência subjetiva da verdade — verdade aparente — e algo como uma verdade parcial, ou uma aproximação à verdade.

A minha proposta é que usemos, com a devida vénia a Cícero, o seu termo originalmente subjetivista «verosimilhança» no sentido objetivista de «semelhante à verdade».

8. No que se refere aos termos «provável» e «probabilidade», a situação alterou-se radicalmente desde a invenção do *cálculo de probabilidades*.

Afigura-se agora essencial compreender que existem muitas interpretações do *cálculo de probabilidades* (tal como sublinhei em 1934, na secção 48 da minha *Logic of Scientific Discovery*) e, entre elas, *interpretações subjetivas e objetivas* (mais tarde designadas por Carnap «probabilidade1» e «probabilidade2»).

Algumas das interpretações objetivas, em especial a *interpretação propensiva*, foram brevemente referidas mais atrás (pp. 124 e 215–216) e na minha *Logic of Scientific Discovery*. Ver também o meu ensaio «The Propensity Interpretation of Probability», em *The British Journal for the Philosophy of Science*, 10, 1959, n.º 37, pp. 25–42, e «Quantum Mechanics Without "The Observer"», em *Quantum Theory and Reality*, editado por Mario Bunge, 1967, pp. 7–44.

8. Observações suplementares acerca dos pré-socráticos e, especialmente, acerca de Parménides (1968)

São aqui acrescentadas algumas observações em apoio de determinadas ideias expostas na *Introdução* e no Capítulo 5.

1. Na p. 48 da *Introdução*, afirmei, sem argumentar, que Parménides descreve a deusa Dike «como a guardiã e defensora das chaves da verdade, e como a fonte de todo o seu conhecimento».

Ao fazê-lo, identifiquei a deusa de DK B1: 22 com a deusa Dike de B1:14 a 17. Esta identificação (que remonta a Sexto, *Against the Logicians* i, 11,3) é rejeitada por algumas das principais autoridades na matéria, como W. K. C. Guthrie, em *A History of Greek Philosophy* II, 1965, p. 10 («uma deusa sem nome»), ou Tarán, em *Parmenides*, 1965, pp. 15, 31, 230. Ambos autores consideram que Parménides deixa a sua deusa (de B1:22) por nomear e apoiam essa ideia com argumentos subtis.

Trata-se, no entanto, de uma ideia que não me convence, ainda que a alusão da deusa à *dike* (ou *Dike*) na linha 28 (B1:28) seja, reconhecidamente, algo estranha se a interpretarmos como uma autorreferência. Essa estranheza, porém, dificilmente se atenuará se a referência for tomada como uma alusão ao seu próprio carcereiro. Parece assim melhor ler, tal como Tarán, «*themis*» e «*dike*» na linha 28, em vez dos correspondentes nomes próprios.

Tarán argumenta que Parménides deixa a sua deusa inominada no sentido de «enfatizar a objetividade do seu método». Mas por que é que Parménides nomeia então, oito linhas antes, a deusa Dike?

Existem dois argumentos a favor da identificação de Dike, nas linhas 14 a 17, com a deusa que revela a Parménides a verdade acerca do mundo existente (e acerca da origem do erro).

(a) A avaliação global de B1 até à linha 23 e, especialmente, de 11 a 22 sugere esta identificação, tal como demonstram os seguintes pormenores: Dike (embora na outra perspetiva não passasse de uma carcereira) é elaboradamente apresentada, em harmonia com o estilo de toda a passagem. É ela a principal personagem entre as linhas 14 e 20 *(arerote)*. Além do mais, a frase não parece acabar aqui, prolongando-se, de facto, até ao final da linha 21, mesmo antes do aparecimento da «deusa». Acresce ainda que, entre a linha 20 e o final da linha 21, se diz unicamente: «A direito pela estrada, atravessando os portões, as donzelas estacaram os cavalos». Esta frase de forma alguma sugere que a viagem

de Parménides, pormenorizadamente descrita até este ponto, tenha alguma continuação. Pelo contrário, parece-me antes ver aqui uma forte sugestão de que, quando ele atravessa os portões onde deve encontrar Dike, essa viagem atinge o seu termo. E como podemos nós acreditar que a suprema autoridade — e principal oradora do poema — entre em cena não apenas inominada, mas impetuosamente e sem qualquer apresentação — nem mesmo um epíteto? E por que teriam as donzelas de apresentar Parménides a Dike (e «apaziguá-la») se, de acordo com a perspetiva aqui contestada, ela fosse a personagem inferior e não a superior?

(b) Se, como é o meu caso, nós acreditarmos, à semelhança de Guthrie (*op. cit.*, II, p. 32; ver também pp. 23 ss., e Tarán, *op. cit.*, pp. 5 e 61 ss.), que existem provas cumulativas «de que Parménides, na sua crítica do pensamento anterior, teria sobretudo Heraclito em mente», então o papel desempenhado por Dike no *logos* deste último (ver DK Heraclito B28, que pode ter influenciado Parménides, uma vez que a sua terminologia é, em mais do que um aspeto, semelhante à parmenideana) tornaria compreensível o motivo por que Parménides, na sua *antilogia*, a cita como sua autoridade no que diz respeito ao seu próprio *logos*. (Diga-se, a propósito, que não me parece particularmente difícil presumir que nesta importante passagem de Parménides, B8, linha 14, Dike esteja a falar sobre si própria; mas já me custa bastante a crer que a «deusa» fale em tais termos acerca do seu próprio guardião de portões.)

2. Muito mais importante do que o problema de Dike afigura-se-me ser o problema do desenvolvimento inicial da Epistemologia, discutido no capítulo 5 do presente livro e no apêndice desse mesmo capítulo — e em relação ao qual as adendas 6 e 7 têm alguma pertinência. O que aqui pretendo analisar é sobretudo os primórdios da história do problema da contraposição entre racionalismo e empirismo, particularmente na sua forma sensualista.

Será evidente para qualquer pessoa que tenha lançado uma vista de olhos pela minha Introdução, ou pelo capítulo 5, que as ideias que eu próprio defendo são antissensualistas. Eu sou um empirista híbrido, uma vez que, afirmando embora que «a maioria das nossas teorias é, de qualquer das formas, falsa» (ver ponto 8 na p. 76), e que nós aprendemos com a experiência — isto é, com os nossos erros — a corrigi-las, não deixo também de afirmar que os nossos sentidos não são fontes de conhecimento em nenhum sentido autorizado. Não existe observação *pura*, ou uma experiência sensorial pura. Toda a perceção é interpretação à luz da experiência: à luz de expectativas, à luz de teorias. A estrutura e o funcionamento dos nossos próprios olhos e ouvidos são resultado de ensaio e erro, e eles têm expectativas (e, por conseguinte, teorias, ou algo de semelhante) inerentes à sua anatomia e fisiologia. E o mesmo se passa com o nosso sistema nervoso. Não existirá, por conseguinte, nada como um dado dos sentidos, nada «dado» ou não interpretado, que constitua o material concreto dessa interpretação em que se baseia a perceção: tudo é interpretado, selecionado, a um nível ou outro, pelos nossos próprios sentidos.

No que respeita aos animais, esta seleção é resultado da seleção natural. No nível mais elevado, é resultado da crítica consciente — do facto de submetermos as nossas teorias a um processo de exame crítico que tem em vista a eliminação do erro por meio do debate crítico *e* do teste experimental.

Mais recentemente, cheguei a apresentar este processo de seleção sob a forma de um diagrama algo simplista ([14]):

$$P_1 \to TT \to EE \to P_2$$

P_1 é o *problema* de que partimos; TT são as teorias experimentais mediante as quais tentamos resolver esse problema; EE é o processo de eliminação do erro a que as nossas teorias são submetidas (seleção natural no nível pré-científico; exame crítico, incluindo a experimentação, no nível científico); e P_2 é o novo problema que emerge da deteção dos erros das nossas teorias experimentais.

Todo o esquema demonstra que a Ciência começa com problemas e termina com problemas, desenvolvendo-se através da audaciosa invenção de teorias e da crítica de diferentes teorias adversárias.

Este esquema tetrádico pode ser encarado como uma espécie de aperfeiçoamento da tríade dialética atrás analisada nas

---

([14]) Publiquei este diagrama (e versões mais elaboradas dele) em 1966, na minha conferência evocativa de Compton, *Of Clouds and Clocks* (proferida em 1965). Ver igualmente a minha conferência «Epistemology Without a Knowing Subject», publicada em 1968 *in Proceedings of the Third International Congress for Logic, Methodology and Philosophy of Science*, pp. 333–373. Ambas se encontram agora em *Objective Knowledge*, Oxford University Press 1972; ed. revista em 1979.

pp. 507-509. Tal como ela, sumariza tanto a evolução pré-científica como a evolução da Ciência.

3. Os Pré-Socráticos parecem representar a irrupção do debate consciente e crítico da Ciência. O que neles é tão perfeitamente espantoso é o facto de não só progredirem mediante a crítica mútua (um processo que, no espaço de algumas gerações, iria conduzir ao atomismo; à teoria da forma esférica da Terra, da luz não própria da Lua e dos eclipses; e à antecipação do sistema copernicano por Aristarco) como de começarem também a tomar consciência e a refletir sobre o seu próprio método crítico logo desde Xenófanes.

Observações de natureza antissensualista e pró-intelectualista podem ser encontradas em Heraclito, por exemplo em B46 e 54 (cf. B8 e 51) e em B123 (cf. B56), todos mencionados no capítulo 5, mas também em B107: «os olhos e os ouvidos são testemunhas falsas». (Essas testemunhas falsas são igualmente aludidas em B28. Ver também B101a, à luz do qual tanto 107 como 101a apenas podem significar: «Os testemunhos oculares são preferíveis ao ouvir dizer».) Ver também B41: «Sabedoria é conhecer o pensamento [ou seja, o *logos*, a história, a teoria, a lei; cf. *panton kata ton logon* em B1: "tudo acontece de acordo com essa [história, teoria, ou] lei" que tudo conduz através de tudo».

4. Mas o passo mais decisivo terá sido, provavelmente, o desafio da experiência por Parménides e a sua teoria da refutação crítica, da qual citei algumas passagens nas pp. 51-52 e, especialmente, 283. E, ainda que sejam sobretudo estas últimas que pretendo analisar em maior profundidade, quero dizer antes algumas palavras sobre as primeiras.

Parménides foi um dos maiores e mais espantosos pensadores de todos os tempos. Foi um pensador revolucionário, e tão consciente de o ser quanto Heraclito. Todavia, a sua revolução consistiu, em parte, na tentativa de provar uma doutrina da imobilidade ou invariância da realidade, ou seja, da inexistência de mudança.

Entre as suas outras inovações revolucionárias incluem-se a sua descoberta da distinção entre a *aparência* e a *realidade* que lhe está subjacente; e a sua investida contra o senso comum, o empirismo e as crenças tradicionais, que ele considerava baseadas na mera convenção (atribuição de nomes[15]) e não na verdade — ou seja,

---

[15] É a atribuição de nomes ao que não existe (aos opostos não-existentes, luz e noite) que origina a inverdade da *doxa*. Cp. B8: 53: «pois eles decidiram dar nomes».

baseadas na *doxa*, na simples opinião dos mortais. Em tudo isto Parménides teve, obviamente, predecessores, mas foi muito mais longe do que eles.

5. É por isso que traduzo B8: 60-61, em que a deusa fala do mundo da *doxa*, da aparência ilusória (cf. p. 52):

> Agora deste mundo arranjado para se assemelhar inteiramente à
> [verdade te falarei eu.
> Após o que não mais serás desencaminhado pelas ideias dos mortais.

A tradução habitual de *parelassei*, que eu agora traduzi por «desencaminhado», é «ultrapassar». Kirk e Raven, por exemplo, traduzem: «Toda a ordenação destas (coisas) eu te explico como parece provável, para que nenhum pensamento dos homens mortais alguma vez te ultrapasse.» Eu penso que o termo «ultrapassar» (ou termos semelhantes, que sugerem que o objetivo da deusa seria ajudar Parménides a vencer, caso ele entrasse numa competição ou desafio verbal com outros «mortais») é não apenas enganador, mas também destrutivo para a seriedade da mensagem da deusa, que tem por finalidade primeira revelar a verdade e por segunda dotar Parménides do armamento intelectual necessário para evitar os erros da crença tradicional, e evitar ser desencaminhado por ela.[16]

6. Particularmente importante no que se refere ao ataque de Parménides ao empirismo é o seu fragmento B16, atrás traduzido na p. 283. Nessa página, encontra-se não apenas uma tradução, mas também uma espécie de comentário. Eu vejo nesta passagem tanto um ataque como uma formulação antecipatória da doutrina sensualista segundo a qual *nada pode haver no intelecto que não tenha previamente estado nos órgãos dos sentidos*.

Parménides lança o seu ataque usando a expressão «muito errantes» *(polyplanktos)* para caracterizar os órgãos dos sentidos, e deixando implícito que o intelecto ou o «pensamento», *até ao ponto em que está dependente dos sentidos*, deverá ser igualmente entendido

---

[16] Traduzi anteriormente *parelauno* por «aterrar», tendo em mente o peso da crença religiosa tradicional a que Parménides teria de fazer frente e resistir, e o significado de «levar-te ao descontrolo» ou «arrebatar-te» que Homero dá a *elauno*. Charles Kahn objetou que essa escolha ignora o *«para»* de *«parelauno»*. A minha tradução atual tenta responder a essa objeção.

como «errante». É essa a ideia efetivamente expressa em B6:6, onde *plakton noon* claramente significa «pensamento errante» (ou «mente errante», como diz Guthrie na p. 21 do vol. II da sua *History of Greek Philosophy*, 1965). E é reforçada pela óbvia oposição entre este «pensamento errante» e essa «razão» ou «argumentação» crítica de B7:5 a que a deusa faz apelo contra as reivindicações da experiência sensorial. (Cf. a minha tradução de B7 na p. 283.)

Os dois termos que se seguem afiguram-se cruciais para a interpretação por mim proposta do fragmento epistemológico B16, o fragmento sobre os muito errantes órgãos dos sentidos, citado na p. 283: *a)* a tradução de «muito errantes» por *polyplanktos*; e *b)* a tradução de «órgãos dos sentidos» por *melea*. Se estas duas traduções estão correctas, então a interpretação do resto da passagem segue-se quase necessariamente.

Deixem-me todavia dizer, e antes de discutir a tradução destas duas expressões, *(a)* e *(b)*, que tenho dois argumentos fundamentais para a minha interpretação da passagem: primeiro, que ela está em harmonia com a tradição filosófica (especialmente com Empédocles e Teofrasto); e segundo, que a minha tradução não só faz sentido, como um sentido de considerável relevância filosófica, ao passo que as outras interpretações não parecem fazer grande sentido — se é que fazem algum.[17]

([17]) Posso talvez, no interesse do leitor, repetir a minha tradução dos fragmentos de natureza epistemológica, B16, da página 226, e compará-la com algumas outras. A minha é:

Pois conforme seja, num dado momento, a mistura dos muito errantes órgãos dos
[sentidos,
Assim surgirá o conhecimento nos homens – porquanto estes dois são a mesma
[coisa:
Aquilo que pensa e a mistura que constitui a natureza dos órgãos dos sentidos
O que nessa mistura prevalece transforma-se em pensamento, em cada um e em
[todos os homens

Kirk e Raven traduzem (*Os Filósofos Pré-Socráticos*, 1957, 1960, p. 282 (da edição inglesa): «Consoante a mistura que cada homem tem nos seus membros errantes, assim sobrevém o pensamento à Humanidade; pois aquilo que pensa é a mesma coisa, a saber, a substância dos seus membros, em cada um e em todos os homens; porquanto o que mais há é pensamento».

Eu considero isto incompreensível. Mais estranho ainda é, no entanto, o comentário de Kirk e Raven ao fragmento (p. 282): «a equação de percepção

7. Vou agora proceder à análise das duas expressões fundamentais *(a)* e *(b)*.

(a) «Muito errantes» para *polyplanktos*. Parménides usa o termo *plazo, plasso* (na forma *platto*), que parece associar estreitamente a *plazo* (cf. Diels, *Lehrgedicht*, p. 72) e *planao*, e *sempre* com o significado de transviar-se ou *afastar-se do caminho da verdade*. Ver B6:6 (*plakton noon*, «pensamento errante»); B8:28 (*eplachthesan*: «eles foram impelidos para longe»); B6:5 (*plattontai*: «eles perdem-se», «eles vagueiam», «eles erram»); B8:54 (*peplanemenoi*, «eles extraviaram-se», «eles erram»).

Em todos os casos, exceto, talvez, em B8:28 — com o significado de «eles foram impelidos para longe por *convicção verdadeira*» —, as palavras têm o significado de *opinião ou crença errónea*. Temos, pois, todas as razões para traduzir, numa passagem como a nossa B16 — a que se atribui em geral um carácter essencialmente epistemológico —, *polyplanktos* por «muito errantes», em vez de «vagabundos» (Kirk e Raven) ou «muito vagabundos». (Tarán, que acrescenta na p. 170 que *polyplanktos* «transmite supostamente *a noção de mudança*». (Os itálicos são meus.) Parece uma interpretação estranha, dado que, mesmo quando *plazo* significa «vagabundo» ou «perdido», é habitualmente no sentido de «errando impotentemente» ou «deambulando», com a conotação de «*sem saber* para onde ir». Todas as formas parecem estar relacionadas com *plagiazo*, girar, andar às voltas; e também enganar.)

(b) Órgãos dos sentidos para *melea*. Tal como anteriormente referi, era esta a tradução de Diels em 1897. Esta interpretação é fortemente sugerida pelo contexto em que o fragmento B16 de

---

e pensamento vem, estranhamente, de [Parménides]». Uma vez que Kirk e Raven falam de «membros» — onde eu penso que deveriam falar de «órgãos dos sentidos» —, parece-me estranho que interpretem a passagem como equiparando *perceção* (perceção sensorial) e pensamento. Além disso, a equação da *muito errante* perceção e do pensamento *errante* (B6:6) adequa-se muito bem ao racionalismo de Parménides. H. Diels (*Parmenides's Lehrgedicht*, 1897, p. 112) interpretou *meleon* como «órgãos dos sentidos». E o mesmo fez K. Reinhardt, *Parmenides*, p. 77. Autores atuais parecem interpretá-lo tanto no sentido de «membros» como de «corpo». É assim que Tarán, *Parmenides*, 1965, p. 165, p. 169, traduz: «Pois conforme seja, a qualquer momento, a mistura do muito errante corpo, assim surgirá a mente nos homens. Porquanto a mesma coisa é que a natureza do corpo pensa em cada um e em todos os homens; pois o pleno é pensamento».

Parménides nos é transmitido, e discutida por Aristóteles (*Metafísica*, numa passagem, com início em 1009b13, em que é analisada a doutrina de que «o conhecimento é perceção sensorial») e Teofrasto (*De sensu*, 1 ss.). Esta interpretação é, no entanto, contestada por diversos autores, entre eles Guthrie (*History of Greek Philosophy*, II, p. 67), que escreve: «*melea* lit. "membros"», isto é, o corpo, para o qual não havia ainda nenhuma palavra coletiva de uso corrente. Tarán (*Parmenides*, p. 170) não recorre a este argumento, mas recomenda a mesma interpretação.

Eu não consigo compreender o argumento de Guthrie. Vamos supor que a palavra *soma* não era ainda generalizadamente usada para o corpo vivo (Homero aplica-a ao cadáver), embora eu a encontre citada como denotando «o *corpo vivo*, unicamente dos homens» na minha edição de Liddell e Scott de «*Os Trabalhos e os Dias*» de Hesíodo (538); na *Teogonia*; e em Píndaro («corpo, como oposto a espírito» *(eidolon)*, Píndaro, Fr. 96).([18])

Todavia, mesmo admitindo que *soma* não estivesse ainda enraizada no uso comum, havia uma outra palavra: *demas*, que se encontra frequentes vezes em Homero como designação de «*corpo*, isto é, da *estatura ou estrutura física do homem*» (Liddell e Scott). Em todo o caso, surge numa passagem cuja terminologia é usada por Parménides, isto é, em Xenófanes B14: «Mas os mortais são de opinião de que os deuses [...] têm corpos como eles próprios». Ver igualmente Xenófanes, B23: «Um único deus, o maior entre deuses e homens, e dissemelhante deles, quer em corpo, quer em pensamento». Reconhecidamente, *demas* é igualmente usado no sentido de «estrutura», «estatura», «figura» ou «forma», por exemplo em Parménides, B8:55. Mas, algumas linhas mais abaixo, em B:59, significa de facto «corpo» («denso em corpo e pesado» é a tradução de Tarán; Guthrie traduz por «forma»).

([18]) *Soma* foi também usado por alguns Pré-Socráticos. De acordo com o *Crátilo* (400C) de Platão, onde é discutida a etimologia de *soma*, este termo foi utilizado pelos poetas órficos, que sugeriram que «o corpo *(soma)* é o guardião da alma *(psyche)*»; cf. DK, Orpheus B3. Ver igualmente DK, Epicharmus B26: «Se o teu espírito *(nous)* estiver limpo, também todo o teu corpo *(soma)* o estará». (O que antecipa: «Para o puro todas as coisas são puras»). B15:4 de Xenófanes (citado atrás, «e cada um figuraria então corpos de deuses à semelhança da sua própria espécie») contém ambos os termos, *soma* e *demas*.

Deste modo, enquanto a tradução de *melea* por «corpo» dificilmente pode ser defendida pelo argumento de que não haveria nenhuma outra palavra disponível, o significado de «órgãos dos sentidos» pode ser-lhe atribuído justamente por essa razão.

Não encontro, na verdade, em nenhum fragmento pré-socrático aceite como genuíno, qualquer termo geral que pudesse, de alguma forma, significar «órgãos dos sentidos» e que seja anterior ao termo *melea* de Parménides e ao termo (sinonímico) *gyia* de Empédocles (bem como ao seu termo *palamai*, que significa literalmente «mãos» — ver à frente). Em vez disso, os diversos órgãos dos sentidos são enumerados, tal como no atrás citado fragmento B7 de Parménides. Não existe sequer um termo para «sentido». (Por estranho que pareça, nos fragmentos aceites mais antigos, encontro apenas uma única ocorrência de um termo geral com o sentido de «perceber» ou «perceção sensorial». Surge num fragmento de notável interesse, Alcméon, B1a; e parece possível que Alcméon tenha efetivamente escrito «ver» ou «ver e ouvir», onde Teofrasto escreveu *aisthanetai*, isto é, «perceber».) Este facto é tanto mais surpreendente quanto a ideia geral de sentido e de órgãos dos sentidos (e de perceção sensorial) obviamente existia: os olhos e os ouvidos são mencionados conjuntamente, por exemplo, em Heraclito. Parménides refere-os em conjunto com a língua, e Empédocles em conjunto com as mãos e também com os membros *(gyia)*.

Ora *melea*, o plural de *melos*, significa basicamente *membros*, tal como *gyia*, (Cf. *kata melea*, «membro por membro»; *meleïzo* ou *melizo*, «desmembrar».) *Melos* significa também uma canção — sem dúvida, originalmente uma *estância*, um verso, *uma parte orgânica, um membro* de uma canção. Como dizem Liddell e Scott, a palavra envolve «a noção de simetria das partes, tal como em Alemão *Glied, Lied*»[19]. Olhos, ouvidos e membros, até mesmo o nariz, estão todos simetricamente dispostos; e temos todos os motivos para supor que Parménides também terá pensado nas mãos e nos pés. (Ver adiante.)

---

[19] É interessante que, em Alemão, «geglidert» (literalmente, «membrado») significa «muito articulado» ou «com partes organicamente relacionadas e equilibradas»; ao passo que «membrado» ou «dotado de membros» não significa em Inglês nada de semelhante.

Não era somente Parménides que carecia de uma palavra para «órgão sensorial»: Empédocles debateu-se com o mesmo problema. É interessante ver que Tarán, que rejeita o significado de «órgãos dos sentidos» sugerido por Diels, dá a entender (p. 170) que *melea* e *gyia* são sinónimos. Em sua opinião, ambos os termos seriam «usados para designar o corpo vivo por inteiro». E dá-nos referências que, diga-se de passagem, me parecem inconclusivas e muito pouco convincentes, porquanto, em todos os casos, «membros» ajustar-se-ia pelo menos tão bem como «corpo» — e de qualquer das formas, uma vez que Tarán indica que *melea* e *gyia* são sinónimos, é extremamente interessante que Empédocles faça uso de *gyia* (e de membros como as «mãos») na sua busca de uma descrição geral aceitável dos órgãos dos sentidos.

Empédocles está, segundo creio, a aludir a Parménides B7, ao «olho cego» e ao «ouvido ensurdecido»([20]); mas tenta defender os órgãos dos sentidos como indispensáveis — se bem que muito imperfeitas — fontes de conhecimento. Escreve assim em B2:1: «Pois estreitos são os caminhos [as aberturas([21])] dos nossos órgãos dos sentidos [*palamai*, literalmente «mãos»] que se encontram distribuídos [talvez «como suaves protuberâncias»] pelos membros *(gyia);* e muita coisa de pouca importância irrompe por eles dentro, embotando a nossa atenção (*merimna:* cuidado, atenção, pensamento, mente)».

O facto de Empédocles se referir com *palamai*, e também *gyia*, aos «órgãos dos sentidos» torna-se muito claro em B3: 9–13, onde ele os especifica como aqueles que nos proporcionam a visão, a audição e a língua (como Parménides em B7), e nos adverte para que não ocultemos a evidência *(pistis)* dos «*outros membros*» *(gyion).*

Nada poderia ser mais claro. Mas há outras provas. Cícero, numa passagem que se refere a Empédocles, traduz os «limitados órgãos dos sentidos» *(steinopoi palamai)* por «angustos sensus» (*Academica*, I, 12:44). Fala aí da «obscuridade dos factos, que levou Sócrates a uma confissão de ignorância e, antes dele, até Demócrito, Anaxágoras e Empédocles [...] que afirmaram que nada pode ser conhecido, em virtude dos nossos *limitados sentidos*» (Cícero exagera a desconfiança de Empédocles em relação aos sentidos).

([20]) Traduzido atrás, na p. 283.
([21]) Ou «os caminhos» (*poros:* B3:12) para o conhecimento.

Uma vez que *gyia* significa em Empédocles B3:13, indubitavelmente, «órgãos dos sentidos», e uma vez que, tal como foi indicado pelo próprio Tarán, *melea* e *gyia* são sinónimos (embora o sentido musical de *melea* possa sugerir uma conotação particular de simetria e articulação, que está ausente em *gyia*), não creio que nos sobre alguma razão para rejeitar a ideia de Diels de que *melea* significa órgãos dos sentidos.([22])

8. Mas, assim que interpretamos o nosso fragmento epistemológico, Parménides B16, como um ataque aos *muito errantes órgãos dos sentidos*, ele converte-se num ataque à teoria sensualista segundo a qual os órgãos dos sentidos produzem um conhecimento verdadeiro. Esta teoria, como tudo na *doxa*, faz parte da opinião errónea dos mortais e é atribuída à convenção e ao hábito.([23])

Logo em Empédocles, tem início, tal como vimos, uma reação contra esta revolução racionalista. Empédocles admite a «limitação» e fraqueza geral dos sentidos. Não deixa, todavia, de considerar que são fontes de conhecimento, se forem todos usados para mútua corroboração.

Iria decorrer, porém, bastante tempo até que a crítica parmenideana do sensualismo fosse repelida por um dogma sensualista

---

([22]) (Acrescentado em 1971.) Depois de ter saído a terceira edição deste livro, em 1968, ocorreu-me que em *Partes dos Animais*, de Aristóteles, se podiam encontrar provas demonstrativas de que aquelas partes do corpo a que chamamos órgãos dos sentidos (como o nariz ou os olhos) podem ter sido outrora designadas por *melea*. Encontrei a seguinte passagem (Aristóteles, *De part. an.*, 645b36 a 646a1; estou a citar a edição Loeb, pp. 104 ss.): «Exemplos de partes são: Nariz, Olho, Face; cada uma delas tem o nome de "membro"». A palavra aqui traduzida por «membro» é *melos*, o singular (extremamente raro) de *melea*. Isto parece encerrar a discussão.

([23]) Há dois outros pontos em Parménides B16 que eu podia comentar.

(a) Ainda que, sob a influência do argumento de Tarán, eu tenha substituído, na terceira edição deste livro, «prevalece» por «contém» (ver igualmente a minha análise em *Studies in Philosophy*, editado por J. N. Findlay, Oxford Paperbacks 112, p. 193), decidi agora regressar a «O que nesta mistura prevalece».

(b) O outro ponto (mencionado na segunda edição do presente livro) é uma referência a Charles H. Kahn, relacionado com o significado de «natureza» *(phusis)*, em B16:3, como o «estado da composição física» ou o «estado da mistura» de uma coisa. Este sentido é discutido por Kahn no seu livro *Anaximander* de 1960, por exemplo, na p. 202, numa passagem muito informativa em que este autor cita *De Victu*.

que omitiu (duas vezes) a palavra «errante» da sua sarcástica fórmula, de acordo com a qual *não há nada no intelecto (errante) que não tenha previamente estado nos (errantes) sentidos.*

9. Se Platão estava correto, um ataque poderoso contra o antissensualismo de Parménides terá sido desferido por Protágoras, que, com a sua célebre proposição «o homem é a medida de todas as coisas», tentou que o tiro de Parménides lhe saísse pela culatra. Para Protágoras, os homens, dada a sua condição de mortais, seriam obrigados a aceitar aquilo que Parménides desdenhosamente descrevera como opinião enganadora, como uma mera aparência dos sentidos (o que faria dele um defensor da *doxa* parmenideana).

Assim sendo, a «frase obscura» (como Platão a classifica no *Teeteto*, 152c) de Protágoras talvez se torne mais compreensível se for vista como síntese do seguinte argumento:

Vamos supor que Parménides tinha razão, e que o verdadeiro conhecimento da realidade — daquilo que realmente existe — está limitado aos deuses, enquanto os mortais confiam em geral nos seus muito errantes» sentidos e nas convenções humanas. Neste caso, uma vez que *somos* humanos e não dispomos de outro critério (ou «medida») que não seja o humano para decidir «da existência das coisas que são e da não existência das que não são» (*Teeteto* 152a), temos de aderir (não displicentemente, como Empédocles, mas) com toda a convicção à epistemologia sensualista (tão sarcasticamente descrita por Parménides) como única teoria possível do conhecimento humano. Deste modo, a verdade torna-se subjetiva.

Se partirmos do princípio de que Demócrito foi influenciado tanto por Parménides como por Protágoras, o seu famoso diálogo entre a razão e os sentidos (Demócrito, B125) poderá então ser descrito como um diálogo entre estas duas perspetivas. A Razão (isto é, o Eleatismo) ataca os sentidos: «Doce: por convenção; amargo: por convenção; frio: por convenção; cor: por convenção. Na verdade, só existem átomos e o vazio»([24]). Os sentidos (Protágoras) respondem: «Pobre intelecto! Tu que te alimentas dos nossos testemunhos, estás a tentar derrubar-nos? A nossa queda é a tua própria ruína».

([24]) Demócrito estava consciente do facto de o seu atomismo ser uma doutrina racionalista de uma realidade por detrás da aparência e um desenvolvimento do Eleatismo. E o mesmo acontecia com Aristóteles.

Epicuro seguiu, nesta questão, Protágoras e não Demócrito. Mas a fórmula parmenideana mais concisa, *sem* a dupla presença de «errante», parece dever-se a S. Tomás de Aquino: «Não há nada no intelecto que não tenha anteriormente estado nos sentidos». Duzentos e cinquenta anos depois de S. Tomás, podemos encontrar uma espécie de reformulação da perspetiva de Parménides (ou de Demócrito) em C. Bovillus (1470–1533), *De intellectu*: «Nada existe nos sentidos que não tenha anteriormente estado no intelecto. Nada existe no intelecto que não tenha anteriormente estado nos sentidos. O primeiro aplica-se aos anjos, o segundo aos humanos». Parménides dissera essencialmente o mesmo: o primeiro era o caminho da verdade, tal como fora revelado pela deusa; o segundo era o caminho da iludida opinião dos errantes mortais.

Tudo isto, segundo a minha interpretação, estará contido no seu fragmento epistemológico, B16.

9. Os pré-socráticos: unidade ou novidade? (1968)

Desde que, no final de 1960, escrevi o apêndice (agora aumentado) do capítulo 5, tive ocasião de ler o admirável livro de Charles H. Kahn, *Anaximander and the Origins of Greek Cosmology* (1960). Kahn destaca, corretamente, a «unidade essencial» (p. 5) das primitivas especulações acerca da Natureza, e faz notar que as diretrizes do pensamento de Anaximandro dominam as cosmologias dos seus sucessores, pelo menos até ao *Timeu* de Platão. Este destaque afigura-se-me importante como contrapeso para o destaque por mim conferido à novidade das sucessivas teorias. Todavia, a minha tese de que a novidade é *fruto de um debate crítico* parece-me abranger ambos os pontos de vista. Existe claramente unidade e novidade.

Posso, talvez, acrescentar aqui um ponto a respeito da teoria de Anaximandro acerca da livre suspensão da Terra, que tanto Kahn como eu consideramos da maior importância. Eu tenho sugerido que esta teoria poderia bem ser consequência da crítica de Anaximandro a Tales. Mas parece-me claro que ela constitui também uma resposta crítica a uma passagem da *Teogonia* (720–725). Essa passagem sugere vivamente a ideia de que a Terra está equidistante das partes do Universo que a rodeiam — uma vez que é dito que o Tártaro está exatamente tão abaixo da Terra quanto o céu (Urano) está acima dela. (Comparar também a *Ilíada*, 8, 13-16; e a *Eneida*, VI, 577.) Esta passagem sugere também, muito nitidamente, que *seria possível traçar um diagrama* no qual, se o Céu fosse concebido como uma espécie de esfera, a Terra ocuparia nele a posição que lhe foi atribuída por Anaximandro.([25])

10. Um argumento, devido a Mark Twain, contra o empirismo ingénuo (1989)

O meu argumento das pp. 65 ss. contra uma forma ingénua de empirismo foi basicamente antecipado por Mark Twain. No seu primeiro trabalho como repórter, conta-nos ele, o editor do jornal instruiu-o no sentido de nunca relatar nada que não pudesse *verificar ou confirmar por conhecimento pessoal*. E ele descreveu, então, um evento social da seguinte maneira: «Segundo consta, uma mulher que se apresenta com o nome de sr.ª James Jones, e que é referida como uma das mais destacadas figuras da sociedade local, terá dado ontem o que passou por ser uma festa para um certo número de supostas senhoras. A anfitriã diz-se esposa de um famoso advogado».

Por aqui, vê-se que Mark Twain depressa se apercebeu da patetice da teoria empirista ingénua (da verificação) das fontes do nosso conhecimento.

([25]) A *Ilíada*, 8, 13-16 é citada por Kahn, que, referindo-se embora à *Teogonia*, não menciona o passo 720-725 desta obra (talvez por as linhas 721 a 725 não constarem de alguns dos manuscritos, ou então por serem duvidosas?). Pode ser esse o motivo por que ele diz (p. 82) acerca de *Teogonia*, 727 ss, etc.: «Seria inútil traçar um diagrama para acompanhar tal descrição».

Uma discussão muito interessante da relação entre Hesíodo e Anaximandro pode ser encontrada em *The «Apeiron of Anaximander»*, de Paul Seligman, 1962.

Índices

As referências em itálico indicam as passagens mais importantes.
«c» (no Índice Onomástico) significa «citado».
«n» significa «nota de rodapé».
«d» a seguir a uma referência (no Índice Remissivo) significa que o termo é discutido e explicado no local referido.
Os índices foram organizados por A. E. Musgrave.

Índice de citações

Página 23: Oscar Wilde, *O Leque de Lady Windermere*, Ato 3.

Página 23: John Archibald Wheeler, *American Scientist*, 44, 1956, p. 360.

Página 37: Albrecht Dürer, Schriftlicher Nachlass, por Lange Fuhse, p. 288 (de um manuscrito do Museu Britânico, de apr. 1513).

Página 37: Sir John Eccles, extraído da sua *Nota Biográfica*, escrita aquando da sua distinção com o Prémio Nobel.

Página 39: Benedictus De Spinoza, *Of God, Man, and Human Happiness*, capítulo 15.

Página 39: John Locke, *Conduct of Understanding*, Secção 3.

Página 39: David Hume, *Investigação sobre o Entendimento Humano*, Secção VII, Parte I.

Página 83: Albert Einstein, Relativity, *The Special and General Theory*, p. 77.

Página 85: Anthony Trollope, *Phineas Finn*, capítulo xxv.

Página 285: Samuel Butler, *The Way of All Flesh*, Everyman ed. de 1963, p. 288.

Página 417: Platão, *Fédon*, 85c-d.

Página 507: René Descartes, *Discurso do Método*, Secção 2. Uma citação mais completa seria: «Mas pelo menos isto tinha eu aprendido com os escolásticos: que não se pode dizer nada de tão absurdo que não tenha ainda sido dito por algum filósofo».

Página 534: David Hilbert, «Über das Unendliche», *Mathematische Annalen*, 95, 1926, p. 163.

(As diversas traduções ao longo do livro são minhas.)

Índice onomástico

(Ver nota explicativa na página 659)

A

Ackermann, W., 434
Adão, 60, 230, 396, 554
Adler, A., 86-89, 92, 271
Agassi, J., 370n, 410n, 465, 465n, 466
Ágaton, 640
Agostinho, Santo, 57
Alcméon, 653
Anaxágoras, 159n, 167n, 170, 170n, 654
Anaximandro, 241, 244, 245, 245n, 246-250, 250n, 251-252, 254, 258, 262, 270, 275, 657, 658, 658n
Anaxímenes, 246, 249, 251, 252, 254, 258
Andersen, Hans Christian, 489
Antífon, 394
Aristarco, 149n, 169, 175, 184n, 187n, 190, 244, 248, 249, 648
Aristóteles, 40n, 44, 53, 53n, 54, 58, 64, 113, 145, 149n, 155, 156n, 158, 158n, 160n, 164, 167, 168n, 169, 172n, 173, 174, 174n, 186n, 245, 245n, 247, 250n, 253, 256, 259, 272, 273, 275, 279, 280, 318n, 319, 340n, 347, 377, 394, 605, 607, 637, 640, 652, 655n, 656n
Arquimedes, 149n, 159, 160n, 169, 541

B

Bach, J. S., 144n
Bacon, Francis, 41, 43, 45, 47, 53-61, 66, 67, 159n, 184n, 205, 208, 243, 244, 247, 320, 422, 423, 436, 583, 599, 605
Bäge, F., 102, 102n
Bar-Hillel, Y., 454n, 469n
Bartley, W. W., 29
Becker, Otto, 173n
Becquerel, H., 369
Beethoven, L. van, 55
Behmann, H., 434
Bekker, I., 155n, 159n
Bellarmino, R. F. R., Cardeal, 184, 184n, 186, 187, 189
Bentham, Jeremy, 556
Bentley, R., 176n, 197n
Bergson, H., 268n, 611
Berkeley, G., Bispo, 41, 139, 142, 145, 171, 176n, 184n, 185-187,

189, 193, 194, 200, 203, 208, 211, 213, 245n, 285-297, 326, 334, 335, 427n, 429, 439, 465, 611
Bernays, Paul, 434
Bohr, Niels, 188, 189, 207, 208, 308, 370, 402, 403, 408
Bolzano, B., 142n, 161n
Born, Max, 115, 115n, 116, 117, 117n, 142n, 216
Boscovic̆, R. G., 314n, 370
Bothe, W., 402
Bovillus, C., 657
Boyle, R., 319
Bradford, o Bispo de, 589, 589n, 593, 600
Brahe, Tycho, 176, 317, 318
Bridgman, P. W., 186n
Broglie, L. de, 168n, 369
Brooke-Wavell, B., 366
Brouwer, L. E. J., 142n, 161n, 354, 445
Brown, J. A. C., 149n, 219, 231, 232
Bruno, Giordano, 184n
Bühler, K., 238, 479n, 481
Bunge, Mário, 644
Buridan, J., 245n, 499
Burke, E., 10, 218, 586
Burnet, J., 154n, 255, 256, 698
Busch, W., 383, 383n, 385
Butler, Samuel, 285, 587, 588, 589

C

Caird, E., 301n
Calvino, J., 34 59
Carnap, R., 96n, 97n, 125n, 350, 353n, 354n, 379n, 412, 413, 419, 420, 420n, 421, 421n, 422, 426, 427, 427n, 428-431, 431n, 432n, 433, 434n, 435-441, 441n, 442, 443n, 444-446, 446n, 447-451, 451n, 452, 453, 454n, 455, 455n, 456, 456n, 457n, 458, 458n, 459, 459n, 460-462, 462n, 463, 463n, 464, 464n, 465-468, 468n, 469n, 472, 472n, 473-475, 475n, 476--478, 616n, 644
Carnéades, 643, 644
Cassirer, E., 301n, 326n
César, Júlio, 44, 426 70, 518
Cherniss, Harold, 49, 187n, 279
Church, A., 444, 445
Churchill, Sir Winston, 585
Cícero, 643, 644, 654
Cidenas, 149n
Clarke, J., 303n
Cleitomaco, 643
Cohen, J. K., 520n
Cohen, Morris, 348
Colombo, Cristóvão, 213, 214, 369
Compton, A. H., 647n
Comte, A., 141, 546
Condorcet, M. J. A. N. de Cariat, Marquês de, 560n
Constable, J., 61
Cope, G., 589n
Copérnico, 149n, 169, 176, 183, 184, 184n, 185, 190, 244, 248, 249, 302, 307, 308, 317, 318, 408, 436
Cornford, F. M., 154, 154n
Cotes, Roger, 196, 196n
Crátilo, 153, 259
Crítias, 46, 639
Crusius, C. A., 307n

D

Davisson, C. J., 369
Demócrito, 34, 35, 49, 113, 114, 115,... 58, 60, 76, 154-157, 157n, 158-160, 160n, 161, 161n, 162,

ÍNDICE ONOMÁSTICO

162n, 165-167, 167n, 170, 170n, 174, 175, 190, 250, 255, 266, 275, 654, 656, 656n, 657
Descartes, R., 40n, 41, 43, 45, 47, 49, 52n, 53, 55-60, 64, 73, 145, 168n, 170, 197, 198, 198n, 268, 300, 319, 507, 524, 533, 662
Dickens, Charles, 236
Diels, H., 25n, 118n, 124n, 125n, 128n, 131n, 216, 220, 321..... 49n, 159n, 160n, 167n, 170n, 174n, 272, 272n, 393n, 651, 651n, 654, 655
Dingler, Hugo, 294n
Dirac, P. A. M., 300, 329, 330... 370, 403, 404
Dostoiévski, F. M., 44
Duhem, P., 128n, 186n, 193, 198n, 205, 205n, 395, 397, 404, 436
Duns Escoto, 515n
Dürer, Albrecht, 37, 661

E

Eccles, Sir John Carew, 37, 661
Eddington, A. S., 86, 89, 148, 186n, 308, 369
Eden, Sir Anthony (Lord Avon), 597
Édipo, 58n, 89, 92n, 222
Eduardo VIII, 568
Einstein, Albert, 74, 83, 86, 87, 89, 89n, 91, 93, 114, 127, 147, 156, 159n, 170, 175, 176, 187, 188n, 189, 189n, 202, 203, 207, 208, 208n, 265, 285, 294, 294n, 296, 303, 308, 323, 323n, 324, 325, 356n, 364n, 368, 370, 403, 408, 423, 424, 438, 439, 439n, 661
Elsasser, W., 369
Empédocles, 93, 284n, 650, 653-656

Empírico, Sexto, 155n, 412, 643
Engels, F., 156n, 523, 531, 536, 537, 539, 540
Epicarmo, 394
Epicuro, 657
Erasmo de Roterdão, Desidério, 59
Erdmann, B., 303n
Escoto, Duns, 515n
Espinosa, 39, 40n, 41, 43n, 52n, 268, 452n, 558n
Estaline, J., 487, 488, 489, 494.... 588, 589, 590, 596
Euclides, 163, 167-169, 169n, 172, 175, 176, 307, 314, 370, 500
Eudoxo, 174n, 175, 187n
Eva, 66, 230, 554
Evans, J. L., 97n

F

Faraday, M., 158, 256, 368
Feigl, Herbert, 420, 434n
Feller, W., 622n
Fichte, J. G., 180, 299n, 301, 527
Filolau, 174n
Findlay, J. N., 655n
Fitzgerald, G. F., 408
Fleming, Sir Alexander, 369
Fotheringham, J. K., 149n
Foucault, L., 294
Fraenkel, A., 434
Frank, Philip, 285
Franklin, Sir John, 214
Frederik, William III, 241
Freed, Julius, 29
Freed, Lan, 29
Frege, G., 433
Fresnel, A., 368
Freud, 86-88, 92, 92n, 271
Friedlein, G., 163n

G

Galileu Galilei, 54, 93n, 128, 149n, 168n, 169, 170, 176, 183-186, 190, 192, 202, 203, 213, 248, 264, 265, 319, 319n, 320, 334, 368, 392, 408
Galle, J. G., 368
Gallie, W. B., 398n
Gardiner, P., 543n
Garin, E., 605
Grave, C., 303n
Geiger, H., 402
Gredymin, 405n
Gilbert, W., 114, 169, 339
Gödel, 353, 442, 444, 445, 447, 448, 505, 506
Goebbels, J., 552
Goldbach, C., 209, 445, 501, 502
Gombrich, Ernest H., 61, 561
Gombrich, Richard, 29
Gomperz, T., 604n
Gonseth, F., 348
Goodman, Nelson, 465n
Grassi, E., 603, 603n, 604-608, 612
Green, J., 300n
Gregório XIII, Papa, 184
Grelling, K., 505
Grisar, H., 184n
Guthrie, W. K. C., 645, 646, 650, 652

H

Hansen, Peter Andreas, 149n
Hardy, G. H., 161n
Harsanyi, J. C., 366n
Harvey, W., 98n
Hayek, F. A. von, 60, 158n, 556n, 558n
Heath, A. E., 217n
Heath, T., 119n, 120, 197 160, 161n, 250
Hecker, J. F., 523, 523n
Hegel, G. W. F., 13, 14, 139n, 156n, 301, 301n, 509, 510n, 524-530, 532, 534, 535, 536n, 537, 539-541, 546, 558, 611
Heiberg, J. L., 160n, 187n
Heidegger, M., 327n
Heinemann, F. H., 148n
Heisenberg, W., 207, 207n, 208, 285, 611
Hemens, G. F., 169n
Heraclito, 49, 60, 154, 154n, 156n, 242, 251-254, 256-259, 266, 272-274, 274n, 275-278, 278n, 279-283, 546, 643, 646, 648, 653
Hertz, H., 186n, 285, 293, 369
Herz, M., 306n
Hesíodo, 48, 49, 546, 637, 652, 658n
Heyerdahl, Thor, 214
Hilbert, D., 534, 662
Hiparco, 149n
Hípaso, 166n, 261
Hípias, 61, 174n
Hipólito, 280-282
Hippel, T. G. von, 302n
Hitler, A., 222, 224, 571, 588-590, 595
Hoare, Sir Samuel (Lord Templewood), 560, 568, 595
Hobbes, T., 65, 427n, 429, 444n, 563
Homero, 48, 49, 170, 222, 551, 637, 649n, 652
Hooke, Robert, 319
Hume, David, 39, 41, 42, 65, 70, 99, 99n, 100-104, 108, 109, 111-114, 116-118, 121, 145, 177, 179, 186, 293, 306, 313, 315, 321, 326, 334, 335, 335n, 336, 427n, 472, 586, 661
Husserl, E., 144n, 327n, 430n
Huyghens, C., 168n

ÍNDICE ONOMÁSTICO

I
Infield, L., 309n

J
Jachmann, R. B., 300n
James, William, 201n
Jarvie, I. C., 29
Jaspers, K., 575n
Jeans, J., 302, 533, 534
Jeffreys, H., 122, 367, 515
Jensen, I. Hammer, 160n
Josué, 184n
Jourdain, P. E. B., 499

K
Kahn, C. H., 41, 42, 64, 73, 74, 74n, 107, 108, 108n, 117, 139, 145, 175, 175n, 176, 176n, 177, 178, 178n, 179-181, 186, 194, 194n, 299-311, 313, 314, 314n, 315, 320-326, 333, 335, 336, 378, 472, 476, 525-529, 532, 557, 561, 565, 586, 605, 612, 618, 619
Katz, D., 102n, 106
Kemeny, J., 472n, 475n
Kepler, J., 93n, 98n, 128, 128n, 149n, 169, 170, 176, 176n, 248, 296, 314, 315, 317-320, 334, 368, 391, 392, 403, 408, 424
Keynes, 99n, 122, 367, 399, 409, 410, 475n
Kirchhoff, G. R., 186n
Kirchmann, J. H. von, 303n
Kirk, G. S., 242n, 250, 259-259, 266-282, 649, 650n, 651, 651n
Koestler, Arthur, 319
Körner, S., 216n
Koyré, A., 211n
Kraft, J., 327n, 383n, 554n
Kramers, H. A., 402, 403, 408
Kranz, W., 49n, 170n, 276n, 393n
Kreisel, G., 142n
Khrushchov, N., 597

L
Lakatos, I., 419n,
Langford, C. H., 499
Laplace, P. S., 127, 302, 325, 367
Laval, P., 560, 568, 595
Lavoisier, A. L., 250n, 369
Lebesgue, H., 161n
Lee, H. D. P., 250n
Leibniz, G. W., 41, 139, 145, 176n, 198, 294n, 303n, 592
Lenine, V. I., 156n, 224, 597
Leonardo da Vinci, 605
Leucipo, 250, 255, 275
Lewis, C. I., 466
Lewis, H. D., 183n
Lewy, C., 339n
Liddell, H. G., 652, 653
Locke, J., 39, 41, 43n, 56, 59, 145, 158n, 300, 458, 586, 661
Lorentz, A. H., 408
Lorenz, K. Z., 609, 609n, 611, 612
Lucrécio, 278n
Lukasiewicz, J., 515n
Luria, S., 160n, 161n, 166n, 174n
Lutero, M., 59

M
Mace, C. A., 85n
Mach, E., 159n, 171, 186n, 188, 188n, 193, 200, 285-297, 436, 438
MacTaggart, J., 527n
Magee, Bryan, 29
Manley, T., 55
March, A., 160n
Marx, K., 13, 14, 86, 87, 91, 224n, 271, 535-540, 544, 546, 552, 553, 558

Masaryk, T. G., 590, 591
Matusalém, 241
Maxwell, J. C., 158, 168n, 170, 195, 208, 251, 256, 368, 370
Mazurkiewicz, S., 627n
Melisso, 259
Meyerson, E., 156n
Michelson, A. A., 408
Mill, J. C., 41, 59, 145, 200n, 465, 546, 556, 585, 604n
Miller, D. W., 133n
Milton, J., 46, 59
Mises, R. von, 285
Montaigne, M. de, 59
Moore, G. E., 518n
Morgenthau, H., 549n
Morley, E. W., 408
Motherby, R., 300n
Mozart, W. A., 220, 328
Murray, Gilbert, 48
Musgrave, A. E., 29, 31, 278n, 659
Mussolini, B., 595

N

Naess, Arne, 443n, 459n
Nagel, E., 399
Nansen, F., 214
Neumann, J. von, 434
Neurath, O., 96n, 436, 437, 440-443, 443n, 459n
Newton, I., 74, 87, 93, 108, 116, 128, 128n, 129, 147n, 158, 170, 175-180, 185, 186, 196-198, 200, 204, 206-208, 245n, 286-288, 290-296, 300, 302, 306n, 307, 310, 314-317, 319-324, 334, 335, 364, 368-370, 391, 392, 398, 399, 402, 408, 423, 424, 586, 623
Nicolau de Cusa, 59
Nicols, A. T., 160n

Nietzsche, F. von, 327
Nordenskjöld, A. A. von, 214
Nordenskjöld, Otto, 214
Novara, D. M. de, 317

O

Oakeshott, M., 218, 218n
Ockham, Guilherme de, 200, 292
Oppenheim, Paul, 475n
Oresme, N., 184n
Orfeu, 652
Orwell, G., 137n
Osiander, Andreas, 184, 184n, 186, 194, 394n
Ovídio, 278n

P

Parménides, 49, 51, 52, 52n, 60, 61, 93, 153-157, 160, 160n, 168, 170n, 171n, 213, 251, 254-258, 261, 274n, 275, 283, 284, 293, 394n, 638, 639, 642, 643, 645, 646, 648, 649, 649n, 651, 651n, 652-657
Pauli, W., 169n
Peary, Robert E., 213
Peirce, C. S., 386n, 398, 398n
Perugino, P., 328
Petrarca, F., 605
Petzold, Joseph, 293
Píndaro, 61, 652
Pitágoras, 50, 150, 161-165, 258, 261, 444n
Píteas de Massalia, 113
Planck, Max, 426
Platão, 13, 14, 46, 48-51, 53, 57, 60, 61, 76, 145, 148-149, 153-155, 157, 157n, 158n, 160n, 161n, 162n, 163, 164, 166-175, 187, 190, 233, 256, 259, 260, 272, 273, 275, 279,

280, 317, 318, 318n, 417, 509n, 546, 583, 637-640, 652n, 656, 657, 672
Plutarco, 160n, 161n, 166n, 187n
Podolsky, B., 127
Pörschke, C. L., 299
Poincaré, H., 147n, 178n, 186n, 193, 323, 324, 399, 438, 439
Poseidon, 226
Powell, C. F., 369
Proclo, 164n, 168
Protágoras, 159n, 606, 656, 657
Ptolomeu, 408

Q
Quine, W. V., 148n, 341n, 386n, 395--397, 397n, 404, 433, 434, 455

R
Ramsey, F. P., 77, 377
Rathbone, E., 585, 585n
Raven, J. E., 148n, 341n, 386n, 395--397, 397n, 404, 433, 434, 455
Reichenbach, H., 464, 464n
Reinhardt, Karl, 52, 52n, 154n, 272, 274, 274n, 281, 394n, 651n
Reinhold, Carl Leonhard, 194n
Röntgen, W. C., 369
Rosen, N., 127
Ross, Sir David, 154n, 172n, 173n, 174n
Ruhnken, D., 302n
Runciman, W., Barão, 560
Russell, Bertrand, 7, 41, 42, 59, 78, 117, 137n, 139-143, 285, 316n, 348, 420, 429, 433, 434, 476, 479, 480, 499, 587, 588, 596
Russell, L. J., 557
Ryle, G., 144n, 200n, 339, 339n, 340, 342-345, 348, 349, 352, 356, 430n, 493-495

Rynin, David, 698n

S
S. Tomás de Aquino, 657
Salutati, C., 605-608
Salviati, 190n
Schelling, F., 139n, 301
Schiller, F. C. S., 604
Schilpp, P. A., 189n, 309n, 419n
Schlick, M., 65, 199, 285, 285n, 373, 373n, 375, 421n, 464-466
Schopenhauer, A., 326, 327, 336, 611
Schrödinger, Erwin, 126, 142, 142n, 168n, 187, 370
Scott, R., 652, 653
Selby-Bigge, L. A., 66, 70
Seligman, Paul, 658n
Sellars, W., 489, 489n, 490-493
Serkin, Rudolf, 55
Sexto Empírico, 155n, 643
Shakespeare, W., 191, 597
Shaw, G. B., 241
Simplício, 160n, 187n
Slater, J. C., 402, 403, 408
Smart, J. J. C., 430n, 494
Sócrates, 50, 53, 53n, 54, 57-59, 97n, 141, 266, 310, 417, 430, 497-506, 515, 516, 593, 639, 654
Specht, M., 383n
Spencer, Herbert, 323n
Sraffa, P., 99n
Stenzel, Julius, 173n
Stirling, J. H., 301n
Suppes, P., 621n
Swedenborg, E., 461n

T
Tales, 112, 190, 241, 243-246, 249, 252, 260, 262, 263, 269, 270, 657

Tarán, L., 645, 646, 651, 651n, 652, 654, 655, 655n
Tarski, Alfred, 33, 75, 211n, 271, 349, 350, 353, 354n, 373, 374-379, 382, 386, 380, 420, 443, 443n, 444-447, 449, 452n, 459n, 505, 625, 627n, 636
Teeteto, 53, 54, 155n, 161n, 497-506, 656
Teodoro, 161n, 505
Teofrasto, 650, 652, 653
Teogonia, 637, 652, 657, 658n
Tint, H., 328n
Toeplitz, Otto, 173n
Torricelli, E., 291
Trollope, Anthony, 85, 561, 562, 662
Twain, Mark, 68n, 658
Tycho Brahe, 176, 317, 318

U

Uexküll, J. J. von, 603, 604, 608--612
Uexküll, T. von, 603, 603n, 604, 608-612
Urbach, Franz, 142n

V

Virgílio, 657
Vlastos, G., 272, 276n
Vogt, H., 161n
Voltaire, 59, 177, 300-302, 586

W

Wasianski, C. E. A., 299n
Wasserstein, A., 161n, 166n
Watkins, John W. N., 29, 46, 418n
Wegener, Alfred, 214, 249
Weierstrass, K., 142n
Wette, E. de, 169n
Wheeler, John A., 23, 661
White, A. R., 97n
White, Morton G., 148n
Wielen, W. van der, 173n
Wiener, P. P., 128n
Wilamowitz,-Moellendorff, U. von, 394n
Wilde, Oscar, 23, 661
Wilhelm II, Kaiser, 595
Wittgenstein, L., 94-96, 97n, 118, 118n, 137-147, 170, 171, 195, 199, 242, 271, 285, 293, 358n, 373, 373n, 421, 421n, 427n, 428, 429, 430n, 435, 444, 445, 447-449, 458, 459n, 464
Wright, E. M., 161n
Wright, Thomas, 303

X

Xenófanes, 52, 52n, 58, 60, 72, 153n, 209, 255, 258, 262, 263, 265, 266, 283, 377, 383, 393, 394, 394n, 638, 642, 643, 648, 652, 652n

Y

Yukawa, Hideki, 369, 404

Z

Zeller, E., 250n
Zenão, 154, 160, 160n, 165, 251
Zermelo, E., 434

Índice remissivo

(Ver nota explicativa na página 659)

a priori e a posteriori, 107-109, 112, 147, 148, 158, 177, 178, 292, 306, 324, 395, 467, 472, 477, 565, 606, 607
absoluto, movimento, *ver* movimento
– espaço, ver espaço
– tempo, *ver* tempo
ação
– à distância, 198
– a distâncias desvanecentes, 198n
– esquema de ação (Handlung), 608
– por contacto, 148n, 198n
ad hoc, ad hocidade, hipóteses *ad hoc*, 90, 128, 149, 176, 189, 198n, 207, 208, 400, 401, 405, 461, 463, 470, 472, 472n, 521
Agassi, predicado de, 465
ambivalência
– das instituições sociais, ver instituições
– na psicanálise, 92
analítico-sintética, dicotomia, 147--148, 347s, 354-355, 432-433, 473, 475-476
anamnésis, teoria platónica da, 49--51, 53, 54, 76

Anciãos Sábios de Sião, mito dos, 222, 224n, 551
anticipatio mentis (Bacon), 54, 56
antinomias
– de Kant, 302, 303, 526-527
– lógicas, ver paradoxo, paradoxo lógico
aparência *vs* realidade, *ver* realidade
apeiron («o ilimitado» ou o «inexaurível» de Anaximandro), 250, 252, 658n
aprendizagem
– com os nossos erros, ver método de ensaio e erro
– indutiva, ver indução, mito da
argumentativa, função argumentativa da linguagem, 227, 238, 239, 261, 482, 486, 493
aritmetização, método de Gödel da, 505
– da geometria, 169n, 174n
arrhetos, 162n, 166 ; *ver* número
astrologia como uma típica pseudo--ciência, 86, 87, 91, 93n, 96, 115, 423, 460

atitude
- crítica, ver racionalismo crítico e tradição racionalista
- dogmática, ver dogmatismo
- de razoabilidade, 111-112, 571; ver também racionalismo crítico
- de tolerância, ver tolerância

atómico
- facto atómico, ver enunciado atómico
- enunciado atómico, 94-95, 430, 457n, 465-466, 474-475; ver também enunciado básico, enunciado de observação, enunciado protocolar; enunciado «atómico relativo», 616-617
- proposição atómica, ver enunciado atómico
- teoria atómica, ver atomismo

atomismo, 148, 149, 154, 157, 160, 160n, 162, 166, 167, 168n, 172-175, 292, 425, 436, 438, 648, 656n
- grego, 148, 175
- moderno, ver teoria quântica

autonomia, doutrina *kantiana* da, 73, 307n, 308-309, 309n

auto-referência, ver enunciado auto-referente

autoridade
- do intelecto, ver intuição intelectual
- da linguagem, 59-60, 130, 137--138, 237-238, 558; ver também análise da linguagem
- dos sentidos, ver observação como fonte de conhecimento

autoritarismo
- epistemológico, 47-48, 57-58, 71-72, 363-364, 558, 599
- moral, 73-74, 308, 572-573

- político, 44, 51-52, 71, 363-364, 599

bacterioestase, 610

básicos, enunciados, 66, 387, 387n, 440, 440n, 615-618, 620; ver também enunciado atómico, base empírica, enunciado de observação e enunciado protocolar

behaviourismo, 481-483, 558

Berkeley, a navalha de, 292-293

Bíblia, 7, 58, 599

Bóeres, guerra dos, 585, 595

«Buridano, o asno de», 245

cálculo (diferencial e integral), 141
- de classes, 125, 339, 342
- de conteúdos, ver conteúdo
- de números naturais, 353, 354
- de números reais, 353, 354
- de probabilidade, ver probabilidade
- de propensões, ver probabilidade, interpretação propensiva da
- de proposições, 342
- de relações, 339, 341
- dual-intuicionista, 520n
- lógico, ver cálculo de classes, cálculo de proposições, cálculo de relações
- problema da aplicabilidade de um cálculo lógico, 339s, 343s

categoria, erros de, 430n, 434, 479, 493, 494, 494n, 495

categórico, imperativo (Kant), 308--310

casualidade, ver probabilidade; descobertas casuais/acidentais, 486

causal
- cadeia causal, 92, 485-487

– modelo causal de relação-nome, 485, 486, 492
causalidade
– lei da causalidade, 107
– teoria dinâmica da causalidade de Descartes, 197-198, 486-487; *ver também* movimento em vórtices
censura, 47, 323, 567, 568
ceticismo, 25, 319, 602, 543
– de Hume, *ver* indução, Hume, acerca da
ciência
– pura vs aplicada, *ver* tecnologia vs ciência pura
– social, 221, 222, 545, 547
– ciência e não-ciência, *ver* demarcação
– o enigma *kantiano* da ciência da natureza, 177, 306n, 314, 322
– objetivos da ciência, 368, 468, 607; *ver também* probabilidade vs conteúdo
– progressos da ciência de problemas para problemas, 371
– teoria da ciência como «holofote», 228
científico, critério de progresso, 207, 363, 371, 372, 411, 625; *ver também* conhecimento, requisitos para o desenvolvimento do conhecimento, aproximação à verdade *e* verosimilhança
– inexistência de uma lei do progresso científico, 363-364
«coisas-em-si», *ver* realidade vs aparência
– as coisas-em-si como vontade, *ver* voluntarismo

– as coisas-em-si consideradas como nada, *ver* niilismo
combustão, teorias da, 250n, 368--369
competição entre hipóteses, 508, 509
complementaridade de Bohr, princípio da, 187s, 207-208, 520
«complexos de elementos» (Mach), 295
Comunidade Atlântica, 585, 589, 592, 601
comunismo, 15, 19, 590
conceitos universais *ver* universais
condicionais contra-factuais, problema das, 455-456
condições iniciais, 119, 192, 465, 471, 623
confirmação
– como corroboração, *ver* corroboração
– como verificação branda, 87, 88, 122-123, 381, 413-414, 455, 457n, 458, 459, 470; *ver também* grau de confirmação vs probabilidade
– «confirmação qualificada» por exemplos (Carnap), 463
– grau de confirmação vs probabilidade, 456-457, 463, 466
– paradoxos da confirmação, 462n
conhecimento
– conhecimento, desenvolvimento do, 25, 75-76, 361, 612-613, 631
– conhecimento geral, *ver* geral
– conhecimento inato, 47-48, 74-75, 107; *ver também* expectativas

- fontes do conhecimento, 39
- problema do conhecimento, *ver* problema epistemológico
- requisitos para o desenvolvimento do conhecimento, 398-399
- sociologia do conhecimento, 130
- teoria do conhecimento, 642-657

consequências involuntárias, 222, 234-235, 551; *ver também* ciência social

conspiração, teoria da
- conspiração da ignorância, 40, 599
- conspiração da sociedade, 220-221, 550

constituição de conceitos (Carnap), 429-430, 433, 455-456

conteúdo
- cálculo de conteúdo, 124, 366
- «condição de conteúdo», 458, 468-469
- conteúdo empírico, 294, 364, 364n, 365, 387, 388, 411, 615, 616, 625; *ver também* poder explicativo
- conteúdo de falsidade, 389, 391, 407, 408, 628, 630-631 (fórmula 12), 632
- conteúdo de verdade (Wahrheitsgehalt), 389, 391, 407, 408, 625-628 (fórmula 9) 631, 632
- conteúdo lógico, 365, 387, 387n, 388, 615, 627
- probabilidade elevada vs elevado conteúdo empírico, *ver* probabilidade

Contradição
- de uma contradição tudo se pode deduzir, 515, 634
- lei da não-contradição, 156n, 513, 517, 521, 530, 531
- perspetiva dialética da contradição, 513, 522, 529-530; *ver também* dialético

convencionalismo, 90, 148n, 178-179, 398-399, 648, 648n
- linguístico, *ver* linguagem, filosofia convencionalista da linguagem

copernicano, sistema copernicano, *ver* heliocêntrico
- revoluções copernicanas de Kant, 306, 308, 309

corpo
- o problema corpo-mente, *ver* problema mente-corpo
- o problema dos dois corpos, 128, 128n
- o problema dos múltiplos corpos, 128n

correspondência, princípio da correspondência de Bohr, 189
- teoria da verdade como correspondência, *ver* verdade, teoria objetiva da verdade

corroborabilidade, graus de, *ver* testabilidade, graus de

corroboração, 69, 122, 122n, 123, 123n, 189, 205n, 325, 364n, 368, 369, 380, 391, 404, 467n, 469, 625, 641, 642, 655
- exemplos de corroboração científica, 88-89, 189, 207-208, 368-369, 403, 408, 423
- graus de corroboração, 122-123, 206, 364-365, 380, 470-471, 627; *ver também* testes, rigor dos

– grau de corroboração vs probabilidade, 119-120, 324-325, 465-466; *ver também* probabilidade vs conteúdo
cosmogonia, 249, 257, 302
cosmologia, 74, 145, 147, 154n, 166, 168, 169, 241, 242, 249, 250, 256, 260, 299-311, 314, 370, 466
– de Copérnico, *ver* teoria heliocêntrica
– de Einstein, *ver* teoria da relatividade
– de Newton, *ver* física newtoniana
– de Platão, 168
– dos Pré-Socráticos, 244, 640
– de Ptolomeu, *ver* teoria ptolomaica
costume e hábito em Hume, *ver* indução, Hume acerca da
Cristianismo, 453-454, 590, 593, 598-599
critério
– de demarcação, *ver* demarcação
– de satisfatoriedade potencial relativa de uma teoria, 368, 384
– critério de significação, *ver* significação, significado
– critério de verdade, *ver* verdade
crítica, 7, 9, 12, 12n, 13, 14, 17n, 18, 25, 26, 29, 44, 53n, 59, 73, 74, 78, 79, 94, 97, 97n, 98, 103, 108, 108m, 19-114, 116, 118, 120, 127, 131, 132, 135, 138, 138n, 148, 173n, 175, 177, 178, 180, 184n, 185, 186, 190, 191n, 193n, 195, 195n, 196n 198n, 199, 200n, 203-205, 205n, 208, 209, 211n, 218, 220, 225-228, 230, 233, 235, 235n, 237, 239, 241, 242, 245, 246, 248-252, 257, 260-267, 269, 270, 273, 276, 278n, 286, 293, 294, 299, 303, 303n, 305n, 306, 306n, 307, 307n, 310n, 319n, 320, 321, 326, 332-335, 337, 347, 348, 362, 366n, 371, 373, 379, 381--383, 386, 390, 394-396, 406, 411, 412, 420, 421, 421n, 422-424, 427, 427n, 430n, 431, 432, 432n, 433, 434n, 436, 441n, 446, 449, 460, 465, 466, 472, 509-514, 521, 524, 525, 527, 529, 531, 535, 539, 543--545, 561, 566, 567, 569, 577, 579, 583, 589, 590, 601, 602, 603n, 605, 607, 612-614, 637, 640, 646-648, 650, 655, 657
crítico, racionalismo – *ver* racionalismo
críticos, testes, 209; *ver também* testes
cruciais, experiências, 205n, 206, 207, 408, *ver também* observação como teste de teorias *e* testes independentes
definições
– criativas e não-criativas, 413n, 621n
– enumerativas, 432
– essencialistas, 51-52, 62, 235--236, 235n, 454-455, 458, 641--642. *ver também* essencialismo
– extensionais, *ver* definições enumerativas
– implícitas vs definições explícitas, 148n, 354-355, 398-399, 438-439, 452, 60-621; *ver também* convencionalismo
– operacionais, *ver* operacionalismo
– recursivas, 622
demarcação entre boa e má metafísica, 326-337

demarcação entre ciência e não-
-ciência, confirmabilidade como
critério de demarcação, 413-414,
420, 449, 460
demarcação entre sentido e sem-
-sentido, 90, 124, 413-414, 420,
424-425, 453-454; *ver também*
significado
- o método indutivo como critério de demarcação, 85, 114-115,
247, 423-424, 459
- o problema da demarcação,
585, 94-95, 114-115, 122-123,
420
- a testabilidade como critério
de demarcação, 89-90, 94-95,
114-115, 330, 413-414, 422
- a verificabilidade como critério
de demarcação, 96-97, 413-414,
420, 427, 449, 460
democracia, 9, 10, 10n, 11, 11n, 12,
555, 556, 564
deriva continental, teoria da, 244,
249
derivação, *ver* inferência
descritivos, factos *ver* factos
- conceção descritiva da ciência,
ver instrumentalismo
- função descritiva da linguagem
(Bühler), 237-238, 482-483
- signos descritivos, 354-355
determinismo
- físico, 486-487
- histórico, *ver* historicismo
- teológico, 558
Deus, 45, 48, 57-59, 61, 72, 186, 193,
196, 222, 254, 255, 293, 295, 301,
303n, 309, 437, 438, 444n, 449,
453, 454n, 549, 558, 559, 582,
583, 600

- Berkeley acerca de Deus, 193,
293-294
- Deus como fonte de conhecimento, 45, 48-49, 55, 71, 78,
196, 265-266; *ver também* veracitas dei
- Heraclito acerca de Deus,
256-257
- Kant acerca de Deus, 74n, 185-
-186, 302n, 307-308
- Xenófanes acerca de Deus,
256-257, 265-266
díade indeterminada, 173-174n,
dialética
- dialética de Hegel, 523-524
- tríade dialética, 509, 510, 521,
522, 530, 647
dialético, materialismo, 535, 539;
ver também marxismo
Dike- (deusa guardiã da verdade),
49, 645-646
Disposicional
- enunciados disposicionais como
licenças de inferência, 201
- graus de carácter disposicional,
215
- os universais são disposicionais,
214, 455
- palavras disposicionais, 200-
-202, 214
distâncias indivisíveis (*amere-s*) de
Demócrito, 160n
dogmatismo, 19, 109, 110, 300, 529,
532, 540, 602
- reforçado, 529, 532, 540; *ver
também* hegelianismo e marxismo
doutrina historicista
- da política, 546
- das ciências sociais, 546

doxa, ver episteme vs doxa
dúvida, método cartesiano da dúvida sistemática, 57-58; *ver também* intelectualismo
– dúvida socrática (maiêutica), 53, 54, 57
economismo, 536, 537
Édipo, complexo de, 89
– efeito de, 92n, 220-221
Ego, Super-ego e Id, 93; *ver também* psicanálise
eletricidade
– o caráter oculto da eletricidade, 438-439
– Hegel acerca da eletricidade, 530, 536-537
eletromagnética, teoria, 159-160, 197-198, 207-208, 249-250, 255, 369-370, 438-439
emancipação através do conhecimento, 43, 299, 599
empírico
– base empírica, 98n, 440, 440n, 457, 457n, 618, 619, *ver também* enunciados básicos
– conteúdo empírico, *ver* conteúdo
empirismo
– empirismo clássico, 41
– empirismo crítico, *ver* racionalismo crítico
– princípio do empirismo, 117, 449, 450, 460, 477
enunciado
– atómico, *ver* atómico, enunciado
– auto-referente, 447-448, 497
– básico, *ver* básico, enunciado
– condicional, 340-341, 616-617, 634
– contraditório, *ver* contradição
– disposicional, *ver* disposicional
– existencial estrito ou puro, 330
– existencial restrito, 330
– modal, 520n
– observacional, *ver* enunciado observacional ou de observação
– protocolar, *ver* protocolar, enunciado
– universal, *ver* leis universais
enunciado básico, 440n, 616-618; *ver também* enunciado atómico, base empírica, enunciado de observação e enunciado protocolar
enunciado protocolar, 66, 96-97, 430, 438-439; *ver também* enunciado de observação
enunciados existenciais, *ver* enunciados
epifenomenalismo, 483
episteme-vs doxa, 56, 60, 73, 153, 153n, 154n, 177, 178, 193, 607, 608, 638, 642, 643, 648n, 649, 655, 656
epistemológico
– holismo epistemológico, *ver* holismo
– irracionalismo epistemológico, *ver* irracionalismo
– otimismo epistemológico, 43-45, *ver também* verdade, teoria da verdade manifesta
– pessimismo epistemológico, 43
– pragmatismo epistemológico, *ver* pragmatismo
– problema epistemológico, 526
– relativismo epistemológico, 42
– tradicionalismo epistemológico, 44
erro
– fontes de erro, *ver* ignorância, fontes da

- problema do erro, 45, 57-58; *ver também* verdade, teoria da verdade manifesta
- teoria conspiratória do erro, *ver* ignorância

erros de categoria, 430n, 434, 479, 493, 494

escolas, 41, 58, 143, 224, 225, 235, 260, 261, 319, 579

espaço
- espaço absoluto, 128, 286, 287, 290, 293-295
- espaço vazio, *ver* vazio
- teoria *kantiana* do espaço, 304

essência, 12, 16, 50, 53, 54, 57, 64, 136, 144n, 149, 150, 153, 193, 194, 194n, 195, 195n, 196n, 197, 288, 289, 429, 448, 536n, 540, 604
- a essência da matéria como extensão, 64-65, 197, 209

essencialismo, 64, 65, 136n, 144n, 192, 193, 195, 195n, 196, 198, 199, 204, 207-209, 213, 289n, 296, 456n, 458, *ver também* definições essencialistas
- o essencialismo de Hegel, 144n, 536-537
- o essencialismo pitagórico, *ver* pitagorismo

éter, teoria do, 157n, 168n

evolução
- inexistência de uma lei da evolução, 549
- teoria da evolução de Empédocles, 92-93
- teoria moderna da evolução, 522-523, 549

evolucionista, epistemologia, 106-107

exaustão, método da, 159

exclusão (de Pauli), princípio da, 169n

existenciais, enunciados, *ver* enunciado

existencialismo, 144n, 328n, 558

expectativas
- prévias às observações, 55, 68-69, 75-76, 87-88, 92-93, 97-98, 102, 268, 371; *ver também* observação, verdadeira natureza interpretativa da
- «horizonte de expectativas», 106, 107

experiências, experimentação, *ver* experiências *e* testes cruciais

explicação (Carnap), 100, 108, 110, 111, 115, 116, 155, 205n, 206, 207, 210, 211, 248, 264, 328, 363, 369, 376, 387n, 391, 392, 401, 402, 404, 405, 408, 429, 430, 437, 438, 440, 441, 453, 455n, 528, 618
- explicação, perspetiva dedutiva da, 111-112, 118-119, 130-131, 159-160, 192, 197, 237-238
- explicação como objetivo da ciência, 193, 207-208; *ver também* instrumentalismo
- explicação do conhecido pelo desconhecido, 130-131, 169, 178-179, 296-297
- explicação histórica, 130
- explicação última pelas essências, *ver* essencialismo
- problema da explicação, 130

explicativo, poder, 87, 122n, 123, 130, 248, 269, 300, 324, 364, 364n, 368, 380, 383, 384, 385, 392, 409, 411, 610, 624, 625; *ver também* conteúdo empírico, hipóteses, níveis de poder explicativo e testabilidade, graus de

expressiva, função expressiva da linguagem (Bühler), 237-238, 481
factos
- correspondência com os factos; *ver* verdade, teoria objetiva da verdade
- existência de factos, 358-359
- factos descritivos vs semi-factos, 490

falibilidade, 18, 25, 58-60, 382, 383, 394; *ver também* racionalismo crítico

falsificabilidade, *ver* testabilidade
- como critério de demarcação, *ver* demarcação, testabilidade como critério de

falsificacionismo, 381, 395, 411; *ver também* racionalismo crítico

falsificações, *ver* refutações *e* testes

falsificador potencial, 616; *ver também* enunciados básicos

fanatismo, 47

fascismo, 571

fenomenalismo
- o fenomenalismo na Física, 128, 171-172, 190, 295
- o fenomenalismo de Husserl, 144
- o fenomenalismo moderno, 59-60, 456n

filosofia, método *prima facie* de ensinar, 145, 149, 169

filosofia linguística, *ver* análise da linguagem
- relativismo linguístico, 131

física *newtoniana*, 87-88, 115, 128, 156-157, 295, 303, 307-308, 313--314, 319, 322, 334-335, 364-365, 368-369, 390-392, 398-399, 402, 408

- carácter oculto da física newtoniana, 91-92, 176, 196, 201, 214-215, 244-245, 287-288, 315--316, 319
- influência filosófica da física *newtoniana*, 73-74, 108-109, 176, 184, 301-302, 307-309, 313-314, 322-323, 334-335, 370, 398-399
- interpretação essencialista da física *newtoniana*, 196-197, 295
- interpretação instrumentalista da física *newtoniana*, 184, 196, 207, 285
- origens filosóficas da física newtoniana, 92-93, 244-245, 318
- testes da física *newtoniana*, 207, 315-316, 390-391, 423-424

fisicalismo, 437, 442, 450, 454n, 481-483
- tese do fisicalismo, 437, 450

flogisto, teoria do; *ver* combustão

forças, 126, 158, 179, 190, 198, 200, 201, 210, 211, 214, 216, 224, 245, 245n, 290, 291, 292, 294, 314, 316, 317, 417, 439, 513, 537, 538, 558
- forças de atração, 200, 245n
- forças centrífugas, 294
- forças repulsivas, 198, 290
- campos de forças, 210, 211, 216

formas, teoria platónica das, 49, 637

funções da linguagem, *ver* linguagem, funções da

Galileu, mecânica terrestre de, 55, 93, 128, 149, 167, 169, 175-176, 183-184, 186-187, 190, 192, 202, 213-214, 248, 263, 314-315, 319--321, 333-334, 368-369, 393, 408

geometria, aritmetização da, 169n, 174n

- geometria como organon de uma teoria do mundo, 168-169
- geometria euclideana como teoria do mundo, 167, 173, 186--187, 307-308, 315-316, 370

geometrização da aritmética, 173n

geral, conhecimento, 392, 395, 396, 398, 309, 404, 409

gno-mo-n (Pitágoras), 150-152, 163

Goldbach, conjetura de, 209, 445--446n, 501, 502

gravidade, *ver* forças de atração
- teoria da gravidade de Einstein, *ver* teoria da relatividade
- teoria da gravidade de Newton, *ver* física *newtoniana*

guerras de religião, 42, 573, 598--601

hábito em Hume, *ver* indução, Hume acerca da

hegelianismo, 139, 535, *ver também* dialética de Hegel

heliocêntrica, teoria, 190, 249

heresia noeciana, 280

hipóteses
- hipóteses ad hoc, *ver* ad hoc
- «hipóteses matemáticas», 184, 185, 289, 290, 291, *ver também* instrumentalismo
- níveis de hipóteses explicativas, 128, 296

hipótese Kant-Laplace, 302

«hipóteses matemáticas», *ver* hipóteses

«hipóteses múltiplas», método das, 508-509

hipoteticismo, 117; *ver também* racionalismo crítico

hipotético-dedutivo, sistema axiomatizado, 155, 171

- sistema axiomatizado de Parménides, 154-155, 257

«hipotéticos do lógico» (Ryle), 343, 344, 349

História, teoria marxista da, 87, 91; *ver também* marxismo
- a profecia na História, *ver* previsão vs profecia
- teoria racista da História, 93
- a testabilidade na História, 68--69, 74-75

historicismo, 9, 13-16, 16n, 130, 131n, 136n, 157n, 192n, 289n, 363n, 371n, 430n, 537, 543, 543n, 544, 546, 547, 551, 586n

historiografia, 70, 71, 243, 259, 267, 274

Hoare-Laval, plano, 560, 568, 595

holismo
- o holismo nas ciências sociais, *ver* todos sociais
- holismo epistemológico, 205--206, 395, 403

«horizonte de expectativas»; *ver* expectativas

humanismo, 603-614

idealismo, 211n, 304n, 305, 305n, 328, 334, 335, 525-527, 534, 535, 537
- alemão, 305
- de Berkeley, 334
- de Hume, 335
- trancendental de Kant, 304

ideias
- ideias claras e distintas, 41, 59
- poder das ideias, 597, 598
- teoria platónica das ideias, *ver* formas, teoria platónica das

identidade
- filosofia da identidade de Hegel, 527-529, 531, 532

- identidade de Boole, 621
ideologia global, 121
ignorância
- fontes da ignorância, 40
- teoria conspiratória da ignorância, 40, 45, 46
Iluminismo, 9, 177, 300, 301, 301n, 302, 560
imagens da memória (Berkeley e Hume), 335
incompletude, teoremas da (Gödel), 442
indeterminismo, 221, 329
individualismo, 16, 47, 599
indução
- o mito da indução, 53, 53n, 54, 56, 57, 96, 98, 98n, 99, 103, 104, 108, 111, 113-117, 117n, 118-123, 128, 131, 132, 247, 264, 268, 269, 315, 336, 367, 421-423, 441, 442, 457n, 459, 471, 473, 477, 534
- Hume acerca da indução, 99, 177, 320-321, 327-328, 337
- indução enumerativa, 53n
- a indução como critério de demarcação, *ver* demarcação
- máquina de indução, 108, 336
- princípio metafísico da indução, 115, 473
- problema lógico da indução, 114, 117
- reformulações do problema da indução, 103-104, 118-119, 131
- teoria aristotélica da indução (epa- go-ge-), 53, 57
- teoria da indução de Bacon (interpretatio naturae), 54
- teoria probabilística da indução, *ver* a probabilidade não pode ser demonstrada por indução

indutivismo, 129, 268, 455n; *ver também* indução
indutivos, métodos e processos, *ver* indução, mito da
inércia, 196, 197
inferência, 46, 53, 99, 116, 118, 119, 129, 157n, 200n, 204, 321, 339, 341-353, 357, 447, 515-520, 523, 534
- aplicabilidade das regras de, 339, 343-344
- princípio de inferência, *ver* modus ponendo ponens
- regras de inferência, 204, 339, 342-344, 346-353, 515, 518, 520
infinita, regressão
- a regressão infinita na cosmologia de Tales, 245
- a regressão infinita nas definições, 62, 456-457
- a regressão infinita na formulação do requisito de simplicidade, 400
- a regressão infinita na justificação lógica da indução, 67, 456-457
- a regressão infinita na justificação psicológica da indução, 103-104
- a regressão infinita nas provas, 62
- a regressão infinita na procura das fontes do conhecimento na observação, 66-68
- a regressão infinita na teoria da confirmação de Carnap, 467, 472
- a regressão infinita nos testes, 194-196, 620
influência (como conceito astrológico), 92-93, 319

Inquisição, 183
instituições
- ambivalência das instituições sociais, 236
- instituições sociais, 225, 235, 236, 637, 574
- teoria das instituições políticas, 72

instrumentalismo, 129, 130, 184n, 186n, 188n, 191, 192, 195, 198n, 199-202, 204, 207, 207n, 208, 209, 213, 214, 296, 372, 377n, 411n, 610

intelectualismo, 41, 44, 53, 73, 283, 300, 301n, 525

interacionismo, 479; *ver também* corpo-mente

intuição intelectual como fonte de conhecimento, 41, 43, 48, 76, 525

intuicionismo cartesiano, *ver* intelectualismo
- na matemática, 142, 168-169, 426

invisível, mudança, *ver* mudança

irracionalismo
- irracionalismo epistemológico, 326
- irracionalismo de Hume, 335--336; *ver também* indução, Hume acerca da
- irracionalismo político, 549

justificacionismo, 381, 382, 641; *ver também* verificacionismo

Kepler, leis de, 98n, 128, 128n, 176, 296, 315, 318, 319, 391, 403, 424

knowing how and knowing that, 340

leis universais, indispensabilidade das, 372, 462-465, 473, 478
- as leis universais como regras que permitem a inferência, 200, 285, 431, 464
- as leis universais não podem ser verificadas, 88-89, 96-97, 122-123, 209, 431, 458, 460
- as leis universais têm uma probabilidade zero, 464n; *ver também* probabilidade vs conteúdo

liberalismo, 19, 27, 43-46, 565, 566, 599

linguagem
- análise da linguagem, 142, 144n, 204, 448, 449
- desenvolvimento da linguagem, 230
- filosofia convencionalista da linguagem, 61, 142, 350, 427, 433-434
- filosofia nominalista da linguagem, *ver* nominalismo
- funções da linguagem (argumentativa, descritiva, expressiva, sinalizante), 214, 238, 238n, 239, 481-482, 486, 493,
- linguagem artificial vs linguagem formalizada, 505, 636
- linguagem artificial vs linguagem natural, 436, 493
- a linguagem como autoridade, *ver* autoridade da linguagem
- a linguagem como instituição, 236
- a linguagem da ciência, 426, 427, 433, 436, 437, 442, 448--450, 453, 454, 464
- linguagem enumerativa, 432
- linguagem fisicalista, 437, 441, 442, 451, 480
- linguagem-objeto vs metalinguagem, 375, 447, 448, 625, 636
- linguagem das proposições categóricas, 350-351

ÍNDICE REMISSIVO | 683

- linguagem puramente nominalista, *ver* linguagem enumerativa
- origens da linguagem, 41, 159-160
- sistema semântico de linguagem, *ver* sistema semântico
- teoria fisicalista causal da linguagem, 479

linguagem fisicalista, *ver* linguagem
linguagem, função sinalizante ou desencadeadora da, (Bühler), 238, 239
linguagem, modos material e formal da, 449
linguística, filosofia, *ver* análise da linguagem
linguístico, relativismo, 131
livre-arbítrio, 221
lógica
- cálculos de lógica, *ver* cálculo lógico
- as leis lógicas não são leis da natureza, 260
- as leis lógicas não são leis do pensamento, 132-133, 261-262, 530
- lógica alternativa, 350, 387-388, 520
- lógica dedutiva como organon de crítica, 111-112, 119-120, 132-133, 326, 512-514
- lógica indutiva, *ver* indução
- lógica polivalente, 388
- lógica como (conjunto de) regras da linguagem, 261-262
- regras da lógica, *ver* inferência, regras de

lógica, «coeficiente de correlação», 474, 474n, 475n

- forma, *ver* signos lógicos *vs* signos descritivos
- improbabilidade, *ver* probabilidade *vs* conteúdo
- sintaxe, 420, 420n, 447, 448

lógicas, construções, 210
«lógico, hipotéticos do» (Ryle), 343, 344, 349
lógico, positivismo, *ver* positivismo
lógicos, signos *vs* signos descritivos, 352, 354-356, 432-433
- truísmos, *ver* tautologias

Logos, 150, 253, 254, 258, 279-283, 646, 648
luz, teoria corpuscular da, 425, 511
- teoria ondulatória da luz, 511
- velocidade da luz, 294

marxismo, 7, 15, 16, 87, 224n, 539-541, 543-546, 553, 555; *ver também* história, teoria marxista da
- o marxismo tornado irrefutável, 86, 90
- o marxismo refutado, 90, 538

matemática, filosofia da, 139, 142, 173, 210, 332, 353-354, 381, 397, 452, 456-457, 534
- a filosofia da matemática de Kant, 304, 307-308
- a filosofia da matemática de Wittgenstein, 148, 169, 444-445, 501-502

materialismo, 454n, 483, 535-537, 539
materialismo dialético, *ver* dialético, materialismo
medição, 91, 129, 161n, 162, 316, 353, 355, 609
- a medição como contagem de unidades naturais, 162, 163

«medida» (Heraclito), 253, 275, 282; *ver também logos* (Protágoras), 656-657

mente-corpo
- dualismo mente-corpo, 355--356, 480, 493
- problema mente-corpo, 430, 479, 489
- a solução das duas linguagens do problema mente-corpo, 480, 489-490

mesão, 368-369, 403

metafísica, demarcação entre ciência e, *ver* demarcação
- demarcação entre boa e má metafísica, 326-337
- doutrina positivista da falta de sentido da metafísica, 428, 430, 436, 444, 446, 448, 450, 459n,
- estatuto da metafísica, 313-337
- problema da irrefutabilidade da metafísica, 89-90, 148, 326

metafísica, asserção arqui-metafísica, 451, 453

metafísico
- carácter metafísico dos enunciados puramente existenciais, 329, 413-414, 424-425, 473
- princípio metafísico de indução, *ver* indução

método
- método de conjetura e refutação, 113; *ver também* racionalismo crítico
- método da dúvida, *ver* dúvida
- método dialético, *ver* dialética
- método de ensaio e erro, 8, 11, 12, 31, 32, 93, 105, 113, 119, 131, 324, 362, 477, 507-511, 524, 531, 539, 566, 611, 613, 647

- método de exaustão, 159
- método indutivo, *ver* indução
- método maiêutico, *ver* dúvida socrática

método *prima facie* de ensinar Filosofia, 145, 149, 169

mitos, as origens da ciência nos mitos, 92, 111, 190, 225-226, 322, 425, 607

modelos, 288, 324

modos formal e material do discurso (Carnap), 448

modus ponendo ponens, 342

monismo neutral, 430, 480

movimento
- movimento absoluto, 202, 287, 290, 293-295
- movimento do Sol, 149n
- movimento em vórtices, 157n,

mudança invisível (Heraclito), 276, 278n
- problema da mudança, 154n, 242, 251, 253, 254, 261, 275

mudança sub-reptícia de teorias, 260, 26, 263

mundo, teoria copernicana do mundo, *ver* teoria heliocêntrica
- teoria de Heraclito do mundo em fluxo, 153, 275, 278
- teoria dos milésios do mundo como casa, 249, 252, 257, 275; *ver também* cosmogonia, cosmologia e vazio

Munique, acordo de, 560

musas como fonte de conhecimento, 48, 49, 51, 637

nacionalismo, 590

Natureza,
- leis da natureza, 121, 288-292, 296, 297, 307, 324, 325, 431,

432n, 558; *ver também* leis universais
- Livro da Natureza, 599
- natureza essencial, *ver* essência
- natureza vs convenção, 57-58, 62, 648
- princípio de uniformidade da natureza, 473

navalha liberal, 563
nazismo, 19, 566, 571, 572
neuroses, 110
niilismo, 327, 328, 566; *ver também* existencialismo
níveis ou funções da linguagem, *ver* linguagem, funções da
nominalismo, 432
- de Berkeley, 201, 286, 293-294, 427

números
- conjuntos de números naturais, 168-169
- geração dos números segundo Platão, 173
- misticismo dos números, *ver* pitagorismo
- números irracionais, problema dos, 160n, (arrhe-tos: 162n, 166), 166, 171-172, 186-187, 260
- números oblongos, 152
- números quadrados, 151, 163
- números triangulares, 151, 152

objetividade, problema da objetividade científica, 18, 79, 131, 645; *ver também* verdade

observação
- enunciado de observação/observacional, 95, 98n, 119, 315, 321, 615; *ver também* enunciado atómico, enunciado básico e enunciado protocolar
- observação como fonte de conhecimento, 41, 51-52, 66, 92-93, 97-98, 111-112, 220-221, 229, 242-243, 284, 286, 290-291, 307-308, 315-316, 327-328, 361, 422; *ver também* indução
- observação clínica, 86, 90
- observação como teste de teorias, 25, 74-75, 89-90, 92-93, 106, 111-112, 114-115, 226-227, 265-266, 273, 319, 324-325, 332, 361, 368-369, 411, 423-424
- observação sistemática, 227
- (a) verdadeira natureza interpretativa da observação, 68-69, 92-93, 96-97, 102, 213-214, 268, 295, 317, 322, 617-618, 647

observacionalismo, 221; *ver também* observação como fonte de conhecimento; sensação
Ockham, navalha de, 200
ondulatória, mecânica ondulatória de Schrödinger, 168
- teoria ondulatória da luz, *ver* luz

operacionalismo, 129, 130, 610
opinião pública, 10n, 183, 556, 557, 559-569, 595
- teoria da vanguarda da opinião pública, 562

outras mentes, problema das, 485
panlogismo, *ver* identidade, filosofia hegeliana da
paradoxo
- paradoxo dos adjectivos heterológicos, *ver* paradoxo de Grelling
- paradoxo da confirmação, *ver* confirmação
- paradoxo de Grelling, 505

- paradoxo lógico, 140
- paradoxo do mentiroso, 377
- paradoxo da mudança, *ver* mudança, problema da mudança
paralelismo psico-físico, 483
paridade, refutação da, 208, 369
periélio de Mercúrio, 98n, 392
pitagorismo, 149, 152, 154, 162, 165-167
plano Hoare-Laval, 560, 595
positivismo
  - o positivismo de Comte, 141
  - o positivismo legal, 558
  - o positivismo lógico, 42-43, 59-60, 66, 73, 142, 159-160, 171-172, 242-243, 250-251, 285, 295, 382, 419-420, 480, 557-558
potenciómetro, 438, 440, 619
pragmatismo, 42, 372, 604, 610; *ver também* verdade teoria pragmática da
predição/previsão
  - previsão científica, *ver* testes
  - previsão de novos acontecimentos vs previsão de acontecimentos conhecidos, 89-90, 212-213, 368-369, 403, 408
  - previsão vs profecia, 90, 130-131, 537-538, 543, 585
  - leis científicas como instrumentos de previsão, *ver* instrumentalismo
princípio de exclusão (Pauli), 169n
probabilidade
  - cálculo de probabilidades, 25, 122, 124, 325, 365, 366, 367, 393, 394, 413, 467, 468, 620, 644
  - interpretação propensiva da probabilidade, 126

- probabilidade elevada vs elevado conteúdo empírico, 366, 367
- probabilidade lógica, 124, 127, 379, 384, 395, 454n, 458n, 467, 467n, 468
- probabilidade lógica absoluta, 124
- probabilidade lógica relativa, 124, 367, 393-394, 470-471, 620, 632-633
- a probabilidade não pode ser demonstrada por indução, 114-115, 122-123, 131-132, 324-325, 367, 379, 461; *ver também* confirmação como verificação branda
- teoria estatística da probabilidade, *ver* probabilidade, teoria da frequência da probabilidade
- teoria de frequência da probabilidade, 124
- teoria subjetiva da probabilidade, 379, 413-414, 634-646
problemas
  - problemas científicos, *ver* progressos científicos de problemas para problemas
  - problemas filosóficos, existência de, 118, 124, 135-181
  - os problemas filosóficos têm raízes na ciência, 135, 142, 250-251; *ver também* metafísica
  - o problema das outras mentes, 485
  - resolução de problemas, 641
problemática, situação, 119, 170, 175, 180, 229, 334, 335, 337, 400, 405n, 410, 463n
profecia, *ver* predição/previsão
progresso em ciência, *ver* científico, progresso

propaganda, 239, 537, 552, 563, 568, 572, 573, 579
proporções, teoria das proporções de Eudoxo, 174n
psicanálise, 86
psicologia individual (Adler), 86, 87
ptolomaica, teoria, 184, 296-297, 408
qualidades ocultas, 292; *ver também* «hipóteses matemáticas» e física *newtoniana*, carácter oculto da
qualidades primárias *vs* secundárias, 210, 295
quântica, teoria, 126, 127, 169n, 188, 207n, 216, 521
– interpretação instrumentalista da teoria quântica, 187-188, 207-208
– problema da interpretação da teoria quântica, 124, 187-188, 207-208, 216
– interpretação propensiva da teoria quântica, 216
– testes da teoria quântica, 136-137
quid facti vs quid juris, 104, 131
racionalismo
– racionalismo clássico, *ver* intelectualismo
– racionalismo crítico, 11, 12n, 73, 74, 191, 336; *ver também* tradição racionalista
razão como fonte de conhecimento, *ver* intuição intelectual
razoabilidade, atitude de, 112, 121, 132, 528, 573, 574, 575, 580, 581, 614; *ver* atitude
realidade, 40, 52, 76, 87, 89, 96, 108, 119, 145, 153, 155, 157, 185, 187n, 193, 199, 203, 206, 208, 210, 211, 211n, 212, 212n, 213, 215, 216, 244, 254, 255, 271, 272, 274, 275, 282, 283, 287, 288, 293, 297, 305, 339, 343-345, 353-358, 375, 421, 421n, 451n, 490, 527-529, 531, 533, 534, 535, 538, 540, 548, 562, 598, 605, 609, 610, 610n, 611, 641, 648, 656, 656n
– realidade *vs* aparência, 638-639
realismo, 130, 155, 187, 335, 358, 526; *ver também* realidade
– realismo ingénuo, 187, 358
– realismo político, 598-599
redução
– proposições de redução (Carnap), 430, 452-454
– regra de redução indirecta, *ver* silogismo
reducionismo, 455n
reductio ad absurdum, 490, 500
reforma, 175, 184, 555, 557, 579, 585, 594, 599, 600
refutabilidade, *ver* testabilidade
– critérios de refutabilidade, 331
– o problema da refutabilidade dos enunciados estatísticos, 126
refutações, *ver* testes como tentativas de refutação
– exemplos de refutações científicas, 96-97, 207, 208, 319, 368-369, 393, 397, 402, 403
relatividade, teoria da, 86, 87, 293, 294, 359, 611
– influência filosófica da teoria da relatividade, 74-75, 176, 323-324
– interpretação instrumentalista da teoria da relatividade, 202, 207, 293-294

- testes da teoria da relatividade, 86, 293-295, 358-359, 612
relativismo
  - relativismo epistemológico, *ver* epistemológico
  - relativismo filosófico, 159n
  - relativismo histórico, 130
  - relativismo linguístico, *ver* linguístico
Renascimento, 42, 169, 190, 264, 599, 603
repetição
  - resultado típico da repetição, 100
  - teoria da repetição indutiva de Hume, *ver* indução, Hume acerca da,
Revolução Francesa, 218, 300, 545, 600
Revolução Norte-Americana, 300, 586, 601
Revolução Russa, 600
Romantismo, 301, 582
«salvaguardar os fenómenos», 159, 408
scientia, ver episteme vs doxa
semântica, 375, 379, 390, 420, 420n, 430n, 443n, 446, 447, 451n
  - categoria semântica, 430n, 451n
  - sistema semântico, 350, 353n, 379
  - teoria semântica da verdade, *ver* verdade, teoria objetiva da
sensação, sensacionalismo, 140, 180, 209, 283, 405, 638; *ver também* observação, observacionalismo
sentido
  - análise do sentido, 421, 456n; *ver também* análise da linguagem e positivismo lógico

  - perspetiva naturalista do sentido, 436
  - problema do sentido, 61, 95-97, 200-203, 425-427, 497
  - teoria extensional do sentido, 432-434, 459n
  - teoria intensional do sentido, 433
  - teoria nominalista do sentido, *ver* nominalismo
sentidos
  - dados dos sentidos, 178, 179, 307, 455n
  - impressões dos sentidos, 101, 335; *ver também* observação como fonte de conhecimento
significação
  - verificabilidade como critério de significação, 97; *ver também* demarcação
silogismos, 350
  - regra de redução indirecta dos silogismos, 519
similaridade, 102, 103, 106, 109, 152, 388, 638
simplicidade
  - equivalência entre simplicidade e testabilidade, 128, 212-213, 401
  - problema da simplicidade, 128, 401
  - requisito da simplicidade, 401
  - uso instrumentalista da simplicidade, 293-294
simultaneidade, análise operacional do conceito de, 208
sistema hipotético-dedutivo axiomatizado, 154-155, 370, 397, 401
sistema hipotético-dedutivo axiomatizado de Parménides, 154-155, 257

sobrevivência do mais apto, 114
social
- ciência social, *ver* ciência
- colectivos sociais, *ver* todos sociais
- instituições sociais, *ver* instituições
- «limpeza da tela» social, 234
- todos sociais, 550
sociedade, teoria conspiratória da, 222, 224n, 551, 552
solipsismo, 437, 440, 441, 457n, 485
- solipsismo metodológico (Carnap), 437, 440, 441, 457n
«solúvel», 455, 456; *ver também* palavras disposicionais
subjetivismo, 58, 379, 614; *ver também* probabilidade, teoria subjetiva da *e* verdade, teorias subjetivas da
substância, teoria aristotélica da, 158
substituição, princípio da, 343
Suez, aventura do, 595
«Tábua dos Opostos», 152, 153, 154, 171
tabula rasa, 76, 554, 565
tautologias, 125, 142, 426n, 469, 485
tecnologia (*techne-*) *vs* ciência pura, 43, 191n, 204, 507, 509n, 553, 605, 607; *ver também* instrumentalismo
teísmo, 222
tempo
- tempo absoluto, 286, 287, 293, 295
- tempo vazio, 304
- teoria *kantiana* do tempo, 177, 303-305
teoreticismo, 130; *ver também* racionalismo crítico

teoria da conspiração
- da ignorância, *ver* ignorância
- da sociedade, *ver* sociedade
teoria eletromagnética, 213, 639
teoria heliocêntrica, 190, 249
teoria das marés, 319
teoria ptolomaica, 184, 296-297, 408
teoria quântica, *ver* quântica, teoria
tese, antítese e síntese, *ver* tríade dialética
testabilidade, graus de, 90, 129, 364n, 411, 424; *ver também* conteúdo empírico e corroboração
- testabilidade como critério de demarcação, *ver* demarcação
testes, 8, 25, 26, 74, 91, 92n, 96n, 114, 116, 118, 120, 126, 127, 137, 148n, 180, 190, 193, 194, 205-207, 209, 225, 228, 248, 264, 269, 270, 325, 326, 364, 368-372, 380, 387, 391, 397-399, 401, 402, 405, 407-409, 411, 424, 440, 441, 456-458, 461, 461n, 464, 467n, 469, 470, 474, 509, 609, 618, 620, 623-625
- testes como tentativas de refutação, 25, 92n, 116, 206, 325, 424, 618
- testes cruciais, *ver* experiências cruciais
- testes independentes, 405, 407
- rigor dos testes, 368, 458, 620, 623, 624
tipo, *ver* categoria semântica
- erros de tipo, *ver* erros de categoria
tipos, teoria dos tipos de Russell, 141
tolerância, atitude de, 46, 235
- tradição de tolerância, 225-226, 300-301
Torre de Babel, 566

totalitarismo, 9, 540
tradição
- problema da tradição, 217-218
- teoria irracional da tradição, 217
- teoria racional da tradição, 12n, 217-239
- tradição científica, *ver* tradição racionalista
- tradição como fonte de conhecimento, 99, 395
- tradição crítica, *ver* tradição racionalista
- tradição racionalista, 190, 218, 221, 226, 234, 237, 263, 264, 270, 319, 566
- tradição e escolas, 259; *ver também* racionalismo crítico

tradicionalismo, 44, 51, 218, 235, 600, 602
transcendência do homem, 614; *ver também* conhecimento, desenvolvimento do
transcendental
- argumento transcendental, 476
- idealismo transcendental de Kant, *ver* idealismo

uniformidade da natureza, *ver* natureza
universais, indispensabilidade dos, 472n
- o carácter disposicional dos universais, *ver* disposicional

universalidade, níveis de, 98, 130, 210, 351; *ver também* hipóteses, níveis de hipóteses explicativas
«universo-bloco»
- o universo-bloco de Parménides, 93, 157
- o universo-bloco na teoria da relatividade, 156

utilitarismo, 13, 195n, 557
- utilitarismo metodológico, 196-197
- utilitarismo negativo, 556-447, 580-581

utopismo, 575-577, 581, 582; *ver também* social, «limpeza da tela»
vazio (*vs* teoria do mundo cheio), 49, 156, 157, 157n, 168, 168n, 234, 255, 256, 275, 304, 327, 548, 622n, 656; *ver também* atomismo grego
veracitas
- *veracitas dei* de Descartes, 45, 48
- *veracitas naturae* de Bacon, 45

verdade
- abordagem da verdade, 386; *ver também* verosimilhança
- aproximação à verdade, *ver* verdade, abordagem da
- conteúdo de verdade, *ver* conteúdo
- inexistência de critérios de verdade, 76, 376
- semelhança com a verdade, *ver* verosimilhança/verosimilitude
- similaridade com a verdade, *ver* verosimilitude/verosimilhança
- teoria objetiva da verdade, 377
- teoria pragmática da verdade, 376
- teoria da verdade como coerência, 379
- teoria da verdade como correspondência, *ver* verdade, teoria objetiva da,
- teoria da verdade como evidência, 375
- teoria da verdade como imagem ou projecção, 373

- teoria da verdade manifesta, 45-48, 50, 57, 88, 599
- teorias epistémicas da verdade, *ver* verdade, teorias subjetivas da
- teorias subjetivas da verdade, 377ss, 382, 636-650; *ver também* verdade, teorias da verdade como coerência, como evidência, e teorias pragmáticas da verdade
- verdade como princípio regulador, 378
- verdade como propriedade dos enunciados, 625

verdade manifesta, *ver* verdade

verificabilidade
- como critério de demarcação, *ver* demarcação
- como critério de significação, *ver* significação
- (in)verificabilidade das leis universais, *ver* leis universais

verificação, *ver* verificacionismo
- assimetria entre verificação e falsificação, 97-98
- verificação branda, *ver* confirmação como verificação branda

verificacionismo, 123, 411, 462, 464, 465

«verosímil» *(eikos, verisimilis, wahrscheinlich)*, 393, 640

verosimilitude, 52n, 367, 389, 393, 641 (fórmula 23);
- verosimilitude não equivale a probabilidade, 52n, 367, 393

Viena, Círculo de, 96, 268, 271, 421, 427, 432n, 442, 445, 454; *ver também* positivismo lógico

violência, 571ss

volonté générale, 561

voluntarismo, 328, 614

vox populi, vox dei, mito da, 559-561

Zeus, 49, 226, 280, 637

Índice

Karl Popper: Uma homenagem merecida 7
   Sociedade aberta e democracia liberal. 9
   Engenharia social: parcelar versus *utópica* 11
   Inimigos da sociedade aberta: historicismo. 13
   Inimigos da sociedade aberta: coletivismo 16
   Inimigos da sociedade aberta: positivismo ético e relativismo 17
   Uma bela e merecida homenagem. 19

Prefácio 25
Agradecimentos 29
Prefácio da segunda edição 31
Prefácio da terceira edição 33

INTRODUÇÃO

Acerca das fontes do conhecimento e da ignorância 39

CONJETURAS

1. Ciência: conjeturas e refutações 85
2. A natureza dos problemas filosóficos e as suas raízes na ciência 135
3. Três perspetivas acerca do conhecimento humano ... 183
   1. *A ciência de Galileu e a sua mais recente traição* 183

2. *O ponto em questão* 187
   3. *A primeira perspetiva: explicação última pelas essências* 192
   4. *A segunda perspetiva: teorias como instrumentos* 199
   5. *Crítica da perspetiva instrumentalista* 203
   6. *A terceira perspetiva: conjeturas, verdade e realidade*... 208
4. Avançando para uma teoria racional da tradição 217
5. Regresso aos pré-socráticos 241
6. Uma nota acerca de Berkeley enquanto precursor de Mach e Einstein............................... 285
7. A crítica e a cosmologia de Kant 299
   1. *Kant e o Iluminismo*.......................... 300
   2. *A Cosmologia newtoniana de Kant*............... 302
   3. *A crítica e o problema cosmológico*................ 303
   4. *Espaço e tempo*.............................. 304
   5. *A Revolução Copernicana de Kant*............... 306
   6. *A doutrina da autonomia* 308
8. Acerca do estatuto da ciência e da metafísica........ 313
   1. *Kant e a lógica da experiência* 313
   2. *O problema da irrefutabilidade das teorias filosóficas* .. 326
9. Porque são os cálculos da lógica e da aritmética aplicáveis à realidade?................................ 339
10. Verdade, racionalidade e o desenvolvimento do conhecimento científico 361
    1. *O desenvolvimento do conhecimento: teorias e problemas* 361
    2. *A teoria da verdade objetiva: correspondência com os factos*.. 372
    3. *Verdade e conteúdo: verosimilhança versus probabilidade* 381
    4. *Conhecimento geral e desenvolvimento científico* 395
    5. *Três requisitos para o desenvolvimento do conhecimento* 399

REFUTAÇÕES

11. A demarcação entre ciência e metafísica 419
    1. *Introdução*.................................. 420
    2. *A minha própria visão do problema* 422
    3. *A primeira teoria de Carnap acerca da falta de sentido* . 427
    4. *Carnap e a linguagem da ciência*................. 436
    5. *Testabilidade e sentido* 449
    6. *Probabilidade e indução*....................... 459

12. A linguagem e o problema corpo-mente. Uma reformulação do interacionismo 479
    1. *Introdução*.. 479
    2. *Quatro funções centrais da linguagem* 481
    3. *Um conjunto de teses* 482
    4. *O argumento da máquina* 483
    5. *A teoria causal da denominação.* 485
    6. *Interação*... 486
    7. *Conclusão* 487
13. Uma nota acerca do problema corpo-mente.......... 489
14. Autorreferência e sentido na linguagem comum..... 497
15. Que é a dialética? 507
    1. *Explicação da Dialética* 507
    2. *A dialética hegeliana* 524
    3. *A dialética depois de Hegel*........................ 534
16. Previsão e profecia nas ciências sociais 543
17. Opinião pública e princípios liberais 559
    1. *O mito da opinião pública* 559
    2. *Os perigos da opinião pública.* 563
    3. *Princípios liberais: um conjunto de teses* 563
    4. *A teoria liberal da livre discussão* 566
    5. *As formas da opinião pública*....................... 567
    6. *Alguns problemas práticos: censura e monopólios de publicidade* 567
    7. *Uma breve lista de exemplos políticos.* 568
    8. *Resumo* 568
18. Utopia e violência 571
19. A história do nosso tempo: visão de um otimista..... 585
20. Humanismo e razão 603

ADENDAS

Algumas notas técnicas 615
1. *Conteúdo empírico*............................. 615
2. *Probabilidade e o rigor dos testes*................. 620
3. *Verosimilhança.*............................... 625
4. *Exemplos numéricos*............................ 634
5. *Linguagens artificiais* versus *linguagens formalizadas*.. 636

6. *Uma nota de carácter histórico acerca da verosimilhança (1964)* 636
7. *Algumas referências adicionais acerca da verosimilhança (1968)* 640
8. *Observações suplementares acerca dos pré-socráticos e, especialmente, acerca de Parménides (1968)* 645
9. *Os pré-socráticos: unidade ou novidade? (1968)* 657
10. *Um argumento, devido a Mark Twain, contra o empirismo ingénuo (1989)* 658

Índice de citações 661
Índice onomástico 663
Índice remissivo 671

BIBLIOTECA DE FILOSOFIA CONTEMPORÂNEA

1. *Mente, Cérebro e Ciência*, John Searle
2. *Teoria da Interpretação*, Paul Ricoeur
3. *Técnica e Ciência como Ideologia*, Jürgen Habermas
4. *Anotações sobre as Cores*, Ludwig Wittgenstein
5. *Totalidade e Infinito*, Emmanuel Levinas
6. *As Aventuras da Diferença*, Gianni Vattimo
7. *Ética e Infinito*, Emmanuel Levinas
8. *O Discurso da Acção*, Paul Ricoeur
9. *A Essência do Fundamento*, Martin Heidegger
10. *A Tensão Essencial*, Thomas Kühn
11. *Fichas (Zettel)*, Ludwig Wittgenstein
12. *A Origem da Obra de Arte*, Martin Heidegger
13. *Da Certeza*, Ludwig Wittgenstein
14. *A Mão e o Espírito*, Jean Brun
15. *Adeus à Razão*, Paul Feyerabend
16. *Transcendência e Inteligibilidade*, Emmanuel Levinas
18. *Ideologia e Utopia*, Paul Ricoeur
19. *O Livro Azul*, Ludwig Wittgenstein
20. *O Livro Castanho*, Ludwig Wittgenstein
21. *O Que é uma Coisa*, Martin Heidegger
22. *Cultura e Valor*, Ludwig Wittgenstein
23. *A Voz e o Fenómeno*, Jacques Derrida
24. *O Conhecimento e o Problema Corpo-Mente*, Karl R. Popper
25. *A Crítica e a Convicção*, Paul Ricoeur
26. *História da Ciência e suas Reconstruções Racionais*, Imre Lakatos
27. *O Mito do Contexto*, Karl R. Popper
28. *Falsificação e Metodologia dos Programas de Investigação Científica*, Imre Lakatos
29. *O Fim da Idade Moderna*, Romano Guardini
30. *A Vida é Aprendizagem*, Karl R. Popper
31. *Elogio da Teoria*, Hans-Georg Gadamer
32. *Racionalidade e Comunicação*, Jürgen Habermas
33. *Palestras*, Maurice Merleau-Ponty
34. *Cadernos, 1914-1916*, Ludwig Wittgenstein
35. *A Filosofia no Século XX*, Remo Bodei
36. *Os Problemas da Filosofia*, Bertrand Russell
37. *Ética da Autenticidade*, Charles Taylor
38. *Bios. Biopolítica e Filosofia*, Roberto Esposito
39. *A Luta pelo Reconhecimento*, Axel Honneth
40. *Amor e Justiça*, Paul Ricoeur
41. *Vivo até à Morte* seguido de *Fragmentos*, Paul Ricoeur
42. *O Aberto. O Homem e o Animal*, Giorgio Agamben
43. *Temperamentos Filosóficos*, Peter Sloterdijk
44. *Deus, a Morte e o Tempo*, Emmanuel Levinas
45. *A Simbólica do Mal*, Paul Ricoeur
46. *A Arqueologia do Saber*, Michel Foucault
47. *Diálogo sobre a História e o Imaginário Social*, Paul Ricoeur e Cornelius Castoriadis
48. *Mobilização Total*, Maurizio Ferraris
49. *De Fora. Uma filosofia para a Europa*, Roberto Esposito
50. *Os Mestres da Humanidade*, Karl Jaspers
51. *Conjeturas e Refutações*, Karl Popper